Pascal Gantenbein, Klaus Spremann

Zinsen, Anleihen, Kredite

IMF International Management and Finance

Herausgegeben von
Prof. Dr. Dr. h. c. Klaus Spremann

Bisher erschienene Titel:

Behr, Fickert, Gantenbein, Spremann: Accounting, Controlling und Finanzen
Bernet: Finanzintermediation und Finanzkontrakte
Scott: Wall Street-Wörterbuch
Spremann: Finance
Spremann: Portfoliomanagement
Spremann: Private Banking
Spremann: Wirtschaft, Investition und Finanzen
Spremann, Ernst: Unternehmensbewertung
Spremann, Gantenbein: Zinsen, Anleihen, Kredite
Spremann, Pfeil, Weckbach: Lexikon Value-Management
Spremann, Scheurle: Finanzanalyse
Yamashiro: Japanische Managementlehre

Pascal Gantenbein, Klaus Spremann

Zinsen, Anleihen, Kredite

5., vollständig überarbeitete Auflage

DE GRUYTER
OLDENBOURG

ISBN 978-3-486-70269-9
e-ISBN (PDF) 978-3-486-85340-7
e-ISBN (EPUB) 978-3-11-039696-6

Library of Congress Cataloging-in-Publication Data
A CIP catalog record for this book has been applied for at the Library of Congress.

Bibliografische Information der Deutschen Nationalbibliothek
Die Deutsche Nationalbibliothek verzeichnet diese Publikation in der Deutschen Nationalbibliografie; detaillierte bibliografische Daten sind im Internet über http://dnb.dnb.de abrufbar.

Ein Unternehmen von Walter De Gruyter GmbH, Berlin/Boston
Lektorat: Thomas Ammon
Herstellung: Tina Bonertz
Titelbild: thinkstockphotos.de
Druck und Bindung: Hubert & Co. GmbH & Co. KG, Göttingen
♾ Gedruckt auf säurefreiem Papier
Printed in Germany

www.degruyter.com

MIX
Papier aus verantwortungsvollen Quellen
FSC www.fsc.org
FSC® C016439

Inhaltsverzeichnis

Vorwort, Inhalte, Berufe

Zum Geleit

Danke, dass Sie sich für dieses Buch entschieden haben. Es ist für Sie richtig, wenn Sie Betriebs- oder Volkswirtschaftslehre studieren und eine berufliche Tätigkeit im Finanzbereich anstreben – sei es als Analyst, im Research, als Portfoliomanager, Banker, Wirtschaftsprüfer oder Consultant. Ebenso sollte die Lektüre für alle Personen Orientierung bieten, die investieren, Kapitalanlagen beurteilen und sich für den Dialog mit ihrer Bank oder Vermögensverwaltung wappnen möchten. Letztendlich soll es allen Leserinnen und Lesern Freude bereiten, die an finanziellen Dingen Interesse finden.

Inhalt: Das Buch bietet eine Einführung in die **Kapitalmärkte**. Zum Thema gehören der **Wert** und die **Kursbildung** von Anleihen (Renten, Obligationen, Bonds) sowie, damit verbunden, die **Zinsbildung**. Weiter werden **Zinsrisiken** sowie **Währungsrisiken** (bei Fremdwährungsanleihen) und schließlich die Bewältigung von **Kreditrisiken** behandelt.

Im Schwierigkeitsgrad ist das Lehrbuch auf Studierende in den mittleren Semestern des Hochschulstudiums zugeschnitten. Es orientiert sich am Niveau, das mit der Bachelorstufe erreicht wird. Inhaltlich folgt es genau dem Standard entsprechender Lehrpläne. Auch wenn auf deutsch verfasst, werden in *Zinsen, Anleihen, Kredite* alle Themen behandelt, die im Angelsächsischen als **Fixed-Income** angesprochen werden. Sie, liebe Leserin und lieber Leser, halten ein Lehrbuch in Händen, das die allgemein für das Gebiet als wichtig erachteten Themen behandelt.

Diese Themen sind in drei Teilen dargestellt: Der Teil I (Kapitel 1 bis 6) ist mit **Zinsen** überschrieben. Teil II (Kapitel 7 bis 11), überschrieben mit **Risiken**, ist dem *Zinsrisiko* und, damit zusammenhängend, dem *Währungsrisiko* gewidmet. Teil III (Kapitel 12 bis 14), betitelt mit **Rating**, geht auf die *Ausfallgefahr* ein: Behandelt werden die Bonitätsprüfung und das *Rating* der Schuldner. Außerdem werden erforderlichen Reserven bestimmt, damit Kreditausfälle aufgefangen werden können.

Mit dem Buch werden drei Ziele angestrebt: 1. Vermittlung des Standardwissens über Zinsen, Anleihen und Kredite. 2. Förderung des Verständnisses der Zusammenhänge (damit Ihnen Erklärungen und begründete Prognosen möglich werden). 3. Die Überlegungen anhand von Zahlen nachvollziehen zu können. Denn das Buch möchte auch zu einer besseren praktischen Arbeit verhelfen. Einige rechnerische Techniken sind dabei hilfreich.

Wir, die Autoren, haben den Gegenstand mit der ersten Auflage von *Zinsen, Anleihen, Kredite* erstmals vor fünfzehn Jahren dargestellt, um dem Ausbildungsbedarf an der Universität St.Gallen (HSG) entgegen zu kommen. Mittlerweile wurde der an der HSG kurz als *ZAK* bezeichnete Kurs über *Zinsen, Anleihen, Kredite* von anderen Dozierenden übernommen: Pascal Gantenbein hat inzwischen ein Ordinariat an der Universität Basel inne. Klaus Spremann, Professor emeritus, erfüllt Lehraufträge an der SMU in Singapur.

Den zahlreichen Personen und Institutionen, die auf vielfältige Weise Verbesserungen ermöglichten, sei an dieser Stelle herzlich gedankt. Die vorliegende fünfte Auflage enthält nicht nur Ergänzungen, Korrekturen und Aktualisierungen. Sie ist eine Überarbeitung. Hier und da wurden die Gewichte der Themen angepasst, und die Darstellung wurde durchgängig gestrafft.

Inhalte der Kapitel

Teil I: Zinsen

Das Kapitel 1, betitelt mit **Kredit und Anleihe**, führt in den Gegenstand ein und geht auf ihm entsprechende Berufe ein, so auf Finanzanalysten und Portfoliomanager. Die Konklusion dieses Kapitels bietet Ergänzungen, darunter zur Staatsverschuldung, sowie Fragen zur Lernkontrolle. Wie in den Folgekapiteln auch, sind die Antworten und Lösungen angegeben.

Zu Kapitel 2: Um den **Wert** zu ermitteln, werden zukünftige Zahlungen diskontiert und addiert. Die Diskontfaktoren und die mit ihnen verbundenen Werte hängen mit den Zinssätzen zusammen. Die Zinssätze der verschiedenen Fristen beschreiben die **Zinsstruktur**. Das Kapitel 2 wird mit einer ersten Betrachtung von Zinsrisiken abgeschlossen.

Das Kapitel 3 trägt die Überschrift **Geld- und Kapitalmarkt**. Nach einem Blick auf Primär- und Sekundärmärkte werden der Geldmarkt und die Politik der Zentralbank besprochen. Auch die „unkonventionellen Maßnahmen“ wie das „Quantitative Easing“ werden besprochen. Es folgen die Erklärung internationaler Geldströme als Bond-Flows und Equity-Flows.

Kapitel 4 stellt die grundlegenden **Theorien und Paritäten** dar, die Zusammenhänge zwischen den Zinssätzen und anderen makroökonomischen Größen begründen. Eine der besprochenen *Theorien* ist die *Liquiditätspräferenz-Theorie*, ein Beispiel für die *Paritäten* ist der *Fisher-Effekt*, benannt nach IRVING FISHER (1867-1947).

Kapitel 5 über **Anleihen und Aktien** behandelt Anleihen für die Vermögensanlage und vergleicht sie in dieser Rolle mit Aktien. Dazu werden Kenngrößen betrachtet, zunächst errechnet aus historischen Daten, mit denen die für die Zukunft erwarteten Renditen sowie die Risiken ausgedrückt werden. Das Kapitel 5 zeigt in Grundzügen die Diversifikation im Portfolio.

Kapitel 6 über **Fremdwährungsanleihen** führt Kapitel 5 weiter. Die Frage lautet: Wird durch die internationale Öffnung eines Portfolios aus Anleihen (beziehungsweise aus Anleihen und Aktien) die Performance, also die Relation zwischen Rendite und Risiko verbessert? Der Ansatz von T. R. LEE zeigt, wie solche Studien aufgebaut sind und welche Ergebnisse sie bringen.

Kapitel	Titel	Thema
Teil I	Zinsen	
1	Kredit und Anleihe	Grundbegriffe
2	Wert und Zinsstruktur	Zinssätze, Renditen (*Yields*), Zinsstruktur
3	Geld- und Kapitalmarkt	Geldmarkt, Zentralbank, Geldpolitik
4	Theorien und Paritäten	Erwartungstheorie, Fisher-Effekt, Zinsparität, Kaufkraftparität
5	Anleihen und Aktien	Renditen sind zufällig: *Risk and Return*
6	Fremdwährungsanleihen	Diversifikation von Zins- und Währungsrisiko
Teil II	Risiken	
7	Zinsmodelle	Empirische und stochastische Zinsmodelle
8	Duration	Zinssensitivität und *Duration*
9	Konvexität	Duration-Matching und Konvexität
10	Swaps und Zinsfutures	Steuerung des Zinsrisikos mit Swaps / Futures
11	Zins- und Währungsrisiko	Virtuelle Duration
Teil III	Rating	
12	Distress und Default	Fehler erster und zweiter Art, Rating
13	Kreditrisikoprämie	Risikoadjustierte Kreditkonditionen
14	Reserven	Ausfallverteilung und Verlustverteilung

Teil II: Risiken

Kapitel 7 stellt die Frage, ob es einen Faktor oder zwei, höchstens drei Faktoren gibt, die eine Zinsstruktur festlegen, also alle zehn oder noch mehr Zinssätze liefern. Ein **Zinsmodell** beschreibt den Zusammenhang zwischen den Zinssätzen einerseits und diesem Faktor beziehungsweise diesen wenigen Faktoren andererseits. Zinsmodelle schaffen so eine Grundlage für die *Prognose* der zukünftigen Zinsstruktur. Denn wenn es gelingt, die Veränderung des einen Faktors oder der wenigen Faktoren zu prognostizieren, dann folgt eine Vorhersage für die gesamte Zinsstruktur. Hierzu wird auch das stochastische Zinsmodell von O. VASICEK behandelt.

Kapitel 8: Um Zinsrisiken zu bewältigen, muss vor allem geklärt werden, wie stark die Werte von Anleihen reagieren, wenn sich die Zinsen ändern. Die Zinssensitivität von Anleihen oder allgemeiner von Zinsinstrumenten ist durch ihre **Duration** bestimmt. Die Herleitung geht auf F. MACAULAY zurück.

Kapitel 9: Die Duration erlaubt es, das *Zinsexposure* (also das Ausmaß, Zinsrisiken ausgesetzt zu sein) einer Bank oder eines Kapitalanlegers zu bestimmen. Zum Kern der Führung von Bankgeschäften oder Portfolios institutioneller Investoren gehört die Steuerung der Vermögenspositionen und der Verpflichtungen, das *Asset-Liability-Management* (ALM). Das Kapitel 7 behandelt sodann die **Konvexität**. Sie lehrt unter anderem, dass die Stärke der (konkaven) Krümmung einer Zinskurve die Volatilität der Zinssätze ausdrückt.

Kapitel 10: Um die Zinssensitivität zu steuern, kann der Manager eines Anleiheportfolios neue Instrumente zeichnen, die eigens dazu dienen, die Duration (beziehungsweise die Konvexität) des Portfolios zu verändern. Hierzu gehören **Swaps und Zinsfutures**.

Kapitel 11: Fremdwährungsanleihen finden große Beachtung, doch tragen sie neben Zinsrisiken auch **Währungsrisiken** in das Portfolio. Wir berechnen die Sensitivität des Werts eines Anleiheportfolios im Hinblick auf beide Risikofaktoren, auf Zinsniveau und Währungsparität.

Teil III: Rating

Kapitel 12: Das **Kreditrisiko** umschreibt die Nachteile eines Ausfalls oder eines Defaults des Schuldners. Wir untersuchen zunächst den *Prozess der Kreditvergabe*, die *Beurteilung der Bonität* sowie Fehler erster und zweiter Art. Sodann wird das *Rating* behandelt.

Kapitel 13. Die empirisch ermittelten Ausfallraten für die einzelnen Ratingklassen zeigen, wie hoch in einem aktuarischen (versicherungsmathematischen) Ansatz die **Kreditrisikoprämie** ist, die ein Schuldner zusätzlich zum Zins zahlen muss. Das Verfahren zur Umsetzung im Kreditgeschäft der Banken heißt *Risk-Adjusted-Pricing* (RAP).

Kapitel 14: Das Gesamtrisiko des Kreditportfolios einer Bank bestimmt die Höhe der erforderlichen **Reserven**. Kurz beleuchtet: Die Bankenaufsicht („Basel") und der Basler Ansatz.

Kursaufbau

Wie sollen die 14 Kapitel in einem Kurs durchgenommen werden? Unsere erste Empfehlung betrifft ein Minimalprogramm: Im Plenum werden die Kapitel 2, 3, 4 und 12 besprochen. Eine Auswahl der anderen Kapitel wird Gruppenarbeiten zugewiesen. Dieses Minimalprogramm ist für Executives gedacht, die für das Thema des Buches zwei Tage vorsehen.

Im Regelfall wird dem Thema *Zinsen, Anleihen, Kredite* an der Hochschule ein ganzes Semester gewidmet. Dann können gut alle Kapitel des Buches behandelt werden. Die beiden Kapitel 1 und 6 werden für das Selbststudium vorgesehen. So bleiben zwölf Kapitel für das Plenum. Der Kurs beansprucht drei Stunden wöchentlich über ein Semester hinweg. Bei den zwölf Themen im Plenum kann von der Reihenfolge 2, 3, 4, 5, 7, 8 und 9, 10, 11, 12, 13, 14 abgewichen werden. Einige Dozierende behandeln den Teil III vor Teil II. Sie bringen die für das Plenum gedachten Kapitel in dieser Reihenfolge: 2, 3, 4, 12, 13, 14 und 5, 7, 8, 9, 10, 11.

Literatur

Wir alle müssen immer wieder Berichte und fachliche Darstellungen verfassen und vortragen. Für die Arbeit sind Quellen heranzuziehen, empirische Studien und Literatur. Wer auf professionelle Journale zurückgreift, muss viel lesen. Da ist es leichter, wenn nur der Inhalt neu ist, nicht aber auch noch Stil, Art und Form ein Umdenken verlangen. Deshalb ist es gut, sich selbst mit den Methoden vertraut zu machen, die inhaltlich und der Form nach zu guten Präsentationen und Arbeiten führen. Nur so sind konstruktive Beiträge zur professionellen Diskussion möglich.

1. Drei Empfehlungen:
2. ULRIKE LEOPOLD-WILDBURGER und JÖRG SCHÜTZE: *Verfassen und Vortragen*. 2. Auflage, Springer Verlag 2010. Neben der Regel, auf Zeit, Ziel, Zweck zu achten, werden zahlreiche weitere Tipps vermittelt.
3. BARBARA MINTO: Das Prinzip der Pyramide — Ideen klar, verständlich und erfolgreich kommunizieren. Pearson Studium, München 2005.
4. Eine Empfehlung für Fortgeschrittene sind die „*Writing tips*“ auf der Homepage von JOHN H. COCHRANE, Professor an der Universität von Chicago.

Auf Quellen und weiterführende Literatur wird im Buch immer wieder in Fußnoten verwiesen. Wer damit beginnt, Aufsätze in einer der erwähnten Fachzeitschriften zu lesen, wird über die dortigen Literaturhinweise schnell zu anderen Journalen geführt. Weitere Informationen sind über das *Internet* zugänglich.

5. Wer sich über Denkansätze und Arbeitsrichtungen der Wirtschaftswissenschaften orientieren möchte, sei auf das *Journal of Economic Literature* verwiesen. Es enthält Übersichtsartikel, Buchrezensionen und eine Liste der neuen Aufsätze aus den gängigen ökonomischen Fachzeitschriften.
6. Zu den vier Flaggschiffen der amerikanischen Literatur zur Finanztheorie gehören das *Journal of Finance*, die *Review of Financial Studies*, das *Journal of Financial Economics* sowie das *Journal of Financial and Quantitative Analysis*. Diese renommierten Fachzeitschriften veröffentlichen wissenschaftlich ausgerichtete Arbeiten zur *Finance*.
7. Eine Auswahl jener Fachzeitschriften, die sich an in der Praxis tätige Personen wenden: Das *Financial Analysts Journal*, die Zeitschrift *Finanzmarkt und Portfolio Management*, *Kredit und Kapital* sowie, für den in der Bankpraxis Tätigen, *Die Bank – Zeitschrift für Bankpolitik und Bankpraxis*.

Wenn Sie ein Journalanfänger sind, sollten Sie indessen zunächst einmal die Literaturhinweise *überlesen*, damit Sie nicht gleich von Komplexität überrollt werden. Im Laufe der Zeit entdecken Sie, bei welchen Quellen es sich für Sie lohnt, tiefer einzusteigen. Doch Sie werden einen eigenen Stil haben. Vielleicht ist eine Leitidee, eigene Beiträge an den fachlichen Artikeln im *Economist* zu orientieren: (1) Sie sind kurz, (2) bieten eine Abbildung oder Tabelle, (3) nennen zwei Quellen (Publikationen), und sie sind so geschrieben, dass sie (4) Interesse wecken.

Berufe

In diesem Buch wird das Rüstzeug für die *Finanzanalyse* von Zinsinstrumenten sowie das Management von *Portfolios* aus Zinsinstrumenten entfaltet. Finanzanalysten sind für Banken tätig, in erster Linie Investmentbanken, für Consultingfirmen sowie für die Medien (Wirtschaftspresse). Im Kern geht es bei ihrer Arbeit um die Frage, wie ein Wertpapier als Anlagemöglichkeit einzuschätzen ist. Oft stehen Anleihen und Aktien im Vordergrund. Analysten klären die Konditionen, die für die Ausgabe neuer Wertpapiere marktgerecht sind. Generell dient die Finanzanalyse der Bewertung von Investitionsmöglichkeiten.

Die **Finanzanalyse** stellt Informationen bereit und verhilft an einem Kauf oder Verkauf interessierten Investoren dazu, Entscheidungen aufgrund besserer Information und anhand von Empfehlungen zu treffen. Finanzanalysten beschaffen und verdichten *Information*, um Investitionsmöglichkeiten zu *bewerten*, wobei sie anerkannten *Methoden und Prinzipien* folgen. Durch die Bekanntgabe ihrer Urteile und Gespräche mit Kunden tragen die Finanzanalysten Information in die Märkte, so dass der Informationsgehalt der durch Handel zustande kommenden Preise steigt.

8. Bei der Finanzanalyse wird **Sell-Side** und **Buy-Side** unterschieden.
9. **Sell-Side-Analysten** arbeiten für Banken und Vermögensverwaltungen. Sie geben Empfehlungen für die breite Anlagekundschaft ab. Diese Empfehlungen werden als *Kauf*, *Halten*, oder *Verkaufen* ausgedrückt und in Investorenbriefen und Vorträgen den oftmals privaten Finanzanlegern nahe gebracht. Sell-Side-Analysten spezialisieren sich auf bestimmte Segmente der Finanzmärkte, beispielsweise auf Unternehmensanleihen, auf Fremdwährungsanleihen oder auf die Aktien von Unternehmen in bestimmten Industriesektoren.
10. Ein **Buy-Side-Analyst** arbeitet für *einen* großen Finanzanleger, also für einen institutionellen Investor (Versicherung, Pensionskasse, Investmentfonds) und erkundet für ihn die Opportunitäten, die Vermögensmärkte bieten. Dazu wird der Buy-Side-Analyst genau die Ziele des institutionellen Investors beachten. Sie bestehen darin, die Verpflichtungen gegenüber der eigenen Kundschaft, den Versicherten, gut erfüllen zu können.

Im Umfeld der Finanzanalyse haben sich weitere Berufe etabliert. Zuerst sei das volkswirtschaftliche **Research** genannt. Während sich der Finanzanalyst mit einem einzelnen Wertpapier befasst, wird beim volkswirtschaftlichen Research untersucht, ob ein ganzer Wirtschaftszweig, eine Industrie als Ganzes gesehen, eine Volkswirtschaft oder ein Währungsgebiet für Investoren interessant ist oder nicht. Im Research sind dies die Stichworte: Zinssätze, Inflation, Länderwahl, Länderrisiko, politisches Risiko, Konjunkturzyklus, Währungen.[1]

[1] Gerade am Beispiel der Bewertung von Anleihen wird deutlich, dass die im volkswirtschaftlichen Research tätigen Personen mit Finanzanalysten Hand in Hand arbeiten müssen; beide haben unterschiedliche Arbeitsziele einzig im Hinblick auf den Grad der Aggregation: Während der Finanzanalyst das einzelne Wertpapier bewertet, wird im Research eine Aussage getroffen, ob sich ein Land oder ein Wirtschaftsgebiet insgesamt für Investoren eignet. Aufgrund der engen Zusammenarbeit bezeichnen sich einige im volkswirtschaftlichen Research tätige Personen oft selbst als Analysten.

Das zweite Feld beruflicher Tätigkeit, für das sich dieses Buch eignet, ist das **Portfoliomanagement**. Eine Person oder Institution hat in der Regel mehrere Kapitalanlagen getätigt und ist oft Verpflichtungen eingegangen. So ist es sinnvoll, alle diese Positionen *nicht* einzeln und unabhängig voneinander zu betrachten, sondern sie gedanklich und rechnerisch zusammenzufassen. Dabei entsteht ein **Portfolio**. Die Komponenten eines Portfolios zeigen hinsichtlich wichtiger Merkmale des Portfolios Interaktion. Das wichtigste Beispiel ist die *Diversifikation*. Doch auch die *Liquidität* des Portfolios wird aus Gesamtsicht aller Komponenten gesteuert.

Finanzanalyse Bestimmung von Werten / Kurszielen für einzelne Vermögenspositionen und Wertpapiere mit Begründung, wie die Schätzung zustande kommt	**Research** Bestimmung der relativen Attraktivität von Anleihen in Relation zu Aktien sowie der Attraktivität von Währungen, Ländern, Sektoren
Portfoliomanagement Integrierte Betrachtung aller Positionen des Portfolios im Hinblick auf die Renditeerwartung, das Risiko und die Liquidität	

Kapitalanleger wie Banken, Versicherungen, Stiftungen, Pensionskassen, Investmentfonds und schließlich auch die Zentralbank managen große Portfolios aus Anleihen. Sie kontrollieren die *Rendite*, das *Risiko* und die *Liquidität* dieser Portfolios mit einem Blick auf die eingegangenen Verpflichtungen – meist sind das Zusagen gegenüber den eigenen Kunden.

In der Nachbarschaft des Portfoliomanagements steht eine weitere berufliche Tätigkeit: die **Finanzberatung** privater Anleger. Dieses **Financial Advisory** ist eine kundennahe Grundfunktion von Vermögensverwaltung und Private Banking.

In vielen Fällen wird ein Portfoliomanager nicht selbst die private Kundschaft beraten. Allerdings wird ein Portfoliomanager Berichte erstellen, die dann der **Finanzberater** oder **Finanzplaner** (beziehungsweise der Finanzberaterin) dem Kunden überreicht und weiter erklärt. Auch wird ein Manager, der das Portfolio eines Kunden (und die Portfolios anderer Kunden) führt, selbstverständlich Präferenzen und Vorgaben zur Kenntnis nehmen und berücksichtigen. Der Portfoliomanager wird aber die Erkundung, welche Präferenzen ein einzelner Kunde nun genau hat, einer Finanzberaterin oder einem Finanzberater überlassen.

Berufsvereinigungen

Berufsvereinigungen bieten Schulungen, die zur Lizenzierung führen. Dazu verfügen sie über eigene Unterrichtsmaterialien. Sie organisieren Tagungen und Kongresse, auf denen die Besucher andere Personen mit gleichen Interessen kennen lernen. Schließlich bemühen sich Berufsvereinigungen auch um die Entwicklung und Pflege ethischer Standards.

1. Im angelsächsischen Raum gibt es als Titel den *Chartered Financial Analyst* (**CFA**), er wird vom CFA Institute nach einer allgemein als anspruchsvoll betrachteten dreijährigen Ausbildung zu Themen der Investition und Finanzanalyse vergeben. Der Titel des CFA ist nicht mit dem des CFP zu verwechseln, dem Certified Financial Planner.
2. **FRM** oder Financial Risk Manager ist der Titel, den die Global Association of Risk Professionals verleiht. Kandidaten müssen eine strenge, praxisorientierte Prüfung ablegen, die Hauptpunkte des Managements finanzieller Risiken abdeckt.
3. **CAIA** ist ein Titel, den die CAIA Organisation verleiht. Dieser Titel zeigt Expertise in Alternative Investments.
4. Mit **MRICS** werden Mitglieder von RICS bezeichnet, der *Royal Institution of Chartered Surveyors*, der von Großbritannien ausgegangenen, internationalen Berufsvereinigung der amtlich zugelassenen Gutachter.
5. Das **DVFA-Diplom** als Investmentanalyst wird von der DVFA (Deutsche *Vereinigung für Finanzanalyse und Anlageberatung e.V.*) vergeben, dem Berufsverband der Kapitalmarktexperten und Investment Professionals in Deutschland. Die DVFA sorgt für Standesrichtlinien, sie betreut die Aus- und Weiterbildung, gibt Publikationen heraus und pflegt das Arbeitsgebiet der Kapitalexpertise.
6. Den Titel **Eidgenössischer diplomierter Finanz- und Anlageberater** vergibt die *Schweizerische Vereinigung für Finanzanalyse und Vermögensverwaltung* (**SVFV**). Die SVFV hat ihr Ausbildungswesen an das *Ausbildungszentrum für Experten der Kapitalanlage* (**AZEK**) delegiert.
7. Eine weltweite Berufsvereinigung ist die *Financial Management Association International* (**FMA**). Die FMA versteht sich als *„a global leader in developing and disseminating knowledge about financial decision making"* und ist eine Non-Profit-Organisation.

Mit diesen Hinweisen wünschen wir Ihnen Lernerfolg und Freude am Thema *Zinsen, Anleihen, Kredite*, sowie anschließend Erfolg in Ihrem Beruf und bei Ihren Geldanlagen.

Pascal Gantenbein und Klaus Spremann, Herbst 2014

I Zinsen

Der rote Faden für Teil I: Als Anleihen (Renten, Obligationen, Bonds) verbriefte Schuldverschreibungen stehen im Zentrum des Handels an einem **Kapitalmarkt** (Kapitel 1). Die **Kurse** am Kapitalmarkt und die Höhe der **Zinsen** stehen in gegenseitiger Beziehung oder Wechselwirkung (Kapitel 2). Innovationen und Varianten lassen Kapitalmärkte wachsen. **Zentralbanken** versuchen Einfluss zu nehmen – mit der konventionellen oder mit einer unkonventionellen Vorgehensweise (Kapitel 3). Selbstverständlich hängt das Geschehen am Kapitalmarkt mit anderen makroökonomischen Vorgängen im Inland und im Ausland zusammen (Kapitel 4), und die Zusammenhänge werden als **Paritäten** bezeichnet. Anleihen sind (neben Aktien) für die **Kapitalanlage** ausgesprochen interessant. Dabei spielen Zinsrisiken, Währungsrisiken, und bei Einbezug von Aktien auch die unternehmerischen Risiken hinein. Eine Grundempfehlung lautet, Portfolios zu diversifizieren (Kapitel 5 und 6).

1 Kredit und Anleihe

Themen: Grundbegriffe, der Kapitalmarkt, Primärmarkt und Sekundärmarkt. In der Konklusion Verschuldung und Überschuldung sowie Fragen zur Lernkontrolle.

1.1 Grundbegriffe

Lernziele: 1. Kredit, Fungibilität, Anleihe. 2. Typische Volumina. 3. Liquidität des Handels.

1.1.1 Kredit

Wer sich Geld leiht, muss den Betrag später zurückzahlen und zusätzlich einen Zins entrichten. Dieser Sachverhalt gilt seit jeher für Ausleihungen im privaten Bereich ebenso wie für Kredite, die sich Kunden von ihrer Bank geben lassen. Der **Schuldner** (**Borrower**, **Debtor**) erhält heute einen Geldbetrag und muss später Zahlungen leisten: erstens den Zins entrichten und zweitens am Ende der Laufzeit den vereinbarten Betrag, den Nominalbetrag, zurückzahlen. Der **Gläubiger** (**Creditor, Lender**) überlässt den Kreditbetrag mit der festen Erwartung, die Zinszahlungen und die Rückzahlung des Kredits zu den vereinbarten Zeitpunkten zu erhalten. Somit tätigt der Gläubiger, der einen Kredit gibt, eine **Geldanlage**. Die **Rendite** dieser Geldanlage wird maßgeblich von den **Zinszahlungen**, der **Rückzahlung** und dem **Zeitraum bis zur Fälligkeit** bestimmt.

Ab und zu können Schuldner nicht die vertraglich zugesagten Forderungen erfüllen. Es liegt dann hinsichtlich des betrachteten Kredits ein **Ausfall**, ein **Kreditereignis**, ein **Default** vor. Die Gesetze geben dem Gläubiger besondere Rechte, falls ein solcher Fall eintritt. So kann jeder Gläubiger bei Zahlungsausfall und bei Überschuldung (Insolvenz) beantragen, dass über den Schuldner ein Konkursverfahren eröffnet wird. Nur in besonderen Situation kann der Schuldner gegen die Eröffnung eines Konkursverfahrens Einspruch erheben. In der Praxis kommt es bei großen Schuldnern allerdings nicht gleich zu einem Konkurs. Die Kapitalgeber klären zusammen mit dem Schuldner, ob es nicht besser wäre, fortzufahren. In diesem Fall treffen sie ein **Moratorium**, sie leisten also eventuell einen Teilverzicht auf ihre finanziellen Ansprüche, und möglicherweise geben sie dem Schuldner noch zusätzliches Kapital.

Zudem werden oft zwischen Schuldner und Gläubiger **Kreditkonvenanten** als zusätzliche Bedingungen im Kreditvertrag vereinbart. Dann kann ein Gläubiger sogar noch vor einem Zahlungsausfall oder vor der Insolvenz die Wirtschaftstätigkeit des Schuldners beeinflussen oder sogar bestimmen. Kreditkonvenanten greifen bereits, wenn sich die wirtschaftliche Lage des Schuldners verschlechtert und eine *Lage finanzieller Anspannung* (*Financial Distress*) eintritt. Um festzustellen, ob dies der Fall ist oder nicht, werden Kennzahlen herangezogen.

Um bereits zu Beginn eines Kreditgeschäfts den Gläubiger sicher zu stellen, wird der Schuldner über die Verwendung des Kreditbetrags Auskunft geben sowie periodisch über seine wirtschaftliche Lage (im Hinblick auf die Rückzahlungsmöglichkeit des Kredits) informieren.[1] Alle diese Informationspflichten des Schuldners sowie Eingriffsmöglichkeiten des Gläubigers dienen dazu, das Kreditwesen eines Landes sicherer zu machen. **Ein Kreditvertrag kombiniert die vereinbarten Zahlungen mit gewissen Rechten und Pflichten.**

Kreditverträge sind als *privatrechtliche* Verträge zwischen Schuldner und Gläubiger im Wesentlichen frei vereinbar. Viele Kreditverträge werden etwa so vereinbart, dass der Gläubiger seine Forderungen an einen Dritten abgeben darf, ohne dass der Schuldner dann eigens zustimmen muss. Die **Übertragbarkeit** wird als **Fungibilität** und eine Übertragung als **Zession** bezeichnet. Oder ein Kreditvertrag wird so vereinbart, dass der Schuldner das Recht hat, den Kredit vorzeitig zurückzuzahlen. Kreditkonvenanten können vereinbart werden oder eben auch nicht.

Kreditverträge sind überall durch die nationalen Gesetze geregelt, so in Deutschland im BGB, in Österreich im ABGB und in der Schweiz im Obligationenrecht. Dennoch schränken nur wenige dieser übergeordneten Gesetze die Vertragsfreiheit ein. Folglich gibt es zahlreiche Varianten von Krediten. Dies nicht nur hinsichtlich Betrag, Zinshöhe und Laufzeit, sondern vor allem hinsichtlich der Ausgestaltung der weiteren Rechte und Pflichten. Kreditverträge können rein mündlich vereinbart werden, und das wird so bei privaten Krediten zwischen Personen gehandhabt, die sich gut kennen. Auch im Geschäftsleben werden Verträge oft durch Handschlag geschlossen. Doch die schriftliche Form wird bevorzugt. Ein Schriftstück, das die Forderungen des Gläubigers in einer Urkunde festhält, ist die **Schuldverschreibung**. Um die Übertragbarkeit (Fungibilität) zu erleichtern, wird die Schuldverschreibung nicht nur so formuliert, dass sie wie ein Wertpapier weitergegeben (verkauft) werden kann. Es wird dann oft vorgesehen, dass der Begünstigte der jeweilige **Inhaber** ist. Selbstverständlich gibt es große Unterscheide hinsichtlich der Höhe der Kreditbeträge sowie der Laufzeiten der Kredite.

→ **Beispiel 1-1**: Banken geben Kredite an Unternehmen bis zu einer Größenordnung von etwa einhundert Millionen Euro. Ist der benötigte Kreditbetrag höher, finden sich mehrere Banken und bilden ein **Konsortium**, das die Wertpapiere ausgibt. Solche **Konsortialkredite** oder **syndizierte Kredite** haben einen Betrag von bis zu 1 Milliarde Euro. ■

---

[1] Oftmals betont wird, ob der Kreditnehmer „Sicherheiten" stellen kann. Sicherheiten (im engeren Sinn) sind bei Grundschulden üblich sowie bei einem Lombardkredit (Sicherheiten bietet ein verpfändetes Portfolio). Weitere Vertragsklauseln, vor allem Kreditkonvenanten, werden als Sicherheiten im weiteren Sinn gesehen (siehe Kapitel 12).

Hinsichtlich der Laufzeit der Kredite sind zwischen Bank und Schuldner viele Regelungen anzutreffen. Vielfach benötigt der Schuldner das Kapital eigentlich für immer. Die Laufzeit eines Kredits ist dann *de facto* nur der Zeitraum, für den die Zinshöhe fixiert ist. Die **Laufzeit** wird so zu einer **Zinsbindungsfrist**. Bei Laufzeitende wird der Kredit verlängert: ein neuer Vertrag wird geschlossen, doch eben mit den dann aktuellen Zinssätzen.[2]

1.1.2 Anleihe

Die Übertragbarkeit einer Schuldverschreibung bietet nicht nur die Möglichkeit, dass der Gläubiger die Forderungen einmal überträgt und der neue Gläubiger sie vielleicht noch einmal überträgt. Die meisten Schuldverschreibungen sind gleich als **Wertpapier** gestaltet, das die Übertragbarkeit deutlich erleichtert. Bei den Schuldnern sei vor allem an den Staat sowie an Unternehmen gedacht. Die von ihnen als Wertpapiere ausgegebenen Schuldverschreibungen werden als **Staatsanleihen** (**Sovereign Bonds**) oder **Unternehmensanleihen** (**Corporate Bonds**) bezeichnet.

Bei einem Kredit werden die Wertpapiere als **Anleihen** (**Renten**, **Obligationen**, **Bonds**) bezeichnet (*to bond* = binden, festigen). Anleihen versprechen, den Zins in Form sogenannter **Kuponzahlungen** zu leisten[3] und (in aller Regel) einen **Nominalbetrag** zu einem bestimmten Zeitpunkt zurückzuzahlen.

Sowohl die Kuponzahlungen als auch die Höhe der Rückzahlung werden in einer und derselben Währung genannt. So können Anleihen in Dollar oder in Euro, in Pfund, Schweizerfranken oder Yen denominiert sein. Meist sind die Zinszahlungen, die der jeweilige Inhaber einer Anleihe vom Schuldner erhält, die Kuponzahlungen also, der *nominalen* Höhe nach für die gesamte Laufzeit der Anleihe als Betrag festgeschrieben. Oder die Kuponzahlungen werden als *Prozentsatz vom Nennwert* fixiert.

So oder so sind die Kuponzahlungen mit der *Ausstattung* der Anleihe bereits bei ihrer Ausgabe festgehalten und bleiben über die Laufzeit unverändert. Der Kupon wird während der Laufzeit jährlich oder halbjährlich bezahlt, sowie noch einmal zum Zeitpunkt der Fälligkeit der Anleihe. Auf diese Weise haben die Finanzanleger ein laufendes Einkommen.

Selbstverständlich gibt es Anleihen, die mit einem *hohen* Kupon und solche, die mit einem verhältnismäßig *niedrigen* Kupon ausgestattet sind. Diese Vor- und Nachteile spiegeln sich dann in den *Werten* dieser Anleihen.

---

[2] Zu erwähnen ist, dass bei bilateralen Krediten, vereinbart etwa zwischen einer Unternehmung und einer Bank, Nachverhandlungen üblich sind, falls sich die Situation ändert. Beispielsweise versuchen Unternehmen während der Laufzeit eines Kredits günstigere Konditionen zu erreichen, sobald sich ihre wirtschaftliche Lage verbessert weil sie neue Aufträge erhalten oder verbesserte Absatzzahlen vorlegen können. Denn die Kreditkonditionen enthalten eine „Versicherungsprämie" für den Fall eines Ausfalls, und bei Verbesserung der wirtschaftlichen Lage verringert sich die Wahrscheinlichkeit, dass es zu einem Kreditausfall kommt.

[3] Der Begriff der Kuponzahlung stammt aus der Zeit, als die „Verzinsung" kassiert wurde, indem die dem Wertpapier beigefügten Kupons einer Zahlstelle vorgelegt worden sind – was oft genug anonym abgewickelt wurde.

Genau wie es Kredite gibt, bei der die gesamte Verzinsung zum Fälligkeitszeitpunkt geleistet wird, gibt es Anleihen, bei denen innerhalb der Laufzeit überhaupt keine Kuponzahlungen geleistet werden. Es wird bei Fälligkeit eine einzige Zahlung geleistet. Eine derartige Anleihe wird als **Nullkupon-Anleihe** oder **Zerobond** bezeichnet (weitere besondere Anleihen in Kapitel 3).

1. Die Kuponzahlungen unterliegen als Kapitalerträge praktisch überall der **Einkommensteuer**, und in einzelnen Ländern wird auch das Vermögen besteuert. Steuern sind im Ländervergleich sowie aufgrund der Steuerprogression unterschiedlich hoch. Einige Institutionen müssen keine Kapitalerträge versteuern, wie beispielsweise Pensionskassen und andere öffentlich-rechtliche Einrichtungen.
2. Außerdem gibt es staatliche Instanzen, die Anleihen mit steuerfreien Kupons ausgeben (um auf diese Weise leichter Kapital aufnehmen zu können). Beispielsweise sind in den USA die **Municipal Bonds**, kurz **Muni-Bonds**, für Personen mit Steuerresidenz in den USA steuerbefreit. Amerikanische Vorschläge für den Vermögensaufbau von Privatinvestoren empfehlen daher stets Muni-Bonds.
3. Wegen der verschiedenen Höhe von Steuern werden im Bereich *Zinsen, Anleihen, Kredite* üblicherweise **Vorsteuerbeträge** betrachtet.

Einige Maßnahmen bewirken, dass ein regelrechter Handel mit solchen Anleihen entsteht. Hierzu gehört die **Stückelung** der Anleihen: Der Gesamtbetrag des Kredits wird auf zahlreiche Wertpapiere gleicher Art verteilt. Auf diese Weise können erstens verschiedene Finanzinvestoren gewonnen werden, die dann die Funktion des Gläubigers für jeweils einen *Teil* des Kreditbetrags übernehmen.

Zweitens werden *sehr große Kreditvolumina* möglich. Städte, Kommunen, der Staat, überstaatliche Einrichtungen (etwa die Weltbank) und große Aktiengesellschaften nehmen neue Kredite auf, indem sie Anleihen ausgeben und einer *Vielzahl* von privaten und institutionellen Finanzinvestoren (Versicherungen, Pensionskassen, Fondsmanager) anbieten.

Die privaten und institutionellen Anleger sind auch deshalb zur Übernahme der Anleihen bereit, weil sie wissen, dass diese Wertpapiere jederzeit verkauft werden können. So haben alle – Schuldner wie Gläubiger/Anleger – ein Interesse daran, die Möglichkeiten zu Verkauf und Kauf der Anleihen zu institutionalisieren. Am besten eignet sich der *Markt* als Institution. Der Markt für Anleihen wird als **Kapitalmarkt** bezeichnet.

Um den Kapitalmarkt zu organisieren, werden Börsen eingerichtet. Außerdem wird das Handelsgeschehen gesetzlich geregelt und die Börsen werden beaufsichtigt. Dadurch kann jeder Finanzanleger darauf vertrauen, dass nach Übernahme oder Kauf einer Anleihe die Verkaufsmöglichkeiten erhalten bleiben. Der am Kapitalmarkt aufgrund von Angebot und Nachfrage entstehende Preis oder Kurs einer Anleihe drückt den **Wert der Forderungen auf zukünftige Zahlungen (Kupon, Rückzahlung)** aus, die mit der jeweiligen Anleihe zugesagt sind. Der Preis oder Kurs einer Anleihe am Kapitalmarkt ändert sich über die Zeit hinweg vor allem, wenn neue Informationen aufkommen, die Angebot und Nachfrage nach Anleihen beeinflussen.

1.1.3 Laufzeiten und Volumina

Mit ganz wenigen Ausnahmen haben Anleihen eine *beschränkte* Laufzeit. Vielfach sind das bei Ausgabe 5, 10 oder 15 Jahre. Anleihen, die bei Ausgabe nur eine Laufzeit von 2 oder 3 Jahren haben, werden als **Kurzläufer** bezeichnet. Bei einer Laufzeit von 10 oder 15 Jahren wird von einem **Langläufer** gesprochen. Anleihen mit Laufzeiten von 30 oder 50 Jahren heißen **Ultralangläufer**. Mittlere Laufzeiten von fünf Jahren werden oft von Privatanlegern bevorzugt, während institutionelle Anleger auch Langläufer und Ultralangläufer in ihre Portfolios aufnehmen. In Kontinentaleuropa überwiegen bei der Ausgabe oder Emission neuer Anleihen Laufzeiten von 5, 8 und 10 Jahren, auch wenn vereinzelt längere Laufzeiten geboten werden. In England und in den USA sind seit jeher Laufzeiten von 30 Jahren und mehr üblich. Die Akzeptanz solch langer Laufzeiten setzt Vertrauen in die Stabilität der Kaufkraft des Geldes voraus:

→ **Beispiel 1-2**: Wer Zentralbank und Wirtschaftspolitik des Landes nicht vertraut, der kauft keine Langläufer und erst recht keine Ultralangläufer. Das ist ein Grund, weshalb es noch vor wenigen Jahrzehnten keinen Kapitalmarkt in Polen gab, obwohl sich die Regierung gern auf Złoty lautende Anleihen ausgegeben hätte und polnische Lebensversicherungsgesellschaften die polnischen Staatsanleihen übernommen hätten. Alle befürchteten, der Staat könnte sich allzu leicht seiner Schulden entledigen, indem Inflation zugelassen oder sogar gefördert wird. ■

→ **Beispiel 1-3**: Die USA emittieren seit Jahrzehnten regelmäßig Staatsanleihen mit einer Laufzeit von 30 Jahren, IBM hat eine Unternehmensanleihe mit einer Laufzeit von 100 Jahren ausgegeben. Die Schweiz hat 1998 eine Anleihe ausgegeben, die bis 2049 läuft. ■

→ **Beispiel 1-4**: Inzwischen gibt es einige auf Euro lautende Ultralangläufer. Sie zeigen, dass ein großes Vertrauen in die Dauerhaftigkeit der Stabilität des Euro entstanden ist (auch wenn in der jüngsten Krise Analysten ein Zerbrechen der Einheitswährung für möglich erachtet haben). 1. Frankreich hat 2005 eine Staatsanleihe mit einer Laufzeit von 50 Jahren ausgegeben. Der französische Ultralangläufer trägt einen Kupon von € 4. Der Ausgabekurs war € 95,632 (bezogen auf €100 Nominalwert). Volumen des Ultralangläufers: 6 Milliarden Euro. Bei Ausgabe gab es für das dreifache Volumen Kaufinteressenten (Überzeichnung). 2. Österreich hat 2012 eine Staatsanleihe über zwei Milliarden Euro und 50 Jahre ausgegeben, die bisher längste Laufzeit für auf Euro lautende Staatsanleihen. Pensionsfonds haben großes Interesse an Ultralangläufern.

Bei Ausgabe neuer Anleihen fließen die von den ersten Investoren stammenden Geldbeträge dem Schuldner zu. Typische Volumina für Emissionen: zwischen 100 Millionen und 10 Milliarden Euro bei Unternehmensanleihen. Ein Bericht der Schweizer Börse nennt 71 Emissionen (für den Februar 2014) mit insgesamt 6,034 Milliarden Schweizerfranken. Das sind im Durchschnitt 70 Millionen Euro pro Emission, wobei der Bericht die geringen Volumina beklagt. Andererseits hat Apple im Jahr 2014 über 17 Milliarden Dollar durch Emission einer Anleihe aufgenommen – das Geld soll in den Rückkauf eigener Aktien und in Dividenden fließen. Staaten geben Anleihen in noch höheren Volumina aus, bis rund 50 Milliarden Euro. Einige Finanzinvestoren halten große Beträge in Staatsanleihen. Dazu gehören die Staatsfonds (Sovereign Funds). Die Volksrepublik China hält in ihrem Portfolio US-Staatsanleihen im Gesamtwert von 1.270 Milliarden Dollar. ■

1.1.4 Ausstattung einer Anleihe

Bei der ersten Ausgabe (**Emission**) einer Anleihe wird sie unter Nennung der Konditionen (Währung, Schuldner, Laufzeit, Kupon, Ausgabekurs) interessierten Investoren zur Zeichnung angeboten. Die Ankündigung und Entgegennahme der Bestellungen übernimmt eine Investmentbank, die den Schuldner bei der Emission unterstützt. Die Portfoliomanager der institutionellen Investoren, unterstützt von Buy-Side-Analysten, entscheiden aufgrund der Ankündigungen, ob und welchen Betrag sie *zeichnen*, also bei Emission vom Schuldner zu übernehmen *versprechen*.

Versicherungsgesellschaften, Pensionskassen legen immer wieder Mittel an, weil die ihnen von Kunden zufließenden Beitragszahlungen und Anlagebeträge die laufenden Zahlungen an Leistungsempfänger und Bezieher von Pensionen übersteigen. Jedenfalls ist das in einer wachsenden Wirtschaft der Fall, wenn die beitragspflichtigen Löhne steigen und die Anzahl der Versicherten nicht schrumpft. Ähnlich haben auch Investmentfonds immer wieder neuen Anlagebedarf. Die institutionellen Investoren beachten deshalb periodisch die Emissionsankündigungen der kommenden Wochen und legen aufgrund ihrer Finanzplanung fest, welche der neuen Anleihen sie in ihre Portfolios aufnehmen wollen und mit welchem Betrag.

Viele Emissionsankündigungen weisen auf rechtliche Besonderheiten hin. Einige seien genannt: 1. Der Schuldner kann sich vorbehalten, die Anleihe bereits **vor Ende der Laufzeit zurück zu zahlen**.[4] 2. Einige Unternehmensanleihen bieten ein **Wandelrecht**: Anlegern wird die Möglichkeit (Option) gegeben, die Anleihe in Aktien zu tauschen. Dafür ist der Kupon geringer. 3. Als dritte Besonderheit bei Unternehmensanleihen sei der **Rang der Anleihe** (**Seniorität**) erwähnt. Die Seniorität bezieht sich auf den unerwünschten Fall, dass der Schuldner in Zahlungsschwierigkeiten gerät und ein Konkursverfahren eröffnet wird.

Bei einem Konkurs werden finanzielle Gläubiger und andere Anspruchsberechtigte (wie Lohnempfänger) *nicht alle mit derselben Quote* berücksichtigt. Vielmehr werden beim Konkurs die Forderungen in eine *Hierarchie* gebracht. An oberster Stelle stehen die Ansprüche von Lohnempfängern und Sozialverpflichtungen. Erst wenn aus der Konkursmasse diese Forderungen *vollständig* bedient werden können, werden die hierarchisch unteren Stufen oder **Ränge** berücksichtigt. Bei Anleihen von Unternehmen, bei denen ein Konkurs nicht auszuschließen ist, spielt der Rang oder die Seniorität eine wichtige Rolle: Der Rang lässt vermuten, wieviel Prozent der Forderung im Konkursfall eingebracht werden können. Bei einer erstrangigen Anleihe können in einem Konkurs 50% der Forderung und mehr einbringlich sein, während die Inhaber nachrangiger Anleihen oftmals leer ausgehen.

Bei einer Anleihe wird von einem **erstklassigen** Schuldner gesprochen, wenn diesem eine hohe Bonität zugesprochen wird (Wahrscheinlichkeit für einen Ausfall ist gering). Eine Anleihe wird als **erstrangig** bezeichnet, wenn sie mit hoher Seniorität ausgestattet ist (Einbringlichkeit im Konkursfall ist hoch).

[4] Vorzeitige Kündigung wird gewünscht, wenn das Zinsniveau bei Ausgabe hoch ist und der Schuldner erwartet, sich in wenigen Jahren günstiger finanzieren zu können.

1.1.5 Liquidität

Verschiedene Umstände fördern die leichte Übertragbarkeit und den Handel einer Anleihe am Kapitalmarkt:

Erstens ist die **Verbriefung** zu nennen, bei der das rechtlich als *übertragbar* gestaltete Kreditgeschäft in die Form eines Wertpapiers gebracht wird.

Zweitens ist die **Stückelung** der Wertpapiere von Einfluss, sowie damit verbunden, die Ansprache einer heterogenen Anlegerschaft. Sie lässt erwarten, dass sich unter verschiedensten Bedingungen immer wieder Käufer und Verkäufer von Anleihen am Kapitalmarkt treffen und handeln. Selbstverständlich wirkt sich dabei ein hohes Volumen (zahlreiche Anleihen derselben Art) günstig auf die Lebendigkeit des Handels aus. An dieser Stelle sei auch erwähnt, dass die Leichtigkeit des Handels begünstigt wird, wenn die Finanzanleger eine Handelsmentalität entfalten und sofort kaufen oder verkaufen, sobald sie eine auch nur kleine preisliche Unstimmigkeit erkennen. Der allgemeine Handel ist nicht so lebendig, wenn die Kapitalanleger die Anleihen übernehmen und dann bis zur Fälligkeit halten.

Drittens begünstigt die **Organisation des Handels** als **Börse** unter Einschluss von gesetzlicher Regelung und Aufsicht die Leichtigkeit des Handels.

Die genannten Umstände bewirken die Leichtigkeit der Handelsmöglichkeiten. Sie wird mit dem Begriff der Marktliquidität umschrieben. Immer wieder werden für die Messung der Marktliquidität zwei Kennziffern herangezogen. Der Umsatz (an Wertpapieren) und die Transaktionskosten. Die Transaktionskosten werden durch einen **Roundtrip** gemessen: Ein Wertpapier wird in einer bestimmten Quantität an der Börse ohne Limite gekauft und gleich anschließend ohne Limite verkauft. Der dabei zu verzeichnende Verlust ist ein Indikator für die Marktliquidität. Börsenorganisationen publizieren regelmäßig die bei einem Roundtrip in einer bestimmten Größenordnung entstehenden Transaktionskosten. Sie sind bei Anleihen äußerst gering.

Mit dem Begriff der Marktliquidität werden indes weitere Eigenschaften verbunden: So wird von einem liquiden Markt erwartet, dass eine einzelne Transaktion *keinen nennenswerten Einfluss* auf den Kurs hat. Dafür ist günstig, wenn die Handelsvolumina hoch sind. Außerdem wird beim Begriff der Marktliquidität die Frage gestellt, wie groß der Zustrom neuer Nachfrager und Anbieter an die Börse ist.

Diese Eigenschaft ist die *Erneuerungskraft* des Marktes, die **Resilienz**. Wer von hoher Marktliquidität spricht, geht davon aus, dass der Markt eine kraftvolle Resilienz aufweist. Die Resilienz hängt vor allem von der Heterogenität der Anleger ab. Große Emissionen mit einer heterogenen Anlegerschaft führen auf hohe Liquidität und kräftige Resilienz.

Marktliquidität: 1. Für jeden Transaktionswunsch (Kauf oder Verkauf) wird praktisch jederzeit über die Börse eine passende Gegenseite gefunden, so dass die Transaktion ohne Wartezeit vollzogen werden kann. 2. Die Transaktionskosten sind dabei gering. 3. Der Kurs oder Preis ändert sich selbst bei einer größeren Order kaum. 4. Sind alle Order abgewickelt, dann kommen immer wieder neue Ordner herein: Der Markt erneuert sich, er hat Resilienz.

Die **Liquidität des Handels** ist ein großer Pluspunkt, den Wertpapiere und Börsen aufweisen. Sie ist zunächst ein Vorteil für die Anleger. Anleger ziehen Anleihen, Währungen und Märkte vor, bei denen die Liquidität hoch ist. Sie investieren in hoch liquide Anleihen, Währungen, Märkte auch dann, wenn die Konditionen etwas ungünstiger sind als in Instrumenten, Währungen und Märkten mit geringerer Liquidität. Daher können die Schuldner bei hoher Marktliquidität das benötigte Kapital günstiger erhalten als bei geringerer Marktliquidität. Die **Kapitalkosten sind bei hoher Marktliquidität geringer**. Somit ziehen auch die Schuldner Anleihen, Währungen und Märkte mit hoher Liquidität solchen vor, bei denen die Marktliquidität geringer ist.

Die Schuldner gehen dazu für die Emission an Finanzplätze, wo es ausgereifte Gesetze gibt, die Börsen gut funktionieren und der Staat eine hohe Reputation genießt, auch in kritischen Zeiten für das stabile Funktionieren des Finanzsystems einzutreten. **Gesuchte Kapitalmärkte bestehen in den Währungen Dollar, Euro, Yen, Pfund und Schweizerfranken**. In den Ländern dieser Währungen ist die Liquidität der Kapitalmärkte hoch, und die Kapitalkosten sind geringer. Eine zweite Gruppe von Ländern hinsichtlich der Marktliquidität bilden **Kanada, Australien, Südkorea, Neuseeland**. Unternehmen investieren in den Ländern mit hoher Marktliquidität mehr, zusätzliche Arbeitsplätze werden geschaffen. Wo sich der Kapitalismus zwar mit guten Regeln doch ansonsten frei entfalten kann, entsteht allgemeiner Wohlstand.

1.1.6 Kurs und innerer Wert

Durch Verbriefung und die Schaffung von Handelsplätzen (Börsen) sind, was die *Anleihen* betrifft, in den letzten Jahrhunderten in allen Ländern **Kapitalmärkte** entstanden. In vielen Ländern ist der Staat der größte Schuldner. Der Staat emittiert hohe Volumina von zehn Milliarden Euro und mehr. Das geschieht bei Bedarf, das heißt bei parlamentarischer Verabschiedung des Haushaltes und damit jährlich wenigstens einmal. Vielleicht gibt es einen Nachtragshaushalt und andere Anschlussfinanzierungen. Wenn zweimal im Jahr eine neue Staatsanleihe (**Sovereign Bond**) aufgelegt wird und die Anleihen jeweils über zehn Jahre laufen, dann gibt es am Kapitalmarkt stets zwanzig Typen ausstehender Staatsanleihen.

Überschlagsrechnung: Beläuft sich (wie im Fall Deutschland) das Gesamtvolumen der Verschuldung des Bundes (ohne Verschuldung der Länder und Gemeinden sowie der Sozialwerke) auf rund 1,3 Milliarden Euro, dann führt eine grobe Rechnung – Jedes Jahr zwei neue Anleihen ausgegeben – auf rund 65 Milliarden Euro als Volumen einer der Staatsanleihen. Es werden also nicht sehr viele verschiedene Arten gehandelt, doch bei jeder dieser Art sind die Volumina recht hoch. Dadurch ist ein hochliquider Handel möglich.

Die Liquidität der Staatsanleihen ist sehr stark ausgeprägt. Die gehandelten Volumina sind hoch, die Transaktionskosten äußerst gering. Selbst größere Kauf- oder Verkaufsorders verursachen keine nennenswerten Kursbewegungen. Daraus folgt, dass die Kurse stets die „inneren Werte" (wir kommen noch darauf) exakt widerspiegeln.

Denn würde ein Teilnehmer am (liquiden) Markt für Staatsanleihen sehen, dass eine Differenz zwischen Kurs und Wert besteht, würde ihn dies zu sofortigen Käufen oder Verkäufen führen. Auch kleine Unterschiede wirken sich bei den hohen Volumina aus und verschwinden daher im Handel sofort. Zudem gibt es eine große Sicherheit bei der Berechnung der inneren Werte, denn es bieten sich zahlreiche Vergleichsmöglichkeiten an.

Die verschiedenen Staatsanleihen werden selbst bei unterschiedlicher Laufzeit von den Kapitalanlegern als *Substitute* betrachtet: Wenn die Kurse einer Staatsanleihe mit vierjähriger Restlaufzeit einem Investor zu hoch erscheinen, kann der Investor gut auf eine Staatsanleihe mit fünfjähriger Restlaufzeit ausweichen und diese nach einer vierjährigen Haltedauer verkaufen. Der Kapitalmarkt ist daher stark **zusammenhängend**. Damit besteht eine enorme Bewertungssicherheit.

Unternehmensanleihen haben im Vergleich zu Staatsanleihen immer noch einen Handel *guter* Liquidität, doch er ist nicht so liquide wie der Markt für Staatsanleihen. Bei Unternehmensanleihen kommt hinzu, dass die Bonität der Schuldner nicht ganz exakt eingeschätzt werden kann.[5] Die Bewertungsunsicherheit hinsichtlich der Ausfallgefahr bewirkt bereits, dass die „inneren Werte" bei einer Unternehmensanleihe nicht so treffsicher bestimmbar sind wie bei einer Staatsanleihe.

Deshalb bilden Staatsanleihen den Kern der Kapitalmärkte. Ohne Staatsanleihen ist es sogar unmöglich, einen Markt für Unternehmensanleihen zu etablieren.

In Ländern wie den USA und England ist der Staat seit Jahrhunderten als Schuldner aufgetreten. Der Staat hat Kriege und vor allem Realinvestitionen in die öffentliche Infrastruktur (Bildung, Verkehrswesen) *nicht* dadurch bezahlt, dass die jeweilige Bevölkerung höher besteuert wurde. Stattdessen wurden die Bürgerinnen und Bürger des Landes bei Geldbedarf aufgefordert, Staatsanleihen zu zeichnen. Im Gegenzug wurden ihnen Zinseinkünfte zugesagt.

Mit den Staatsanleihen sind in den USA und in Großbritannien schon früh in der Geschichte dieser Staaten gut funktionierende Kapitalmärkte entstanden. Andere Länder oder Währungsgebiete haben es nicht leicht, eigene Kapitalmärkte zu etablieren. Gleichwohl bestehen heute große und liquide Kapitalmärkte nicht nur in Dollar und Pfund, sondern auch in Euro, Yen, Schweizerfranken, in den Dollars von Kanada, Australien, Neuseeland sowie im Won Südkoreas.

→ **Beispiel 1-5**: Singapur hat keine Staatsschulden. Folglich erwies es sich als schwer, einen Markt für Unternehmensanleihen zu etablieren. Angesichts dieses Sachverhalts hat Singapur dann doch Staatsanleihen ausgegeben, und sie sind zum Kern eines Kapitalmarktes geworden, der es nun auch den singapurschen Unternehmen ermöglicht, auf Singapore Dollar lautende Corporate Bonds auszugeben. Das durch Ausgabe der Staatsanleihen erhaltene Geld hat die Regierung in den USA und in anderen ausländischen Staaten angelegt. Netto hat Singapur keine Schulden. ■

---

[5] Denn Ausfälle sind so selten wie Erdbeben, und allein aus der Information, dass es in Schwaben im letzten Jahrhundert 2 kleinere Beben und eines mittlerer Stärke gegeben hat, lässt sich nicht sagen, wie hoch die Wahrscheinlichkeit exakt ist, dass es im nächsten Jahr zu einem Erdbeben kommt.

1.2 Kapitalmarkt

Lernziele: 1. Vier Leistungen einer Investmentbank. 2. Primär und Sekundärmarkt. 3. Zusammenhang zwischen Kurs und Zins (verbal ausgedrückt). 4. Arten von Finanzmärkten. Aktien und Anleihen für die Geldanlage.

1.2.1 Investmentbanken

Eigentlich könnten Schuldner Anleihen selbst ausgeben. Bei einigen Emissionen von Aktien wurde bekannt, dass die sie ausgebende Unternehmung die Aktien im Internet angeboten hat. Bei Anleihen lassen sich die Schuldner bei der Emission von einer Investmentbank unterstützen.

Bekanntlich haben sich viele Banken spezialisiert, so etwa auf die private Kundschaft sowie kleine und mittlere Unternehmen, oder auf die Vermögensverwaltung und das Private Banking. Eine weitere Spezialisierung führt auf die **Investmentbank**. Investmentbanken werden erstens bei *Mergers & Acquisitions* (Käufe und Verkäufe ganzer Unternehmen) tätig, zweitens übernehmen sie die Konstruktion *Strukturierter Produkte* (für die Geldanlage), drittens unterstützen sie die Ausgabe neuer Wertpapiere (Emission von Anleihen, *Going Public* einer Unternehmung) und viertens betätigen sie sich als Market-Maker. Auf die Ausgabe von Anleihen spezialisierte Investmentbanken bezeichnen sich auch als **Emissionshäuser**.

Ein Emissionshaus führt vier Funktionen aus:

1. Das Emissionshaus bietet dem Schuldner Rat, wie die geplante Anleihe mit marktgerechten Konditionen ausgestattet wird und welche Vertragspunkte der Schuldner aufnehmen sollte.

2. Es spricht potentielle Finanzinvestoren an, vor allem Institutionen (Versicherungen, Pensionskassen, Investmentfonds) und wirbt für die Zeichnung der Emission.

3. Die Ausgabe der Wertpapiere verlangt eine juristisch abgesicherte Darstellung aller relevanten Fakten. Dies geschieht durch den **Prospekt**. Die Investmentbank erstellt auch den Prospekt, der oft weit über 100 Seiten lang ist.

4. Möglicherweise gibt die Investmentbank auch eine Garantie, dass die gesamte Emission gezeichnet werden wird. Sie erklärt sich dazu bereit, allenfalls selbst diejenigen Wertpapiere zu übernehmen, die von den angesprochenen Finanzinvestoren nicht gezeichnet werden. Diese Garantie zu geben wird als **Underwriting** bezeichnet.

Wozu ist diese Garantie wichtig? Die Bestimmung der Ausstattung der Anleihe (Volumen, Laufzeit, Kupon, Stückelung) und die Bemessung des Ausgabekurses ist eine *Gratwanderung*: Kein Schuldner möchte den Ausgabekurs zu gering ansetzen. Das hieße, Geld jenen Investoren zu schenken, deren Zeichnungen (vielleicht sogar durch Auslosung) zum Zuge kommen. Bei Emissionen des Staates käme es zu massiver Kritik, wenn auf diese Weise Finanzanleger begünstigt würden. Eine Überzeichnung zeigt, dass ein höherer Ausgabepreis hätte realisiert werden können.

Sie zeigt auch, dass der Emittent die Situation an den Finanzmärkten nicht genau einschätzen konnte. Die Überzeichnung ist kein Lob, doch sie erregt immer Aufsehen in den Medien.

Darstellung 1-1: Der Kurs einer Anleihe hängt vor allem vom Kupon, der Laufzeit und der Höhe der augenblicklichen Zinssätze im Markt ab. Außerdem sind die Bonität des Schuldners und die Liquidität des Handels kursbestimmend. Hinzu kommen zusätzliche Rechte der einen oder anderen Seite.

Wird der Ausgabekurs hingegen zu hoch angesetzt, dann kann nicht das gesamte Volumen der Anleihe untergebracht werden. Ein „Nachfassen" mit anderen Konditionen ist aber unmöglich. Der Sachverhalt wird bekannt und jene Investoren, deren Zeichnungen erfüllt wurden, fühlen sich übervorteilt. Die Reputation des Schuldners für „marktgerechte" Emissionen ist zerstört.

Mit einem Underwriting garantieren die Investmentbanken, im Fall einer *Unterzeichnung* die nicht gezeichneten Anleihen selbst zu übernehmen. Zwar kostet die Garantie etwas, doch der Schuldner kann einen etwas höheren Ausgabekurs erhalten. Die Garantie ermöglicht, den Ausgabekurs „hart" am Markt festzusetzen und die Konditionen für die Gläubiger nicht zu günstig zu gestalten. Deutliche Überzeichnungen – offensichtlich zu günstige Ausgabepreise – können mit Underwriting vermieden werden. Bei Underwriting verschwinden alle neuen Anleihen in irgendwelchen Portfolios und die Emission wird als „erfolgreich" bezeichnet. Die Anlegeröffentlichkeit weiß indes nicht, ob ein Teil der Emission in das Portfolio der Investmentbank gegangen ist. Einige Jahre später verkauft die Investmentbank die bei Emission übernommenen Wertpapiere.

1.2.2 Zum Ausgabekurs

Bei der Ausstattung einer Anleihe (höchster Bonität) wird der Gesamtkupon eines Jahres meistens als ungefähr gleich dem Produkt aus dem gerade herrschenden Marktzinssatz und dem Nominalbetrag der Anleihe festgelegt. Wird der Kupon einmal jährlich bezahlt, wird er demnach etwa in Höhe des Zinsniveaus angesetzt. Somit hat der „innere Wert" ungefähr die Höhe des Rückzahlungsbetrags und der Ausgabekurs in etwa die Höhe des Nominalbetrags der Anleihe.

Die Situation, dass der (augenblickliche) Kurs die Höhe des (späteren) Rückzahlungsbetrags hat, wird als **pari** angesprochen. Ist der Kupon etwas geringer, dann dürfte der prozentuale Ausgabekurs der Anleihe unter 100% des Nominalwerts liegen (**unter pari**). Besonders bei Zerobonds liegt der Ausgabekurs immer unter dem Nennwert der späteren Rückzahlung. Für viele Investoren ist es attraktiv, Anleihen zu zeichnen, die *unter pari* ausgegeben werden.

Viele Anleger schätzen es, wenn der Ausgabekurs unter pari ist, weil es dann bis zur Rückzahlung zu leichten Kurssteigerungen kommt, die nicht versteuert werden müssen. Ist der Kupon hingegen höher, dann kann der Schuldner bei Ausgabe der Anleihen mehr als 100% des Nominalbetrags verlangen (**über pari**) und dennoch das Gesamtvolumen der Emission bei den Investoren unterbringen.

Diese Überlegungen zum Ausgabekurs gehen von höchster Bonität aus (erstklassige Schuldner). **Anleihen von Schuldnern mit eher geringerer Bonität** – das ist bei einigen Unternehmensanleihen der Fall sowie bei den Anleihen von Staaten mit schlechterem Rating – werden im Vergleich dazu mit einem noch **geringeren Ausgabekurs angeboten** (oder sind mit einem höheren Kupon ausgestattet). Denn die Finanzanleger verlangen eine Kompensation für das Ausfallrisiko.

Der Renditeunterschied zwischen Anleihen geringerer und solchen höchster Bonität ist eine Spanne, ein **Spread**. Sie wird als **Credit-Spread** bezeichnet oder als **Kreditrisikoprämie**.

Der Credit-Spread hängt davon ab, wie im Rating die Bonität eingestuft wird. Der Credit-Spread kann durchaus einen, zwei, drei oder noch mehr Prozentpunkte betragen.[6]

Hat eine Unternehmensanleihe Kurse, die einen hohen Credit-Spread beinhalten, dann wird auch von einer **Hochzins-Unternehmensanleihe** gesprochen. Allerdings ist die bei Laufzeitende vom Finanzanleger realisierte Rendite nur dann hoch, wenn es *nicht* zu einem Ausfall gekommen ist.

Der geringere Kurs (oder der höhere Kupon) verspricht eine höhere Rendite. Doch die zu *erwartende* Rendite ist nicht höher als bei Anleihen erstklassiger Schuldner. Denn der Credit-Spread ist nichts weiter als eine *Versicherungsprämie*. Sie ist so hoch, dass in einem großen Portfolio die vereinnahmten Prämien die eingetretenen Schäden kompensieren. Bei einem kleinen Portfolio wirken Glück und Pech: Die Anleger kommen mit unzähligen Anekdoten.

→ **Beispiel 1-6**: Eine Feuerversicherung sieht die Prämieneinnahmen als „versprechende" Einkommensquelle an. Was ihr letztlich übrig bleibt, nachdem sie die Brandschäden bezahlt hat, ist unsicher. Doch die Versicherung muss zugeben: Der Erwartungswert des Saldos zwischen Prämieneinnahmen und Leistungen ist gleich 0. ■

Einer Feuerversicherung bleibt natürlich etwas von den Prämieneinnahmen übrig, wenn es dann doch nicht so oft brennt wie bei der Festlegung der Höhe der Versicherungsprämien erwartet wurde. Lässt sich das voraussehen?

Ob eine Hochzins-Unternehmensanleihe ausfällt oder nicht, wird vom wirtschaftlichen Erfolg der Unternehmung bestimmt. Dieser Erfolg kann unerwartet positiv sein. Das ist der Fall, wenn ein Konjunkturaufschwung eintritt – der bei der Bestimmung des Credit-Spread nicht berücksichtigt wurde. Der Kauf von Hochzins-Unternehmensanleihen ist eine Wette darauf, dass es in der Realwirtschaft stärker aufwärts geht als allgemein gedacht.

[6] Solche Renditeunterschiede werden in Basispunkten (Bp) ausgedrückt: 100 Basispunkte sind ein Prozentpunkt. Als erste Orientierung dürfen Credit-Spreads der Größe nach also mit 100 bis 300 Bp beziffert werden.

Bevor ein Konjunkturaufschwung allgemein bekannt wird, kommt es zu Empfehlungen von Analysten, Hochzins-Unternehmensanleihen zu kaufen. In einem Konjunkturabschwung kann hingegen die Situation eintreffen, dass Unternehmungen stärker wirtschaftlichen Mißerfolg erleiden, als bei der Bestimmung des Credit-Spread erwartet wurde. Vor einer konjunkturellen Abkühlung empfehlen Analysten stets, beim Kauf von Anleihen „auf Qualität" zu achten.

Ein weiterer Punkt, der den Ausgabekurs beeinflusst, ist die Leichtigkeit, mit der die Anleihe nach Ausgabe gehandelt werden kann (Marktliquidität). Wem nützt ein vermeintlicher Kursvorteil, wenn er bei einem eventuellen Verkauf der Anleihe durch Transaktionskosten aufgezehrt wird? Ist die vorauszusehende Marktliquidität einer Anleihe geringer, dann wird eine Kompensation dieses Nachteils verlangt. So kommt es zu einem (weiteren) Abschlag beim Ausgabekurs im Vergleich zu Anleihen mit höchster Marktliquidität. Dieser Kursabschlag zeigt, dass die Anleger eine **Liquiditätsprämie** verlangen und erhalten.

Der Renditeunterschied zwischen einer Anleihe geringerer Liquidität und einer höchster Liquidität mit sonst gleicher Ausstattung wird als **Liquiditätsprämie** bezeichnet. Der Renditeunterschied kann 50 Basispunkte oder mehr betragen. Der **Liquiditäts-Spread** ist selbstverständlich vom Credit-Spread zu unterscheiden.

Anleger können die Liquiditätsprämie durchaus realisieren. Dazu zeichnen sie eine weniger liquide Anleihe und halten diese bis Laufzeitende (passives Portfoliomanagement). Würden sie schon vorher einen Verkauf tätigen, dann wird die Liquiditätsprämie allerdings durch Transaktionskosten aufgezehrt. Mit der Wahl weniger liquider Anleihen verzichten Finanzinvestoren letztlich auf die Möglichkeit, diese Instrumente für ein *aktives* Portfoliomanagement zu verwenden. Es kommt dann mitunter zu einer Abwärtsspirale.

Wenn sich die Marktliquidität zurückbildet, entscheiden sich Kapitalanleger zunehmend, Transaktionskosten zu sparen und zu Buy-and-Hold überzugehen. Sie bleiben dem Handel fern und halten Anleihen bis Laufzeitende. So nimmt die Marktliquidität weiter ab, die Transaktionskosten nehmen zu. Die Kapitalanleger finden sich in ihrer Entscheidung für Buy-and-Hold bestätigt. Die im Kapitalmarkt entstehenden Liquiditätsprämien bedeuten, dass Schuldner bei einer Anleihe geringerer Liquidität letztlich höhere Kapitalkosten haben.

Deshalb ist es auch für Schuldner attraktiv, nicht nur für die Gläubiger und Anleger, wenn die Marktliquidität erhöht wird. Emittenten haben daher ebenso wie Anleger ein Interesse an gut funktionierenden Kapitalmärkten.

Der Ausgabekurs berücksichtigt (neben weiteren Merkmalen der Ausstattung) drei Aspekte: Er ist erstens geringer, wenn die Anleihe einen geringeren Kupon hat. Er ist zweitens geringer, wenn die Anleihe eine geringere Bonität hat. Er ist drittens nochmals geringer, wenn der Handel in der Handel nicht so liquide ist.[7]

---

[7] 1. ALEXANDER KEMPF: Was messen Liquiditätsmaße? *Die Betriebswirtschaft* 58 (1998), pp. 299-311. 2. FRANCIS A. LONGSTAFF: How Much Can Marketability Affect Security Values? *Journal of Finance* 46 (1995), pp. 1411-1425.

1.2.3 Primärmarkt und Sekundärmarkt

Tradition ist, eine Anleihe mit einem Kupon so auszustatten und den Ausgabekurs so festzusetzen, dass die gesamte Emission vom Markt aufgenommen wird, dass aber gleichzeitig die Emission allenfalls etwas, keinesfalls deutlich, überzeichnet wird.

	Welche Parteien tätigen die Transaktion, welche Einrichtung hilft?
Primärmarkt	Mit Hilfe einer **Investmentbank** (eines Emissionshauses) kommen **Schuldner** und **Gläubiger** zusammen
Sekundärmarkt	Mit Hilfe einer **Börse** gehen Wertpapiere von einem **Gläubiger** auf einen anderen **Gläubiger** über – wobei auch der daran unbeteiligte Schuldner die Liquidität schätzt, weil sie geringere Kapitalkosten bewirkt

Das bedeutet bei erstklassigen Schuldnern, dass die jährlichen Kuponzahlungen leicht unterhalb des Marktzinsniveaus festgesetzt werden. Bei Schuldnern geringerer Bonität und bei Anleihen, die keine hohe Liquidität haben, sind wie eben besprochen weitere Prämien marktüblich. Sie werden durch einen höheren Kupon oder geringeren Ausgabekurs ermöglicht.

Alle diese Festsetzungen der Ausstattungen der Anleihe und des Ausgabekurses werden in einem Umfeld getroffen, das von *Vergleichen* geprägt wird. Das Umfeld für diese Emissionen ist also *marktähnlich*, weil den Investoren (und auch den Schuldnern) zahlreiche ähnliche Kapitalanlagen möglich sind. Das Marktumfeld für die Emission neuer Anleihen wird als **Primärmarkt** bezeichnet. Der Ausgabekurs fließt vom Gläubiger zum Schuldner.

Nach der Emission können die Inhaber der Anleihe sie wie jedes andere Wertpapier weiterverkaufen. Der Kaufpreis fließt vom neuen Gläubiger an den alten Gläubiger. Der Schuldner ist bei diesen Transaktionen nicht betroffen. Sie finden auf dem **Sekundärmarkt** statt.

1.2.4 Börse – Auktion oder Market-Maker

Eine Börse ist eine Organisation, eine Einrichtung, die Tauschwünsche sammelt, Angebot und Nachfrage durch Transaktionszuweisungen ausgleicht, und dann die festgestellten Transaktionen weiter abwickelt. Börsen konzentrieren sich auf mehrere Funktionen. Vier seien hervorgehoben:

1. Herstellung und Sicherstellung des *öffentlichen Zugangs* zum Handelsgeschehen.
2. Sammlung von Transaktionswünschen (*Order*) in sogenannten Orderbüchern und feststellen erfolgreicher Transaktionen.
3. Allgemeine *Bekanntgabe der Preise*, zu denen Transaktionen ausgeführt werden.
4. Clearing und Settlement, also die anschließende *Abwicklung von Bezahlung und Wertpapierübergabe*.

Nicht jede Tauschbörse und nicht jede als „Markt" angesprochene Umgebung, in der Transaktionen stattfinden, erfüllt alle vier Funktionen gleichermaßen. Einige solcher „Märkte" sind geschlossen und Preise dringen nicht an die Öffentlichkeit. Beim Transfer von Kontrollrechten an einer Unternehmung etwa vereinbaren beide Seiten oft, über den Preis Stillschweigen zu bewahren. Tauschbörsen im Internet sammeln nur Angebote und zeigen sie. Doch die Kaufinteressenten wenden sich nicht an die Tauschbörse, sondern müssen direkt mit dem Anbieter in Verbindung treten. Sie müssen mit ihm bilateral verhandeln, und bei Abschluss haben beide die Transaktion selbst weiter abzuwickeln (Lieferung und Zahlung).

Für die Abwicklung der Order haben sich in Börsen zwei Verfahrensweisen bewährt.

Die eine gleicht einer **Auktionsbörse**. Dabei werden limitierte Order so lange gehalten, bis die von einem Nachfrager und einem Anbieter genannten Limiten übereinstimmen. Dann kommt es zum „Zuschlag" (*Matching*).

Die Auktionsbörse hat den Vorteil, dass das Wertpapier *genau einen Preis* oder Kurs hat, in den Nachfrager und Anbieter bei ihrer Transaktion eingewilligt haben. Selbstverständlich kann sich der Kurs über die Zeit ändern, und es dürfte auch Augenblicke geben, in denen keine Transaktion erfolgt (und über den alten Preis gesprochen wird). Eventuell muss ein handelswilliger Marktteilnehmer also etwas warten oder seine Limite ändern, damit es zu einer Transaktion kommt.

Die andere Organisation für die Abwicklung von Order sieht vor, dass **Market-Maker** tätig werden. Ein Market-Maker für ein Wertpapier nennt stets einen Preis für den Ankauf des Wertpapiers (Geldkurs, Bid) sowie einen etwas höheren Preis für den Verkauf des Wertpapiers (Briefkurs, Ask).[8]

Markteilnehmende sehen diese beiden Preise und können dann entscheiden, ob und wieviel sie kaufen oder verkaufen möchten. Ein Market-Maker gibt mit der Nennung von Bid und Ask zugleich eine maximale Quantität bekannt, für die er diese Preise aufrecht erhält. Größere Quantitäten verlangen ein Nachfragen. Diese Verfahrensweise für die Organisation des Börsenhandels hat den Vorteil, dass kein Finanzinvestor warten muss. Denn der Market-Maker ist ständig bereit, als Gegenseite einer gewünschten Transaktion einzutreten. Allerdings führt dieses Marktgeschehen nicht zu einem einheitlichen Preis. Je nachdem, ob der Börsenteilnehmer (an den Market-Maker) verkauft oder von ihm kauft, stellen sich unterschiedliche Preise ein.

→ **Beispiel 1-7**: Für einen Beobachter des Kursverlaufs am Monitor entsteht oft der Eindruck, der Kurs würde immer wieder etwas nach oben und nach unten springen. Privatanleger sind irritiert, dass ihr Lieblingswertpapier an einem guten Börsentag auf einmal 0,4% in der Kursanzeige sinkt und kurze Zeit danach steigt. ■

---

8 Der Geldkurs (Bid) ist der höchste aller Preise, den professionelle Market-Maker bereit sind, einem Kunden zu zahlen, der ein Wertpapier verkaufen und dafür Geld erhalten möchte. Der Briefkurs (Ask) ist der niedrigste aller Preise, zu dem die professionellen Market-Maker bereit sind, einem Kunden ein Wertpapier zu verkaufen. Die Differenz zwischen dem höheren Briefkurs und dem niedrigeren Geldkurs ist die Geld-Brief-Spanne (Bid-Ask-Spread).

Das Massengeschäft für Staatsanleihen kann als Auktionsbörse gestaltet werden, und gleiches gilt auch für Aktien der großen Gesellschaften. Früher hatte man für eine Auktionsbörse einen großen Raum verwendet. Die Händler haben ihre Order laut ausgerufen. Sie hatten dabei eine verkürzte Sprache und Zeichen, um Limite und Quantitäten im Börsenraum für alle sichtbar auszudrücken.

Speziellere Wertpapiere verlangen eine Gestaltung des Handels durch Market-Maker. Bei dieser Gestaltung wird der Handel **Over-The-Counter** (**OTC**) abgewickelt, weil früher die auf Gruppen solcher Wertpapiere spezialisierten Market-Maker um einen Tisch herum standen. Wenn mehrere Market-Maker tätig sind, dann sorgt der Wettbewerb unter ihnen dafür, dass die **Geld-Brief-Spanne** nicht zu groß wird. Dennoch können Sie, lieber Leserin und lieber Leser, sich bei Aufruf von Bid und Ask für Wertpapiere leicht davon überzeugen, dass die Geld-Brief-Spanne bis zu etwa einem Prozentpunkt betragen kann.

> Der Handel in Staatsanleihen kann ohne die Zuhilfenahme von Zwischenhändlern (Market-Makern) als Auktionsbörse organisiert werden. So sind Kauf- und Verkaufspreis identisch.

1.2.5 Zins und Kurs

Ins Zentrum sollen nun Staatsanleihen von Ländern gerückt werden, denen eine so hohe Bonität zugesprochen wird, dass sich die eher theoretische Gefahr eines Ausfalls nicht in der Kursbildung niederschlägt.

Solche Staatsanleihen gibt es. Beispielsweise haben derzeit acht Länder das höchste Rating AAA für ihre Staatsanleihen. Dazu gehören Kanada, Deutschland, die Schweiz, Singapur und vier weitere Länder. Außerdem werden Staatsanleihen in hohen Volumina ausgegeben, und die Anlegerschaft ist heterogen. Der Handel kann als Auktionsbörse gestaltet werden. Staatsanleihen besitzen höchste Marktliquidität. Deshalb gibt es keine Liquiditätsprämie, keinen Kursabschlag.

> Die Kursbildung im Markt für diese Staatsanleihen orientiert sich dann einzig an den versprochenen Zahlungen (Kupon, Rückzahlung), also den Zeitpunkten der Zahlungen und den betraglichen Höhen. Die Zahlungen werden allgemein als sicher angesehen. Der Börsenhandel konzentriert sich auf die alleinige Bewertung der Tatsache, dass Inhaber von Staatsanleihen die Kuponzahlungen und die Rückzahlungen erst zu *zukünftigen* Zeitpunkten erhalten. Der Handel mit Staatsanleihen konzentriert sich daher auf den **Zeitwert des Geldes**.

Die Preisbildung für Staatsanleihen (oder für Forderungen aus Kreditgeschäften ohne Beachtung einer Ausfallgefahr und bei hoher Marktliquidität) **erlaubt es, aus der Kursbildung auf die Höhe der Zinsen zu schließen**.

Zinsen und Kurse für Staatsanleihen bedingen sich gegenseitig. Höhere Zinsen bewirken geringere Kurse. Geringere Zinsen bewirken höhere Kurse. Geringere Kurse führen auf höhere Zinssätze. Höhere Zinssätze führen auf geringere Kurse. Was ist die Ursache, was die Wirkung? Wir werden darauf im Folgekapitel 2 zu sprechen kommen. Ebenso werden wir den Zusammenhang zwischen Zinsniveau und Kursniveau mit Formeln notieren.

Die Preisbildungen für Staatsanleihen und für andere sichere Forderungen aus Kreditgeschäften strahlen durch die damit verbundenen Zinsen wiederum auf alle anderen Kreditgeschäfte aus, selbst auf kleinere Privatkredite. Des Weiteren beeinflussen die Kurse und das damit verbundene Zinsniveau in einer Volkswirtschaft das Sparverhalten, die Investitionen und damit Gesamtwirtschaft und Wachstum. Das Geschehen am Kapitalmarkt hat damit enorme Bedeutung für das gesamte Wirtschaftsgeschehen.

Finanzverträge der Art des Kredits haben deutlich geringere Transaktionskosten als solche der Art von Eigenkapital. Folglich sind Kreditgeschäft in fast allen Kulturen seit jeher anzutreffen, und sie wurden bereits im *Recht von Babylonien* vor viertausend Jahren vorgesehen. Doch einige Religionen kritisieren das Kreditwesen.

Denn bei einem Kreditvertrag müssen die Kreditverpflichtungen selbst dann erfüllt werden, wenn die erhofften Ergebnisse der Verwendung des Kapitals ausbleiben und der Schuldner in eine ausweglose Situation geraten ist.

Die Notlage von Individuen ausnutzend, haben Schuldbetreiber und einige Geldverleiher immer wieder Zinsen verlangt, die weit über der allgemeinen Zinshöhe lagen. Eine Folge von Wucherzinsen sowie das Gebot mit anderen zu teilen (anstatt auf Forderungen zu bestehen) machen das frühere christliche Zinsverbot verständlich. Ebenso gestattet es ein Familienverbund nicht, zwischen Familienmitgliedern gewährte Kredite einzutreiben. Familiäre Finanzkontrakte sind an Partizipation und am Gebot des Teilens orientiert.

Im Islam (Sharia) sind Fremdkapital und Zinsinstrumente als bedingungslose finanzielle Forderung generell verboten (*Riba*), wogegen eine dem Eigenkapital ähnliche gemeinsame Teilhabe (an Sachinvestitionen) durchaus erlaubt ist. Im Islam sind neben Zinsgeschäften auch Spekulation (*Gharar*) und Glücksspiel (*Maysir*) untersagt, ebenso wie unethische Wirtschaftsaktivitäten.

1.2.6 Anleihen versus Aktien

Kredite sind Finanzgeschäfte, bei denen die Zahlungen im Vorhinein fixiert sind. Etwas abstrakt werden Kreditgeschäfte und Anleihen als **Zinsinstrumente** bezeichnet oder angelsächsisch als **Fixed-Income-Instruments**.

Doch es gibt auch andere Arten von Finanzgeschäften, bei denen die vereinbarten Zahlungen hinsichtlich der Termine und ihrer Höhen nicht von vornherein fest vereinbart sind, sondern noch von verschiedenen Entwicklungen abhängen, die *unsicher* sind. Bei solchen Finanzgeschäften müssen beide Parteien vor einer Bewertung der entsprechenden Wertpapiere die *Risiken einschätzen*, die den Zahlungen des Finanzgeschäfts innewohnen.

Risiken zu bewerten ist komplizierter als den Zeitwert einer sicheren Zahlung zu ermitteln. Wenn es um risikobehaftete Zahlungen geht, gelangen die Finanzinvestoren oft zu ganz unterschiedlichen Einschätzungen.

Um der Unsicherheit besser gerecht zu werden, sind zudem bei risikobehafteten Finanzgeschäften auch die Rechte und Pflichten *anders* gestaltet, auf die sich beide Parteien vertraglich einigen. Und selbstverständlich haben diese Rechte und Pflichten Auswirkungen darauf, wie sich die Risiken materialisieren werden. Auch dieser Tatbestand erhöht die Komplexität bei der Bewertung und beim Handel von Wertpapieren, die unsichere Zahlungen verbriefen.

→ **Beispiel 1-8**: Zusammen mit Anleihen sind **Aktien** die wohl wichtigste Kategorie von Wertpapieren (Assetklasse). Aktionäre haben Anspruch auf Dividenden, doch die möglichen Dividenden hängen vom Geschäftsgang der Unternehmung ab. Deshalb haben Aktionäre das Recht, auf die Strategie und (über die Wahl des Vorstandes) auf die Geschäftstätigkeit der Aktiengesellschaft einzuwirken. ■

Eine Unternehmung gibt Aktien und meistens auch Anleihen aus (oder nimmt Bankkredite), um Geld für Investitionen zu erhalten: Die Unternehmung *finanziert* ihre Einrichtungen, Arbeitsplätze und das Wachstum. Dazu räumt sie den Aktionären **Entscheidungsrechte** ein und den Inhabern der Anleihen **Forderungsrechte**. Die Finanzierung der Unternehmung ist mithin ein Vorgang, bei dem sie Entscheidungsrechte und Forderungsrechte *verkauft*.

Die Unternehmung sieht die dabei erhaltenen Zahlungsmittel und die anschließend zu bedienenden Rechte und die zu erfüllenden Pflichten als ihr **Kapital** an. Was die Entscheidungsrechte (Aktien) betrifft, wird von **Eigenkapital** (**Equity**) gesprochen. Was die Forderungsrechte (Anleihen, Bankkredite) betrifft, so wird von **Fremdkapital** (**Corporate Debt**) gesprochen.

Eine Entscheidung der Unternehmensführung besteht darin, die Zusammensetzung des Kapitals aus Equity und Corporate Debt zu wählen. Dies ist die Bestimmung der **Kapitalstruktur** der Unternehmung. Selbstverständlich muss über die Gesamthöhe des Kapitals entschieden werden, und dies geschieht simultan mit den Entscheidungen über die Investitionsvorhaben. Die simultane Entscheidung über das Kapital einer Unternehmung sowie über die ihr möglichen Investitionsprojekte wird als **Corporate Budgeting** angesprochen.

Jedenfalls sind Anleihen und Aktien die Wertpapiere zu den wichtigsten Finanzgeschäften. Neben Anleihen und Aktien haben sich noch weitere Formen von Finanzgeschäften etabliert. Aufgrund der Vorteile, Allokationen über Märkte zu organisieren, haben sich für alle diese weiteren Finanzgeschäfte und Wertpapiere ebenso Börsen etabliert. Als Beispiel seien Futures und Optionen genannt. In ihrer Gesamtheit werden alle diese Märkte als **Finanzmärkte** bezeichnet. Der Markt für *Anleihen*, der Kapitalmarkt, ist also ein *Finanzmarkt*. Der Markt für Aktien ist ein anderer Finanzmarkt, und der für *Futures und Optionen* wiederum ein anderer Finanzmarkt.

Zwischen den verschiedenen Finanzmärkten bestehen zahlreiche Zusammenhänge, weil alle dort gehandelten Ansprüche auf zukünftige Zahlungen lauten – unabhängig davon, ob diese fixiert oder anfangs noch unsicher sind. Da alle Wertpapiere letztlich im Geld einen *gemeinsamen Nenner* haben, können die meisten Wertpapiere durch andere oder eine Kombination anderer Papiere ersetzt werden, die auf dieselben Zahlungen führen. So entstehen Substitutionsmöglichkeiten.

1.2.7 Finanzmärkte

Neben den Finanzmärkten für Anleihen und für Aktien sind weitere Finanzmärkte entstanden. So für *Futures und Optionen*, für Immobilien, für *Währungen*, und weitere Finanzgeschäfte. Neun Arten von Finanzgeschäften oder von Finanzmärkten seien hier genannt:

1. Die Börsen für Anleihen bilden den **Kapitalmarkt**. Teilsegmente des Kapitalmarkts bestehen für den Handel mit Staatsanleihen (Sovereign Bonds), mit Unternehmensanleihen (Corporate Bonds), mit Pfandbriefen und mit anderen Anleihen.

2. Der **Aktienmarkt** wird durch die Aktienbörse (**Stock Exchange**) verwirklicht, an der sich der Handel ebenso nach Segmenten unterteilt. So wird der Börsenhandel für Blue Chips unterschieden von Nebenwerten. Vielerorts werden Aktien, die eine Beteiligung an Technologiefirmen verbriefen, in wieder einem eigenen Segment gehandelt.

3. Die **Börse für Futures und Optionen** ist eine eigene Einrichtung. In den USA beispielsweise befindet sich die Aktienbörse (Wall Street) in New York, die Börse für Futures und Optionen in Chicago.

4. Auch der **Immobilienmarkt** ist ein Finanzmarkt. Viele Personen investieren in Immobilien nicht, um sie selbst zu bewohnen, sondern um sie weiter zu vermieten. Sie können das *direkt* durch Erwerb und Vermietung von Immobilien tun, oder sie engagieren sich rein finanziell, also *indirekt* an Immobilien. Das ist durch Immobilienfonds möglich oder den Kauf von Aktien von Unternehmen, die im Immobilienbereich tätig sind.

5. Der Handel mit verschiedenen **Währungen** (*Currency Trade*) wird ebenso börsenartig organisiert als **Foreign Exchange** (Abkürzungen: **Forex**, **FX**). Dieser Finanzmarkt läuft global ab mit Zentren und Einrichtungen in *Tokio* und *Singapur*, in *Zürich* und *London*, sowie in New York. Der Renminbi (CNY) wird seit 2014 in *London* und für die EU in *Frankfurt* (mit der Bank of China als Clearinghaus) gehandelt.

6. Der tägliche Umsatz an Währungen beträgt weltweit gesehen über 4 Millionen von Millionen Dollar (in deutscher Sprache sind das 4 Billionen, in englischer 4 Trillion Dollar).

Der Kauf und Verkauf von Anleihen, Aktien, Optionen, Währungen ist durchaus für die Allgemeinheit offen. Die genannten fünf Finanzmärkte sind öffentlich zugänglich, auch wenn das Handelsgeschehen über Broker abläuft, die Kundenorder nach einer groben Vorprüfung in die elektronischen Handelssysteme eingeben.

Einige weitere Finanzmärkte werden kaum von der Allgemeinheit besucht. Hingegen sind dort Banken, Makler, Market-Maker, Hedge-Funds und industrielle Investoren aktiv:

7. Transaktionen, die als *Mergers and Acquisitions* (M&A) bezeichnet werden, betreffen den Transfer von Verfügungs- und Kontrollrechten über Unternehmen. Auch diese Transaktionen vollziehen sich in einem Umfeld, das marktähnlich gestaltet ist. Dieser **Market of Corporate Control** ist auch als Finanzmarkt zu betrachten.

8. Am **Geldmarkt** werden Kredite mit sehr kurzer Laufzeit gehandelt (weniger als ein Jahr, oft nur einen Tag). Teilnehmer sind Geschäftsbanken. Unternehmen und Privatpersonen haben keinen direkten Zugang zum Geldmarkt, doch sie können ihre Bank beauftragen, für sie im Geldmarkt tätig zu werden, und zwar sowohl als Gläubiger wie als Schuldner.

9. Ähnliches gilt für den **Swapmarkt**, an dem Banken und große Unternehmen teilnehmen. Die Swaps (Tauschgeschäfte) beziehen sich auf Zahlungszeitpunkte, auf Währungen und auf besondere, isolierbare Kreditrisiken.

10. Die Liste beschließend seien Märkte für spezielle Vermögenspositionen genannt. Ein erstes Beispiel ist die **London Metal Exchange**, an der weltweit über 80% der nichtrostenden Metalle (Kupfer, Aluminium, Nickel, Zink) gehandelt werden. Ein zweites Beispiel ist der **Goldmarkt**. Bei der Bestimmung des Goldpreises sind aus Tradition fünf Banken beteiligt: Barclays, Deutsche Bank, Bank of Nova Scotia, HSBC Holdings und die Société Générale. Das dritte Beispiel ist der **Markt für Diamanten** in Amsterdam.

Da einige dieser neun Finanzmärkte den Handel mit konkreten Objekten organisieren (Immobilien, Unternehmen, Edelmetalle), werden sie auch als **Vermögensmärkte** angesprochen (und nicht als Finanzmärkte). Der Begriff der Vermögensmärkte umfasst den der Finanzmärkte, da Wertpapiere, also verbriefte Ansprüche auf zukünftige Zahlungen, für die Finanzanleger Vermögen darstellen.

Im Angelsächsischen wird von **Assets** gesprochen. Ein **Asset ist eine Position des Finanz- oder Sachvermögens**. Vermögensverwalter, die sich als **Asset Manager** bezeichnen, betonen, dass sie überwiegend für institutionelle Anleger (Banken, Versicherungen, Pensionskassen, Anlagefonds) tätig sind. Im Geschäft mit der Privatkundschaft der Vermögensverwaltung haben sich verschiedene berufliche Spezialisierungen herausgebildet. Zwei von ihnen sind die Kundenberatung und das Portfoliomanagement.

Der Kapitalmarkt ist zwar nur einer dieser neun Finanz- oder Vermögenswerte, doch aus praktischer und theoretischer Sicht der wichtigste. Für seine hohe Bedeutung sprechen:

1. An der Börse für Anleihen bilden sich Preise (Kurse) für die am Kapitalmarkt gehandelten Forderungen. **Die Kurse für Anleihen bestimmen wiederum die Zinsen**. In der Folge orientieren sich auch bilaterale Kreditgeschäfte im Kleinen an der Kursbildung im Kapitalmarkt und an den dort erzeugten Zinsen.

2. Das **Geschehen am Kapitalmarkt wird für andere Geldgeschäfte und Finanzverträge bestimmend**. So hängt etwa die Kursbildung am Aktienmarkt von der Zinshöhe ab.

3. Der **Kapitalmarkt strahlt weiter auf die Währungsrelationen** aus.

4. Das **Zinsniveau beeinflusst das Sparen und die Investitionen** einer Volkswirtschaft.

Von daher sollte jemand, der sich für das Finanzgeschehen und für Finanzmärkte interessiert, sich als erstes mit dem Kapitalmarkt befassen.

1.3 Ergänzungen und Lernkontrolle

Lernziele: 1. Wer informiert wen? 2. Anker und Disziplin. 3. Staatsverschuldung in Relation zum BIP. 4. Fragen zur Lernkontrolle.

1.3.1 Ergänzung 1: Zusammenhang zwischen Primär- und Sekundärmarkt

Nicht nur hängt die Kursbildung von Staatsanleihen unterschiedlicher Restlaufzeiten zusammen. Auch der Primärmarkt (Emission neuer Anleihen) und der Sekundärmarkt (Börsenhandel) sind zusammenhängend. Immerhin haben Kapitalanleger die Wahl, ob sie eine Anleihe bei einer Emission zeichnen oder eine (andere) Anleihe einem anderen Kapitalanleger abkaufen.

Bei diesem Zusammenhang dürfte der Sekundärmarkt die Führung übernehmen, während der Primärmarkt folgt. Die Investmentbank, die einen Schuldner berät, wird die im Börsenhandel entstehenden Kurse und Zinsen beobachten und darauf aufbauend einen Kurs vorschlagen.

Natürlich wird auch bei einer Emission klar, wo die „marktgerechte" Preisbildung liegt. Wird die Emission überzeichnet, dann hätten die marktgerechten Konditionen einen höheren Ausgabepreis erlaubt. Wenn die Emission letztlich nicht ganz aufgenommen wird und das Underwriting greifen muss, dann war der Ausgabepreis zu hoch im Vergleich zu marktgerechten Konditionen. Die Marktinformationen werden daher auch ganz direkt (und ohne Umweg über den Sekundärmarkt) in den Primärmarkt gelangen.

Sowohl Primärmarkt als auch Sekundärmarkt sind demnach direkt von den Einschätzungen der Marktteilnehmenden betroffen. Da stellt sich die Frage, welcher der beiden Märkte größer ist und schneller reagiert. Das ist der Sekundärmarkt. Anleihen werden nur einmal ausgegeben, aber während ihrer Laufzeit vielleicht 20-mal am Sekundärmarkt weitergegeben. Dem Transaktionsvolumen nach ist der Sekundärmarkt größer als der Primärmarkt, und er ist durch den laufenden Handel auch schneller. Daher darf gesagt werden, dass die Informationen über „aktuelle Marktbedingungen" vom Sekundärmarkt zum Primärmarkt fließen.

Später werden wir noch Zusammenhänge zwischen verschiedenen Größen betrachten, so etwa zwischen Zinssätzen zweier verschiedener Länder, der aktuellen Währungsparität und dem Terminkurs (für die Währung). Diese vier Größen entstehen als Preise an vier verschiedenen Märkten, und sie hängen zusammen. Die Frage lautet auch dann, ob eine der Größen eine andere bewegt. Auch sind die Größe und die Liquidität der Märkte ausschlaggebend dafür, wo neue Wirtschaftsinformationen in das Finanzsystem einwirken, und wie sie sich von dort weiter ausbreiten.

1.3.2 Ergänzung 2: Schulden zurückzahlen?

Viele Menschen denken, der Sinn der endlichen Laufzeit von Bonds bestünde darin, dass der Schuldner „endlich einmal seine Schulden zurückzahlt". Der Regelfall in einer wachsenden Wirtschaft ist aber der: Schuldner tilgen ihre Verbindlichkeiten, indem sie *neue* Kredite aufnehmen oder neue Anleihen ausgeben. Besonders augenfällig ist dies bei Staatsschulden. Doch die beschränkte Laufzeit und die feststehende Höhe der Tilgung haben zwei positive Wirkungen, die Finanzanleger begünstigen: Sie sind mit *Anker* und *Disziplin* überschrieben:

1. Da Inhaber einer Anleihe darauf vertrauen können, dass sie am Ende der Laufzeit zurückgezahlt wird, ist mit der Anleihe eine klar definierte, fixierte Zahlung verbunden. Sie wirkt wie ein **Anker** für den Wert. Anleihen sind aufgrund des Ankers wertstabiler als Aktien. Zudem ist der Wert einer Anleihe immer geringeren Wertschwankungen ausgesetzt, je näher der Tilgungstermin kommt.

2. Bei der Umschuldung oder der Kreditverlängerung muss der Schuldner gleichsam einen „Kniefall" vor den Gläubigern machen. Der Schuldner muss erneut seine Bonität unter Beweis stellen und hinnehmen, wenn die Gläubiger das Fremdkapital nur unter Auflagen oder überhaupt nicht erneuern wollen. Das **diszipliniert** den Schuldner.

Schuldner haben eine hohe Motivation, sich gegenüber Fremdkapitalgebern vorbildlich zu verhalten. Wenn es sich beim Schuldner um eine Unternehmung handelt, fühlen sich gelegentlich die Aktionäre gegenüber den Fremdkapitalgebern zurückgesetzt. Sie versuchen, die Aktionärsinteressen in den Vordergrund zu schieben. Denn bei Eigenkapital ist die Situation anders als bei Fremdkapital. Eigenkapital ist im Prinzip *für immer* überlassen. Jedenfalls muss sich der Kapitalnehmer – die Unternehmung, vertreten durch ihr Management – bei Eigenmitteln nicht um eine Verlängerung bemühen. Tendenziell diszipliniert diese Konstruktion weniger, doch dafür haben Eigenkapitalgeber (bei einer Aktiengesellschaft die Aktionäre) Kontroll- und Entscheidungsrechte, die über die Informationsrechte eines Fremdkapitalgebers hinausgehen.

Gelegentlich muss auch das Management einer Aktiengesellschaft einen „Kniefall" vor ihren bisherigen Aktionären und vor anderen Investoren tun, nämlich wenn für eine Kapitalerhöhung neue Aktien ausgegeben werden sollen. Bei Eigenkapital gibt es in aller Regel aber keine vertragliche Möglichkeit für einen *einzelnen* Risikokapitalgeber, die Beteiligung zu beenden und die Rückzahlung der Einlage vom Kapitalnehmer zu verlangen. Gleichwohl können die Gesellschafter oder die Aktionäre in ihrer Mehrheit eine Kapitalherabsetzung beschließen.

1.3.3 Ergänzung 3: Ist die Staatsverschuldung zu hoch?

Zur Rechtfertigung der Staatsverschuldung werden drei Leitgedanken geäußert: 1. Die Verteilung der Lasten zwischen den Generationen: Bei öffentlichen Investitionen besteht die Vorstellung, dass sie späteren Generationen ebenso zugute kommen. Deshalb darf nicht erwartet werden, dass diese Investitionen allein von der gegenwärtigen Generation über höhere Steuern und einen damit verbundenen Konsumverzicht getragen werden. 2. Aspekt des politischen Pragmatismus. Wenn die Bürgerinnen und Bürger die Steuerlast als hoch empfinden, der Staat aber noch mehr Geld benötigt, *leiht* er es sich beim Volk anstatt es per Steuergesetz zu nehmen. 3. Staatsausgaben in besonderen wirtschaftlichen Situationen, etwa zum Erhalt der Stabilität des Finanzsystems (Rettung von Banken und Versicherungen) oder zur Vermeidung von Deflation und Arbeitslosigkeit.

Der Staat sichert im Grundsatz zu, das geliehene Geld wieder zurückzugeben. In der Tat erhalten es alle Gläubiger zurück, auch wenn *de facto* der Staat immer wieder umschuldet und an die Stelle alter Gläubiger neue Gläubiger treten. Eine besondere Situation liegt vor, wenn die Staatsanleihen in den Portfolios (und Bilanzen) der Zentralbank „verschwinden".[9]

Da Staaten wie den USA, Großbritannien oder der Schweiz seit Jahrzehnten hohe Bonität zugesprochen wird und ihre Währungen Vertrauen genießen, gelten die Staatsanleihen dieser Länder als *sicher* im Hinblick auf die Gefahr eines Zahlungsausfalls. Notfalls, so wird in Lehrbüchern argumentiert, könnten Staaten ihre Verpflichtungen aus Steuereinnahmen erfüllen. So einfach ist das in Wirklichkeit nicht. **Wenn es einem Land wirtschaftlich schlecht geht, kann der Staat auch die Steuern nicht mehr erhöhen um noch seinen Verpflichtungen gegenüber Kapitalanlegern nachzukommen**.

→ **Beispiel 1-9**: Argentinien war vor einhundert Jahren ein Land mit einer großen wirtschaftlichen Zukunft. Das hat sich aus mehreren Gründen völlig gekehrt. Vor wenigen Jahrzehnten sind die argentinischen Staatsanleihen ausgefallen. Das Land ist zugleich in einer wirtschaftlichen Verfassung, die es unmöglich macht, das Steueraufkommen zu erhöhen. Ähnlich war das immer wieder in Griechenland der Fall. Ein Land mit hoher Arbeitslosigkeit kann kaum die Steuern erhöhen, um Staatsanleihen zu bedienen. ■

Um die Bonität eines Staates differenzierter zu beurteilen wird deshalb gefragt, in welcher Relation das Steueraufkommen zu den Zinszahlungen steht, die zu leisten sind, um die Staatsschulden zu bedienen. Oder es wird gefragt, in welcher Relation das BIP zu den Zinszahlungen steht. Noch anders ausgedrückt: Die Relation zwischen der **Höhe der Staatsschulden und dem BIP** ist maßgebend. Faustregel: Man betrachte einen Staat, dessen Schulden die Höhe des Sozialprodukts erreicht haben. Wenn die Steuereinnahmen mit 1/3 des Sozialprodukts veranschlagt werden und das Zinsniveau bei 6% liegt, dann haben Schulden in Höhe des Sozialprodukts bereits eine Zinsbelastung von 18% der Steuereinnahmen zur Folge. Das ist entschieden zu viel, denn den öffentlichen Haushalten bleiben nach dem Kapitaldienst lediglich etwa 4/5 der Steuereinnahmen. Derartige Rechnungen unterstreichen: **Die Schulden des Staates werden nur dann als tragbar angesehen, falls sie den Bereich von bis zu 75% des Sozialprodukts nicht übersteigen**.

Die 1992 verabschiedeten **Maastricht-Kriterien** erlauben eine Staatsverschuldung bis zu 60% vom BIP. Sie und der Vertrag von Dublin 2005 beschränken zudem die Aufnahme neuen Kapitals: Es soll nicht (3 Jahre hintereinander) mehr als 3% des BIP betragen. Doch es werden Ausnahmen gewährt (zur Reform von Rentensystemen, wegen der Kosten für Europas Vereinigung, wegen Beiträgen für die internationale Solidarität und zum Erreichen europäischer Politikziele).

---

[9] Die bei der Verschuldung Hilfe leistende Bank wird so die Gehilfin der Steuerbehörde. Schon deshalb hat der Staat die Banken stets als Institutionen privilegiert. Im Laufe der Zeit wurden die Mitarbeiterinnen und Mitarbeiter der Banken sogar von der Bevölkerung als *Beamte* tituliert. Heute wird vielfach beklagt, die Finanzministerien und die Zentralbank hätten eine zu starke Harmonie bei der Behandlung staatlicher Verschuldung.

Zeichnet sich ein Verstoß gegen die 3-Prozent-Regel ab, sollte Brüssel das Mitgliedsland mahnen. Wird dennoch verstoßen, könnte der Europäische Rat eine Geldstrafe von ½ Prozent des BIP aussprechen.

→ **Beispiel 1-10**: Zur tatsächlichen Höhe der Staatsverschuldung in Relation zum BIP: 1. Europäische Union (2013) insgesamt 87% mit Italien 133%, Irland 125%, Spanien und Frankreich 93%, Großbritannien 90%, Deutschland und Österreich 77%, Schweden 41%, Luxemburg 28%. 2. In den USA ist der Quotient aus Staatsverschuldung und BIP in den letzten 10 Jahren (2003 bis 2013) von 60% auf 108% gestiegen, in Japan ist die Relation in diesem Zeitraum von 170% auf 245% gestiegen. In China beträgt die Relation 21%, in Russland 11%. ■

1.3.4 Fragen zur Lernkontrolle

1. Etwa bis zu welcher Größenordnung geben Banken Kredit? Etwa in welchem Größenbereich gibt ein Bankenkonsortium Kredit? In welchem Bereich liegen die Volumina bei der Emission von Unternehmensanleihen?
2. a) Welche vier Leistungen bieten Investmentbanken? b) Welche vier Funktionen bewerkstelligen Börsen?
3. Was ist Marktliquidität, was Resilienz des Marktes?
4. Nennen Sie neun Finanz- oder Vermögensmärkte.
5. Erklären Sie kurz diese Begriffe: Moratorium, Fungibilität, Zession, Seniorität, Underwriting.

1.3.5 Antworten und Lösungen

Zu Frage 1 waren 100 und 500 Millionen Euro für die Kredite und 100 Millionen bis 10 Milliarden Euro für Unternehmensanleihen genannt.

Bei Frage 2 a) waren im Text erwähnt: die Beratung des Schuldners, die Ansprache der Investoren, die Erstellung des Prospekts, das Underwriting. b) Börsen stellen Öffentlichkeit her, sammeln Order, stellen Transaktionen fest, publizieren die Preise, und sie leisten die weitere Abwicklung von Lieferung und Bezahlung.

Noch zu Frage 3: Die Marktliquidität zeigt sich in geringen Transaktionskosten, in der geringen Auswirkung von Transaktionen auf den Preis sowie in der Erneuerungskraft (Resilienz) des Marktes.

Auch die Antworten der Fragen 4 und 5 können mit Zurückblättern leicht beantwortet werden.

2 Wert und Zinsstruktur

Themen: Wert einer Anleihe, Wert und Zins, Zinsstruktur. In der Konklusion Ergänzungen zum Zinsrisiko und zu Pull-to-Par, sowie Fragen zur Lernkontrolle.

2.1 Bewertung

Lernziele: 1. Wie Kurs und Zinssatz zusammenhängen. 2. Wie der Einjahres- und der Zweijahreszinssatz sich aus den Kursen von Staatsanleihen errechnen.

2.1.1 Preis oder Wert?

Die tägliche Kursbildung für die im Kapitalmarkt gehandelten Anleihen ergibt sich aus Angebot und Nachfrage. Händler und die an einem Kauf oder Verkauf von Zinsinstrumenten interessierten Personen beobachten die Kurse für die einzelnen Papiere und entscheiden dann, wie hoch ihre eigene Nachfrage beziehungsweise ihr Angebot ist. Angebot und Nachfrage ändern sich im Strom neuer Nachrichten. Wenn sich die Konjunktur belebt, wollen Unternehmen mehr investieren, fragen folglich Kredite nach und möchten Unternehmensanleihen ausgeben. Auch die Anlegerschaft gewinnt bei Konjunkturbelebung neue Zuversicht und ist bereit, Anleihen zu kaufen.

Im Ausgleich von Angebot und Nachfrage verändern sich die Kurse der Staatsanleihen und der Unternehmensanleihen sogar während des Handelsgeschehens eines Tages. Gibt es mehr Anlagewunsch und nicht so viele Verkäufer von Anleihen und nur ein geringes Angebot an neuen Emissionen, dann steigen die Preise oder Kurse der Anleihen. Gibt es weniger Anlagewunsch oder mehr Verkäufer von Anleihen und ein höheres Angebot im Primärmarkt, dann gehen die Kurse eher zurück. Die täglichen Kursbewegungen sind indes deutlich geringer als bei Aktien.

Das Handelsgeschehen im Kapitalmarkt umfasst alle Anleihen. Überwiegend sind das Staatsanleihen, Unternehmensanleihen und die später noch zu besprechenden Pfandbriefe. Für das Folgende wollen wir uns indessen auf *Zerobonds* konzentrieren und von *höchster Bonität* der Schuldner ausgehen. Ein Zerobond verbrieft den Anspruch auf eine *einzige*, *sichere* Zahlung, die vom Emittenten zum Ende der Laufzeit geleistet wird.

Auch für diese Zerobonds findet das Handelsgeschehen einen Preis oder Kurs. **Der Kapitalmarkt findet Preise für Zahlungen, die zu einem zukünftigen Zeitpunkt fällig werden**.

→ **Beispiel 2-1**: Eine Zahlung in Höhe von €100, die in einem Jahr fällig ist, soll den (heutigen) Preis von €95 haben. Parallel dazu kann eine sichere Zahlung in Höhe von €100, die in zwei Jahren geleistet werden wird, einen Preis von €90 haben. ■

Gelegentlich werden wir statt „Preis" oder „Kurs" der Anleihe den Begriff „Wert" verwenden und vom *Wert einer in Zukunft fälligen Zahlung* sprechen. Der Begriff des Werts hat verschiedene Bedeutungen. In den Wirtschaftswissenschaften wird meist der *Lehre der neoklassischen Ökonomie* gefolgt. **Danach ist der Wert eines Gutes oder eines Assets gleich dem Preis, den es in einem Markt erzielt, sofern der Markt perfekt funktioniert**. Wenn der Markt, in dem das Gut oder Asset gehandelt wird, nicht so perfekt ist, dann muss für eine Bewertung der *perfekte Markt* mit Modellrechnungen nachgebildet werden.

Ein Markt ist *perfekt*, wenn er *ideal* funktioniert: er soll offen für alle sein, transparent, jeder soll die Qualitäten kennen, es dürfen keine Informationsunterschiede bestehen, jeder verhält sich als Preisnehmer.

Der Kapitalmarkt für Staatsanleihen kommt diesem Ideal ziemlich nahe. Daher darf gesagt werden: **Die Preise / Kurse für Staatsanleihen sind gleich dem Wert der mit ihnen verbundenen, zukünftigen Zahlungen**.

2.1.2 Diskontierung

Die Preise oder Werte für später fällige Zahlungen sind typischerweise *geringer* als die betreffenden Zahlungshöhen selbst:

- Die Marktteilnehmer sind **ungeduldig**. Sie sehen einen Geldbetrag als weniger nützlich und die Allgemeinheit sieht ihn daher als weniger wertvoll an, wenn er erst später zur Verfügung steht. Der heutige Preis, der sich im Tauschgeschehen der Märkte als äquivalent zu einer später fälligen Zahlung herausbildet, ist regelmäßig geringer als die Zahlung selbst.
- Geld kann relativ leicht aufbewahrt werden, so etwa durch Verstecken der Geldscheine im Kopfkissen. Deshalb wäre niemand bereit, für eine in einem Jahr fällige Zahlung von X Euro heute *mehr* zu zahlen als X. Nur angemerkt sei, dass in Sondersituationen die Zentralbank einen Negativzins setzt, den die Banken zahlen müssen. Negativzinsen ausklammernd gilt: $Wert(Zahlung\ von\ X\ zu\ t=1) < X$.

Seit der Renaissance ist üblich, den Wert einer in einem Jahr fälligen Zahlung in Höhe von X Euro durch **Diskontierung** mit Hilfe eines **Zinssatzes** wie folgt auszudrücken:

$$Wert(Zahlung\ von\ X\ zu\ t=1) \quad = \quad \frac{X}{1+i_1} \tag{2-1}$$

Hierbei wird i_1 als der für Geldgeschäfte auf ein Jahr gültige **Zinssatz** angesehen. Der Buchstabe „*i*“ weist auf den englischen Begriff *interest* hin.

Die Schreibweise (2-1) drängt sich förmlich auf: Da der mit „Wert“ bezeichnete Geldbetrag oder der Preis der später fälligen Zahlung sich auf den *heutigen* Zeitpunkt $t = 0$ bezieht, könnte er zu $t = 0$ mit dem Zinssatz i_1 angelegt werden und würde nach einem Jahr auf den Betrag X führen.

→ **Beispiel 2-2**: Der Preis für eine in einem Jahr fällige Zahlung von €100 Euro sei €95. Dieser Preis kommt im Kapitalmarkt durch Angebot und Nachfrage nach Zahlungen zustande, die in einem Jahr fällig sind. Die angegebene Relation $95 = 100/(1+i_1)$ bedeutet, dass der Zinssatz i_1 die Höhe $i_1 = 5{,}26\%$ haben muss. In der Tat: Werden €95 bei diesem Zinssatz angelegt, erhält man nach zwölf Monaten einen Zins in Höhe von $Zins = 95 \cdot 5{,}26\% = 95 \cdot 0{,}0526 = 5$ Euro und hat, zusammen mit dem angelegten Kapital, als Gesamtbetrag €100 verfügbar. ■

- Es sieht so aus, als ob das Marktgeschehen *zunächst* die zukünftigen Zahlungen bewertet und aus den so bestimmten Werten (Ergebnis des Handels im Geld- und Kapitalmarkt) *anschließend* der Zinssatz errechnet werden kann.
- Der Zinssatz ist dann für das weitere recht nützlich. Denn wenn der Zinssatz i_1 bekannt ist, kann leicht eine andere (in einem Jahr fällige Zahlung) bewertet werden.

Angenommen, ein neues Wertpapier kommt in den Handel, das eine Zahlung in Höhe von €50 in einem Jahr verbrieft. Wenn sich durch diesen Vorgang die bisher gefundenen Preise im Markt nicht (oder kaum merkbar) ändern, dann wird sich $50/(1+i_1)$ Euro als Preis einstellen.

In der Praxis sprechen die am Handelsgeschehen beteiligten Personen einmal von Preisen oder Kursen, und schon wenig später von Zinssätzen. **Die Zinssätze bieten eine Sprache und ein Denkgerüst für leichtere Preisvergleiche.**[1]

1. Der Handel mit Zinsinstrumenten bestimmt die Preise (für in Zukunft fällige Zahlungen), und aus diesen Preisen können die durch sie bestimmten Zinssätze ermittelt werden.
2. Mit Hilfe der Zinssätze können dann weitere, in Zukunft fällige Zahlungen und Zinsinstrumente bewertet werden. Das heißt, dass ihr Preis errechnet werden kann, der sich im Markt – sofern er gut funktioniert – auch einstellen wird.

→ **Beispiel 2-3**: Zahlenbeispiel: Ein Händler bietet einem Broker eine in einem Jahr fällige Zahlung in Höhe von €2.000.000 für €1.900.000 an. Der Angesprochene wird überlegen, ob die geforderten €1.900.000 ein günstiges oder ein eher ungünstiges Angebot darstellen. Hierzu wird der Broker den Zins berechnen, der aus diesem Angebot spricht – er beträgt $i_1 = 5{,}26\%$ – und überlegen, ob dieser Zinssatz (gemessen an anderen Offerten) hoch oder niedrig ist. ■

[1] Ähnliches gilt für den Swapmarkt. Der Swapmarkt ist ein Markt für Tauschgeschäfte von fixen und variablen Zinszahlungen. Der Swapmarkt ist ein sehr großer Markt, weshalb der Handel dort die Konditionen am Kapitalmarkt durchaus beeinflussen wird. Am Swapmarkt wird direkt über die Höhe der Zinssätze gesprochen, über die so genannten Swapsätze, die dann die Höhen der zu tauschenden Zinsströme bestimmen (siehe Kapitel 10).

2.1.3 Zinssätze für längere Fristen

Ganz ähnlich finden Zerobonds im Marktgeschehen einen Preis, die eine Restlaufzeit von *zwei* Jahren haben. Hier werden Zahlungen bepreist, die in zwei Jahren fällig sind. Ist der Preis oder Wert einer in zwei Jahren fälligen Zahlung der Höhe X bestimmt, so wird er wie folgt durch einen Zweijahreszinssatz ausgedrückt:

$$Wert(Zahlung\ von\ X\ zu\ t=2) \quad = \quad \frac{X}{(1+i_2)^2} \tag{2-2}$$

Hier ist i_2 der Zinssatz für (sichere und liquide) Anlagen beziehungsweise für Geldaufnahmen, die auf zwei Jahre fest vereinbart werden.

→ **Beispiel 2-4**: Der (heutige) Preis für eine in zwei Jahren fällige Zahlung von €100 sei €90. Dieser Preis kommt im Kapitalmarkt durch Angebot und Nachfrage nach Zahlungen zustande, die in zwei Jahren fällig sind. Die angegebene Relation von €100 zu €90 bedeutet, dass der Zinssatz i_2 wegen $90 = 100/(1+i_2)^2$ die Höhe $i_2 = 5{,}41\%$ haben muss. Werden €90 bei diesem Zinssatz angelegt, dann hat man nach zwölf Monaten $90 \cdot (1+i_2) = 90 \cdot 1{,}0541 = 94{,}87$ Euro. Dieser Betrag, für ein zweites Jahr verzinst, ergibt $94{,}87 \cdot (1+i_2) = 90 \cdot (1+i_2)^2 = 100$ Euro. ■

Land	Währung	3 Monate	1 Jahr	2 Jahre	5 Jahre	10 Jahre	30 Jahre
Australien	AUD	--	2.59	2.69	3.14	3.76	--
Dänemark	DKK	-0.12	0.29	0.12	0.64	1.46	2.34
Deutschland	EUR	0.01	0.08	0.06	0.46	1.41	2.30
Euroland	EUR	0.01	0.08	0.06	0.46	1.41	2.30
Frankreich	EUR	0.13	0.11	0.16	0.71	1.82	2.88
Grossbritannien	GBP	0.37	0.41	0.71	1.94	2.66	3.45
Italien	EUR	0.33	0.57	0.81	1.69	3.00	4.14
Japan	JPY	0.05	0.08	0.09	0.18	0.62	1.70
Niederlande	EUR	0.06	--	0.13	0.58	1.69	2.44
Norwegen	NKR	1.39	1.44	1.51	1.99	2.69	--
Schweden	SKR	0.62	--	0.55	1.10	1.86	2.60
Schweiz	CHF	-0.08	0.05	-0.10	0.17	0.73	1.47
Spanien	EUR	0.27	0.53	0.72	1.54	2.85	4.02
USA	USD	0.04	0.10	0.39	1.62	2.56	3.40

Darstellung 2-1: Zinssätze (in Prozent) für verschiedene Länder und Währungsgebiete am 3. Juni 2014 (Quelle: Finanz und Wirtschaft, Nr. 43, 4. Juni 2014). In Japan ist die Zinskurve relativ flach, das heißt, die Zinssätze stimmen für alle Fristen etwa überein. In Italien, Spanien, in den USA und in Großbritannien steigen die Zinssätze mit der Frist an (steigende Zinskurve).

Analog gilt diese Betrachtung für Zahlungen (Zerobonds), die in T Jahren fällig werden. Wenn ein Zerobond, der den Nennwert €100 hat und in T Jahren fällig wird, im Handel heute den Preis P findet, dann ist der Zinssatz i_T für diese Frist durch $P = 100/(1+i_T)^T$ bestimmt.

Das bedeutet zunächst $(1+i_T)^T = 100/P$, weiter $1+i_T = \sqrt[T]{100/P}$ und explizit nach dem Zinssatz aufgelöst:

$$i_T = \sqrt[T]{\frac{100}{P}} - 1 \qquad (2\text{-}3)$$

→ **Beispiel 2-5**: Zahlenbeispiel: Eine in 10 Jahren fällige Zahlung von €100 finde im Marktgeschehen als Preis $P = 50$ Euro. Der Zehnjahressatz beträgt folglich $i_{10} = 7{,}18\%$. ■

Fazit: Die Zinssätze dienen dazu, die (heutigen) Preise in Zukunft fälliger Zahlungen auf einfache und anschauliche Art auszudrücken. Zinssätze sind eine Schreibweise für die Preise, die sich am Kapitalmarkt einstellen.

2.1.4 Die Zinskurve

Die Kapitalmärkte führen auf Zinssätze für alle Fristen, für die Anleihen gehandelt werden. Das sind die Fristen von einem bis zehn oder bis fünfzehn Jahren. Da hier und da auch Ultralangläufer gehandelt werden, folgen aus der Kursbildung auch Zinssätze für noch längere Fristen.

Die Folge $i_1, i_2, ..., i_{10}, ...$ der im Augenblick im Kapitalmarkt für die verschiedenen Bindungsfristen (von sicheren und liquiden Anleihen) gültigen Zinssätze wird als **Zinsstruktur** bezeichnet. Ihre grafische Darstellung ist die **Zinskurve**.

Unterschiede zwischen den Zinssätzen für die verschiedenen Fristen sind immer wieder vorhanden. Mit anderen Worten: Die Zinskurve ist oft nicht flach. Die Empirie zeigt indessen, dass die Zinskurven *glatt* sind und dass die Unterschiede zwischen den Zinssätzen der verschiedenen Fristen eher gering sind und maximal vielleicht 300 Basispunkte betragen. Der Grund: Die Zinssätze für die zu betrachtenden Fristen oder Laufzeiten sind nicht unabhängig. Marktteilnehmer erkennen, dass die Anleihen *Substitutionsmöglichkeiten* bieten. Deshalb werden sich im Marktgeschehen die Konditionen für Anlagen auf vier, fünf oder sechs Jahre als *ähnlich* einstellen. Die Kursbildung bei den einzelnen Anleihen erfolgt *nicht isoliert* voneinander. Denn Marktteilnehmer finden immer ähnliche Zinsinstrumente, auf die gut ausgewichen werden kann. Das Geschehen im Kapitalmarkt ist *zusammenhängend*.

Wer etwa für 5 Jahre Geld anlegen möchte und eine ins Auge gefasste Staatsanleihe mit fünfjähriger Restlaufzeit teuer findet, wählt einfach eine (günstig scheinende) sechsjährige Anleihe und plant, sie nach einer Haltezeit von fünf Jahren zu verkaufen. Auf der anderen Seite könnte der Anleger einen Bond mit einer Restlaufzeit von nur vier Jahren kaufen und am Ende der Laufzeit eine Geldanlage für ein Jahr anschließen.

Um nicht immer Potenzen der Art $(1+Zinssatz)^T$ im Nenner betrachten zu müssen, ist es einfacher, die Diskontierung – sie führt von einer später fälligen Zahlung auf ihren Preis im heutigen

Geschehen am Geld- und Kapitalmarkt – durch einen **Diskontfaktor** auszudrücken. Die Diskontfaktoren für die verschiedenen Fristen $t = 1, 2, \ldots, T$ sind definiert durch:

$$d_t = \frac{1}{(1+i_t)^t} \qquad (2\text{-}4)$$

Der Diskontfaktor d_t ist folglich gleich dem Preis einer Geldeinheit, die in t Jahren fällig wird. So haben X Geldeinheiten, die in t Jahren fällig werden, im Markt den Preis $d_t \cdot X$.

2.1.5 Der perfekte Markt

Die eingeführten Schreibweisen für den Preis, die den Zins oder Diskontfaktor verwenden, unterstellen eine Eigenschaft der Preisbildung: die **Proportionalität**. Der Preis einer in Zukunft fälligen Zahlung ist *proportional* zur Zahlungshöhe.

Die Proportionalität gilt im Idealmodell des perfekten Marktes. Sie ist folglich im Kapitalmarkt für Staatsanleihen erfüllt, da dieser dem Idealmodell sehr nahe kommt. Der Preis einer Zahlung in Höhe von 10 Millionen Euro, fällig zu einem zukünftigen Zeitpunkt T, stellt sich im Börsenhandel in der Tat als zehnmal so hoch heraus wie der Preis einer Zahlung von 1 Million Euro.

Wäre die Proportionalität nicht erfüllt, käme es schnell zu Ausweichgeschäften, die letztlich in Preisänderungen münden, welche die Proportionalität herstellen. Vermutlich würde jemand, der zehn Millionen anlegen möchte (wenn der Preis dafür eher hoch wäre), lieber zehnmal eine Million anlegen, jeweils in getrennten Finanzkontrakten oder Wertpapieren.

Die Proportionalität gilt bei den *großen* Beträgen, die für den Kapitalmarkt typisch sind. Im Retailgeschäft der Banken mit Kleinkunden ist sie *nur annähernd* erfüllt. Wer €50.000 zur Bank bringt erhält andere Konditionen als jemand, der €500 anlegt. Wir wollen im Folgenden indessen nicht das Retailgeschäft der Banken untersuchen. Es ist vom Marketing, der Kundenpsychologie und den Kosten der Banken dominiert. Wir sind am Bild interessiert, das der Kapitalmarkt zeichnet. Der Handel großer Investoren (Banken, Versicherungen, Pensionskassen, Investmentfonds) kommt der Modellvorstellung des idealen oder perfekten Marktes sehr nahe.

Eine zweite Eigenschaft des perfekten Marktes ist die **Wertadditivität**. Sie besagt: In einem gut funktionierenden Markt hat ein Bündel von Gütern einen Preis, der gleich der Summe der Preise der einzelnen Komponenten des Bündels ist.

Diese Eigenschaft ist vom Supermarkt bekannt: Der für einen Warenkorb zu zahlende Betrag ist gleich der Summe der Preise aller auf das Band gelegten Gegenstände, ungeachtet davon, ob die gewählten Gegenstände eine „gute Kombination“ bilden oder nicht. Die Wertadditivität besagt:

$$Wert(\{A, B\}) = Wert(A) + Wert(B) \qquad (2\text{-}5)$$

Angenommen, im Markt wäre der Preis eines Bündels aus den Gütern A und B höher als die Summe des Preises von A und des Preises von B. Jeder Interessent am Bündel würde dann die Güter einzeln erwerben und nach dem Kauf zusammenlegen. Hätte das Bündel einen geringeren Preis, würden sofort Händler das Bündel kaufen, auftrennen und die einzelnen Güter getrennt anbieten. Solche **Arbitragegeschäfte** führen in kürzester Zeit dazu, dass der Preis eines Bündels genau gleich der Summe der Preise der Komponenten ist. Arbitragegeschäfte führen auch an der Börse dazu, dass bereits nach wenigen Sekunden Proportionalität und Wertadditivität vorliegen.

Die Wertadditivität hat eine wichtige Folge für die Bewertung einer Kuponanleihe. Eine Kuponanleihe bietet einen Zahlungsstrom, also ein Bündel von Zahlungen. Es umfasst Kuponzahlungen und bei Fälligkeit die Rückzahlung. **Der Wert einer Kuponanleihe ist daher gleich der Summe der Werte der einzelnen Zahlungen, die sie dem Inhaber bietet.**

Für eine Anleihe mit einer Restlaufzeit von zwei Jahren (Zahlungszeitpunkte in einem Jahr und dann nochmals in zwei Jahren) gilt:

$$Wert(Anleihe) \quad = \quad Wert(Zahlung\ zu\ t=1) \quad + \quad Wert(Zahlung\ zu\ t=2) \qquad (2\text{-}6)$$

→ **Beispiel 2-6**: Wenn eine Anleihe in einem Jahr eine Kuponzahlung von €5 verspricht und in zwei Jahren eine Kuponzahlung und Rückzahlung von €105, dann ist der Wert dieser Anleihe gleich dem Wert einer Zahlung von €5, die in einem Jahr fällig wird, plus dem Wert einer Zahlung von €105, die in zwei Jahren fällig ist:

$$Wert(Anleihe) \quad = \quad \frac{5}{1+i_1}+\frac{105}{(1+i_2)^2}$$

Wenn die (durch einen großvolumigen Handel festgelegten) Zinssätze etwa $i_1 = 5{,}26\%$ und $i_2 = 5{,}55\%$ sind, dann folgt: Der Wert der ersten Kuponzahlung ist €4,75 und der Wert der Zahlung in zwei Jahren beträgt €94,25. Addiert folgt €99,00 als Wert der Anleihe. In der Tat muss sie *unter pari* notieren, denn der Kupon ist geringer als beide Zinssätze. ■

2.1.6 Kupon und Laufzeit

Wovon hängt der Wert einer (sicheren und liquiden) Anleihe also ab? Er ist gleich der Summe der Werte – zur Verdeutlichung, dass es sich hierbei um auf den heutigen Zeitpunkt bezogene Preise handelt, wird gesagt: **Barwerte** – aller Zahlungen, die dem Berechtigten zufließen, wenn er die Anleihe bis Verfall hielte. Der Wert der Anleihe hängt also ab von:

1. Der Ausstattung (Höhe des *Kupons*, der späteren Rückzahlung, sowie von den Zeitpunkten, zu denen alle diese Zahlungen fällig sind).
2. Dem Zeitwert des Geldes, also von der Marktbewertung von Zahlungen, die in Zukunft erfolgen. Das sind die Diskontfaktoren beziehungsweise die Marktzinssätze.

Wir betrachten eine Anleihe mit dem Nennwert 100 (Geldeinheiten). Sie habe eine Restlaufzeit von T Jahren. Der Kupon in Höhe c werde jährlich bezahlt, zum ersten Mal in einem Jahr. Der Kapitalmarkt biete für eine Anlage von heute auf t Jahre (höchste Bonität und Liquidität vorausgesetzt) den Zinssatz i_t. Mit d_t, $t = 1, 2, \ldots, T$, sind die entsprechenden Diskontfaktoren bezeichnet. An der Bonität des Schuldners soll es keinerlei Zweifel geben, und die Liquidität ist hoch. Dann ergibt sich als Wert der dem Inhaber zufließenden Zahlungen:

$$\begin{aligned} w &= d_1 \cdot c + d_2 \cdot c + \ldots + d_{T-1} \cdot c + d_T \cdot (100 + c) = \\ &= \frac{c}{1+i_1} + \frac{c}{(1+i_2)^2} + \ldots + \frac{c}{(1+i_{T-1})^{T-1}} + \frac{100+c}{(1+i_T)^T} = \\ &= \sum_{t=1}^{T} \frac{c}{(1+i_t)^t} + \frac{100}{(1+i_T)^T} \end{aligned} \qquad (2\text{-}7)$$

Die Marktzinssätze beziehen sich auf Anleihen höchster Bonität und auf hohe Marktliquidität. Somit sind zwei weitere, wertbestimmende Merkmale zu nennen: 3. Bei einer geringeren Bonität ist der Wert geringer (Kreditrisikoprämie). 4. Auch bei geringerer Liquidität ist der Wert geringer (Liquiditätsprämie). Ein fünfter Einflussfaktor können besondere Rechte darstellen, mit denen die Anleihe ausgestattet ist.

2.1.7 Vereinfachung der Barwertformel

Wenn die Zinssätze für die verschiedenen Laufzeiten alle gleich sind, $i_1 = i_2 = \ldots = i_T$, dann wird von einer **flachen Zinsstruktur** oder einer **flachen Zinskurve** gesprochen. Für solche Situationen sei der dann für alle Fristen einheitliche Zinssatz mit i bezeichnet. Damit vereinfacht sich die Formel (2-6) für den Wert der Anleihe:

$$w = \sum_{t=1}^{T} \frac{c}{(1+i)^t} + \frac{100}{(1+i)^T} \qquad (2\text{-}8)$$

Der Wert der Anleihe ist demnach gleich dem Barwert einer jährlichen Rente in Höhe c, die zum ersten Mal in einem Jahr und zum letzten Mal in T Jahren bezahlt wird, plus dem Barwert der Rückzahlung in Höhe des Nominalbetrags (der hier gleich 100 Geldeinheiten angenommen ist).

Der erste Term, der Wert der Kuponzahlungen, kann (sofern der Zinssatz positiv ist) wie folgt ausgedrückt werden:

$$\sum_{t=1}^{T} \frac{c}{(1+i)^t} = \sum_{t=1}^{\infty} \frac{c}{(1+i)^t} - \sum_{t=T+1}^{\infty} \frac{c}{(1+i)^t} = \frac{c}{i} - \frac{1}{(1+i)^T} \cdot \frac{c}{i}$$

Nimmt man hierzu noch den Barwert der Rückzahlung hinzu, so kann der Wert der Anleihe anstelle von (2-8) in der nachstehenden Form geschrieben werden:

$$w \quad = \quad \frac{c}{i} + \frac{1}{(1+i)^T} \cdot \left(100 - \frac{c}{i}\right) \qquad \text{(2-9)}$$

Der Wert ist demnach gleich dem Barwert einer *unendlichen* Rente in Höhe des Kupons; in T Jahren jedoch wird die unendliche Rente gestoppt, und es erfolgt die Rückzahlung der Anleihe.

An Formel (2-9) ist zu erkennen: **Eine Anleihe wird bei einer flachen Zinsstruktur genau dann zu pari bewertet** (was $w = 100$ bedeutet), **wenn Kupon und Zinsniveau übereinstimmen**. Zur Herleitung von (2-9) wurde ein bekanntes Ergebnis verwendet: Eine unendliche Rente in Höhe c besitzt beim Zinssatz i den Wert c/i,

$$\frac{c}{i} \quad = \quad \frac{c}{1+i} + \frac{c}{(1+i)^2} + \frac{c}{(1+i)^3} + \ldots \qquad \text{(2-10)}$$

→ **Beispiel 2-7** zu Formel (2-10): England hat vor zweihundert Jahren Consolbonds (*Perpetuals*) ausgegeben, unendlich laufende Anleihen. Ein solcher Perpetual soll heute bewertet werden. Einflüsse von Bonität und Marktliquidität werden ausgeklammert. Der Kupon der Anleihe betrage 9 Pfund und werde zum nächsten Mal wieder heute in einem Jahr bezahlt. Über den Nominalwert ist nichts bekannt. Er spielt auch nur dann eine Rolle, sollte die Anleihe doch einmal zurückbezahlt werden. Einmal unterstellt, der Zinssatz sei derzeit für alle Laufzeiten 6%, dann wäre der Wert dieses Perpetuals gleich $9 / 0{,}06 = 150$ Pfund. ■

→ **Beispiel 2-8** zur Illustration von Formel (2-9): Eine Anleihe habe einen Kupon von €5 und werde in $T = 5$ Jahren im Nominalwert von €100 zurückgezahlt. Die Zinsstruktur sei flach und das Zinsniveau sei $i = 6\%$. Der Wert einer unendlichen Rente in Höhe des Kupons wäre $5/0{,}06 = 83{,}33$ Euro, wie in Formel (2-10) berechnet. In fünf Jahren erhält der Inhaber €100 als Rückzahlung und verliert dann die in der Formel (2-9) erscheinende weiterhin unendlich lang laufende Rente. Das ist ein Geldzufluss von $100 - 83{,}33 = 16{,}67$ Euro. Auf den heutigen Zeitpunkt diskontiert ergibt sich $16{,}67/1{,}06^5 = 12{,}44$ Euro. Dementsprechend hat die Anleihe einen Wert von $w = 83{,}33 + 12{,}44 = 95{,}77$ Euro. ■

Die allgemein kommunizierten **Zinssätze beziehen sich auf höchste Bonität und Marktliquidität**.

Anleihen geringerer Bonität und geringerer Marktliquidität haben geringere Werte im Vergleich zu den Zahlen, welche die Formeln (2-7), (2-8), (2-9) liefern. Ebenso beeinflussen weitere Ausstattungsmerkmale oder Rechte den Wert einer Anleihe, so etwa, wenn der Schuldner sie vorzeitig zurückzahlen kann.

Darstellung 2-2: Die Zinssätze am langen Ende (Zinsbindungsfrist 10 Jahre) und am kurzen Ende (Zinsbindungsfrist 1 Jahr) für Anlagen höchster Bonität in Schweizerfranken von Januar 1984 bis Januar 2014. Der Verlauf des Einjahreszinssatzes ist blau, der des Zehnjahreszinssatzes schwarz. Bis Ende 1988 sowie um 2008 war die Zinskurve fast flach. Zwischen 1989 und 1992 war sie invers, ansonsten normal.

Die Zinssätze oder Diskontfaktoren können sich mit neuen Einschätzungen und Wirtschaftsnachrichten verändern. Dabei kann sich eine bis dahin flache Zinsstruktur auch so verändern, dass nicht nur das Zinsniveau in seiner Höhe beeinflusst wird. Die Zinssätze für die verschiedenen Fristen können auf ganz unterschiedliche Höhen gehen.

Die Zinssätze beziehungsweise die Diskontfaktoren gelten also *im Augenblick*. Sie können sich ebenso ändern wie die Preise für Öl oder Gold.

Eine Veränderung der Zinssätze drückt eine Änderung der Werte von Zinsinstrumenten aus. Die grundlegende Formel (2-7) für die Bewertung einer Kuponanleihe gilt nach wie vor.

Auch die Formeln (2-8) und (2-9) sind selbstverständlich weiterhin richtig, doch können sie nicht mehr zur Bewertung herangezogen werden, wenn die neuen Zinssätze keine flache Zinskurve mehr ergeben, sondern ganz unterschiedlich sind.

Aufgrund von (2-7) wird deutlich:

- Ansteigende Zinssätze bewirken Wertverluste bei Anleihen (und gehen an der Börse mit geringeren Kursen einher).
- Geringere, nachgebende Zinsen führen zu Wertsteigerungen bei Anleihen (und gehen mit steigenden Kursen einher).

2.2 Zins und Zinsstruktur

Lernzeile: 1. Wie sich die gesamte Zinskurve aus den Kursen für Anleihen ergibt. 2. Drei Typen von Zinskurven (normal, steigend, invers). 3. Warum Praktiker vielfach eher auf die Rendite (den Yield) schauen. 4. Wie unsichere Zinssätze auf das Kursrisiko bei Anleihen führen.

2.2.1 Kurse bestimmen Zinssätze

Aus den Kursen der Staatsanleihen können *Zinssätze* errechnet werden. Das sind jene Zinssätze, bei denen der Kurs der Staatsanleihen gleich dem Barwert der noch folgenden Zinszahlungen und der Rückzahlung ist. Die Zinssätze werden durch die Kurse indirekt festgelegt.

→ **Beispiel 2-9**: Um das Prinzip dermaßen implizit gegebener Zinssätze zu erläutern, sollen zwei Anleihen betrachtet werden. Die erste Anleihe wird in 12 Monaten zurückbezahlt, die zweite hat eine Restlaufzeit von 24 Monaten. Bei beiden Anleihen beträgt – auf einen Nominalwert von €100 bezogen – der Kupon €4.

Der Zins wird bei der ersten Anleihe noch ein einziges Mal zusammen mit der Rückzahlung geleistet. Bei der zweiten Anleihe wird der Kupon noch zweimal bezahlt, in einem Jahr und dann in zwei Jahren zusammen mit der Rückzahlung.

Aus Angebot und Nachfrage bilden sich für diese Anleihen auf dem Sekundärmarkt Kurse von €99,05 und €96,37. Wie hoch, so lautet die *Frage*, sind die Zinssätze i_1 für Anlagen auf 1 Jahr und i_2 für Anlagen auf 2 Jahre? Die Antwort: Für beide Anleihen muss gelten: Der Kurs ist gleich dem Barwert aller zukünftigen Rückflüsse. Also erhalten wir

$$99{,}05 = \frac{104}{1+i_1} \quad \text{für die erste Anleihe,}$$

$$96{,}37 = \frac{4}{1+i_1} + \frac{104}{(1+i_2)^2} \quad \text{für die zweite Anleihe.}$$

Aus der ersten Gleichung folgt $i_1 = 0{,}05 = 5\%$. Wird dies in die Gleichung für die zweite Anleihe eingesetzt, entsteht $96{,}37 = 3{,}81 + 104/(1+i_2)^2$, woraus sich $i_2 = 0{,}06 = 6\%$ ergibt.

Um dieses Beispiel fortzuführen, sei ganz analog noch eine dritte Anleihe mit einer Restlaufzeit von drei Jahren und einem Kupon von diesmal €6 (bezogen auf einen Nominalwert von €100 betrachtet). Ihr Kurs sei €97,58.

Aufgrund des bereits bestimmten Zinssatzes $i_1 = 5\%$ ergibt sich als Barwert der ersten Kuponzahlung dieser dritten Anleihe €5,71 und aufgrund des zuvor bestimmten Zinssatzes $i_2 = 6\%$ folgt für den Barwert der zweiten Kuponzahlung €5,34.

Folglich muss der Barwert der Zahlungen in drei Jahren bei dieser dritten Anleihe $97{,}58 - 5{,}71 - 5{,}34 = 86{,}53$ Euro sein. Da diese die Höhe €106 haben, errechnet sich der Zinssatz i_3 für eine dreijährige Anlagedauer aus $86{,}53 = 106/(1+i_3)^3$ zu $i_3 = 0{,}07$. ■

Das Beispiel sollte erläutern, wie sich aus den durch Nachfrage und Angebot zustande kommenden Kursen für Staatsanleihen die *implizit* enthaltenen Zinssätze errechnen lassen.

2.2.2 Gleichungssystem für die Zinssätze

Es sollen N Bonds $k = 1,2,\ldots,N$ gehandelt werden. Als Daten für Bond k sollen gegeben sein:

- die Laufzeit T_k,
- der Kupon c_k,
- der Kurs im Kapitalmarkt w_k.

Um die Schreibweise nicht zu komplizieren, sollen bei allen Bonds die jeweiligen Kupons zu denselben Zeitpunkten gezahlt werden, und zwar heute in einem Jahr, in zwei Jahren, und so fort.

Für jeden dieser N Bonds $k = 1,2,\ldots,N$ gilt die Wertformel (2-7), das heißt:

$$\frac{c_k}{1+i_1} + \frac{c_k}{(1+i_2)^2} + \ldots + \frac{c_k}{(1+i_{T_k})^{T_k}} + \frac{100}{(1+i_{T_k})^{T_k}} = w_k$$

Insgesamt erhält man das System aus N Gleichungen:

$$\begin{aligned}
\frac{c_1}{1+i_1} + \frac{c_1}{(1+i_2)^2} + \ldots + \frac{c_1}{(1+i_{T_1})^{T_1}} + \frac{100}{(1+i_{T_1})^{T_1}} &= w_1 \\
\frac{c_2}{1+i_1} + \frac{c_2}{(1+i_2)^2} + \ldots + \frac{c_2}{(1+i_{T_2})^{T_2}} + \frac{100}{(1+i_{T_2})^{T_2}} &= w_2 \\
\ldots \\
\frac{c_N}{1+i_1} + \frac{c_N}{(1+i_2)^2} + \ldots + \frac{c_N}{(1+i_{T_N})^{T_N}} + \frac{100}{(1+i_{T_N})^{T_N}} &= w_N
\end{aligned} \qquad (2\text{-}11)$$

Es handelt sich bei (2-11) um ein **Gleichungssystem** für die unbekannten Zinssätze $i_1, i_2, \ldots$.

Das Gleichungssystem (2-11) sieht zunächst recht kompliziert aus. Es ist auch insofern kompliziert, als es nichtlinear in den (gesuchten) Variablen ist: Das sind die Zinssätze.

Doch wenn anstelle der Zinssätze $i_1, i_2, \ldots$ die Diskontfaktoren $d_1, d_2, \ldots$ als Unbekannte betrachtet werden, dann entsteht als neues Gleichungssystem (2-12), und dieses ist dann **linear** in den gesuchten Variablen, in den Diskontfaktoren:

$$\begin{aligned} d_1 \cdot c_1 + d_2 \cdot c_1 + \ldots + d_{T_1} \cdot (100 + c_1) &= w_1 \\ d_1 \cdot c_2 + d_2 \cdot c_2 + \ldots + d_{T_2} \cdot (100 + c_2) &= w_2 \\ \ldots & \\ d_1 \cdot c_N + d_2 \cdot c_N + \ldots + d_{T_N} \cdot (100 + c_N) &= w_N \end{aligned} \tag{2-12}$$

Das Gleichungssystem (2-12) hat so viele Gleichungen wie es Anleihen gibt, nämlich N. Die Anzahl der Unbekannten ist durch die maximale Laufzeit der einbezogenen Anleihen gegeben.

Es muss nicht stören, dass die Zeilen des Gleichungssystems,

$$c_k \cdot d_1 + c_k \cdot d_2 + \ldots + (c_k + 100) \cdot d_{T_k} = w_k,$$

die den Anleihen $k = 1, 2, \ldots, N$ entsprechen, unterschiedlich lang sind, weil die Laufzeit T_k der Anleihe k eine spezifische Größe ist. Um das *Gleichungssystem* (2-12) in Matrizenschreibweise darzustellen, würde man durch Nullen auffüllen.

Besitzt das Gleichungssystem (2-11) beziehungsweise das Lineare Gleichungssystem (2-12) stets eine eindeutige Lösung?

So stehen für zehn zu bestimmende Zinssätze $i_1, i_2, \ldots, i_{10}$ (oder die entsprechenden zehn Diskontfaktoren) die Daten (Kupon, Laufzeit) sowie die Kurse von vielleicht 20 Staatsanleihen plus 30 Anleihen der Länder zur Verfügung. Die Gleichungen sind in der Realität schnell **überbestimmt**, weil die im praktischen Handelsgeschehen bestimmten Kurse kleine Abweichungen gegenüber ihrem theoretischen Wert besitzen. Hier kann eine Rolle spielen, ob große institutionelle Anleger vielleicht die eine gegenüber der anderen Anleihe leicht bevorzugen, weil sie vielleicht mit Zinsfutures zusammenhängt. Dann besitzt (2-12) keine Lösung im Sinn einer exakten Erfüllung des Gleichungssystems. Jedoch lässt sich eine *Näherungslösung* bestimmen, die es für hinreichend genau erfüllt. Hierzu kommen Verfahren der **Fehlerausgleichsrechnung** zum Einsatz. Sie sind stark mit der Linearen Regression (LR) verwandt. Auch bei der LR sind „kleine Fehler" im ansonsten als linear unterstellten Zusammenhang berücksichtigt.

Wenn dagegen die Anzahl der Bonds geringer ist als die der Zinssätze, dann ist das Gleichungssystem **unterbestimmt**. In diesem Fall werden Interpolationsverfahren eingesetzt. Hat man weniger Anleihen (und deren Daten und Kurse) gegeben als Zinssätze zu bestimmen sind, dann wird eine zusätzliche Annahme getroffen, so die, dass die Zinssätze eine glatte Kurve ergeben. Unter dieser Bedingung sind dann die Zinssätze eindeutig bestimmt.[2]

---

[2] HERMANN SCHULTE-MATTLER und WOLFGANG TYSIAK: Interpolation von Renditen mit Hilfe natürlicher Splines. *Die Bank* (Dezember 1998), pp. 772-777.

Damit wären die implizit in den Kursen der Anleihen enthaltenen Zinssätze aller Fristen diesen gleichsam entlockt. Zur Berechnung der Zinssätze oder der Diskontfaktoren muss das lineare Gleichungssystem (2-11) aller zu berücksichtigen Anleihen *simultan* gelöst werden. Das ist numerisch nicht einmal so schwer. Dennoch wurde überlegt, ob es nicht noch einfacher geht.

2.2.3 Renditekurve

Eine recht einfache Darstellung der Verhältnisse am Kapitalmarkt wird möglich, wenn anstelle der Zinssätze die **Renditen** betrachtet werden. Amerikaner publizieren seit jeher anstelle der Zinssätze die *Renditen (Yields)* der Staatspapiere unterschiedlicher Restlaufzeit. Analog zur Zinskurve wird dann die **Renditekurve** – üblicher ist die Bezeichnung **Yieldkurve** – grafisch dargestellt. Häufig werden nicht einmal die Renditen für alle Laufzeiten berechnet. In amerikanischen Wirtschaftspublikationen werden zur Vereinfachung lediglich drei Yields herausgegriffen: $y_{1/2}, y_{10}, y_{30}$. Sie repräsentieren den

- Yield für 6-Month-Treasury-Bills auf dem *Geldmarkt*, den Markt der Banken unter sich für sehr kurzfristig laufende Zinspapiere,
- Yield für 10-Year-Treasury-Bonds, den Kapitalmarktz*ins für mittlere Anlagedauer*,
- Yield für 30-Year-Treasury-Bonds, den Kapitalmarktzins *am langen Ende*.

Der **Yield** oder die **Rendite bis Verfall** einer Anleihe oder eines Zinsinstruments ist gleich jenem (und für alle Fristen als gleich unterstelltem) kalkulatorischen Zinssatz, bei dem der Barwert aller dem Inhaber zufließenden Zahlungen gleich dem Kurs ist. Die Rendite bis Verfall ist mithin gleich dem *internen Zinssatz* der Zahlungsreihe aus Kuponzahlungen und Rückzahlung, unter Berücksichtigung des derzeitigen Kurses.[3]

Wenn eine Staatsanleihe einen heutigen Wert w besitzt, zum Nominalwert 100 in T Jahren getilgt wird und mit einem Kupon c ausgestattet ist, dann wird die **Rendite** y dieser Anleihe, oft auch bezeichnet als **Rendite bis Fälligkeit** oder als **Rendite bis Verfall**, definiert durch:

$$w = \frac{c}{1+y} + \frac{c}{(1+y)^2} + \ldots + \frac{c}{(1+y)^{T-1}} + \frac{c+100}{(1+y)^T} \qquad \text{(2-13)}$$

Die Bestimmungsgleichung sieht kompliziert aus. In der Tat handelt es sich um eine *algebraische Gleichung* der Ordnung T. Als Substitution ist üblich: $x = 1/(1+y)$. Damit entsteht aus (2-13) diese Gleichung:

$$w = c \cdot x + c \cdot x^2 + \ldots + c \cdot x^{T-1} + (100+c) \cdot x^T$$

[3] Zusammenhänge und Unterschiede zwischen Zinskurve und Yieldkurve finden sich bei STEPHEN M. SCHAEFER: The Problem with Redemption Yields. *Financial Analysts Journal* (1977), pp. 59-67.

Für den Fall $T = 2$ gibt es zwar eine explizite Lösungsformel, doch ansonsten bleiben für die algebraische Gleichung (von Spezialfällen abgesehen) nur numerische Verfahren zur zahlenmäßigen Bestimmung der Lösung. Ein solcher Spezialfall, in dem sich die Rendite durch eine Formel angeben lässt ist der, dass die Anleihe pari bewertet wird, also $w = 100$ gilt. Die explizite Lösung im Fall $T = 2$ lautet übrigens:

$$x \quad = \quad \frac{-c+\sqrt{c^2+4\cdot(100+c)\cdot w}}{2\cdot(100+c)} \qquad \textit{und} \qquad y=(1/x)-1 \tag{2-14}$$

→ **Beispiel 2-10**: Eine Anleihe mit 2 Jahren Restlaufzeit, Nennwert 100 und Kupon 6 habe den Wert $w = 102$. In (2-14) eingesetzt, folgt $x = (-6+\sqrt{36+43.248})/212 = 0{,}953057$ und daraus ergibt sich $y = 4{,}93\%$. Probe: $6/1{,}0493 + 106/(1{,}0493)^2 = 5{,}7181 + 96{,}2734 = 101{,}99$. Von kleinen Rundungsfehlern abgesehen wird $w = 102$ bestätigt. Die Rendite bis Verfall ist 4,93%. ■

Im Allgemeinen wird ein iteratives Verfahren eingesetzt wie etwa das Newtonverfahren. Im Computer wird die Rendite (2-13) leicht mit dem *Solver* (im Menü *Tools*) von *Excel* oder mit einem anderen Kalkulationsprogramm bestimmt. Taschenrechner liefern ebenso die Renditen von Zahlungsreihen. Alle diese Programme verwenden das Newtonverfahren.

Zudem gibt es einfach zu handhabende Näherungslösungen. Praktiker, die schnell auf dem Papier aus Kursen für Staatsanleihen Renditen ermitteln müssen, verwenden meist die folgende **Näherungsformel**. Sie berücksichtigt zunächst, dass die Anleihe heute einen Wert von w hat, dass jedoch der Rückzahlungsbetrag 100 beträgt. Liegt w über dem Rückzahlungsbetrag, ist das schon einmal nachteilig für die Rendite. Liegt w unter dem Rückzahlungsbetrag, ist das vorteilhaft für die Rendite. Im Verlauf der restlichen Laufzeit der Länge T kommt es daher zu einem Renditebeitrag, der auf das Jahr bezogen in etwa $(100 - w)/(100 \cdot T)$ beträgt. Zusätzlich kann der Inhaber die Kupons einnehmen. Da das eingesetzte Kapital im zeitlichen Mittel etwa $(w + 100)/2$ beträgt, liegt der durch die Kuponzahlungen bewirkte Renditebeitrag bei $c/((w + 100)/2)$. Beide Effekte zusammen genommen ergeben sich als **Näherungsformel für die Rendite**:

$$y \quad \approx \quad \frac{c}{(w+100)/2} + \frac{(100-w)}{100\cdot T} \tag{2-15}$$

Für die eben im 9. Beispiel betrachtete Anleihe (2 Jahre Restlaufzeit, Nennwert €100, Kupon von €6, Wert $w = 102$) folgt mit der Näherungsformel $y \approx 6/101 - 2/200 = 5{,}94\% - 1\% = 4{,}94\%$. Der exakte Yield wurde im Beispiel oben zu $y = 4{,}93\%$ bestimmt.

Der im Februar 2005 von Frankreich ausgegebene Ultralangläufer ($T = 50$ Jahre, Kupon $c = 4$, Ausgabekurs $95{,}632$) hatte bei Ausgabe $4{,}21\%$ als Rendite bis Verfall; die Näherung (2-15) liefert $4{,}18\%$.

Die Vorgehensweise, aus den Kursen die *Renditen* zu ermitteln, ist für den Rechenpraktiker viel schneller als der Weg, aus den Kursen die Zinssätze herzuleiten. Denn wer sich auf die Ermittlung der Renditen beschränkt, muss nur die Formel (2-13) oder die Näherungsformel (2-15) auswerten. Das kann für jede der betrachteten Anleihen im *Einzelnen* geschehen. Ein Taschenrechner genügt. Wenn dagegen aus den Kursen die Zinsstruktur ermittelt werden soll, so müssen alle betrachteten Bonds zugleich in die Rechnung einbezogen werden, um das lineare Gleichungssystem (2-12) *simultan* zu lösen. Hierzu sind Computer erforderlich.

Allerdings gestatten die Renditen es *nicht*, die Barwerte von Zahlungsströmen *exakt* zu ermitteln.[4] Wenn eine neue Anleihe bewertet werden muss, und wenn es um große Beträge geht, dann nehmen sich die Investoren die Zeit und rechnen exakt. Das heißt, sie ermitteln die Zinsstruktur im Kapitalmarkt nach (2-12) und bewerten dann die neue Anleihe oder das neue Zinsinstrument mit Formel (2-7). Wenn die Beträge nicht groß sind, dann rechnet der Praktiker mit der Rendite.

2.2.4 Zinsstrukturtypen

Nicht nur das generelle Niveau der Zinssätze oder der Renditen (Yields), auch die Form der Zinskurve (oder der **Yieldkurve**) finden Beachtung. Zinsänderungen sind das Ergebnis neuer Informationen und neuer Einschätzungen der Kapitalmarktteilnehmer. Zudem greift die Zentralbank direkt als Akteur ein. Im Fluss der Nachrichten und der steuernden Einwirkung der Zentralbank ändern sich die Zinssätze.

Doch vielfach ändern sich die Zinssätze für die verschiedenen Anlagefristen nicht in gleicher Weise. So könnte eine straffere Geldpolitik – die Zinsen am kurzen Ende steigen – etwa bewirken, dass die Inflationserwartung zurückgeht. Dadurch gehen die Zinsen am langen Ende zurück.

So verändern sich im Laufe der Zeit mit neuen Informationen nicht nur das **Niveau** der Zinskurve, sondern auch ihre **Neigung** (Steigung) und ihre **Form** (Krümmung).

Drei typische Zinskurven wurden immer wieder beobachtet. Sie haben eigene Bezeichnungen erhalten. Die drei Typen von Zinskurven unterscheiden sich hinsichtlich der Zinsen (oder der Yields) am langen und am kurzen Ende:

Wenn sich die Zinssätze *nicht* mit der Fristigkeit verändern, wenn sie also *konstant über alle Laufzeiten* sind, dann wird die Zinsstruktur (beziehungsweise die Yieldkurve) als **flach** bezeichnet. Eine steigende Zinskurve oder Yieldkurve wird als **normal** bezeichnet. Eine fallende Zinsstruktur wird als **invers** bezeichnet.

---

[4] Im perfekten Markt (oder daher im Kapitalmarkt, der diesem Ideal nahe kommt) haben nicht alle Staatsanleihen übereinstimmender Restlaufzeit identische Renditen. Der Markt sorgt dafür, dass zu zukünftigen Zeitpunkten fällige Zahlungen denselben Preis haben. Doch der Markt sorgt *nicht* dafür, dass die *Renditen* von Kuponanleihen übereinstimmen. Bei der Publikation von Renditen werden daher auch immer Renditen „repräsentativer" Anleihen genannt und die Experten wissen, dass die Renditen der Anleihen übereinstimmender Restlaufzeit etwas streuen.

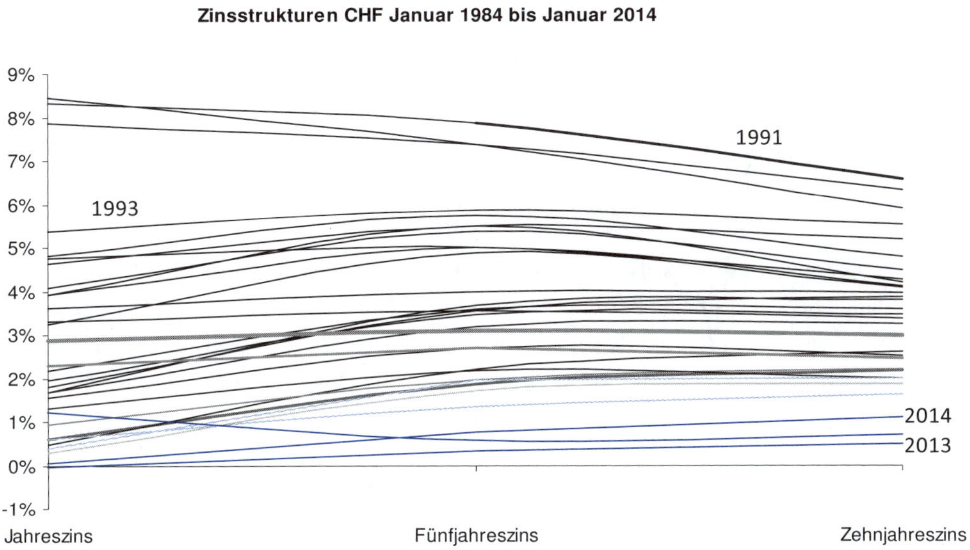

Darstellung 2-3: Die Zinskurven für Anlagen in Franken, definiert durch den jeweiligen Einjahreszinssatz (links auf der Abszisse), Fünfjahreszinssatz (Mitte) und Zehnjahreszinssatz (rechts), dargestellt jeweils für den Januar der Jahre von 1984 bis 2014. Die Zinskurven, die sich etwa im Februar, März, ... dieser Jahre eingestellt haben, sind nicht wiedergegeben, um die Abbildung nicht zu stark zu füllen. Die Ordinate gibt die Zinssätze (in Prozent) wieder. Unschwer zu erkennen ist: Die Einjahreszinssätze streuen mehr (Standardabweichung im Beobachtungszeitraum 2,4%) als die Fünfjahreszinssätze (Standardabweichung 2,0%) und die Zehnjahreszinssätze (Standardabweichung 1,6%) bezogen auf die gezeigten Jahre 1984-2014.

Die Differenz zwischen den Zinsen (beziehungsweise Yields) am langen und am kurzen Ende wird als **Term-Spread** bezeichnet:

- in Europa wird der Term-Spread durch $S_{EUR}(10/1) = i_{10} - i_1$ gemessen,
- in den USA durch den Renditeunterschied $S_{USD}(30/½) = y_{30} - y_{1/2}$.

Ist der Term-Spread positiv, dann liegt eine steigende (normale) Zinskurve vor. Ist der Term-Spread negativ, dann liegt eine fallende (inverse) Zinskurve vor. Ist der Term-Spread gleich Null, dann könnte sie flach sein – allerdings würde die Flachheit der Zinskurve verlangen, dass alle Zinssätze übereinstimmen, wogegen ein Term-Spread von 0 nur besagt, dass die beiden Zinssätze am kurzen und am langen Ende übereinstimmen.

Die Unterscheidung dieser drei Typen von Zinskurven hängt mit der Klassifikation ihrer Wirkung auf und Wechselwirkung mit Realwirtschaft und Konjunkturzyklus zusammen. Eine steigende (normale) Zinskurve geht meistens einher mit einem Konjunkturaufschwung. Eine fallende (inverse) Zinskurve ist Ausdruck eines Konjunkturabschwungs und wird als Zeichen einer möglicherweise kommenden Rezession gesehen. Diese Assoziation von Zinskurventyp und Konjunkturphase hängt mit folgender Vorstellung zusammen:

Darstellung 2-4: Der Term-Spread — Zehnjahreszinssatz minus Einjahreszinssatz für Schweizer Franken von Januar 1984 bis Januar 2014. Als Signal für einen Wirtschaftsaufschwung stand der Zinssatz 1988 im Zeichen der lockeren Geldpolitik der Schweizerischen Nationalbank (SNB), die sie als Reaktion auf den Börsencrash vom Oktober 1987 einleitete. Jedoch hat die SNB, als die Wirtschaft den Crash offensichtlich gut überstand, die drohende Inflationsgefahr gesehen und eine Politik des knappen Geldes eingeleitet. Die Jahre 1989-1993 brachten eine inverse Zinsstruktur.

Institutionelle Investoren wie Versicherungen und Pensionskassen müssen aus dem Anlageergebnis Ansprüche der Versicherten erfüllen. Deren Ansprüche sind teils garantiert, teils werden sie aus Überschüssen bezahlt. Die Versicherten beziehen oft Renten dieser Versorgungsträger und ziehen Vergleiche mit Veränderungen der Kaufkraft. Besonders bei Inflation verlangen sie, einen höheren Anteil an den Überschüssen zu erhalten. Letztlich müssen die institutionellen Investoren bei Inflation etwas höhere Leistungen auszahlen. In der Folge beurteilen sie auch Kapitalanlagen danach, wie hoch deren Rentabilität im Vergleich zur Inflationsrate ist. Steigt die erwartete Inflation, dann verlangen die institutionellen Investoren auch im Kapitalmarkt, dass höhere langfristige Zinsen bezahlt werden. Kurzum: Die langfristigen Zinssätze stellen sich entsprechend den Inflationserwartungen der institutionellen Investoren ein. Im Konjunkturaufschwung – immer mehr Menschen finden Arbeit, die Kapazitäten werden ausgelastet, die Nachfrage nimmt zu – nimmt die Inflationsrate eher zu. Folglich verlangen institutionelle Investoren höhere Zinssätze am langen Ende. Die Zinskurve wird steiler.

Hinsichtlich der kurzfristigen Zinssätze besteht die Vorstellung, die Zentralbank würde sie ganz direkt steuern. Sie tue das, um entweder die Wirtschaft mit einer Politik des leichten Geldes zu fördern oder mit einer Politik des knappen Geldes den Inflationsgefahren (in der Spätphase des Konjunkturzyklus) zu begegnen. Zum Frühbeginn eines Konjunkturaufschwungs sind daher die kurzfristigen Sätze gering, und im Zenit oder kurz danach beginnt die Zentralbank mit ihrem „Bremsmanöver".

Vereinfacht ist es also so: Die Zinssätze am kurzen Ende bestimmt die Zentralbank, die am langen Ende werden von den Inflationserwartungen der institutionellen Investoren bestimmt. Aufgrund der typischen Abfolge im Konjunkturzyklus können daher die normale (steigende) Zinskurve mit dem Konjunkturaufschwung assoziiert werden, die fallende (inverse) mit dem Konjunkturabschwung. Dies ist die so genannte konventionelle Sicht der Zusammenhänge.

2.3 Kursänderungen

Lernziele: 1. Pull-to-Par. 2. Das Zinsrisiko und ein Beispiel. 3. Diverse Renditebegriffe.

2.3.1 Pull-to-Par

Kursänderungen können überraschend und daher rein zufällig eintreten, sobald neue Nachrichten kommen. Neue Nachrichten sind unvorhergesehen, denn andernfalls wären sie antizipierbar, also nicht wirklich neu. **Daher haben neue Nachrichten immer etwas Überraschendes, Zufälliges an sich**. Gewisse Kursänderungen können indes auch vorhergesehen und erwartet werden. Eine Kursbewegung, die gut vorhergesehen werden kann, ist die Tendenz der Kurse, gegen Laufzeitende die Höhe des Nominalbetrags zu erreichen, in deren Höhe die Rückzahlung erfolgt. Diese Konvergenz des Werts zum Betrag der Rückzahlung ist intuitiv einsichtig und wird formal durch die Diskontierung beschrieben. Sie wird als *Pull-to-Par* bezeichnet.

Der Effekt, dass gegen Ende der Laufzeit die Kurse von Anleihen immer näher an den Nominalwert (zu dem sie zurückgezahlt werden) konvergieren, wird als **Pull-to-Par** bezeichnet.

Ist der Wert einer Anleihe geringer als ihr Nominalwert, etwa $w < 100$, dann wird sie oder genauer ihr Kurs als *unter-pari* bezeichnet. Das ist der Fall, wenn die Zinssätze $i_1, i_2, ..., i_T$ im Vergleich zum Kupon c hoch sind. Bei Anleihen, die unter-pari notieren, wird der Nachteil eines im Vergleich zu den Zinssätzen geringen Kupons durch *programmierte Kurssteigerungen* wettgemacht. Unter-pari notierende Anleihen sind attraktiv für Investoren, die zwar Zinseinkünfte, nicht aber Kursgewinne versteuern müssen. Sie sind weiter attraktiv für Portfoliomanager mit Aufsichtsgremien, die diese Kurssteigerungen wohlwollend beobachten.

Ist der Wert einer Anleihe höher als ihr Nominalwert, $w > 100$, dann wird sie als *über-pari* bezeichnet. Das ist der Fall, wenn die Zinssätze $i_1, i_2, ..., i_T$ im Vergleich zum Kupon c niedrig sind. Viele über-pari Anleihen sind im Markt, wenn die Zinsen in den Jahren nach der Emission eher gefallen sind. Bei einer über-pari notierenden Anleihe vermindert sich im Verlauf der Zeit der Sachverhalt, dass der Kupon im Vergleich zu den aktuellen Zinssätzen hoch ist. *Der Kurs der Anleihe fällt* im Verlauf der Zeit. Kurz vor Tilgung ist der Wert nahe beim Tilgungsbetrag 100 beziehungsweise bei $100 + c$, der Zahlung einschließlich des Kupons. Bei über-pari notierenden Anleihen wird der Vorteil eines im Vergleich zu den Zinssätzen hohen Kupons jedenfalls durch einen *programmierten Kursrückgang* eliminiert. Auch hier wirkt der als Pull-to-Par bezeichnete Effekt. Über-pari notierende Anleihen sind jedoch wenig attraktiv für Investoren, die Kupons versteuern müssen. Sie sind auch wenig attraktiv für Portfoliomanager mit Aufsichtsgremien, die angesichts der Kursrückgänge eine inferiore Titelselektion unterstellen.

Wer Geld in unter-pari Anleihen anlegt, erzielt geringere Kuponeinnahmen verbunden mit Kursgewinnen. Wer Geld in über-pari Anleihen anlegt, erzielt höhere Kuponeinnahmen gepaart mit Kursverlusten.

2.3.2 Fallbeispiel zu Pull-to-Par

Der Zinssatz sei für alle Laufzeiten gleich, $i_1 = i_2 = ... = i_T$, und soll $i = 6\%$ betragen. Jemand möchte eine Million Euro auf zwei Jahre anlegen. Zur Wahl stehen zwei Anleihen A und B, die beide in zwei Jahren getilgt werden und einen jährlichen Kupon haben. Beide Anleihen haben einen Nominalwert von 100 Euro. Bei der Anleihe A beträgt der Kupon $c_A = 7$ Euro; sie wird also über-pari notieren. Der Kurs der Anleihe A beträgt

$$w_A = (7/1{,}06) + (107/1{,}1236) = 101{,}83.$$

Ein Jahr später – das Zinsniveau soll unverändert bleiben – hat die Anleihe A den Kurs

$$w_A^{(1)} = 107/1{,}06 = 100{,}94\,.$$

Es gab also einen kleinen programmierten Kursverlust von

$$\Delta w_A = 100{,}94 - 101{,}83 = -0{,}89$$

Euro als Gegengewicht zu dem hohen Kupon $c_A = 7$.

A	$c_A = 7$	$w_A = 101{,}83$	$w_A^{(1)} = 100{,}94$
B	$c_B = 5$	$w_B = 98{,}17$	$w_B^{(1)} = 99{,}06$

Der Kupon von Anlage B ist $c_B = 5$, und diese wird demnach unter pari notieren. Der Kurs der Anleihe B ist

$$w_B = (5/1{,}06) + (105/1{,}1236) = 98{,}17.$$

Die Anlage B hat in einem Jahr den Kurs

$$w_B^{(1)} = 105/1{,}06 = 99{,}06\,.$$

Es wird bis dahin einen kleinen Kursgewinn geben:

$$\Delta w_B = 99{,}06 - 98{,}17 = +0{,}89$$

Er kompensiert dafür, dass der Kupon $c_B = 5$ bei der Anlage B geringer als der Zins ist. Nun habe der Anleger €1.000.000 anzulegen. Dafür könnte er 9.820 Stück von der Anleihe A oder 10.186 Stück von der Anleihe B kaufen.

- Angenommen, er entscheidet sich für die Anleihe A mit dem hohen Kupon. Der Anleger hätte als Zinseinnahmen $7 \cdot 9.820 = 68.740$ Euro, gleichzeitig aber eine Kursänderung von $-0{,}89 \cdot 9.820 = 8.740$ Euro, einen Kursverlust. Insgesamt ergeben sich, bezogen auf die eine Million Anlagebetrag, 60.000 Euro an Einnahmen.
- Bei der Anleihe B mit dem geringen Kupon hätte der Bond-Investor $5 \cdot 10.186 = 50.930$ Euro an Zinseinnahmen, zusätzlich aber Kursgewinne von $+0{,}89 \cdot 10.186 = 9.066$. Insgesamt ergeben sich, bezogen auf die Million, 59.996 Euro an Einnahmen. Wird vom Rundungsfehler abgesehen, sind auch das wieder 60.000 Euro.

Die Rechnung zeigt: Wer eine Million Euro anlegt, erhält genau den Zinssatz $i = 6\%$ und entsprechend 60.000 Euro als Zins. Wird die über-pari notierende Anleihe A gewählt, dann entstehen die genannten 6% als Resultat eines hohen Kupons gepaart mit einem Wertverlust. Wird die unter-pari notierende Anleihe B gewählt, dann entstehen die 6% als Summe des geringeren Kupons und der einer Wertsteigerung. Wird mit einem gegebenen Budget – hier waren das 1 Million Euro – die über-pari notierende Anleihe gekauft, erhält der Anleger selbstverständlich weniger Stücke, als wenn er die unter-pari notierende Anleihe wählt.

2.3.3 *Zinsrisiko*

Inflationserwartungen und andere (volkswirtschaftliche) Einflussfaktoren bestimmen das Geschehen am Kapitalmarkt. Ändern sich die Erwartungen (über makroökonomische Größen), dann werden die Investoren aktiv und passen ihre Portfolios an: Sie kaufen und verkaufen Anleihen. Dadurch ändern sich die Kurse und in der Folge die Zinssätze am Kapitalmarkt. Im praktischen Sprachgebrauch wird allerdings gesagt: „Die Zinsen ändern sich, und *deshalb* gab es Kursbewegungen bei Anleihen." Wie auch immer die beiden miteinander verbundenen Größen angesprochen werden: **Es kommt zu Zinsänderungen und zu Kursänderungen aufgrund neuer Einschätzungen der wirtschaftlichen Zukunft**. Da die wirtschaftliche Zukunft nicht vollständig prognostiziert werden kann, sind die Zins- und Kursänderungen *unsicher*. Die mit neuen Einschätzungen und neuen Bedingungen verbundenen Änderungen werden als Ergebnis *risikobehafteter* Einflüsse verstanden. Es wird vom **Zinsänderungsrisiko** oder kürzer vom **Zinsrisiko** gesprochen.

→ **Beispiel 2-11**: Eine Staatsanleihe habe einen Kupon von 6% und eine Restlaufzeit von 4 Jahren. Die Zinsstruktur sei flach: $i_1 = i_2 = i_3 = i_4 = 0{,}06$. Die Anleihe notiert *pari*. In der Tat gilt:

$$100 \quad = \quad \frac{6}{1{,}06} + \frac{6}{1{,}06^2} + \frac{6}{1{,}06^3} + \frac{106}{1{,}06^4}$$

Angenommen, der für alle Laufzeiten gleiche Zinssatz springe aufgrund unvorhergesehener wirtschaftlicher Entwicklungen plötzlich von 6% auf 7%.

Der neue Kurs ist dann:

$$96{,}61 \quad = \quad \frac{6}{1{,}07}+\frac{6}{1{,}07^2}+\frac{6}{1{,}07^3}+\frac{106}{1{,}07^4}$$

Es kommt zu einem Kursverlust von 100 auf 96,61. Der Kursverlust beträgt 3,39%. ▪

Selbst Staatsanleihen und Anleihen von Schuldnern höchster Bonität sind *nicht* frei von Zinsrisiken. Durch diese Unsicherheit, durch das Zinsrisiko sind die kommenden Kurse von Anleihen unsicher. Vom Zinsrisiko sind jene Anleger konkret betroffen, die eine Anleihe eventuell vor ihrer Rückzahlung verkaufen wollen oder müssen. Das Zinsrisiko zeigt sich auch, wenn der Wert des Portfolios Jahr für Jahr betrachtet wird und wenn dabei die Wertänderungen der Anleihen als Kursgewinne oder Kursverluste in das Gesamtergebnis eines Jahres einfließen. Infolgedessen schwankt die Rendite eines Bondportfolios von Jahr zu Jahr.

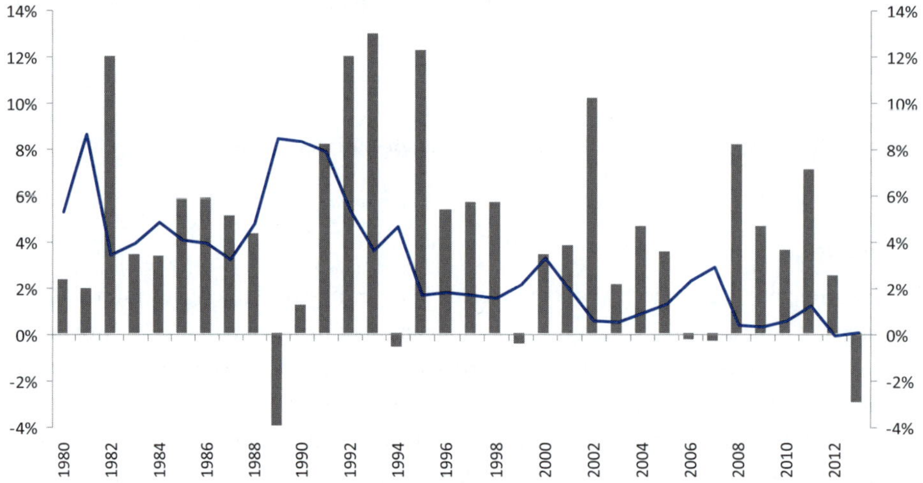

Darstellung 2-5: Die Jahresrenditen eines Portfolios von Frankenobligationen in den Jahren 1980 bis 2013 (Balken) im Vergleich zur Höhe der Einjahreszinssätze am 31.12. des jeweiligen Jahres (blauer Kurvenzug). Die Renditen bewegten sich in den 34 Jahren zwischen -4% (Minimum 1989) und 13% (Maximum 1993). Die nur für den Stichtag Jahresende gezeigten Zinssätze bewegten sich zwischen -0,05% (Minimum 31.12.2012) und 8,6% (Maximum 31.12.1981).

Sinken in einem Jahr die Zinsen (wie 1982 von 8,6% auf 3,4%), dann springt die Rendite hoch: Sie betrug 1981 nur 1,9% und im Folgejahr 12,0%. Steigen die Zinsen in einem Jahr (wie 1989 von 4,8% auf 8,4%), dann ist die Rendite aufgrund der Kursverluste negativ. Sie betrug 1989 die genannten -4%.

Jahre mit hohen Renditen kann der Anleger genießen, sofern nach einigen Jahren vergleichsweise hoher Zinsen (wie 1989, 1990, 1991) diese zu fallen beginnen. Dann besteht das Portfolio überwiegend aus Anleihen mit hohem Kupon. Bleiben die Zinsen auf mäßigem Niveau über Jahre fast konstant (wie 1982-1988), dann haben die im Portfolio gehaltenen Bonds nur einen mäßigen Kupon und auch nur eine geringe Rendite. Besonders wenn niedrige Zinsniveaus über längere Zeit bestehen, besteht bei Zinssteigerungen die Gefahr negativer Renditen.

2.3.4 Gesamtrendite, Current Yield und Coupon Yield

Bei Anleihen werden verschiedene Renditebegriffe verwendet, die Unterschiedliches leisten. Bislang wurde die Rendite (Yield) als **Rendite bis Verfall** verstanden. Das ist der interne Zinssatz der gesamten Zahlungsreihe, bezogen auf den augenblicklichen Wert der Anleihe. Investiert ein Anleger und hält die Anleihe bis Laufzeitende, dann wird die Rendite bis Verfall realisiert. Der Anleger müsste auch nicht auf die zwischenzeitliche Kursbildung achten.

Die meisten Anleger möchten jedoch die mit Anleihen verbundene Rendite für ein einzelnes Anlagejahr ermitteln. Sie heißt **Total Return** (TR) und ist in Formel (2-16) dargestellt.

Yield to Maturity (YTM) Internal Rate of Return	$w = \frac{c_1}{1+y} + \frac{c_2}{(1+y)^2} + \frac{c_3}{(1+y)^3} + \cdots + \frac{c_T + N}{(1+y)^T}$
Current Yield	$\frac{c}{w} = \frac{Kupon}{Marktwert}$
Coupon Yield	$\frac{c}{N} = \frac{Kupon}{Nominalwert}$
Total Return	$\frac{c}{w_0} + \frac{w_1 - w_0}{w_0}$ = Current Yield + Preisänderung

Der Total Return hat zwei Bestandteile: Erstens wird ein Kupon bezahlt. Zweitens gehört die Kursänderung dazu, die in dem betrachteten Jahr eintritt oder eingetreten ist. Beide Größen werden addiert und durch den Kurs *zu Anfang des Berichtsjahres* geteilt, in Formel (2-16) ist das $w(0)$. Hier die Formel für den **Total Return des Jahres**:

$$TR_{0,1} = \frac{w(1) - w(0)}{w(0)} + \frac{Kupon}{w(0)} \tag{2-16}$$

In (2-16) bezieht sich der Total Return das Jahr auf das Jahr zwischen den Zeitpunkten 0 und 1. Üblich ist, die erste Komponente (Kupon geteilt durch den Kurs zu Anfang des Berichtsjahres) als **Current Yield** zu bezeichnen. Wird zum **Current Yield** die **relative Kursänderung** addiert, so folgt der Total Return.

Der Current Yield ist zu unterscheiden vom **Coupon Yield**. Beim Coupon Yield wird der Kupon durch den Nominalwert der Anleihe geteilt (nicht aber durch den Kurs zu Periodenbeginn).

→ **Beispiel 2-12**: Rechenbeispiel: Eine Staatsanleihe habe einen Kupon von 6% und eine Restlaufzeit von 4 Jahren. Die Zinsstruktur sei flach: $i_1 = i_2 = i_3 = i_4 = 0{,}07$. Die Anleihe notiert *pari*, also zum Nominalwert. In der Tat gilt:

$$w(0) \quad = \quad 96{,}61 \quad = \quad \frac{6}{1{,}07}+\frac{6}{1{,}07^2}+\frac{6}{1{,}07^3}+\frac{106}{1{,}07^4}$$

Die Rendite bis Verfall ist 7%. Ein Jahr später – inzwischen wurde der Kupon gezahlt – sei das Zinsniveau auf 5% gefallen, also $i_1 = i_2 = i_3 = 0{,}05$, und die Anleihe hat den Wert:

$$w(1) \quad = \quad 102{,}72 \quad = \quad \frac{6}{1{,}05}+\frac{6}{1{,}05^2}+\frac{106}{1{,}05^3}$$

In dem betreffenden Jahr ist der Kurs also um $w(1)-w(0)=102{,}72-96{,}61=6{,}11$ gestiegen. Das ist ein *Kursgewinn* von $6{,}11/96{,}61=6{,}3\%$. Der Current Yield für das Jahr berechnet sich zu $(6{,}11+6)/96{,}61=12{,}5\%$. Der *Coupon Yield* beträgt $6/96{,}61=6{,}2\%$. ■

Soweit das Rechenbeispiel. Zu Beginn eines Jahres ist der Kurs $w(1)$ *unsicher*, der am Jahresende sich eingestellt haben wird (vergleiche Formel (2-16). Folglich ist auch der Total Return für das kommende Jahr *unsicher*. Unsicherheit erschwert die Planung und verlangt, sich auf möglicherweise abträgliche Ergebnisse vorzubereiten. Das kostet. Die Menschen und ihre Institutionen verhalten sich daher **risikoavers**. Daher sind Zinsrisiken abträglich.

2.4 Ergänzungen und Lernkontrolle

Lernziele: 1. Aufgelaufene Zinsen (Stückzinsen, Marchzinsen). 2. Swapsätze für die Bewertung von Unternehmensanleihen. 3. Aufgaben.

2.4.1 Ergänzung 1: Aufgelaufene Zinsen

Die Kursnotierung bei Anleihen folgt einer Besonderheit. In den Informationsdiensten werden die Kurse der Anleihen in einer Weise notiert, die nicht ihrem augenblicklichen Wert entspricht. Wer eine Anleihe kauft, muss neben dem notierten und im Handel vereinbarten Kurs zusätzlich die **aufgelaufenen Zinsen** bezahlen. Sie werden als **Stückzinsen** oder **Marchzinsen** bezeichnet.[5]

---

[5] Eine Anleihe ist kurz vor dem Termin einer Kuponzahlung für den Berechtigten wertvoller als kurz nach der Zahlung. Würden die Kursnotierungen den aktuellen Wert widerspiegeln, käme es zu einem Kurssprung an dem betreffenden Tag (so wie das bei Aktien vor und nach Zahlung der Dividende der Fall ist). Außerdem würde – selbst wenn sonst alles gleich bliebe – der Kurs einer Anleihe laufend bis zum Termin der Kuponzahlung ansteigen. Früher hatte man keine elektronischen Medien um diese Effekte korrekt zu berücksichtigen. Aus Gründen der Kontinuität ist es heute immer noch üblich, die laufende Wertsteigerung bei der Notierung von Anleihen nicht zu berücksichtigen.

Stückzinsen (**Marchzinsen**, **aufgelaufene Zinsen**, englisch: **accrued interest**) bezeichnen diesen Geldbetrag: Die mit der Anleihe vorgesehene Kuponzahlung wird rechnerisch **gleichmäßig** auf die Anzahl der Tage verteilt, die zwischen zwei Kuponzahlungen vergehen. Derjenige Teilbetrag der nächsten Kuponzahlung, der auf den Zeitraum seit der letzten Kuponzahlung entfällt, ist der Stückzins.

Von den Informationsdiensten wird nicht der augenblickliche Wert der Anleihe publiziert. Die notierten Kurse für Anleihen zeigen den „ökonomischen“ Wert *abzüglich* der Stückzinsen. Folglich muss ein Käufer den Kurs plus die Stückzinsen entrichten, und der Verkäufer erhält den Kurs plus die Stückzinsen.[6]

→ **Beispiel 2-13**: Eine Anleihe (Nominalwert €100), zahle halbjährlich €3,50 Euro als Kupon. Seit der letzten Kuponzahlung sind 77 Tage vergangen. Werden die €3,50 auf 180 Tage verteilt (Kaufleute rechnen mit 30 Tagen pro Monat), dann ergeben sich €0,01944 pro Tag, für 77 Tage sind das €1,50. Die Kursnotierung zeige €101 Euro für die Anleihe. Beim Kauf der Anleihe sind also €102,50 Euro zu zahlen. Hinzu kommen die Courtage und andere Abgaben. ■

2.4.2 Ergänzung 2: Zur Rolle der Swapsätze

Durch die Emission von Staatsanleihen hoher Bonität wird ein liquider Markt geschaffen, der es gestattet, aus den Kursen die Zinssätze für die einzelnen Fristen zu berechnen. Die durch die Staatsanleihen gegebenen Zinssätze konnten dann für die Bewertung auch anderer Zinsinstrumente verwendet werden, allerdings müssen entsprechende Wertabschläge bei geringerer Bonität und bei geringerer Liquidität vorgenommen werden. Die Frage lautet, wie hoch etwa bei einer Unternehmensanleihe diese Kursabschläge anzusetzen sind. Übersetzt lautet die Frage, wie hoch der Credit-Spread und die Liquiditätsprämie sein müssen, die zu den Zinsen addiert werden, um Unternehmensanleihen zu bewerten.

Seit einiger Zeit werden für die Bewertung von Unternehmensanleihen nicht die Zinssätze plus Credit-Spread plus Liquiditätsprämie herangezogen, sondern die so genannten Swapsätze. Der Swapsatz für eine bestimmte Laufzeit entspricht jenem Zinssatz, zu dem zwei Banken bereit sind, eine feste Zinszahlung gegen eine variable Zinszahlung zu tauschen. Die variable Zinszahlung wird bei einem Swap an sehr kurzfristigen Zinssätzen fest gemacht. Die Swapsätze werden in den Informationsdiensten publik gemacht. Banken haben eine eher geringere Bonität im Vergleich zum Staat, und der Markt für Swaps ist auch nicht so liquide wie der Markt für Staatsanleihen. Daher beinhalten die Swapsätze bereits einen gewissen Credit-Spread und eine gewisse Liquiditätsprämie. So ist nachvollziehbar, dass Investoren **Unternehmensanleihen mit den Swapsätzen bewerten**.

6 Die Regel, dass der Käufer einer Anleihe neben dem notierten Kurs die Stückzinsen zahlen muss, wird sogar dann eingehalten, wenn sich der Schuldner in Not befindet und die Zahlungen des Kupons bereits eingestellt hat. Für jeden Bond, auch bei einem notleidenden Schuldner, wird der ökonomische Wert ermittelt (Mark-To-Market). Dann werden davon die Stückzinsen abgezogen. Dies ungeachtet der Frage, ob und mit welcher Wahrscheinlichkeit der Schuldner die nächste Kuponzahlung leisten wird.

2.4.3 Fragen und Aufgaben

1. In einem Kapitalmarkt werden drei Anleihen gehandelt, die eine Restlaufzeit von einem Jahr, von zwei, beziehungsweise von drei Jahren haben. Sie haben alle denselben Kupon in der Höhe von €2. Die Kurse der Anleihen sind €95, €97, €99 Euro. a) Berechnen Sie die Zinssätze! b) Welche Zinsstruktur liegt vor? c) Berechnen Sie die Renditen!

2. Eine Anleihe hat einen Kupon $c = 2$ und wird in drei Jahren fällig. Die Zinskurve ist flach und bleibt in den kommenden Jahren flach. Das Zinsniveau beträgt $i = 5\%$. a) Berechnen Sie den Kurs der Anleihe, den Kurs, den sie in einem Jahr haben wird, sowie den Kurs in zwei Jahren. b) Welche Rendite bietet die Anleihe?

3. Der Term-Spread ist ein Indikator für die Konjunkturphase. Kommentieren und erklären Sie diese Aussage!

4. Wirkt Pull-to-Par auch bei Aktien?

5. Welche Gründe bewegen private beziehungsweise institutionelle Anleger, über-pari Anleihen zu vermeiden?

2.4.4 Lösungen

1. a) $102/(1+i_1) = 95$ liefert $i_1 = 7{,}37\%$, $102/(1+i_2)^2 + 2/1{,}073 = 97$ liefert $i_2 = 3{,}54\%$. Sodann führt $102/(1+i_3)^3 + 2/1{,}0354^2 + 2/1{,}0737 = 99$ auf $i_3 = 2{,}30\%$. b) Wie beschrieben liegt eine fallende (inverse) Zinsstruktur vor. c) Die Rendite des ersten Bonds ist genauso hoch wie der Zinssatz, also $y_1 = i_1 = 7{,}37\%$. Die Rendite des Bonds mit Restlaufzeit zwei Jahre kann exakt berechnet werden: Aus $x = (-2 + \sqrt{4 + 4 \cdot 102 \cdot 97})/(2 \cdot 102) = 0{,}96543$ und $y = (1/x) - 1$ folgt als Rendite $y_2 = 3{,}58\%$. Für die Rendite des Bonds mit Restlaufzeit drei Jahre gibt es keine geschlossene Formel. Uns genügt zunächst die Näherungsformel (2-15). Sie liefert die Rendite $y_3 = 2/99{,}5 + 1/300 = 2{,}34\%$. Um exakter zu rechnen, müsste man (2-13) numerisch auswerten. Mit dem Solver von Excel folgt $y_3 = 2{,}3491\%$.

2. a) Der heutige Kurs ergibt sich aus $3/1{,}05 + 3/1{,}05^2 + 103/1{,}05^3$ zu $94{,}55$. Der in einem Jahr ist $3/1{,}05^1 + 103/1{,}05^2 = 96{,}28$ und der in zwei Jahren $103/1{,}05 = 98{,}10$. b) Die Anleihe bietet als Rendite den Zinssatz, $y = 5\%$. Probe: Die Näherungsformel (2-15) liefert $y = 3/97{,}275 + 5{,}45/300 = 4{,}9\%$.

3. Ist der Term-Spread positiv, dann erwarten die Investoren eine höher werdende Inflation und verlangen höhere Zinssätze bei längerer Frist: Konjunkturaufschwung.

4. Nein, Aktien haben keinen Wertanker.

5. Bei über-pari Anleihen müssen Privatanleger den hohen Kupon versteuern. Institutionelle müssen Wertverluste abschreiben (Pull-to-Par) und in Gremien erklären.

3 Geld- und Kapitalmarkt

Themen: Varianten von Zinsinstrumenten, Geldmarkt und Kapitalmarkt. Securitization und die Sub-Prime-Krise. Dann die Geldpolitik, Bond-Flows und Equity-Flows.

3.1 Varianten

Lernziele: 1. Varianten der „klassischen" Anleihe. 2. Pfandbriefe und Jumbos.

3.1.1 Namenspapiere und Inhaberpapiere

Im Kapitalmarkt kommt es immer wieder zur Kreation neuer Varianten von Zinsinstrumenten, bei denen durch die Ausstattung, die Besicherung oder auch die Konstruktion der Instrumente *Dynamik* in das etwas statisch wirkende Finanzmarktgeschehen mit den klassischen Anleihen gelangt. Ein Hauptmotiv der Emittenten dürfte sein, dass neue Formen von Anleihen bei der Anlegerschaft Interesse wecken. Oft soll auch eine internationale Anlegerschaft angesprochen werden. Internationale Finanzanleger zu gewinnen verlangt Rechtssicherheit, Attraktivität der Konditionen, Stabilität des Finanzsystems und die generelle Anziehungskraft des Landes. Doch ebenso tragen *Finanzinnovationen*, neue Formen der Anlage sowie neue Konstruktionen im Finanzsektor zur internationalen Anziehungskraft eines Währungsgebiets und seines Finanzsektors bei. So ist es angebracht, einen Blick auf Varianten von Zinsinstrumenten zu werfen. Einige Formen dieser unkonventionellen Anleihen eignen sich zudem für die Ausgabe in besonderen Situationen, in denen sich entweder der Kapitalmarkt oder auch der Schuldner individuell befinden können.

Vorweg dies: Ab und zu werden Anleihen nicht als **Inhaberpapiere**, sondern als **Namenspapiere** ausgegeben. In vielen Ländern wird mit der verlangten Registrierung des Namens unterstellt, der Anleger wolle das Wertpapier *langfristig* halten. Das Wertpapier wird dann als *Anlagevermögen* angesehen, nicht als *Umlaufvermögen*. Für das Anlagevermögen (Namenspapiere) gelten andere Bilanzierungsvorschriften als für das Umlaufvermögen (Inhaberpapiere).

So kaufen Versicherungen zur Bilanzplanung Namenspapiere, weil sie über die ganze Laufzeit zum **Einstandspreis** bilanziert werden dürfen. Es gibt dann keine Unsicherheit hinsichtlich der Frage, ob in der Bilanz bei Änderungen des Zins- und Kursniveaus Wertberichtigungen vorgenommen werden müssen.

Bei Wertpapieren, die dem Umlaufvermögen zugeordnet werden, ist das anders. Dort gilt das *Prinzip Mark-to-Market*: Der aktuelle Marktkurs ist der Wertansatz in der Bilanz. Kursänderungen müssen als Wertberichtigungen ausgewiesen werden. Auch die steuerliche Behandlung ist etwas unterschiedlich: Bei Namenspapieren (Anlagevermögen) ist der Kapitalertrag gleich dem Kupon, bei Inhaberpapieren (Umlaufvermögen) ist der Kapitalertrag gleich dem Total Return: Kursänderungen werden mit einbezogen.

Hinsichtlich der Rechnungslegung hat der Gesetzgeber Regelungen getroffen, mit denen die Ergebnisse von Unsicherheit nicht immer so deutlich in der Bilanz gezeigt werden müssen. Jeder institutionelle Anleger trifft eine Wahl.

1. Entweder werden Anleihen erworben, die den *Inhaber* legitimieren. Die Institution bekundet dadurch, die betreffende Anleihe möglicherweise vor Verfall verkaufen zu wollen. Sie soll zum *Umlaufvermögen* gehören. Dann muss in der Bilanz der jeweilige Marktkurs der Anleihe angesetzt werden (Mark-to-Market), und die im Jahresabschluss ausgewiesene Rendite schwankt von Jahr zu Jahr.
2. Oder der institutionelle Anleger wählt *Namenspapiere*. Dann werden die Finanzanlagen als zum *Anlagevermögen* gehörend klassifiziert, und beim Wertansatz in der Bilanz kann auf die als dauerhaft gültig angesehenen Verhältnisse abgestellt werden.

3.1.2 Unendliche Laufzeit

Zu den Ausnahmen hinsichtlich der endlichen Laufzeit gehören die bereits erwähnten und als **Perpetuals** (kurz **Perp**) oder als **Consolbonds** bezeichneten Anleihen. Sie sind mit einem festen Kupon ausgestattet, müssen aber vom Schuldner *nie* zurückgezahlt werden. Das ist eigentlich nur akzeptabel, wenn der Schuldner der Staat ist. Dennoch konnten auch einige Banken Perps ausgeben. Denn die in der sehr weiten Zukunft liegenden Kuponzahlungen spielen bei der Bewertung keine große Rolle (sofern der Zinssatz nicht allzu nahe bei 0 ist). Wer bei einem Perp für die nächsten 100 Jahre Kuponzahlungen erhält, der hat (aus heutiger Sicht) einen nur geringen Verlust, falls es in 100 Jahren zu einem Default kommen sollte. Aufgrund ihrer unbeschränkten Laufzeit werden Perps von den Finanzinvestoren quasi als Eigenkapital angesehen, das auch nicht zurückgezahlt wird.

→ **Beispiel 3-1**: Der erste Perp wurde im Vereinigen Königreich von Britannien 1751 ausgegeben, weitere Ausgaben folgten 1814, um den Krieg gegen Napoleon zu finanzieren. Früher, als die Kupons auf Papier gedruckt waren, enthielten sie zugleich Teilabschnitte, mit denen der Anleger die fällige Kapitalertragsteuer zahlte. ■

Einige Ökonomen schlagen vor, der Staat solle alle Staatsanleihen als Perp gestalten, weil so der beträchtliche Aufwand für die Anschlussfinanzierung fälliger Staatsanleihen vermieden werden könnte. Doch erstens spricht die Lobby der Finanzintermediäre zugunsten der immer wiederkehrenden Emissionen des Staates, die zum großen Teil Anschlussfinanzierungen darstellen. Zweitens dürften große Teile der Bevölkerung wenig Verständnis aufbringen, wenn der Staat deutlich zeigt, dass er seine Schulden nie zurückzahlen möchte. Dabei könnte er das auch bei Perpetuals, denn die meisten Perps geben dem Schuldner das Wahlrecht, den Nominalbetrag (der ansonsten keine Rolle spielt) doch zurückzuzahlen und sich so der weiteren Verpflichtung zu Kuponzahlungen ohne Ende zu entledigen.[1]

3.1.3 Varianten hinsichtlich des Kupons

Wie erwähnt sind **Zerobonds** (**Nullkupon-Anleihen**) mit *keinem* Kupon ausgestattet. Die einzige Zahlung, die dem Inhaber zufließen wird, ist die Rückzahlung des Nominalbetrags am Ende der Laufzeit. Zerobonds werden Privatinvestoren empfohlen, weil nach den Steuergesetzen einiger Länder die für die Zinseinkünfte zu zahlende Kapitalertragsteuer erst bei Fälligkeit zu zahlen ist. Die Besteuerung wird damit auf einen Zeitpunkt weit in der Zukunft verlagert, zu dem der Privatinvestor bereits im Ruhestand lebt und mit einer geringeren Steuerquote belastet ist.

Bei einigen Anleihen leistet der Schuldner zwar periodisch Kuponzahlungen, doch deren Höhe ist nicht für die ganze Laufzeit als Geldbetrag (oder als Prozentsatz vom Nennwert) fixiert. Stattdessen wird die Kuponzahlung an den jeweils aktuellen, *kurzfristigen Zinssatz* angepasst, der sich in dem entsprechenden Jahr oder Halbjahr der Kuponzahlung an den Finanzmärkten einstellt. Da sich dieser Zinssatz über die Zeit hinweg ändert, wird von einer **variabel verzinsten Anleihe** gesprochen, oder von einem **Floater** beziehungsweise von **Floating Rate Notes**.

Bei einem Floater wird für die Zinsfestlegung in jedem Jahr oder in jedem Halbjahr in Europa der LIBOR-Satz (**London Interbank Offered Rate)** herangezogen. Der **LIBOR** wird aufgrund des Handels zwischen verschiedenen in London ansässigen Banken periodisch festgelegt, und zwar in allen wichtigen Währungen. Hierzu werden rund zwanzig Banken periodisch nach ihren kurzfristigen Zinssätzen gefragt. Sodann wird ein Mittelwert unter Auslassung der extremen Nennungen gebildet. Ähnlich wird die FIBOR, die **Frankfurt Interbank Offered Rate**, von Banken in Frankfurt festgestellt. Die **Euribor** (**Euro interbank offered rate**) bezieht sich allein auf Euro und unbesicherte Papiere. Ab und zu wird behauptet, dass große Investoren versucht haben sollen, die Sätze zu manipulieren. Das Geschehen in speziellen Marktsegmenten im Finanzbereich wird in der Tat nur von wenigen Händlern gestaltet, die ihre Einflussmöglichkeiten erkennen. Diese Segmente sind entfernt vom Ideal des perfekten Marktes, in dem alle Preisnehmer sind.

---

[1] Eigentum erlaubt dem Eigentümer einen unendlich lange dauernden Strom von Nutzung. Im Immobilienbereich sind indes auch zeitlich beschränkte Formen der Nutzung vorgesehen. Sie sind als *Erbbaurecht* bezeichnet. Das gibt es nicht nur in Deutschland. In Singapur ist das Erbbaurecht (auf 100 oder auf 1000 Jahre beschränkt) die Regel. Zeitlich unbegrenzte Nutzungsmöglichkeiten von Grundstücken, das klassische Eigentum, sind eher die Ausnahme.

Darstellung 3-1: Renditen von US-Staatsanleihen (*Treasuries*) mit 5 (blau gestrichelt), 7 und 10 Jahren Laufzeit: Im oberen Teil die Renditen nicht inflationsgeschützter Staatsanleihen, im unteren jene von inflationsgeschützten Staatsanleihen für die drei Laufzeiten (5 Jahre: blau). Zu erkennen ist, dass die Differenz zwischen den Renditen der normalen Staatsanleihen und den Renditen der TIPS nach 2003 größer geworden ist. Das bedeutet, dass die Anleger am Finanzmarkt eine höhere Rendite verlangt haben, um in nicht inflationsgeschützte Anleihen zu investieren. Dies ist ein Signal dafür, dass die Allgemeinheit der Marktteilnehmer nach 2003 einen Inflationsanstieg erwartet hat. Umgekehrt spiegelt sich im temporären Rückgang der Renditedifferenz im Jahr 2008 bis Anfang 2009 die damalige Angst vor einer Deflation.

Inflation-Linked-Securities (ILS) oder speziell in den USA **Treasury-Inflation-Protected-Securities** (TIPS): In einigen Ländern, vor allem in den USA (Dollar) und in Frankreich (Euro) sind Anleihen üblich, bei denen die Höhe des Kupons oder auch der Rückzahlungsbetrag von der jeweiligen **Inflation** abhängen, die sich tatsächlich einstellt. ILS beziehungsweise TIPS sichern dem Inhaber also eine bestimmte Realverzinsung zu. Maßgeblich für die finalen Zahlungen ist die tatsächlich eingetretene Geldentwertung, wie sie von den statistischen Ämtern publiziert wird. Auf diese Weise bieten ILS und TIPS Schutz vor allem gegen eine sich unerwartet ändernde Inflationsrate. Denn die erwartete Inflation wird im Kapitalmarkt bereits im Zinsniveau berücksichtigt (Fisher-Effekt, siehe Kapitel 4). Deshalb eignen sich ILS und TIPS gegenüber traditionellen Kuponbonds für Kapitalanleger, die befürchten, dass die Inflationsrate *unvorhergesehen* ansteigt.

3.1.4 Convertibles

Einige Anleihen geben dem Gläubiger ein Wahlrecht. **Wandelanleihen** (**Convertibles**) sind nur mit einem geringen Kupon ausgestattet, aber sie bieten das *Wahlrecht*, die Anleihe in Aktien tauschen zu können. Hier muss der Investor dem Schuldner den Vorteil dieses Wahlrechts vergüten. Das geschieht durch den vergleichsweise niedrigen Kupon. Diese Zinsinstrumente sind in zwei Ausgestaltungen üblich. Bei den einen Wandelanleihen wird der ganze Kredit in Eigenkapital getauscht. Entscheidet sich der Finanzinvestor zu wandeln, dann erhält er also eine bestimmte Anzahl von Aktien und gibt die Forderung damit zurück. Der Kredit ist beendet.

Wandelanleihen haben Werte, die nicht nur vom Zinsniveau, sondern auch vom Kursniveau der Aktie bestimmt sind.

1. Ist der Aktienkurs gering, dann wird der Inhaber der Wandelanleihe nicht wandeln und das Instrument verhält sich wie eine (klassische) Anleihe mit geringem Kupon.
2. Ist der Aktienkurs hoch, dann wird der Inhaber wohl wandeln (sobald der Termin kommt), und die Wandelanleihe verhält sich bereits im Vorfeld so wie eine Aktie. Insbesondere steigt ihr Kurs an, wenn der Aktienkurs weiter steigt.

Wandelanleihen zu kaufen verbindet infolgedessen einen Kapitalschutz (wenn das Kursniveau fällt) mit einer Partizipation (wenn der Aktienkurs steigt). Das wünschen sich alle Finanzanleger. Deshalb ist der Kupon bei Wandelanleihen gering (oder der Kurs hoch).

Eine andere Art besteht aus einem Bündel von einer Anleihe und einer Option. Beide werden in Kombination zu einem Gesamtpreis ausgegeben. Die Option wird, um ihre lange Laufzeit von ein paar Jahren auszudrücken, als **Optionsschein** (angelsächsisch **Warrant**) angesprochen. Die beiden als Bündel ausgegebenen Wertpapiere – Anleihe und Option – werden im Sekundärmarkt getrennt gehandelt und bewertet. Entscheidet sich der Inhaber den Optionsschein auszuüben, was eventuell noch die Zuzahlung eines bestimmten Betrags verlangt, dann erhält er eine zuvor fixierte Anzahl von Aktien. Unabhängig davon läuft die Anleihe weiter. Es wird bei dieser zweiten Art von einer **Optionsanleihe** oder einer **Bezugsrechtsobligation** gesprochen.

Da Wandelanleihen die Merkmale von Anleihe und Aktie verbinden, werden sie auch als **hybrides Kapital** angesprochen. Vielfach werden sie ausgegeben, um Anleger an die Aktie heranzuführen. Wenn der Börsenkurs steigt und die Käufer der Anleihe wandeln, werden sie in Zukunft vielleicht sogar direkt Aktien der Gesellschaft übernehmen. Wandelanleihen werden indes auch in Situationen der Zahlungsschwierigkeit von Unternehmen geschaffen, damit jene Parteien, die dennoch einen Kredit geben, am Aufleben der Gesellschaft teilhaben, wenn die Zahlungsschwierigkeit vorbei ist. So können die Eigenkapitalgeber bei einer Insolvenz „ihrer" Unternehmung den Banken etwa vorschlagen, auf die Einleitung eines Konkursverfahrens zu verzichten. Im Gegenzug bieten sie den Kreditgebern Optionen.

Damit sind Innovationen in diesem Bereich nicht beendet. Seit einiger Zeit werden **CoCo-Bonds** emittiert, wobei die Bezeichnung für **Contingent Convertibles** steht. Bei einem CoCo wird der Bond in die Aktie gewandelt, sobald der Aktienkurs *unter* ein bestimmtes Niveau sinkt beziehungsweise die Verschuldung dadurch über ein Maximalniveau steigt. CoCo-Bonds sind folglich mit einem sehr hohen Kupon ausgestattet (rund zwei Prozentpunkte über dem Zinsniveau). Sollte es zur Wandlung kommen, dann verliert der Berechtigte Kapitalanleger die hohen Kupons, die er ansonsten weiter erhalten hätte. Der hohe Kupon macht CoCo-Bonds für private und institutionelle Kapitalanleger attraktiv in Zeiten geringen Zinsniveaus. Hinzu kommt, dass CoCo-Bonds, die von Banken ausgegeben werden, von der Aufsicht in ihrer Eigenschaft wie Eigenkapital eingeschätzt werden. Das heißt, eine Bank gibt CoCo-Bonds aus und kann gleich eine verbesserte Eigenmittelunterlegung ausweisen. Trotz des hohen Kupons ist die Emission von CoCo-Bonds für sie günstiger als eine Kapitalerhöhung.[2]

3.1.5 Pfandbriefe

Eine besondere Konstruktion steht hinter **Pfandbriefen**. In ihrer Sicherheit sind *Pfandbriefe* und *Staatsanleihen* gleichermaßen sehr hoch, doch die Faktoren, die das Sicherheitsniveau herbeiführen, sind andere. Wer das Ausfallrisiko bei Staatsanleihen diversifizieren möchte, nimmt folglich Pfandbriefe mit in das Portfolio auf. Bei Pfandbriefen ist der Schuldner eine spezialisierte Bank, eine **Hypothekenbank** oder **Pfandbriefbank**. Die Hypothekenbank gibt Pfandbriefe aus, um Kredite zu finanzieren, die sie ihren Kunden oder Schuldnern gegeben hat. Dabei handelt es sich um **durch Grundschulden oder äquivalente Sicherheiten gedeckte Kredite erstklassiger Schuldner**. Vielfach gibt die Hypothekenbank Kredite an öffentliche Haushalte und Gemeinden.

→ **Beispiel 3-2**: Wenn die Stadt München (oder eine andere Kommune) eine Investition finanzieren möchte, etwa ein öffentliches Schwimmbad, dann kann sie aufgrund der Größenordnung keine mit einer Staatsanleihe vergleichbare Anleihe ausgeben. Aber die Stadt kann das Projekt über die Ausgabe von Pfandbriefen finanzieren. Sie kann das Grundstück mit dem Schwimmbad als Sicherheit stellen. Der von der Hypothekenbank genommene Kredit verschwindet folglich nicht im allgemeinen Haushalt der Stadt. Ebenso kann ein Land eine Forschungseinrichtung für eine Hochschule finanzieren, etwa für die medizinische Forschung benötigte Kernspintomografen. Diese wären auch anderswo verwendbar und können daher als Sicherheit dienen. ■

Sollte die Hypothekenbank ihren Verpflichtungen gegenüber den Käufern der Pfandbriefe nicht nachkommen, dann können die Anleger sich nicht nur an die Hypothekenbank wenden. Das **Pfandbriefgesetz gestattet, dass sich die Inhaber der Pfandbriefe an die Kreditnehmer der Hypothekenbank wenden und direkt ihre Forderungen geltend machen können**. Mit Pfandbriefen können die Anleger auf die Sicherheiten *unmittelbar* zugreifen. Dazu werden den Pfandbriefen gewisse Kollektive von Immobilien oder anderen Sicherheiten zugewiesen.

Diese *doppelte Zugriffsmöglichkeit* erhöht die Sicherheit der Pfandbriefe: Zum einen durch das Eigenkapital der Hypothekenbank, zum andern durch die Vermögenswerte, die der Besicherung der von der Hypothekenbank gegebenen Kredite dienen. Als Drittes sehen die **Pfandbriefgesetze** einiger Länder, namentlich die von Deutschland, weitere strenge Nebenbedingungen vor, so etwa hinsichtlich der Aufsicht. Dadurch haben Pfandbriefe eine dreifache Absicherung. Außerdem liegt ihre Sicherheit in anderen Faktoren begründet als die von Staatsanleihen. Deshalb bewirkt eine Kombination von Pfandbriefen und Staatsanleihen im Portfolio eine Diversifikation des (oh-

---

2 Die Finanz- und Wirtschaft schreibt am 8.4.2014: „Im ersten Quartal haben neun Banken Coco auf den Markt gebracht und damit den Markt auf rund 50 Mrd. € vergrößert. Die Verkäufer blockierten sich im März fast gegenseitig. Letzte Woche kam die italienische Bank UniCredit mit einem Coco an den Markt, genauso wie die französische Société Générale, dicht gefolgt von Crédit Agricole diese Woche. Kurz zuvor hatten die belgische KBC, Danske Bank, die spanische Santander und die britische Nationwide emittiert.“

nehin geringen) Ausfallrisikos. Pfandbriefe werden in einem eigenen Segment des Kapitalmarkts gehandelt, im **Pfandbriefmarkt**. Das Emissionsvolumen eines Pfandbriefes liegt bei 50 Millionen Euro und darüber. Am deutschen Pfandbriefmarkt sind über 2000 verschiedene Emissionen im Handel. Die *Liquidität* der Pfandbriefe ist *gut*, wenngleich geringer als bei Staatsanleihen.

3.1.6 Jumbo-Pfandbriefe

Unterschiede zwischen der Liquidität von Pfandbriefen und Staatsanleihen haben zwei Gründe:

1. Es gibt viele Arten von Pfandbriefen, und der Handel in jeder einzelnen Art von Pfandbrief ist dünner. Wer einen ganz bestimmten Pfandbrief kaufen möchte, muss schon darauf warten, dass eine Gegenseite ihn zum Verkauf anbietet. Und wer für eine spezielle Art von Pfandbrief eine größere Order aufgibt, muss damit rechnen, dass der Kauf- oder Verkaufswunsch etwas den Kurs beeinflusst.
2. Der Handel kann *nicht als Auktion* gestaltet werden, sondern wird durch **Market-Maker** bewerkstelligt. Market-Maker verlangen eine Gebühr für ihre Bereitschaft, jeden Transaktionswunsch aufzugreifen, und sie erheben sie in Form eines Unterschieds zwischen dem Kurs, zu dem sie bereit sind, das Papier zu verkaufen (Briefkurs, Ask), und dem Kurs (Geldkurs, Bid), zu dem sie es zu kaufen bereit sind.

Aus beiden Gründen – Beeinflussung des Kurses bei geringen Handelsvolumina und Kosten der Market-Maker – ist die Leichtigkeit etwas geringer, mit der Transaktionen in Pfandbriefen (im Vergleich zu Staatsanleihen) abgewickelt werden können. Die Pfandbriefbanken bemühen sich eigens um höhere Marktliquidität. Sie wirken als Market-Maker, so dass ein Käufer oder Verkäufer nicht warten muss, bis der Transaktionswunsch ausgeführt wird. Außerdem bieten sie der Anlegeröffentlichkeit Informationen, um den Handel zu beleben. Nur wenige würden einen Pfandbrief gern kaufen, wenn er vor Fälligkeit nur mit Mühe verkauft werden könnte.

→ **Beispiel 3-3**: Obwohl auf diese Weise die Liquidität der Pfandbriefe gut ist, besteht ein merklicher Unterschied zur Liquidität von Staatsanleihen. Der Spread zwischen Pfandbriefen und Bundesanleihen liegt bei bis zu 50 Basispunkten. Diese Liquiditätsprämie macht Pfandbriefe besonders für jene Anleger interessant, die vorhaben, die Papiere bis zur Tilgung zu halten. Denn in diesem Fall haben sie kaum Nachteile dadurch, dass der Handel nicht ganz so liquide ist. ■

Die Marktliquidität wird gefördert, wenn die Anleihe ein hinreichend großes Volumen hat. Die Pfandbrief- und Hypothekenbanken legen teils sehr große Emissionen auf, sogenannte **Jumbo-Pfandbriefe**. Ein Pfandbrief wird als Jumbo-Pfandbrief bezeichnet, wenn er ein Emissionsvolumen von 1 Milliarde Euro oder mehr aufweist. Aufgrund des großen Volumens werden Jumbo-Pfandbriefe öfters gehandelt. Die Liquiditätsprämie von Jumbo-Pfandbriefen liegt lediglich bei 10 Basispunkten. Den genannten Varianten entsprechend ist das Handelsgeschehen am Kapitalmarkt in verschiedene Segmente aufgeteilt. Bei Staatsanleihen wird vornehmlich nach der Laufzeit unterschieden. Weitere Segmente bestehen für Pfandbriefe, für Anleihen ausländischer

Schuldner, für Unternehmensanleihen, für Nullkupon-Anleihen, für variabel verzinste Anleihen, für inflationsgeschützte Anleihen und für Wandelanleihen.

3.2 Geldmarkt

Lernziele: 1. Geld- und Kapitalmarkt. 2. Zinsen am langen und am kurzen Ende.

3.2.1 Geldmarktpapiere

Hat das einen Kredit verbriefende Wertpapier bei Ausgabe eine äußerst kurze Laufzeit von nur einem Tag, von wenigen Tagen oder von maximal einem Jahr, dann wird es als **Geldmarktpapier** bezeichnet. Angesichts der sehr kurzen Laufzeit sind diese Papiere in ihren Merkmalen sehr nah an den Eigenschaften von Geld. Denn die Rückzahlung des Zinsinstruments steht kurz bevor. Einige der kurzfristigen Kredite sind *nicht einmal als Wertpapiere verbrieft*. Sie sind bilaterale Verträge zwischen Schuldner und Gläubiger, werden aber bei Vertragsabschluss als *übertragbar* gestaltet. Dennoch handelt es sich nicht um Wertpapiere im Sinne des Wertpapiergesetzes. Doch selbstverständlich sind diese Kreditverträge „auf Papier notiert". Sie tragen deshalb Bezeichnungen wie *Treasury Bills*, *Commercial Papers*, *Certificates of Deposit* und *Bankers' Acceptance*.

Geschäftsbanken handeln mit diesen Instrumenten untereinander und das dabei entfaltete Marktgeschehen wird als **Geldmarkt** bezeichnet. Die Preise für Geldmarktpapiere reflektieren den **Zins für ganz kurze Fristen**, für Ausleihungen zwischen Banken über Nacht, für Wochen oder wenige Monate.

Geldmarktpapiere werden vom Staat, von Banken und von Unternehmen zum Zweck einer kurzfristigen Kassenhaltung oder Finanzierung ausgegeben. Möglicherweise plant eine Unternehmung die Emission einer Anleihe und deckt einen sofortigen Kapitalbedarf bereits im Vorfeld über Geldmarktinstrumente ab. Die Beträge der Geldmarktpapiere sind entsprechend hoch und können durchaus einhundert Millionen oder eine Milliarde Euro betragen.

Allerdings kann der Schuldner des entsprechenden Geldmarktpapiers ausfallen. Geldmarktpapiere haben daher eine Verzinsung, die neben dem reinen Zeitwert des Geldes auch eine Kreditrisikoprämie beinhaltet. Diese ist natürlich von Schuldner zu Schuldner unterschiedlich und wird von den Geldmarkthändlern jeweils eingeschätzt. Das macht den Handel anspruchsvoll und erschwert Preisvergleiche am Geldmarkt.

Zum Teil werden die Geldmarktinstrumente von den Banken auch der privaten und institutionellen Anlagekundschaft angeboten. Finanzfirmen wollen oftmals überschüssige Zahlungsmittel auf kurze Sicht anlegen. Für solche Fälle werden die Geldmarktpapiere geeignet gestückelt.

3.2.2 Geldmarkt und Kapitalmarkt im Vergleich

Das von den Banken getragene Handelsgeschehen für Zinsinstrumente mit einer Laufzeit von bis zu einem Jahr wird als **Geldmarkt** bezeichnet. Im Unterschied zum Geldmarkt wird der Markt für Zinsinstrumente mit einer Laufzeit (bei Ausgabe) von mehr als einem Jahr als **Kapitalmarkt** (oder, besonders in Deutschland, als **Rentenmarkt**) bezeichnet.

Geldmarkt und Kapitalmarkt zu unterscheiden ist aus mehreren Gründen wichtig. Die beiden Märkte sind, wenn zunächst die entsprechenden *Sekundärmärkte* betrachtet werden, anders organisiert: Einerseits als Handel zwischen Banken (Geldmarkt), andererseits als Börsengeschehen (Kapitalmarkt). Zweitens werden einmal übertragbare Papiere (Geldmarkt) gehandelt, ein andermal Wertpapiere (Kapitalmarkt) im Sinne des Wertpapiergesetzes. Auch die *Primärmärkte*, die dem Geldmarkt und dem Kapitalmarkt entsprechen, weisen Unterschiede auf. Beim Geldmarkt müssen die Banken als erfahrene Parteien selbst darauf achten, welche Unternehmen sie an den Geldmarkt heranführen.

Markt	Zinsinstrumente	Einfluss	Ausstattung der Zinsinstrumente
Geldmarkt = Handel der Banken untereinander	Geldmarktpapiere	**Zentralbank steuert Zins für die kurze Frist**	Zwar übertragbar, doch oft kein Wertpapier im Sinn des Wertpapiergesetzes; Laufzeit wenige Tage bis höchstens 12 Monate
Kapitalmarkt = organisierte Börse	Anleihen	**Inflationserwartungen beeinflussen Zinssätze für die lange Frist**	Wertpapiere im Sinn des Wertpapiergesetzes; Laufzeit bei Ausgabe 5 bis 10 Jahre oder noch länger

Darstellung 3-2: Geld- und Kapitalmarkt und die vielfach gesehenen Einflussfaktoren.

Emissionen im Kapitalmarkt unterliegen hingegen der gesetzlichen Aufsicht und der staatlichen Kontrolle. Beim Kapitalmarkt versucht der Staat, vor allem Privatanleger zu schützen. Zudem wird das Geschehen am Kapitalmarkt als Pfeiler der Stabilität des Finanzsystems gesehen, das als öffentliche Infrastruktur zu schützen ist. Der Geldmarkt hat indes eine Alternative: Jede Bank kann sich für kurzfristige Geschäfte an die Zentralbank wenden.

Typische Beträge: 1. Bankkredit für Unternehmung: bis zu 100 Millionen Euro. 2. Syndizierter Kredit: bis zu 500 Millionen Euro. 3. Emission von Unternehmensanleihen: von 100 Millionen Euro bis zu 10 Milliarden Euro. 4. Orientierung für die Emissionen einer Staatsanleihe: 50 Milliarden Euro. 4. Geldmarktpapiere: zwischen 100 Millionen und 1 Milliarde Euro.

3.2.3 Repos

Eine mit Geldmarktpapieren vergleichbare Funktion haben so genannte *Repos*. Ein **Repo** ist eine **Rückkaufvereinbarung** (englisch: **Sale and Repurchase Agreement**). Ein Repo dient zur Finanzierung und hat eine Laufzeit von nicht länger als einem Jahr, vielfach nur von wenigen Tagen oder von einem Tag auf den anderen (**Overnight-Repo**).

Ein **Repo** ist eine Finanztransaktion, bei der die sich finanzierende Partei, der **Seller**, ein Wertpapier verkauft und gleichzeitig mit dem Käufer vereinbart, es später wieder zurückzukaufen. Der Preis für den Verkauf wird vereinbart und gleichzeitig wird der Preis festgesetzt, zu dem das Wertpapier später zurückgenommen wird.

Ein Repo ähnelt einem durch das Wertpapier besicherten Kredit. Doch die zugrunde liegende Sicherheit geht gleich in das Eigentum des Gläubigers über. Der muss im Fall einer Zahlungsschwierigkeit des Schuldners daher nicht erst langwierige juristische Verfahren einleiten, um auf die Sicherheit rechtlich zugreifen zu können. Zudem kann bei einem Repo der Gläubiger die Sicherheit zwischendurch verkaufen und später ein äquivalentes Wertpapier zurückgeben.

Der Verkaufspreis ist der augenblickliche Marktwert des Wertpapiers (Kurs plus Stückzinsen bei einer Anleihe). Der Rücknahmepreis entspricht dem Verkaufspreis plus einem Zins entsprechend der fixierten Laufzeit. Die auf ein Jahr bezogene Zinshöhe ist der **Reposatz**. Während der Laufzeit geht das Eigentumsrecht am Wertpapier auf den Käufer über, das heißt, dass dieser das Wertpapier weiterverkaufen darf. Nur muss er dann ein äquivalentes Wertpapier haben oder noch erwerben, um es dem Seller zurückgeben zu können. Vor allem: Bei einem Ausfall der Gegenseite muss Eigentum an der Sicherheit nicht erst durch ein langwieriges Verfahren besorgt werden. Rückkaufvereinbarungen entsprechen Geldmarktpapieren, doch bieten sie dem Kapitalgeber vollständige Sicherheit. Dadurch ist der Handel viel leichter, denn die Händler müssen nicht immer die individuellen Kreditrisikoprämien schätzen, die beim Geldmarkt zum Zins dazu kommen.[3]

Die Reposätze liegen also etwas unter den Geldmarktsätzen und spiegeln den Zeitwert des Geldes bei sehr kurzer Laufzeit. Allerdings besteht für einen jeden Kapitalgeber im Repomarkt ein *Kursrisiko* insofern, als die Rückzahlung zwischen dem Seller und ihm im Nominalbetrag vereinbart ist, der Wert der Sicherheit sich aber ändern kann. Das heißt, die Reposätze beinhalten den Zeitwert des Geldes plus eine (sehr geringe) Prämie für das Kursrisiko der Sicherheit. Sie beinhalten indessen keine Prämie für die Ausfallgefahr, wie das bei Geldmarktsätzen der Fall ist. Da nicht immer das schuldnerspezifische Ausfallrisiko beurteilt werden muss, können die Händler im Repomarkt schneller agieren. Von daher ist das Handelsgeschehen am Repomarkt flink. Die Repomärkte sind im Transaktionsvolumen stark gewachsen. Das offene (ausstehende) Volumen auf dem Repomarkt der Eurozone liegt bei 6 Billionen Euro. Die Volumina schwanken stark, für die USA wird von offenen Agreements zwischen 5 und 8 Billionen Dollar (dort als Trillionen bezeichnet) gesprochen. Sowohl für Europa als auch die USA sind das umgerechnet rund 20 Tausend Euro pro Einwohner. Trotz der enormen Größe ist zu sehen, dass der Repomarkt als Markt der Banken unter sich, ähnlich wie der Geldmarkt, wenig von außen eingesehen werden kann.

Warum nehmen größere Geschäftsbanken als Market-Maker am Geldmarkt, am Repomarkt, und am Handel mit Devisen teil? Zwei Gründe sind zu nennen: 1. Banken handeln „auf eigene Rechnung" (nicht für Kunden) mit der Absicht, dabei zu gewinnen. 2. Geschäftsbanken sind durch ihre Teilnahme am Handel (Geldmarkt, Repomarkt, FX) laufend über das Geschehen an diesen

[3] MOORAD CHOUDHRY: An Introduction to Repo Markets. 3. Auflage, Wiley, Chichester 2006.

Märkten orientiert. Sie können ihre Kunden mit *Informationen aus erster Hand* bedienen. Dies gilt auch für Geschäfte in Anleihen. So werden Banken, die eigene Handelssysteme haben, von großen Kunden – Versicherungen, Pensionskassen, kleineren Banken, öffentlichen Haushalten – als Informanten geschätzt.

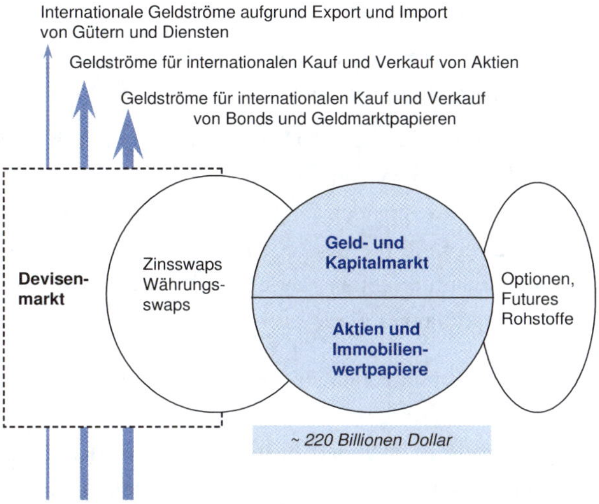

Darstellung 3-3: Übersicht zu den Finanzmärkten. In den Vordergrund gerückt sind die Geld- und Kapitalmärkte dieser Welt, auf denen Geldmarktinstrumente und Anleihen gehandelt werden sowie die Börsen für Aktien und Wertpapiere, die Rechte auf andere Realobjekte wie etwa Immobilien verbriefen

3.2.4 Zinsen am kurzen und am langen Ende

Die Unterscheidung zwischen dem Geldmarkt / Repomarkt sowie dem Kapitalmarkt ist zweckmäßig, weil auf dem Geldmarkt / Repomarkt und dem Kapitalmarkt andere Akteure teilnehmen, die aus jeweils eigenen Motiven heraus handeln. Somit sind auch die Bestimmungsgrößen der sich auf diesen beiden Märkten einstellenden Zinssätze unterschiedlich. Den Handel mit Geldmarktinstrumenten und mit Repos bewerkstelligen zwar Geschäftsbanken. Doch er wird stark davon beeinflusst, zu welchen Konditionen die Geschäftsbanken sich bei der Zentralbank Geld besorgen können. Am Kapitalmarkt nehmen hingegen der Staat, überstaatliche Einrichtungen, Banken und Unternehmen als Emittenten von Anleihen teil. Sie nehmen langfristig Kapital auf, um ihre realwirtschaftlichen Vorhaben zu finanzieren. Käufer der Anleihen sind Privatanleger sowie vor allem institutionelle Investoren, die auf einige Jahre anlegen wollen.

Welche Motivationen haben diese Akteure und welche Wirkungen haben sie? Beginnen wir mit den institutionellen Kapitalanlegern. Versicherungsgesellschaften und Pensionskassen müssen ihre Leistungen oftmals an die Inflation anpassen, weshalb sie die *Inflation* als größte Gefährdung ihrer langfristigen Kapitalanlagen sehen. Institutionelle Anleger bilden daher immer wieder Erwartungen hinsichtlich der zukünftigen *Inflation* und schichten entsprechend ihre Portfolios um.

Es folgen Kursänderungen bei den Anleihen, und mit ihnen ändern sich die langfristigen Zinssätze. Hingegen wird vielfach davon ausgegangen, dass die Zentralbank ihre kraftvollste Steuerung erzielt, wenn sie die Zinssätze am kurzen Ende (Geldmarkt, Repomarkt) beeinflusst. Sie tut das, um ihre Ziele zu verfolgen, also allen voran, die Kaufkraft des Geldes zu erhalten und dazu die Inflationsrate zu begrenzen. Die Zentralbank wird daher die kurzfristigen Zinssätze anheben, wenn eine Zunahme der Inflation, vielleicht über ein Inflationsziel von 2% hinausgehend, droht. Sie wird die kurzfristigen Sätze senken, wenn sich die Inflation zurückbildet oder wenn gar eine Deflation droht, um so die Wirtschaft zu beleben.

Diese Vorstellung ist die **konventionelle Sicht**. Sie besagt: 1. Die Zinssätze für Tage, Wochen und wenige Monate (am „kurzen Ende") werden von der Zentralbank *gesteuert*. 2. Die Zinssätze für 5 oder 10 Jahre und für noch längere Fristen (am „langen Ende") werden von den *Inflationserwartungen* bestimmt, die institutionelle Anleger bilden. Aufgrund ihrer Inflationserwartungen tätigen die Institutionellen Käufe oder Verkäufe langlaufender Anleihen und beeinflussen so die Zinssätze am langen Ende.

Dieses Bild von den Wirkungszusammenhängen wird als **konventionell** bezeichnet. Die neuere empirische Forschung und die Erfahrung der Zentralbanken haben zu einer Modifikation geführt, durch die sich eine neue, als **unkonventionell** bezeichnete Sicht der Wirkungszusammenhänge entwickelt hat. Die **unkonventionelle Sicht** gab in den letzten Jahren Anlass für *unkonventionelle geldpolitische Maßnahmen*. Die US Zentralbank ist ihr voll, die EZB teilweise gefolgt.

3.2.5 Unkonventionelle Sicht

Erstens wurde erkannt, dass **die Zentralbank auch die Zinsen am Kapitalmarkt, also die Zinsen am langen Ende wirksam beeinflussen kann** (und dies auch tut). **Sie kann das erstens durch Kommunikation und zweitens durch direkte Käufe (oder Verkäufe) von Staatsanleihen bewirken**. Mit dem **Quantitative Easing** (**QE**) hat das FED in den USA direkt am Kapitalmarkt Staatsanleihen aufgekauft. Zwar hat das FED nur am Sekundärmarkt, nie am Primärmarkt gekauft. Doch natürlich zeichnen Investoren leichter neue Emissionen von Staatsanleihen am Primärmarkt, wenn sie wissen, dass am Sekundärmarkt die Zentralbank als Käufer steht.

Die Volumina der Anleihekäufe beim QE waren hoch und betrugen bis zu 80 Milliarden Dollar pro Monat. Indessen zeigt die Forschung, dass auch die bloße Kommunikation Wirkung hat. In der Tat hatte 2012 in Europa MARIO DRAGHI, Gouverneur der EZB, sofortige Wirkung auf das Kursniveau von Staatsanleihen allein mit der Aussage, die EZB werde „alles Notwendige" tun, um den Euro zu erhalten, und man möge ihm glauben, dass es „ausreichen" werde. Kauft die Zentralbank Langläufer (am Sekundärmarkt), dann stützt sie deren Kurse und gibt den Verkäufern der Anleihen neues Geld (in Höhe des Kaufpreises). Gleichzeitig belebt sie den Primärmarkt. Durch all diese Käufe im Primär- und Sekundärmarkt fällt der langfristige Zinssatz.

Gleichzeitig bewirkt das von der Zentralbank für die Käufe neu ausgegebene Geld, dass auch die kurzfristigen Zinssätze sich nach unten bewegen. Wenn die Zentralbank die Kursbildung am Kapitalmarkt beeinflusst (durch Kommunikation oder durch Käufe), so wirkt dies demnach auf die Zinssätze aller Fristen. **Die Zinskurve wird insgesamt nach unten verschoben**.

Zweitens wurde in der empirischen Forschung erkannt, dass **die langfristigen Zinssätze auf die kurzfristigen Zinssätze ausstrahlen**, auch wenn dies Zeit beansprucht. Die Aussage:

1. Die Zentralbank kommuniziert oder kauft (oder verkauft) Anleihen und steuert auf diese Weise die Zinssätze am langen Ende. Später zeigen sich Folgen für die kurzen Sätze.
2. Die Finanzinvestoren sehen das und bilden Erwartungen hinsichtlich der nächsten Zinsschritte der Zentralbank.
3. Die Zentralbank *reagiert* und erfüllt schließlich diese Erwartungen.

Die wirksame „Stellschraube" für die Zinsen setzt am langfristigen Zinssatz an, und im Anschluss kommt zu einer Übertragung auf den kurzfristigen Zinssatz. Die Zentralbank reagiert mit Konditionen im kurzfristigen Bereich auf das, was die Märkte von ihr erwarten.[4]

Drittens wurde die **Bedeutung der Stimmungen der Finanzinvestoren** deutlich. Mit „Stimmung" ist gemeint, für wie unsicher die Finanzinvestoren die Situation halten. Wenn die Kapitalanleger hohe Unsicherheit über die zukünftigen Zinssätze haben, dann wird die Zinskurve stärker nach oben (konkav) gewölbt: Die Sätze für mittlere Laufzeiten sind dann ebenso hoch wie die für längere Laufzeiten (siehe Kapitel 9). Nur wenn sich die Unsicherheit bei den Kapitalanlegern zurückbildet, wird die Zinskurve weniger gewölbt. Die mittleren Sätze gehen damit zurück und liegen ziemlich genau zwischen den langfristigen und den kurzfristigen Sätzen. Auch die Marktstimmungen kann die Zentralbank beeinflussen. Sie könnte die kommenden Maßnahmen *im Voraus ankündigen* und ihre Politik sehr *berechenbar* gestalten. Sie könnte ebenso *auf verbleibende Unsicherheiten verweisen*. Diese Aussagen wirken auf die (konkave) Krümmung der Zinskurve und damit auf die Zinssätze *mittlerer* Laufzeiten, wie wir weiter unten sehen werden.

Die unkonventionelle Sicht der Wirkungszusammenhänge besagt dies:

1. Die Zentralbank beeinflusst durch Käufe und durch Kommunikation ganz direkt die langfristigen Zinssätze. Dort *agiert* sie.
2. Das strahlt dann auf die kurzfristigen Zinssätze aus, und die Zentralbank kündigt dann „Zinsschritte" an, die den Markterwartungen entsprechen. Das heißt, sie *reagiert* im kurzfristigen Bereich.
3. Durch Beeinflussung der Stimmungen hat kann sie die Konkavität der Zinskurve verändern, also letztlich auf die Zinssätze im mittleren Bereich einwirken.

Direkte Käufe von Anleihen seitens der Zentralbank werden von vielen Ökonomen als schädlich abgelehnt. Denn immer wieder kam es in der Vergangenheit dazu, dass ein Staat sich immer weiter so verschuldet hat: Neue Staatsanleihen wurden ausgegeben und die Zentralbank gezwungen,

[4] Vgl. SELLON, GORDON H.: Expectations and the Monetary Policy Transmission Mechanism. *Federal Reserve Bank of Kansas City, Economic Review*, Fourth Quarter 2004, pp. 5-41.

diese direkt zu übernehmen. Der Kapitalmarkt wurde übergangen. Eine Kursbildung aufgrund der Einschätzungen der Kapitalanleger wurde völlig ausgeschaltet. Das für die Abgabe neuer Staatsanleihen vom Staat von der Zentralbank erhaltene Geld wurde entweder von der Bevölkerung – Löhne der Staatsangestellten – ausgegeben. Oder es wurde direkt vom Staat zur Wirtschaftsförderung für den Güterkauf (Konsumgüter, Investitionsgüter) ausgegeben. In jedem Fall stieg das Preisniveau. Inflation entstand und entfaltete ihre abträglichen Wirkungen. In vielen Gesetzen steht daher, die Zentralbank dürfe nicht als direkter Käufer von Staatsanleihen auftreten.

Verteidiger der unkonventionellen Maßnahmen versuchen nicht, die negativen Wirkungen schön zu reden. Doch sie sehen in unkonventionellen Maßnahmen einen Ansatz für Situationen, in denen es keine Inflationsgefahr gibt. Im Gegenteil sehen sie Situationen, in den Deflation und Arbeitslosigkeit drohen. Sie würden unkonventionelle Maßnahmen rechtfertigen Allerdings geben auch die Befürworter unkonventioneller Maßnahmen eine abträgliche Motivation zu: Die Gefahr nämlich, dass sich der Staat unkontrolliert immer weiter verschuldet. Die Gefahr, dass unkonventionelle Maßnahmen zum Regelfall der Staatsfinanzierung werden, ist nicht von der Hand zu weisen. Sie mündet in Inflation oder macht eine Währungsreform notwendig.

3.3 Securitization

Lernziele: 1. Ein Risikopuffer erhöht die Sicherheit der bei Securitization entstehenden Anleihen. 2. Konjunkturelle Klumpenrisiken werden leicht übersehen. 3. Wie es zur Sub-Prime-Krise kam.

3.3.1 Vom Buch zum Markt

Die meisten als Wertpapiere verbrieften Kredite werden so gestaltet, dass sie am Kapitalmarkt oder am Geldmarkt leicht gehandelt werden können. Kredite, die bilateral zwischen Kundschaft und Bank geschlossen werden, spielen bei der Betrachtung von Kapitalmarkt und Geldmarkt zunächst keine Rolle. Gemeint sind Kredite für die Geldgeschäfte der Bankkundschaft, also Kredite für die Anschaffung von Autos und Konsumgütern und insbesondere Kredite für den Kauf einer Wohnimmobilie. Diese Kredite erscheinen in der Bilanz der Bank (auf der Vermögensseite) und werden normalerweise von Anfang bis Ende von der betreffenden Bank abgewickelt.

Irgendwann ist die Kapazität einer Geschäftsbank erschöpft, neue Kredite in die eigene Bilanz zu nehmen. Denn Kredite können ausfallen, und die Bankenaufsicht beschränkt den Gesamtbetrag des Risikokapitals einer Bank. So kamen Banker auf die Idee, Bündel solcher Kredite an den Kapitalmarkt zu bringen. Damit wurden sie aus der Bilanz genommen, und die Bank konnte wieder neue Kundenkredite vergeben. Die Vorgehensweise ist die der Verbriefung (**Securitization**).

Die Securitization hat eine ungeheure internationale Marktdynamik ausgelöst. Erstens wurden die Banken frei und konnten neue Kredite vergeben. Zweitens wurden Kapitalmarkt und Geldmarkt durch die entsprechenden Transaktionen belebt und strahlten über Grenzen hinaus aus. Drittens sind bei einer Securitization Schritte zu bewerkstelligen, für die Spezialisten nötig sind, so Rechtsanwälte, Investmentbanker, Finanzanalysten. Die durch Securitization ausgelöste Markt–dynamik hat sich auf alle diese Berufe übertragen und den Finanzbereich stimuliert.

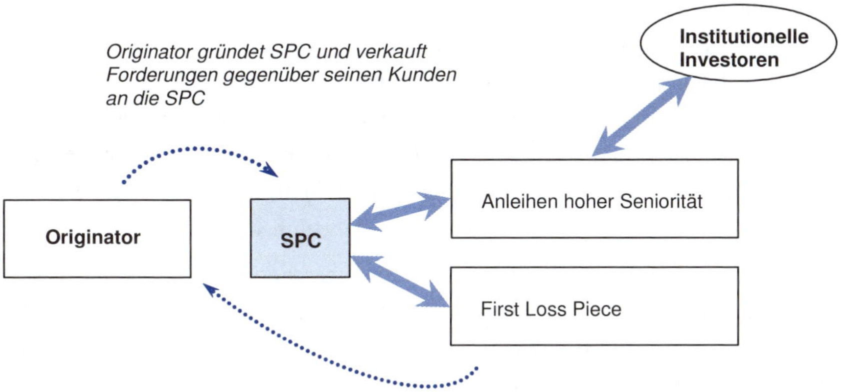

Darstellung 3-4: Die SPC verkauft Anleihen hoher Seniorität an institutionelle Investoren und überträgt den Erlös aus der Emission sowie das First Loss Piece an den Originator für den Erhalt aller Forderungen.

Die Securitization bestehender Bankkredite wurde zunächst in den USA und dann auch in Europa dazu verwendet, verschiedene in der Praxis auftretenden Kredite zu transferieren, darunter Forderungen aus Kreditkartengeschäften, aus Leasing und vor allem Privatkredite und Baukredite. Eine Bank schnürt die von ihr bereits vergebenen Kredite „zu einem Paket" und gibt Anrechte auf diese Pakete als Wertpapiere aus. Deren Handelbarkeit sollen verschiedene Maßnahmen begünstigen. So kümmern sich die Banken darum, dass die für die Kreditpakete ausgegebenen Anleihen ein gutes Rating erhalten, und sie stellen einen Market-Maker für den Handel. Auf diese Weise kann die Bank die von ihr vergebenen Kredite „paketweise" weitergeben und damit „aus ihren Büchern" nehmen. Hier das Vorgehen bei der Securitization:

- Wenn die Geschäftsbank mit ihrer Kundschaft (Private, Kleinunternehmen) Kreditgeschäfte tätigt, achtet sie bei der Vertragsgestaltung darauf, dass die Kredite an einen anderen Gläubiger abgetreten werden dürfen. Später gründet die Bank eine **Single-Purpose-Company** oder **Special-Purpose-Company** (**SPC**), also eine neue Unternehmung, als rechtliche Hülle (keine Mitarbeiter, keine Büroräume).

- Die Bank überträgt als so genannter **Originator** alle ihre Forderungen aus den betreffenden Kreditgeschäften an die SPC. Die SPC vereinnahmt also ab jetzt alle Zinszahlungen und Rückzahlungen von den Kreditkunden. Sodann gibt die SPC Anleihen aus und sagt den Käufern zu, die Kuponzahlungen und Rückzahlungen dieser Anleihen aus ihrem eigenen Vermögen (den Kreditforderungen) zu bedienen.

- Die SPC gibt zwei Kategorien von Anleihen aus: Solche, die für den Konkursfall der SPC eine hohe Seniorität (Rang) haben und solche, die nachrangig sind. Mit hoher

Wahrscheinlichkeit erhalten im Konkursfall die Inhaber der erstrangigen Anleihen ihre Einlage fast vollständig zurück, während die Inhaber der Forderungen geringer Seniorität im Konkursfall leer ausgehen dürften. Das Eigenkapital schließlich wird als **First-Loss-Piece** bezeichnet. Das First-Loss-Piece dient als Risikopuffer der SPC.

- Dann kümmert sich die Bank darum, dass die erstrangigen Anleihen geratet werden. Sie können sogar ein besseres Rating erhalten als die Bonitäten der Kredite im Durchschnitt vermuten lassen, denn das First-Loss-Piece sichert die erstrangigen Anleihen ab. So kann durchaus die Situation eintreten, dass Kredite an Autokäufer nach Securitization erstrangige Anleihen entstehen lassen, die ein exzellentes Rating erzielen. Voraussetzungen dafür sind, dass nicht alle Autokäufer gleichzeitig zahlungsunfähig werden und dass das First-Loss-Piece hinreichend groß bemessen wird.
- Die erstrangigen Anleihen mit exzellenten Rating werden von Versicherungsgesellschaften und anderen institutionellen Investoren gezeichnet. Sie sind attraktiv, weil sie mit einer leicht über Marktniveau liegenden Verzinsung ausgestattet werden können. Den Erlös aus dem Verkauf der Anleihen gibt die SPC gleich an die Bank als Entgelt für die erhaltenen Kreditforderungen weiter. Die Bank hat auf diese Weise wieder Geld und kann neue Kreditgeschäfte „in ihre Bilanz" nehmen.

Die mit Securitization erzeugten erstrangigen Anleihen heißen **Collateralized-Debt-Obligations**, abgekürzt **CDO**. Der Begriff „Collateral" (Sicherheit) unterstreicht, dass die SPC Forderungen hält, mit denen die ausgegebenen Anleihen besichert sind. Auf diese Weise entsteht eine sinnvolle Arbeitsteilung: Die Bank spezialisiert sich auf die Anwerbung ihrer Kreditkunden sowie auf deren Bonitätsprüfung. Die Käufer der CDOs spezialisieren sich auf die Kapitalanlage.

3.3.2 First-Loss-Piece

Selbstverständlich muss das First-Loss-Piece groß genug bemessen sein, damit es seine Funktion als Risikopuffer auch erfüllen kann. Oft wird vermutet, dass nicht alle securitisierten Kredite *zugleich* ausfallen – ein eventuelles **Klumpenrisiko**, ein **kollektives Risiko** wird nicht weiter betrachtet. Die erstrangigen Anleihen von vereinzelten Kreditausfällen sind nicht betroffen, sofern das First-Loss-Piece eine gewisse Größe aufweist. Die erstrangigen Anleihen sind dann **sicherer, als die Kredite es im Durchschnitt** sind, weil die Ausfälle vom First-Loss-Piece absorbiert werden.

Mit Securitization werden somit erstrangige Anleihen erzeugt, die besser als die Kredite im Mittel sind, welche für die Konstruktion herangezogen werden. Selbstverständlich ist für diese Qualitätssteigerung bei den erstrangigen Anleihen verlangt, dass das First-Loss-Piece hinreichend groß ist und dass nicht alle Kredite im selben Augenblick ausfallen. Nur wenn das First-Loss-Piece zu gering bemessen wird oder wenn zu viele Kredite zugleich ausfallen (**Klumpenrisiko**), dann kann es zum Fall kommen, dass die SPC insolvent wird und die Gläubiger der erstrangigen Anleihen Verluste erleiden.

Die SPC verkauft sodann die erstrangigen Anleihen an externe Finanzanleger, während das First-Loss-Piece von der Bank übernommen wird (die seinerzeit die Kreditentscheide getroffen hat). So wird deutlich, dass die Bank schlechte Kreditrisiken nicht einfach weitergibt. Sie sollte auch in Zukunft motiviert sein, bei der Kreditprüfung ihrer Kundschaft sorgfältig zu sein. Denn bei einer Securitization würde sie das First-Loss-Piece behalten.

Allerdings gibt es in den Finanzmärkten doch immer Investoren, etwa Hedgefonds, die das First-Loss-Piece noch übernehmen. Im Markt ist alles nur eine Frage des Preises. Und wenn sich kein Hedge-Fund findet, der das First-Loss-Piece übernimmt, dann wird die Gründung einer **Bad Bank** angeregt, die alle diese Risiken übernehmen und deponieren sollte, damit der Originator sich unbehelligt neuen Geschäften zuwenden kann.

Insgesamt: Die Bank überträgt alle Forderungen aus den Kundengeschäften und erhält (1) den Erlös nach Ausgabe der erstrangigen Anleihen und (2) das First Loss Piece, das sie eventuell dann doch noch weiterverkauft).

Viele dieser Kredite, die auf diese Weise securitisiert weitergegeben wurden, sind Hypothekarkredite. In diesem Fall werden die von der SPC ausgegebenen Wertpapiere als **Mortgage-Backed-Securities** (MBS) bezeichnet. Im Grunde hat die Securitization eine Konstruktionsähnlichkeit mit Pfandbriefen, doch bei Pfandbriefen ist die Besicherung anders geregelt und die Aufsicht ist stärker. Wie in der Architektur sind alle Brücken ähnlich, doch es gibt stabile und tragfeste ebenso wie brüchige Konstruktionen. Und viele von uns benutzen Brücken, ohne dass jeder einzelne die Tragfestigkeit persönlich prüfen würde. Die Securitization hat sich so bewährt, dass inzwischen auch andere Forderungen securitisiert werden. Dazu gehören Forderungen von Kreditkartengesellschaften. Sobald die Kredite eine Deckung durch irgendwelche Vermögenswerte (Assets) haben, können die Zugriffsrechte auf diese Assets auch der SPC übertragen werden. Die von ihr ausgegebenen Anleihen werden dann als **Asset-Backed-Securities** (ABS) bezeichnet.

3.3.3 Konjunkturelles Klumpenrisiko

Die meisten der Kredite, die später securitisiert werden, stammen aus dem Privatkundengeschäft der Bank: Autokredite, Leasing, Kreditkarten, Kredite für den Hauskauf waren die Beispiele.

Alle diese Privatkredite unterliegen letztlich einem Konjunkturrisiko. Läuft die Konjunktur gut und sind die Arbeitsplätze sicher, dann können die Kreditkunden zahlen. Bildet sich die Konjunktur hingegen zurück, dürfte die zunehmende Arbeitslosigkeit auf einmal viele Kreditkunden zugleich treffen. Es besteht ein **konjunkturelles Klumpenrisiko** bei den Krediten.

Bei einem Konjunkturrückgang könnte sich das First-Loss-Piece als zu gering erweisen, wenn Klumpenrisiken vorhanden sind, die nicht beachtet werden. Dann könnten auf einmal alle oder eine Vielzahl der Schuldner ausfallen. Dieser Fall kann selbst dann eintreten, wenn zuvor mit statistischen Modellen das First-Loss-Piece als ausreichend bemessen erschien, sofern die Berechnungen ein mögliches Klumpenrisiko ausgeklammert und nicht explizit modelliert haben.

Ist das First-Loss-Piece zu klein bemessen, weil das konjunkturelle Klumpenrisiko nicht thematisiert wurde, dann wären die als erstrangig angesehenen Anleihen schnell betroffen. Die **Anleihen aus diesen Konstruktionen tragen dann das Konjunkturrisiko**. Mit der Securitization und dem Verkauf der erstrangigen Anleihen an internationale Kapitalanleger wird letztlich das Konjunkturrisiko (des Landes) auf die internationalen Anleger abgewälzt. Das Tragen der Konjunkturrisiken ist in den Finanzmärkten mit einer Risikoprämie verbunden. Wer erstrangige Anleihen aus Securitization kauft, übernimmt daher schnell ein Konjunkturrisiko, und wenn der Finanzanleger sich dessen nicht bewusst ist, kann es bei der Preisbildung geschehen, dass nicht er die Risikoprämie erhält, sondern eine andere Partei.

Die Sub-Prime-Krise ging 2007-2008 von den USA aus. Sie hat Investoren der ganzen Welt geschädigt und war Hauptfaktor für den Fall des Bankhauses **Lehmann Brothers** 2008.

Wie ist die Sub-Prime-Krise entstanden?

1. Nach dem Platzen der Dot-Com-Bubble (überhöhte Kurse für Internetfirmen) im Jahr 2000 wandten sich die Investoren Anlagen in Immobilien zu, die ihnen sicherer schienen. So stiegen die Immobilienpreise und viele Anleger wollten ein Haus kaufen. Die Politik wünschte zudem, dass ärmere Familien nicht ausgeschlossen werden und lockerte die an Banken gestellten Anforderungen. Im Zuge der gelockerten Auflagen begannen Banken, auch Kunden schlechter Bonität Kredite zum Hauskauf zu geben (**Sub-Prime-Segment**).
2. Diese Kredite wurden securitisiert, und für die Pakete wurden Anleihen ausgegeben. Die Rating-Agenturen fanden die Risikopuffer (First-Loss-Pieces) als groß genug bemessen und stuften die Anleihen als sicher ein. Investmentbanken mit gutem Namen boten die Konstruktionen in den internationalen Kapitalmärkten an.
3. Finanzanleger aller Länder kauften die Anleihen (wie später gesagt wurde: unbesehen). In der Folge dieses Erfolgs wurden sogar verschiedene Gruppen von Anleihen dieser Art wiederum in neue Pakete geschnürt und auch für sie neue Anleihen ausgegeben. Das Ziel dabei war, die Liquidität durch größere Volumina zu erhöhen. Doch am Ende wusste kein Investor mehr, woraus sich die erwarteten Zahlungen herleiten würden.
4. Leider entwickelte sich die Realwirtschaft in den USA schwächer als erwartet. Hauskäufer geringer Bonität konnten dann nicht zahlen, vor allem wegen Arbeitslosigkeit. Für das kollektive Geschehen waren die Risikopuffer zu gering. In der Folge brach der Handel mit diesen Anleihen zusammen, und das Vertrauen zwischen den Banken war zerstört.

Die **Sub-Prime-Krise** 2007-2008 hatte demnach mehrere Ursachen. Vor allem wurde übersehen, dass die securitisierten Kredite dem kollektiven Risiko ausgesetzt waren, dass sich die Wirtschaft nicht belebt und die Arbeitslosigkeit steigt (**konjunkturelles Klumpenrisiko**). Das haben viele Investoren übersehen. Sie begingen den Fehler, zu sehr allein auf das Rating zu achten (bei dem eben das kollektive Risiko nicht sachgerecht berücksichtigt war) und dem Namen großer Investmentbanken blind zu vertrauen.

3.4 Geldpolitik

Lernziele: 1. Seignorage. 2. Geldpolitik. 3. Das Trilemma von FLEMING und MUNDELL. 4. Bond-Flows und Equity-Flows.

3.4.1 Geldwesen

Alle Länder haben ihr Geldwesen per Gesetz monopolisiert und die Aufgaben an eine Instanz, die **Zentralbank** des Staates oder des Währungsgebietes, delegiert. In einigen Ländern bestehen Einrichtungen, die (meist aus historischen Gründen) als **Monetary Authority** bezeichnet werden, dabei aber ganz ähnliche Funktionen haben. Die wohl bekanntesten sind, dass eine Zentralbank (1) das Geldwesen gestaltet und (2) außerdem die Finanzen des Staates verwaltet.

1. Beim Geldwesen wird unter der Bedingung höchster Sicherheit auf Effizienz des Zahlungsverkehrs geachtet. Ohne Leichtigkeit im Zahlungsverkehr kann sich kein Wirtschaftsleben mit Arbeitsteilung entfalten.
2. Dies gesagt, verfolgen Zentralbanken weitere Ziele. Immer wieder wird die Stabilität des Geldes genannt, also die Erhaltung der Kaufkraft.
3. Einige Staaten beauftragen die Zentralbank auch damit, auf ein hohes Beschäftigungsniveau zu achten.

Für die Überwachung der Geschäftsbanken, der Versicherungen und anderer Finanzintermediäre (etwa der Investmentfonds oder der Beraterinnen und Berater im Finanzbereich) sowie der Börsen werden Aufsichten geschaffen, die neben der Zentralbank stehen.

Fast alle Länder haben eine eigene Währung eingerichtet. Abgesehen von den gelegentlich als wichtig eingeschätzten Wirkungen nationaler Symbolik sind zwei Argumente zu sehen, die für eine eigene Währung sprechen: Eines ist die **Seignorage**, das andere die **Freiheit für eine eigenständige Geld- und Währungspolitik**.

Zunächst zur Seignorage. Wenn eine Geschäftsbank der Zentralbank Devisen oder Wertpapiere überlässt und die Zentralbank ihr dafür Geld ausgibt, dann wird eine verzinsliche Position (Devisen, Wertpapiere) gegen eine unverzinsliche Position (Banknoten) getauscht.

Das von der Zentralbank ausgegebene Geld (in Form einer Gutschrift auf dem Konto bei der Zentralbank oder in Form von Banknoten) wird von der Zentralbank *nicht* verzinst. Dennoch kann die Zentralbank die erhaltenen Devisen zinsbringend anlegen oder die Verzinsung der Wertpapiere einnehmen. Dieser Vorteil der Zentralbank ist die **Seignorage**.

Die Seignorage ist umso höher, je mehr Banknoten die Menschen, vielleicht auch Personen in anderen Ländern, halten. Deshalb ist die Seignorage beim Dollar und beim Schweizer Franken hoch, ähnlich wie sie früher bei der Deutschen Mark sehr hoch war. Die Seignorage des Schweizerfrankens beläuft sich pro Jahr auf etwa 500 Euro pro Kopf der Bevölkerung des Landes.

Die Seignorage ist also hoch, wenn die Banknoten der Währung überall verwendet werden. Bei der Seignorage ist ebenso wichtig, was die Zentralbank mit jenen Assets tut, die sie für die Ausgabe von Geld entgegen nimmt. Für sie betreibt die Zentralbank ein aktives Portfoliomanagement, und selbstverständlich werden Staatsanleihen auch unter dem Gesichtspunkt der Rendite gekauft.

Die Seignorage bleibt einem Land selbst dann, wenn ein fester Wechselkurs zu einer anderen Währung, ein so genannter **Peg**, eingerichtet wird. In der Schweiz wird die Seignorage von der Zentralbank, der SNB, den Kantonen zugewiesen. In der EU wird die Seignorage von der Europäischen Zentralbank EZB den EU-Staaten ausbezahlt. Die Hälfte der Seignorage wird nach der Bevölkerung der Mitgliedsländer verteilt, die andere Hälfte nach dem BIP.

Schon wegen der Seignorage haben praktisch alle Länder ein eigenes Geldwesen und verzichten darauf, einfach die Währung eines anderen Landes mit zu benutzen und in den Rang des gesetzlichen Zahlungsmittels zu erheben. Staaten ohne eigene Währung (wie etwa Liechtenstein) werden nicht durch Seignorage begünstigt. Hong Kong erzielt Seignorage, auch wenn der dortige Dollar an den amerikanischen Dollar mit einem Peg seit 1983 in der Relation 7,8 HKD = 1 USD gekoppelt ist. Immer wieder versuchen Unternehmungen, für sich Seignorage zu erzielen. So animieren Unternehmen dazu, Geschenkgutscheine zu kaufen.

3.4.2 Zentralbank

Die Geldpolitik besteht darin, die Geldmenge und das Zinsniveau zu beeinflussen, eventuell auch Einfluss auf die Steigung und die (konkave) Krümmung der Zinskurve zu nehmen. Die Zentralbank kann zweifellos das Geschehen am Geldmarkt beeinflussen. Parallel dazu kann sie auch am Kapitalmarkt tätig werden und dazu etwa Langläufer kaufen, wodurch das Kursniveau der Anleihen gestützt und somit die langfristigen Zinssätze nach unten gedrückt werden. Zugleich werden die Verkäufer der Langläufer mit Geld versorgt (oft sind das Banken und der Staat). Dabei hofft die Zentralbank, ohne dies vielleicht auszusprechen, dass die Verkäufer der Langläufer das vereinnahmte Geld dazu verwenden, die Wirtschaft des Landes zu beleben. Dazu wird gehofft, dass die Banken, von denen die Zentralbank Anleihen abkauft, der Bankkundschaft neue Kredite anbietet und der Staat Aufträge erteilt.

Eine Zentralbank „druckt" nicht einfach Geldscheine auf Geheiß der Politiker und gibt es staatlichen Behörden, die es dann „verteilen" oder durch Staatsaufträge die Wirtschaft beleben. Das wäre den meisten Zentralbanken verboten. Eine Zentralbank gibt neues Geld grundsätzlich nur aus, wenn der Bezieher des Geldes – das ist zunächst eine Geschäftsbank – der Zentralbank im Gegenzug andere Vermögenspositionen überlässt. Die Geschäftsbank muss der Zentralbank Devisen oder Wertpapiere vorlegen und erhält dafür eine Gutschrift auf dem Konto, das sie bei der Zentralbank unterhält. Von diesem Konto kann die Geschäftsbank jederzeit Banknoten abheben, die bei Bedarf dann wirklich „gedruckt" und dem Bankhaus mit einem Transport gebracht werden.

Wenn sich der Staat verschuldet, dann muss er mit der Ausgabe einer neuen Staatsanleihe die Finanzinvestoren im Kapitalmarkt ansprechen, also die Privatinvestoren, die Versicherungen, Pensionskassen und natürlich die Banken. Später kann es durchaus sein, dass eine Bank einige dieser Wertpapiere der Zentralbank vorlegt, um im Gegenzug Geld zu erhalten. In den meisten Ländern verboten ist hingegen, dass ein Staat eine Anleihe ausgibt und die Zentralbank zwingt, die neuen Anleihen **direkt** aufzukaufen – ohne dass der Kapitalmarkt Bewertungen abgegeben hätte.

Bei unkonventionellen Maßnahmen stützen Zentralbanken die Kurse für Staatsanleihen durch Aufkäufe, die sie direkt oder indirekt (am Sekundärmarkt) vornehmen und dabei neues Geld ausgeben. Es kommt zu **Bilanzverlängerungen** der Zentralbank. Dadurch werden die Zinsen am langen Laufzeitende gesenkt und die Geldmenge erhöht. Die Hoffnung besteht, dass sodann die Geschäftsbanken mit dem neuen Zentralbankgeld ihren Kunden Kredite geben und der Staat das Geld für die Wirtschaftsförderung ausgibt. Allerdings kann auch passieren, dass die Geschäftsbanken ihren Kunden keine Kredite geben, sondern das neu erhaltene Geld selbst behalten, um ihre Reserven zu erhöhen. Ebenso kann passieren, dass der Staat das neue Geld nur dazu verwendet, „alte Löcher" im Haushalt „zu stopfen", und keine zusätzlichen Ausgaben tätigt, mit denen die Wirtschaft belebt würde.

Zwei Themen sind oft diskutiert. Das eine betrifft die Wirkungszusammenhänge. Die Frage lautet, ob die Zentralbank eher am kurzen Ende „steuern" sollte oder besser am langen Ende „agiert", sei es durch Kommunikation oder durch Käufe oder Verkäufe von Anleihen. Hierzu wurde die *konventionelle* von der *unkonventionellen Sicht* unterschieden (Abschnitt 3.2). Das zweite Thema betrifft den **Grad an Autonomie**, mit der eine Zentralbank handeln kann. Die Regierungen wünschen sich eine Geldpolitik, mit der die Politiker Wählerstimmen auf sich ziehen können. Ohne Zweifel ist dies die Politik des „leichten Geldes". Kurzfristig lindert diese Politik alle Schmerzen. Dies, obwohl bekannt ist, dass es nach einem geldpolitischen Stimulus der Wirtschaft *in der längeren Frist zu Nachteilen* kommt. Dennoch möchten Regierungen, dass die Zentralbank die Zinsen eher senkt als anhebt. **Die Empirie belegt, dass unabhängige Zentralbanken beim Erhalt der Geldwertstabilität klar erfolgreicher sind als abhängige Zentralbanken.** Das Hauptziel beim Geldwesen wird durch unabhängige Zentralbanken besser erreicht als durch jene, die an Weisungen der Regierung gebunden sind.

3.4.3 *Trilemma von FLEMING und MUNDELL*

Neben der Seignorage ist der als Zweites genannte Vorteil einer eigenen Währung die Möglichkeit einer unabhängigen Geldpolitik. Sie kann auf die aktuellen Bedürfnisse der inländischen Wirtschaft abgestimmt werden. Dies setzt voraus, dass die Währung nicht an eine ausländische Währung angehängt wird, dass also kein Peg besteht. Denn die Aufrechterhaltung einer festen Währungsparität verlangt eine Angleichung der Zinssätze und der Geldpolitik. Alternativ müsste sich das Land finanziell abschotten (Kapitalverkehrskontrollen). Dann würde es keine Investitionen mehr anziehen. Wachstum wie Arbeitsplätze würden sich alsbald zurückbilden.

Das **Trilemma der Wahl des Wechselkursregimes** (zwischen festen und freien Währungsparitäten) besagt dies: Jedes Land wünscht sich:

1. Wechselkursstabilität (weil dies Handel und Spezialisierung fördert),
2. Autonomie in der Geldpolitik (das Zinsniveau kann an die Situation im Inland angepasst werden und muss nicht vom Ausland übernommen werden),
3. freie Kapitalbewegung (weil sonst ausländische Investoren vergrault werden).

Die drei Ziele führen auf ein Trilemma. Denn zwei der drei Ziele können erreicht werden, das dritte nicht. Es gibt keine Gestaltungsvariante, bei der alle drei Ziele erfüllt werden können, wie 1962 von J. MARCUS FLEMING und 1963 von ROBERT A. MUNDELL bewiesen wurde.

→ **Beispiel 3-4**: Eine feste Währungsrelation führt zwar zur Erreichung der Ziele 1 und 3, doch das Ziel 2 bleibt unerfüllt. Die Euroländer haben mit der Einheitswährung sich für „feste Wechselkurse" entschieden. Wollen sie die freie Kapitalbewegung erhalten, kann kein Euroland eine eigenständige Geldpolitik betreiben. Die Geldpolitik muss von allen Euroländern gemeinschaftlich bestimmt werden und greift dann in allen Ländern zugleich, auch wenn im Licht unterschiedlicher Zustände der Realwirtschaft (Arbeitslosigkeit, Konjunktur) sich die einzelnen Länder eine eigenständige Geldpolitik wünschen. ■

Beschränkungen des Kapitalverkehrs sind stets Ausdruck einer Notlage des Landes. Die Länder oder Währungsgebiete sind bei freiem Kapitalverkehr durch die Finanzmärkte verbunden. Die Geld- und Kapitalströme, auch die internationale Allokation von Risiken, hängen daher von der Konstellation der Wirtschaften der einzelnen Länder ab. Selbstverständlich sind die Länder dabei aus den verschiedensten Aspekten in unterschiedlicher Weise attraktiv. Einige Länder ziehen aufgrund von Landschaft und Klima den Tourismus an, andere bieten aufgrund des Ausbildungsniveaus gute Perspektiven für Industrieansiedlungen. Ein paar Länder haben durch Spezialisierung für einzelne Produkte herausragende Positionen im weltweiten Markt erreicht. Wieder andere Länder haben stabile Finanzmärkte, gut funktionierende Börsen und effiziente Banken. Sie ziehen Finanztransaktionen und die Vermögensanlage an. So sind in einigen Ländern Finanzkonstruktionen möglich, die in anderen rechtlich nicht möglich oder steuerlich stark belastet sind. Beispiele sind Holdings oder Trusts (nach angelsächsischem Recht). Zudem beeinflusst die Wirtschaftspolitik eines Landes, ob sich Unternehmer ansiedeln und Finanzinvestoren kommen.

3.4.4 Onshore – Offshore

Steuerliche Unterschiede (Körperschaftsteuer, Kapitalertrag, Vermögen, Erbschaft) spielen heutzutage eine geringe Rolle, weil die Staaten sich zu Transparenz verpflichtet haben und steuerliche Sachverhalte dem Fiskus im Land der Residenz des Transakteurs teils von sich aus melden. Österreich und Luxemburg haben als letzte Mitgliedsländer diesem automatischen Informationsaustausch der EU beigepflichtet, und auch die Schweiz hat mit ihrer *Weissgeldstrategie* das frühere Bankgeheimnis für Ausländer praktisch abgeschafft.

Nur in einigen angelsächsischen Ländern – darunter auf den Kanalinseln, im US-Staat Delaware, in der Karibik – bestehen noch so genannte Steueroasen (wobei dieser weithin gebrauchte Begriff andeutet, das die steuerlichen Verhältnisse anderswo als Wüste wahrgenommen werden).

- Mit **Onshore** werden Bankgeschäfte bezeichnet, die stark der Regulierung des Landes der Währung unterliegen und zweitens steuerlich dem Fiskus des Landes der Residenz der Vertragspartner unterliegen. Die typischen Staaten für **Onshore Business** haben strenge Gesetze für ihre Kapitalmärkte und melden Transaktionen, sobald Personen mit einer steuerlichen Residenz im Ausland beteiligt sind. Oftmals erfahren das die ausländischen Behörden ohne Aufforderung.
- Die Bezeichnung **Offshore** (in Anspielung auf die Kanalinseln) steht hingegen für Bankgeschäfte, die zwar den (meist etwas lockeren) Gesetzen des lokalen Bankenplatzes genügen, nicht unbedingt aber den Vorschriften, nicht immer auch den steuerlichen Bedingungen, die im Land der betreffenden Währung oder im Land der Residenz der Geschäftspartner oder Kapitalanleger gelten. Vielfach sehen die Banken in diesen Finanzplätzen es als Aufgabe allein des Finanzinvestors an, von sich aus die Steuergesetze seines Heimatlandes zu erfüllen. Sie nehmen aber keine diesbezüglichen Kontrollen vor. Auch tätigen sie keine Meldungen. Einige Länder wie die Kanalinseln, die Bahamas, Andorra, Dubai und andere haben leicht erfüllbare gesetzliche und steuerliche Bedingungen, durch die ausländische Geschäftspartner angezogen werden.

Ab und zu melden die Geschäftsleute und Kapitalanleger ihre offshore getätigten Transaktionen nicht in den Ländern ihrer steuerlichen Residenz, weil sie dort ihre *weltweit* erzielten Einkünfte versteuern müssen. Beleg für diese Vergehen und für Steuerbetrug sind Selbstanzeigen sowie *Amnestien*, die ab und zu von den Staaten mit Onshore Business gewährt werden, um Gelder in ihren Kontrollbereich zurück zu holen. Die Einteilung Onshore / Offshore hat aber nichts mit der **Geldwäsche** zu tun, die von *allen* Ländern mit höchster Intensität verfolgt wird, weil es hierbei um das organisierte Verbrechen (schwere Straftaten) geht. Geldwäsche hat immer eine Vortat, zum Beispiel Drogenhandel oder Bestechung. Der Verdacht auf Geldwäsche bricht überall in der Welt das Bankgeheimnis.

3.4.5 Wirkt die Politik der Zentralbank auf die Konjunktur?

Eine Grundannahme lautet, dass die Zentralbank mit ihrer Geldpolitik (Zinshöhe, Geldmenge) *Einfluss* auf das reale Wirtschaftsgeschehen nehmen kann. Verschiedene Lehren wurden entwickelt, welche Art von Geldpolitik für die Realwirtschaft am besten ist. Über die Wirkung, die Verzögerung und die abzuleitenden wirtschaftspolitischen Schlüsse besteht aber keine Einigkeit in der volkswirtschaftlichen Forschung. So sind in der Makroökonomik alternative Denkmodelle entwickelt worden, die den Einfluss der Geldpolitik auf die Realwirtschaft beschreiben, ihre Wirkung auf die Produktion, auf den Konsum, die Kapazitätsauslastung und die Arbeitslosigkeit.

Darstellung 3-5: IRVING FISHER (1867-1947), Mathematiker und Wirtschaftswissenschaftler (rechts), ist hier zusammen mit JOHN M. KEYNES (1883-1946) gezeichnet. Quelle: American Economic Association.

Eine der großen Denkschulen, der **Keynesianismus**, geht auf JOHN M. KEYNES (1883-1946) zurück. Danach findet der Kapitalismus langfristig schon zu einem Gleichgewicht, doch es wird *nicht schnell und gleichmäßig genug* erreicht. KEYNES meinte, dass wir alle langfristig tot seien. Deshalb solle der Staat mit den ihm zur Verfügung stehenden Instrumenten der augenblicklichen Situation entsprechend *lenkend* eingreifen. Empfehlung: eine **antizyklische Wirtschaftspolitik**.

Zu den Instrumenten gehören im Keynesianismus erstens die **autonome Staatsnachfrage**: Befindet sich die Wirtschaft in einer rezessiven Situation (geringe Auslastung der Kapazitäten) oder in einer Deflation (Preisverfall), und fehlt es also an privater Nachfrage, dann sollte der Staat zur Belebung der Wirtschaft Aufträge erteilen. Besonders geeignet sind Aufträge für Bauten, weil von diesem Sektor große Ausstrahlungseffekte auf die anderen Sektoren wirken. Autonome Staatsnachfrage wird im Keynesianismus selbst dann empfohlen, wenn der Staat seine Schulden erhöhen muss (**Deficit Spending**).

Zweitens empfiehlt der Keynesianismus eine betont **aktive Geldpolitik** der Zentralbank: Durch die Höhe des Zinssatzes werden die Kreditaufnahme der Unternehmen (und damit deren Investitionen) sowie die der privaten Seite (für den Kauf von Immobilien und für Konsum) beeinflusst.

Im Gegensatz dazu vertreten dem **Monetarismus** nahe stehenden Wirtschaftspolitiker die Ansicht, der Staat solle **zweckmäßige Rahmenbedingungen** setzen und diese über die Zeit hinweg einhalten. Der Staat sollte nicht immer wieder steuern und gegensteuern, weil dies nur die Unberechenbarkeit und damit die Unsicherheit erhöhe.

Dass konjunkturelle Schwankungen auftreten, wird vom Monetarismus nicht geleugnet. Doch wenn Ungleichgewichte beim wirtschaftlichen Wachstum auftreten, dann sollte der Staat **Starrheiten abbauen** und die allgemeinen Rahmenbedingungen verbessern, unter denen Unternehmen und Privathaushalte tätig werden. Dadurch können sich Ungleichgewichte abbauen. Empfehlungen: **1. Abbau von Bürokratie und Steuersenkungen. 2. Förderung von Märkten und Freihandel. 3. Schutz von Privateigentum und von Wissen**.

Der Monetarismus wurde wesentlich von MILTON FRIEDMAN (1912-2006) geprägt, der generell für mehr Freiheit und weniger Staat eintrat.

Vertreter der **Real Business Cycle Theory** meinen, die Geldpolitik habe letztlich keinen Einfluss auf das reale Wirtschaftsgeschehen. Vielmehr würden Konjunkturen und Wachstumsphasen durch exogene Schocks ausgelöst. Das können Kriege ebenso sein wie grundlegende Innovationen oder Entwicklungen wie die Globalisierung.

3.4.6 Bond-Flows und Equity-Flows

Einige Zeit lang wurde gedacht, die international tätigen Finanzinvestoren seien lediglich im Geldmarkt und im Kapitalmarkt tätig, würden also Schuldverschreibungen, Anleihen und andere *zinstragende* Instrumente wählen. Zudem bevorzugten diese Finanzinvestoren kürzer laufende Zinsinstrumente gegenüber Bonds mit langer Restlaufzeit. Folglich waren die internationalen Geldströme (und damit die Währungsparitäten) stark vom Geschehen an den nationalen Geldmärkten bestimmt, von den jeweiligen Zinsen am kurzen Ende.

Was bestimmt das Angebot und die Nachfrage nach Währungen?	Was stärkt die heimische Währung?
Exporte und Importe (Rohöl)	Handelsbilanzüberschüsse
Bond-Flows und Carry-Trades	Geldpolitik, Zinspolitik der Zentralbank
Equity-Flows	Fiskalpolitik, Ordnungspolitik und wirtschaftliche Rahmenbedingungen

In der Tat waren diese Geldströme von Geschäften verursacht, die Banken untereinander tätigten. Bei jeder größeren Bank spielt der Handel auf den internationalen Geldmärkten eine große Rolle, und zu diesem Handel kommen entsprechende Devisengeschäfte. Außerdem haben die Banken untereinander und mit großen Unternehmen Swaps abgeschlossen, Tauschgeschäfte zwischen Zinszahlungen und Währungspositionen.

Die internationalen Geldströme waren früher demnach vor allem Bond-Flows. Das heißt, die internationalen Geldflüsse für den Kauf von Geldmarktpapieren oder Bonds waren stark von den nationalen Zinsniveaus bestimmt. Bei Zinsunterschieden wurden vermehrt Anlagen in der höher verzinsten Währung aufgenommen. Unter Umständen wurden Schulden in der geringer verzinsten Währung getätigt. Solche Geschäfte heißen **Carry-Trades**.

→ **Beispiel 3-5**: Die Zentralbank kann durch ihre Zins- und Geldpolitik erheblichen Einfluss auf die Währungsparität nehmen. Wie ist der Wirkungszusammenhang? Erhöht die Zentralbank die Zinsen, werden Anlagen auf dem Geldmarkt im heimischen Währungsgebiet relativ interessanter, es fließen neue Gelder herein, die Währung wird gestärkt. Senkt die Zentralbank die Zinsen, werden Geldmarktanlagen relativ uninteressant, Kapital fließt ab. Die Währung wird geschwächt. ■

Durch den Trend zur Aktie als Anlageinstrument nehmen die durch den Kauf und Verkauf von Aktien ausländischer Gesellschaften bewirkten, grenzüberschreitenden Transaktionen zu. Der Gedanke der Diversifikation hat dazu geführt, dass viele Investmentfunds für Aktien international anlegen. So entstehen Geldströme, die als **Equity-Flows** bezeichnet werden.

Heute betragen die grenzüberschreitenden Equity-Flows in ihrer Größe bereits rund 70% der Bond-Flows. Zu den Begriffen:

1. **Bond-Flows** (für den Kauf und Verkauf von Anleihen, Geldmarktpapieren und Zahlungen aufgrund von Swaps) werden von institutionellen Investoren, besonders von Banken ausgelöst, die auf kurze Sicht einen bestimmten ausländischen Geldmarkt als interessanter ansehen, etwa aufgrund höherer Zinsen. Wenn das Zinsniveau in dem betreffenden Land sinkt, versiegen selbstverständlich die in das Land hinein gerichteten Bond-Flows. Ist das Zinsniveau sehr gering, kann sogar der Fall eintreten, dass sich Ausländer in der betreffenden Währung verschulden um in einem dritten Land Finanzanlagen zu tätigen (**Carry-Trades**). Sie drücken auf die Währungsparität.

2. **Equity-Flows** werden von Investoren ausgelöst, die Aktien ausländischer Unternehmen kaufen oder verkaufen.

Inzwischen sind diese Geldströme so groß, dass die Finanzmärkte die Währungsparitäten stärker bestimmen als der Tausch von Waren und Dienstleistungen zwischen den Ländern.

→ **Beispiel 3-6**: Die Zentralbank von Japan hat bis 2012 eine Zinspolitik gefahren, bei der sie zu Carry-Trades einlud. Der Yen sollte schwach bleiben, um Exporte zu unterstützen. ■

→ **Beispiel 3-7**: Die USA weisen seit Jahren ein Handelsbilanzdefizit aus, doch ihr Finanzsystem ist so attraktiv, dass per Saldo die Nachfrage nach US-Dollar überwiegt. Das geht weiter, solange die Wirtschaft wächst und immer neues Kapital zur Anlage in die USA hinein fließt. ■

Die Leitlinie der Aktieninvestoren ist jedoch *nicht* die Geldpolitik der Zentralbanken oder das momentane Geschehen an den Geldmärkten. Aktieninvestoren beurteilen Gewinne und das wirtschaftliche Umfeld. Sie beurteilen die Höhe der Steuern, die Staatsverschuldung, die wirtschaftspolitische Stabilität eines Landes. Aktionäre bevorzugen eine liberale Ordnungspolitik und durchsetzbare Gesetze. Selbstverständlich schätzen sie flexible Arbeitsmärkte. Hohe Steuern, ein wenig effizienter Staatsapparat, Intransparenz der Bürokratie, unberechenbare Regierungspolitik, Nepotismus und Korruption hemmen dagegen Aktieninvestitionen.

Auf einen Nenner gebracht ist eher die **Fiskalpolitik** (als die Geldpolitik) der Faktor, der *Equity-Flows* bestimmt. Wichtig für den Geldfluss und damit für die Währungsparität ist folglich ebenso, ob das betreffende Land für den Kauf von *Aktien* als relativ interessant angesehen wird. So bestimmt die Fiskalpolitik eines Landes maßgeblich die Stärke einer Währung.

Für viele Länder sind die Bond-Flows und die Equity-Flows bedeutender als die Geldflüsse, die durch Exporte und Importe bedingt sind. Was nun die Reaktion von Bond-Flows und Equity-Flows betrifft, so kann es sein, dass eine Maßnahme eines Landes zwar positive Bond-Flows, aber negative Equity-Flows auslöst. So etwa eine überraschende Zinserhöhung. Eine Zinserhöhung macht zwar den heimischen Geldmarkt für ausländische Investoren interessanter, gleichzeitig jedoch könnte die Zinserhöhung als „Bremsmanöver" der Zentralbank interpretiert werden. Dann ist die Zinserhöhung ein Zeichen dafür, dass sich das Wirtschaftsleben verlangsamen wird, die Absatzmöglichkeiten und die Unternehmensgewinne vorsichtiger einzuschätzen sind. Das bewegt den internationalen Aktionär zu Verkäufen und reduziert die Equity-Flows. Umgekehrt bei einer Zinssenkung: Zwar ist der heimische Geldmarkt weniger interessant. Die Bond-Flows gehen zurück. Doch fördern Zinssenkungen die Wirtschaftstätigkeit, und die Aktienanlage wird interessanter. Die Equity-Flows nehmen zu. Daher kann eine Zinssenkung die Währung stärken. Es ist schwierig, die Wirkung zu prognostizieren, die von der Geldpolitik auf die Währungsparität ausgehen wird. Mit der Bedeutung von *Equity-Flows* hat sich die Reaktionsweise der Devisenmärkte verändert. Damit ist **nicht mehr einschätzbar, ob eine Zinserhöhung eine Stärkung oder eine Schwächung der Währung zur Folge hat**.

3.5 Ergänzungen und Lernkontrolle

Lernziele: 1. Offener Kapitalverkehr. 2. Staatsbankrott. 3. Lernkontrolle

3.5.1 Ergänzung 1: Offener Kapitalverkehr

Staaten, die gegenüber den internationalen Finanzmärkten offen sind und freien Kapitalverkehr erlauben, ziehen Finanzinvestoren an. Es kommt zu Geldströmen in das betreffende Land, wenn ausländische Finanzinvestoren Wertpapiere kaufen. Das stärkt die heimische Währung. Die Geldströme nehmen die umgekehrte Richtung, sollten die Ausländer Wertpapiere verkaufen. Je nachdem, ob Anleihen oder Aktien gekauft werden, handelt es sich um *Bond-Flows* oder um *Equity-Flows*. Andererseits gibt es Länder, die zwar immer mehr exportieren als sie importieren, dennoch aufgrund unattraktiver heimischer Finanzmärkte Kapitalabflüsse hinnehmen müssen. Ähnliches gilt für Dienstleistungen.

Die **Handelsbilanz** ergibt sich als Differenz zwischen Exporten und Importen. Zu den Ländern, die immer wieder einen Handelsbilanzüberschuss haben, gehören Deutschland, Japan, die Schweiz, Singapur und Taiwan. Zu den Ländern, die immer wieder ein Handelsbilanzdefizit aufweisen, gehören die USA und Brasilien. Die **Dienstleistungsbilanz** drückt aus, ob Inländer mehr für Reisen im Ausland ausgeben (als Ausländer im Inland) und welche Seite mehr für Patente und Lizenzen einnimmt. Die **Leistungsbilanz** (**Current Account**) fasst die Handelsbilanz und die Dienstleistungsbilanz zusammen. Die Leistungsbilanz ist negativ oder defizitär, wenn Importe überwiegen, wenn die Inländer viel im Ausland für Reisen ausgeben oder Patente aus dem Ausland überwiegen. Die Leistungsbilanz ist positiv, wenn das Land viel exportiert, ausländischen Tourismus anzieht und es für Patente Geld aus dem Ausland erhält.

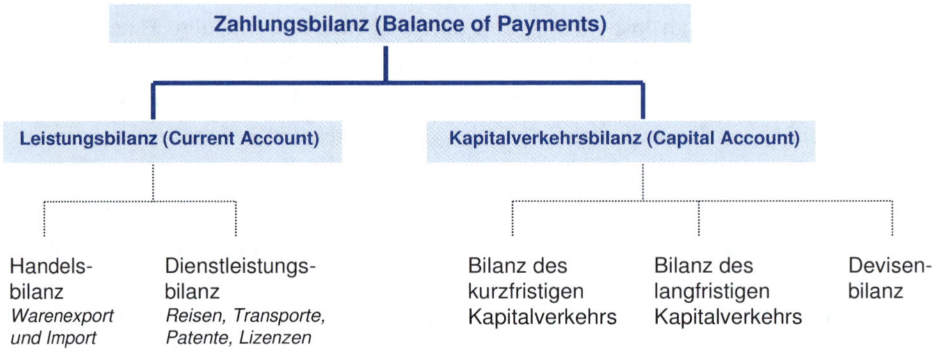

Die Inländer müssen sich bei einer negativen Leistungsbilanz die benötigte ausländische Währung am Devisenmarkt kaufen (und dies mit heimischer Währung zahlen) oder sie müssen sich in ausländischer Währung verschulden. Das schwächt die heimische Währung. Außerdem könnten ausländische Gläubiger dem Land das Vertrauen entziehen. Das Land könnte dann in Schwierigkeiten geraten, seine Auslandsschulden zurückzuzahlen.

Deshalb macht eine auf Dauer negative Leistungsbilanz abhängig. Bei einer positiven Leistungsbilanz können die Inländer ausländische Zahlungsmittel in heimisches Geld tauschen oder das Geld im Ausland Geld anlegen. Das stärkt die heimische Währung. Allerdings geraten Länder mit positiver Leistungsbilanz in die Kritik, sie würden zuviel exportieren und sollten besser den Konsum im eigenen Land anregen. Und es ist nicht gesagt, dass ein Land das im Ausland angelegte Kapital auch zurück erhält. So oder so ist eine auf Dauer unausgeglichene Leistungsbilanz ein Zeichen, dass sich die Beziehung zum Ausland verschiebt.

Die internationalen Geldströme sind aber nicht allein von Leistungen (Export, Reisetätigkeit, Patente) abhängig. Sie dienen nicht einzig dazu, eine unausgeglichene Leistungsbilanz auszugleichen. Geldströme werden von weiteren Finanztransaktionen der Investoren bestimmt.

Selbst wenn die Leistungsbilanz ausgeglichen wäre, können Inländer bei freiem Kapitalverkehr ausländische Wertpapiere kaufen. Selbstverständlich können Ausländer Finanzanlagen in dem betrachteten Land tätigen. Wenn dieser Kapitalverkehr nicht durch die Leistungsbilanz begründet ist, dann müssen sie durch weitere finanzielle Transaktionen zum Ausgleich gebracht werden. Die Finanzmärkte erlauben es, dass die verschiedenen Geldströme zu unterschiedlichen Zeitpunkten erfolgen können. Dadurch entstehen zu unterschiedlichen Zeitpunkten Wirkungen auf die Währungsparität.

Die Veränderung der Kapitalpositionen in Bezug auf das Ausland erscheinen in der **Kapitalverkehrsbilanz**, im **Capital Account**. Die Währungsparität drückt folglich nicht allein die Leistungsbilanz aus (Export, Reisen, Patente), sondern sie zeigt ebenso die Einschätzung des Landes oder des Währungsgebietes als Finanzplatz. Die Währungsparität steigt, wenn das Land für Finanzinvestoren hohe Attraktivität besitzt.

Eine Zusammenfassung von Leistungsbilanz (Current Account) und Kapitalverkehrsbilanz (Capital Account) bietet die **Zahlungsbilanz** (**Balance of Payment**). Sie stellt wertmäßig also alle wirtschaftlichen und finanziellen Transaktionen zwischen Inländern und Ausländern eines Jahres zusammen.

Damit gibt die Zahlungsbilanz Auskunft über die wirtschaftliche und über die finanzielle Verflechtung des Landes mit dem Ausland. In der Summe gleichen sich alle Transaktionen aus. Beispielsweise muss, wer importiert, entweder bezahlen oder Schulden machen. Die Zahlungsbilanz, ausgedrückt als Summe von Zahlen für alle wirtschaftlichen und finanziellen Transaktionen ist daher Null. Doch die Zahlungsbilanz ist als eine **gegliederte Aufstellung** zu verstehen, und die einzelnen Gliederungspositionen können durchaus einen **Überschuss** (**Surplus**) oder einen **Negativsaldo** (**Defizit**) haben. Viele Analysten konzentrieren sich dabei auf die Leistungsbilanz.

3.5.2 Ergänzung 2: Staatsbankrott

Bei Staatsanleihen wurde früher kaum ein Kreditrisiko gesehen. Doch tatsächlich sind immer wieder Fürsten, Staatsoberhäupter und Staaten in Zahlungsschwierigkeiten geraten. Ein Staat kann aber nicht den im Gesetz geregelten Konkursverfahren ausgesetzt werden, die nur für private Schuldner gedacht sind.

Es wird deshalb in diesen Situationen von einem **Staatsbankrott** (**Staatsinsolvenz**) gesprochen und nicht von einem Konkurs. Ein Staat ist bankrott, wenn (1) fällige Zahlungen faktisch eingestellt werden oder (2) wenn die Regierung förmlich erklärt, Forderungen nicht mehr oder nur noch teilweise erfüllen zu können (**Repudiation**).

Als Ausweg aus einem Staatsbankrott werden fünf Maßnahmenpakete angesehen. Oft werden sie kombiniert eingesetzt, gelegentlich auch in einer zeitlichen Reihenfolge.

1. Der insolvente Staat bittet die Gläubiger um einen *freiwilligen*, teilweisen oder vollständigen Erlass der Schulden. Eventuell akzeptieren Gläubiger, die auf ihre Forderungen verzichten, die vorliegende Situation, dass ihre Forderungen ohnehin keinen Marktwert mehr besitzen. Im Vorfeld schlagen Hauptgläubiger ein **Moratorium** vor, mit der die sofort fälligen Zahlungen zunächst verschoben oder aufgehoben werden. Der generelle Verzicht auf die Forderungen folgt später.

2. Der Staat sucht Hilfe bei Dritten, etwa beim Internationalen Währungsfonds (IMF). Allerdings wirkt der IMF als **Lender of Last Resort** nur unter Auflagen, die *unpopulär* sind und daher zur Abwahl der Regierung führen dürften. In Europa wurde 2012 ein **Rettungsschirm** eingerichtet, eine rechtliche Einrichtung mit Sitz in Luxemburg, bezeichnet als **European Stability Mechanism** (ESM), die einen Fonds aufbaut, der notfalls Mittel bereit stellt. Der ESM soll mit 500 Milliarden Euro ausgestattet werden. Ein Mitgliedsland muss den ESM *förmlich anrufen* (und damit der Bevölkerung offenbaren, dass die Regierung schlecht gewirtschaftet hat), um Mittel aus dem ESM zu erhalten.

3. Eine dritte Möglichkeit besteht darin, Gesetze zu erlassen, Notverordnungen, nach denen die Gläubiger auf einen Teil ihrer Forderungen verzichten müssen. Das ist leichter durchzusetzen, wenn die Gläubiger ihren Sitz im Inland haben. Harmlos klingt eine Streckung der Zahlungstermine oder eine Verlängerung der Laufzeiten der Staatsanleihen. Deutlicher ist eine Reduktion der Forderungen dem Betrag nach. Ein zwangsweise umgesetzter, teilweiser Verlust heißt **Schuldenschnitt** (im Jargon **Haircut**). Bei einem Schuldenschnitt werden die Verluste den Finanzanlegern zugewiesen. Viele Menschen werden denken, dass es damit ohnehin nur die Reichen trifft. Doch zu den Finanzinvestoren gehören Banken und Versicherungen, und sie können bei einem Haircut in die Insolvenz (Überschuldung) geraten. Eventuell müssen dann diese Banken und Versicherungen „gerettet" werden, um die Stabilität des Finanzsystems nicht zu gefährden.
4. Der Versuch der Regierung, sich das benötigte Geld ohne großes Aufsehen einfach „zu drucken". Doch dies ist im modernen Staat nicht so einfach möglich. Gelingt es doch, werden letztlich alle Personen geschädigt, die das Geld verwenden. Denn die Möglichkeiten, Güter zu kaufen, wird auf mehr Geld „verteilt" und die Kaufkraft des Geldes sinkt, die Inflation nimmt irgendwann zu. Betroffen ist die Gesamtheit der Bevölkerung, insbesondere sind Sparer, Rentner und Personen mit Nominalforderungen benachteiligt.
5. Ein extremer Ausweg ist eine Währungsreform, bei der Forderungen in der alten Währung nicht oder nur mit einer geringen Quote in die neue Währung übertragen werden. Bei einer Währungsreform werden Finanzanleger und meist auch Rentner stark benachteiligt. Eigentümer etwa von Immobilien werden hingegen weniger getroffen. Denn würde der Staat Immobilien enteignen, dann müsste er sie verkaufen, um zu Geld zu gelangen. Das geht in einer Krise nicht. Daher bleiben Vermögen wie Immobilien oder auch Unternehmenseigentum bei einer Währungsreform meistens verschont.

Soweit zur Beseitigung einer Staatsinsolvenz. Wie immer schließt sich die Frage an, mit welchen Maßnahmen der von einer Insolvenz betroffene Staat vermeiden kann, dass er nicht ein paar Jahre nach einer Rettung wiederum in eine Insolvenz gerät. Hier helfen strukturelle Maßnahmen.

Drei strukturelle Maßnahmen seien genannt:

- Der Staat muss weniger ausgeben und seine Leistungen effizienter erbringen. (1) Vor allem muss die staatliche Bürokratie gestrafft werden. (2) Prestigeprojekte sind zu stoppen. (3) Übermäßige Leistungen, etwa bei Pensionen, müssen reduziert werden.
- Der Staat muss seine Einnahmen (Steueraufkommen) stärken. Sofern eine Wirtschaftsbelebung eintritt, darf gehofft werden, dass dies gelingt. Denn geringere Arbeitslosigkeit und höhere Gewinne bringen dem Staat mehr Steuern. Die Wirtschaftsbelebung lässt sich begünstigen, wenn die Unternehmen investieren (Arbeitsplätze schaffen). Günstig für Investitionen sind eine Verbesserung des Kapitalmarktes und die Anwerbung von Investoren (aus dem Ausland). Doch dies ist nicht immer populär.

- Falls angezeigt, müssen Steuern auf ein Niveau angehoben werden, das internationalen Vergleichen entspricht. Falls erforderlich, muss Steuerehrlichkeit hergestellt werden.

→ **Beispiel 3-8**: Irland hat zwar 2010 den ESM in Anspruch genommen, aber die im internationalen Vergleich sehr niedrigen Unternehmenssteuern (Körperschaftssteuersatz 12,5 Prozent) nicht erhöht. ■

Die genannten strukturellen Maßnahmen – Budgetdisziplin, Anwerbung von Unternehmen, Steuerehrlichkeit – verlangen Umstellungen, die von der Wählerschaft vielfach als „schmerzhaft" angesehen werden. Zudem benötigen die Maßnahmen, so sie denn überhaupt ergriffen werden, eine gewisse Zeit um Wirkung zu entfalten. Wer, statt die Tablettendosis weiter zu erhöhen, eine gesunde Lebensweise beginnt (was nicht immer einfach ist), sieht die Wirkung erst nach Jahren. So ist erklärlich: Oft genug versprechen Regierungen bei einem Staatsbankrott Reformen einzuleiten, nur um zunächst einmal schnelle Hilfe zu erhalten und so eine Staatsinsolvenz zu vermeiden. Kommt die „Rettung" und der Staat bleibt zahlungsfähig, dann werden die versprochenen Reformen möglicherweise doch nicht (mit dem nötigen Nachdruck) durchgeführt. Unruhen und Demonstration geben der Regierung das Alibi, „mehr Zeit" zu verlangen.

3.5.3 Fragen und Aufgaben

1. Beschreiben Sie Varianten der typischen Ausstattung einer Anleihe (festgeschriebener Kupon, Rückzahlung am Ende der endlichen Laufzeit).
2. Was ist ein „Contingent Convertible"?
3. Beachten Sie die Charakteristika von Staatsanleihen und Pfandbriefen. Welche Vor- und Nachteile der beiden Zinsinstrumente ergeben sich für Anleger?
4. Skizzieren Sie die konventionelle und die unkonventionelle Sicht der Wirkungszusammenhänge zwischen Geldpolitik, Inflationserwartungen und Zinssätzen.
5. Was versteht man unter Securitization und wie wird bei einer Securitization typischerweise vorgegangen?
6. Erläutern Sie, warum und wie es zur Sub-Prime-Krise kam.
7. Nach den Monetaristen soll der Staat Starrheit und Bürokratie abbauen und die allgemeinen Bedingungen verbessern, unter denen Unternehmen und private Haushalte wirtschaftlich tätig werden. Nennen Sie hierzu vier Maßnahmen.
8. Welche Aussagen treffen die Vertreter der Real Business Cycle Theory?
9. Worin unterscheiden sich Bond-Flows von Equity-Flows und was ist ihre Wirkung auf die heimische Währung?
10. Gehen Sie auf fünf Auswege ein, die aus einem Staatsbankrott heraus führen sollen.
11. Was wird unter dem „Euro-Rettungsschirm" ESM verstanden?

3.5.4 Antworten und Lösungen

Zu Frage 1: Siehe Abschnitt 3.1.

Zu Frage 2: Ein Contingent Convertible, auch als CoCo-Bond bezeichnet, ist eine Anleihe, die in Aktien gewandelt wird, sobald deren Kurs unter ein bestimmtes Niveau fällt. CoCo-Bonds sind ein Ersatz für Eigenkapital genau dann, wenn es benötigt wird. Viele CoCo-Bonds werden deshalb von Banken ausgegeben.

Zu Frage 3: Staatsanleihen und Pfandbriefe können als gleich sicher betrachtet werden, doch haben sie eine unterschiedliche Form der Deckung. Deshalb kann geraten werden, beide Instrumente in das Portfolio aufzunehmen. Kleinere Emissionen von Pfandbriefen sind nicht so liquide wie Staatsanleihen. Deshalb bieten sie neben der Verzinsung eine Liquiditätsprämie. Sie erhöht die Rendite im Portfolio. Allerdings kann sich dann empfehlen, Verkäufe vor Fälligkeit zu meiden. Staatsanleihen sind hoch liquide. Hier kann der Investor ohne besondere Transaktionskosten das Portfolio aktiv managen.

Zu Frage 4 siehe Abschnitt 3.2. Bei der konventionellen Sicht steuert die Zentralbank am kurzen Ende und die Institutionellen beeinflussen über ihre Inflationserwartungen die Zinsen am langen Ende. Bei der unkonventionellen Sicht wirken die langfristigen auf dic kurzfristigen Sätze. Die langfristigen Zinsen beeinflusst die Zentralbank durch Kommunikation sowie durch Käufe / Verkäufe von Anleihen. Die Zentralbank agiert am langen Ende, während sie am kurzen Ende mit ihrer Politik auf die Markterwartungen reagiert. Außerdem ist bei der unkonventionellen Sicht wichtig, ob und wie die Zentralbank durch Kommunikation die Stimmungen (Risikoeinschätzungen) im Markt beeinflusst.

Zu den Fragen 5 und 6 siehe Abschnitt 3.3.

Zu Fragen 7, 8 und 9 siehe Abschnitt 3.4.

Zu Frage 10: Fünf Wege sind: 1. Moratorium. 2. Hilfe von dritter Seite (IMF oder ESM). 3. Bestehen auf Schuldenschnitt. 4. Geld „drucken" (und Inflation in Kauf nehmen). 5. Währungsreform.

Zu Frage 11: Der „Rettungsschirm" ESM umfasst die Gesamtheit der Maßnahmen der Europäischen Union und der Mitgliedstaaten der Eurozone, um „die finanzielle Stabilität im gesamten Euro-Währungsgebiet zu sichern". Dazu gehören: 1. *Bilaterale Kredite* zwischen zwei Mitgliedsländern. 2. *Ankauf von Staatsanleihen gefährdeter Staaten durch die EZB* (OMT), 3. Der *Finanzstabilisierungsmechanismus* (EFSM). 4. Der *Europäische Fiskalpakt* basierend auf dem „Vertrag über Stabilität, Koordinierung und Steuerung in der Wirtschafts- und Währungsunion" (SKS-Vertrag). Gelegentlich werden auch *Kreditvergaben des Internationalen Währungsfonds* (IWF) und die *Politik der Europäischen Zentralbank* (EZB) als Teile des Euro-Rettungsschirms gesehen.

4 Theorien und Paritäten

Themen: Die Erwartungstheorie der Zinssätze, die der Devisenkurse (Währungsparitäten), sowie weitere Theorien und Paritäten. Dazu gehören zwei Effekte von FISHER, die Zinsparität von KEYNES sowie die Kaufkraftparität. Die Konklusion: Ergänzung zu langfristigen Zinszyklen und Fragen zur Lernkontrolle.

4.1 Zinstheorien

Lernziele: 1. Forwardsätze und die Erwartungstheorie der Zinssätze. 2. Die Marktsegmentierungs-Theorie und die Liquiditätspräferenz-Theorie.

4.1.1 Erklärung der Zinssätze

Wir sind darauf eingegangen, dass verschiedenste wirtschaftlich handelnde Parteien auf die Zinssätze einwirken. So institutionelle wie private Anleger und die Zentralbank mit Aktionen und Reaktionen im Geld- und Kapitalmarkt. Aufgrund dieser unterschiedlichen Einflüsse erscheinen die Zinssätze als wenig vorhersehbar. Gleichwohl kann nach einer „inneren Mechanik" gesucht werden, die Zinssätze heute und morgen verbindet. Ein solcher innerer Zusammenhang ist seit langem bekannt: die **Erwartungstheorie der Zinssätze**. Sie erlaubt es, Zinsänderungen besser zu prognostizieren. Die Erwartungstheorie der Zinssätze ist zunächst eine Hypothese, eine Modellvorstellung. Sie ist intuitiv und sogar theoretisch begründet. Gleichwohl wurde sie auch einer intensiven empirischen Überprüfung unterzogen. Dabei hat sie akzeptabel abgeschnitten.

Um die Erwartungstheorie der Zinssätze zu erklären, müssen zunächst **Forward-Zinssätze** oder kurz **Forwardsätze** definiert werden. Ein **Forward** ist ein Termingeschäft, also ein *bilateraler* Vertrag, der heute geschlossen wird und bei dem sofort die Konditionen festgelegt werden. Dazu gehört vor allem der **Terminkurs**, zu dem zu einem fixierten späteren Zeitpunkt ein Rohstoff, eine Devise, ein Wertpapier oder ein anderes Underlying zwischen den beiden Parteien transferiert wird. Termingeschäfte haben große Bedeutung, weil sie zwei Parteien erlauben, Preisänderungsrisiken zu vermeiden. Beispielsweise kann der Lieferant eines Rohstoffes mit einem Verarbeiter dieses Rohstoffes frühzeitig vor der Lieferung einen Preis vereinbaren, der später erhalten beziehungsweise bezahlt wird, und beide können daraufhin besser planen.

Termingeschäfte sind bilaterale Verträge. Futures sind Termingeschäfte (Forwards), die erstens standardisiert sind und bei denen zweitens grundsätzlich die Futures- und Optionen-Börse als eine der beiden Vertragsseiten fungiert. Drittens haben Futures eine besondere Form, Preisänderungen abzurechnen. Termingeschäfte, egal ob nun als Forward bilateral oder als Futures getätigt, sind ebenso für Geldanlagen oder für Kreditaufnahmen üblich, wenn die erste Zahlung nicht sofort geleistet wird, sondern erst etwas später. Dann erhalten die „Terminkurse" Bedeutung, und sie werden als Forward-Zinssätze oder kürzer als **Forwardsätze** bezeichnet.

Angenommen, jemand erwartet in einem Jahr eine Einnahme von 1 Million Euro und möchte diesen Betrag dann für ein zweites Jahr auf dem Geld- und Kapitalmarkt anlegen. Selbstverständlich hat die Person die Möglichkeit, heute nichts zu unternehmen, auf den Erhalt des Geldbetrags zu warten und ihn nach Erhalt zum Einjahreszinssatz anzulegen, der dann in einem Jahr herrschen wird. Natürlich ist der Einjahreszinssatz, der dann gelten wird, aus heutiger Sicht *unsicher*. Doch vielleicht möchte der Kapitalanleger die späteren Zinseinnahmen besser planen und sucht eine Möglichkeit, bereits jetzt alle Konditionen festzulegen. Die Person könnte dazu jetzt einen Kredit für ein Jahr aufnehmen und diesen Kredit mit der erwarteten Einnahme der Million Euro zurückzahlen. Mit dem Kreditbetrag kauft sie jetzt eine Anleihe, die zwei Jahre läuft. Dann hat die Person bewerkstelligt, was sie möchte: heute (zu $t=0$) die Anlage von 1 Million Euro von $t=1$ auf $t=2$ fest zu regeln. Welchen Zinssatz wird sie mit diesem, zu $t=0$ abgeschlossenen Geschäft erzielen?

- Die heute gekaufte Anleihe, für die ein Zerobond angenommen werde, bietet über zwei Jahre hinweg die Wertentwicklung mit dem Faktor $(1+i_2)^2$.
- Die Kreditkosten lassen sich mit dem Faktor $1+i_1$ beschreiben. Die von $t=1$ auf $t=2$ getätigte Anlage wird folglich durch die Wertentwicklung $(1+i_2)^2/(1+i_1)$ beschrieben.

Als Zinssatz ausgedrückt, und wir wählen für diesen Zinssatz oder **Forwardsatz** die Notation $e_{1,2}^{(0)}$, ergibt sich $(1+i_1)\cdot(1+e_{1,2}^{(0)})=(1+i_2)^2$ oder eben

$$e_{1,2}^{(0)} = \frac{(1+i_2)^2}{1+i_1}-1 \tag{4-1}$$

→ **Beispiel 4-1**: Die heutige Zinsstruktur sei durch $i_1=5\%$ und $i_2=6\%$ beschrieben: Man kann €952.381 aufnehmen und den Kredit in einem Jahr mit €1.000.000 verzinst zurückzahlen. Werden €952.381 auf zwei Jahre angelegt, erhält man $952.381\cdot 1{,}06^2=1.070.095$ Euro. Formel (4-1) liefert den Forwardsatz: $e_{1,2}^{(0)}=((1+i_2)^2/(1+i_1))-1=(1{,}06^2/1{,}05)-1=7{,}01\%$. Die jetzt vereinbarte Verzinsung für das zweite Jahr ist demnach gleich $7{,}01\%$. ■

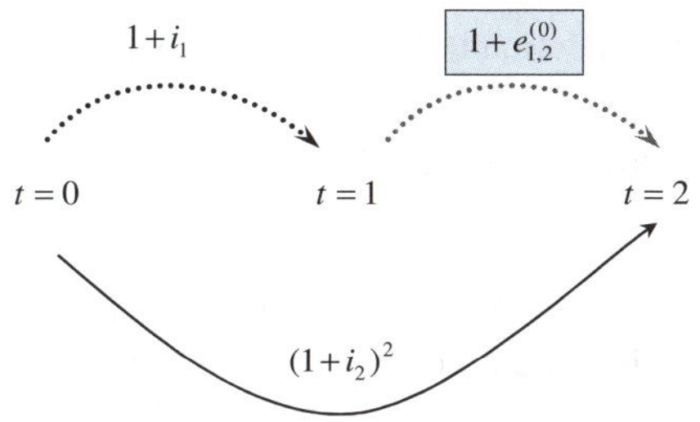

Darstellung 4-1: Veranschaulichung der Definition des Forwardsatzes e.

Im Markt gibt es selbstverständlich viele Akteure, die zu $t=0$ eine bei $t=1$ beginnende und bis zu $t=2$ dauernde Geldanlage direkt anbieten. Der Zinssatz dafür, bezeichnet als **Forwardsatz** oder **Forward-Rate,** beträgt $e_{1,2}^{(0)}$. Die Person könnte also entweder:

1. sofort die Zweijahresanlage tätigen und das erste Jahr mit einem Kredit finanzieren,
2. oder direkt im Markt die Terminanlage tätigen.

In beiden Fällen kommt es zu einer Verzinsung der heute für $t=1$ bis zu $t=2$ vereinbarten Geldanlage zur Forward-Rate $e_{1,2}^{(0)}$. Wenn die beiden Wege zu unterschiedlichen Ergebnissen führen sollten, dann würden sofort **Arbitrageure** aktiv und nach kürzester Zeit würden die Konditionen für beide Wege übereinstimmen.

Die Person hat also die Möglichkeit, bereits jetzt zu $t=0$ die spätere Geldanlage vertraglich zu regeln. Trotz ihrer Präferenz, alle Konditionen früh zu kennen um besser planen zu können, wird sie sich indessen fragen, wie hoch der Einjahreszinssatz zu $t=1$ wohl sein dürfte. Der zukünftige Zinssatz, wir schreiben dafür $i_1^{(1)}$, ist zu $t=0$ natürlich noch eine unsichere Größe. Um das zu betonen, versehen wir die Bezeichnung mit einer Schlange (Tilde) und schreiben besser $\tilde{i}_1^{(1)}$. Die Person wird also eine Prognose vornehmen, sie wird eine **Erwartung bilden**. Der Erwartungswert des zukünftigen Zinssatzes $\tilde{i}_1^{(1)}$ werde mit $E\left[\tilde{i}_1^{(1)}\right]$ bezeichnet. Die Person wird folglich so denken: „Wenn der erwartete spätere Zinssatz größer als die Forward-Rate ist, wenn also

$$e_{1,2}^{(0)} < E\left[\tilde{i}_1^{(1)}\right]$$

gilt, dann warte ich besser ab, bis ich das Geld habe, und lege dann in einem Jahr an. Wenn hingegen der erwartete spätere Zinssatz unter der Forward-Rate liegt, wenn also

$$E\left[\tilde{i}_1^{(1)}\right] < e_{1,2}^{(0)}$$

gilt, dann schließe ich besser heute bereits das Termingeschäft ab.“ So werden alle Personen in diesem Markt denken. Folglich wird alsbald dies gelten:

$$E\left[\tilde{i}_1^{(1)}\right] = e_{1,2}^{(0)} \qquad (4\text{-}2)$$

Der Forwardsatz, so wie in (4-1) definiert, **beschreibt den allgemein im Markt in einem Jahr erwarteten Einjahreszinssatz**. Dies ist die Kernaussage der **Erwartungstheorie der Zinssätze**. Sie geht auf IRVING FISHER (1867-1947) zurück und ist eine der ältesten Modellvorstellungen in der Finance.

Was passiert, wenn (4-2) nicht erfüllt ist? Wenn also der zu erwartende Zinssatz vom Forwardsatz abweicht? Hierzu sollen beide Situationen betrachtet werden. Zuerst die, in der die zu erwartenden Zinssätze höher sind als die Forward-Rate. Dann warten alle Anleger darauf, dass die Zinsen steigen. Keiner schließt für die Geldanlage ein Forwardgeschäft ab. Das Kapitalangebot für das in 12 Monaten beginnende Jahr sinkt. Niemand verschuldet sich auf ein Jahr, nur um sogleich für zwei Jahre anzulegen. Folglich verringert sich i_1 während sich i_2 erhöht. Damit steigt die Forward-Rate $e_{1,2}^{(0)}$, und sie steigt, bis (4-2) erfüllt ist.

Analog: Was geschieht, wenn die für die Zukunft zu erwarteten Zinssätze, gemessen an der Forward-Rate $e_{1,2}^{(0)}$, gering sind? Dann gibt es im Augenblick bereits langfristige Anlagewünsche, und möglicherweise auch Nachfrage nach kurzfristigen Krediten. Folglich erhöht sich i_1, während sich i_2 verringert. Damit geht die Forward-Rate $e_{1,2}^{(0)}$ nach unten, bis (4-2) erfüllt ist.

4.1.2 Prognose der in zwei Jahren herrschenden Zinssätze

Bislang wurde argumentiert: Der heute (zu $t=0$) für Anlagen von $t=1$ auf $t=2$ vereinbarte Forwardsatz $e_{1,2}^{(0)}$, definiert in (4-1), ist der Erwartungswert des zu $t=1$ geltenden Einjahreszinssatzes.

Deshalb ist **der heutige Forwardsatz die beste Prognose für den** (heute noch unsicheren) **Einjahreszinssatz, der sich in einem Jahr herausbildet**.

Die Argumentation kann leicht übertragen werden, wenn der *Zweijahreszinssatz* prognostiziert werden soll, der wohl in einem Jahr (zu $t=1$) gelten dürfte.

- Wer heute Geld auf drei Jahre anlegt, erhält den Verzinsungsfaktor $(1+i_3)^3$.
- Wer stattdessen das Geld zunächst für ein Jahr zu i_1 anlegt und gleichzeitig per Termingeschäft vereinbart, das Anlageergebnis dann, zu $t=1$, für zwei weitere Jahre anzulegen, erhält dafür als Forward-Rate $e_{1,3}^{(0)}$ und damit als Verzinsungsfaktor $(1+e_{1,3}^{(0)})^2$.
- Wenn keine Arbitrage möglich ist, wovon wir im perfekten Markt ausgehen, muss die Forward-Rate $e_{1,3}^{(0)}$ durch $(1+i_1)\cdot(1+e_{1,3}^{(0)})^2 = (1+i_3)^3$ bestimmt sein.

Wieder werden die Marktteilnehmer überlegen, ob sie das Termingeschäft abschließen oder einfach abwarten, in welcher Höhe sich der Zweijahreszinssatz zu $t=1$ einstellen wird. Damit sie zwischen den verschiedenen Wegen, die finanziell dasselbe bewirken, indifferent sind, muss $E\left[\tilde{i}_2^{(1)}\right] = e_{1,3}^{(0)}$ gelten. Andernfalls setzen Umschichtungen der Portfolios ein.

Diese Überlegungen lassen sich ebenso auf die Fristen $t = 3, 4, ...$ übertragen. Das heißt, die in einem Jahr zu erwartenden Zinssätze für Zinsbindungen von drei oder vier Jahren können aus den entsprechenden, heutigen Forwardsätzen abgelesen werden. Die Forwardsätze sind für $t = 3, 4, ...$ so definiert, wie das Darstellung 4-1 für den Fall $t = 1$ gezeigt hat. Hier die Formeln:

$$\begin{aligned} E\left[\tilde{i}_1^{(1)}\right] &= e_{1,2}^{(0)} = \frac{(1+i_2)^2}{1+i_1} - 1 \\ E\left[\tilde{i}_2^{(1)}\right] &= e_{1,3}^{(0)} = \sqrt{\frac{(1+i_3)^3}{1+i_1}} - 1 \\ &\dots \\ E\left[\tilde{i}_T^{(1)}\right] &= e_{1,T+1}^{(0)} = \sqrt[T]{\frac{(1+i_{T+1})^{T+1}}{1+i_1}} - 1 \end{aligned} \tag{4-3}$$

Die *Erwartungstheorie* der Zinssätze postuliert den Zusammenhang (4-3) zwischen den heutigen Forwardsätzen (die sich aus den heutigen Zinssätzen ergeben) sowie den für heute in einem Jahr erwarteten Zinssätzen für die verschiedenen Fristen.

4.1.3 Prognose aller zukünftigen Zinssätze

Die Erwartungstheorie lässt sich noch weiterdenken. Man kann fragen, was die heutige Zinsstruktur über die in *zwei* Jahren zu erwartenden Zinssätze sagt. Hier die Antwort:

$$\begin{aligned} E\left[\tilde{i}_1^{(2)}\right] &= e_{2,3}^{(0)} = \frac{(1+i_3)^3}{(1+i_2)^2} - 1 \\ E\left[\tilde{i}_2^{(2)}\right] &= e_{2,4}^{(0)} = \sqrt{\frac{(1+i_4)^4}{(1+i_2)^2}} - 1 \\ &\dots \\ E\left[\tilde{i}_T^{(2)}\right] &= e_{2,T+2}^{(0)} = \sqrt[T]{\frac{(1+i_{T+2})^{T+2}}{(1+i_2)^2}} - 1 \end{aligned} \tag{4-4}$$

So kann eine Person etwa in *zwei* Jahren 1 Million Euro erhalten und mit Hilfe eines Forwards schon heute vereinbaren, diesen Geldbetrag dann für eine gewisse Zeit anzulegen. Wir müssen die Argumente nicht wiederholen. Im Ergebnis folgt für die in *zwei* Jahren erwartete Zinsstruktur (4-4). Auch die Formel (4-4) ist eine Aussage der Erwartungstheorie der Zinssätze.

→ **Beispiel 4-2**: Die heutige Zinsstruktur ist $i_1 = 4\%$, $i_2 = 5\%$ und $i_3 = 6\%$. Was besagen diese Daten für den *in zwei Jahren erwarteten* Zinssatz? Antwort: Er ist durch die Forward-Rate $e_{2,3}^{(0)}$ gegeben und diese beträgt $8{,}03\%$. ■

Selbstverständlich könnte desgleichen gefragt werden, was die heutige Zinsstruktur über die zu $t = 3, 4, ...$ wohl geltende Zinsstruktur besagt. Selbstverständlich ist eine heute gebildete Prognose des Zinssatzes, der wohl in zwei oder drei Jahren gelten dürfte, mit größeren Unsicherheiten behaftet (als die Prognose des Einjahreszinssatzes, der wohl in einem Jahr gelten wird).

Trotz dieser Unsicherheit könnte die Erwartungstheorie der Zinssätze exakt gelten. Immerhin ergibt sie sich aus einer klaren Argumentation. Allerdings ist zu sehen, dass die Erwartungstheorie der Zinssätze eine Aussage über die *erwarteten* Zinssätze trifft, nicht über die Höhe des Zinssatzes in einem ganz konkreten Jahr. Am besten wird die Natur der Erwartungstheorie der Zinssätze deutlich, wenn sie mit einer Aussage über die Augenzahl verglichen wird, die beim Würfeln zu erwarten ist. Wie allgemein bekannt, sind bei einem Wurf mit einem (echten) Würfel 3,5 Augen zu *erwarten*. Wer nur einmal würfelt und eine 2 oder eine 5 erhält, hat die Aussage, es seien 3,5 Augen zu erwarten gewesen, nicht widerlegt (falsifiziert). Doch wer sehr oft würfelt, erhält aufgrund des Gesetzes der Großen Zahlen mit zunehmender Sicherheit im Mittel ein Würfelergebnis nahe bei 3,5 Augen.

Genau so ist es mit der Erwartungstheorie der Zinssätze. Die Erwartungstheorie ist daher eine gute Leitidee für Entscheidungen, und auf lange Sicht werden Schuldner wie Anleger nicht enttäuscht, wenn sie sich an sie halten. Wer sich nur einmal an ihr orientiert, kann Glück und Pech haben. Doch das ist kein Gegenbeweis. Natürlich gibt es noch eine Bedingung für die eben gegebene Empfehlung, Prognosen zukünftiger Zinssätze anhand der Erwartungstheorie zu treffen. Sie muss nicht nur im Modell nachvollziehbar sein, sondern auch empirisch gesehen Gültigkeit in den realen Geld- und Kapitalmärkten besitzen.

4.1.4 Empirische Evidenz

Die ökonometrische Forschung hat geprüft, ob sie empirische Gültigkeit besitzt, das heißt, die realen Geld- und Kapitalmärkte gut beschreibt. Die Forschungsergebnisse sind nicht eindeutig. Empirische Evidenz *für* die Erwartungstheorie der Zinssätze bieten Arbeiten von LONGSTAFF (1990, 2000). CASSOLA und LUÍS (2003) zeigen die empirische Gültigkeit der Erwartungstheorie für den deutschen Kapitalmarkt. Nach LARDIC und MIGNON (2004) kann die Erwartungstheorie anhand empirischer Daten zumindest nicht verworfen werden. KONSTANTINOU (2005) entdeckt einen gemeinsamen Trend in verschiedenen Zinssätzen, der ebenso für die empirische Gültigkeit der Erwartungstheorie spricht. Zu gemischten Ergebnissen kommen EVANS (2003) und CHOUDHRY (2003) in ihrer empirischen Untersuchung. Sie beurteilen die Prognosekraft der Erwartungstheorie nur als mittelmäßig. Allerdings ist die Erwartungstheorie auch von der theoretischen Argumentation her nicht ganz konsistent. Bei Gültigkeit der Erwartungstheorie kann eine normale (ansteigende) Zinskurve sich nicht stabil über die Zeit hinweg auf demselben Niveau halten. Die Zinsen müssten sich laufend erhöhen. Doch offensichtlich können sich auch normale, ansteigende Zinsstrukturen lange halten.

Eine interessante Feststellung machen HESS und KAMARA (2005): Sie lehnen die Erwartungstheorie zwar ab, wenn die Forward-Rates aus jenen Zinssätzen berechnet werden, die sich aus den Kursen für Staatsanleihen ermittelt werden. Denn, so ihr Argument, die Zinssätze könnten immer noch eine gewisse Prämie für das Ausfallrisiko beinhalten. Diese Kreditrisikoprämie überträgt sich auf die Forwardsätze. Werden hingegen in der Erwartungstheorie jene Zinssätze verwendet, die in Futureskursen impliziert sind, dann kann die Erwartungstheorie der Zinssätze bestätigt werden kann. Hierbei werden also die Forwardsätze nicht aus Zinssätzen errechnet. Stattdessen werden die Forward-Rates dem Terminmarkt entnommen, genauer dem Markt für Zinsfutures. Die Kurse dort sind frei von einem Ausfallrisiko, das es auf dem Markt für Futures nicht gibt.[1]

4.1.5 Marktsegmentierung

Eine zweite Hypothese, die **Marktsegmentierungs-Theorie**, geht auf JOHN M. KEYNES zurück. Sie postuliert, dass das Handelsgeschehen im Geld- und Kapitalmarkt für kurze, mittlere und lange Frist weitgehend *unabhängig* voneinander verläuft.

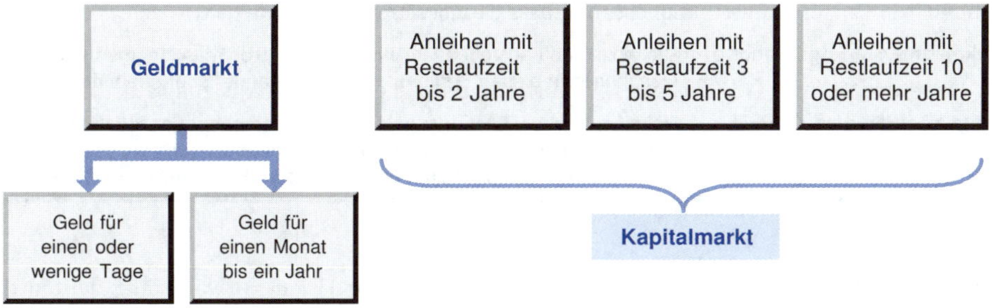

Der Grund für die Segmentierung: Jeweils spezielle Gruppen von Anbietern (Investoren) und Nachfragern (Schuldnern) konzentrieren sich auf die einzelnen Laufzeitbereiche.

- Am Geldmarkt sind vorwiegend Banken tätig und sie setzen unterschiedliche Schwerpunkte auf Instrumente einiger Tage beziehungsweise einiger Monate.
- Anleihen im Laufzeitbereich von einem bis zwei Jahren werden von Managern von Investmentfonds als Substitut für Anlagen auf dem Geldmarkt angesehen.

---

[1] 1. FRANCIS A. LONGSTAFF: Time Varying Term Premia and Traditional Hypotheses about the Term Structure. *The Journal of Finance* XLV (1990) 4, 1307-1314. 2. NUNO CASSOLA und JORGE BARROS LUÍS: A two-factor model of the German term structure of interest rates. *Applied Financial Economics*, 13 (2003), 783-806. 3. MOORAD CHOUDHRY: The impact of demand and liquidity on the information content and predictive power of the government bond yield curve: An Illustration from the UK gilt market. *Journal of Asset Management*, 4 (2003) 2, 119-130. 4. SANDRINE LARDIC und VALÉRIE MIGNON: Fractional cointegration and the term structure. *Empirical Economics*, 29 (2004), 723-736. 5. JÖRN WASMUND: *Die Erwartungstheorie der Zinsstruktur, Geldpolitik und zeitvariable Risikoprämien.* Studien zu Finanzen, Geld und Kapital, Band 7, Duncker & Humblot, Berlin 1999. 6. PANAGIOTIS T. KONSTANTINOU: The Expectations Hypothesis of the Term Structure. *Emerging Markets Finance and Trade*, 41 (2005) 3, 70-91. 7. ALAN C. HESS und AVRAHAM KAMARA: Conditional Time-Varying Interest Rate Risk Premium: Evidence from the Treasury Bill Futures Market. *Money, Credit, and Banking*, 37 (2005) 4, 679-698.

- Die Privatinvestoren sind verstärkt Käufer von Anleihen im mittleren Laufzeitbereich.
- Lange Laufzeiten sind von institutionellen Investoren gesucht.

Die genannten Marktteilnehmer betrachten Kapital einer anderen Frist dann *nicht als Substitut* für jene Fristigkeit, mit der sie üblicherweise Mittel anlegen oder aufnehmen. Folglich können sich die Zinsniveaus in diesen Segmenten weitgehend *unabhängig* voneinander bilden. Die empirische Evidenz für die Marktsegmentierung liefert FONGEMIE (2005).[2]

4.1.6 Liquiditätspräferenz

Eine dritte Hypothese ist die **Liquiditätspräferenz-Theorie**. Die Hauptthese lautet, dass Forwardsätze immer *über* den späteren zukünftigen Zinssätzen liegen.

These	*Aussage*
Erwartungstheorie der Zinssätze	Die gegenwärtige Zinsstruktur definiert Forwardsätze und diese legen die Erwartungswerte der zukünftigen Zinssätze fest. Eine steigende Zinsstruktur bedeutet, dass die Zinssätze ansteigen werden.
Marktsegmentierungs-Theorie	Die einzelnen Laufzeiten für Anleihen definieren Marktsegmente und das Geschehen in diesen Segmenten ist voneinander eher unabhängig.
Liquiditätspräferenz-Theorie	Bei einer flachen Zinskurve gäbe es ein Überangebot an kurzfristigem und eine Übernachfrage nach langfristigem Kapital. Deshalb steigt die Zinskurve an, ohne dass dies auf ein Ansteigen der Zinssätze hindeutet.

Was heißt das? Erinnern wir uns an Arbitrageüberlegungen: Hohe Forwardsätze deuten darauf hin, dass die langfristigen Zinssätze zwar hoch, doch die kurzfristigen Sätze eher tief sind. Nun ist es so, dass Schuldner langfristige Zinsbindungen schätzen, weil die Kredite besser planbar sind. Kurzfristige Kredite müssen immer wieder verlängert werden, und dies zu eventuell ungünstigen Konditionen. Auf der anderen Seite präferieren Anleger kurzfristige Anlagen, weil sie dann schneller wieder über ihr Geld verfügen können. Hinsichtlich der Laufzeiten sind die Wünsche von Schuldnern also anders als die der Gläubiger.

Insgesamt gibt es eher ein Überschussangebot an kurzfristigem Kapital und eine Überschussnachfrage nach langfristigem Kapital. Um die Überschüsse auszugleichen, muss die Zinsstruktur ansteigen. Die langfristigen Zinssätze müssen höher als die kurzfristige Zinssätzen sein. Es stellt sich im Kapitalmarktgleichgewicht eine normale, ansteigende Zinskurve ein – ohne dass etwas über eine Veränderung der Zinsen im Zeitablauf festgelegt ist. Eine ansteigende Zinsstruktur ist bei der Liquiditätspräferenz-Theorie der Normalfall. Sie kann sich auf Dauer halten.

[2] CLAUDE A. FONGEMIE: A note on Fisher's equation and Keynes's liquidity hypothesis. *Journal of Post Keynesian Economics* 27 (2005) 4, 621-632.

4.2 Paritäten – Zinsen und Inflation

Lernziele: 1. Zinsparität. 2. Fisher-Effekt.

4.2.1 Effekte und Paritäten

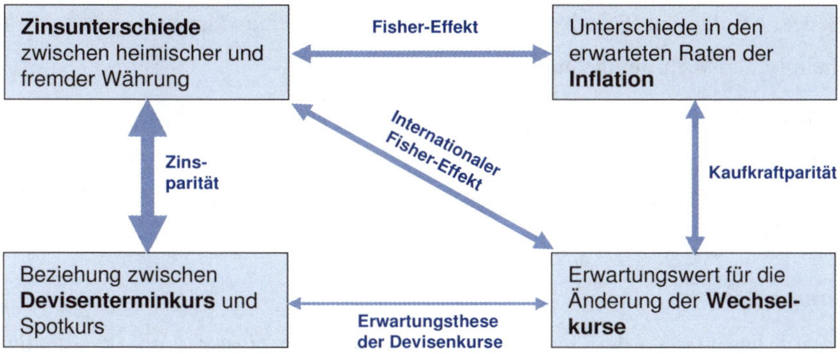

Darstellung 4-2: Fünf Paritätstheoreme und ihr Zusammenhang. Die Dicke der Verbindungspfeile deutet darauf hin, wie genau sie in der Wirklichkeit erfüllt sind.

Grundlegende Beiträge zum Zusammenhang von Zinssätzen und Inflationserwartungen stammen von FISHER. Der amerikanische Geldtheoretiker hatte in seinen um 1930 publizierten Arbeiten die Wechselkurse zwischen der heimischen Währung und einer Fremdwährung mit einbezogen, ebenso wie den Zinssatz und das Preisniveau im Fremdwährungsgebiet. Seine Ergebnisse in diesem Zusammenhang sind der Fisher-Effekt und der Internationale Fisher-Effekt. Weitere Zusammenhänge wurden von KEYNES untersucht, so vor allem die Zinsparität. Die Kaufkraftparität – das Law of One Price – wurde von dem schwedischen Ökonomen CASSEL als Zusammenhang von Inflation und Wechselkurs betont. Insgesamt fließen die Zinssätze, die Wechselkurse für den augenblicklichen Tausch von Devisen sowie die Kurse für Devisentermingeschäfte ein. Alle diese Beziehungen werden als **Paritäten** oder *Paritätstheoreme* abgehandelt.

Es gibt fünf Paritätstheoreme. Sie sind wichtig, weil sie die Zusammenhänge zwischen den Zinssätzen im betrachteten Währungsgebiet mit den Zinssätzen im Ausland wiedergeben. Selbstverständlich spielen dabei auch die Währungsparitäten hinein. Sie unterstreichen, dass **die Kapitalmärkte offener Volkswirtschaften miteinander verflochten** sind. Die mit den Paritätstheoremen ausgedrückten Zusammenhänge sind in Darstellung 4-2 gezeigt.

Um die Paritätstheoreme zu formulieren, sind einige Bezeichnungen nötig.

- **Zinssätze**: i_h ist der Zinssatz im heimischen Währungsgebiet; er sei auf eine gewisse Periode bezogen, beispielsweise ein Jahr. Mit i_f ist der Zinssatz in einem fremden Währungsgebiet für dieselbe Periode bezeichnet.

- **Wechselkurse**: s_0 ist der heutige Spotkurs am Devisenmarkt; das heißt, augenblicklich würde eine Währungseinheit der Fremdwährung s_0 Einheiten der heimischen Währung kosten (so genannte *direkte Notierung*); s_1 sei der Spotkurs am Ende der Periode. Da s_1 aus heutiger Perspektive unsicher ist, wird diese Größe wie für Zufallsvariablen üblich mit einer Schlange (Tilde) versehen und als $\tilde{s}_1$ bezeichnet.
- **Terminkurs**: k_0 ist der Devisen-Terminkurs: Es ist heute möglich, einen Vertrag zu schließen, bei dem zu Periodenende eine Einheit der Fremdwährung gegen k_0 Einheiten der heimischen Währung getauscht wird.
- **Inflation**: $\inf_h$ bezeichnet die Rate der erwarteten Inflation für die betrachtete Periode im heimischen Währungsgebiet, $\inf_f$ bezeichnet die Rate der erwarteten Inflation für die betrachtete Periode im Fremdwährungsgebiet.

4.2.2 Zinsparität

Die **Zinsparität** besagt, dass der Devisen-Terminkurs über die Zinssätze mit dem heutigen Devisenkurs zusammenhängt.

$$\frac{1+i_h}{1+i_f} = \frac{k_0}{s_0} \tag{4-5}$$

Insbesondere ist der Devisen-Terminkurs k_0 geringer (höher) als der Spotkurs s_0, sofern die Zinssätze im heimischen Währungsgebiet geringer (höher) sind. Vielfach wird in den Finanzinformationen nur die Differenz zwischen Terminkurs und Spotrate angegeben. Damit nimmt die Zinsparität folgende Form an:

$$k_0 - s_0 \approx i_h - i_f \tag{4-6}$$

Die Zinsparität ist eine *streng* geltende Beziehung. In der Tat kann ein Devisentermingeschäft schnell nachgebildet, **repliziert**, werden. Der Devisen-Terminkurs ist folglich nicht spekulativ an Erwartungen geknüpft, sondern aufgrund heutiger Bedingungen gedeckt. Die Zinsparität wird deshalb auch als **gedeckte Zinsparität** bezeichnet (englisch: **covered interest parity**). Die **Replikation** ist eine wichtige Technik der Finanzwelt. Sie sei am Beispiel der Nachbildung eines Devisentermingeschäfts erläutert. Wenn eine Person mit dem Euro als heimischer Währung in einem Jahr 1.000 Dollar abzugeben hat und sie bereits heute per Termin verkaufen möchte, könnte die Person anstelle des Devisentermingeschäfts folgendermaßen vorgehen:

- Sie nimmt einen USD-Kredit in Höhe $1.000/(1+i_{USD})$ auf, tauscht diesen Betrag auf dem Spotmarkt in Euro und erhält dafür $s_0 \cdot 1.000/(1+i_{USD})$.

- Dieser Betrag wird auf ein Jahr angelegt, wodurch am Ende des Jahres $s_0 \cdot 1.000 \cdot (1+i_{EUR})/(1+i_{USD})$ frei werden.
- In einem Jahr tilgt die Person mit ihren 1.000 USD den Kredit und hat dazu $s_0 \cdot 1.000 \cdot (1+i_{EUR})/(1+i_{USD})$ Euro.

Mit anderen Worten: Sie hat den *Devisen-Terminkurs* $s_0 \cdot (1+i_{EUR})/(1+i_{USD})$ repliziert, nachgebildet. Wäre der am Devisenterminmarkt herrschende Terminkurs k_0 davon verschieden, würde sofort Arbitrage einsetzen, bis das Ungleichgewicht verschwunden ist.

4.2.3 Fisher-Effekt

Der **Fisher-Effekt**, benannt nach IRVING FISHER, postuliert dies: Zunächst wird wie in einer Definition der nominale Zinssatz als Summe aus einem Realzinssatz und der erwarteten Inflationsrate verstanden. Der Fisher-Effekt besagt, dass sich der Realzinssatz über zehn oder zwanzig Jahre hinweg kaum verändert und dass er in allen Währungsgebieten dieselbe Höhe hat. Der Realzinssatz – er sei mit i_{real} bezeichnet – wäre demnach eine *globale* Konstante. Unterschiede in den Nominalzinssätzen erklären sich dann aufgrund der Unterschiede in den Inflationsraten. Entsprechend trifft der Fisher-Effekt eine doppelte Aussage:

1. Änderungen der erwarteten Inflation im Verlauf der Zeit und mit dem Eintreten neuer Informationen sollten sich in gleicher Höhe in Änderungen der Nominalzinsen übertragen.
2. Zinsunterschiede zwischen Währungsgebieten sollten sich einzig aus Unterschieden der jeweiligen Raten erwarteter Inflation erklären: $i_h = i_{real} + \inf_h$ und $i_f = i_{real} + \inf_f$.

Um die Notation des Diagramms der Währungsparitäten beizubehalten, bei dem im Kästchen links oben der Quotient $(1+i_h)/(1+i_f)$ steht, soll der Fisher-Effekt so notiert werden:

$$\frac{1+i_h}{1+i_f} = \frac{1+i_{real}+\inf_h}{1+i_{real}+\inf_f} \approx \frac{1+\inf_h}{1+\inf_f} \qquad (4\text{-}7)$$

Die Argumentation zum Fisher-Effekt ist einsichtig. Wenn aber die angenommenen Sachverhalte, wie etwa die globale Übereinstimmung des Realzinses, *nicht ganz exakt* zutreffen, sondern vielleicht nur annähernd, dann würde nicht sofort Arbitrage einsetzen. Daher ist *nicht* zu vermuten, dass der Fisher-Effekt mit jener Genauigkeit gilt und sich mit jener Schnelligkeit immer wieder einstellt, wie das bei der Zinsparität der Fall ist. Empirische Studien zeigen, dass der Fisher-Effekt nur *ungefähr* gilt. Doch er kann anhand empirischer Daten nicht widerlegt werden.

IRVING FISHER (1867-1947), Mathematiker und Wirtschaftswissenschaftler, studierte ab 1884 in Yale und lehrte dort von 1898 bis 1935 Mathematik und Ökonomie. Seine Beiträge zur mathematischen Behandlung der Geldtheorie (Verkehrsgleichung), der Zinstheorie (Separation) und die hier betrachteten Effekte sind nach ihm benannt.

4.3 Paritäten – Preisniveaus und Währungsparitäten

Lernziele: 1. Zwei Formen für die Kaufkraftparität. 2. Die Erwartungstheorie der Devisenkurse. 3. Der Internationale Fisher-Effekt.

4.3.1 *Kaufkraftparität*

Sehr populär ist die **Kaufkraftparität**. Im Angelsächsischen heißt sie **Purchasing-Power-Parity** und wird mit **PPP** abgekürzt. Sie ist in zwei unterschiedlichen Varianten oder Stärken formuliert.

In ihrer **starken Form** besagt die PPP: Alle Güter kosten in allen Ländern dasselbe, wenn die Währungen zu den herrschenden Paritäten umgerechnet werden – weltweit herrscht für jedes Gut ein einheitlicher Preis. Das ist das **Gesetz des einen Preises** oder **Law of One Price**.

Viele Güter sind *transportabel*, vor allem haltbare Konsumgüter, Industrieerzeugnisse, Investitionsgüter und Anlagen. Handelsbarrieren und Zölle sind in den letzten Jahrzehnten stark abgebaut worden: viele Länder sind Mitglied der WTO. Wären die transportablen Güter in einzelnen Ländern vergleichsweise teuer oder günstig, würden sofort entsprechende Handelsströme einsetzen. In Kürze oder Länge würden sich einheitliche Preise einstellen. Diese Erkenntnis wurde um 1920 von dem schwedischen Ökonomen KARL GUSTAV CASSEL (1866-1945) als Formel gefasst, empirisch untermauert, und als *Law of One Price* propagiert. In dieser *starken* Version der PPP sollten Erhöhungen des Preises aufgrund von Inflation sich in einer entsprechenden Änderung des Wechselkurses ausdrücken. Bei Ländern mit einer relativ hohen Inflation kommt es bei Gültigkeit der PPP zu entsprechenden Abwertungen der Währung, wogegen sich der Außenwert der Währung eines Landes mit geringerer Teuerungsrate erhöht. Jedenfalls *Arbitrage* als Argument herangezogen werden. Wenn ein Gut in einem Land *A* günstiger zu haben ist als in einem Land *B*, dann wird die Nachfrage nach diesem Gut im Land *B* zurückgehen, und folglich gibt es dort Druck auf den Preis dieses Gutes und Druck auf die Währungsparität.

Die Argumentation setzt voraus, dass das betreffende Gut ein globales Gut ist, Ziel internationaler Nachfrage, von verschiedenen Ländern angeboten wird und dass die Transportkosten gering sind. Das Gesetz des einen Preises dürfte daher bei Rohstoffen (Energie, Chemie, Nahrungsmittel) gut erfüllt sein. Die Preise solcher Güter werden dann in einer Referenzwährung notiert. Selbstverständlich sind nicht alle Güter leicht transportierbar. Bei lokalen Dienstleistungen – der Besuch im Restaurant, die Haushaltshilfe – kann nicht mit internationaler Arbitrage argumentiert werden. Beobachtungen im täglichen Leben bestätigen, dass es bei lokalen Dienstleistungen große Unterschiede gibt, die sich halten (und mit dem **Balassa-Samuelson-Effekt** erklärt werden).

→ **Beispiel 4-3**: Eine populäre Überprüfung des Gesetzes des einen Preises nimmt der *Economist* mit dem **Hamburger-Index** vor, dem **Big Mac Index**. Seit 1997 publiziert das Wochenmagazin die Preise des *Big Mac* von McDonald's in verschiedenen Ländern und rechnet sie in Dollar um. Dabei zeigen sich erhebliche Unterschiede. Der Hamburger kostet am meisten in Norwegen und in der Schweiz (2014: 7,14 Dollar). In der Eurozone kostet der Big Mac $4,96, in den USA

\$4,62, und in China \$2,74. Aufgrund der Unterschiede würde man die PPP verwerfen, den Schweizerfranken als „zu hoch“ und den Renminbi als „zu niedrig“ ansehen. Doch ein einzelnes Gut ist nicht repräsentativ für einen ganzen Warenkorb. Der Hamburger-Index drückt zum Teil die *Kaufkraft* jener Teile der Bevölkerung aus, die Hauptkonsumenten dieses Gutes sind. Seit kurzem wird über einen **Starbucks Tall Latte Index** berichtet. In Italien wird das Preisniveau in den Regionen (Nord, Mittel, Süd, Inseln) anhand der Preise für Spaghetti und Öl gezeigt. ■

Die PPP in ihrer starken Form besagt, dass alle Länder *gleich teuer* sind. In dieser generellen Formulierung ist die PPP empirisch *nicht* erfüllt. Offensichtlich gibt es Länder, in denen praktisch alles viel teurer ist als woanders. Deshalb wurde die Aussage abgeschwächt.

In ihrer **schwachen Form** besagt die Kaufkraftparität: Zwar gibt es sowohl teure als auch vom Preisniveau her günstige Länder, und sie bleiben auch weiterhin teuer beziehungsweise günstig. Trotzdem ändern sich im Laufe der Zeit die Währungsparitäten entsprechend den Unterschieden bei der Inflation.

Die Aussage – Währungsparitäten ändern sich entsprechend der Inflationsunterschiede – lautet:

$$\frac{1+\inf_h}{1+\inf_f} = \frac{E[\tilde{s}_1]}{s_0} \tag{4-8}$$

Jener Wechselkurs, der für das Ende der Periode *erwartet* wird, $E[\tilde{s}_1]$, unterscheidet sich gegenüber dem heutigen Wechselkurs s_0 entsprechend der Unterschiede in den Raten der erwarteten Inflation. Selbstverständlich darf diese Beziehung (4-8) auch in der Form $E[\tilde{s}_1]-s_0 \approx \inf_h - \inf_f$ geschrieben werden. Die so formulierte **schwache Kaufkraftparität findet für viele Güter aufgrund der Empirie eine gewisse Stütze**. Untersuchungen deuten darauf hin, dass sich festgestellte Preisunterschiede in einem Zeitraum von vielleicht *fünf* Jahren zur *Hälfte* abbauen.

4.3.2 Erwartungstheorie der Devisenkurse

Im Paritätsdiagramm unten ist eine Beziehung zwischen dem Devisen-Terminkurs und dem erwarteten, zukünftigen Spotkurs dargestellt. Das Postulat lautet $E[\tilde{s}_1]=k_0$. Dabei ist k_0 der heutige Devisen-Terminkurs und $E[\tilde{s}_1]$ der erwartete, zukünftige Spotkurs. Dieser Zusammenhang heißt **Erwartungstheorie der Devisenkurse**. Die beste Prognose für den zukünftigen Wechselkurs ist der heutige Terminkurs.

Die **Direct Quotation** drückt aus, wie hoch der Preis, ausgedrückt in der Heimatwährung, für eine Einheit der Fremdwährung ist. Sie ist zu unterscheiden von der **Indirect Quotation**, die angibt, wie viele Einheiten der Fremdwährung einer Einheit der heimischen Währung entsprechen. Die Direct Quotation für einen Inländer ist zugleich Indirect Quotation für einen Ausländer. Zur Praxis:

1. Die Relation zwischen Euro (EUR) und Dollar (USD) wird überall in der Form EURUSD notiert: Was kostet €1, ausgedrückt in Dollar? EURUSD heißt demnach „Euro *in* Dollar", also „Dollar pro Euro" (nicht aber „Euro *pro* Dollar"). Diese Notierung ist als direkt für Personen mit Referenzwährung USD und sie ist indirekt für Europäer.
2. Anders beim Yen: Hier sind die Notierungen USDJPY üblich, die also „Dollar in Yen" ausdrücken: Was kostet ein Dollar, ausgedrückt in Yen? Die Notierung USDJPY ist indirekt für Amerikaner.
3. Hinsichtlich des Schweizerfranken sind die Notierungen USDCHF (Dollar in Franken, oder: was kostet ein USD ausgedrückt in CHF?) sowie EURCHF (Euro in Franken, oder: was kostet ein Euro ausgedrückt in Franken?) üblich. Sie sind direkt für Personen mit Referenzwährung Franken.

Das Postulat der Erwartungstheorie der Devisenkurse besagt *nicht*, der zukünftige Spotsatz am Devisenmarkt müsse mit dem heutigen Terminsatz übereinstimmen. Der zukünftige Spotsatz ist aus heutiger Sicht unsicher, eine Zufallsvariable $\tilde{s}_1$. Aber es werden Erwartungen gebildet.

Der Erwartungswert des zukünftigen Wechselkurses $E[\tilde{s}_1]$ ist nach der Erwartungstheorie gleich dem heutigen Devisen-Terminkurs k_0. **Die beste Prognose für den unsicheren, zukünftigen Wechselkurs ist der Erwartungswert, und dieser ist gleich dem heutigen Terminkurs**.

Erwartungstheorie	Postulat
... der Zinssätze	Die heutigen Terminkurse sind die besten Prognosen für die zukünftigen Zinssätze
... der Devisenkurse	Die heutigen Terminkurse sind die besten Prognosen für die zukünftigen Währungsparitäten

Welche Überlegung steht hinter der Erwartungstheorie der Devisenkurse? Eine Person ist dabei, mit einer Bank oder Gegenpartei ein Devisentermingeschäft abzuschließen und stellt die Frage: „Sie sind bereit, heute in einem Jahr von mir Dollar anzunehmen und zum Terminkurs k_0 in Euro zu tauschen. Welcher Devisenkurs s_1 wird denn heute in 12 Monaten herrschen?"

Die Bank oder Gegenpartei antwortet: „Der zukünftige Kurs s_1 ist bei der heute verfügbaren Information unsicher" (um dies anzudeuten, hatten wir die entsprechende Bezeichnung mit einer Tilde versehen und als $\tilde{s}_1$ notiert). Die Person wird den Gedanken weiterführen: „Ja, aber welches ist Ihre Erwartung hinsichtlich der zufälligen Variablen $\tilde{s}_1$?" Wohl kaum dürfte die Bank oder Gegenpartei zu Devisentermingeschäften in *großem* Volumen bereit sein, wenn sie selbst erwartet, dass der in einem Jahr tatsächlich geltende Devisenkurs s_1 *erheblich* nach oben oder nach unten vom heutigen Terminkurs k_0 abweicht. Entsprechend darf $E[\tilde{s}_1] = k_0$ unterstellt werden, und das ist die Aussage der Erwartungstheorie der Devisenkurse.

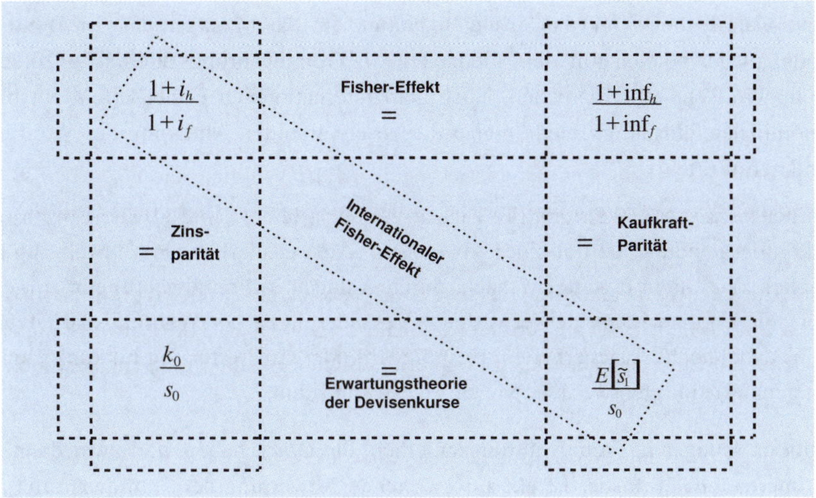

Darstellung 4-3: Die fünf Paritäten im Zusammenhang.

Um die Notation im Paritätsdiagramm beizubehalten, soll diese Gleichung auf beiden Seiten durch s_0 dividiert werden; es entsteht:

$$\frac{k_0}{s_0} = \frac{E[\tilde{s}_1]}{s_0} \tag{4-9}$$

Wird die linke Seite dieser Beziehung mit Hilfe der Zinsparität umformuliert, entsteht eine Parität, die als **Internationaler Fisher-Effekt** bezeichnet wird.

4.3.3 Die Diagonale

Zum Schluss sei der **Internationale Fisher-Effekt** genannt. Er ist im Diagramm durch die eine der beiden Diagonalen präsentiert. Der Internationale Fisher-Effekt besagt, dass die für die Zukunft erwartete Währungsparität durch die Zinsunterschiede bestimmt ist,

$$\frac{1+i_h}{1+i_f} = \frac{E[\tilde{s}_1]}{s_0} \tag{4-10}$$

Diese Gleichung folgt aus der Transitivität: Wenn die Zinsparität und wenn die Erwartungstheorie der Devisenkurse beide gelten, dann muss auch der Internationale Fisher-Effekt zutreffen. Ebenso ist der Schluss richtig: Wenn der Fisher-Effekt und die Kaufkraftparität beide gelten, dann muss auch der Internationale Fisher-Effekt zutreffen.

Der Internationale Fisher-Effekt hat große Bedeutung für das Management von Bondportfolios. Viele Kapitalanleger spielen mit dem Gedanken, in Fremdwährungsanleihen anzulegen, wenn diese eine höhere Rendite versprechen. Nach dem Internationalen Fisher-Effekt entsprechen jedoch die nominalen Zinsunterschiede genau der zu erwartenden Änderung der Währungsparitäten. Mit anderen Worten:

Wenn in der heimischen Währung die Zinsen geringer (höher) sind als die Zinsen in einem Fremdwährungsgebiet, so ist mit einer Abwertung (Aufwertung) der Fremdwährung zu rechnen. Folglich kann nicht erwartet werden, durch Anlagen in Fremdwährungen zu gewinnen. Zinsunterschiede entsprechen den erwarteten Veränderungen der Währungsparitäten. Natürlich gibt es dabei noch Unsicherheiten, weil die Ab- oder Aufwertungen im konkreten Einzelfall nicht genauso eintreten werden, wie sie zu erwarten sind.

Deshalb gibt es Anleger in Fremdwährungsanleihen, die *Glück* haben, und zwar dann, wenn die nach dem Internationalen Fisher-Effekt zu erwartende Abwertung der Fremdwährung nicht oder nicht in prognostizierter Höhe eintritt. Ebenso gibt es Anleger, die das *Pech* haben, dass eine Ab– wertung über das vom Fisher-Effekt prognostizierte Maß hinausgeht. Verständlich, dass die Anleger mit Glück im Bekanntenkreis berichten und Fremdwährungsanleihen als Anlageinstrument loben. Anleger, die Pech hatten, schweigen. Solche positiven Berichte sind *nicht* repräsentativ.

4.3.4 Gründe für Fremdwährungsanleihen

Trotz des Internationalen Fisher-Effekts kann sich eine Anlage in Fremdwährungsanleihen lohnen, und zwar aus drei Gründen. Sie sind überschrieben mit Steuer, Diversifikation, Zentralbank:

Steuer: Anleger, die in Währungsgebieten mit hohen Zinsen leben und Zinseinkünfte *versteuern*, sollten besser Anleihen aus stabilen Währungsgebieten (geringe Inflation, geringer Zins) wählen. Sie haben dann einen geringeren Zins und eine geringere Steuerbelastung, doch können sie als Ausgleich (die oftmals steuerfreien) Währungsaufwertungen erwarten. Nicht zuletzt aus diesen Gründen haben Anleger bei ihren Bondportfolios stets den Schweizerfranken und den Yen stärker berücksichtigt, zwei Währungen mit langfristig geringer Inflation.

Zweiter Grund für Fremdwährungsanleihen: **Risiko und Diversifikation**: Wer Anleihen hält, trägt Zinsrisiken, weil sich überraschende Änderungen der Zinssätze in Kursänderungen niederschlagen. Die Zinssätze verändern sich nicht in allen Ländern und Währungsgebieten in gleicher Weise. Wenn ein Investor zugleich Anleihen verschiedener Währungsgebiete hält, dann kann er in einem gewissen Umfang Zinsrisiken diversifizieren: Die Zinsrisiken und die Währungsrisiken heben sich teilweise auf (hierzu Kapitel 6 und 11).

→ **Beispiel 4-4**: Das bedeutet für einen Anleger mit Referenzwährung Euro, dass US-Bonds nicht so riskant sind, wie sie allein aufgrund des Währungsrisikos wirken. Typischerweise neigt der Dollar zur Stärke, wenn in den USA die Zinsen steigen. Dann hat der Anleger zwar Kursverluste bei den US-Bonds, gleichzeitig aber Währungsgewinne. Der Dollar wird dagegen gegenüber dem

Euro eher schwächer, wenn sich die Zinsen in den USA zurückbilden. Dann hat der Anleger bei seinen US-Bonds zwar Kursgewinne, gleichzeitig aber Währungsverluste.[3] ■

Ein dritter Grund für Fremdwährungsanleihen sind **Vorhersagen der Entscheidungen der Zentralbank** des betreffenden Währungsgebiets: Der Kapitalanleger könnte darauf spekulieren, dass sich die Änderung der Währungsparitäten in einem konkreten Land anders realisieren wird, als vom Internationalen Fisher-Effekt (anhand der Inflation) prognostiziert. Attraktiv sind Währungsgebiete, in denen augenblicklich eine *im langjährigen Vergleich hohe Inflationsrate* besteht und in denen *die Zentralbank die Inflation bekämpft*: Derzeit sind die Zinsen in einem solchen Währungsgebiet hoch, aber dennoch dürfte der Außenwert der Währung stabil bleiben. Mit diesem Punkt ist die Möglichkeit angesprochen, der Internationale Fisher-Effekt könne zwar *im Allgemeinen* gelten, wenngleich er in speziellen, durchaus identifizierbaren Situationen *nicht* gilt[4].

4.4 Ergänzung und Lernkontrolle

Lernziele: 1. Langfristige Zinszyklen. 2. Fragen und Aufgaben.

4.4.1 Ergänzung: Langfristige Zinszyklen?

Langfristige Sätze haben anscheinend nicht ein über die Zeiten hinweg wirkendes, mittleres Niveau, zu dem sie sich der Tendenz nach hin bewegen. In der Tat wurde von Langfristzyklen berichtet, nach denen das Niveau der langfristigen Sätze einem Muster folgt, bei dem es andauernde Phasen mit immer wieder Zinssteigerungen gibt. Auf einmal dreht die Situation, und es folgen lange Zeitabschnitte mit sinkenden Kapitalmarktzinsen. Zudem gibt es längere Phasen mit annähernd gleichem Zins auf niedrigem Niveau.

---

[3] Diese Diversifikationseffekte wurden zuerst behandelt von H. G. GRUBEL: Internationally diversified portfolios; welfare gains and capital flows. *American Economic Review* 58 (1968) 5, pp. 1299-1314. Weitere Literatur: 1. H. LEVY und M. SARNAT: International diversification of investment portfolios. *American Economic Review* 60 (1970) 4, pp. 668-675. 2. H. LEVY und M. SARNAT: Devaluation risk and the portfolio analysis of international investment; in E. J. ELTON und M. J. GRUBER (eds.): *International capital markets.* North-Holland Publishing Company, Amsterdam 1975, pp. 177-206. 3. BRUNO H. SOLNIK und BERNARD NOETZLIN: Optimal International Allocation. *Journal of Portfolio Management* (Fall 1982), pp. 11-21. 4. P. JORION: Asset Allocation with hedged and unhedged foreign stocks and bonds. *Journal of Portfolio Management* (Summer 1989), pp. 49-54. 5. M. DRUMMEN und HEINZ ZIMMERMANN: The structure of European returns. *Financial Analysts Journal* (July-August 1992), pp. 15-26.

[4] 1. CHARLES ENGEL: The Forward Discount Anomaly and the Risk Premium: A Survey of Recent Evidence. *Journal of Empirical Finance* 3 (1996), pp. 123-192. 2. JOHN H. COCHRANE (University of Chicago) bemerkt in seinem Arbeitspaper *New Facts in Finance* vom Juni 1999: "I emphasize that the puzzle does *not* say that one earns more by holding bonds from countries with higher interest rates than others. Average inflation, depreciation, and interest rate differentials line up as they should. The puzzle *does* say that one earns more by holding bonds from countries whose interest rates are *higher than usual* relative to U.S. interest rates (and vice versa)." Mit anderen Worten: Wer auf Verletzungen der Aussage des Internationalen Fisher-Effektes hin spekulieren möchte, sollte nicht darauf achten, in welchen Ländern es üblicherweise hohe Nominalzinsen gibt. Man sollte die einzelnen Währungsgebiete dahingehend prüfen, ob für die dortigen Verhältnisse die Nominalzinsen *derzeit* unüblich hoch sind.

Zinszyklus	Phase A Zinsanstieg	Zins-maximum	Phase B Zinsrückgang	Phase C Niedrigzins
1. Wiener Kongress	Ab 1790	1814	bis 1830	1830-1850
2. Lincoln	Ab 1850	1862	bis 1890	1890-1910
3. Nachkriegsordnung	Ab 1910	1921	bis 1950	1950-1970
4. Reagan	Ab 1960	1981	bis 2000	2000-2020

Historische Beobachtungen zu langfristigen Zinszyklen bieten HOMER und SYLLA (2005). Sie äußern angesichts der hohen Volatilität der Zinsniveaus in den letzten Jahrhunderten die Vermutung, dass die Zinsen zum Teil politische, wirtschaftliche und behavioristische *Exzesse* spiegeln.

Demnach wären das Zinsniveau, die Inflation, die Währungsparität nicht nur untereinander gekoppelt, wie die Theorien und Paritäten besagen. Die genannten, untereinander zusammenhängenden Größen wären zudem mit politischen und gesellschaftlichen Verhältnissen der Zeit verbunden.

Es versteht sich von selbst, dass Charts der langfristigen Zinsentwicklung nicht die Glätte von Wellen zeigen, sondern einem Längsschnitt durch eine zerklüftete Landschaft mit Bergen und Tälern gleichen. Die Überlagerung der langfristigen Zinsbewegung von verschiedensten kurz- und mittelfristigen Einflüssen, darunter von Kriegen und Kriegsfolgen, erschweren die Beurteilung. Gleichwohl zeigen die langfristigen Zinsentwicklungen vier Aspekte auf:

1. Im Zeitfenster der letzten 250 Jahre zeigte die Zinsentwicklung 4 lokale Maxima, die sich deutlich gegenüber der Zinsentwicklung in den zwei Dekaden davor oder danach abheben. Diese vier Zinsmaxima waren 1814, 1862, 1921, 1981.

2. Die **Zinsmaxima in den verschiedenen Währungsgebieten liegen zeitlich nah**. Das wurde erstmals von CLEMENT JUGLAR 1856 beobachtet. Der zeitliche Unterschied beträgt meist nur einige, im Höchstfall neun Jahre. Beispielsweise kann das Zinsmaximum von 1981 in den USA mit dem von 1972 in Japan und dem von 1990 in Europa assoziiert werden. Auch wenn gewisse Verzögerungen auftreten, sind die internationalen Finanzmärkte stark **integriert** (vgl. PUKTHUANTHONG und ROLL 2009).

3. Relativ tiefe Zinsen bestanden 1825-1850, 1885-1910, 1945-1970 und etwa ab 1995. Auch beim *Tapering* 2014 werden die Zinsen für Dollar wohl kaum auf das frühere Niveau von 1981 (14%) hochschnellen. **Ein voller Langfristzyklus dauert demnach rund 60 Jahre**. Während die Zinsmaxima klar definiert sind und durch zum Schluss scharfe Zinserhöhungen erreicht worden sind, dauern die Phasen tiefer Zinsniveaus etwa zwei Jahrzehnte.

4. Der typisierte Zinszyklus kann also gut in **drei Phasen** gesehen werden. Jede Phase dauert rund 20 Jahre: In Phase *A* steigen die Zinsen, und das Zinsniveau nimmt gegen *Ende* der Phase *A* seinen maximalen Wert an. In Phase *B* fallen die Zinsen, und gegen Ende

der Phase *B* ist der weitere Zinsrückgang beendet. In Phase *C* bewegen sich die Zinsen mit Schwankungen seitwärts auf relativ geringem Niveau. Irgendwann innerhalb der Phase *C* nimmt das Zinsniveau sein Minimum im betreffenden Zyklus an.

Diese Beschreibung fasst Darstellungen (HOMER und SYLLA 2005) zusammen. Sie kann mit anderen Datenquellen nachvollzogen werden, so anhand der von DIMSON, MARSH und STAUNTON (2002) für 16 Länder zusammengestellten Finanzmarktdaten des letzten Jahrhunderts.[5]

Was die Abwärtsbewegung der Zinsen in den jüngsten Jahrzehnten betrifft, so ist sie uns allen vor Augen: Sie begann, als nach dem Börsencrash 1987 der damals neue Gouverneur des Fed den später nach ihm benannten **Greenspan Put** ausgab.

Wird einer Finanzposition eine Put-Option hinzugefügt, dann entsteht ein Schutz für den Fall von Kursverlusten. Denn der Marktwert des Puts nimmt zu, wenn der Kurs des Underlyings fällt. Entsprechend bezeichnet der **Greenspan Put** einen Schutz gegen mögliche Verluste. Der Schutz entsteht durch die erkennbare Bereitschaft der Federal Reserve Bank, auf stark fallende Kurse an den Börsen mit deutlichen Zinssenkungen zu reagieren, um auf diese Weise die Wirtschaft „zu akkomidieren". Diese schützende Geldpolitik praktiziert die Fed seit dem Crash von 1987. Abträglich ist an der vergabe dieses Schutzes ist, dass die Finanzmärkte sich auf dieses Verhalten der Federal Reserve Bank eingestellt haben und mit höherer Neigung zu Verschuldung reagieren. Die Folge: Exzessive Verschuldung von Finanzinvestoren.

Die Zinssenkungen unter ALAN GREENSPAN setzten sich mit der Geldpolitik des **Quantitative Easing** (QE) unter BEN BERNANKE fort, wogegen JANET YELLEN das QE ab 2014 ausklingen lässt. Etwas verzögert haben die Zinssenkungen in den USA auf Japan (ab 2007) und auf Europa (unter MARIO DRAGHI) ausgestrahlt. Auch in Europa lautet die Kritik, niedrig gehaltene Zinsen würden zwar Investoren schützen, und sie würden auch den Mitgliedsländern es erleichtern, die Zinsen für die Staatsschulden zu zahlen, doch bei all dieser Unterstützung würden Preisblasen an den Vermögensmärkten entstehen und die Regierungen wären nicht durch finanziellen Druck gezwungen, fällige Reformen einzuleiten.

Eine Assoziation der Phasen in den langfristigen Zinszyklen mit besonderen politischen und gesellschaftlichen Verhältnissen wurde zwar hier und da postuliert. So fielen die Zinsmaxima in Zeiten, die unruhig und krisenhaft waren. Sie wurden durch das Setzen eines neuen politischen Rahmens beendet, in dessen Folge die Zinsen zu fallen begannen. Doch zu solchen Hypothesen liegen keine statistisch gesicherten Erkenntnisse vor. Die Forschung in der Finance versucht, aus Beobachtungen und aus Modellen abgeleitete Hypothesen empirisch zu überprüfen. Sie endet, wo aufgrund der mageren Datenlage keine ökonometrische Arbeit möglich ist. An dieser Grenze müssen interessierte Leserinnen und Leser sich der *Wirtschaftsgeschichte* zuwenden.

---

[5] 1. SIDNEY HOMER und RICHARD SYLLA (2005): *A History of Interest Rates*. 4. Auflage, Wiley. 2. KUNTARA PUKTHUANTHONG und RICHARD ROLL (2009): Global market integration: An alternative measure and its application. *Journal of Financial Economics* 94, 2, pp. 214-232. 3. ELROY DIMSON, PAUL MARSH, und MIKE STAUNTON (2002): *Triumph of the Optimists: 101 Years of Global Investment Returns*. Princeton University Press.

4.4.2 Fragen und Aufgaben

1. Welches sind die Aussagen, die die Erwartungstheorie (der Zinssätze), die Marktsegmentierungs-Theorie und die Liquiditätspräferenz-Theorie treffen?
2. Gegeben seien vier Zerobonds A, B, C, D mit diesen Laufzeiten und Preisen (Nominalwert jeweils €1.000). Anleihe A: Restlaufzeit $T = 1$ Jahr, Preis €925,93; B: $T = 2$, Preis €841,75; C: $T = 3$, Preis €758,33; Anleihe D: $T = 4$, Preis €683,18. Berechnen Sie Zinsstruktur und die einzelnen Einjahres-Forwardsätze.
3. Nennen und beschreiben Sie die fünf Paritätstheoreme.
4. Für die Währungsparität zwischen dem Euro und dem Dollar ist die Angabe von EURUSD üblich. a) Heißt das, wie viele Euro einem Dollar entsprechen? b) Ist die Notation direkt oder indirekt?
5. Nennen Sie Gründe, weshalb sich trotz der Aussage des Internationalen Fisher-Effekts eine Anlage in Fremdwährungsanleihen lohnen kann.

4.4.3 Antworten und Lösungen

1. Die Erwartungstheorie der Zinssätze postuliert einen Zusammenhang zwischen den heutigen Forwardsätzen (die sich aus den heutigen Zinssätzen ergeben) und den Zinssätzen, die für Folgejahre zu erwarten sind. Die Marktsegmentierungs-Theorie postuliert, dass die Märkte für Kapital mittlerer und langer Fristigkeit weitgehend unabhängig voneinander sind, weil jeweils spezielle Gruppen von Anbietern (Finanzinvestoren) und Nachfragern (Schuldnern) in diesen Marktsegmenten auftreten. Die Liquiditätspräferenz-Theorie besagt, dass Forwardsätze immer über den zukünftigen Zinssätzen liegen.
2. Da es sich um Zerobonds handelt, ist die Zinsstruktur schnell berechnet. Das Gleichungssystem zur Bestimmung der Zinssätze aus den Bondkursen zerfällt. Im Ergebnis: $i_1 = 8\%$, $i_2 = 9\%$, $i_3 = 9{,}66\%$, $i_4 = 10\%$. Die Forwardsätze: $e_{1,2} = 1{,}09^2 / 1{,}08 - 1 = 10\%$, $e_{1,3} = \sqrt{1{,}0966^3 / 1{,}08} - 1 = 10{,}5\%$ sowie $e_{1,4} = \sqrt[3]{1{,}10^4 / 1{,}08} - 1 = 10{,}7\%$.
3. Siehe Abschnitt 4.2.
4. a) Nein. Die überall verwendete Notierung EURUSD gibt dies an: Was kostet 1 Euro, ausgedrückt in Dollar? EURUSD heißt „Euro in Dollar“. b) Diese Notierung ist direkt für Personen mit Referenzwährung USD und sie ist indirekt für Europäer. Für Asiaten ist sie weder direkt noch indirekt.
5. 1. Es kann Diversifikationseffekte geben. 2. Das augenblicklich hohe Zinsniveau im Fremdwährungsgebiet könnte nicht Folge einer hohen Inflation sein, sondern Ausdruck einer augenblicklich engen Geldpolitik, die mit dem Ziel unternommen wird, eine mögliche Inflation von vornherein einzudämmen.

5 Anleihen und Aktien

Themen: Unsicherheit auch bei Anleihen. Mittelwerte und Streuungen der Jahresrenditen von Anleihen und von Aktien. Mit den Parametern zukünftige Entwicklungen simulieren.

5.1 Unsicherheit von Geldanlagen

Lernziele: 1. Langfristige Vermögensentwicklung. 2. Rendite und Risiko. 3. Korrelation zwischen Renditen von Anleihen und von Aktien sowie Entkopplung (Decoupling).

5.1.1 Langfristige Vermögensentwicklung

Anleihen eigenen sich aus bekannten Gründen bestens für die Geldanlage: 1. Jede Anleihe bietet *Zahlungen in sicherer Höhe* (abgesehen vom Default), und die Sicherheit wird von vielen Anlegerinnen und Anlegern gewünscht. 2. Die Transaktionskosten für Kauf oder Verkauf sind äußerst gering, weshalb ein Portfolio aus Anleihen leicht angepasst werden kann. 3. Die Kosten für die Verwaltung von Portfolios aus Anleihen sind niedriger als wenn laufend Beobachtungen angestellt und Entscheidungsrechte ausgeübt werden müssen (wie das bei Aktien oder auch bei Immobilien der Fall ist). Aus diesen und einigen weiteren Gründen haben Anleihen in den Portfolios von privaten und institutionellen Kapitalanlegern ein großes Gewicht. Deshalb soll ein Blick auf die **Anleihe als Instrument der Geldanlage** geworfen werden. Es soll erkennbar werden, wie sich das Vermögen eines Portfolios aus Anleihen über die zukünftigen Jahre entwickeln dürfte. Um diese Vorschau zu wagen, sehen wir erst einmal in die Vergangenheit (der letzten 100 Jahre).

Eine Grafik zeigt die Entwicklung eines Portfolios aus Anleihen und zieht einen Vergleich zur Wertentwicklung eines reinen Aktienportfolios. Die Grafik zeigt auch die Entwicklung des **Preisniveaus**. Anleger übersehen bei ihren Entscheidungen vielfach, dass mit der Zeit eine Verringerung der Kaufkraft des Geldes eintritt, der Preisindex also zunimmt (**Inflation**).[1]

[1] Jahre mit einem Preisverfall (Deflation) sind selten. Sie sind oft Krisenjahre gewesen. Dies berücksichtigend, hat bei Deflation niemand einen Vorteil, auch nicht jemand, der Vermögen in geldnaher Form hält.

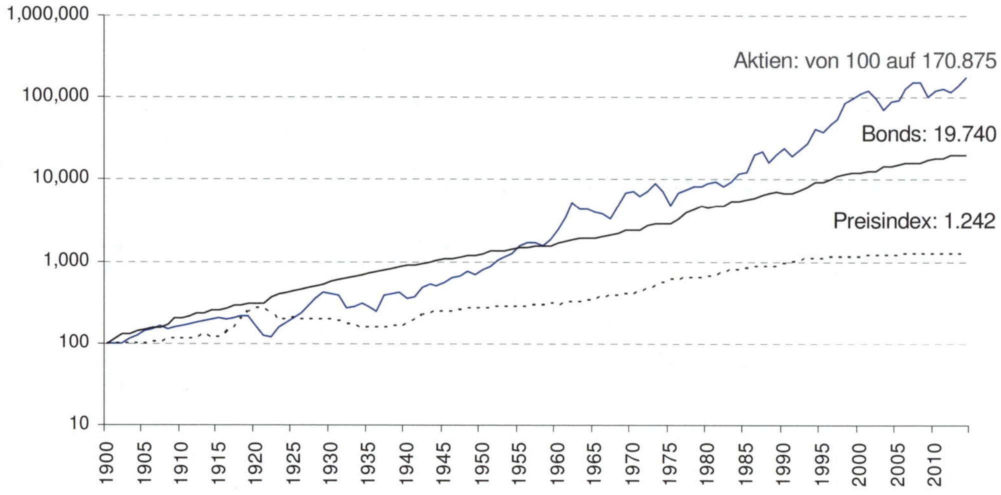

Darstellung 5-1: Wer zu Beginn des Jahres 1900 in der Schweiz 100 Franken in Aktien anlegte und auch die Dividenden (vor Steuern) wieder angelegt hat, der hatte am Jahresende 2013, also 114 Jahre später, 170.875 Schweizerfranken (geometrische, nominale Durchschnittsrendite 6,75%). Wer Obligationen für die Anlage wählte, kam bei Wiederanlage der Kuponzahlungen vom Anfangsbetrag 100 auf 19.740 Franken (geometrische, nominale Durchschnittsrendite 4,75%). Im Vergleich zu Aktien war die Wertentwicklung bei Bonds jedoch wesentlich schwankungsärmer. Auch die Kaufkraft des Frankens hat abgenommen. Der Preis des Warenkorbs stieg von 100 (Anfang 1900) auf 1.242 Franken (Anfang 2014). Für die 114 Inflationsraten ergibt sich folglich ein geometrischer Durchschnitt von 2,23%. Berechnungen aufgrund von Daten der Bank Pictet sowie von E. DIMSON und M. STAUNTON (2005).

Bei Zinsen und Renditen müssen daher **nominale** Größen stets von **realen** Größen unterschieden werden, die um die Veränderung des Preisniveaus bereinigt sind. Entsprechend wird vom **Nominalzins** und vom **Realzins** gesprochen. Bei den meisten Kreditgeschäften oder Anleihen werden die Zahlungen in nominaler Höhe festgeschrieben.

Sollte die Inflation ansteigen, dann haben Finanzanleger einen *zweifachen* Nachteil: 1. Die Kaufkraft der in nominaler Höhe fixierten Kuponzahlungen und Rückzahlungen sinkt. 2. Die Zentralbank wird angesichts der Inflationssteigerungen wohl das Zinsniveau anheben, wodurch die Anleihen Kursverluste erleiden.

Abgesehen von der Verringerung der Kaufkraft sind Kapitalanleger gut beraten, wenn sie bei ihren Entscheidungen zwei weitere Punkte beachten. Der erste Punkt ist die **Besteuerung** von **Kapitalerträgen**, eventuell auch die Besteuerung des Vermögens. Wohlhabende Finanzanleger beachten zudem, wie hoch im Todesfall die **Erbschaftsteuer** ist und wie Schenkungen besteuert werden. Diese Steuern – Kapitalertragsteuer, Vermögenssteuer, Erbschaftsteuer, Schenkungssteuer – hängen vom Rechtsgebiet ab, in dem der Anspruchsberechtigte den gewöhnlichen Aufenthalt und daher den steuerlichen Wohnsitz hat. Der zweite Punkt sind die Kosten für das Management eines Portfolios und die Kosten für die Aufbewahrung der Wertpapiere in einem Depot (Custody). Diese Kosten sind bei Anleihen niedriger als bei Aktien.

Die Kosten für das Management der Geldanlagen und die Aufbewahrung der Wertpapiere hängen vor allem davon ab, wie aktiv oder passiv ein Portfolio geführt wird und welche Instrumente für die Anlage gewählt werden. Investmentfonds haben Ausgabeaufschläge, um die hohen Kosten für Vertrieb und die von der Kundschaft verlangten Erklärungen zu decken. Bei Aktien bietet sich eventuell eine höhere Aktivität für Umschichtungen an als bei Anleihen. Sowohl für Anleihen als auch für Aktien sind Anlageformen möglich, bei denen die Kosten für Verwaltung und Aufbewahrung gering sind. Dazu gehören **Exchange-Traded-Funds** (ETFs). Zur Gesamtkostenquote des ETF (**Total Expense Ratio** oder **TER**) können noch weitere Kosten hinzukommen. Zudem ist für den Investor wichtig, wie liquide der Handel des ETF ist – wie hoch die typische Spanne zwischen Ask und Bid ist.

Die Darstellung 5-1 bezieht sich auf die Schweiz und bietet so den Vorteil, dass eine sehr langfristige Betrachtung möglich wird. Weder Steuern noch Verwaltungskosten sind berücksichtigt. Die erheblichen Wertschwankungen bei Aktien fallen auf. Wegen der **logarithmischen Skala** wirken Einbrüche zwar begrenzt, doch in einzelnen Jahren sind Aktienkurse immer wieder in einem Jahr auf die Hälfte gefallen – dies ohne dass damals hätte erwartet werden können, dass es im Folgejahr mit den Kursen aufwärts ginge. Die Entwicklung ist eben unsicher, und der historische Pfad darf über diese Unsicherheit nicht hinweg täuschen.

Die Wertentwicklung eines Portfolios aus *Anleihen* unterlag und unterliegt auch in Zukunft gewissen Schwankungen. Viele Menschen denken, dass Anlagen in Anleihen vollkommen sicher seien, weil die Kuponzahlungen und die Rückzahlung doch klar festgeschrieben sind. Auf der Ebene *einer* einzelnen, konkreten Anleihe ist das richtig, sofern sie bis zum Ende ihrer Laufzeit gehalten wird. Alle Zahlungen sind dann bekannt. Anders verhält es sich in zwei Situationen, die der Wirklichkeit der Vermögensanlage eher entsprechen.

1. Die Anlage in einer Anleihe ist angesichts von Zinsänderungen nicht mehr sicher, falls die Anleihe nicht bis Verfall gehalten werden soll.
2. Wird ein Portfolio aus mehreren Anleihen betrachtet, wobei zurückbezahlte Anleihen immer wieder durch neue Anleihen ersetzt werden, dann erfolgt die **Wiederanlage** der freien Mittel zu den *dann* geltenden Konditionen (Marktzinssätzen). Diese sind zuvor nicht bekannt und realisieren sich in unterschiedlicher Höhe.

Selbst wenn im Portfolio alle Anleihen bis zur jeweiligen Fälligkeit gehalten (und nicht vorher verkauft) werden, sind die mit dem Portfolio erzeugten Zahlungen nicht mehr sicher.

Entsprechend der generellen Zinsentwicklung über die Jahrzehnte hinweg ergeben sich daher stärkere und schwächere Vermögensentwicklungen beim Portfolio. Außerdem wird für eine Portfoliobetrachtung und eine Renditeberechnung auf *aktuelle Marktwerte* abgestellt. Typischerweise ändern sich mit Angebot und Nachfrage am Kapitalmarkt die Kurse der im Portfolio gehaltenen Anleihen, so dass der Wert des Portfolios schwankt. Auch diese Schwankungen drücken sich in der Grafik darin aus, dass die Wertentwicklung nicht (in logarithmischer Skala) wie durch ein Lineal gezogen als Gerade erscheint.

Die Vermögensentwicklung ist auch bei einem Portfolio aus Anleihen mit einer gewissen Unsicherheit verbunden – auch wenn diese deutlich geringer ist als bei einem Aktienportfolio.

Die Jahresrenditen, die mit einem Portfolio aus verschiedenen Anleihen über die Zeit hinweg erzielt werden, schwanken sogar *stärker* als die Zinssätze selbst. Denn die Darstellung 5-1 zeigt die Gesamtrenditen (Total Returns) der betrachteten Jahre. Die Unterschiede zwischen Zinssätzen und Renditen wurden im Kapitel 2 beleuchtet: Die Gesamtrendite bei Anleihen errechnet sich aus den Kupons und der Kursänderung zwischen Jahresanfang und Jahresende. Die Jahresrendite, der Total Return, ist die Summe aus dem Current Yield und der relativen Kursänderung, vergleiche Formel (2-16). Dennoch ist eine Anlage in Anleihen deutlich risikoärmer als eine in Aktien.

5.1.2 Historische Renditen

Die Wertentwicklung bei Anleihen und bei Aktien ging über die Jahre hinweg nicht immer in übereinstimmende Richtung. In einigen Jahren war sie gegenläufig. Dies spricht dafür, ein Portfolio so zu bilden, dass es sowohl Anleihen als auch Aktien enthält. Es ist besser diversifiziert.

Die Möglichkeit der Diversifikation ergibt sich daraus, dass sich die Renditen von Anleihen und von Aktien nicht in allen Jahren in dieselbe Richtung bewegen, wie Darstellung 5-2 bestätigt. Die Abszisse zeigt die Jahresrenditen von Anleihen, die Ordinate die von Aktien. Jeder Punkt entspricht einem Jahr. Punkte links oben und rechts unten beziehen sich auf Jahre mit unterschiedlicher Richtung der Renditen.

Der Hauptzweck von Darstellung 5-2 besteht darin, die Korrelation zwischen Bondrenditen und Aktienrenditen zu zeigen. Doch die Darstellung zeigt auch die Variation der Anleiherenditen für sich und die Variation der Aktienrenditen für sich. Diese Variationen werden deutlich, indem der Blick entweder nur auf die Abszisse oder nur auf die Ordinate gelenkt wird.

Dabei werden die starken Schwankungen der Aktienrenditen deutlich. Für Aktien (Ordinate) liegt der arithmetische Mittelwert der nominalen Renditen bei rund 9%, und die Standardabweichung der Aktienrenditen beträgt 20%. Einige Erkenntnisse sprechen für die Annahme, dass die Jahresrenditen normalverteilt sind. Dann bedeuten diese Parameter, dass etwa in zwei Drittel aller Jahre die Aktienrendite zwischen $9-20=-11\%$ und $9\%+20\%=29\%$ liegen dürfte. Die „typische" Bandbreite der Jahresrendite für Aktien reicht also von -11% bis 29%. Denn von der Normalverteilung ist bekannt, dass **etwa zwei Drittel aller Realisationen im einfachen Sigma-Band** liegen, also im Intervall, dessen linke Grenze der Erwartungswert minus die Standardabweichung und dessen rechte Grenze der Erwartungswert plus Standardabweichung ist

Für die Abszisse des Diagramms zeigt die empirische Statistik, dass das arithmetische Mittel der Jahresrenditen von Obligationen 5% beträgt und die Standardabweichung 4% ist. Was heißt das? Wird wieder von einer Normalverteilung ausgegangen, dann bedeuten ein Mittelwert von 5% und eine Standardabweichung von 4%, dass in etwa in zwei Drittel aller Jahre die Bondrendite zwischen $5\%-4\%=1\%$ und $5\%+4\%=9\%$ liegt.

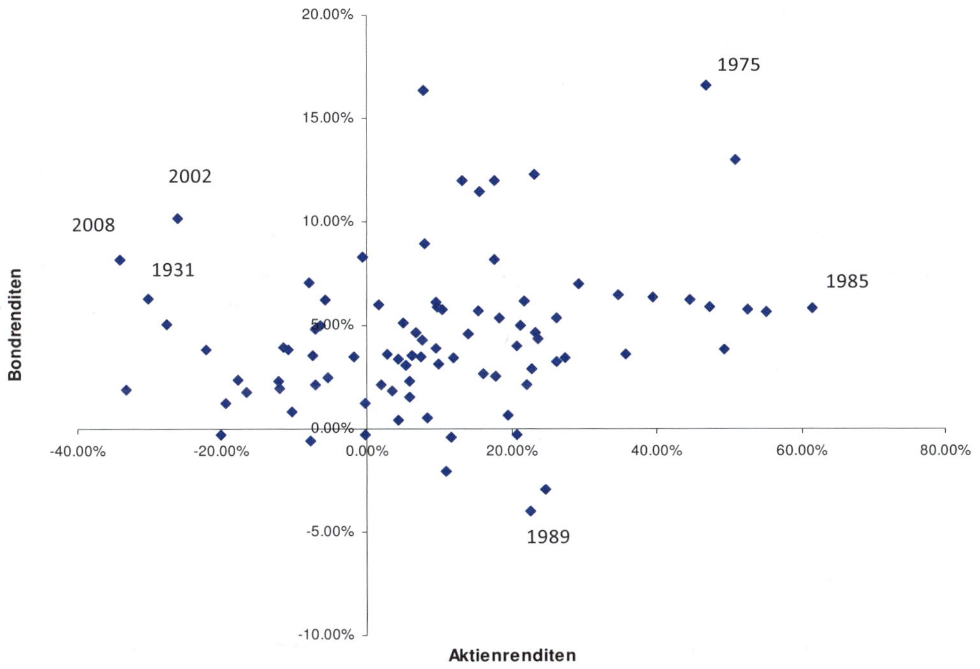

Darstellung 5-2: Scatterdiagramm der Jahre 1926 bis 2013 mit den Jahresrenditen für Aktien (Abszisse) und Anleihen (Ordinate) in der Schweiz. Das beste Bondjahr war 1975 mit über +16% nominaler Rendite, das schlechteste 1989 mit -4% Rendite. Das beste Aktienjahr war 1985 mit über +61% Jahresrendite, das schlechteste Aktienjahr war 2008. Datenquelle: Bank Pictet & Cie.

Die „typische" Bandbreite der Jahresrendite bei Anleihen reicht also von 1% bis 9%. Nach HARRY MARKOWITZ, dem Begründer der Modernen Portfoliotheorie, ist die Standardabweichung ein wichtiger Parameter der Rendite. Sie misst das *Risiko*. Je risikobehafteter eine Anlage ist, desto weiter streuen die Renditen um ihren Erwartungswert.

Die empirische Statistik unterstreicht, dass das Risiko von Aktien erheblich größer ist als das der Bonds. Die deskriptive Statistik zeigt, dass in zwei Dritteln aller Jahre die Bondrendite zwischen 1% und 9% gelegen hatte (und wohl auch in Zukunft liegen dürfte, wenn sich die Verhältnisse nicht grundlegend ändern) und die Aktienrendite zwischen -11% und 29%. Die Renditen für Anleihen und für Aktien sind aber nicht unabhängig. Die deskriptive Statistik führt auf einen Koeffizienten der Korrelation von 0,31.

Das heißt: Es gibt eine Tendenz dafür, dass Jahre, in denen die Aktienrenditen unter/über ihrem Mittelwert sind, auch Jahre sind, in denen die Renditen der Anleihen unter/über ihrem Mittelwert sind. Doch es gibt einige Jahre, in denen diese Parallelität nicht vorliegt, und die Aktienrenditen anders gerichtet von ihrem Mittelwert abweichen als die Renditen der Anleihen sich von ihrem Mittelwert unterschieden. **Die Jahre der Gegenläufigkeit bewirken eine gewisse Diversifikation in Portfolios, die Anleihen und Aktien kombinieren**.

5.1.3 Diversifikation

Die *Korrelation der Renditen* von Einzelanlagen findet hohe Beachtung, denn sie bestimmt die mögliche Risikoreduktion durch Diversifikation im Portfolio. Finanzanleger sind gut beraten, Kapitalanlagen zu kombinieren, die nicht so stark korreliert sind. Diese qualitative Erkenntnis ist seit Jahrtausenden bekannt. Eine methodische Weiterentwicklung geht auf MARKOWITZ zurück, der in einer mathematischen Rechnung den Diversifikationseffekt quantifiziert hat. Die Mathematik ist leicht nachvollziehbar. Sie beruht darauf, dass die Portfoliorendite dadurch entsteht, dass die Renditen der kombinierten Einzelanlagen mit ihren relativen Gewichten multipliziert und addiert werden. Betrachten wir Aktien und Bonds als zwei Einzelanlagen: Die Renditen von Aktien für eine zukünftige Anlageperiode, etwa das kommende Jahr, sollen mit $\tilde{r}_A$ bezeichnet werden, die von Bonds mit $\tilde{r}_B$. Die Tilde über den Symbolen deutet darauf hin, dass diese Renditen als Zufallsvariable aufgefasst werden. Wird aus beiden Anlagekategorien ein Portfolio gebildet, dann hat es die Rendite

$$\tilde{r}_P \quad = \quad x \cdot \tilde{r}_A + (1-x) \cdot \tilde{r}_B \qquad (5\text{-}1)$$

Dabei ist die Aktienquote mit x bezeichnet und $1-x$ ist infolgedessen der relative Anteil von Bonds im Portfolio. MARKOWITZ hat nun das Risiko der Portfoliorendite $\tilde{r}_P$ bestimmt, das wie gesagt als Standardabweichung dieser Zufallsvariablen definiert ist. Die Standardabweichung der zufälligen Rendite sei mit σ_P bezeichnet, also mit der Wurzel aus der Varianz, $\sigma_P^2 = Var[\tilde{r}_P]$. Entsprechend wird das Risiko von Aktien mit σ_A bezeichnet, das von Bonds mit σ_B.

Diese beiden Größen σ_A und σ_B werden anhand historischer Realisationen der Rendite geschätzt. Sie liegen etwa bei 20% und bei 4%, also $\sigma_A = 0{,}20$ und $\sigma_B = 0{,}04$. Für andere Länder finden sich ähnliche Schätzungen für das Aktienrisiko, während das Risiko von Anleihen teils höher als in der Schweiz ist. Durchaus sind dann Zahlenwerte wie $\sigma_B = 0{,}06$ realistisch.

$$\begin{aligned} \sigma_P^2 &= Var[\tilde{r}_P] = Var[x \cdot \tilde{r}_A + (1-x) \cdot \tilde{r}_B] = \\ &= x^2 \cdot Var[\tilde{r}_A] + (1-x)^2 \cdot Var[\tilde{r}_B] + 2 \cdot x \cdot (1-x) \cdot Cov[\tilde{r}_A, \tilde{r}_B] \qquad (5\text{-}2) \\ &= x^2 \cdot \sigma_A^2 + (1-x)^2 \cdot \sigma_B^2 + 2 \cdot x \cdot (1-x) \cdot \sigma_A \cdot \sigma_B \cdot \rho_{A,B} \end{aligned}$$

Ausgehend von diesen Größen, den Risiken der Einzelanlagen, hat MARKOWITZ mit bekannten Formeln der Wahrscheinlichkeitsrechnung Umformungen vorgenommen und das Risiko der Portfoliorendite ermittelt, siehe Formel (5-2). Hierin bezeichnet $\rho_{A,B}$ den Koeffizienten der Korrelation zwischen den Renditen von Aktien und Bonds. Wird nun die Wurzel gezogen, so ergibt sich das Risiko der Portfoliorendite:

$$\sigma_P = \sqrt{x^2 \cdot \sigma_1^2 + (1-x)^2 \cdot \sigma_2^2 + 2 \cdot x \cdot (1-x) \cdot \sigma_1 \cdot \sigma_2 \cdot \rho_{1,2}} \qquad (5\text{-}3)$$

Man kann leicht dies zeigen: Sofern $\rho_{A,B} < 1$, gilt $\sigma_P < x \cdot \sigma_A + (1-x) \cdot \sigma_B$. Das heißt, sofern die beiden Anlagen (Aktien, Bonds) nicht vollständig positiv korreliert sind, ist der gewichtete Durchschnitt der Risiken der Anlagen größer als die tatsächliche Portfoliorendite. Der Unterschied ist umso größer, je geringer der Koeffizient der Korrelation ist.

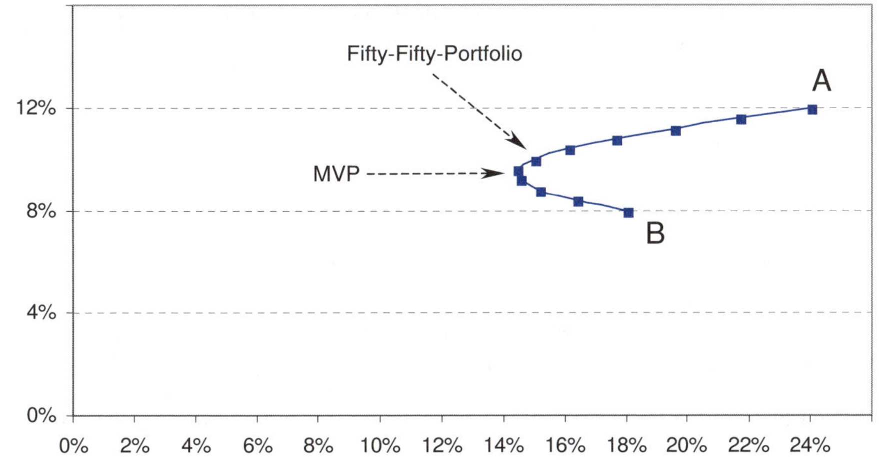

Darstellung 5-3: Positionen der Einzelanlagen *A* und *B* sowie der aus ihnen erzeugten Portfolios im Risk-Return-Diagramm (Abszisse: Risk, Ordinate: Return). Daten: *A*: Return 12% und Risk 24%, *B*: Return 8% und Risk 18%. Die Renditen von *A* und *B* sind als unkorreliert angenommen. Markiert sind die Portfolios mit den relativen Anteilen von A und B in Zehnprozentschritten. Mit Pfeilen sind das Minimum-Varianz-Portfolio – es hat das geringste Risk unter allen aus *A* und *B* erzeugten Portfolios – sowie das Fifty-Fifty-Portfolio gezeigt, das *A* und *B* in gleichen Anteilen kombiniert.

→ **Beispiel 5-1**: Eine Rechnung zur Diversifikation zwischen Aktien und Bonds. Daten: $\sigma_A = 0{,}20$ und $\sigma_B = 0{,}06$. Das Portfolio soll Aktien und Bonds im gleichen Wert enthalten: $x = 0{,}5$. Das rechnerisch ermittelte durchschnittliche Risiko beider Anlagen ist folglich $x \cdot \sigma_A + (1-x) \cdot \sigma_B = 0{,}13$. Nun werde $\rho_{A,B} = 0{,}3$ bekannt. Die Portfoliorendite hat dieses Risiko:

$$\begin{aligned} \sigma_P &= \sqrt{x^2 \cdot \sigma_1^2 + (1-x)^2 \cdot \sigma_2^2 + 2 \cdot x \cdot (1-x) \cdot \sigma_1 \cdot \sigma_2 \cdot \rho_{1,2}} \\ &= \sqrt{0{,}25 \cdot 0{,}0400 + 0{,}25 \cdot 0{,}0016 + 2 \cdot 0{,}5 \cdot 0{,}5 \cdot 0{,}20 \cdot 0{,}06 \cdot 0{,}3} \\ &= \sqrt{0{,}01112} = 0{,}105 = 10{,}5\% \end{aligned}$$

Das Portfoliorisiko liegt mit 10,5% deutlich unter dem gewichteten durchschnittlichen Risiko der beiden Anlagen, das wie zuvor berechnet 13% beträgt. ■

Um die Diversifikation zu veranschaulichen, hat MARKOWITZ die erzeugbaren Portfolios anhand ihrer Risiken sowie der erwarteten Renditen in einem **Risk-Return-Diagramm** positioniert (Darstellung 5-3). Das Risiko, von MARKOWITZ kurz als **Risk** bezeichnet, einer Anlagemöglichkeit, also die Standardabweichung der Rendite, wird im Risk-Return-Diagramm auf der *Abszisse* eingetragen. Der Mittelwert der historischen Renditen (und damit die für die Zukunft erwartete Rendite), von MARKOWITZ **Return** genannt, ist auf der *Ordinate* eingetragen. Jedes erzeugbare Portfolio ergibt einen Punkt im Risk-Return-Diagramm. Interessant sind Portfolios, die im Risk-Return-Diagramm möglichst weit *oben links* positioniert sind (geringes Risk, hoher Return). Uninteressant sind Portfolios, die ihre Position unten rechts haben (hohes Risk, geringer Return).

Die Darstellung 5-3 zeigt im Risk-Return-Diagramm positionierte Renditen von Portfolios, die aus zwei Einzelanlagen *A* und *B* erzeugt werden: Die Gewichtung der Anlage *A* variiert von $x = 0$ bis $x = 1$ und entsprechend geht $1 - x$, die Gewichtung von *B* zurück. Die Portfolios für $x = 0$, und dann für $x = 0{,}1$ und dann für $x = 0{,}2$ und so fort sind markiert.

Das Fifty-Fifty-Portfolio kombiniert beide Anlagen mit dem Gewicht ½. Das mit MVP bezeichnete Portfolio heißt **Minimum-Varianz-Portfolio**. Es ist dasjenige Portfolio, welches das geringste Risk aufweist, also die geringste Standardabweichung und folglich die geringste Varianz. Das MVP setzt sich übrigens zu 36% aus *A* und zu 64% aus *B* zusammen, $x = 0{,}36$.

Die Daten sind (lediglich zur Illustration in Darstellung 5-3) so gewählt: Erwartete Rendite der Anlage *A*: $\mu_A = 12\%$, Risk von *A*: $\sigma_A = 24\%$, Return von *B*: $\mu_B = 8\%$, Risk von *B*: $\sigma_B = 18\%$ und Koeffizient der Korrelation: $\rho_{A,B} = 0$.

Einige der erzeugten Portfolios kommen nicht in Frage, falls der Investor nur auf die beiden Kenngrößen Risk und Return achtet: Alle rechts unterhalb des MVP positionierten Portfolios sind von anderen, oberhalb gelegenen Portfolios *dominiert*, die bei demselben Risk einen höheren Return aufweisen. Portfolios, die nicht dominiert sind, kommen hingegen für die Auswahl durchaus in Frage. Die nicht-dominierten Portfolios liegen auf dem Kurvenstück rechts oberhalb des MVP. Diese Portfolios werden als **effizient** bezeichnet, und das besagte Kurvenstück ist die **Markowitzsche Effizienzkurve**.

5.1.4 Reale Renditen im Ländervergleich

Für einen Vergleich mehrerer Länder müssen die Renditen so dargestellt werden, dass eine Gegenüberstellung Sinn macht.

Dafür bieten sich zwei Wege an: Beim einen wird *eine* Währung als Referenzwährung festgesetzt. Alle Renditen werden sodann in dieser Referenzwährung ausgedrückt. Der andere Weg besteht darin, für jedes Land *reale* Renditen zu betrachten. Die Inflationsraten sind in den einzelnen Ländern unterschiedlich und werden somit ausgeklammert. Die realen Renditen werden dann verglichen. Nachstehende Tabelle folgt diesem Weg.

Die nachstehende Darstellung 5-4 zeigt die Verteilungsparameter der *realen*, also der um die Inflationsrate bereinigten Renditen von Aktien und von Bonds. Gezeigt sind die (arithmetischen) Mittelwerte sowie die Standardabweichungen der realen Jahresrenditen. Die mittlere *reale* Rendite auf Anleihen liegt, von Dänemark, Schweden und der Schweiz abgesehen, nicht über 2%. Die mittlere reale Rendite für Aktien ist, abgesehen von Australien, Südafrika und den USA, nicht über 6%. Anzumerken ist, dass sich beim Übergang von nominalen auf reale Renditen auch die Korrelation zwischen Anleihen und Aktien etwas ändert.

	Arithmetisches Mittel reale Aktienrenditen (in %)	Standardabweichung reale Aktienrenditen (in %)	**Arithmetisches Mittel reale Bondrenditen (in %)**	Standardabweichung reale Bondrenditen (in %)
Australien	**7.4**	18.2	**1.5**	13.2
Österreich	**0.7**	n.a.	**-4.1**	n.a.
Belgien	**2.6**	23.6	**0.2**	11.9
Kanada	**5.7**	17.2	**2.1**	10.4
Dänemark	**5.2**	20.9	**3.1**	11.7
Finnland	**5.3**	30.4	**0.0**	13.6
Frankreich	**3.2**	23.5	**0.0**	13.0
Deutschland	**3.2**	32.2	**-1.6**	15.6
Irland	**4.1**	23.1	**1.4**	14.8
Italien	**1.9**	29.0	**-1.5**	14.0
Japan	**4.1**	29.8	**-1.0**	20.0
Niederlande	**4.9**	21.8	**1.5**	9.4
Neuseeland	**6.0**	19.7	**2.0**	9.1
Norwegen	**4.3**	27.3	**1.8**	12.2
Portugal	**3.7**	n.a.	**0.6**	n.a.
Südafrika	**7.4**	22.5	**1.8**	10.3
Spanien	**3.6**	22.2	**1.4**	11.7
Schweden	**5.8**	22.9	**2.6**	12.4
Schweiz	**4.4**	19.7	**2.2**	9.3
UK	**5.3**	19.9	**1.4**	13.8
USA	**6.5**	20.2	**1.9**	10.3
Welt	**5.2**	17.7	**1.8**	10.4

Darstellung 5-4: Die aufgrund der realen Jahresrenditen 1900-2013 geschätzten Verteilungsparameter von Aktien und Bonds für verschiedene Länder – Deutschland ohne die Jahre 1922-23 der Hyperinflation. Renditen 1900-2013 (Quelle: Credit Suisse Global Investment Returns Yearbook 2014), Standardabweichungen 1900-2011 (Quelle: Credit Suisse Global Investment Returns Yearbook 2012).

Die Parameter der realen Jahresrenditen sind in einem **Risk-Return-Diagramm** positioniert (Darstellung 5-5). Die Daten belegen, dass Bonds zwar tiefere Renditen, doch in jedem Fall auch ein kleineres Risiko aufweisen. Für jedes Land einzeln betrachtet gilt dies: Aktien sind riskanter als Anleihen. Allerdings gab es einige Länder, in denen das Risiko von Anleihen nicht geringer war als das Risiko der Aktien anderer Länder. Dazu gehört Deutschland. Dort sind als Ursache für das hohe Risiko von Anleihen, das sich bei lang zurückliegenden Daten zeigt, die Hyperinflation sowie die Währungsreformen im Zusammenhang mit den beiden Weltkriegen zu nennen.

	Standard-abweichung reale Renditen (%)	Arithmetisches Mittel reale Renditen (%)
Australien		
Aktien	18.2	7.4
Bonds	13.2	1.5
Frankreich		
Aktien	23.5	3.2
Bonds	13.0	0.0
Deutschland		
Aktien	32.2	3.2
Bonds	15.6	-1.6
Japan		
Aktien	29.8	4.1
Bonds	20.0	-1.0
Schweiz		
Aktien	19.7	4.4
Bonds	9.3	2.2
UK		
Aktien	19.9	5.3
Bonds	13.8	1.4
USA		
Aktien	20.2	6.5
Bonds	10.3	1.9

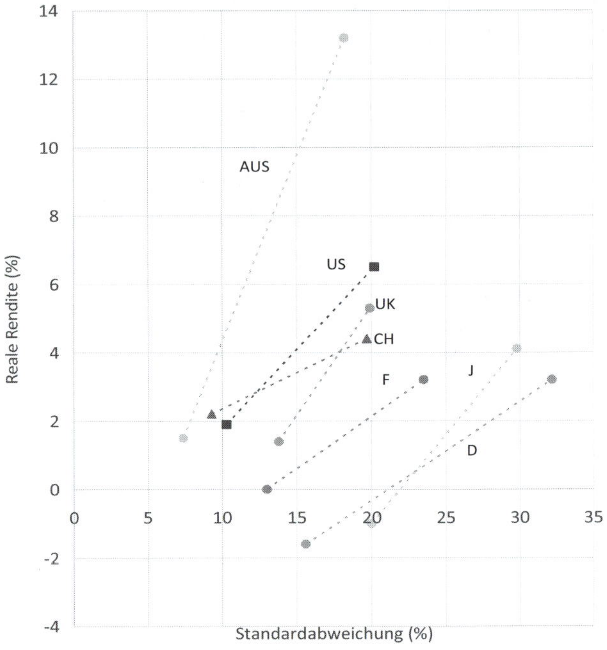

Darstellung 5-5. Rechts gezeigt sind die Standardabweichungen (Abszisse) und die durchschnittlichen Renditen (Ordinate) für Bonds (Punktewolke links unten) sowie Aktien (Punktewolke rechts oben) für die links tabellierten Länder. Für etwa 5% mehr an durchschnittlicher Rendite muss ein Finanzinvestor in Kauf nehmen, dass sich das Risiko von rund 10% auf rund 20% erhöht.

Für jedes Land gilt: Der Aktionär hat für das höhere Risiko über die lange Frist hinweg eine höhere Rendite erhalten. Die **Risikoprämie (Equity-Premium)** misst diese Kompensation der Nachteile, die mit Risiko verbunden sind. Die Risikoprämie wird definiert als Differenz zwischen der erwarteten Aktienrendite und der Rendite von Bonds mittlerer Laufzeit. Aufgrund der historischen Daten würde man die Risikoprämie in allen Ländern mit rund 5% beziffern. Ob sich diese historisch beobachtete Kompensation auch in der Zukunft in dieser Höhe einstellen wird, haben Forscher allerdings mit theoretischen und mit empirischen Argumenten bezweifelt. Einiges deutet darauf hin, dass die Zeit 1950-2000 für Aktionäre außerordentlich gute Börsenjahre gebracht hat.

Interessant sind überdies die Unterschiede in den realen Renditen der Länder. Zu beobachten ist, dass Länder und Währungsgebiete mit hohen Inflationsraten vergleichsweise tiefe reale Renditen gehabt haben. Dazu vergleiche man die Renditen auf Anleihen in der Schweiz (geringe Inflation) und in den USA (höhere Inflation über die Jahre hinweg). Dieser Sachverhalt zeigt sich auch bei anderen Ländern. Es ist also nicht so, dass die Inflation nur einen Einfluss auf die nominalen Renditen hat, während die realen Renditen überall auf der Welt mehr oder weniger gleich hoch wären (wie der Fisher-Effekt suggeriert). **Anleger, die auf die Realverzinsung achten, sollten die Kapitalmärkte von Ländern mit eher geringer Inflation vorziehen**.

5.1.5 Decoupling

Grundsätzlich ergeben sich die Werte sowohl von Aktien als auch von Anleihen aus der Diskontierung der jeweiligen Rückflüsse. Bei Bonds sind dies die Kupons und die Rückzahlung, bei Aktien die Dividenden. Höhere/geringere Zinsen bewirken, dass nicht nur die Kuponzahlungen, sondern auch die Dividenden stärker/schwächer diskontiert werden. Zwar haben die Zinssätze nur für die Diskontierung sicherer Zahlungen Gültigkeit, doch für die Diskontierung der unsicheren Dividenden werden die Zinssätze lediglich um eine Risikoprämie erhöht.

> Wegen des Zinsniveaus als gemeinsamer Faktor für die Bewertung von Kuponzahlungen und Rückzahlungen einerseits und für Dividenden andererseits sollten sich Zinsänderungen in gleicher Richtung auf die Werte von Anleihen und von Aktien auswirken.

Zwei weitere Argumente verstärken diese Aussage:

1. Mit einem Zinsanstieg für die Unternehmen erhöhen sich deren Finanzierungskosten. Das schmälert die Gewinne, was auf die Kurse der Aktien drückt.
2. Ein Zinsanstieg hat einen dämpfenden Effekt auf die Nachfrage an den Gütermärkten.

Aus allen drei Gründen (stärkere Diskontierung, höhere Finanzierungskosten, geringere Nachfrage nach Produkten begründet sich die Börsenregel: **Zinssteigerungen sind Gift für die Aktienmärkte**. Entsprechend sollten Zinssenkungen die Aktienmärkte beleben. Zinssenkungen beleben natürlich auch das Kursniveau der Anleihen. **Daher ist eine hohe, zumindest eine positive Korrelation zwischen den Kursen von Anleihen und den Kursen von Aktien zu vermuten**.

Empirisch und für einen sehr langen Zeitraum geschätzt sind die Korrelation zwischen Aktien und Anleihen für alle Länder positiv. Die Koeffizienten liegen je nach Land bei 0,3 bis 0,8. Dennoch gibt es kurzfristige Zeitfenster, in denen die besagte Korrelation gleich 0 ist oder sogar negativ wird. Besonders in **Krisenzeiten** treten negative Korrelationen auf. Das ist leicht erklärt und nachvollziehbar. In einer Krise suchen Anleger den sicheren Hafen für ihr Geld. **Die Finanzanleger verkaufen Aktien und legen ihr Geld in Staatsanleihen an**. Also sinken die Kurse der Aktien, während die der Staatsanleihen steigen. Umgekehrt ist es im **Wirtschaftsaufschwung**. Die Finanzanleger **verkaufen Staatsanleihen und kaufen Aktien**. Die Kurse der Aktien steigen, die der Staatsanleihen sinken.

Die Forschung zu dieser Gegenläufigkeit im Krisenfall bestätigt: 1. Gewisse *geldpolitische Signale*, eine hohe *Risikoaversion* und tiefe *Gewinnerwartungen* können dazu führen, dass sich die Kursentwicklung von Anleihen und Aktien *entkoppelt*: die Korrelation geht auf 0 oder wird negativ. 2. Andererseits trägt eine expansive Geldpolitik zu tieferen Zinssätzen und damit zu einer positiven Marktstimmung bei. Normalerweise steigen dann die Kurse von Aktien und Anleihen. In einer rezessiven Phase kann eine geldpolitische Lockerung jedoch auch als Zeichen interpretiert werden, dass die Zentralbank mit einer Fortsetzung schwachen Wachstums rechnet. Dann steigen zwar die Kurse der Anleihen, doch die der Aktien fallen. In Japan in den 1990er Jahren sowie in Europa im Jahr 2002 zeigte sich, dass geldpolitische Impulse wirkungslos verpuffen können.

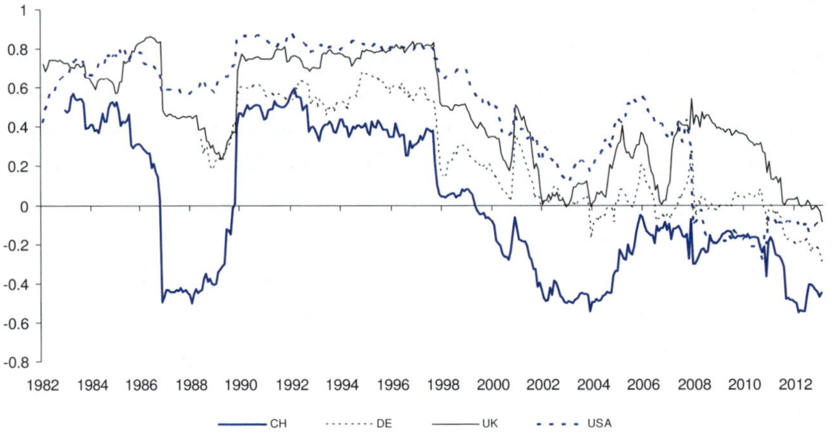

Darstellung 5-6: Korrelationen zwischen Aktien- und Bondrenditen in der Schweiz, Deutschland, Großbritannien und den USA zwischen Januar 1980 und Januar 2014.

In den Jahren 2000 bis 2003 wurde in verschiedenen Ländern ein Rückgang der Korrelation zwischen Aktien- und Anleihekursen beobachtet. Zwar erhielten Anleihekurse durch das tiefe Zinsniveau Auftrieb. Doch die Aktienkurse fielen, weil die Anleger ihre tiefen Gewinnerwartungen nicht änderten. Hinzu kommt der Einfluss der Risikoaversion der Investoren. Obwohl in den Jahren 2000 bis 2003 die Konjunkturaussichten als nicht schlecht bezeichnet wurden, blieb der an sich erwartete Aufschwung aus. Der Grund: die Aktienkurse hängen nicht nur vom Zinsniveau, sondern auch von den Risikoprämien ab. Tatsächlich waren die Risikoprämien in den Jahren 2002 und 2003 überdurchschnittlich hoch. Damit zeigt sich, dass neben konjunkturellen Aussichten auch die Risikoeinschätzung der Investoren einen entscheidenden Faktor darstellt.

Die Zinsentwicklung, die Gewinnerwartungen und die Risikoaversion können dazu führen, dass der historische Normalfall einer positiven Korrelation zwischen Aktien und Anleihen für einige wenige Jahre durch eine **Entkopplung** (**Decoupling**) beendet wird.

Darstellung 5-6 zeigt die Koeffizienten der Korrelation zwischen Anleihen und Aktien. Der Gesamtzeitraum deckt die Monate von Januar 1980 bis Januar 2014 ab. Die Korrelationen sind jeweils für Zeitfenster von 36 Monaten berechnet. Die Darstellung zeigt, wie sich die (rollierend berechneten) Korrelationen über den Gesamtzeitraum verändern. Die Kurven beziehen sich auf die Schweiz, Deutschland, UK und die USA. Die Daten sind anhand der Total-Return-Indices (für Monate) von Datastream ermittelt. Erkennbar wird, dass die Korrelationen immer wieder „eingebrochen" sind. Einer dieser Rückgänge der Korrelation zwischen den Aktien- und Bondrenditen ereignete sich bei dem Börsencrash im Oktober 1987, weitere folgten nach der Asienkrise 1997, der Russlandkrise 1998, sowie bei der Kurskorrektur an den Aktienmärkten 2001 und 2002. Stets haben die Investoren in solchen Krisen den sicheren Hafen aufgesucht, und das waren Staatsanleihen. Sie sind im Kurs gestiegen, während gleichzeitig die Kurse der Aktien gefallen sind (negative Korrelation).

In Krisenzeiten verhalten sich Aktien- und Bondrenditen temporär gegensätzlich. Kurseinbrüche bei Aktien werden durch Avancen bei Anleihen eventuell sogar ausgeglichen. Eine tiefe Korrelation in Krisenzeiten ist eine willkommene Eigenschaft. Denn sie bietet hohe Diversifikation zwischen Anleihen und Aktien genau dann, wenn sie besonders benötigt wird. **Allwetter-Portfolios enthalten stets Kombinationen von Aktien und Anleihen.**

Die aufgezeigten Berechnungen zur Diversifikation werden in der Praxis durch Traditionen bei der Geldanlage ergänzt. Bei institutionellen Investoren kommen gesetzliche Auflagen hinzu. Im Ergebnis unterscheiden sich im Ländervergleich die Gewichtungen von Anleihen und Aktien erheblich. Eine OECD-Studie zeigt die verschiedenen Gewichte der Assetklassen bei Institutionen auf: Pensionskassen in Deutschland betonen Anleihen (51%) und haben einen geringen Aktienanteil (4%), wobei der Rest (45%) Immobilien und Liquidität zugeordnet ist. Pensionskassen in den USA betonen Aktien (49%), während Anleihen (21%) ausmachen, weshalb (30%) für Immobilien und Liquidität bleiben. In der Schweiz legen die Pensionskassen ziemlich genau ein Drittel jeweils in Aktien, Obligationen und Immobilien an. (Quelle: Finanz und Wirtschaft, 20.06.2014).

5.2 Simulation zur Prognose

Lernziele: 1. Wie bei einer Simulation vorgegangen wird. 2. Varianten zur Erzeugung der Szenarien wie beispielsweise der Stress-Test.

5.2.1 Historische Daten als Basis

Die historische Vorgehensweise liefert eine Orientierung über die (gewesenen) Verhältnisse. Anhand historischer Daten können daher bereits gewisse Fragen beantwortet werden. Die Antworten werden dann meist auf die Zukunft übertragen. Dabei wird unterstellt, dass sich die Verhältnisse nicht grundlegend ändern, dass also kein **Systembruch** eintritt. Wir sind dieser Vorgehensweise gefolgt und haben Fragen gestellt wie etwa die, wie hoch die mittlere Rendite bei Anleihen oder bei Aktien war (und folglich, welche Rendite für die Zukunft erwartet werden kann). Solche Beschreibungen der Situation haben Bedeutung für die Entscheidung der Akteure an den Finanzmärkten. Sie möchten nicht nur eine Erwartung bilden, gleichsam einen Prognosewert. Sie möchten auch herausfinden, was alles passieren könnte. Grundlage für die Beantwortung dieser Fragen liefern wieder historische Daten. Es wird gefragt, was in der Vergangenheit alles passiert war. Letztlich wird der Blick in die Zukunft und darauf, was wohl alles passieren kann, auf der Basis der historischen Ereignisse präzisiert. Deshalb ist das Bemühen groß, die Vergangenheit besser zu verstehen. Die Untersuchung der empirischen, historischen Verteilungen, verbunden mit rein theoretisch geführten Überlegungen, stützt die Hypothese, die beobachteten Renditen seien Realisationen normalverteilter Zufallsgrößen gewesen. Niemand kennt die Zukunft, und selbstverständlich kann es *Systembrüche* geben. Doch darüber ist wenig bekannt.

Deshalb wird als *Arbeitshypothese* dies zugrunde gelegt: Die Kräfte, die in der Vergangenheit die Renditen entstehen ließen, sind weiterhin intakt. Folglich kann das zukünftige Geschehen anhand historischer Daten geschätzt werden. Hierzu werden der Erwartungswert und die Standardabweichung der historischen Realisationen bestimmt, die in der Regel als eine „rein zufällige" Stichprobe einer Zufallsgröße aufgefasst werden. Oft wird auch angenommen, die Zufallsgröße sei normalverteilt, und eventuell werden diese und andere Hypothesen anhand der historischen Stichprobe geprüft.

Die Aufstellung von Wahrscheinlichkeitsverteilungen für die Renditen der betrachteten Geldanlagen (wie Anleihen und Aktien) schafft somit eine gute Arbeitsbasis, um Fragen hinsichtlich der Zukunft zu beantworten. Eine erste Frage dürfte die sein, eine Prognose für das Anlageergebnis nach einer bestimmten Anzahl von Anlagejahren zu stellen. Dann wird dazu etwa der Erwartungswert des Anlageergebnisses berechnet. Da die Verteilung des Anlageergebnisses nach mehreren Jahren schief ist, wird auch nach dem *Modus* gefragt. Verbunden mit der Prognose des Ergebnisses durch Erwartungswert oder Modus ist die Frage nach den typischen Abweichungen vom Prognosewert, mit denen zu rechnen ist. Das ist die Frage nach der *Standardabweichung* der Verteilung der (zufälligen) Endergebnisse nach mehreren Jahren Anlagedauer.

Alle diese Fragen können mit der Wahrscheinlichkeitsrechnung beantwortet werden, sofern der Anleger das Portfolio nicht verändert, sondern der Strategie von Buy-and-Hold folgt. Mit Wahrscheinlichkeitsrechnung können auch noch andere Fragen geklärt werden, darunter die, mit welcher Wahrscheinlichkeit in einem Jahr oder am Ende eines mehrjährigen Anlagehorizontes das Ergebnis der Vermögensanlage negativ ist, das heißt, der ursprüngliche Anlagebetrag nicht einmal in nominaler Höhe mehr vorhanden ist. Eine Variation ist die Frage, mit welcher Wahrscheinlichkeit bei einer Anlage in einem Jahr oder am Ende eines mehrjährigen Anlagezeitraums das Kapital nicht real erhalten wurde.

5.2.2 Szenariotechnik

Doch die meisten Fragen, die beim Management eines Portfolios gestellt werden, sind komplexer. Ein Beispiel ist die Frage, ob ein Anleger ein **Rebalancing** vornehmen sollte oder nicht. Was ist darunter zu verstehen? Ein Anleger wählt der persönlichen Risikotoleranz entsprechend ein Portfolio aus den beiden Assetklassen Anleihen und Aktien in einer bestimmten prozentualen Zusammensetzung. Etwa könnte der Anleger für sich eine Kombination wählen, bei der ½ in Anleihen und ½ in Aktien investiert wird.

Nach einer gewissen Zeit dürfte das Portfolio von dieser Zusammensetzung abweichen. Der Finanzanleger muss dann entscheiden, ober er von jener Assetklasse, die höhere Kurssteigerungen erfuhr so viel verkauft und von der in ihrer Wertentwicklung zurückgebliebenen Assetklasse nachkauft, so dass die Relation von ½ zu ½ wieder hergestellt wird. Tut er dies regelmäßig, dann wird von **Rebalancing** gesprochen. Alternativ könnte der Anleger (wie im Darwinismus) die bessere Assetklasse einfach weiterlaufen lassen.

Ob nun ein Rebalancing vorteilhaft ist oder nicht, kann nicht mehr analytisch mit Formeln der Wahrscheinlichkeitsrechnung geklärt werden. Dann kommt eine zweite Methode zum Einsatz. Aufgrund der Vergangenheit oder der aus ihr gewonnenen Wahrscheinlichkeitsverteilung werden zufällige Szenarien erzeugt, und anhand der Szenarien wird die zu klärende Frage beantwortet.

Die *methodische* Erzeugung von *zufälligen* Szenarien, die Umrechnung in einem Modell und die wissenschaftliche Auswertung der erzielten Ergebnisse wird als **Simulation** bezeichnet.

Vor einer näheren Betrachtung der Simulation sollen zwei Beispiele genannt werden, in denen aufgrund der Komplexität der Situation eine analytische Rechnung nicht mehr möglich ist. Im ersten Beispiel wird gefragt, ob ein institutioneller Investor (Bank oder Versicherung) über hinreichend viel Eigenkapital verfügt, um Krisenjahre zu überstehen. Dazu werden mit Simulation die letzten Krisen nochmals „durchgespielt". Eine solche Prüfung heißt **Stresstest**. Im zweiten Beispiel wird gefragt, ob bei der weiteren Vermögensentwicklung wichtige Bilanzrelationen eingehalten werden. Eine Bank oder Versicherung könnte entscheiden wollen, ob sie Namens- oder Inhaberpapiere (mit unterschiedlichen bilanziellen Konsequenzen) zeichnen sollte. Dazu wird mit Simulation herausgefunden, was in beiden Fällen passieren könnte.

Die Simulation verlangt vier Arbeitsschritte:

1. Beschaffung historischer Daten und Aufstellen der Wahrscheinlichkeitsverteilungen der unsicheren Einflussfaktoren (etwa der zufälligen Renditen von Anleihen und Aktien).
2. Präzisierung der Frage, die geklärt werden soll und Aufstellen der Wirkungszusammenhänge (Modellbildung).
3. Erzeugung vieler Szenarien.
4. Beantwortung der Ausgangsfrage.

5.2.3 Vollständige Simulation

Nachstehend befassen wir uns mit der dritten Aufgabe, der Erzeugung von Szenarien. Hierfür wurden verschiedene Techniken entwickelt.

Bei der **vollständigen Simulation** wird die Untersuchung anhand aller Szenarien, die auftreten können, geführt. Dabei wird unterstellt werden, dass sich das Kollektiv beschreiben lässt.

Die Fragen werden bei vollständiger Simulation anhand *aller* Werte des Kollektivs beantwortet, wobei jeder Wert genau einmal im Modell als Eingangsgröße verwendet wird. Gleichsam wird aus einer Urne Kugel um Kugel (ohne Zurücklegen) gezogen, bis die Urne leer ist.

Wenn das Gesamtkollektiv nicht bekannt ist, wird es mit jenen Daten gleichgesetzt, die sich historisch ereignet haben. Die vollständige Simulation untersucht, wie sich *alle* Szenarien, die sich historisch ereignet hatten, auswirken. Die durch vollständige Simulation gefundenen Aussagen haben die *Qualität* von Aussagen wie: „Insgesamt, wenn alle Werte berücksichtigt werden, die auftreten können oder die historisch in einem bestimmten Zeitabschnitt aufgetreten sind, wäre es so oder so gewesen.“ Im vorliegenden Kontext können als Werte des Kollektivs die Zinssätze $i_1^{(t)}, i_2^{(t)}, ..., i_{10}^{(t)}$ für zurückliegende Monate, Quartale oder Jahre $t = 1, 2, ..., N$ betrachtet werden. Eine vollständige Simulation würde dann verlangen, dass alle vorliegenden, historischen Werte genau einmal im Modell als Eingangsgrößen Verwendung finden. Allerdings darf die Reihenfolge des Ziehens von der historischen Abfolge abweichen.

Wenn das Kollektiv der möglichen Werte aus einer *Zeitreihe* besteht, wird von **historischer Simulation** gesprochen.

→ **Beispiel 5-2**: Ein Investor stellt diese Frage: Wenn ich 1980 eine Million Euro in Renten angelegt hätte, aber immer nur Bonds mit einer Laufzeit von zwei Jahren gekauft hätte, wie wäre dann der Verlauf meines Vermögens gewesen? Und wie sieht das Ergebnis im Vergleich zu einer Strategie aus, bei der immer in Langläufer investiert worden wäre? ■

Eine Anlagestrategie einfach anhand der vergangenen Daten durchzuspielen und zu sehen, was dabei jeweils herausgekommen wäre, ist wenig anspruchsvoll. Oft wird die historische Simulation mit den üblichen Hinweisen vom „Fahren mit Blick in den Rückspiegel“ abgetan.

Doch das Verfahren der historischen Simulation besitzt einen großen Vorteil: Es kommt praktisch *ohne Voraussetzungen* aus. Weder muss eine bestimmte Wahrscheinlichkeitsverteilung unterstellt werden noch müssen Korrelationen oder andere Parameter bekannt sein.

Im Spiegelbild dessen darf von einer historischen Simulation auch nicht zuviel erwartet werden. Selbstverständlich muss eingestanden werden, dass in der Zukunft einiges anders sein könnte als es die Realisationen der Vergangenheit bislang vorführten. Vom wissenschaftstheoretischen Standpunkt aus betrachtet sind die mit historischer Simulation erzielten Ergebnisse *wenig* überzeugend.

→ **Beispiel 5-3**: Zum Mangel der historischen Simulation: In einem Glücksspiel bietet eine Bank den Spielern an, jeweils €4 zu setzen und zu würfeln. Sie erhalten dann von der Bank soviel Euro, wie die Augenzahl angibt. Die Historie der letzten zehn Würfe zeitigte 2, 6, 3, 5, 6, 4, 3, 4, 5, 4 Augen. Die vollständige Simulation ergibt daher Spielgewinne von -2, 2, -1, 1, 2, 0, -1, 0, 1, 0. Im Mittel sind das 2/10.

Die Simulationsstudie führt auf die Aussage: „In der Vergangenheit konnte man eindeutig gewinnen, wenn man bei €4 Einsatz die Augenzahl erhält.“ Doch ist natürlich klar, dass die erwartete Augenzahl beim Würfelspiel 3,5 ist, und dass man bei einem hinreichend langen Spiel aufgrund des *Gesetzes der Großen Zahlen* unweigerlich mit immer größerer Wahrscheinlichkeit verlieren wird. Wer nur ein einziges Mal spielt, kann natürlich Glück oder Pech haben. Auch wer zweimal, dreimal oder eben zehnmal spielt, kann Glück oder Pech haben. Personen, die zehnmal würfelten und dabei auf die oben genannten Augenzahlen kamen, hatten einfach *Glück*. Diese Aussage ist möglich, wenn sie aus einer übergeordneten Perspektive getroffen wird. Dazu ist Wahrscheinlichkeitstheorie verlangt. ■

Diesen Mangel der historischen Simulation sehen einige Forschungen bei historischen Darstellungen der Vermögensentwicklung. Genau wie im eben angeführten Beispiel ist nicht auszuschließen, dass jemand, der etwa 1980-2000 in Aktien angelegt hatte, einfach Glück gehabt hat. Dieser historische Abschnitt ist nicht repräsentativ für die wahre Verteilung der Aktienrenditen.

5.2.4 Monte-Carlo-Simulation

Die **Monte-Carlo-Simulation** thematisiert die Frage der hinter den Eingangsdaten stehenden Wahrscheinlichkeitsverteilung. Diese Simulationstechnik ist durch zwei Schritte charakterisiert:

1. Aus der Stichprobe oder aus der Zeitreihe von Realisationen wird eine Aussage über die *Wahrscheinlichkeitsverteilung* der möglichen Werte gewonnen. Oft sprechen theoretische Gründe für einen bestimmten Verteilungstyp. Sodann werden mit den *Stichprobenwerten* oder *den historischen Realisationen* die Parameter dieser Verteilung geschätzt.
2. Anschließend werden methodisch Stichproben eben dieser Verteilung erzeugt, Dazu dient ein Zufallszahlen-Generator. Die erzeugten Stichproben werden in das Modell eingesetzt. **Auf diese Weise werden auch Eingangswerte für das Modell in die Untersuchung einbezogen, die es vielleicht so nie in der Vergangenheit gegeben hat, die sich aber nach Lage der Zusammenhänge durchaus hätten einstellen können und mit deren Auftreten in der Zukunft von daher zu rechnen ist**.

Die Monte-Carlo-Simulation erlaubt Urteile über die Gültigkeit der gefundenen Ergebnisse in der Zukunft. Basis ist die Verteilung der Eingangsgrößen, die aufgrund der historischen Realisationen geschätzt wurde. Im obigen Beispiel 5-3 des Würfelspiels geht ein Forscher so vor:

1. Schritt: Er würde nicht die empirischen Daten der letzten zehn Spiele betrachten, sondern fragen, ob es in der Wissenschaft Erkenntnisse über den Würfel gibt. Die Antwort: Ein symmetrischer Würfel liefert alle Augenzahlen 1, 2, …, 6 mit derselben Wahrscheinlichkeit.

2. Schritt: Dann würde der Forscher fragen, ob die tatsächliche „Stichprobe“ 2, 6, 3, 5, 6, 4, 3, 4, 5, 4 der Hypothese widerspricht, dass der Würfel *fair* sei. Obwohl das Stichprobenmittel etwas größer als 3,5 ist, kann diese Hypothese *nicht* verworfen werden (Dazu ist der Stichprobenumfang zu gering). Damit ist die Hypothese zwar noch nicht bestätigt. Immerhin könnte es sein, dass sich nach hunderttausendfachem Wurf herausstellt, dass der Erwartungswert des konkreten Würfels ziemlich genau 3,8 sein muss. Jedenfalls würde der Forscher aufgrund der vorliegenden Informationen die Hypothese *nicht verwerfen* und als *Arbeitshypothese* weiter verwenden.

3. Schritt: Die Frage, ob das Spiel bei einem Einsatz von 4 attraktiv ist, könnte direkt beantwortet werden. In komplizierteren Situationen, wo schwierigere Rechnungen anzustellen sind, wird zur Monte-Carlo-Simulation gegriffen. Der Forscher lässt ein Computerprogramm laufen, das immer wieder und in unabhängiger Weise Zufallszahlen erzeugt, die gleichverteilt die diskreten Werte 1, 2,…, 6 annehmen können. Das Programm zieht von jeder Zufallszahl den Einsatz 4 ab. Daraus abgeleitete Statistiken zeigen, wie die Verteilung der Nettogewinne für den Spieler aussieht.

5.2.5 Bootstrapping und Stresstests

Neben der vollständigen Simulation, der historischen Simulation und der Monte-Carlo-Simulation sind noch zwei weitere Simulationstechniken erwähnenswert.

Von **Bootstrapping** wird gesprochen, wenn im Prinzip mit *einer einzigen* historischen Stichprobe gearbeitet wird. Dabei wird die eine Zeitreihe gleichsam zerbrochen, und die Teile werden neu kombiniert und zusammengesetzt. Dabei gilt das Prinzip, „denkbare" Neukombinationen zu bilden. Auf diese Weise kann man von einem einzigen Szenario (oder von einigen wenigen Szenarien) ausgehend viele „denkbare" Szenarien erzeugen. Deshalb ist es möglich, eine umfangreiche Simulation anhand der wenigen Daten der jüngsten Vergangenheit zu führen.

Wer beispielsweise bei zwei Beobachtungen „A-1" und „B-2" findet, kann diese in „Buchstabe" und „Zahl" aufbrechen. Mit Bootstrapping können sodann als weitere, denkbare Realisationen „A-2" und „B-1" erzeugt werden. So liegen bereits vier Szenarien für eine Simulation vor, nämlich A-1, A-2, B-1, B-2. Hier findet ein bewusster Eingriff des Modelltheoretikers statt, in dessen Urteil wenige aktuelle Daten besser sind als weit in die Vergangenheit zurückreichende Daten.

Ein *bootstrap* ist ein Schnürsenkel, und wie ein Schnürsenkel am *Ende* gezogen wird und den ganzen Schuh bindet, wird beim Bootstrapping nur das *jüngste Ende der Zeitreihe* dazu verwendet, Aussagen herzuleiten, die schließlich für alles als richtig unterstellt werden.

Schließlich gehören auch **Stresstests** zu den Simulationstechniken. Bei einem Stresstest werden die sehr ungünstigen Daten der Vergangenheit als Szenarien für die Simulation ausgewählt. Sie dienen dazu, **Worst-Case-Szenarien** zu rechnen. Neuerdings müssen sich Banken solchen Stresstests unterziehen. Sie zeigen dann, ob die Bank in ihrer derzeitigen Situation und mit ihrem derzeitigen Eigenkapital Krisen überstehen würde, die sich in der Vergangenheit ereignet haben.

→ **Beispiel 5-4**: Bekannt ist der Fall der *Citicorp*. Die Bank wollte 2014 ihren Aktionären eine hohe Dividende auszahlen. Doch bei der damit verbundenen Eigenkapitalreduktion, so haben Stresstests gezeigt, hätte das Bankhaus frühere Krisen nicht überstanden. Deshalb untersagte die Bankaufsicht die Zahlung der Dividende in geplanter Höhe. ■

Leider können auch Stresstests die Wahrheit noch verschönern. Als Beispiel möge jemand die historischen Kurse beobachten und sich auf deren Auswirkungen konzentrieren. Vielleicht betont die Person in ihrer Untersuchung dabei sogar die historischen Zeitabschnitte, die Kurseinbrüche gebracht haben. Doch ein Börsencrash kann Begleiterscheinungen haben, die bei einer Betrachtung historischer Kursverläufe nicht erkennbar sind, und dennoch weitere negative Wirkungen zeitigten. So hört, wenn das Kursniveau an einer Börse zusammenbricht, meistens der Handel auf, und es gibt zeitweise keine Liquidität mehr. Das bedeutet unter anderem, dass Absicherungsinstrumente nicht mehr gekauft werden können. Solche Begleiterscheinungen werden auch bei einem Stresstest übersehen, der sich auf den Kursverlauf allein konzentriert. Eine wirkliche Katastrophe an den Finanzmärkten ist dramatischer, als sie sich dem Beobachter präsentiert, der sich später Aufzeichnungen allein der Kurse ansieht.

5.3 Ergänzung und Lernkontrolle

Lernziele: 1. Berechnung der effizienten Portfolios. 2. Fragen zur Lernkontrolle.

5.3.1 Ergänzung: Berechnung der effizienten Portfolios

Die effizienten Portfolios stellen hinsichtlich Risk und Return „beste" Portfolios dar. Sie können als Lösung von Optimierungsaufgaben bestimmt werden. Als Eingangsdaten der Optimierungen dienen: 1. Die Anzahl der betrachteten Einzelanlagen n (in unserem Beispiel von Abschnitt 5.1 war $n = 2$), 2. Die Parameter Return $\mu_1,...,\mu_n$ und Risk $\sigma_1,...,\sigma_n$ für alle Einzelanlagen. 3. Die Koeffizienten der Korrelationen $\rho_{1,2},..., \rho_{1,n}, \rho_{2,3},..., \rho_{2,n},..., \rho_{n-1,n}$ zwischen Paaren der Renditen. Insgesamt $n \cdot (n-1)/2$ solche Paare und damit Korrelationskoeffizienten werden benötigt.

Verschiedene Formulierungen für die Berechnung der effizienten Portfolios wurden entwickelt. Stets erscheint dabei ein *Parameter*, der *variiert* wird, um so die *gesamte* Effizienzkurve zu ermitteln (und nicht nur einen einzigen Punkt auf ihr). Die Nebenbedingung ist $x_1 + x_2 + ... + x_n = 1$. Die Gewichte der Einzelanlagen sollen sich zu 1 summieren. Wenn Leerverkäufe ausgeschlossen werden, dann kommen $x_i \geq 0$ für $i = 1, 2,..., n$, als zusätzliche Nebenbedingungen hinzu. Ein erster Rechenweg: Wähle ein bestimmtes Risk s (dieses s wird dann variiert) und versuche, unter allen Portfolios, die dieses Risk s aufweisen, dasjenige zu bestimmen, das den höchsten Return aufweist. Die Aufgabe lautet:

$$\begin{cases} \mu_P(x_1, x_2,..., x_n) \to Max! \quad \textit{unter den Nebenbedingungen} \\ s \;=\; \sigma_P(x_1, x_2,..., x_n) \quad \textit{und} \quad x_1 + x_2 + ... x_n = 1 \end{cases} \tag{5-3}$$

Die Lösung dieser Optimierung liefert die Zusammensetzung $x_1(s), x_2(s), \ldots, x_n(s)$ jenes Portfolios, das den höchst möglichen Return aufweist, der beim Risk s möglich ist. Dann wird s im relevanten Risikobereich variiert. Das *kleinste Risk* s ist dadurch bestimmt, dass es wenigstens ein aus den Einzelanlagen gebildetes Portfolio mit diesem Risk geben soll. Es ist das Risk des Minimum-Varianz-Portfolios. Das *größte Risk* ist, sofern Leerpositionen ausgeschlossen sind, das Risk der Einzelanlage mit der größten Standardabweichung der Rendite. In diesem Bereich wird der Parameter s variiert, und für jeden Parameterwert wird die Maximierung (5-3) von neuem vorgenommen. So werden alle Portfolios auf der Effizienzkurve bestimmt. An dieser Stelle kann der Praktiker aufhören, weil sich die Optimierung (5-3) leicht in Excel mit dem Solver umsetzten lässt. Für verschiedene Niveaus von Risk werden mit dem Solver die Gewichte der Assets gefunden, die den Return maximieren. Entweder gibt man die verschiedenen Niveaus von Risk, für welche die Optimierung ausgeführt wird, per Hand ein oder man zeichnet ein Makro auf.[2]

[2] Professor SIMON BENNINGA (Wharton School) hat ein empfehlenswertes Buch verfasst: *Principles of Finance with Excel*; Oxford University Press, New York 2010. Im Teil 7 (130 Seiten) wird Excel erklärt. Nach der Lektüre können Studierende „handwerklich" etwas machen und mit dem Solver souverän umgehen.

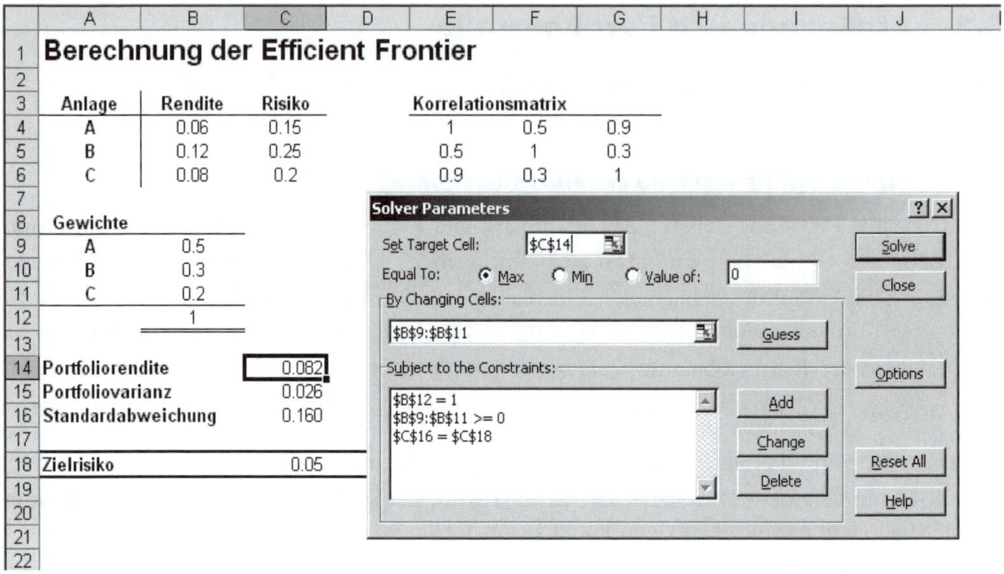

Darstellung 5-6: Der Solver in dem Menü Tools erlaubt bei Excel von Microsoft Optimierungen unter Nebenbedingungen wie in Formel (5-3) formuliert.

5.3.2 Fragen und Aufgaben

1. Nennen Sie typische Parameter für die Geldanlage in Anleihen und in Aktien.
2. Aus welchen Gründen ist die weitere Wertentwicklung bei einem Portfolio unsicher, selbst wenn dies nur aus Anleihen besteht und obwohl bei jeder Anleihe die noch bevorstehenden Zahlungen der Höhe nach fixiert sind?
3. Was besagt die Diversifikation?
4. Was ist *Bootstrapping*?

5.3.3 Antworten und Lösungen

Zu Frage 1: Return 5% und 10%, Risk 5% und 20%, Korrelation 0,3.

Zu Frage 2: Zinsrisiko, Wiederanlagerisiko.

Zu Frage 3: Die Portfoliorendite hat ein geringeres Risiko im Vergleich zum gewichteten Durchschnitt der Risiken der in das Portfolio einbezogenen Einzelanlagen.

Zu Frage 4: Eine historische Stichprobe kleinen Umfangs wird in Teilelemente aufgebrochen, die auf zufällige Weise neu kombiniert und wieder zusammengesetzt werden und so neue Szenarien entstehen lassen.

6 Fremdwährungsanleihen

Thema: Fremdwährungsanleihen tragen neben ihren Zinsrisiken auch Währungsrisiken in das Portfolio. Vorteilhaft ist, dass sich Zinsrisiko und Währungsrisiko teilweise ausgleichen.

6.1 Internationale Kapitalverflechtung

Lernziele: 1. Begriffliches und Historisches zu Fremdwährungsanleihen. 2. Der Euro-Markt. 3. Währungsregimes. 4. Theorie optimaler Größe von Währungsräumen nach R. A. MUNDELL.

6.1.1 Im Ausland anlegen oder verschulden?

Die **Referenzwährung** einer Person ist jene Währung, die ihr als Basis für die überwiegende Zahl von Transaktionen, für Berichte und Beurteilungen dient. Es ist die Währung:

1. In der die Einzahlungen und Auszahlungen vorgenommen oder abgerechnet werden.
2. In der die Wertentwicklung des Portfolios verfolgt, die Rendite gemessen und Kennzahlen zum Risiko ausgedrückt werden.
3. In der gegenüber Aufsichtsgremien und Anspruchsberechtigten, insbesondere auch den Steuerbehörden, berichtet wird.

Für viele Finanzinvestoren liegt die Referenzwährung klar auf der Hand: Es ist die legale Währung des Gebiets, in dem sie ihre steuerliche Residenz haben. Bei wohlhabenden Familien und größeren Einrichtungen erstrecken sich Leben und Wirtschaftsaktivitäten oft über mehrere Währungsräume, weshalb als Referenz ein Währungskorb definiert werden könnte. Indessen betrachten wir zur Vereinfachung der Sprechweise Investoren, für welche die Währung ihres Heimatlandes als Referenz dient. Wir sprechen kurz von der *Währung des Heimatlandes*.

Früher haben Finanzinvestoren nur Anlageinstrumente gewählt, die auf die heimische Währung lauten und bei denen der Kapitalnehmer seinen Sitz im Inland oder in dem betreffenden Währungsgebiet hat. Dieser **Home-Bias** ist auch heute noch vielfach bei Aktien wie bei Bonds anzutreffen (und er wirkt auch beim Konsum). Er findet eine Erklärung in den höheren Beobachtungskosten, die für Privatinvestoren mit ausländischen Kapitalnehmern und Fremdwährungen verbunden sind.

Hinzu kommt: Regierungen und Aufsichtsbehörden fördern die Fokussierung heimischer Sparer auf lokale Banken und den lokalen Kapitalmarkt. Politiker haben kein Interesse daran, ansässige Finanzinvestoren auf Anlagemöglichkeiten im Ausland hinzuweisen. Ebenso wenig möchten sie ausländischen Kapitalnehmern einen Auftritt im Inland erleichtern, wenn es dadurch heimischen Einrichtungen schwerer fällt, sich zu finanzieren. Schon eher wollen Politiker den heimischen Kapitalmarkt für ausländische Investoren öffnen. Sie möchten in jedem Fall Direktinvestitionen fördern. In den meisten Ländern möchte die Politik auch ausländische Finanzinvestoren dazu bewegen, Geld in lokalen Instrumenten und im heimischen Bankensystem zu binden. Hier wird die weitverbreitete merkantilistische Haltung erkennbar. So dominierte früher eine *Segmentierung* des internationalen Finanzsystems in nationale Kapitalmärkte.

Für Länder wie Deutschland oder Frankreich war diese Segmentierung nie ein Problem, weil jeweils innerhalb dieser Länder Angebot und Nachfrage auf dem durch gut funktionierende Börsen organisierten heimischen Kapitalmarkt zum Ausgleich gebracht werden konnten. Diese Länder hatten zudem ausgebaute und effiziente Systeme von Universalbanken, die gleichfalls einen nationalen Schwerpunkt setzten: Die Banken nahmen Einlagen der heimischen Sparer entgegen und gaben den ansässigen Unternehmen Kredite. Ebenso setzten die Lebensversicherungsgesellschaften und andere institutionelle Investoren einen nationalen Schwerpunkt. Sie waren durch Vorschriften und Aufsichtsgremien gehalten, überwiegend im eigenen Land zu investieren.

Heute ist die Segmentierung in beiden Richtungen durchbrochen.

Kapitalanleger, die ihren Sitz im Land *A* haben, tätigen Kapitalanlagen in der Währung eines Landes *B*, indem sie ihre heimische Währung wechseln und mit den Devisen im Ausland Wertpapiere kaufen. Soweit es um Anleihen geht, werden die auf fremde Währung lautenden Anleihen als **Fremdwährungsanleihen** bezeichnet.

Unabhängig davon versuchen Schuldner aus dem Währungsgebiet *B*, in der Währung des Landes *A* am dortigen Kapitalmarkt Mittel aufzunehmen. Das setzt voraus, dass die Schuldner aus *B* am Kapitalmarkt von *A* Anleihen ausgeben. Sie müssen dazu die Bestimmungen des Kapitalmarktes *A* erfüllen und meistens, weil sie ihren rechtlichen Sitz im Ausland haben, *weitere Auflagen* erfüllen. Die zusätzlichen Auflagen erlässt das Land *A*, um seine Währung und die heimischen Kapitalanleger zu schützen angesichts der Tatsache, dass der Schuldner seinen Sitz *nicht* im Rechtsgebiet von *A* hat. Wenn die Emission gelingt, werden am Kapitalmarkt von *A* Anleihen (in heimischer Währung) gehandelt, bei denen der Schuldner ein Ausländer ist.

Das Durchbrechen der früheren Segmentierung geht auf mehrere Umstände zurück. Einer ist, dass die Währung des Landes *A* wenig **Vertrauen** ausstrahlt. Vielleicht ist das Finanzsystem (Kapitalmarkt, Banken) wenig **effizient**, also teuer zu benutzen. Dann gehen die Anleger des Landes *A* in ein Land *B* mit besseren Verhältnissen. Sie kaufen also Fremdwährungsanleihen.

Ein zweiter Grund für den Aufbruch der nationalen Segmentierung ist eine Situation, in der die allgemeinen **Einkommen** zu gering sind, als dass die Bevölkerung im benötigten Umfang sparen und anlegen kann. Dann müssen heimische Schuldner (der Staat, Unternehmen) im Ausland Kapital aufnehmen, auch wenn die heimische Währung an sich Vertrauen genießt.

→ **Beispiel 6-1**: Wir betrachten Österreich vor fünfzig Jahren. Um den Aufbau der Infrastruktur des Landes zu finanzieren, musste das Land wie jedes andere auch Staatsanleihen ausgeben. Doch die Bevölkerung Österreichs konnte (damals) die Mittel nicht aufbringen, um österreichische Staatsanleihen zu zeichnen. Denn die Menschen verwendeten ihre Spargelder für den Bau privatgenutzter Immobilien und die Ausbildung der Kinder. So musste das Land Kapital in anderen Ländern aufnehmen. Österreich war gezwungen, Staatsanleihen in Zürich, London und New York (nach den dortigen Vorschriften) zu plazieren. Dort waren ausländische Investoren durchaus bereit, österreichische Staatsanleihen zu zeichnen. Doch sie wären nicht bereit gewesen, sich in Schillinge zu engagieren. Österreich musste folglich Staatsanleihen ausgeben, die auf Franken, Pfund beziehungsweise Dollar lauteten. Das waren für den Schuldner Österreich *Fremdwährungsanleihen*. Sie brachten für Österreich besondere Probleme mit sich, weil der Haushalt des Landes, die Steuereinnahmen und die Ausgaben in Schilling erfolgten. ■

Wenn ein Land A (etwa Argentinien oder Griechenland) für die Aufnahme von Kapital gezwungen ist, Anleihen auszugeben, die auf die Währung eines anderen Landes B lauten (etwa USA oder Großbritannien), dann tritt zur Thematik zweier Währungen ein weiterer Punkt hinzu. Für Schuldner (Land A) und Gläubiger (internationale Investoren) ist wichtig, auf welches *Rechtssystem* sich die Anleihen beziehen. Die USA vertreten vehement den rechtlichen Standpunkt, dass jedes Geschäft, das in USD abgewickelt wird, den amerikanischen gesetzlichen Regeln unterliegt und somit den rechtlichen Instanzen der USA unterstellt ist. Doch gerade bei Anleihen wird das Schuldnerland A es vorziehen, wenn das Kreditgeschäft und eine eventuelle Abwicklung im Fall eines Defaults nach den rechtlichen Regeln des eigenen Landes vorgenommen wird.

Ein dritter Grund für das Aufbrechen der früheren Segmentierung der Kapitalmärkte ist die **Diversifikation**. Kapitalanleger sehen, dass sie ein Bondportfolio besser diversifizieren können, indem Anleihen aus mehreren Ländern kombiniert werden. Zwar sind in allen Ländern Zinsentwicklungen unsicher, doch die Zinsbewegungen sind *nicht vollständig korreliert*, weil es gewisse Unterschiede bei den Konjunkturzyklen gibt und die Zinsen mit diesen zusammenhängen. Die Zinsrisiken diversifizieren sich daher zu einem Teil, wenn ein Portfolio aus Anleihen unterschiedlicher Währungsgebiete gebildet wird. Natürlich kommen dann noch Währungsrisiken dazu, weshalb es kein einfaches Rezept für die Diversifikation von Zins- und Währungsrisiken gibt.

Eine vierte Entwicklung ist die **Internationalisierung** der Unternehmungen. Sie haben aufgrund ihrer Absatztätigkeit in verschiedenen Ländern Einnahmen in diversen Fremdwährungen. Um die Währungsrisiken zu kompensieren, verschulden sich diese Unternehmungen in diesen Währungen und geben dazu Fremdwährungsanleihen aus. Kuponzahlungen und Rückzahlungen werden aus den Umsatzerlösen geleistet. So entsteht ein natürlicher Hedge.

→ **Beispiel 6-2**: Deutsche Automobilbauer haben Unternehmensanleihen in USD ausgegeben, einem Hauptabsatzmarkt. Die Globalisierung erklärt, weshalb Nestlé Unternehmensanleihen in allen Währungen ausgegeben hat. Gleiches gilt für andere Konzerne mit weltweitem Absatz. ■

Eine fünfte Förderung internationaler Finanzgeschäfte geht heute von **Unterschieden in der Realwirtschaft** aus. Einige Länder haben ein geringes Wachstum. Dazu gehören europäische Kernländer und Japan. Das geringe Wachstum hängt mit der **Altersstruktur der Bevölkerung** zusammen und hat weitere Gründe. Eine überalterte Bevölkerung will nicht mehr viel investieren, und sie wünscht keine Reformen. Weil wenige Investitionen anstehen, ist die inländische Nachfrage nach Kapital gering. Dennoch gibt es in diesen Ländern Finanzinvestoren und Systeme zur Altersvorsorge. Diese Investoren kaufen Staatsanleihen aus Ländern mit größerem Wachstum und größerer Kapitalnachfrage.

Fünf Gründe für die Internationale Verflechtung der Kapitalmärkte:

1. Wenig attraktive lokale Währung vertreibt Finanzakteure.
2. Lokale Bevölkerung kann nur wenig anlegen, weil Einkommen gering sind.
3. Bessere Diversifikation (Zins- und Währungsrisiken).
4. Internationale Unternehmen suchen einen Hedge.
5. Unterschiede im Wachstum aufgrund der Demographie.

6.1.2 Finanzmarktzentren

Aus Sicht eines Kapitalanlegers sind alle Anleihen Fremdwährungsanleihen, die auf eine Währung lauten, die von seiner Referenzwährung verschieden ist. Die Schuldner können der eigene Staat, ein fremder Staat, eine international tätige übernationale Einrichtung (wie die Weltbank), eine inländische oder eine ausländische Unternehmung sein.

→ **Beispiel 6-3**: Für eine Investorin aus Österreich mit Referenzwährung Euro sind folgende Anleihen Fremdwährungsanleihen: 1. Eine auf Franken lautende Staatsanleihe der Republik Österreich. 2. Ein in Pfund denominierter Bond des Königreichs Großbritannien. 3. Eine Dollar-Anleihe der Weltbank. 4. Ein in Yen denominierter Bond von General Electric. ■

Üblich ist es, dass Anleihen am Finanzplatz des Währungsgebietes emittiert werden. Es widerspräche dem Gentlemen-Agreement der Zentralbanken und ihrer Zusammenarbeit im IMF und in der *Bank for International Settlements* (BIS), wenn am Kapitalmarkt und im Rechtsgebiet eines Landes Wertpapiere ausgegeben würden, die auf eine fremde Währung lauten. Hinter diesem Agreement, dass kein Land ohne vorherige Vereinbarung eine fremde Währung (im Übermaß) für eigene Zwecke verwendet, stehen verschiedene Motive. Erstens möchte das Land das eigene Währungsgebiet stabil halten und kann daher nur begrenzt zulassen, dass die Währung in anderen Währungs- und Rechtsgebieten benutzt wird. Zweitens möchte ein Land mit attraktiver Währung die Früchte (Tätigkeit von Investmentbanken, liquider Finanzplatz) für sich selbst beanspruchen.

Schuldner	Kupon (%)	Verfall	Rating	Kurs	Rendite (%)	Callability	Duration
ABN Amro	1.625	28.10.2016	AAA	103.45	-0.1		2.35
Credit Agricole	1.375	30.07.2018	AAA	104.55	0.2		4.01
HSBC	1.875	01.09.2016	AA	103.60	0.1		2.18
Nestlé	2.625	14.02.2018	AA	109.25	-0.4		3.55
Rabobank	2	16.09.2021	AA	107.65	0.9		6.72
Royal Bank of Canada	0.625	09.04.2019	AA	101.70	0.2		4.77
Bank of America	3.25	14.06.2016	A	105.60	0.4		1.93
Hypo Alpe-Adria Bank	2.5	13.06.2016	A	101.75	1.6		1.91
Litauen	2	11.04.2018	A	104.25	0.6		3.70
Tschechische Republik	2.875	23.11.2016	A	106.55	-0.4		2.38
Gazprom	2.85	25.10.2019	BBB	102.05	2.4	kündbar	4.87
Hyundai	3	16.07.2015	BBB	102.76	0.2		1.08
Italien	2.5	30.01.2018	BBB	104.70	0.9		3.47
RWE	5.25	04.04.2072	BBB	107.05	5.0	kündbar	18.85
Stadt Madrid	3.5	15.07.2015	BBB	102.72	0.8		1.06
African Bank	4.75	24.07.2015	BB	98.19	6.6		1.02
Royal Bank of Scotland	2.375	02.11.2015	BB	101.63	0.7		1.36
Ungarn	4	20.05.2016	BB	104.50	-0.5		1.86
Fiat Finance & Trade	4	22.11.2017	B	103.75	2.7		3.15
First Rand Bank	0	28.05.2019	kein Rating	99.85	0.0		4.69
Hilti	0.875	30.10.2018	kein Rating	102.55	0.2	kündbar	4.30
KLM	2.125	12.02.2100	kein Rating	38.00	4.1	kündbar	16.65
KLM	5.75	15.05.2100	kein Rating	95.40	5.9	kündbar	16.38

Darstellung 6-1: Auswahl von am 3. Juni 2014 ausstehenden Frankenanleihen ausländischer Schuldner (Quelle: Finanz und Wirtschaft, Nr. 43, 4. Juni 2014). Für einen in Euro denkenden Finanzinvestor sind alle Frankenanleihen Fremdwährungsanleihen. Zu erkennen: Anleihen mit besserem Rating weisen geringere Renditen auf. Umgekehrt weisen Anleihen mit einem Recht zur vorzeitigen Kündigung seitens des Emittenten eine höhere Rendite auf.

Deshalb muss ein Schuldner, der sich zum Zweck einer Emission in ein fremdes Währungsgebiet begibt, die dortigen (rechtlichen und wirtschaftspolitischen) Bedingungen für Emissionen erfüllen. Früher haben die Behörden inländische gegenüber ausländischen Schuldnern bevorzugt. Das ist heute nicht mehr der Fall.

Dennoch teilen die Börsenplätze Bonds immer noch ein nach dieser Reihenfolge: 1. Staatsanleihe, 2. inländischer Schuldner, 3. ausländischer Schuldner (Heimatwährung des Börsenplatzes), 4. Fremdwährungsanleihen.

Jedenfalls ist die frühere Isolierung nationaler Finanzsysteme (Banken, Versicherungen, Finanzmärkte) durch die Globalisierung durchbrochen worden. Das heißt aber nicht, dass durch die Globalisierung alle Funktionen auf alle Länder gleichmäßig verteilt wären. Auch im Bereich der Industrie führte die Globalisierung zu einer räumlichen Spezialisierung und Arbeitsteilung. Mit den ersten internationalen Kapitalbewegungen haben sich weltweit einige wenige Finanzplätze herausgebildet, ähnlich wie in einem Verkehrsnetz Knoten entstehen. Denn Skalenerträge fördern die Konzentration auf wenige Zentren. Im letzten Jahrhundert waren das London und Zürich, heute sind es neben diesen beiden Plätzen vor allem New York, Tokio, Hong Kong und Singapur. Diese Finanzplätze ziehen Emittenten für Anleihen sowie Finanzanleger an. So wird das Angebot an Wertpapieren in diesen Zentren immer größer.

Dort steigen die Handelsvolumina, und der Handel wird immer liquider. Ein Markt für Zinsswaps entsteht, Indizes werden eingeführt und Derivate (wie Zinsfutures) aufgelegt. All das verbessert die komparativen Vorteile der genannten Plätze weiter. So findet eine Konzentration auf wenige Finanzplätze statt – genau wie sich die Automobilindustrie oder die Pharmazeutik sich auf wenige Länder konzentriert haben.

6.1.3 Euro-Märkte und weitere Entwicklungen

Die Regel, dass ein Kapitalmarkt, besonders als Primärmarkt, in einer bestimmten Währung letztlich nur in dem betreffenden Land entstehen kann, hat Ausnahmen. Die wichtigste ist die Entstehung und Herausbildung der **Euro-Märkte**. Zur Geschichte: Seit etwa 1960 haben die Erdöl exportierenden Staaten des Mittleren Ostens enorme Einnahmen, die damals noch nicht für den Aufbau von Infrastruktur im eigenen Land ausgegeben wurden. Die wirtschaftliche Entwicklung der Ölförderer hat in ihrer Breite (Bauten, Ansiedlung von Industrie) erst später eingesetzt. Stattdessen tätigten damals die OPEC-Staaten Finanzanlagen. Die Wunschwährung war der US-Dollar. Jedoch wollten die arabischen Investoren das Geld nicht unter der Jurisdiktion der USA (und der Eingriffsmöglichkeit amerikanischer Senatoren) anlegen. Hier entstand eine Lücke, die britische Banken und Finanzmakler geschlossen haben. Sie boten den OPEC-Staaten die Möglichkeit der Anlage in USD außerhalb des Hoheitsgebiets der USA an. Diese Finanzmakler hatten ihren Sitz auf den Kanalinseln, jedenfalls in einem rechtlichen Raum außerhalb der US-Justiz.

Eigentlich könnte es als unfreundlicher Akt gesehen werden, dass die britische Regierung diese Aktivitäten und auf Dollar lautende Finanzgeschäfte großen Stils zugelassen hat. Doch Amerikaner und Engländer waren Verbündete im Zweiten Weltkrieg, sie waren Partner im Kalten Krieg und sie sprechen dieselbe Sprache. Zudem legten die englischen Broker die Dollar, die sie von den OPEC-Staaten entgegengenommen hatten, sogleich in den USA an. Die Mittel wurden nicht in eine andere Währung getauscht. Die Anleger der Dollar in den USA waren indessen weder Bahrain noch Saudi-Arabien, sondern die Barclays Bank, die Royal Bank of Scotland und andere, britische Geldhäuser. Kein US-Politiker wollte die Konten sperren, welche die britischen Häuser bei der Bank of America oder der Citigroup unterhielten.

So ist den Vereinigten Staaten von Amerika kein finanzieller Nachteil durch die auf Dollar lautenden Finanzgeschäfte in London und auf den Kanalinseln entstanden, auch wenn sie einen Teil der Kontrolle über die letztberechtigten Anleger abgeben mussten. Die von den britischen Brokern und Geldhäusern entgegengenommenen (und dann in den USA angelegten) USD wurden als **Euro-Dollar** bezeichnet, weil die Finanzgeschäfte nicht in Amerika, sondern in Europa (Kanalinseln) getätigt wurden. Für die zahlreichen Kontrakte hat sich bald ein lebendiger Markt herausgebildet, der **Euro-Markt**.

Auf dem Euro-Markt herrschen attraktive Konditionen und geringe Transaktionskosten, weil er wenig reguliert ist. Der Euro-Markt ist daher in der Folgezeit sogar für jene Parteien interessant geworden, die ihre Dollargeschäfte in den USA tätigen könnten (ohne Angst vor amerikanischen

Behörden haben zu müssen). **Heute wird jedes Finanzgeschäft in einer Währung, das außerhalb des Währungsgebiets und des entsprechenden Rechtsbereichs abgeschlossen wird, als Euro-Geschäft bezeichnet.** Das Präfix „Euro" bedeutet soviel wie „außerhalb des Währungsgebiets". So sind auf Dollar lautende Geschäfte, die in Singapur abgeschlossen werden, Geschäfte in Euro-Dollar. Finanzgeschäfte, die auf Yen lauten und in den Bahamas abgeschlossen werden, sind Geschäfte in Euro-Yen.

6.1.4 Währungsregimes

Arbeitsteilung und Spezialisierung lassen sich in der modernen Welt nicht durch Naturaltausch bewerkstelligen. Jedes Land benötigt ein *gut ausgebautes Geldsystem*. Mehrere parallele, doch letztlich zu kleine Geldsysteme *in einem Land* (oder einem Wirtschaftsgebiet), sind schlechter als ein einziges, größeres Geldsystem. Damit die Geldausgabe geordnet verläuft, haben alle Staaten ihr Geldsystem zentralisiert und einer Instanz übertragen, der Zentralbank ihres Landes. Damit bestehen immer noch unterschiedliche Währungen. Dennoch werden die Vorteile einer global geltenden Währung gesehen. Nicht zuletzt deshalb wurde 2009 die **Kryptowährung** *Bitcoin* geschaffen und mit ihr ein länderübergreifendes Zahlungssystem auf Basis virtuellen Geldes.

Darstellung 6-2: Entwicklung von Währungsparitäten zum Euro (Januar 1999 bis Januar 2014). Gezeigt sind die Verläufe der indirekten Notierungen aus Sicht einer Person mit Referenzwährung Euro: Wie viele Einheiten an Fremdwährung sind äquivalent zu einem Euro? Darstellungen für EURCHF, EURGPR, EURUSD und EURJPY. Erkennbar: Bis Ende 2007 gehörten das GBP praktisch zur Eurozone und der JPY zum Dollarraum. Seit der Finanzkrise von 2008 haben sich die Währungsparitäten aber verändert. Deutlich erkennbar ist die Aufwertung des Schweizer Frankens gegenüber dem Euro ab 2007.

Für die Konvertibilität gibt es verschiedene Gestaltungsmöglichkeiten, die von einem streng reglementierten Verfahren für den Tausch (Kapitalverkehrskontrolle) über die kontrollierte Konvertibilität bis hin zum freien Float reichen. Bei diesen Gestaltungen geht es nicht nur um die Frage der Tauschrelation, der **Parität**, sondern vor allem darum, welche Gründe zum Tausch der Währungen berechtigen.

Kapitalverkehrskontrollen: In einer frühen Stufe wirtschaftlicher Kooperation zwischen zwei Ländern können die Währungen möglicherweise nicht getauscht werden. Meist ist es eines der beiden Länder, das *Kapitalverkehrskontrollen* durchführt. Eventuell gibt es Konversionen, doch erfolgen sie einzig durch die Zentralbank des betreffenden Landes. Die Regierung bestimmt den Kurs und sie legt vor allem fest, für welche Anlässe (Handel oder Tourismus) ein Tausch beantragt werden darf. Damit diese Einschränkungen nicht durch einen Schwarzmarkt unterlaufen werden, wird den natürlichen Personen verboten, die Devise bei Reisen in das Land zu bringen.

Konvertibilität: Um einen Schritt in Richtung der Schaffung einer Weltwährung zu gehen, erlauben die Regierungen die *Konvertibilität* der heimischen Währung. Das bedeutet, dass (in einer ersten Ausbaustufe) fremde Währungen bei der Zentralbank gegen die heimische Währung getauscht werden können. Hierbei behält die Zentralbank ihre direkte Kontrolle über den Kurs. Die Anlässe, für die getauscht wird, sind wesentlich lockerer als bei Kapitalverkehrskontrollen.

Währungsregime	Vor- und Nachteile
Konvertibilität der Währung	Voraussetzung für Handel unter Beibehaltung der Seignorage und der Möglichkeit einer selbständigen Geldpolitik; die Möglichkeit der Zurücknahme der Konvertibilität reduziert jedoch das Vertrauen in die Währung.
Float	Vorteil: Nachfrageschwankungen werden teilweise durch Anpassungen der Währungsparitäten aufgefangen. Nachteil: Änderungen der Währungsparität erlauben kaum eine Spezialisierung der heimischen Wirtschaft, die doch starken Schwankungen ausgesetzt bleibt, was Investitionen und Wachstum behindert.
Akkord	Trotz einer gewissen Stabilität der angekündigten Parität bleibt eine Unsicherheit, ob die vereinbarten Interventionen glaubwürdig sind und nicht doch irgendwann Korrekturen der Parität folgen.
Peg	Gefahr, dass Entwicklungen eintreten, die den Peg gefährden mit der Folge einer substantiellen Abwertung der einen Währung; Gefahr für das schlechter aufgestellte Finanzsystem, auszubluten.
Einheitswährung	Möglichkeit der Spezialisierung der Wirtschaft, unwiderruflicher Verzicht auf autonome Geldpolitik.

Float: In einer weiteren Ausbaustufe wird der Tausch ohne Kontrolle der Zentralbank zulässig. Es bildet sich schnell ein Markt für die Währungen (Devisenmarkt, Foreign Exchange, FX) heraus. An der FX entstehen die Währungsparitäten aufgrund von Angebot und Nachfrage. Die Paritäten können sich frei und *fließend* mit diesen ändern, daher die Bezeichnung *Float*. Die Zentralbank nimmt eventuell dann und wann noch an den diesen Devisenmärkten teil, um das Marktgeschehen zu beeinflussen (*Intervention*).

Intervention: Hinsichtlich der freien Konvertibilität (Float) wird oft gefragt, ob eine Zentralbank durch Intervention die Kurse wirklich beeinflussen kann. Dies wird heute verneint, sofern eine einzelne Zentralbank aktiv wird. Wenn hingegen mehrere Zentralbanken koordiniert agieren, ist eine substantielle Beeinflussung allem Anschein nach doch möglich. Vor allem können Gouverneure von Zentralbanken und Politiker in Reden und Ankündigungen die Währungsparitäten beeinflussen. Gelegentlich treffen sich sogar die Finanzminister und vereinbaren einen **Akkord**. Früher wurden solche Übereinkünfte, dann und wann mit Interventionen einzuschreiten, explizit bekannt gegeben. Dann hatten Spekulanten ein klares Ziel. Wenn heute ein Akkord geschlossen wird, dann wird zwar die Tatsache der Übereinkunft publiziert, nicht aber der genaue Inhalt.

Peg: Einige Währungen (kleinerer Länder) sind an eine andere große Währung gekoppelt. Man spricht von einem Peg. Ein solches Anhängen setzt Einverständnis bei den Behörden des großen Landes voraus und verlangt eine gewisse wirtschaftliche Anstrengung des kleinen Landes, den Peg einzuhalten. Zwei Beispiele zeigen, wie ein glaubhafter Peg eingerichtet werden kann.

Währungsunion: In der EU hat man sich zum Euro als neue Einheitswährung durchgerungen, der in den an der Währungsunion teilhabenden Staaten zum gesetzlichen Zahlungsmittel wurde.

6.1.5 Beispiele

→ **Beispiel 6-4**: Österreich hatte vor Jahrzehnten, um die Vorteile der Spezialisierung der Wirtschaft zu realisieren, eine Anbindung des Schillings an die Deutschmark angestrebt. Die Bundesbank war einverstanden und hat alle geldpolitischen Beschlüsse unmittelbar der Zentralbank des Nachbarlandes mitgeteilt. Bei Veröffentlichung von Zinsbeschlüssen hieß es gleich, Österreich habe dieselben Zinsentscheide getroffen. Im Verlauf der Jahre haben die Menschen verstanden, dass die Relation, sie betrug 1 DM = 7 Schilling, aufgrund der wohl auch in Zukunft identischen Geldpolitik unangefochten gelten würde. Gelegentlich hat die Übernahme der Geldpolitik der Bundesbank den Österreichern wirtschaftspolitische Opfer abverlangt. Also konnte die Regierung nicht einfach mehr Geld „drucken“, um der heimischen Stahlindustrie zu helfen. ■

→ **Beispiel 6-5**: Einen anderen Weg, um einen Peg zu etablieren, hat Hong Kong eingeschlagen. Aufgrund wilder Kursbewegungen in den siebziger Jahren des letzten Jahrhunderts hatte sich die Monetary Authority der damaligen Kronkolonie um einen Peg zum USD bemüht. Er sollte bei 1 USD = 7,82 HKD liegen. Um ihn glaubhaft zu machen, wurden ab dann neue Hong Kong Dollar nur ausgegeben, wenn der Bezieher bei der Monetary Authority den entsprechenden Betrag in USD hinterlegte. Durch das rapide Wirtschaftswachstum war bald ein substantieller Teil der sich in Umlauf befindlichen HKD durch USD gedeckt. Jeder kann zur festgelegten Parität HKD zurückgeben und USD erhalten, weil sie da sind. Der Peg ist dadurch *glaubhaft*. Es besteht kein Zweifel daran, dass die Regierung von Hong Kong, Special Administrative Region of the People's Republic of China (SAR), am Peg festhalten kann — sofern sie es wünscht. In der jüngsten Diskussion über den Peg zwischen dem HKD und dem USD spielt der Renminbi CYN, die Währung Chinas, eine zunehmende Rolle. ■

Die Vorgehensweise von Österreich zeigt, dass ein durch Übernahme der Geldpolitik eingeführter Peg erst nach Jahrzehnten opfervoller Anpassung wirklich glaubhaft ist. In der Tat haben in der Eurokrise, also 20 Jahre nach der Einführung der Einheitswährung, viele Finanzbeobachter über ein Aufbrechen spekuliert. Die Vorteile geraten schnell in Vergessenheit, wenn immer nur die Nachteile wiederholt werden. Die Vorgehensweise von Hong Kong zeigt, dass nach Einführung einer Deckung Jahre des Wirtschaftswachstums vorausgesetzt sind, bis die heimische Währung substantiell durch die Währung des großen Landes gedeckt ist.

Aufgrund der Vielfalt von Abkommen und Varianten sind wenigstens zwei Arten von Währungsrisiken zu unterscheiden. Bei einem Akkord mit festgelegter Parität oder bei einem Peg besteht die Gefahr, dass er bricht und es dann zu massiven Änderungen der Parität innerhalb kürzester Zeit kommt. Bei einem Float kommt es täglich zu kleineren Kursänderungen. Dafür ist mit massiven Änderungen der Parität in kürzester Zeit nicht zu rechnen. Denn die volle Wahrheit entsteht graduell und kommt in kleinen Portionen ans Licht. Jede Nachricht kann sich bei einem Float in der ihr entsprechenden Neubewertung einer Währung ausdrücken.

Die im Finanzmarkt angebotenen Instrumente für die Absicherung hängen natürlich vom Währungsregime ab. Bei einem Float zwischen den Währungen zweier Länder gibt es nicht nur einen Spotmarkt für den augenblicklichen Tausch. Die jeweiligen Finanzsysteme entwickeln eine Reihe begleitender Kontrakte, so etwa Währungsswaps, Devisentermingeschäfte und Devisenfutures. Besteht zwischen zwei Währungen ein Peg, so wird es in der angehängten Währung kaum Devisentermingeschäfte geben, weil es diese Kontrakte in der Originalwährung gibt. Außerdem werden bei einem Peg alle Investoren und Schuldner sehen, welches der beiden Länder effizientere Banken besitzt. **Bei einem Peg bluten die heimischen Banken aus, sofern sie nicht so leistungsfähig wie die ausländischen Institute sind**. Die Art der Geldpolitik, das Währungsregime und die Effizienz der Banken haben eine hohe Bedeutung für die Wohlfahrt des Landes.

6.1.6 Optimale Währungsräume

Einige Autoren haben sich mit der optimalen Größe von Währungsräumen befasst. RONALD MCKINNON begründet 1963, dass der Vorteil einer Währungsunion zwischen zwei Ländern höher ist, wenn sie durch Handel verbunden sind. Am bekanntesten ist wohl ROBERT A. MUNDELL, der für seine Arbeiten 1961 hierzu den Nobelpreis 1999 erhielt. Er sieht in der *Volatilität* der Währungsparitäten ein großes *Hindernis* für die Wohlfahrt in der Welt. Von daher sollten Währungsräume möglichst groß sein. MUNDELL argumentierte, dass **Währungsräume ihre optimale Größe überschritten haben, wenn dadurch die Weltwirtschaft keine *Schocks* mehr abfedern kann. Werden die Währungsräume größer, müssen daher andere Starrheiten aufgegeben werden**. Hierzu empfahl er MUNDELL ausreichende Faktormobilität und flexible Arbeitsmärkte. Diese Gedanken sind anerkannt und wurden ausgebaut. Hinsichtlich des Absorbierens von Schocks zeigen Folgearbeiten, dass nicht allein eine hohe Faktormobilität förderlich ist. So spricht sich PAUL DE GRAUWE 2000 bei einem größeren Währungsraum für eine Elastizität der Institutionen aus, zum Beispiel beim Staatshaushalt. Dies um Schocks abzufedern.[1]

[1] 1. ROBERT A. MUNDELL: A Theory of Optimum Currency Areas. *American Economic Review* 51 (1961), 657-664. 2. RONALD MCKINNON: Optimum Currency Areas: *American Economic Review* 53 (1963), 717-724. 3. PAUL DE GRAUWE: *Economics of Monetary Union*, 4. Auflage, New York (2000).

6.2 Optimale Portfolios mit Fremdwährungsanleihen

Lernziele: Wie Untersuchungen aufgebaut und wie optimal diversifizierte Portfolios unter Einbezug von Fremdwährungsanleihen zu bestimmen sind.

6.2.1 Ansatz und Ergebnisse von T. R. Lee

In einer viel beachteten Arbeit hat THOMAS R. LEE 1989 einen Finanzinvestor mit Referenzwährung Dollar betrachtet, der Portfolios aus Fremdwährungsanleihen bildet. Die Basis der Untersuchung sind zehnjährige Staatsanleihen verschiedener Länder, darunter Deutschland (damals noch in Deutschmark notiert), UK und Japan.

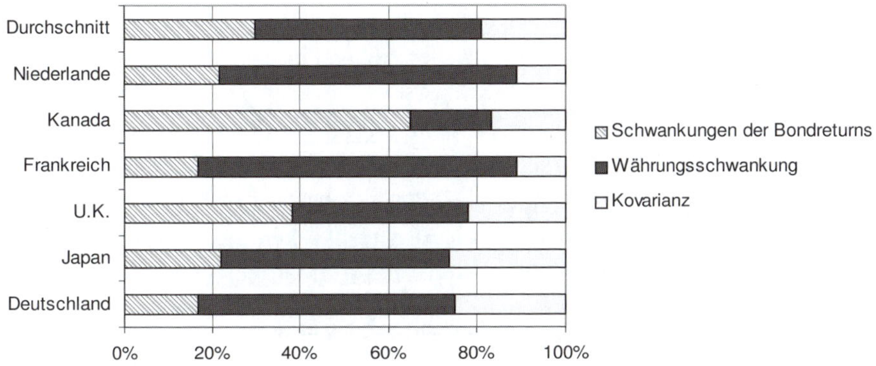

Darstellung 6-3: Risikoquellen von Fremdwährungsanleihen. Für einen Bondinvestor mit Referenzwährung Dollar machen die Währungsrisiken den größten Risikofaktor aus. Quelle: T. R. LEE, p. 26.

Zunächst wurden reine Länderportfolios gebildet, also solche, die nur Staatsanleihen aus Deutschland oder nur solche aus UK beziehungsweise nur solche aus Japan enthielten. Diese Länderportfolios wurden in einer ersten Variante allein aus den Staatsanleihen – aus Sicht der Referenzwährung Dollar sind es Fremdwährungsanleihen – gebildet. In einer zweiten Variante wurden die Währungsrisiken (gegenüber dem Dollar) durch Devisentermingeschäfte abgesichert.[2] Die untersuchten Länderportfolios enthielten aber keine US-Staatsanleihen. Beispielsweise enthält das Portfolio mit kanadischen Anleihen nur kanadische Staatsanleihen und eventuell Devisenterminkontrakte zwischen dem USD und dem kanadischen Dollar. Schließlich hat LEE auch die Fremdwährungsanleihen der verschiedenen Länder mit USD-Bonds kombiniert.

Für jedes Land hat LEE die Gesamtrendite in zwei Komponenten zerlegt: 1. Zinseinkommen in jeweiliger Lokalwährung sowie Kapitalgewinne/Kursverluste aufgrund der Zinsschwankungen in

---

[2] 1. THOMAS R. LEE: The Performance of Currency-Hedged Foreign Bonds. *Financial Analysts Journal*, May-June 1989, pp. 25–31. 2. MICHAEL ADLER und BHASKAR PRASAD: On Universal Currency Hedges. *Journal of Financial and Quantitative Analysis*, 27 (March 1992) 1, pp. 19–38. 3. ALAN C. SHAPIRO: *Multinational Financial Management*, 7th edition. Upper Saddle River: Prentice Hall, 2003. 4. IAN H. GIDDY: *Global Financial Markets*. Lexington: Heath and Company, 1994.

dem betreffenden Land. 2. Währungsgewinne beziehungsweise Währungsverluste bei den Bonds in Bezug auf die Referenzwährung Dollar (sowie, in der zweiten Variante) Wertänderungen bei Devisentermingeschäften, die zur Absicherung herangezogen wurden. Die erste Komponente beschreibt die Rendite in der jeweiligen Lokalwährung des fremden Landes, die zweite den Einfluss der sich ändernden Währungsparitäten.

Mit einer Varianzdekomposition der Gesamtrendite eines solchen Portfolios wurde die jeweilige Bedeutung dreier Risikoquellen gemessen: 1. Varianz der Rendite in Lokalwährung, 2. Varianz der Wertänderungen der Absicherungsinstrumente, 3. Kovarianz zwischen beiden Faktoren.

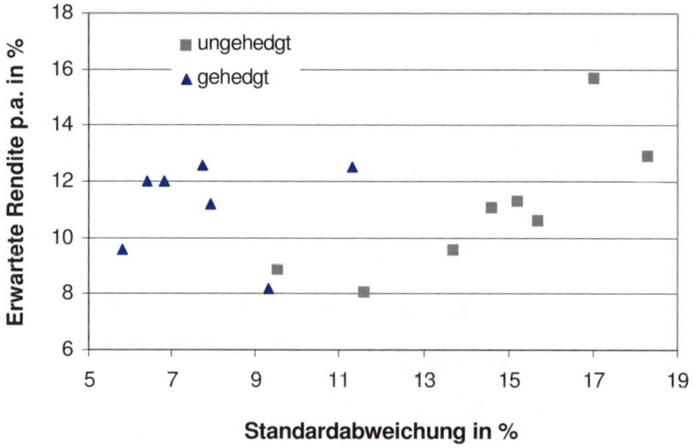

Darstellung 6-4: Ungehedgte Fremdwährungsanleihen weisen in der Regel leicht höhere Renditen auf als währungsgehedgte Positionen. Letztere sind aber risikoärmer. Basis sind Bonds aus den USA, Deutschland, Japan, UK, Frankreich, Kanada und den Niederlanden. Quelle: THOMAS R. LEE, p. 27.

Zu den Ergebnissen der Studie: Erste Variante: Ohne Absicherung des Währungsrisikos – die Portfolios enthalten nur zehnjährige Staatsanleihen des jeweiligen Landes – zeigt sich, dass die noch verbleibende Unsicherheit der Länderportfolios weniger auf das Zinsrisiko der jeweiligen Währung zurück geht als auf das Währungsrisiko (alle Ergebnisse in Referenzwährung ausgedrückt). Die Fremdwährungsanleihe hat geringere Zinsrisiken.

Die anhand empirischer Daten vorgenommene Untersuchung von LEE belegt indes, dass sich **die Zinsrisiken der verschiedenen Länderportfolios gut diversifizieren**. Für einen US-Investor sind die bei Fremdwährungsanleihen verbleibenden Zinsrisiken geringer als das restliche Währungsrisiko (außer bei Kanada).

Zweite Variante: Währungsrisiken werden abgesichert. Dadurch sind die betreffenden Länderportfolios aus Sicht der Referenzwährung natürlich risikoärmer. Ein Vergleich von gehedgten mit ungehedgten Bondportfolios zeigt, dass die Gesamtrenditen (ausgedrückt in Dollar) ohne Währungsabsicherung leicht höher sind. Die Währungsabsicherung kostet also etwas, doch sie bewirkt eine weitgehende *Stabilisierung* der Werte.

Sodann hat LEE die Ergebnisse der Länderportfolios mit jenen verglichen, die mit einem rein heimischen Portfolio aus US-Bonds erzielbar gewesen wären.

1. Ohne Währungsabsicherung sind für einen US-Investor *alle* Fremdwährungsanleihen riskanter im Vergleich zu US-Staatsanleihen.
2. Mit Währungsabsicherung waren Geldanlagen in fünf der sechs untersuchten Länder weniger risikobehaftet als der Kauf von US-Staatsanleihen.

Die Währungsabsicherung kostet etwas, doch sie verbessert das **Rendite-Risiko-Verhältnis**, also die **Performance**. Für fünf der sechs Länder haben währungsgesicherte Fremdwährungsanleihen eine bessere Performance als die heimischen US-Bonds.

Ein weiterer Teil der Untersuchung von LEE befasst sich mit der optimalen *Zusammensetzung* von Portfolios. Hierbei wird für jedes Land ein Portfolio betrachtet, das aus US-Staatsanleihen sowie aus Staatsanleihen des betreffenden Landes besteht (erste Variante). Wieder hat LEE auch Portfolios gebildet, die zusätzlich Devisentermingeschäfte enthielten (zweite Variante).

Die Ergebnisse: Selbst ohne Währungsabsicherung tritt eine erhebliche Risikoreduktion ein, wenn einem Portfolio aus heimischen Bonds (in diesem Fall US-Bonds) Fremdwährungsanleihen hinzugefügt werden. Finanzinvestoren (mit Referenzwährung USD) sind gut beraten, wenn sie ihrem Bondportfolio die Anleihen eines fremden Landes hinzufügen. Noch besser wird die Diversifikation, wenn verbleibende Währungsrisiken mit Devisenterminkontrakten abgesichert werden.

Interessant ist der Befund, dass sich **die Zinsrisiken heimischer Bonds mit den Wertrisiken von Fremdwährungsanleihen teilweise ausgleichen, selbst wenn keine Devisenterminkontrakte hinzugefügt werden**. Grund für diese Diversifikation ist der Sachverhalt, dass die Zinsbewegungen in den verschiedenen Ländern nicht perfekt korreliert sind. Die Wirtschafts- und Zinszyklen der Länder sind nicht exakt phasengleich. Zudem gibt es landesspezifische zufällige Einflüsse, die nicht international wirken.

Diese Ergebnisse sind wichtig. Denn im inländischen Kapitalmarkt ist die Diversifikation über *Segmente* begrenzt, da die Wertentwicklungen von Staats- und von Unternehmensanleihen korreliert sind. Gleiches gilt für die Diversifikation über Laufzeiten: Die Zinssätze verschiedener Fristen bewegen sich oft parallel. Anders dagegen bei Fremdwährungsanleihen. Diese haben ihre *eigenen* Zinsrisiken, die nur wenig mit jenen des Heimmarktes zusammenhängen.

Gesamtergebnis: 1. Das heimische Bondportfolio sollte mit Fremdwährungsanleihen ergänzt werden. 2. Werden einem heimisch orientierten Rentenportfolio Fremdwährungsanleihen hinzugefügt und dann das noch verbleibende Währungsrisiko mit Devisenterminkontrakten abgesichert, erzielt man die beste Performance. 3. Folglich sollten Fremdwährungsanleihen *nicht nach dem Währungsrisiko*, sondern nach den *Diversifikationseigenschaften* (für die Zinsrisiken) ausgewählt werden. Wenn dies erwünscht und möglich ist, dann werden anschließend Währungsrisiken abgesichert.

6.3 Fremdwährungsanleihen und Aktien

Lernziele: Anleihen, Fremdwährungsanleihen und Aktien in einem Portfolio.

6.3.1 Referenzwährung Schweizerfranken

Die Untersuchungen wurden auf andere Referenzwährungen übertragen. Außerdem kann der Ansatz von LEE verallgemeinert werden, indem zusätzlich Aktien in das Portfolio einbezogen werden. In einer Studie von PASCAL GANTENBEIN dient der Schweizerfranken als Referenzwährung. Der Investor bezieht in die Entscheidung über die Finanzanlagen Anleihen und Aktien ein. Die Portfolios aus Anleihen und Aktien beziehen sich auf die Schweiz, Deutschland, Großbritannien (UK), die USA sowie Japan. Die ersten beiden Fragen lauten:

1. Welche Währungsrisiken trägt der Finanzinvestor, und sollte er diese Positionen *nicht* gegen Währungsrisiken absichern?
2. Wie groß ist der Unterschied zu einer Anlage *mit Hedging* (der im Portfolio verbleibenden Währungsrisiken)?

Zur Antwort werden die historischen Bond- und Aktienrenditen in den genannten fünf Märkten herangezogen. Darstellung 6-4 zeigt die Aufteilung des als Varianz gemessenen Gesamtrisikos auf das Risiko des Instrumentes (schraffierter Teil der Balken) und das Währungsrisiko (heller Teil der Balken). In der oberen Teilgrafik ist das Ergebnis der Fremdwährungsanlage ohne Absicherung, im unteren Teil die Situation mit Währungsabsicherung dargestellt. Es wird deutlich, dass bei den Bonds der Großteil der Risiken auf die Währungsschwankungen entfällt. Die diesbezüglichen Anteile sind bei den Aktien tiefer, doch das liegt an den viel höheren Schwankungsrisiken von Aktien im Vergleich zu Bonds. Infolgedessen trägt eine Absicherung mit Devisenterminkontrakten zu einer erheblichen Reduktion des Gesamtrisikos bei.[3]

Die in regelmäßigen Zeitabständen durchgeführte Absicherung führt dann auf sehr kleine, positive oder negative Währungsschwankungen, die noch verbleiben. Natürlich gibt es einen Tradeoff zwischen perfekter Absicherung mit laufender (täglicher) Anpassung der Position und entsprechend hohen Transaktionskosten einerseits sowie einer weniger häufigen Anpassung (hier monatlich) und tiefen Transaktionskosten andererseits.[4] Wird ein amerikanischer Investor betrachtet, zeigen sich dieselben Zusammenhänge. Offensichtlich entfällt sowohl für den Investor mit Referenzwährung Schweizerfranken als auch den US-Investor bei einem Verzicht auf Währungsabsicherung ein Großteil des Gesamtrisikos auf das Währungsrisiko.

---

[3] Für das Hedging wurden hier die Marktpreise für Currency-Futures an der CME (Chicago Mercantile Exchange) herangezogen. Abgesichert wird jeweils die Gesamtposition zu Beginn eines Monats, während die sich im Laufe eines Monats ergebenden Kursgewinne oder -verluste bis zum Monatsende unberücksichtigt bleiben. Erst zu Beginn des nachfolgenden Monats wird jeweils die neue Gesamtposition (inklusive der Kursgewinne oder abzüglich der Kursverluste des Vormonats) abgesichert.

[4] Die Laufzeit eines Monats ist in dieser Berechnung willkürlich gewählt. Ein kürzeres Intervall würde zu einer besseren Absicherung gegen Währungsrisiken führen, wäre jedoch auch mit höheren Transaktionskosten verbunden.

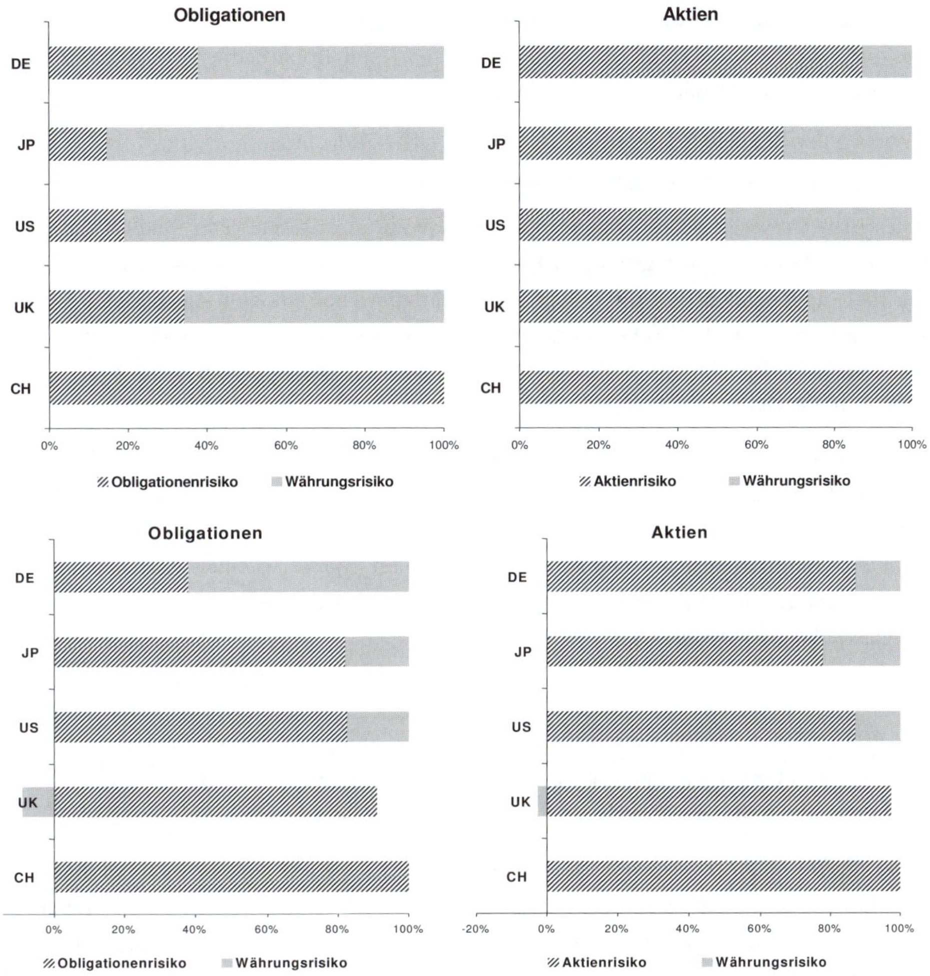

Darstellung 6-5: Zerlegung des Gesamtrisikos von Obligationen und Aktien in Instrumentrisiko und Währungsrisiko bei Investments in Deutsche Mark / Euro, Yen, US-Dollar, Britisches Pfund und CHF. Dargestellt ist der Fall ohne Währungshedging (oben) und mit Währungshedging (unten).

Bei Aktien ist dieser Anteil (der Anteil ist immer eine relative Größe) nur deshalb geringer, weil das Risiko des Anlageinstruments der Aktie größer ist. Gerade weil die Währungsrisiken bedeutend sind, empfiehlt sich, sie abzusichern.

Sowohl an den Aktien- als auch an den Bondmärkten verlaufen die Kursbewegungen und Renditeentwicklungen in verschiedenen Ländern *nicht synchron*. Zwar ist die Renditeerwartung bei einer währungsgesicherten Fremdwährungsanlage nicht oder kaum größer als die einer Anlage in der Referenzwährung. Die Rendite bei Einbezug von Wertpapieren in Fremdwährung ist aufgrund der Absicherungskosten sogar etwas geringer. Indessen gilt dies auch für die Risiken.

Wir betrachten die beiden Anleger mit Referenzwährung CHF und mit Referenzwährung USD. Die Basis für die Analyse sind, wie oben, die Aktien- und Bondrenditen in den fünf Ländern Schweiz, Deutschland, Großbritannien, USA und Japan. Die Fragen lauten:

1. Wie wählen die beiden Investoren (CHF oder USD als Referenz) ihre Portfolios?
2. Welchen Einfluss hat das Währungshedging auf die Portfolios?

Ein erstes Ergebnis ist, dass sich das Hedging von Währungsrisiken lohnt (auch wenn es etwas kostet). Die in Darstellung 6-6 gezeigte Effizienzkurve der sich aus den währungsgesicherten Positionen (hell) ergebenden Portfolios liegt links oberhalb jener aus den ungehedgten Positionen (dunkel). Beim Vergleich zwischen einem Investor mit Referenzwährung CHF oder USD wird klar, *auf welche Weise* sich das Währungshedging auswirkt: Die Renditen werden weniger stark reduziert als die Risiken. Damit verbessert sich die Performance.

Nun zu Darstellung 6-7. Sie bezieht sich auf den Investor mit Referenzwährung Schweizerfranken. Das Portfolio mit der kleinsten Rendite besteht vollständig aus CH-Obligationen. Mit einer Bewegung entlang der Effizienzkurve nach rechts oben (zunehmendes Risiko) werden zunächst CH-Obligationen durch ausländische Anleihen substituiert. Später kommen Aktienanlagen hinzu. Das renditemaximale Portfolio besteht im ungehedgten Fall gänzlich aus CH-Aktien, im gehedgten Fall gänzlich aus US-Aktien.

6.3.2 Internationale Diversifikation?

Werden die Positionen währungsgesichert, dann ist der optimale Anteil von Aktien im effizienten Portfolio größer als ohne Hedging.

Ähnliches gilt für einen Investor mit Referenzwährung USD. Zwar besteht auch bei ihm das renditeminimale Portfolio ganz aus CH-Obligationen. Es findet sodann entlang der Effizienzkurve eine ähnliche Substitution statt wie bei dem Investor mit Referenzwährung Franken. Im Renditemaximum besteht das Portfolio im ungehedgten Fall auch für den US-Investor ganz aus CH-Aktien. Dieses Ergebnis lässt sich mit der Abwertung des USD gegenüber dem CHF über den Beobachtungszeitraum erklären. Währungsadjustiert gab es zwischen CH-Aktien und US-Aktien in diesem Zeitraum praktisch keinen Renditeunterschied.

Anders sehen die Portfolios für den US-Investor aus, wenn er die Währungsrisiken der Positionen absichert. Zum einen verbleiben bedeutend mehr CH-Obligationen im Portfolio, zum anderen besteht das Portfolio am oberen Ende nun ganz aus US-Aktien. Vor allem zeigt sich, dass die Zusammensetzung der effizienten Portfolios aus währungsgesicherten Positionen unabhängig von der Referenzwährung ist. Die Empfehlungen lauten wieder: 1. Wer einem Portfolio aus heimischen Aktien und Bonds solche in Fremdwährung hinzufügt, verbessert schon einmal die Performance. 2. Wer Instrumente zur Währungsabsicherung einsetzt, erhöht die Performance ein zweites Mal. Und da in diesem Fall die Portfolios ein höheres Exposure in Fremdwährungsanleihen enthalten und in ausländischen Aktien, erhöht sich die Performance nochmals.

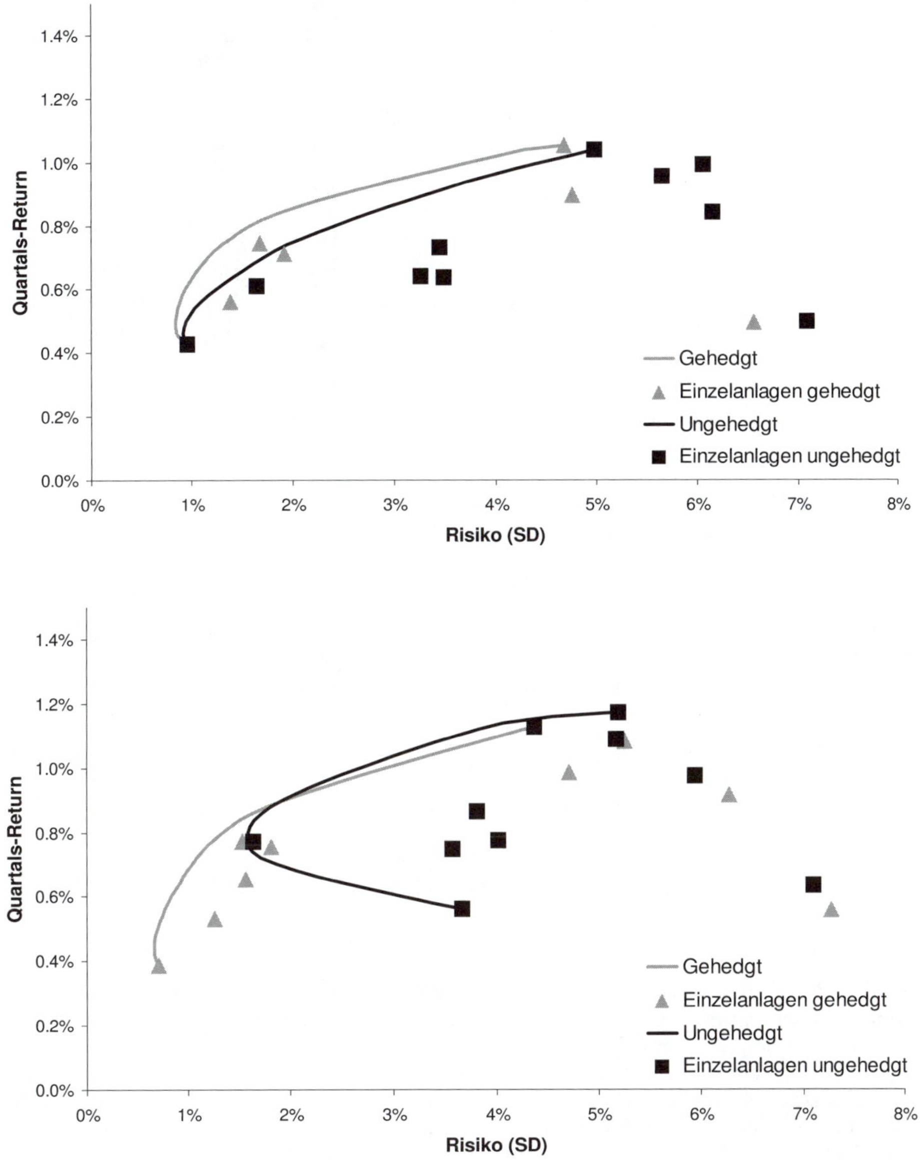

Darstellung 6-6: Die Positionen von bestmöglich diversifizierten Portfolios – sie werden nach MARKOWITZ als effizient bezeichnet – für Investoren mit *Referenzwährung Schweizerfranken (oben)* und *Referenzwährung Dollar (unten)*. Die Kurven stellen für alle Renditeniveaus die Portfolios mit dem tiefsten Risiko dar. Es sind die so genannten Effizienzkurven oder Effizienzgrenzen. Basis für die Berechnung: Aktien und Anleihen (Schweiz, Deutschland, Großbritannien, USA und Japan). Es sind jeweils zwei Kurven eingezeichnet: Die dunklen ergeben sich aus den nicht währungsgesicherten zehn Basisanlagen (Quadrate), die hellen aus den währungsgesicherten Anlagen (Dreiecke).

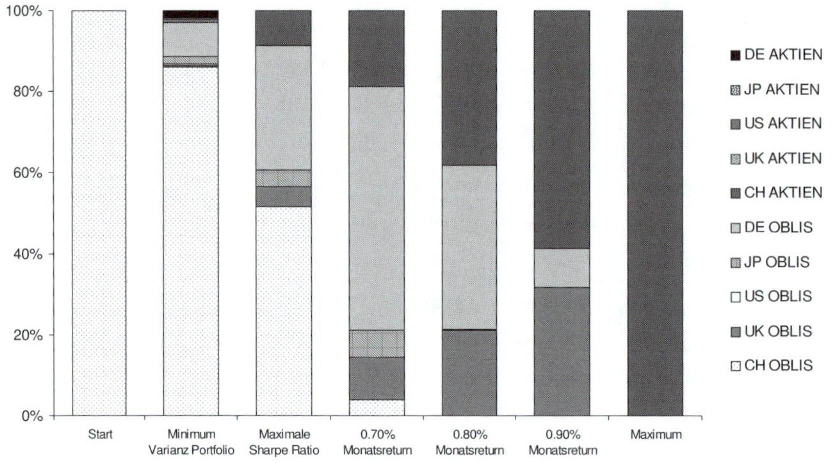

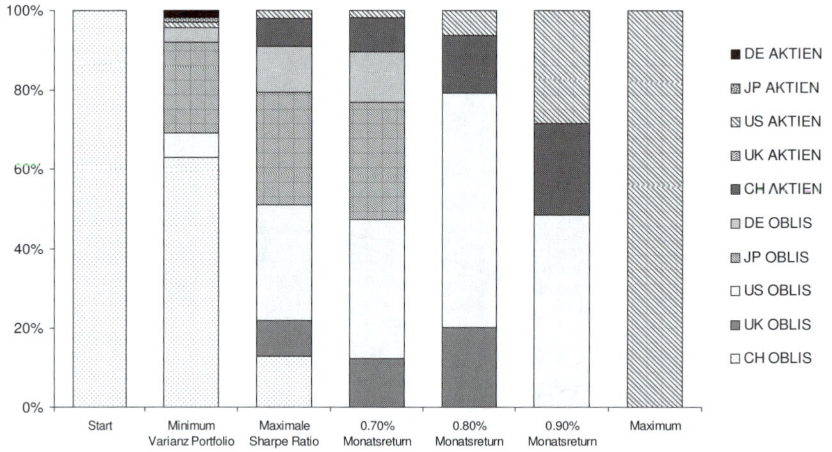

Darstellung 6-7: Zusammensetzung ausgewählter bestdiversifizierter Portfolios für den Investor mit der *Referenzwährung Schweizerfranken*, jeweils für den ungehedgten Fall (oben) und den gehedgten Fall (unten). Der untere Punkt auf der jeweiligen Effizienzgrenze entspricht dem Portfolio ganz links in dieser Darstellung, der obere dem Portfolio ganz rechts. Startpunkt ist ein Portfolio aus 100% Schweizer Obligationen. Allerdings ist dieses nicht effizient. Mit der Bewegung entlang der Effizienzgrenze nach oben werden zunächst Schweizer Obligationen durch ausländische Anleihen substituiert. Sodann kommen weiter oben auch Aktienanlagen hinzu. Das renditemaximale Portfolio besteht im ungehedgten Fall aus 100% Schweizer Aktien, im gehedgten Fall aus 100% US-Aktien. Im Vergleich der beiden Teilgrafiken wird deutlich, dass mit Hedging viel mehr Fremdwährungsanlagen ins Portfolio aufgenommen werden als beim Fall ohne Hedging.

Gesamtergebnis der Studie: Bei optimalen Bondportfolios ist das verbleibende Währungsrisiko (Variante ohne Währungsabsicherung) größer als das verbleibende Zinsrisiko. Bei Aktienportfolios ist das verbleibende Instrumentenrisiko (Variante ohne Währungsabsicherung) größer als das restliche Währungsrisiko.

Weitere Empfehlungen:

1. Internationale Diversifikation lohnt sich, denn sie führt zu einer Risikoreduktion und damit zu einer Steigerung der Performance (Rendite-Risiko-Relation). Dies gilt unabhängig davon, ob das restliche Währungsrisiko abgesichert wird oder nicht.
2. Bei Fremdwährungsanleihen lohnt sich die internationale Diversifikation schon deshalb, weil sich im nationalen Bond- oder Aktienmarkt die Zinsänderungsrisiken kaum diversifizieren lassen.
3. Eine Währungsabsicherung bewirkt erstens eine leichte Reduktion der Anlageerträge. Sie reduziert indes zweitens auch die Risiken. Dieser zweite Effekt ist wesentlich stärker als der erste. Daher verbessert sich die Rendite-Risiko-Relation durch Währungsabsicherung.

Die Ergebnisse legen es nahe, ein internationales Portfolio zu bilden und dieses gegen Währungsrisiken abzusichern.

Die in diesem Kapitel empirisch gewonnenen Resultate zur Diversifikation von Zinsrisiko und Währungsrisiko werden wir später (Kapitel 11) noch anhand eines Modells bestätigen.

6.4 Ergänzung und Lernkontrolle

Lernziele: 1. Das Paradox von SIEGEL. 2. Zur Lernkontrolle Fragen und Aufgaben.

6.4.1 Ergänzung: Siegel-Paradox

Zur Notierung einer Währungsparität wird die *direkte* von der *indirekten* Angabe unterschieden. Hier nochmals die Definition: Der Preis einer Fremdwährung ist in **direkter Notierung** genannt, wenn der Preis für eine Einheit der Fremdwährung in der heimischen Währung ausgedrückt wird. So liegt für einen Deutschen (Referenzwährung Euro) eine direkte Notation des Schweizerfrankens vor, wenn gesagt wird, dass ein Schweizerfranken 80 Eurocent koste (oder 100 CHF gleich 80 Euro sind). Üblich ist, dafür auch CHFEUR = 0,80 zu schreiben. Würde der Deutsche sagen, für 100 Euro könne man 125 Franken erhalten, dann wäre dies eine **indirekte Notation**. Die Person mit Referenzwährung Euro würde die indirekte Notation als EURCHF = 1,25 schreiben. Für einen Finanzinvestor mit Referenzwährung CHF ist die Notation EURCHF = 1,25 direkt.

Direkte und indirekte Kurse lassen sich mit dem *Kehrwert* problemlos umrechnen. Dazu behalte man im Kopf, dass GBPUSD dies heißt: GBP in USD. Und EURCHF heißt EUR in CHF. Wer *heutige* oder *historische* Währungsparitäten in direkter Notation umrechnet und indirekt ausdrückt oder umgekehrt, hat keinerlei Schwierigkeiten. Allerdings muss aufgepasst werden, wenn *zukünftige* Währungsparitäten von direkter in indirekte Notation umgerechnet werden oder umgekehrt. Denn zukünftige Währungsrelationen sind *unsicher*.

Meistens wird dann eine Prognose erstellt, und in der Regel ist das der Erwartungswert der unsicheren zukünftigen Währungsparität. Dann entsteht indes eine Schwierigkeit: Der Erwartungswert der Währungspariäten in direkter Notation besagt etwas anderes als der Erwartungswert der Währungsparitäten in direkter Notation. Diese Ungereimtheit wird nach ihrem Entdecker JEREMY J. SIEGEL als **Siegel-Paradox** bezeichnet wird.

Das **Siegel-Paradox** besagt: Bei der Erwartungsbildung entstehen **unterschiedliche erwartete Paritäten**, je nachdem, ob die direkte oder die indirekte Notierung zugrunde gelegt wird.[5] Das Siegel-Paradox hat diesen mathematischen Hintergrund: Wenn $\tilde{x}$ eine zufällige Größe ist – sie soll wirklich streuen und positive Werte annehmen – und $E[\tilde{x}]$ ihren Erwartungswert bezeichnet, dann ist zwar $\tilde{y} = 1/\tilde{x}$ auch eine zufällige Größe, doch ihr Erwartungswert ist größer als die Zahl $1/E[\tilde{x}]$, also: $E[\tilde{y}] > 1/E[\tilde{x}]$.

→ **Beispiel 6-6**: Bevor wir mit dem Siegel-Paradox weiterfahren, soll die eben getroffene mathematische Aussage am Beispiel des Würfelspiels illustriert werden. Der Würfel kann bei einem Wurf als Ergebnis 1 bis 6 Augen zeigen und der Erwartungswert ist, 3,5 Augen zu erhalten. Würde man die Kehrwerte der Augenzahlen betrachten, also 1, ½, 1/3, ¼, 1/5 und 1/6 und von ihnen den Mittelwert bilden, folgt 2,45. Das ist aber kleiner als der Kehrwert der mittleren Augenzahl. Denn 1/3,5 ergibt 0,286. ■

→ **Beispiel 6-7**: Das Siegel-Paradox soll anhand eines Beispiels aufgezeigt werden. Wir versetzen uns in die Lage eines Investors mit Referenzwährung Euro. Die Fremdwährung sei der Dollar. Für den Amerikaner, so unser Zahlenbeispiel, kosten €100 derzeit $137 (direkte Notierung aus amerikanischer Perspektive). Für den Europäer kosten daher 100 Dollar 73 Euro (direkte Notierung aus europäischer Sicht). Der Europäer bildet nun Erwartungen hinsichtlich des Kurses des Dollars in einem Jahr. Ein Analyst meint, der Dollar könne, wo er heute bei €73 stehe (direkte Notierung), in einem Jahr durchaus bei €83 sein (+ 10 Euro, Dollar steigt) oder bei €63 (-10 Euro, Dollar fällt). Beides sei mit Wahrscheinlichkeit ½ möglich.

Wir berechnen aufgrund dieser Einschätzung die zu erwartende Parität zwischen Dollar und Euro, und zwar erstens aus der Perspektive eines Europäers und zweitens der eines Amerikaners.

Der Europäer wird so rechnen: Der Erwartungswert einer Zufallsgröße, die mit gleicher Wahrscheinlichkeit die Werte 83 und 63 annehmen kann, ist gleich 73. Es wird aus europäischer Sicht erwartet, dass sich der Dollarkurs *nicht* verändert.

Der Amerikaner wird, weil auch er die direkte Notierung bevorzugt, zunächst die beiden vom Research als möglich erachteten Paritäten umrechnen. Für den Amerikaner bedeutet das mögliche Ergebnis USDEUR=0,83, dass dann 100 Euro 120,48 USD kosten würden. Das mögliche Ergebnis von USDEUR=0,63 bedeutet für ihn, dass 100 Euro genau 158,73 Dollar kosten würden.

5 JEREMY J. SIEGEL: Risk, Interest Rates and the Forward Exchange. *Quarterly Journal of Economics* (1972), pp. 303–309.

Nun berechnet der Amerikaner den Erwartungswert (immer noch in für ihn direkter Notation denkend), den eine als zufällig angesehene Parität hat, falls die Parität jeweils mit Wahrscheinlichkeit ½ die Werte 1,2048 und 1,5873 annehmen kann.

Der Mittelwert ist 1,3961. Der Amerikaner erwartet also, dass 100 Euro 139,61 Dollar kosten werden. Diese Größe vergleicht er mit der heutigen Parität, nach der 100 Euro 137 Dollar kosten. Der Amerikaner denkt also, dass eine *Aufwertung* des Euro (und somit eine Abschwächung des Dollars) erwartet wird. ■

Das Paradox hat bei seiner Entdeckung überrascht, ist dann aber schnell aufgeklärt worden. Der Kehrwert, als Funktion $y = 1/x$ grafisch dargestellt, ist eine *konvex* gekrümmte Kurve. Die Konvexität besagt, dass für zwei Argumente, $y_1 = 1/x_1$ und $y_2 = 1/x_2$, $x_1 < x_2$, stets gilt:

$$\frac{1}{2} \cdot \left(\frac{1}{x_1} + \frac{1}{x_2} \right) > \frac{1}{(x_1 + x_2)/2}$$

Mit Worten: der Mittelwert der Kehrwerte ist stets größer als der Kehrwert des Mittelwerts der Argumente, genau wie im Beispiel 6-6 gesehen. Von da ist es eine vergleichsweise leichte Verallgemeinerung, für ein zufälliges Argument, $\tilde{x}$, die Beziehung $E[1/\tilde{x}] > 1/E[\tilde{x}]$ herzuleiten.

Übrigens gilt eine entsprechende Beziehung nicht nur für die Kehrwertfunktion, sondern ganz allgemein für jede *konvexe* Funktion f. Die allgemeine Aussage lautet $E[f(\tilde{x})] > f(E[\tilde{x}])$. Sie wird nach ihrem Entdecker[6] als **Jensensche Ungleichung** bezeichnet.

6.4.2 Fragen und Aufgaben

1. a) Durch welche Verhaltensweisen verschiedener Marktteilnehmer wird die Verflechtung der internationalen Finanzmärkte gefördert? b) Nennen und interpretieren Sie die wichtigsten Währungsregimes.
2. Kommentieren Sie diese Meinung: Bei einer Anleihe sind nicht allein die Währung und die Bonität des Schuldners wichtig, sondern zusätzlich das Recht, auf das sich der Kreditvertrag bezieht und das maßgeblich wird, sollte es zu einem Zahlungsausfall kommen.
3. Skizzieren Sie: a) Float, b) Intervention, c) Peg, d) Währungsunion und nennen Sie Beispiele.
4. Welche Faktoren eines Landes können für die Wahl eines Systems der Wechselkurse – *fixe* versus *floatende* Paritäten – relevant sein?
5. a) Fassen Sie die Ergebnisse der Arbeit von LEE zur Bildung von Portfolios aus Fremdwährungsanleihen zusammen. b) Welche der Ergebnisse haben sich in der Untersuchung von GANTENBEIN bestätigt?
6. Was besagt das Paradox von SIEGEL?

[6] Die Ungleichung ist nach dem dänischen Mathematiker JOHAN LUDWIG WILLIAM VALDEMAR JENSEN (1859-1925) benannt.

6.4.3 Antworten und Lösungen

Zu Frage 1: In 6.1.1 sind fünf Gründe angeführt.

Zu Frage 2: Richtig, schwache Schuldnerländer möchten Anleihen in einer Fremdwährung ausgeben, die für Investoren attraktiv ist. Doch für den Fall von Zahlungsschwierigkeiten möchten sie die rechtliche Kontrolle behalten. Neben der Währung, der Bonität, dem Rechtssystem sind selbstverständlich auch der Handel (Liquidität, Transaktionskosten) wichtig sowie, unter Umständen, der Aufbewahrungsort der Wertpapiere (und damit der rechtlichen Beweise für den Kredit und die Anlage). Dies alles natürlich hinzu zu Nominalbetrag, Laufzeit und Kupon.

Zu Frage 3 folgende Beispiele:

a) Float: USD / EUR / Yen / GBP.

b) Intervention: CNY / USD oder CNY / EUR. Auch die Japanische Zentralbank versucht immer wieder, die Währungsparität zwischen Yen und den anderen Währungen zu beeinflussen.

c) Peg: HKD / USD (USDHKD = 7,8 seit 1983, nach früheren Anbindungen). Ein einseitig wirkender Peg zwischen CHF und EUR wurde von der Schweizerischen Nationalbank 2012 eingeführt und wird durch (gelegentlich verlangte) Interventionen erhalten (EURCHF ≥ 1,20). Weitere Ankopplungen mehrerer Währungen bestehen in Afrika (CMA).

d) Währungsunion der 18 Euroländer mit der Einheitswährung EUR. Einige Länder der EU (Bulgarien, Dänemark, Kroatien, Litauen, Polen, Rumänien, Schweden, die Tschechische Republik, Ungarn und das Vereinigte Königreich) verwenden nicht den Euro als offizielles/gesetzliches Zahlungsmittel. Eine weitere Währungsunion: Die Schweiz und das Fürstentum Liechtenstein verwenden den Schweizerfranken CHF. Währungsunionen bestehen auch in Afrika (UEMOA) sowie in der Karibik (OECS). Weitere Währungsunionen sind geplant, so in den Golfstaaten und in den zehn Ländern der Gruppe ASEAN. Währungsunionen hatte es auch früher gegeben. So bestand ab 1865 und faktisch bis 1914, formal bis 1926 eine „Lateinische Münzunion". Dem Vertragswerk gehörten Frankreich, Belgien, Italien, die Schweiz und Griechenland an.

Zu Frage 4: siehe 6.1.4.

Zu Frage 5 a) siehe den Kasten in 6.2.3. Zu Frage 3 b) siehe den Kasten in 6.3.2: Die Empfehlung von LEE lautet, das heimische Bondportfolio mit Fremdwährungsanleihen zu ergänzen. Werden einem heimisch orientierten Rentenportfolio Fremdwährungsanleihen hinzugefügt und das noch verbleibende Währungsrisiko mit Devisenterminkontrakten abgesichert, dann wird die beste Performance erzielt. Man sollte Fremdwährungsanleihen also nicht nach dem Währungsrisiko, sondern nach den Diversifikationseigenschaften auswählen. b) Alle diese Ergebnisse konnten mit neueren Daten und für andere Länder bestätigt werden.

Zu Frage 6: Das Paradox von SIEGEL besagt, dass sich Prognosen zukünftiger Währungsparitäten nicht einfach durch Bildung des Kehrwerts zwischen direkter und indirekter Notation übertragen lassen.

II Risiken

Der rote Faden für Teil II: Welche Zinsen sich für die verschiedenen Fristen demnächst einstellen werden, ist unsicher (Kapitel 7). Um das **Zinsrisiko** einer Anleihe oder eines Portfolios zu bestimmen, wird zunächst das „Zinsexposure" ermittelt. Es ist durch die **Duration** gegeben (Kapitel 8). Institutionelle Anleger wie Versicherungen und Pensionskassen müssen die zugesagten Leistungen erbringen. Auch der Marktwert dieser Verpflichtungen ändert sich mit den Zinsen, weshalb eine Absicherung des Zinsrisikos das **Matching der Durationen von Assets und Liabilities** verlangt (Kapitel 9). Der Blick auf die institutionellen Investoren zeigt auch die Bedeutung der **Konvexität** und weshalb sie Ultralangläufer vorziehen. Ebenso für die Kapitalanlagen institutioneller Investoren eignen sich **Swaps und Zinsfutures** (Kapitel 10). Wie schon in Kapitel 6 empirisch aufgezeigt, kommt es bei Fremdwährungsanleihen zu Diversifikationseffekten zwischen Zins- und **Währungsrisiko**. Sie führen auf eine virtuelle Duration (Kapitel 11) für das Zins-Exposure bei Fremdwährungsanleihen.

7 Zinsmodelle

Themen: Ein einziger Faktor oder einige wenige Faktoren genügen bereits, um die ganze Zinsstruktur festzulegen. Zinsmodelle gestatten es, die Bewegung der Zinssätze im Zeitablauf darzustellen, indem die Veränderung der Faktoren prognostiziert wird. Zunächst betrachten wir empirische Modelle: Aus historischen Daten werden Zahlenwerte für den Einfluss des Faktors oder den Einfluss der Faktoren geschätzt. Dann werden stochastische Modelle betrachtet.

7.1 Empirische Zinsmodelle

Lernziele: 1. Ziel und Vorgehensweise empirischer Zinsmodelle. 2. Faktoren und Parameter unterscheiden. 3. Die Kalibrierung durch Lineare Regression (LR).

7.1.1 Wozu Zinsmodelle dienen

Zinsmodelle dienen dazu, die zeitliche Veränderung der Zinssätze (für die verschiedenen Fristen) zu beschreiben. Empirische und stochastische Zinsmodelle sind zu unterscheiden. Bei empirischen Zinsmodellen geschieht die Prognose der zukünftigen Zinsstruktur in zwei Schritten:

1. Zinsmodell aufstellen: Aufstellung eines kalibrierten Modells: Quantifiziere, wie die Zinssätze der zu betrachtenden Fristen sich anhand eines Faktors oder auch anhand zweier, allenfalls dreier, Faktoren erklären lassen.
2. Volkswirtschaftliches Research: Prognostiziere, wie sich der Faktor (oder die Faktoren) wohl verändern werden. Setze dann die prognostizierten Zahlenwerte des Faktors (oder der Faktoren) in das kalibrierte Zinsmodell ein. Es liefert die Zinsstruktur für den Zeitpunkt, auf den sich die Prognose der Faktoren bezieht, also die kommenden Zinssätze, und zwar für alle Fristen.

Im ersten Schritt wird unterstellt, dass ein Faktor genügt (oder zwei beziehungsweise drei Faktoren genügen), um die ganze Zinskurve hinreichend genau zu zeichnen. Ist das möglich, wäre es eine enorme Vereinfachung.

Die empirische Forschung stützt dies. Denn die Zinssätze der verschiedenen Fristen $i_1, i_2, ..., i_5, ..., i_{10}$ verändern sich zwar im Laufe der Zeit, aber nicht in einer voneinander völlig unabhängigen Art und Weise. Die Empirie unterstreicht die Feststellung: Zinskurven sind vielleicht geneigt und etwas gekrümmt, aber sie zu allen Zeitpunkten *glatt*. Zinskurven sind dabei entweder flach oder monoton steigend beziehungsweise fallend, doch sie zeigen nie Knicke oder Sprünge. Der theoretische Grund wurde besprochen: Es ist der *Zusammenhang* des Geld- und Kapitalmarktes.

Selbstverständlich können sich das Niveau und die Steigung der Zinskurve im Zeitablauf ändern. Hinzu kommt: Falls die Zinskurve *gekrümmt* ist, dann ist sie *konkav* gewölbt. Auch die *Konkavität* kann sich im Zeitablauf ändern. Doch nicht monoton verlaufende Zinsstrukturen sind höchst selten und eine wellenförmige Zinskurve war noch nie zu beobachten.

Zinskurven sind daher hinreichend genau beschrieben, sofern das *Niveau*, die *Steigung* und allenfalls die *Konkavität* bekannt sind.

Diese Feststellungen deuten darauf hin, dass drei Faktoren genügen, die Zinskurve (die Zinssätze $i_1, i_2, ..., i_5, ..., i_{10}$) zu beschreiben. Mehr als drei Faktoren sind selbst bei hohem Genauigkeitsanspruch nicht erforderlich, um die Zinssätze $i_1, i_2, ..., i_5, ..., i_{10}$ zu liefern. Als Faktoren könnten das Niveau, die Steigung und die Konkavität dienen.

Meistens werden für ein empirisches Zinsmodell etwas andere Faktoren gewählt, aus denen sich Niveau, Steigung und Konkavität ergeben. Denn für Prognosen der kommenden Zinsstruktur müssen die Veränderungen der Faktoren prognostiziert werden. Das heißt, es werden Informationen beschafft und Prognosen gewagt. Dies geschieht auf Grundlage neuer Nachrichten sowie auf Basis der ökonomischen Gesetze, etwa der Zinstheorien und Paritäten.

Die Faktoren werden deshalb so gewählt, dass sich über ihre Veränderungen Prognosen beschaffen lassen. In einem Einfaktormodell der Zinskurve kann beispielsweise der *Geldmarktsatz* dazu verwendet werden, die gesamte Zinskurve zu erzeugen. In einem Zweifaktormodell können der *Einjahressatz* und der *Zehnjahressatz* als Faktoren dienen. Beide zusammen erklären die Zinssätze der anderen Fristen.

In der Tat können über die Zinsen am kurzen und am langen Ende gut Erwartungen gebildet werden. Als Informationsquellen dienen Ankündigungen und Maßnahmen der Zentralbank sowie Inflationserwartungen, des Weiteren die Erwartungstheorie der Zinssätze sowie Anzeichen für die Konjunkturentwicklung, etwa Bestelleingänge und die Anzahl neu geschaffener Arbeitsplätze.

Die Faktoren werden so gewählt, dass sie zwei Bedingungen erfüllen:

1. Aus ihnen sollen sich mit Hilfe des Modells Niveau, Steigung und Konkavität der Zinskurve ergeben, also letztlich die Zinssätze für alle Fristen.
2. Die künftige Veränderung der Faktoren soll anhand typischer Finanznachrichten (und gängiger Theorien und Paritäten) prognostiziert werden können.

Der Zweck empirischer Zinsmodelle besteht mithin darin, aus wenigen Faktoren die Zinssätze für alle Fristen zu ermitteln. Um eine Prognose der Veränderung der Zinskurve im Zeitablauf zu erhalten, ist es dann nicht erforderlich, volkswirtschaftliches Research über die zeitliche Veränderung *aller* Zinssätze $i_1, i_2, ..., i_5, ..., i_{10}$ im *Einzelnen* zu betreiben. Es genügt, die Veränderung des einen oder der zwei (beziehungsweise drei) hinter der Zinskurve stehenden Faktoren zu prognostizieren.

7.1.2 Das Zinsmodell 1A

Wir werden gleich solche Faktoren identifizieren. Dazu beginnen wir sehr einfach und stellen ein empirisches Zinsmodell auf, das mit einem Faktor auskommt. Hierzu sei auf Darstellung 2-3 (aus Kapitel 2) verweisen. Dem Augenschein nach und bei nicht zu hohem Anspruch an die Genauigkeit wirken alle historischen Zinskurven wie mit einem *Lineal* gezogen.

- Das Lineal scheint ganz weit *rechts* außerhalb des Bildes, vielleicht für die fiktive Frist von 20 Jahren, in der Höhe $i_{20} = 5\%$ so *befestigt* zu sein, dass es sich drehen lässt.
- Links werde das Lineal nach oben oder unten bewegt. Die Stellgröße ist der Geldmarktzins (oder Reposatz). Er sei mit i_0 bezeichnet. Historisch hat er sich zwischen $i_0 = 1\%$ und $i_0 = 9\%$ bewegt. Durch diese eine Stellgröße als Faktor wird das Lineal *bewegt*, genauer gesagt, um den Angelpunkt $i_{20} = 5\%$ gedreht.

Die Position des Lineals ist also durch einen *einzigen* Faktor bestimmt, durch i_0. Wir bezeichnen diesen Faktor nun mit x, also $x = i_0$. Dieser eine Faktor x legt die Position des Lineals und damit die Höhen aller Zinssätze $i_1, i_2, i_3, ... i_{10}$ fest. Da das Lineal ganz gerade ist, gilt

$$i_t = x + t \cdot \frac{0{,}05 - x}{20} \qquad (7\text{-}1)$$

für alle Fristen von $t = 1, 2, ...$ Jahren. Selbstverständlich können die Gleichungen für die zu betrachtenden Fristen im Einzelnen geschrieben werden:

$$\begin{aligned} i_1 &= 0{,}0025 + 0{,}95 \cdot x \\ i_2 &= 0{,}0050 + 0{,}90 \cdot x \\ &\dots \\ i_{10} &= 0{,}0250 + 0{,}50 \cdot x \end{aligned} \qquad (7\text{-}2)$$

Damit ist ein einfaches Zinsmodell aufgestellt. Der Faktor ist der *Input*, die zehn in (7-2) betrachteten Zinssätze sind die *Outputgrößen* des Zinsmodells.

Das Modell sagt nichts darüber aus, *wie* sich der Faktor x im Zeitablauf und mit neuen Informationen über die Wirtschaft verändert. Aber die gesamte Zinsstruktur ist durch diesen einen Faktor x und die Gleichung (7-2) des Modells erklärt.

Wir bezeichnen das durch (7-2) beschriebene Zinsmodell als *Modell 1A*. Es ist ein **lineares Modell**. Denn die zehn Zinssätze als Outputgrößen hängen linear von dem einen Faktor x als Inputgröße ab. Die Zahlen 0,0025 und 0,95 bis hin zu 0,0250 und 0,50 sind die **Parameter** oder **Koeffizienten** des (linearen) Zinsmodells.

Die Parameter sind aus (7-1) hergeleitet. Sie sind nach unserem *Augenschein* so bestimmt, dass das Modell die historischen Beobachtungen in etwa gut beschreibt. Allgemein wird die numerische Bestimmung der Parameter eines Modells als **Kalibrierung** bezeichnet.

Für die Kalibrierung eines Zinsmodells wird man selbstverständlich methodischer vorgehen und die Regressionsrechnung einsetzen. Ist das Modell kalibriert, dann kann es angewendet werden. Für eine Prognose der kommenden Zinsstruktur muss der zukünftige Zahlenwert des Faktors x bekannt sein, hier also der kommende Satz am Geld- oder Repomarkt. Erwartungen über Veränderungen dieses Satzes werden im volkswirtschaftlichen Research gebildet, wobei die Ankündigungen und die Reaktionsweise der Zentralbank großen Einfluss ausüben.

→ **Beispiel 7-1**: Jemand meint, der Geldmarktsatz werde bald $x = i_0 = 3\%$ sein. Dafür liefert das Modell 1A die Zinskurve: $i_1 = 3{,}1\%$, $i_2 = 3{,}2\%$, …, $i_{10} = 4\%$. ■

→ **Beispiel 7-2**: Beat managt ein Bondportfolio für einen Investmentfonds. Im Sommer 2014 steht der Geldmarktzins für Schweizerfranken bei $i_0 = 1\%$, das ist im langfristigen Vergleich tief. Beat hält eine Anleihe mit einem Jahreskupon von 4 Franken bezogen auf einen Nominalwert von 100 Franken, die Restlaufzeit beträgt drei Jahre. Da er zehn Millionen Stück von dieser Obligation im Fonds hält – im Gesamtbetrag hat er rund eine Milliarde angelegt – will Beat aufgrund des hohen Engagements die möglichen Kursänderungen genauer abschätzen.

Er errechnet die Zinsen so, wie sie sich aus dem Modell 1A ergeben würden – ohne noch weiter irgendwelche Finanzinformationsdienste zu nutzen. Als Faktor wird $x = 0{,}01$ eingesetzt:

$$i_1 = 0{,}01 + 1 \cdot (0{,}05 - 0{,}01)/20 = 0{,}012$$

$$i_2 = 0{,}01 + 2 \cdot (0{,}05 - 0{,}01)/20 = 0{,}014$$

$$i_3 = 0{,}01 + 3 \cdot (0{,}05 - 0{,}01)/20 = 0{,}016$$

Daraus errechnet er den Kurs der betreffenden Anleihe in Franken:

$$w = \frac{4}{1{,}012} + \frac{4}{(1{,}014)^2} + \frac{104}{(1{,}016)^3} = 3{,}9526 + 3{,}8903 + 99{,}1636 = 107$$

Da der Anleger eine Million Stück hält, ist er mit 107 Millionen Schweizerfranken investiert. Nun spricht Beat mit dem Geldhandel einer Bank. Die Händler meinen alle, der Geldmarktzins werde „in Kürze um 50 Basispunkte steigen“. Natürlich haben die Geldmarkthändler keine Ahnung, was das für die Zinsen am langen Ende bedeuten könnte, oder sie wollen sich als Geldmarkthändler nicht zum Kapitalmarkt äußern. Beat schätzt die Zinsen am Kapitalmarkt aufgrund des Modells mit dem neuen Faktor $x = 0{,}015$. Die neuen Zahlen lauten:

$$i_1 = 0{,}015 + 1 \cdot (0{,}05 - 0{,}015) / 20 = 0{,}01675$$

$$i_2 = 0{,}015 + 2 \cdot (0{,}05 - 0{,}015) / 20 = 0{,}0185$$

$$i_3 = 0{,}015 + 3 \cdot (0{,}05 - 0{,}015) / 20 = 0{,}02025$$

Daraus wird wieder der Wert der Obligation errechnet:

$$w = \frac{4}{1{,}01675} + \frac{4}{(1{,}0185)^2} + \frac{104}{(1{,}02025)^3} = 3{,}9341 + 3{,}8560 + 97{,}9295 = 105{,}72$$

Wenn sich die Prognosen der Geldhändler bewahrheiten sollten (Geldmarktsatz springt von 1% auf 1,5%) und wenn das Modell 1A die Wirklichkeit hinreichend genau beschreibt, dann tritt ein Kursverlust in Höhe von $105{,}72 - 107 = -1{,}28$ Schweizerfranken pro Anleihe ein. Da Beat zehn Millionen Stück im Fonds hält, geht es um einen Verlust von fast 13 Millionen Schweizerfranken. Der Portfoliomanager überlegt, ob er nicht besser eine Absicherung ergreift. ■

7.1.3 Modellgüte

Bevor wir fortfahren, müssen wir auf die **Güte eines Modells** eingehen. Sie wird anhand von vier Merkmalen beurteilt:

1. Das Modell soll die Wirklichkeit beschreiben. Dazu soll es **hinreichend genau** die Outputgrößen liefern.
2. Es soll sich **praktisch einsetzen** lassen. Das heißt, die verlangten Inputdaten müssen sich beschaffen lassen und der Rechenaufwand soll sich bewältigen lassen. Hier haben lineare Modelle einen Vorzug.
3. Das Modell soll ökonomische Aussagen und Zusammenhänge wiedergeben, die akzeptiert sind. Es soll **mit der wissenschaftlichen Erkenntnis harmonieren**.
4. Das Modell soll **validiert** werden und in einem Wettbewerb mit konkurrierenden Modellen bestehen können.

Ein Modell ist demnach gut und richtig, wenn es die Wirklichkeit beschreibt, für die Praxis taugt und der Theorie entspricht. (1) Die erste Eigenschaft kann dem Modell 1A durchaus zugesprochen werden, wie die eben erfolgreich damit gerechneten Beispiele nahe legen. (2) Und sicherlich ist es einfach zu handhaben. (3) Doch das eben aufgestellte Modell 1A ist ein rein empirisches Modell. Es gründet nicht auf volkswirtschaftlichen Theorien. Das ist ein Schwachpunkt. (4) Das Modell 1A erklärt zudem nicht, *warum* ein einziger Faktor genügen soll, die ganze Zinsstruktur zu erklären. Über einen Vergleich mit anderen Modellen ist nichts bekannt. Der theoretische Gehalt des Zinsmodells 1A ist unbefriedigend. Auch die Validierung lässt zu wünschen übrig.

Zudem kommen Zweifel auf, ob das Modell 1A in der Praxis wirklich gut funktioniert. Denn bisher wurde nur festgestellt, dass es alle Daten der *Vergangenheit* „gut" wiedergeben würde. Vielleicht ist man deshalb bereit, dem Modell 1A für die Zukunft Gültigkeit beizumessen. Dafür ist aber weder eine empirische noch eine theoretische Begründung geliefert worden. Schließlich fehlt eine quantitative Beurteilung des Fehlers. Leider ist das eine Schwäche zahlreicher Modelle in den Wirtschaftswissenschaften. Oft hat der Forscher historische Daten, betrachtet diese Daten, vermutet einen Zusammenhang, stellt ein Modell auf und kalibriert es so, dass es die Vergangenheit „gut" beschreibt. Damit liegt jedoch noch keine Begründung dafür vor, dass dieses Modell ein Jahr später die neu hinzugekommenen Daten ebenso gut beschreiben kann. Oft unterlässt der Forscher eine statistische Beurteilung der Fehler.

Diese methodische Schwäche tritt besonders dann auf, wenn es sich um ein rein empirisches Modell handelt und niemand behaupten kann, dass es Gesetzen entspricht, von denen unterstellt werden darf, dass sie auch in Zukunft noch gelten werden. Um dieser Problematik zu entgehen, wird das Modell *nur unter Kenntnis eines Teils der historischen Daten formuliert und kalibriert.* Anschließend wird das kalibrierte Modell mit dem *Rest der Daten getestet.* Beispielsweise könnte ein Modell wie Modell 1A nur mit den historischen Zinskurven von 1984 bis 2000 aufgestellt und kalibriert werden. Anschließend wird dieses kalibrierte Modell mit den Zinssätzen der Zeit ab 2000 kritisch überprüft.

Die Modellbeurteilung ist **out-of-sample**, wenn das Modell mit Daten überprüft wird, die nicht zur Aufstellung des Modells und zu seiner Kalibrierung (Schätzung der Parameter) verwendet wurden.[1]

7.1.4 Ein gekrümmtes Lineal — Das Zinsmodell 1B

Das Modell 1A wird nun etwas generalisiert. Wir vergegenwärtigen uns (7-2). Das ist ein (im Faktor x lineares System von Gleichungen für die zehn Zinssätze $i_1, i_2, ..., i_{10}$ als Outputgrößen: Jeder der Zinssätze ist gleich einer Konstanten plus ein gewisses Vielfaches des Faktors.

Die Konstanten beginnen bei 0,0025 für den Jahreszinssatz und gehen bis 0,0250 beim Zehnjahreszinssatz. Die Multiplikatoren des Faktors beginnen bei 0,95 für den Jahreszinssatz und gehen bis 0,50 beim Zehnjahreszinssatz. Diese Parameter sind im Modell 1A aber nicht im Rahmen einer Kalibrierung frei wählbar, sondern durch den Linealansatz (7-1) postuliert.

Die Verallgemeinerung besteht darin, dass die Konstanten und die Multiplikatoren nicht exakt diese postulierten Zahlenwerte haben müssen. Sie sollen frei wählbar sein und werden mit einer Kalibrierung so bestimmt, dass sie die empirischen Daten gut beschreiben. Wir können das verallgemeinerte Zinsmodell so notieren:

---

[1] In einem ganz strengen Sinn ist out-of-sample nicht möglich. Selbst wenn wir (die Autoren) ein Zinsmodell aufgrund der Betrachtung allein der Zinsstrukturen Januar 1984 bis Januar 2000 aufgestellt und entsprechend nur diese Daten auf Papier vor uns gelegt hätten, ist natürlich klar, dass wir die Zinsentwicklung ab 2000 kennen. Auch wenn das Modell 1A gut die Zinskurven 1984 bis 2000 beschreibt, hätten wir nie den Text mit dem Lineal in diesen Buch geschrieben, falls sich ab 2000 etwas Gegenteiliges ereignet hätte. Wir haben in Wirklichkeit also doch die gesamten Informationen bei der Aufstellung des Modells verwendet, nicht nur die Zinskurven von 1984 bis 2000. Ähnlich ist es auch bei anderen Forschungen.

$$\begin{aligned} i_1 &= a_1 + b_1 \cdot x + \varepsilon_1 \\ i_2 &= a_2 + b_2 \cdot x + \varepsilon_2 \\ &\dots \\ i_{10} &= a_{10} + b_{10} \cdot x + \varepsilon_{10} \end{aligned} \tag{7-3}$$

Wir bezeichnen dieses Zinsmodell zur Unterscheidung mit 1B. Die Parameter des Modells 1B sind also zunächst nicht konkrete Zahlen wie im Zinsmodell 1A: Die Konstanten $a_1, a_2, ..., a_{10}$ und die Multiplikatoren $b_1, b_2, ..., b_{10}$ sind frei bestimmbar und müssen nicht mit dem Linealansatz (7-1) errechnet werden.

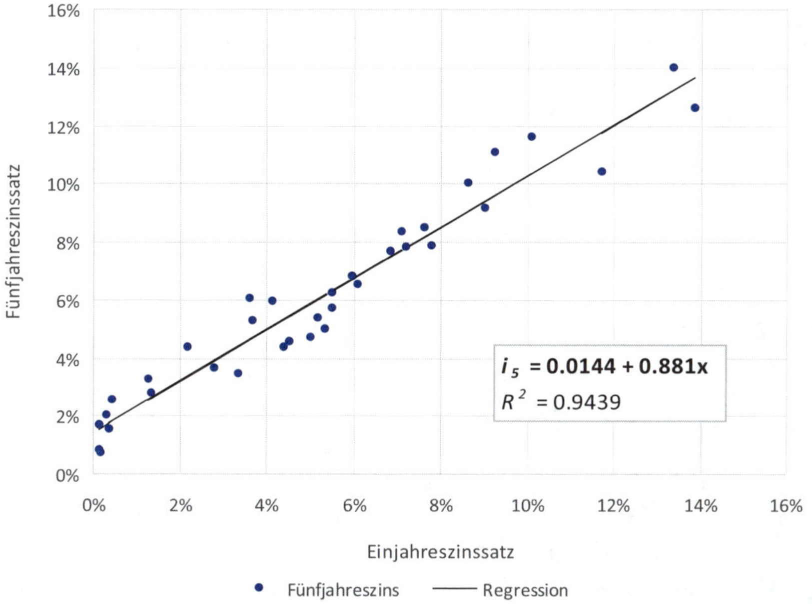

Darstellung 7-1: Zur Kalibrierung der Gleichungen (7-3) anhand der Daten für die 35 Januare 1980 bis 2014 basierend auf der US-Zinsstruktur: In der Abbildung gezeigt ist konkret die Bestimmung der Parameter der Gleichung für den Fünfjahressatz. Bei den Zinssätzen der anderen Fristen zeigen sich ähnliche Bilder, nur sind die Höhen und die Steigungen der Regressionsgeraden anders.

Zwar sind auch in (7-3) alle Zinssätze *linear* von dem einen Faktor abhängig, doch die Zinssätze liegen *nicht* notwendig auf einer Geraden. Deshalb können die durch (7-3) erzeugten Zinskurven gekrümmt sein, so als würden sie von einem Kurvenlineal erzeugt, dessen Position und Form durch die eine Stellgröße x verändert werden kann. Das ist der wichtigste Unterschied zwischen den Modellen 1A und 1B. Ein zweiter Unterschied: Die $\varepsilon_1, \varepsilon_2, ..., \varepsilon_{10}$ (*Epsilon*) kommen in (7-3) neu hinzu. Sie bezeichnen die *Fehler*, die verbleiben können, weil auch in Modell 1B die gesamte Zinsstruktur durch nur einen Faktor erfasst wird. Das ist für die Kalibrierung wichtig. Denn ohne Quantifizierung der Fehler könnten die Parameter nur dem Augenschein nach festgelegt werden.

Bevor wir mit dem Modell 1B arbeiten können, müssen wir es kalibrieren: Die Zahlenwerte für die Parameter $a_1, a_2, ..., a_{10}$ und $b_1, b_2, ..., b_{10}$ müssen bestimmt werden. Hierzu werden die Parameter so festgelegt, dass sie die Verhältnisse in einem Zeitraum der Vergangenheit, etwa für die letzten N Monate, mit möglichst geringen Fehlern beschreiben. Für solche Aufgaben ist die *Lineare Regression* (LR) geeignet. Für die zehn Fristen oder die zehn Gleichungen in (7-3) sind zehn Regressionen (voneinander unabhängig) gerechnet werden.

Beispielsweise für den Fünfjahreszinssatz i_5 besagt das Modell $i_5 = a_5 + b_5 \cdot x + \varepsilon_5$. Liegen historische Daten für den Fünfjahreszinssatz und den Faktor x (das war der Geldmarktsatz) für N Monate vor, so werden mit einer einfachen Linearen Regression a_5 und b_5 so bestimmt, dass die Summe über die N Fehlerquadrate minimal wird.

→ **Beispiel 7-3**: Wir zeigen die Regressionsgerade für den Fünfjahreszinssatz und die Daten der 35 Monate Januar 1984 bis 2014 in Darstellung 7-1: Die Methode der kleinsten Quadrate führt auf die Parameter $a_5 = 0{,}0144$ und $b_5 = 0{,}881$. Nur um das Prinzip zu illustrieren, überprüfen wir das so kalibrierte Modell für i_5 und den Januar 2003. Der damalige Geldmarktsatz: $x = 1{,}32\%$. Das Modell 1B liefert $i_5 = 0{,}0144 + 0{,}881 \cdot 0{,}0132 = 0{,}0260 = 2{,}60\%$. Tatsächlich betrug der Fünfjahreszinssatz in jenem Monat $2{,}78\%$. ■

7.1.5 Das Zweifaktormodell

Die meisten in der Praxis eingesetzten Zinsmodelle verwenden *zwei* Faktoren als Eingangsgrößen. Untersuchungen belegen, dass die ganze Zinskurve sehr gut bestimmt werden kann, wenn die Zinsen am kurzen und am langen Ende bekannt sind. Das spricht dafür, als ersten Faktor den Geldmarktsatz (oder den Reposatz) zu wählen und hinzu als zweiten Faktor einen langfristigen Zinssatz zu nehmen. In der Literatur wird als erster Faktor jedoch nicht der Geldmarktsatz, sondern der *Einjahreszinssatz* gewählt. Das hat bei der Kalibrierung den Vorteil, dass sämtliche Daten aus dem Kapitalmarkt kommen und nicht noch der Geldmarkt hineinspielt, gleichsam ein anderes Marktsegment. Ähnlich wie in (7-3) sollen die Zusammenhänge zwischen den Zinssätzen und den beiden Faktoren *linear* sein.

Der folgende, als Modell 2 bezeichnete Ansatz, ist so beschrieben: Die beiden Faktoren des Modells, x und y, sind der **Einjahreszinssatz** $x = i_1$ und der **Zehnjahreszinssatz** $y = i_{10}$. Die Zinssätze $i_2, i_3, ..., i_9$ für die anderen Fristen errechnen sich aus diesen beiden Faktoren in einer linearen Weise:

$$\begin{aligned} i_2 &= a_2 + b_2 \cdot x + c_2 \cdot y + \varepsilon_2 \\ i_3 &= a_3 + b_3 \cdot x + c_3 \cdot y + \varepsilon_3 \\ &\dots \\ i_9 &= a_9 + b_9 \cdot x + c_9 \cdot y + \varepsilon_9 \end{aligned} \tag{7-4}$$

	a_t	b_t	c_t
$t = 2$	-0,0037	0,73	0,32
$t = 3$	-0,0049	0,54	0,52
$t = 4$	-0,0046	0,41	0,65
$t = 5$	-0,0043	0,28	0,77
$t = 6$	-0,0033	0,20	0,84
$t = 7$	-0,0024	0,12	0,91
$t = 8$	-0,0008	0,04	0,97
$t = 9$	-0,0016	0,08	0,94

Darstellung 7-2: Ergebnis der Kalibrierung des Zweifaktorenmodells. Die Daten beziehen sich auf die USA und die 409 Monatsrenditen von Januar 1980 bis Januar 2014. Die R-Quadrate dieser acht Regressionen liegen zwischen 99,6% und 99,9%.

Die Parameter des Modells sind $a_2, a_3, ..., a_9$, $b_2, b_3, ..., b_9$ sowie $c_2, c_3, ..., c_9$. Sie werden anhand historischer Daten bestimmt. Zur Kalibrierung werden acht Lineare Regressionen durchgeführt.

Wir greifen die Gleichung $i_5 = a_5 + b_5 \cdot x + c_5 \cdot y + \varepsilon_5$ aus (7-4) heraus. Um die drei Parameter a_5, b_5, c_5 zu bestimmen, besorgt man sich für die vergangenen N Monate oder für die Januare der vergangenen N Jahre die jeweiligen Zahlenwerte der Faktoren $x = i_1$ und $y = i_{10}$ sowie die Zahlenwerte der Fünfjahreszinssätze i_5. Sodann werden mit der LR die drei Parameter a_5, b_5, c_5 so bestimmt, dass die Summe der Quadrate der Fehler ε_5 minimal wird.

Genauso wird für die anderen Gleichungen in (7-4) vorgegangen. Die N Datensätze sollten wenigstens einen Konjunkturzyklus umfassen. Das Modell 2 wurde in der Forschung verschiedentlich kalibriert. Das heißt: Die Parameter des Zweifaktorenmodells wurden anhand historischer Daten mit der LR geschätzt. Unsere eigenen Ergebnisse zu den acht Regressionen sind in Darstellung 7-2 tabelliert. Ergebnisse der Kalibrierung:

1. Die Parameter $a_2, a_3, ..., a_9$ drücken eine gewisse Krümmung der Zinskurve aus.
2. Die Koeffizienten b_t nehmen für $t = 2,3,...$ ab, was den für längere Fristen geringeren Einfluss des Einjahreszinssatzes wiedergibt.
3. Da die Koeffizienten $c_6, c_7, ..., c_9$ nahe bei 1 sind, prognostiziert das Zweifaktorenmodell, dass sich Änderungen des Zehnjahreszinssatzes $y = i_{10}$ fast gleich auf Änderungen der Zinssätze $i_6, i_7, ..., i_9$ auswirken. Der Einfluss des Zehnjahreszinssatzes ist selbst auf die Bindungsfrist von drei oder vier Jahren immer noch substantiell.

Das Modell 2 kann zur Prognose der Zinskurve für einen zukünftigen Zeitpunkt dienen, wozu die beiden Faktoren Einjahreszinssatz und der Zehnjahreszinssatz prognostiziert werden müssen.

Bei einer Prognose wird unterstellt, dass die (in der Tabelle wiedergegebenen) Parameter des Modells sich nicht verändern. Deshalb müssen nach einer Prognose immer wieder anhand der Realisation der Zinskurve die Güte und Eignung des Modells beurteilt werden. Auch hier ist ein Out-of-Sample-Test angebracht. Das Modell 2 erwies sich bei Out-of-Sample-Tests als sehr gut. Das Modell 2 gestattet aufgrund von Informationen, die nur den Einjahreszinssatz und den Zehnjahreszinssatz betreffen, die gesamte zukünftige Zinsstruktur zu prognostizieren. Die verwendeten Faktoren sind intuitiv und anhand der gesamtwirtschaftlichen Lage prognostizierbar.

7.1.6 Korrelation der Faktoren

Die Faktoren Einjahreszinssatz $x = i_1$ und Zehnjahreszinssatz $y = i_{10}$ werden im Modell 2 als voneinander *unabhängige* Eingangsgrößen angesehen. Beispielsweise könnte i_1 fallen und zum selben Zeitpunkt i_{10} steigen. Hinter einer solchen Drehung der Zinskurve könnte eine unvorsichtig deutliche Lockerung der Geldpolitik stehen, aus der die Finanzinvestoren neue Inflationsgefahren ableiten. Ebenso gut könnte, wenn i_1 fällt, auch i_{10} fallen.

Weder für die Kalibrierung noch für die Anwendung von Modell 2 muss bekannt sein, ob die Faktoren, und wenn ja in welcher Weise, typischerweise miteinander variieren. Die Empirie zeigt indessen, dass die beiden Faktoren Einjahreszins und Zehnjahreszins *positiv* korreliert sind. Der Korrelationskoeffizient beträgt etwa ½.

1. Wenn der Einjahreszinssatz fällt (steigt), dann fällt (steigt) *oft* auch der Zehnjahreszinssatz. Das heißt, dass im Grunde nicht zwei Faktoren benötigt werden, um die Zinsstruktur zu beschreiben, sondern dass ein Faktor ausreicht. Es ist aufgrund der positiven Korrelation der beiden Faktoren in Modell 2 durchaus akzeptabel, wenn nur ein Faktor (wie in unserem Modell 1B) berücksichtigt wird.
2. Aber die Faktoren Einjahreszinssatz $x = i_1$ und Zehnjahreszinssatz $y = i_{10}$ sind *nicht vollständig* korreliert. Gelegentlich gehen der kurzfristige Satz nach oben und zugleich der langfristige nach unten. Oder der kurzfristige Satz geht nach unten und der langfristige nach oben. Die Zinskurve *dreht* sich. In Zeiten, in denen sich Einjahreszinssatz und Zehnjahreszinssatz *gegenläufig* bewegen, ist das Modell 2 einem Zinsmodell mit nur einem Parameter überlegen.

→ **Beispiel 7-4**: Karl managt ein deutsches Rentenportfolio. Karl hat praktisch nur Anleihen mit einer Restlaufzeit von 5 Jahren. Aufgrund seiner Erfahrungen hat er sich eine Daumenregel zurecht gelegt. Sie lautet: Kursänderungen sind praktisch ausschließlich davon bestimmt, wie die größte Zahlung zu diskontieren ist, und das ist die Rückzahlung in fünf Jahren.

Karl möchte daher vor allem i_5 schätzen und den Diskontfaktor $d_5 = 1/(1+i_5)^5$ berechnen. In einem gewissen Jahr seien der Einjahreszinssatz $i_1 = 3\%$ und der Zehnjahreszinssatz $i_{10} = 4\%$. Für diese Daten wird zunächst i_5 nach Modell 2 und mit der in Darstellung 7-2 gezeigten Kalibrierung ($a_5 = -0{,}0043$, $b_5 = 0{,}28$, $c_5 = 0{,}77$) berechnet:

$$i_5 = -0{,}0043 + 0{,}28 \cdot 0{,}03 + 0{,}77 \cdot 0{,}04 = 0{,}0349 \quad und \quad d_5 = 0{,}8424$$

Nun führt Karl Gespräche mit zwei Experten. Der eine ist im Geldhandel tätig und „sieht den Einjahreszinssatz bald auf $i_1 = 2\%$ fallen, weil die Konjunktur doch nicht so stark anspringt und die Europäische Zentralbank die Zinsen senken wird". Der andere Experte beobachtet die Inflation und befürchtet „aufgrund hoher Lohnabschlüsse" bald ein Anziehen, wobei „der Kapitalmarkt unmittelbar reagieren wird, was den Zehnjahreszinssatz bis auf $i_{10} = 5\%$ treibt".

Karl ist nun unsicher, ob er aufgrund der prognostizierten *Zinssenkung im kurzen Bereich* mit seinen Anleihen deutlicher gewinnt oder ob er aufgrund des *Anziehens der langfristigen Zinsen* per Saldo verliert. Karl berechnet i_5 sowie den Diskontfaktor $d_5 = 1/(1+i_5)^5$ nochmals und legt dazu im Modell das neue Szenario $i_2 = 2\%,\ i_{10} = 5\%$ zugrunde:

$$i_5 = -0{,}0043 + 0{,}28 \cdot 0{,}02 + 0{,}77 \cdot 0{,}05 = 0{,}0398 \quad und \quad d_5 = 0{,}8227$$

Da der Diskontfaktor doch kleiner geworden ist, folgert Karl, dass die kursreduzierende Wirkung einer Zinserhöhung um 100 Basispunkte am langen Ende stärker ist als die positive Wirkung der Zinssenkung am kurzen Ende. ■

Bemerkung: Anstelle der Faktoren i_1 und i_{10} könnten ebenso gut die Faktoren $x = (i_1 + i_{10})/2$ und $y = i_{10} - i_1$ verwendet werden. Davon ist der erste das Niveau der Zinsstruktur, der zweite ist der Term-Spread und drückt die Steigung der Zinskurve aus. Es macht aber wenig Sinn, einen „komplizierten" Faktor zu definieren, wenn sich niemand etwas darunter vorstellen und seine zukünftigen Werte vorhersagen kann. Das würde die praktische Arbeit behindern.

7.1.7 Das Modell 3

Obwohl das Modell 2 bei der praktischen Anwendung recht geringe Fehler aufweist, ist zu vermuten, dass sich mit einem Übergang auf drei Faktoren die Genauigkeit der Beschreibung empirischer Zinskurven verbessert. Es wurde darauf hingewiesen, dass mit zwei Faktoren das Niveau und die Steigung der Zinskurve erfasst werden können. Dabei kann auch eine Krümmung der Zinskurve modelliert werden. Mit einer Variation der beiden Faktoren können sich also das Niveau und die Steigung der Zinskurve ändern. Jedoch bleibt bei diesen beiden Faktoren die Krümmung der Zinskurve unverändert. Mit einem dritten Faktor können auch Veränderungen der *Krümmung* erfasst werden.

Gehen wir zu Darstellung 2-3 zurück: Für die gezeigten Momentaufnahmen war die Zinskurve stets etwas nach oben gewölbt (konkav). Dabei hat sich das Ausmaß der Konkavität doch etwas unterschieden: In vielen Monaten sind *deutliche* Wölbungen der Zinskurve erkennbar, doch in anderen Monaten war praktisch keine Wölbung vorhanden. Zu verschiedenen Zeitpunkten können sogar Zinskurven vorliegen, die zwar dasselbe Niveau und dieselbe Steigung haben, wohl aber verschiedene Krümmungen. Das heißt: Will man ein Zinsmodell mit zwei Faktoren verfeinern, indem ein dritter Faktor hinzu genommen wird, dann sollte der neue Faktor das Ausmaß konkaver Wölbung der Zinskurve beschreiben.

Dazu bietet sich dieses Vorgehen an: Neben dem Niveau der Zinskurve $x = (i_1 + i_{10})/2$ und ihrer Steigung $y = i_{10} - i_1$, wird als dritter Faktor $z = i_5 - (i_1 + i_{10})/2$ die Wölbung der Zinskurve wiedergeben. Je stärker positiv z ist, desto konkaver ist die Zinskurve gewölbt. So entsteht Modell 3. Es hat diese drei Faktoren:

$$\begin{aligned} x &= (i_1 + i_{10})/2 \\ y &= i_{10} - i_1 \\ z &= i_5 - (i_1 + i_{10})/2 \end{aligned} \tag{7-5}$$

Das Modell 3 ist durch die zehn Gleichungen

$$i_t = a_t + b_t \cdot x + c_t \cdot y + d_t \cdot z + \varepsilon_t, \quad t = 1, 2, 3, ..., 10 \tag{7-6}$$

bestimmt. Für die Fristen $t = 2,...,9$ sind die Gleichungen (7-6) intuitiver als für den Einjahreszinssatz und den Zehnjahressatz. Für $t = 1,\ 10$ folgt aus der Definition der Faktoren dies: Einjahressatz $i_1 = x - (1/2) \cdot y$ und folglich $a_1 = 0$, $b_1 = 1$, $c_1 = -1/2$, $d_1 = 0$. Zehnjahressatz $i_{10} = x + (1/2) \cdot y$, mithin $a_{10} = 0$, $b_{10} = 1$, $c_{10} = +1/2$, $d_{10} = 0$. Die 24 Parameter für $t = 2, 3, ..., 9$ sind hingegen noch frei und werden durch Kalibrierung aufgrund der historischen Zinssätze bestimmt.

Wie empirische Untersuchungen des Zinsmodells 3 zeigen, bietet es die Möglichkeit, Zinskurven *praktisch fehlerfrei* zu beschreiben. Niemand würde deshalb ein Zinsmodell mit mehr als drei Faktoren vorschlagen. Um das Modell 3 für die Prognose einzusetzen, müssen allerdings Prognosen auch über die vermutete Veränderung der Wölbung der Zinskurve vorliegen.

Den zukünftigen Zahlenwert des Faktors $z = i_5 - (i_1 + i_{10})/2$ zu prognostizieren, scheint auf den ersten Blick unmöglich. Doch die durch diesen Faktor ausgedrückte **Wölbung der Zinskurve** hat eine wichtige ökonomische Bedeutung. Wir werden (in Kapitel 9) sehen, dass die **Wölbung der Zinskurve die Volatilität der Zinssätze** ausdrückt. Die Volatilität ist die Standardabweichung der (als zufällig betrachteten) Zinsänderungen. Sie steht für das **Maß zufälliger Überraschungen bei der Zinsentwicklung**. Die Volatilität drückt also jene Unsicherheit aus, die Investoren hinsichtlich der zukünftigen Zinsen haben. Die Volatilität hängt von zweierlei ab: Erstens schätzen die Investoren aufgrund vergangener Ereignisse und anhand eigener **Erfahrungen** die Größe der Unsicherheit der zukünftigen Zinsentwicklung ein. Zweitens kommt es auf die **Kommunikation der Zentralbank** an. Sie könnte Berechenbarkeit bei der Zinsentwicklung ausstrahlen oder mit Anmerkungen auf „restliche Risiken" hinweisen. Erfahrungen über die Unsicherheit der Zinsentwicklung und die Kommunikation bestimmen die **Krümmung** der Zinskurve:

- Ist die Wölbung der Zinskurve gering, kann es zwar zu Veränderungen und Bewegungen der Zinskurve kommen, doch gibt es bei diesen Bewegungen *kaum zufällige* Überraschungen.
- Ist die Wölbung der Zinskurve groß, dann ist die Volatilität der Zinssätze hoch. Die Marktteilnehmer vermuten, dass es nicht so bleibt wie es ist. Doch niemand wagt, die Richtung der Veränderungen zu prognostizieren.

Eine Anwendung von Modell 3 setzt daher voraus, dass erstens die Veränderungen der Zinssätze am kurzen sowie die am langen Ende vorhergesagt werden. Die beiden Fragen dazu lauten: was passiert am Geldmarkt, was passiert am Kapitalmarkt? Zusätzlich muss bekannt sein, wie die weitere Unsicherheit eingeschätzt wird. Welche der drei Situationen liegt vor? a) Die Unsicherheit der Zinssätze bleibt wie sie ist: Der Faktor z, der die Krümmung beschreibt, bleibt unverändert. b) Die Volatilität zieht an, z wird größer. c) Die Überraschungen, mit denen bei Zinssätzen zu rechnen ist, gehen eher zurück: z wird geringer. **Bei höher werdender Unsicherheit wird die Krümmung stärker, bei abnehmender Unsicherheit hinsichtlich der zukünftigen Zinsbewegungen geht die Krümmung der Zinskurve zurück**.

7.2 Stochastische Zinsmodelle

Lernziel: Stochastische Zinsmodelle unterstellen für den Faktor eines empirischen Zinsmodells einen Zufallsprozess.

7.2.1 Stochastik

Bislang wurde dies gesagt: Die zahlenmäßigen Veränderungen der Faktoren, die in einem Zinsmodell als Eingangsdaten dienen, müssen durch Informationsbeschaffung und Research geschätzt werden. Aus diesen Erwartungen kann mit Hilfe des Zinsmodells eine Prognose über die zukünftigen Zinssätze abgeleitet werden. Das sollte natürlich nicht zu der Vorstellung führen, die Experten wüßten bereits vorher ganz genau, wie sich die Faktoren verändern. Die Veränderungen der Faktoren werden von den Experten natürlich nur *geschätzt*. Sie sind und bleiben *unsicher*. Mit ihnen sind auch die über das Zinsmodell errechneten Zinssätze für die verschiedenen Fristen unsicher. Ist der Geldmarktsatz (wie in den Zinsmodellen 1A und 1B) ein unsicherer Faktor, dann überträgt sich die Unsicherheit im Zinsmodell auf alle Zinssätze.

So kommt als **Forschungsfrage auf, wie die Stochastik der Faktoren, etwa die des Geldmarktsatzes, näher charakterisiert werden kann**. Dazu dienen stochastische Zinsmodelle. Ein stochastisches Zinsmodell soll Aussagen darüber erlauben, *mit welcher Wahrscheinlichkeit* sich die Zinsen der einzelnen Fristen in welche Richtung bewegen werden. Solche Aussagen bilden eine Grundlage für die Ermittlung marktgerechter Preise für Zinsderivate. Der Forscher modelliert die Veränderung der Faktoren des einer Untersuchung zugrunde gelegten Zinsmodells dazu als *Zufallsprozess*. Stochastische Zinsmodelle sind also mathematische Ansätze, die den Zufallsprozess des Zinssatzes beschreiben, oder den Zufallsprozess der Zinssätze verschiedener Fristen, oder eben den Zufallsprozess des Faktors beziehungsweise der Faktoren, die in einem empirischen Zinsmodell als Eingangsgrößen verwendet werden.[2]

Einige stochastische Zinsmodelle sind sehr bekannt geworden. Oft zitiert ist das **Vasicek-Modell**, das 1977 von dem tschechischem Mathematiker OLDRICH VASICEK entworfen wurde.[3]

Das Vasicek-Modell geht davon aus, dass der eine betrachtete Faktor r – er wird als **Momentan-Zinssatz** bezeichnet – zufällig ist. Er wird als *der* Risikofaktor aller zu untersuchenden Zinsinstrumente und Derivate angesehen. Eine naheliegende Vorstellung besteht darin, im Momentan-Zinssatz den Zins am Geldmarkt zu sehen. Der Literatur entsprechend verwenden wir für diesen Faktor des Modells den Buchstaben r wie *rate*, sparen uns aber die Tilde, mit der sonst zufällige Größen versehen werden.

1. Annahme im Vasicek-Modell: Der Momentan-Zinssatz r kann sich laufend ändern. Die Veränderungen sind **zufällig**: In jedem Augenblick soll sich der Zinssatz r nach oben oder nach unten verändern können, egal welches Niveau er derzeit hat.
2. Annahme: Allerdings ist der **Erwartungswert der Zinsänderung** in einem Zeitintervall nicht gleich Null, sondern hängt vielmehr vom derzeitigen Zinsniveau r ab. Ist der Momentan-Zinssatz im Augenblick sehr hoch, wird er sich mit größerer Wahrscheinlichkeit eher verringern, als dass er sich noch weiter erhöht. Ist der Momentan-Zinssatz im Augenblick hingegen gering, dann wird er sich mit größerer Wahrscheinlichkeit erhöhen, als dass er sich noch weiter verringert.

Diese zweite Eigenschaft heißt **Mean-Reversion**: Wenn der stochastische Prozess der Zinsbewegung einmal von seinem langfristigen Mittel abgewichen ist, gibt es eine etwas höhere Wahrscheinlichkeit, sich in Richtung des Mittelwerts zurück zu bewegen als sich noch weiter davon zu entfernen. Es wird also ein Trend unterstellt, der zu einer gewissen Konstante m führt, die ein **mittleres Zinsniveau** darstellt.

---

[2] 1. MICHAEL BRENNAN und EDUARDO SCHWARTZ: A Continuous Time Approach to the Pricing of Bonds. *Journal of Banking and Finance* 3 (1979), pp. 133-155. 2. THOMAS HO und DANG-BIN LEE: Term Structure Movements and Pricing Interest Rate Contingent Claims. *Journal of Finance* 41 (1986) 5, pp. 1011-1029. 3. WOLFGANG BÜHLER: Rationale Bewertung von Optionsrechten auf Anleihen. *Zeitschrift für betriebswirtschaftliche Forschung* 40 (1988), pp. 851-883. 4. WOLFGANG BÜHLER, MARLIESE UHRIG, ULRICH WALTER und THOMAS WEBER: Erfahrungen bei dem Einsatz von Modellen zur Bewertung von Zinsoptionen — eine empirische Studie. *Zeitschrift für betriebswirtschaftliche Forschung*, Sonderheft 38 (1997), pp. 1-42.

[3] 1. OLDRICH VASICEK: An Equilibrium Characterization of the Term Structure. *Journal of Financial Economics* 5 (1977), pp. 177-188. 2. DIETER E. HESS: *Die Dynamik der Zinsstruktur — Modelle zur Erfassung des Zinsrisikos und deren Schätzung*. Deutscher Universitäts-Verlag (ISBN 3-8244-6150-1), Wiesbaden 1995. 3. ALFRED BÜHLER: *Einfaktormodelle der Fristenstruktur der Zinssätze*. Bank- und finanzwirtschaftliche Forschungen 211, Paul Haupt Verlag, Bern 1995. 4. JÜRGEN WOLTERS: Untersuchung der Renditestruktur am deutschen Kapitalmarkt 1970-1996; in: ERNST BALTENSPERGER (Herausgeber): *Spekulation, Preisbildung und Volatilität auf Finanz- und Devisenmärkten*. Schriften des Vereins für Socialpolitik 257 (1998), pp. 130-152.

7.2.2 Varianz des Momentan-Zinssatzes

Das Vasicek-Modell trifft weiterhin eine Annahme über die **Varianz der Änderung des Momentan-Zinssatzes**.

Zur quantitativen Beschreibung des Prozesses betrachten wir die mit Δr bezeichnete Änderung des Momentan-Zinssatzes in einem kleinen Zeitintervall. Dieses Zeitintervall soll die Dauer Δt haben und von t bis $t+\Delta t$ reichen. Der griechische Buchstabe Δ (Delta) wird oft verwendet, um kleine Unterschiede zu beschreiben. Also:

1. Die Größe Δt ist ein kleiner Zeitunterschied. In einem kleinen Zeitintervall der Länge Δt kommt es zu einer Zinsänderung um Δr.
2. Die Zahl Δt ist eine deterministische Größe. Wer den Zinsprozess beobachtet, kann sie frei wählen: Δt könnte eine Minute, eine Stunde, einen Tag oder eine Woche dauern.
3. Die Größe Δr ist hingegen *zufällig*, wenn es sich um eine jetzt beginnende Minute oder Stunde handelt, um den morgigen Tag oder die kommende Woche. Niemand kann mit Sicherheit sagen, um welchen Betrag Δr sich die Zinsen ändern werden.

7.2.3 Weitere Annahmen des Vasicek-Modells

Das Vasicek-Modell trifft nun Aussagen über die Wahrscheinlichkeitsverteilung von Δr. Daraus folgen anschließend Verteilungsparameter wie Erwartungswert und Varianz von Δr. Für die Wahrscheinlichkeitsverteilung der zufälligen Zinsänderung Δr werden Annahmen getroffen. Die ersten beiden Annahmen müssen nicht wiederholt werden. Sie werden um eine dritte und vierte Modellannahme ergänzt.

3. Annahme: Zunächst wird postuliert, dass die in einem Zeitintervall der Länge Δt zu erwartende Zinsbewegung Δr zur Länge des Zeitintervalls Δt **proportional** ist. Je länger die Zeitspanne, desto größer ist die zu erwartende Zinsänderung.

Diese dritte Annahme wirkt intuitiv einsichtig und dürfte ebenso in anderen Bereichen von Zufallsereignissen anzutreffen sein: Wenn ein Geigerzähler in einer Sekunde im Mittel zehn Einstrahlungen registriert, so würden wir für einen Zeitraum von zwei Sekunden zwanzig Einstrahlungen erwarten. In einem längeren Zeitintervall kann mehr passieren als in einem kürzeren, und in der Erwartung ist das (bei kleinen Zeitintervallen) proportional zur Länge des Zeitintervalls.

Sodann wird postuliert, dass die zu erwartende Zinsbewegung Δr zusätzlich proportional ist zum Abstand, den der augenblickliche Zins vom langfristigen Mittelwert hat. Zusammen bedeutet das

$$E[\Delta r] \approx a \cdot (m - r) \cdot \Delta t \qquad (7\text{-}7)$$

Hier ist a ein positiver Koeffizient, der die Geschwindigkeit der Konvergenz zum mittleren Zinssatz m ausdrückt.

Die *erwartete* Bewegung in Richtung auf das mittlere Zinsniveau m ist nach (7-8) umso ausgeprägter, je länger das betrachtete Zeitintervall Δt ist und je weiter der Zinssatz zu Beginn dieses Zeitintervalls von m entfernt ist. Es ist einsichtig, dass sich Zinssätze in der Wirklichkeit so bewegen dürften. Schließlich ist die Bewegung in Richtung auf das mittlere Zinsniveau m umso kräftiger, je größer der Koeffizient a ist.

Gleichwohl ist die in (7-8) ausgedrückte Konvergenz *nicht deterministisch*. Die Zinsänderung Δr, die während des Zeitintervalls der Länge Δt eintritt, ist nach wie vor eine *Zufallsgröße*. Die Gleichung (7-8) sagt nur etwas über den *Erwartungswert* der zufälligen Bewegung Δr aus. Die tatsächliche Realisation einer Zufallsgröße kann natürlich mehr oder weniger vom Erwartungswert abweichen.

Wenn beispielsweise der Momentanzins r jetzt zum Zeitpunkt t unterhalb des mittleren Zinsniveaus m liegt, würde man nach (7-8) im kommenden Zeitintervall bis $t+\Delta t$ eine Bewegung nach oben erwarten, $E[\Delta r] > 0$. Dennoch kann der Fall eintreten, dass sich der Zins tatsächlich noch weiter nach unten bewegt und die Realisation der Zufallsvariable Δr negativ ausfällt.

Um die Wahrscheinlichkeitsverteilung der Zinsänderung Δr weiter zu beschreiben – bisher kennen wir nur den Erwartungswert – trifft das Vasicek-Modell diese Annahme:

4. Annahme: Die Zufallsgröße Δr soll *normalverteilt* sein und die Varianz $Var[\Delta r] = \sigma^2 \cdot \Delta t$ aufweisen. Außerdem soll, was von t bis $t+\Delta t$ passiert, stochastisch unabhängig sein von den zufälligen Zinsbewegungen in anderen Zeitintervallen zuvor und danach.

Hinter dieser vierten Annahme steht eine klare Intuition: Das Postulat der Normalverteilung wird durch den *Zentralen Grenzwertsatz* plausibel: Aus „mikroskopischer Sicht" ist das Zeitintervall Δt, auch wenn es sich nur um einen Tag handelt, ungeheuer lang. Sehr viele zufällige Einflüsse bewegen den Zins innerhalb eines Tages. Aufgrund des Zentralen Grenzwertsatzes ist (unter recht allgemeinen Voraussetzungen) die Gesamtwirkung dieser Einflüsse in dem beobachteten Tag normalverteilt.

7.2.4 Zur Proportionalität der Varianz in der Zeit

Auch die Ergänzung in der vierten Annahme, dass die *Varianz des Prozesses proportional zur Zeit* zunimmt, $Var[\Delta r] = \sigma^2 \cdot \Delta t$, ist einsichtig: Man verdopple gedanklich das Zeitintervall auf die Länge $2 \cdot \Delta t$. Die zufällige Zinsänderung, die im ersten der beiden Teilintervalle der Länge Δt eintritt, sei mit $\tilde{x}$ bezeichnet. Die zufällige Zinsänderung während des zweiten Teilintervalls der Länge Δt sei mit $\tilde{y}$ bezeichnet. Im gesamten Intervall der Länge $2 \cdot \Delta t$ tritt daher die zufällige Zinsänderung $\tilde{x} + \tilde{y}$ ein. Welche Varianz hat sie? Generell gilt:

$$Var[\tilde{x} + \tilde{y}] \quad = \quad Var[\tilde{x}] + Var[\tilde{y}] + 2 \cdot Cov[\tilde{x}, \tilde{y}] \, .$$

Vereinfachungen: Sind die Geschehnisse in den beiden Teilintervallen voneinander unabhängig, dann sind sie insbesondere auch nicht miteinander korreliert. Folglich gilt $Cov[\tilde{x},\tilde{y}]=0$ und deshalb:

$$Var[\tilde{x}+\tilde{y}] \quad = \quad Var[\tilde{x}]+Var[\tilde{y}].$$

Haben die Geschehnisse in den beiden Teilintervallen derselben Dauer Δt auch die gleiche Varianz (das ist die zweite Vereinfachung), dann gilt

$$Var[\tilde{x}+\tilde{y}] \quad = \quad 2\cdot Var[\tilde{x}].$$

Die **Varianz der Veränderung nimmt also proportional zur Länge des Zeitintervalls** zu. Deshalb ist die **Standardabweichung** – jene mutmaßliche Bewegung des Zinses im Zeitintervall von t bis $t+\Delta t$, mit der er zufällig von seinem Trend abweicht – **proportional zur Wurzel aus der Länge Δt des Zeitintervalls**,

$$\sqrt{Var[\Delta r]} \quad = \quad \sigma\cdot\sqrt{\Delta t} \tag{7-8}$$

Zusammengefasst kann der Prozess in der Form

$$\Delta r \quad \approx \quad a\cdot(m-r)\cdot\Delta t+\sigma\cdot\Delta z \tag{7-9}$$

beschrieben werden; Δz ist dabei eine normalverteilte Zufallsgröße, die den Erwartungswert 0 und die Varianz Δt besitzt. Das heißt, Δz hat die Standardabweichung oder Streuung $\sqrt{\Delta t}$. Hinweis: Deshalb darf Δz auch in der Form $\Delta z=\varepsilon\cdot\sqrt{\Delta t}$ geschrieben werden. Dabei ist ε eine standard-normalverteilte Zufallsgröße, und der Skalar $\sqrt{\Delta t}$ bewirkt, dass Δz die Streuung $\sqrt{\Delta t}$ besitzt. Damit nimmt (7-9) diese Form an:

$$\Delta r \quad \approx \quad a\cdot(m-r)\cdot\Delta t+\sigma\cdot\sqrt{\Delta t}\cdot\varepsilon \tag{7-10}$$

→ **Beispiel 7-5**: Zur Veranschaulichung von (7-9) beziehungsweise (7-10) soll ein Zinsszenario über drei Zeitstufen erzeugt werden. Wir betrachten die Tage $t=0,1,2,3$ und haben somit als Länge für Δt einen Tag gewählt.

Der Zinssatz sei (jetzt zu $t=0$) $r_0=4{,}00\%$ und das mittlere Zinsniveau liege bei $m=6\%$.

Der Geschwindigkeitskoeffizient für die Anpassung sei $a=2$. Die Volatilität der Zinsänderung sei $\sigma=5\%$.

Nun müssen wir Realisationen für die den drei Tagesintervallen entsprechende zufällige Zinsbewegung Δr erzeugen. Da sich alle Größen auf ein Jahr beziehen, muss auch das Intervall eines Tages in der Einheit Jahre ausgedrückt werden. Wir unterstellen, dass ein Tag die Länge 1/250 Jahre habe, weil das Jahr 250 Börsentage hat, an denen sich die Zinsen ändern können. Des Weiteren schreiben wir (7-9) ohne das Ungefährzeichen (auf das wir gleich zu sprechen kommen) als Gleichung,

$$\Delta r = a \cdot (m - r) \cdot \Delta t + \sigma \cdot \Delta z .$$

Jetzt werden noch für ε in (7-10) Pseudo-Zufallszahlen besorgt, etwa mit Excel (Menü: *Tools, Data Analysis, Random Number Generation*). Wir erzeugen für die drei betrachteten Zeitintervalle drei Realisationen einer standard-normalverteilten Zufallsgröße auf unabhängige Weise und erhalten: -0,300, -1,278, 0,245.

Für den ersten Tag ergibt sich:

$$\Delta r = 2 \cdot (0{,}0600 - 0{,}0400) \cdot (1/250) + 0{,}05 \cdot \sqrt{1/250} \cdot (-0{,}300) = 0{,}0008$$

So fällt der Zinssatz von $r_0 = 4{,}00\%$ auf $r_1 = 0{,}0400 - 0{,}0008 = 0{,}0392 = 3{,}92\%$.

Für den zweiten Tag folgt

$$\Delta r = 2 \cdot (0{,}0600 - 0{,}0392) \cdot (1/250) + 0{,}05 \cdot \sqrt{1/250} \cdot (-1{,}278) = -0{,}0039$$

So fällt der Zinssatz von $r_1 = 3{,}92\%$ auf $r_2 = 0{,}0392 - 0{,}0039 = 0{,}0353 = 3{,}53\%$.

Für den dritten Tag ergibt sich:

$$\Delta r = 2 \cdot (0{,}0600 - 0{,}0353) \cdot (1/250) + 0{,}05 \cdot \sqrt{1/250} \cdot 0{,}245 = 0{,}00097$$

So steigt der Zinssatz von $r_2 = 3{,}53\%$ auf $r_3 = 0{,}0353 + 0{,}001 = 0{,}0363 = 3{,}63\%$. ■

7.2.5 Stochastische Differentialgleichung

Man könnte auch sagen, der Prozess werde *nur* zu den *diskreten Zeitpunkten* t und $t + \Delta t$ beobachtet, das nächste Mal vielleicht bei dem Zeitpunkt $t + 2 \cdot \Delta t$ und so fort. Es ist aber üblich, solche Prozesse in einer mathematischen Form zu notieren, die sich – genau wie die Differentialrechnung – aus einer Grenzbetrachtung ergibt, bei der Δt immer mehr gegen Null strebt. Es wird auch gesagt, die Prozesse werden in *stetiger Zeit* notiert – eigentlich muss gesagt werden: in *kontinuierlicher* Zeit. Das **Vasicek-Modell in stetiger Zeit** lautet:

$$dr \quad = \quad a \cdot (m - r) \cdot dt + \sigma \cdot dz \qquad (7\text{-}11)$$

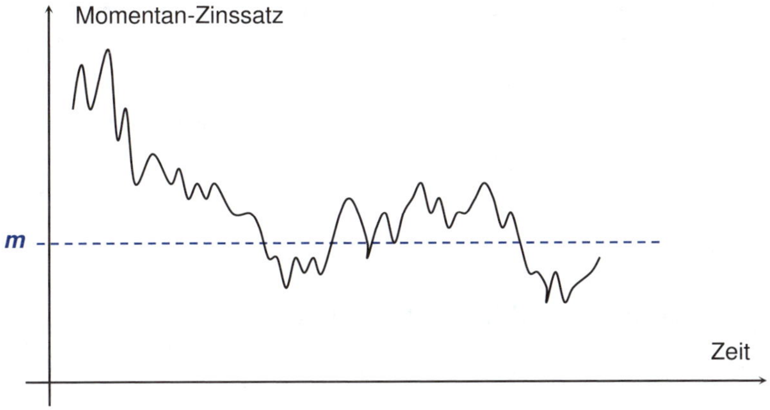

Darstellung 7-3: Verlauf einer nach dem Vasicek-Modell erzeugten Zinsentwicklung. Durch den Einfluss des zufälligen Terms kann es sein, dass die Zinsen, die sich von oben dem langfristigen Mittel des Zinsniveaus m nähern, über dieses Ziel hinausschießen und sich plötzlich unterhalb von m befinden. Ab dann wirkt die Kraft, die sie tendenziell nach oben zum mittleren Zinsniveau führt. Wieder durch den Zufall kann es geschehen, dass der Momentan-Zinssatz wieder über dieses Ziel hinausgeht und sich oberhalb von m befindet.

Bei (7-11) handelt es sich um eine **stochastische Differentialgleichung**. Der erste Term der stochastischen Differentialgleichung,

$$dr = a \cdot (m - r) \cdot dt,$$

deutet darauf hin, dass die Zinsbewegung dr proportional zum Abstand $m - r$ und zur Konstanten a ist. Der zweite Term,

$$dr = \sigma \cdot dz,$$

zeigt, dass die Zinsbewegung nicht deterministisch, sondern zufällig verläuft, und zwar mit der Standardabweichung σ. Der Term dz steht für eine normalverteilte Zufallsvariable mit dem Erwartungswert 0 und der Varianz dt, also der Streuung $\sqrt{dt}$. Folglich darf dz in der Form

$$dz = \varepsilon \cdot \sqrt{dt}$$

geschrieben werden. Dabei ist ε eine standard-normalverteilte Zufallsgröße. Der Skalar $\sqrt{dt}$ bewirkt, dass dz die Streuung $\sqrt{dt}$ besitzt.

Was also passiert in einem sehr kleinen Zeitintervall der Länge dt?

- Die Änderung des Zinssatzes um dr ist proportional zu $a \cdot (m - r) \cdot dt$.
- Hinzu kommt eine Zufallsvariable $\sigma \cdot dz$. Sie besitzt den Erwartungswert 0 und die Standardabweichung $\sigma \cdot \sqrt{dt}$.

Bei unserer zu Anfang dieses Abschnitts gegebenen Beschreibung des Vasicek-Modells war die betrachtete Periodenlänge irgend eine, wenn auch sehr kleine, Zahl Δt. Jetzt sollte auch klar werden, weshalb oben beim *zeitdiskreten* Modell, vergleiche (7-9) und (7-10), das Ungefährzeichen ≈ auftauchen musste. In der Tat beträgt der Trend des Prozesses $a \cdot (m - r)$, sofern r der augenblickliche Zins ist. Dieser Trend gilt aber nicht für ein ganzes, „ewig langes“ Zeitintervall der Länge Δt, in dem der Zins seinen Abstand zum mittleren Zinsniveau m schon etwas verändern dürfte. Der Trend gilt *nur momentan*. Die Notierung in stetiger Zeit erlaubt es, diesen Sachverhalt exakt zum Ausdruck zu bringen.

7.3 Ergänzungen und Lernkontrolle

Lernziele: 1. Mean-Reversion? 2. Verallgemeinerungen des Vasicek-Modells. 3. Fragen.

7.3.1 Ergänzung 1: Zentralbankpolitik: Kurzes- oder langes Ende?

Bei der *unkonventionellen Sicht* wurde gesagt, die Zentralbank habe wirksamen Einfluss auf die langfristigen Zinssätze (Kapitel 3 und 7). Wenn sie diesen ausübe (durch Kommunikation, Käufe und Verkäufe von Anleihen), dann würden die Investoren Erwartungen über die kurzfristigen Sätze ableiten. Die Zentralbank würde dann, um nicht durch überraschende Maßnahmen zu destabilisieren, diese Erwartungen der Finanzmärkte mit ihren Zinsschritten am kurzen Ende erfüllen. Diese unkonventionelle Sicht hat Folgen für die Natur der Zufallsprozesse, die sich für die Beschreibung der Zinsen am kurzen und am langen Ende eignen.

CHEN und SCOTT (2003) zeigen, dass **kurzfristige Sätze eher Mean-Reversion** zeigen, so wie im Vasicek-Modell beschrieben. Dagegen scheint es so, als ob die **langfristigen Sätze eher einem Zufallsprozess ohne Mean-Reversion** folgen, einem Random Walk. Das bedeutet unter anderem: Wenn die langfristigen Zinsen sehr tief sind, dann gibt es nicht notwendig eine starke Kraft, die sie verstärkt in Richtung eines „langfristigen Mittelwerts“ treibt. Tiefe Zinsen am langen Ende können über lange Perioden tief bleiben. Ebenso könnten die langfristigen Zinsen steigen und steigen (immer stets unter zufälligen Schwankungen), ohne dass eine Kraft zunehmen würde, die sie zurück zu einem „langfristigen Mittelwert“ triebe.[4]

7.3.2 Ergänzung 2: Weiterentwicklungen stochastischer Zinsmodelle

Das Zinsmodell von VASICEK hat zwei Schwächen. Ein Nachteil des Vasicek-Modells ist, dass der momentane Zinssatz durchaus *negativ* werden kann, wogegen negative Zinssätze höchst selten vorkommen. Es wurde deshalb vorgeschlagen, das Modell nicht für nominale, sondern für *reale* Zinssätze gelten zu lassen. Sodann unterstellt das Vasicek-Modell, dass die Streuung der Zinsbewegung *unabhängig* von der Zinshöhe ist. Jedoch ist zu vermuten, dass auftretende Ab-

[4] 1. CHEN, REN-RAW and LOUIS SCOTT: Multi-Factor Cox-Ingersoll-Ross Models of the Term Structure: Estimates and Tests from a Kalman Filter Model. *Journal of Real Estate Finance and Economics*, Vol. 27, No. 2, 2003, pp. 143-172.

weichungen der Zinsbewegung vom Trend durchaus von der aktuellen Zinshöhe abhängen: Je größer der Zinssatz ist, desto größere „Ausschläge" dürften zu vermuten sein.

Beide Nachteile wurden 1985 durch das stochastische Zinsmodell von COX, INGERSOLL und ROSS überwunden.[5] Der nach den drei Schöpfern als **CIR-Modell** bezeichnete Ansatz unterstellt ebenso wie das Vasicek-Modell, dass es einen Trend zu einem mittleren Zinsniveau m gibt, wobei zufällige Abweichungen vom Trend auftreten. Die Varianz der zufälligen Zinsänderungen soll jedoch proportional zur augenblicklichen Zinshöhe sein:

$$Var[\Delta r] \quad = \quad r_t \cdot \sigma^2 \cdot \Delta t$$

In stetiger Zeit lautet das CIR-Modell:

$$dr \quad = \quad a \cdot (m - r) \cdot dt + \sqrt{r} \cdot \sigma \cdot dz \qquad (7\text{-}12)$$

Dem CIR-Modell wurde durch die empirische Forschung hohe Realitätsnähe bestätigt.[6]

Sowohl das Vasicek-Modell als auch das CIR-Modell haben die Struktur eines allgemeineren Prozesses. Es handelt sich um den nach ORNSTEIN und UHLENBECK benannten[7] Prozess. Diese Autoren stellten ihn 1930 in einer Publikation vor. Die stochastische Differentialgleichung für den **Ornstein-Uhlenbeck-Prozess** lautet:

$$dr \quad = \quad a \cdot (m - r) \cdot dt + \sigma \cdot r^{\gamma} \cdot dz \qquad (7\text{-}13)$$

Sie enthält mit r hoch γ (Gamma) eine allgemeine Beschreibung, bei der die Standardabweichung des Prozesses vom derzeitigen Zinsniveau abhängen kann.[8] Das Vasicek-Modell entsteht aus (7-13), indem $\gamma = 0$ gesetzt wird. Das CIR-Modell entsteht aus (7-13), wenn $\gamma = 1/2$ gesetzt wird.

---

[5] JOHN C. COX, JONATHAN E. INGERSOLL, und STEPHEN A. ROSS: A Theory of the Term Structure of Interest Rates. *Econometrica* 53 (1985) 2, pp. 385-407.

[6] 1. JAGANNATHAN, RAVI, ANDREW KAPLIN and STEVE SUN: An evaluation of multi-factor CIR models using LIBOR, swap rates, and cap and swaption prices. *Journal of Econometrics*, Vol. 116, 2003, pp. 113-146. 2. CHEN, REN-RAW and LOUIS SCOTT: Multi-Factor Cox-Ingersoll-Ross Models of the Term Structure: Estimates and Tests from a Kalman Filter Model. *Journal of Real Estate Finance and Economics*, Vol. 27, No. 2, 2003, pp. 143-172.

[7] Benannt nach LEONARD SALOMON ORNSTEIN und GEORGE EUGENE UHLENBECK (1900-1988). Die betreffende Arbeit von UHLENBECK und ORNSTEIN trägt den Titel "On the Theory of Brownian motion" und ist erschienen im *Physical Review* 36 (1930), pp. 823-841.

[8] Etwa: IOANNIS KARATZAS und STEVEN E. SHREVE: *Brownian Motion and Stochastic Calculus*. Graduate Texts in Mathematics, Springer, 2. Auflage 1999, pp. 358-359.

7.3.3 Ergänzung 3: Arbitrage-Modelle

Die bisher genannten Modelle generieren die Zinsstruktur durch Zufallseinflüsse. Sie nehmen keinen Bezug darauf, wie die Investoren mit diesen Zinssätzen umgehen und wie sie ihre Entscheidungen treffen. Sie werden auch als **Gleichgewichtsmodelle** bezeichnet.

Im Gegensatz dazu benutzen so genannte **Arbitrage-Modelle** die jeweils aktuelle Zinsstruktur als Input und beachten gewisse ökonomische Zusammenhänge wie die Erwartungstheorie der Zinssätze (Abschnitt 4.1). Das erste Modell in dieser Kategorie wurde von HO und LEE (1986) entwickelt. Unter der Annahme konstanter Volatilität über die Zeit zeigt das **Ho-Lee-Modell**, wie sich die Zinssätze über die Zeit entwickeln. Kernidee ist, dass die heutigen Terminzinssätze den Trend für die Entwicklung der Spotzinssätze vorgeben, wobei es zusätzlich das stochastische E-lement gibt.

Eine Modifikation dieses Grundmodells stammt von BLACK, DERMAN und TOY (1990), und auch das Modell von HULL und WHITE (1990) basiert auf dem Ho-Lee-Modell. Zwei Neuerungen: Das Modell von HULL und WHITE unterstellt (1) Mean-Reversion (zum langfristigen Zinssatz) sowie (2) eine **Abnahme der Volatilität der Zinssätze für die verschiedenen Fristen**. In der Tat haben kurzfristige Sätze größere Schwankungen als langfristige Zinssätze.

Das Modell von HEATH, JARROW und MORTON (1992) ist das für das Pricing von Derivaten am meisten angewandte Modell. Ein weiteres Modell stammt von HO, STAPLETON und SUBRAHMANYAM (1993). Hier werden zwei Faktoren betrachtet, die sich zufällig verändern. Zudem wird die Kovarianz beider Faktoren eigens modelliert. [9]

Eine Bemerkung ergibt sich schließlich aus der durch die Empirie weithin gestützten Annahme, der Markt für Zinsinstrumente sei *informationseffizient*. **Informationseffizienz** besagt, dass die Preisbildung schnell und korrekt erfolgt. Neue Nachrichten wirtschaftlicher Relevanz bewirken praktisch ohne Zeitverzögerung Kursänderungen und dies in korrekter Höhe. Das ist bei Zinsinstrumenten in nahezu perfekter Weise der Fall – eine Ausnahme bilden vielleicht Anleihen sehr geringen Ratings, oder Situationen sich plötzlich verschlechternder Bonität, bei denen die Findung der korrekten Bewertung der Anleihen doch eine gewisse Zeit dauert. Nun treffen neue Nachrichten *rein zufällig* ein, denn andernfalls wären die Meldungen nicht neu sondern aus Bekanntem prognostizierbar. Der Prozess der neuen Nachrichten ist folglich als **Zufallsprozess** zu sehen. In der Folge verhalten sich in einem informationseffizienten Markt auch die Kurse oder genauer gesagt die **Renditen der Wertpapiere wie ein Zufallsprozess**.

---

[9] 1. JOCHEN WILHELM: A fresh view on the Ho-Lee model of the term structure from a stochastic discounting perspective. *OR Spektrum* 21 (1999) 1-2, pp. 9-34. 2. THOMAS HO und SANG-BIN LEE: Term Structure Movements and Pricing Interest Rate Contingent Claims. *Journal of Finance* 41 (1986) 5, pp. 1011-1029. 3. JOHN HULL und ALAN WHITE: Pricing Interest Rate Derivative Securities. *Review of Financial Studies* 3 (1990) 4, pp. 573-592. 4. DAVID HEATH, ROBERT A. JARROW und ANDREW MORTON: Bond Pricing and the Term Structure of Interest Rates: A New Methodology for Contingent Claims Valuation. *Econometrica* 60 (1992), pp. 77-105. 5. DAVID HEATH, ROBERT A. JARROW und ANDREW MORTON: Contingent Claim Valuation with a Random Evolution of Interest Rates. *Review of Futures Markets* 9 (1992), pp. 77-105. 6. MARTI G. SUBRAHMANYAM: The Term Structure of Interest Rates: Alternative Approaches and Their Implications for the Valuation of Contingent Claims. *The Geneva Papers on Risk and Insurance Theory*, vol. 21 (1996), pp. 7-28.

	Gleichgewichtsmodelle der Zinsstruktur	Arbitrage-Modelle der Zinsstruktur	
Einfaktor-Modelle	◆ Vasicek (1977) ◆ Cox-Ingersoll-Ross (1985) ◆ Chan-Karolyi-Longstaff-Sanders (1992)	◆ Ho-Lee (1986)* ◆ Hull-White (1990)* ◆ Black-Derman-Toy (1990)** ◆ Black-Karasinski (1991)**	**Alle Anleihen unterliegen der selben Quelle von Unsicherheit.** **Folglich sind alle Bonds perfekt korreliert.**
Zweifaktor-Modelle	◆ Longstaff-Schwartz (1992) ◆ Babbs-Nowman (1999)	◆ Heath-Jarrow-Morton (1992) ◆ Heston-Nandi (2003)	**Neben dem Volatilitätsfaktor noch weitere Faktoren, etwa für Änderungen der Volatilität.**
	Zinssätze werden im Modell entwickelt	**Bestehende Zinsstruktur wird eingebaut**	

** normale Zinssätze, ** lognormale Zinssätze*

Mathematisch ausgedrückt verlangt **Informationseffizienz**, dass die mit Wertpapieren erzielbaren **stetigen Renditen eine Brownsche Bewegung** darstellen beziehungsweise wenigstens die Martingal-Eigenschaft aufweisen. Der mit den Zinsmodellen betrachtete Momentan-Zinssatz jedoch ist nur eine Hilfsgröße, aus der sich die Kurse beziehungsweise die Renditen von Zinsinstrumenten, etwa eines Zerobonds oder eines Perpetuals, erst errechnen. Die durch Zinsänderungen induzierten Kursänderungen übertragen sich also auf die stetige Renditen. Es sind diese stetigen Renditen, die nach der Effizienzthese eine Brownsche Bewegung oder ein Martingal sein sollten. Daher bestehen (feine) Unterschiede zwischen der Modellierung der Zinssätze als zufällig und der Annahme, die stetigen Renditen seien ein Zufallsprozess mit den genannten Eigenschaften (Informationseffizienz). Nicht jedes stochastische Zinsmodell ist folglich mit der Informationseffizienz (voll) vereinbar.

Diese Hinweise sollen genügen, um einen Einblick in die Forschung zu erhalten. Die obige Übersicht zu den gängigen Zinsmodellen nennt wichtige Arbeiten. Doch natürlich wird von Modellen immer wieder gewünscht, dass sie nicht zu kompliziert sein sollen. In einer vergleichenden Darstellung bemerkt THOMAS S. Y. HO, ein anerkannter Forscher auf dem Gebiet stochastischer Zinsmodelle, dass stochastische Zinsmodelle vor allem Werkzeuge sein sollen, und dass vielfach ein geeignetes und angemessenes Werkzeug *nützlicher* ist als das *sophistizierteste*.[10]

7.3.4 Fragen und Aufgaben

1. a) Sind im Modell 1 die Zinsen am kurzen und am langen Ende miteinander korreliert?
b) Kann Modell 2 nur lineare Zinskurven beschreiben?

[10] THOMAS S. Y. HO: Evolution of Interest Rate Models: A Comparison. *Journal of Derivatives* (Summer 1995), pp. 9-20.

2. Aktuell steht der Geldmarktzins für Schweizerfranken bei $i_0 = 1{,}75\%$. Ein Portfoliomanager hält eine Anleihe mit einem Jahreskupon von 50 Franken bezogen auf einen Nominalwert von 1000, die Restlaufzeit beträgt drei Jahre. Berechnen Sie mit Modell 1A den Kurs der Anleihe.
3. Eine Anleihe hat eine Restlaufzeit von drei Jahren und einen Kupon von €4 bezogen auf einen Nominalwert von €100. Eine Zinsmeinung lautet $i_1 = 4\%$, $i_{10} = 6\%$. Berechnen Sie den dieser Zinsmeinung entsprechenden Kurs mit Modell 2 und dieser Kalibrierung: $a_2 = 0{,}0027$, $b_2 = 0{,}82$, $c_2 = 0{,}23$ und $a_3 = 0{,}0039$, $b_3 = 0{,}63$, $c_5 = 0{,}43$.
4. Welche Annahmen trifft das Vasicek-Modell und welche stochastische Differentialgleichung beschreibt das Modell?
5. Was wird unter „Mean-Reversion“ verstanden?
6. Welches stochastische Zinsmodell beschreibt, dass die Volatilität der Zinssätze von der Höhe des Zinssatzes abhängt, und wie lautet die stochastische Differentialgleichung?

7.3.5 Antworten und Lösungen

1. a) Sie sind zwangsläufig positiv korreliert. b) Nein. Doch die Form der Zinskurve kann sich nicht verändern. Lediglich das Niveau und die Steigung der Zinskurve können sich ändern.
2. Formel (7-1) liefert: $i_1 = 1{,}9125\%$, $i_2 = 2{,}075\%$, $i_3 = 2{,}2375\%$. In die Barwertformel eingesetzt: $w = 50/1{,}019125 + 50/1{,}02075^2 + 1050/1{,}022375^3 = 1.079{,}61$.
3. Aus Formel und den Werten folgt $i_2 = 4{,}39\%$, $i_3 = 4{,}71\%$. Die Barwertformel liefert: $w = 4/1{,}04 + 4/1{,}0439^2 + 104/1{,}0471^3 = 98{,}10$ Euro.
4. 1. Annahme: Der Momentan-Zinssatz ist zufällig und kann sich laufend ändern. 2. Annahme: Der Erwartungswert der Zinsänderung in einem kleinen Zeitintervall ist a) proportional zur Differenz zwischen der augenblicklichen Höhe des Momentan-Zinssatzes und dem mittleren Niveau und b) zur Länge des Zeitintervalls. 3. Annahme: Die Varianz der Zinsänderung in einem kleinen Zeitintervall ist proportional zur Länge des Zeitintervalls. Zur stochastischen Differentialgleichung siehe (7-11).
5. Bei einem stochastischen Prozess beschreibt Mean-Reversion, dass die Wahrscheinlichkeit der Bewegung in Richtung auf ein langfristiges Mittel umso höher ist, je größer die aktuelle Distanz der Zustandsgröße von diesem Mittel ist.
6. Das CIR-Modell von COX, INGERSOLL und ROSS überwindet die Schwäche des Vasicek-Modells, dass die Standardabweichung der Zinsänderung unabhängig von der augenblicklichen Zinshöhe ist. Nach dem CIR-Modell ist die Varianz der Zinsänderung in einem kleinen Zeitintervall proportional a) zur Länge des Zeitintervalls und b) zur augenblicklichen Höhe des Momentan-Zinssatzes. Zur stochastischen Differentialgleichung des CIR-Modells siehe (7-12).

8 Duration

Thema: Die Werte von Anleihen beziehungsweise die Zinsen sind zufälligen Einflüssen ausgesetzt. Um Zinsrisiken zu bewältigen, muss geklärt werden, wie stark die Werte der Anleihen reagieren, wenn sich die Zinsen ändern. Die Zinssensitivität ist durch die Duration bestimmt.

8.1 Duration-Formel

Lernziele: 1. Die Sensitivität als ein Maß für das „Risiko". 2. Die Duration als „mittlere Laufzeit" eines Zinsinstruments. 3. Die Formel für die prozentuale Wertänderung.

8.1.1 Auswirkungen möglicher Zinsänderungen

Die Werte von Anleihen hängen vor allem von den Zinsen ab. Wenn sich die Zinsen im Strom neuer Nachrichten ändern, dann kommt es an den Märkten zu Kursänderungen. Die Zinsen ändern sich auf eine Weise, die genau wie der Strom neuer Nachrichten von Zufälligkeiten geprägt ist. Zwar gibt es Trends, die beispielsweise das Vasicek-Modell berücksichtigt (Kapitel 7): Wenn der augenblickliche Zins über seinem langfristigen Mittel liegt, gibt es eine Kraft, die ihn in Richtung auf dieses Mittel bewegt (Mean-Reversion). Doch die Bewegung dorthin ist durch *Zufälligkeiten* überlagert, weshalb im Bereich von Tagen, Wochen oder Monaten eine genauere *Prognose* der Zinsbewegung *unmöglich* ist. Die Zufälligkeiten drücken sich für den Wert oder den Kurs von Anleihen als *Risiko* aus: Die Werte (und an einem gut funktionierenden Kapitalmarkt folglich die Kurse) unterliegen Zufallsschwankungen. Selbstverständlich möchte ein Portfoliomanager die Größe der zufälligen Schwankungen der Werte kennen.

Welche Schritte sind für eine systematische Antwort verlangt? Mit welchen Veränderungen der Zinssätze innerhalb oder bis Ende eines gewählten Zeitraumes zu rechnen ist, wird durch Zinsmodelle beantwortet. Stochastische Zinsmodelle sagen, mit welcher Volatilität der Zinssätze innerhalb oder bei Ende eines kleinen Zeitraumes gerechnet werden muss. Das Vasicek-Modell etwa postuliert, dass der Geldmarktzins (oder Momentanzins) normalverteilt ist, einen Erwartungswert aufweist, der proportional zu seinem augenblicklichen Abstand zum mittleren Zinsniveau und proportional zur Länge des Zeitintervalls ist, für das die Zinsänderungen betrachtet werden. Die Standardabweichung des Zinses ist proportional zur Wurzel aus der Länge dieses Zeitintervalls.

Erwartungswert und Schwankungsbreite (Standardabweichung) des Momentan-Zinssatzes können dann mit empirischen Zinsmodellen in Erwartungen bezüglich der Zinssätze für alle Fristen umgerechnet werden. Die möglichen Zinssätze (für alle Fristen) können sodann gut mit Simulation aufgezeigt und erzeugt werden. Die Simulation liefert somit verschiedene Szenarien für die Zinssätze aller Fristen. Für jedes Zinsszenario wird der Wert der Anleihe oder des Portfolios aus Anleihen ermittelt. So entstehen die Werte der Anleihe oder des Portfolios, mit denen aufgrund der Variabilität und der erwarteten Bewegung der Zinssätze zu rechnen ist. Unschwer können maximale, minimale, mittlere Werte errechnet werden sowie andere Statistiken, die das Zinsrisiko der Anleihe oder des Portfolios beschreiben.

Mit einem PC können diese Rechnungen leicht ausgeführt werden: 1. Die Kalibrierung des Vasicek-Modells. 2. Die Übertragung von Erwartungswert und Varianz des Momentan-Zinssatzes auf Erwartungswerte und Varianzen für die Zinsen aller Fristen. 3. Die Erzeugung von Zinsszenarien mit Monte-Carlo-Simulation. 4. Die Darstellung der resultierenden Werte (für die betrachtete Anleihe oder das untersuchte Portfolio) mit deskriptiver Statistik.

8.1.2 Sensitivität

Weil es früher keine entsprechenden Computer und Programme gab, war das eben aufgezeigte, systematische Vorgehen noch vor wenigen Jahrzehnten nicht möglich. Dennoch sollte wenigstens mit einer Näherungsformel herausgefunden werden, wie sich die Werte einer Anleihe oder eines Portfolios ändern, falls eine Zinsänderung eintritt.

- Als Eingangsgröße für die Überschlagsrechnung wurde eine Zinsänderung postuliert. Etwa der Art, dass sich das Zinsniveau von derzeit 4% auf 5% ändern könnte.
- Selbstverständlich kann man für eine solche Vorgabe einfach das neue Zinsniveau, hier also 5%, in die Barwertformel einsetzen und den neuen Wert errechnen.
- Doch man wollte es einfacher haben und hat nach einer **Kennzahl** gesucht, die ausdrückt, **wie sensitiv eine Anleihe (oder ein Portfolio) auf Zinsänderungen** – im Beispiel von 4% auf 5% – **reagiert**.

Von Kursbeobachtungen wusste man schon immer, dass die Sensitivität oder Reagibilität einer Anleihe auf Zinsänderungen mit der Restlaufzeit zusammenhängt: Langläufer reagieren stärker auf Zinsänderungen als Kurzläufer. Allerdings ist die Sensitivität geringer, wenn der Kupon hoch ist. Eine genaue Ermittlung der gesuchten Kennzahl zur Darstellung der Zinssensitivität fehlte. Der Amerikaner FREDERICK ROBERTSON MACAULAY (1882-1970), Mitarbeiter der Federal Reserve Bank, hat als Erster diese Herleitung geliefert und die Kennzahl als **Duration** bezeichnet.

Die eigens gewählte Bezeichnung unterstreicht, dass die gesuchte Kennzahl zur Beschreibung der Zinssensitivität nicht genau die Restlaufzeit der Anleihe ist (die englisch als **Time to Maturity** bezeichnet wird).

Wir wenden uns nun der mathematischen Herleitung der Duration zu, der Kennzahl zur Messung der Stärke der Zinsreagibilität. Dabei wird auch die Duration-Formel hergeleitet, die sagt, wie die Duration eingesetzt wird, um die durch eine angenommene Zinsänderung (wie: das Zinsniveau steigt von 4% auf 5%) bewirkten Wertänderungen zu bestimmen. Wir folgen dabei MACAULAY, der eine **analytische Herleitung** gewählt hat.

Dabei wird ein funktionaler Zusammenhang f zwischen dem Wert w der Anleihe und dem betrachteten Faktor x aufgestellt, $w = f(x)$. Im Beispiel eines Zinsinstruments ist x das Zinsniveau. Die Sensitivität des Werts bei Änderungen des Faktors wird durch die erste Ableitung dieser Funktion f bestimmt, also durch $f'(x)$.

8.1.3 Lineare Approximation

Um die Zinssensitivität einer Anleihe zu quantifizieren, betrachten wir den Fall einer flachen Zinsstruktur, $i_1 = i_2 = \ldots = i_T$, deren Niveau fortan mit x bezeichnet sei – wir wählen diese Bezeichnung, weil sie in gewohnter Notation auf die Rolle des Zinsniveaus als unabhängige Variable weist. Das Zinsniveau x ist der „externe" Risikofaktor, der sich ändern kann.

Eine Anleihe habe den jährlich zu zahlenden Kupon c, und sie werde zu nominal 100 Geldeinheiten in T Jahren zurückgezahlt. Ihr Wert sei mit w bezeichnet. Die Barwertformel liefert:

$$w = \frac{c}{1+x} + \frac{c}{(1+x)^2} + \ldots + \frac{c}{(1+x)^{T-1}} + \frac{c+100}{(1+x)^T} \qquad (8\text{-}1)$$

Der Wert ist eine Funktion des Zinsniveaus, $w = w(x)$. Im Folgenden wird die Höhe dieses Zinsniveaus x als veränderlich betrachtet. Die Darstellung des Wertes als Barwert jährlicher Zahlungen hat dann zur Folge, dass auch die **Duration in Jahren ausgedrückt** wird. Die grafische Darstellung des Funktionsverlaufs $w = w(x)$ ist die so genannte **Barwertkurve**. Die Barwertkurve zeigt, wie der Wert der Anleihe, abgetragen auf der Ordinate — vom Zinsniveau abhängt, das auf der Abszisse dargestellt wird.

Analog könnte ein Strom von Zahlungen in fester Höhe bewertet werden, ein Zinsinstrument also, bei dem der wirtschaftlich Berechtigte in einem Jahr den Cashflow c_1 erhält, in zwei Jahren den Cashflow c_2 und so fort, bis schließlich ein letztes Mal in T Jahren ein Geldbetrag in Höhe c_T bezahlt wird. Wieder eine flache Zinsstruktur im Niveau x unterstellt, folgt dieser Wert:

$$w(x) = \frac{c_1}{1+x} + \frac{c_2}{(1+x)^2} + \ldots + \frac{c_T}{(1+x)^T} \qquad (8\text{-}2)$$

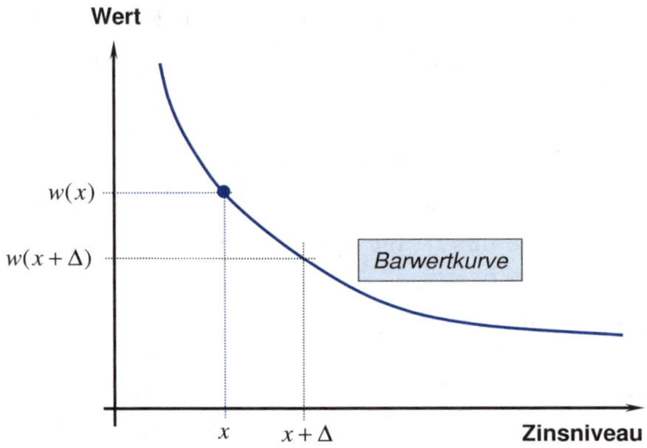

Darstellung 8-1: Darstellung der Barwertkurve. Selbstverständlich nimmt der Wert ab, wenn das Zinsniveau — das zugleich die Stärke der Diskontierung zukünftiger, an den Inhaber des Instruments fließender Zahlungen bestimmt — steigt (sofern die Cashflows nicht negativ sind).

Für die folgenden Überlegungen stützen wir uns auf die allgemeinere Formulierung (8-2) für ein Zinsinstrument. Für eine Kuponanleihe mit dem Nennwert 100 und dem Kupon c gilt speziell $c_1 = c_2 = ... = c_{T-1} = c$ sowie $c_T = c + 100$.

Die Frage nach der Zinssensitivität lautet: Wie stark verändert sich der Wert des Instruments $w(x)$, wenn sich das Zinsniveau x ändert?

Die betrachtete Zinsänderung wird mit Δ (Delta) bezeichnet. Das Zinsniveau, bisher in Höhe x, soll nach der Änderung die neue Höhe $x + \Delta$ haben. Beispielsweise könnte das Delta 50 Basispunkte sein, $\Delta = 0{,}0050$. Ist das gegenwärtige Zinsniveau 4%, dann würde es bei $\Delta = 0{,}0050$ auf 4,5% ansteigen. Später, in den Anwendungen der Duration-Formel, ist Δ eine Vorgabe. Anhaltspunkte für die Vorgabe sind Zinsentwicklungen, die als möglich erachtet werden, und deren Auswirkungen auf die Werte von Anleihen studiert werden sollen. Selbstverständlich kommen für Δ auch negative Werte in Betracht. Das Delta wird negativ gewählt, wenn die Auswirkungen einer Zinssenkung untersucht werden sollen.

Wir fragen nun nach dem Wert $w(x+\Delta)$ oder nach der Wertänderung $w(x+\Delta) - w(x)$. Die Antwort, wie groß der Wert $w(x+\Delta)$ nach der Zinsänderung ist oder wie groß die Kursänderung $w(x+\Delta) - w(x)$ ausfällt, kann wie gesagt dadurch gefunden werden, dass einfach das neue Argument $x + \Delta$ in die Wertformel eingesetzt wird.

Doch es ist ebenso ein anderer Rechenweg möglich, der in der praktischen Anwendung einfacher ist. Eine glatte Kurve wie die hier betrachtete Barwertkurve $w = w(x)$ kann in jedem Punkt durch eine Tangente angenähert werden. Die Steigung der Tangente ist durch die erste Ableitung gegeben. Das ist hier die Ableitung $w'(x)$. Folglich kann der Wertunterschied $w(x+\Delta) - w(x)$ durch das Produkt aus der Steigung der Tangente und Δ ersetzt werden.

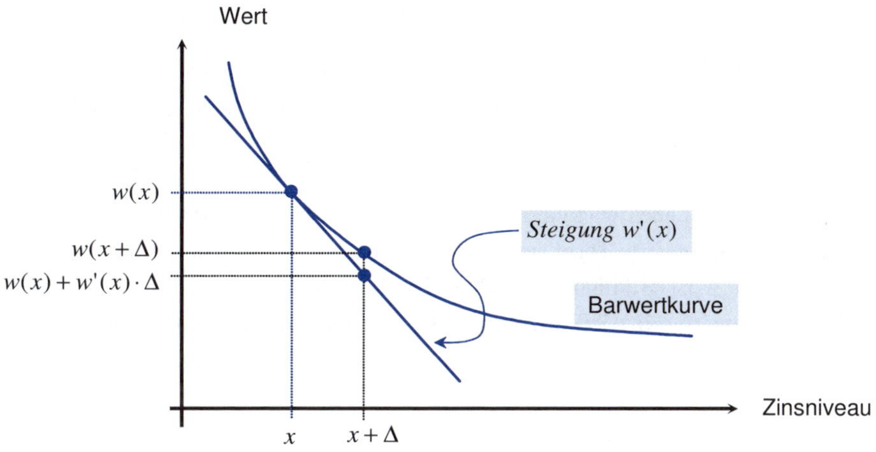

Darstellung 8-2: Die Barwertkurve wird durch ihre Tangente approximiert.

Dem zweiten Rechenweg folgend, ergibt sich die nachstehende Formel (8-3). Sie ist der Ausgangspunkt für weitere Umformungen:

$$w(x+\Delta) - w(x) \quad \approx \quad w'(x)\cdot\Delta \tag{8-3}$$

Genaueres liefert die **Taylorsche Reihenentwicklung**:[1] Sie erlaubt, den Wert der Funktion w an einer Stelle $x+\Delta$ zu berechnen, indem die Ableitungen der Funktion herangezogen werden.

Die Taylorsche Reihenentwicklung ist in Formel (8-4) gezeigt:

$$\begin{aligned} w(x+\Delta) - w(x) \quad = \quad & w'(x)\cdot\Delta + \\ & + \frac{1}{2}\cdot w''(x)\cdot\Delta^2 + \\ & + \frac{1}{6}\cdot w^{(3)}(x)\cdot\Delta^3 + \ldots + \\ & + \frac{1}{1\cdot 2\cdot\ldots\cdot k}\cdot w^{(k)}(x)\cdot\Delta^k + \ldots \end{aligned} \tag{8-4}$$

Die Funktion $w = w(x)$ muss dazu in einer Umgebung des Argumentes x beliebig oft differenzierbar sein. Ihre Ableitungen sind mit $w'(x)$, $w''(x)$, $w^{(3)}(x)$, $w^{(4)}(x)$,... bezeichnet. Brechen wir diese Reihenentwicklung (8-4) nach dem ersten Glied ab, so folgt (8-3).

[1] Der Engländer BROOK TAYLOR (1685-1731) hat in Cambridge studiert und wurde Sekretär der Royal Society. Er arbeitete über Differential- und Integralrechnung und leistete Beiträge zur Interpolationstheorie.

Hinter dem „Abbruch nach dem ersten Glied“ steht der folgende Sachverhalt:

Wenn Δ eine kleine Größe ist, dann ist Δ^2 eine *sehr* kleine Größe, weshalb bereits der Term $(1/2)\cdot w''\cdot\Delta^2$ kaum ins Gewicht fällt. Werden etwa Zinsänderungen um 100 Basispunkte betrachtet, $\Delta = 0{,}01$, dann ist $\Delta^2 = 0{,}0001$.

Wird die Taylorsche Reihenentwicklung nach dem ersten Glied abgebrochen, so ist der Funktionsverlauf durch einen *linearen* Term approximiert, also durch einen Ausdruck, der *proportional* zum Zinsunterschied Δ ist. Bildlich gesprochen: Die Barwertkurve wird durch ihre Tangente angenähert. **Die Zinssensitivität wird durch die Steigung der Barwertkurve** beschrieben, wie in Darstellung 8-2 gezeigt.

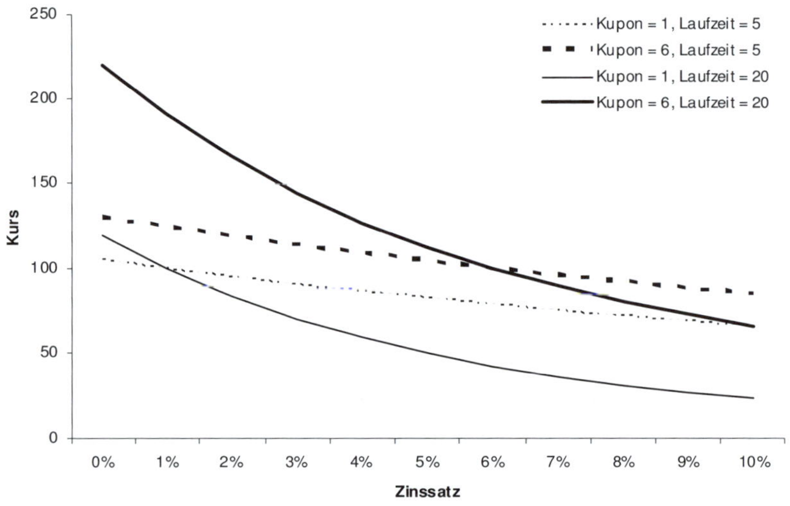

Darstellung 8-3: Barwertkurven für Anleihen verschiedener Laufzeit (5 und 20 Jahre) und verschiedener Kuponhöhe (1% und 6%).

Darstellung 8-3 und die nachstehenden Rechnungen zeigen, dass **die Steigung der Barwertkurve bei einer Anleihe von der Restlaufzeit *und* von der Kuponhöhe abhängt**. Die Steigung ist umso größer, je länger die Restlaufzeit ist. Die Steigung wird ein wenig geringer, wenn (bei derselben Restlaufzeit) der Kupon höher ist. Der Einfluss der Kuponhöhe auf die Steigung macht sich besonders stark bei Anleihen mit längerer Restlaufzeit bemerkbar.

Insgesamt fallen die durch Zinsänderungen bedingten Kursänderungen umso stärker aus, je später der Anleger „sein Geld zurück erhält“. Dies wird aus Darstellung 8-3 ersichtlich. Gezeigt sind die Barwertkurven von vier Anleihen, die sich hinsichtlich Laufzeit (5 oder 20 Jahre) sowie Kupon (1% oder 6%) unterscheiden.

8.1.4 Duration-Formel

Die *absolute* Wertänderung $w(x+\Delta) - w(x)$ ist ein Geldbetrag, ausgedrückt in Euro, Franken, Dollar oder Yen. Vielfach interessiert man sich für die *relative* Wertänderung, das heißt für $(w(x+\Delta) - w(x)) / w(x)$. Selbstverständlich verlangt die Division, dass $w(x) \neq 0$: Zinsinstrumente, deren Wert (8-2) gleich Null ist, werden ausgeklammert. Wegen (8-3) folgt

$$\frac{w(x+\Delta) - w(x)}{w(x)} \approx \frac{w'(x)}{w(x)} \cdot \Delta \tag{8-5}$$

Nun zur Ableitung $w'(x)$ der Wertfunktion des Zinsinstruments. Die Ableitung ist schnell berechnet, wenn die mathematische Regel bedacht wird, dass die erste Ableitung von $y = x^n$ gleich $y' = n \cdot x^{n-1}$ ist.

Der in (8-2) auftauchende Term $c_t \cdot (1+x)^{-t}$, aufgefasst als eine Funktion von x, führt folglich auf $-t \cdot c_t \cdot (1+x)^{-t-1}$ als Ableitung. Einfache Umrechnungen zeigen:

$$\frac{w'(x)}{w(x)} = -\frac{1}{1+x} \cdot \left\{ \frac{c_1 \cdot (1+x)^{-1}}{w(x)} \cdot 1 + \frac{c_2 \cdot (1+x)^{-2}}{w(x)} \cdot 2 + \ldots + \frac{c_T \cdot (1+x)^{-T}}{w(x)} \cdot T \right\}$$

Der Ausdruck in geschweiften Klammern ist die **Duration**:

$$D = \left\{ \frac{c_1 \cdot (1+x)^{-1}}{w(x)} \cdot 1 + \frac{c_2 \cdot (1+x)^{-2}}{w(x)} \cdot 2 + \ldots + \frac{c_T \cdot (1+x)^{-T}}{w(x)} \cdot T \right\} \tag{8-6}$$

Wird die nach (8-6) definierte Duration in (8-5) eingesetzt, so entsteht die **Duration-Formel**:

$$\frac{w(x+\Delta) - w(x)}{w(x)} \approx -\frac{1}{1+x} \cdot D \cdot \Delta \tag{8-7}$$

Die **Duration-Formel** (8-7) zeigt: Die Zinssensitivität eines Instruments ist so ausgeprägter, je größer die Duration ist. Je größer die Duration ist, desto stärker ist die prozentuale Wertänderung, die durch eine Zinsänderung um Δ verursacht wird.

Die durch eine Änderung des Zinsniveaus x um Δ ausgelöste *relative* Kursänderung ist in erster Näherung proportional zur Duration D und der Größe Δ der Zinsänderung.

Der Proportionalitätsfaktor ist $-1/(1+x)$. Er ist negativ: Zinserhöhungen (Δ ist positiv) bewirken Wertverluste, Zinssenkungen (Δ ist negativ) Wertgewinne.

Gelegentlich schreiben wir die Duration-Formel auch so:

$$w(x+\Delta)-w(x) \quad \approx \quad -\frac{1}{1+x}\cdot D\cdot w(x)\cdot\Delta \tag{8-8}$$

Die Schreibweise zeigt: Wird die Sensitivität als *absolute* Wertänderung verstanden, dann ist sie proportional zum Produkt aus Duration und Wert. Die Formel (8-8) gilt auch im Fall $w(x)=0$.

8.1.5 Interpretation der Definition der Duration

Die *Definition* der Duration (8-6) hat eine interessante Interpretation: Die Duration ist eine gewichtete Summe der Zeitpunkte $1,2,...,T$, zu denen das Instrument Zahlungen verspricht.

Genau wie die Zeitpunkte sich auf Jahre beziehen, wird deshalb die Duration in Jahren ausgedrückt. Die Gewichte, die diese Zeitpunkte tragen, sind: $c_t\cdot(1+x)^{-t}/w(x)$. Im Zähler des Gewichtes, mit dem der Zahlungszeitpunkt t multipliziert wird, steht der *Barwert der Zahlung zu diesem Zeitpunkt*. Im Nenner steht der Wert des Instruments, also die Summe aller dieser Barwerte.

Die **Gewichte sind** mithin **die relativen Barwerte der Zahlungen**. Sie summieren sich zu 1.

Ergebnis der Interpretation der Definitionsformel (8-6) der Duration:

1. Die Duration ist ein mittlerer Zeitpunkt, zu dem das Zinsinstrument Zahlungen bietet.
2. Das Mittel der Zahlungszeitpunkte errechnet sich, indem die Zeitpunkte mit Gewichten versehen sind, die sich zu 1 summieren.
3. Das Gewicht, mit dem ein jeder der Zeitpunkte multipliziert wird, ist gleich dem Barwert der entsprechenden Zahlung in Relation zum Gesamtwert aller dieser Zahlungen.
4. Die prozentuale Wertänderung ergibt sich nach der Duration-Formel (8-7). Sie ist proportional zur Duration und zur Höhe der Änderung des Zinsniveaus.

Wenn das Exposure einer Anleihe gegenüber dem Zinsrisiko bestimmt wird, ist nicht einzig der Zeitpunkt der Rückzahlung der Anleihe maßgeblich. Es kommt darauf an, wann der Investor sein Geld *im Mittel* zurück erhält.

So ist für die Bestimmung der Zinsrisiken einer Anleihe ebenso wichtig, wie hoch die bereits vor Fälligkeit der Anleihe gezahlten Kupons sind. Die Duration einer Anleihe wird umso geringer im Vergleich zur Zeitdauer bis zur Fälligkeit, je höher die Kuponzahlungen sind:

Die vorgestellte Herleitung der Duration-Formel hat MACAULAY 1938 veröffentlicht. In Erinnerung an seine Arbeit wird sie **Macaulay-Duration** genannt. Fast zeitgleiche Untersuchungen zur Duration gehen auf den britischen Ökonomieprofessor JOHN RICHARD HICKS (1904-1989) zurück, der sie 1939 publizierte. Der praktische Erfolg, der mit der Duration verbunden ist, hat weithin ausgestrahlt.[2] Gelegentlich wird der Begriff der Duration sogar auf Aktien übertragen. Hierzu ein Beispiel:

→ **Beispiel 8-1**: Brit hält *Aktien* der HSBC, die wie andere britische Institute hohe Dividenden ausschüttet. Die Anlegerin vermutet, dass das auch ein Grund dafür ist, dass die Aktien dieser Bank nicht so sensitiv reagieren, wenn sich das Zinsniveau ändert. Aus Beobachtungen in der Vergangenheit schließt die Aktionärin, dass der Kurs um 5% fällt, wenn sich die Marktzinsen um 100 Basispunkte nach oben bewegen. Sie sagt: „Die Duration der HSBC Aktie beträgt etwa 5 Jahre.“ ■

8.2 Zahlenbeispiele

Lernziel: Vier Fälle (Zahlenbeispiele) zeigen die Praxisnähe der Duration-Formeln (8-7), (8-8).

8.2.1 Erstes Fallbeispiel

Sam hält eine Anleihe mit einer Duration von 8 Jahren. Das Zinsniveau beträgt 6%. Die Frage: „Wie viel Prozent ist der Kursverlust, wenn sich das Zinsniveau um 50 Basispunkte erhöht?“

Die Antwort: 50 Basispunkte bedeuten $\Delta = 0{,}0050$. Also ist die relative Kursänderung bei diesem Zinsszenario in erster Näherung gleich

$$-(1/1{,}06) \cdot 8 \cdot 0{,}005 = -0{,}038 = -3{,}8\% .$$

Mary steht vor derselben Frage, nur hält sie einen 30jährigen US-Bond, dessen Duration 16 Jahre beträgt. Hier wäre der relative Kursverlust doppelt so hoch.

8.2.2 Zweites Fallbeispiel

Petra hält eine Anleihe, die noch vier Jahre läuft, einen Kupon von €5 trägt und im Nominalbetrag von €100 getilgt wird. Die Zinskurve ist flach, und das Zinsniveau beträgt 6%. Es soll a) die Duration berechnet und b) abgeschätzt werden: Wie hoch ist der prozentuale Kursgewinn, wenn das Zinsniveau auf 5% fällt. Die tabellarische Rechnung liefert eine Duration von 3,72 Jahren.

1. FREDERICK R. MACAULAY: Some Theoretical Problems Suggested by the Movement of Interest Rates, Bond Yields, and Stock Prices in the United States Since 1856 (New York: National Bureau of Economic Research 1938). 2. ROMAN L. WEIL: Macaulay's Duration: An Appreciation. Journal of Business 46 (1973), pp. 589-592. 3. G. O. BIERWAG: Immunization, Duration, and The Term Structure of Interest Rates. Journal of Financial and Quantitative Analysis (1977), pp. 725-742. 4. MARTIN LEIBOWITZ und ALFRED WEINBERGER: Contingent Immunization, Part I (Risk Control Procedures) und Part II (Problem Areas). Financial Analysts Journal (1982), pp. 17-31 und (1983), pp. 35-50. 5. G. O. BIERWAG, GEORGE G. KAUFMANN und ALDEN TOEVS: Duration: Its Development and Use in Bond Portfolio Management. Financial Analysts Journal (1983), pp. 15-35. 6. BERND RUDOLPH und BERNHARD WONDRAK: Modelle zur Planung von Zinsänderungsrisiken und Zinsänderungschancen. Zeitschrift für Wirtschafts- und Sozialwissenschaften 106 (1986), pp. 337-361.

Jahr	1	2	3	4	Summe
Zahlung	5	5	5	105	
Diskontfaktor (*i = 6%)*	0,9434	0,8900	0,8396	0,7921	
Barwert der Zahlung	4,7170	4,4500	4,1980	83,1705	
Wert					96,5355
Gewichte	0,0489	0,0461	0,0435	0,8615	1
Gewichtete Zeitpunkte	0,0489	0,0922	0,1305	3,4460	
Duration					**3,72 Jahre**

Die relative Wertänderung beträgt $-(1/1{,}06)\cdot 3{,}72\cdot(-0{,}01)=+3{,}51\%$. Da der Wert der Anleihe beim derzeitigen Zinssatz 96,54 beträgt, wird aufgrund der Duration-Formel der neue Kurs nach der im Szenario gezeichneten Zinsänderung zu $96{,}54\cdot(1+0{,}0351)=99{,}93$ ermittelt.

Das ist ziemlich genau: Wird das neue Zinsniveau von 5% in die Wertformel (8-1) oder (8-2) eingesetzt, so ergibt sich als Wert der Anleihe exakt €100. Und um dies zu finden, muss man nicht einmal rechnen.

8.2.3 Drittes Fallbeispiel

Max hält ein Portfolio aus zwei Anleihen. Eine hat einen Kupon von €3, den Nominalbetrag €100 und 2 Jahre Restlaufzeit, die andere hat den Kupon €5, den Nominalbetrag €100 und 4 Jahre Restlaufzeit. Die Zinskurve ist flach und das Zinsniveau beträgt 6%. Wie hoch ist die Duration des *Portfolios*? Max tabelliert die Zahlungen und ergänzt gleich die für die Berechnung der Duration benötigten Barwerte. Die Duration des Portfolios beträgt mithin 2,85 Jahre.

Jahr	1	2	3	4	Summe
Zahlung	8	108	5	105	
Diskontfaktor (*i = 6%)*	0,9434	0,8900	0,8396	0,7921	
Barwert der Zahlung	7,5472	96,1200	4,1980	83,1705	
Wert					191,0357
Gewichte	0,0395	0,5031	0,0220	0,4354	1
Gewichtete Zeitpunkte	0,0395	1,0062	0,0660	1,7416	
Duration					**2,85**

Eben haben wir die Duration für ein *Portfolio* aus Anleihen berechnet. Die Duration kann allgemein für einen der Höhe nach feststehenden Zahlungsstrom $c_1, c_2, \ldots, c_T$ ermittelt werden, solange nur die Voraussetzung $w(x) \neq 0$ für den nach (8-2) festgelegten Wert des Zahlungsstroms erfüllt ist. **Es spielt keine Rolle, ob der Zahlungsstrom durch eine Anleihe oder durch ein Portfolio aus Anleihen erzeugt wird. Es kann sich sogar um den Zahlungsstrom eines Kredits handeln**.

8.2.4 Viertes Fallbeispiel

Rico hat bei seiner Bank einen Kredit aufgenommen. Obwohl es sich um einen rein bilateralen Vertrag handelt, ist der Wert wichtig. Denn sollte Rico den Kredit vorzeitig kündigen, dann würde die Bank die Zahlungen, die sie noch bei einem Weiterlaufen des Kredits erhalten sollte, anhand der augenblicklichen Marktsätze diskontieren. Zu diesem Wert wäre die Bank bereit, den Kreditvertrag zu beenden. Rico interessiert, wie stark der finanzmathematische Wert des Kredits mit denkbaren Zinsänderungen variiert. Er berechnet die Duration mit einer Tabelle:

Jahr	1	2	3	Summe
Zahlung	-7	-7	-107	
Diskontfaktor (*i = 6%)*	0,9434	0,8900	0,8396	
Barwert der Zahlung	-6,6038	-6,2300	-89,8372	
Wert				-102,6710
Gewichte	+0,0643	+0,0607	+0,8750	1
Gewichtete Zeitpunkte	0,0643	0,1214	2,6250	
Duration				**2,81 Jahre**

Rico versteht Auszahlungen, die er tätigen muss, als Einzahlungen in negativer Höhe. Der Kredit hat für ihn einen negativen Wert. Der Kredit läuft noch 3 Jahre und verlangt Zinszahlungen in Höhe von €7; Rico hat aus der Position also jährliche „Einzahlungen" von -7 Euro. Am Ende der Laufzeit wird der Kredit zu €100 zurückgezahlt. Der augenblickliche Marktzinssatz beträgt für alle Fristen 6%. Bei einer Kündigung würde die Bank 102,67 Euro verlangen.

Rico berechnet mit der Duration-Formel (8-7) die relative Wertänderung für den Fall, dass sich das Zinsniveau von derzeit $x = 6\%$ auf $x + \Delta = 7\%$ erhöht. Wir wissen auch ohne Rechnung, dass dann der Kredit für Rico einen Wert von $w(x+\Delta) = -100$ Euro annimmt. Der Wert nimmt also von derzeit $w(x) = -102{,}67$ auf -100 Euro zu, erhöht sich also um $+2{,}67$ Euro: $w(x+\Delta) - w(x) = +2{,}67$. Die *exakte* relative Wertänderung beträgt demnach:

$$\frac{w(x+\Delta)-w(x)}{w(x)} = \frac{-100-102{,}67}{-102{,}67} = \frac{+2{,}67}{-102{,}67} = -2{,}60\%$$

Die Duration-Formel liefert für die relative Wertänderung diese Approximation:

$$\frac{w(x+\Delta)-w(x)}{w(x)} \approx -\frac{1}{1+x}\cdot D\cdot\Delta = -\frac{1}{1{,}06}\cdot 2{,}81\cdot 0{,}01 = -2{,}65\%$$

Das Fallbeispiel zeigt, dass sich das Konzept der Duration auf Zinsinstrumente anwenden lässt, bei denen die Einzahlungen zugunsten des Inhabers *negativ* sind. Allerdings muss man stets auf die Voraussetzung $w(x) \neq 0$ und auf die Vorzeichen aufpassen.

Der Wert $w(x)$ eines Kredits ist für den Schuldner *negativ*, also ist $w(x) \neq 0$ erfüllt. Zinserhöhungen stellen für einen Kreditnehmer, der einen Festzins für die gesamte Laufzeit vereinbart hat, einen Vorteil dar. Zinssenkungen bedeuten für einen Kreditnehmer, der einen Festzins für die gesamte Laufzeit vereinbart hat, einen Nachteil aus Markperspektive.

Die Duration kann auch für ein Portfolio berechnet werden, das neben Anleihen Kredite enthält. Durch die Kredite wird der Wert des Portfolios geringer, weil sich der Wert als *Nettowert* errechnet, eben als Barwert aller Zahlungssaldi. Kreditzinsen und die Tilgungen sind Auszahlungen.

Sind die Zahlungssaldi des Portfolios in den einzelnen Jahren gering, weil es für den Inhaber neben Einzahlungen (Anleihen) auch Auszahlungen (Kredite) gibt, dann ist auch der Wert des Portfolios gering.

Der Wert $w(x)$ erscheint in der Duration-Formel (8-7) im Nenner, weil die Formel die *prozentualen* Veränderungen des Werts liefert. Ist der Wert eines Portfolios recht klein, dann können bereits geringe Änderungen des Werts, ausgedrückt als Geldbetrag, *große prozentuale* Veränderungen bedeuten. In Fällen, in denen der Wert des Portfolios nahe bei Null liegt, ist es daher üblich, etwas anders vorzugehen: Es werden zwei Portfolios betrachtet. Das eine Portfolio besteht nur aus den Anleihen, das andere nur aus den Krediten.

8.3 Die Duration spezieller Zinsinstrumente

Lernziel: Für spezielle Zinsinstrumente, darunter die klassische Kuponanleihe, kann die Duration mit einer geschlossenen Formel berechnet werden.

8.3.1 Zerobond und Floater

Für spezielle Zinsinstrumente kann die Duration in einer geschlossenen Formel ausgedrückt werden. Wir betrachten einige Fälle (Situationen). Hier zunächst der Zerobond und der Floater.

Situation 1: *Zerobond*: $c_1 = c_2 = ... = c_{T-1} = 0$ und $c_T = 100$. Bei einem Zerobond gibt es nur einen einzigen Zeitpunkt, zu dem der Inhaber Geld erhält. Das ist der Zeitpunkt T der Fälligkeit. Die Duration eines Zerobonds ist daher gleich der Restlaufzeit:

$$D_{Zerobond} \quad = \quad T \tag{8-9}$$

Situation 2: *Floater*: Legt jemand Festgeld auf ein Jahr an, dann besteht der nach einer Einlage von 100 Geldeinheiten vereinbarte Zahlungsstrom $c_1, c_2, ..., c_T$ nur aus der einen Zahlung $c_1 = 100 \cdot (1+x)$. Selbstverständlich gibt es auch auf ein Jahr bezogen ein kleines Zinsrisiko.

Nun soll das Festgeld variabel verzinst werden. Ändert sich kurz nach der Einlage des Geldbetrags das Zinsniveau von x auf $x+\Delta$, dann soll der Berechtigte zu $t=1$ neben seiner Einlage diesen neuen Zins $x+\Delta$ erhalten, $c_1 = 100 \cdot (1+x+\Delta)$. Der Wert hat sich nicht verändert. Zwar wird nach der Zinsänderung mit $x+\Delta$ diskontiert, doch die Zahlungshöhe hat sich auf $c_1 = 100 \cdot (1+x+\Delta)$ verändert. Der Wert des variabel verzinsten Festgeldes bleibt konstant bei 100. Es besteht keine Zinssensitivität; die Duration ist gleich Null. Ähnlich ist es bei einem Floater. Auch **ein Floater unterliegt keinem Zinsrisiko**. Sein Wert bleibt konstant und seine Duration ist gleich Null.

8.3.2 Kuponanleihe

Situation 3: *Kuponanleihe*: $c_1 = c_2 = ... = c_{T-1} = c$ und $c_T = c + 100$. Als geschlossene Formel für den Wert einer Kuponanleihe wurde bereits (3-10) hergeleitet. Diese Wertformel wird nach dem Zinssatz differenziert — das Zinsniveau sei wie zuvor mit x bezeichnet. Die erste Ableitung führt mit kleineren Umformungen (für $x \neq 0$) auf die Duration:

$$D_{Kuponanleihe} \quad = \quad \frac{1+x}{x} - \frac{100 \cdot (1+x) - T \cdot (100 \cdot x - c)}{100 \cdot x - c + c \cdot (1+x)^T} \tag{8-10}$$

→ **Beispiel 8-2**: Eine Kuponanleihe hat eine Restlaufzeit von vier Jahren, der Kupon beträgt €5 und der Nominalbetrag €100. Das Zinsniveau liegt derzeit bei 6%. Die Duration dieser Kuponanleihe wurde zuvor im zweiten Beispiel von Anschnitt 8.2 berechnet. Die Tabellenkalkulation ergab eine Duration von 3,72. Jetzt wird Formel (8-10) verwendet. Sie liefert:

$$D_{Kuponanleihe} \quad = \quad \frac{1+0{,}06}{0{,}06} - \frac{100 \cdot (1+0{,}06) - 4 \cdot (100 \cdot 0{,}06 - 5)}{100 \cdot 0{,}06 - 5 + 5 \cdot (1+0{,}06)^4}$$

$$= \quad 17{,}6667 - \frac{106-4}{1+6{,}3124} \quad = \quad 17{,}6667 - 13{,}9489 = 3{,}72$$

Das bestätigt die tabellarische Rechnung. ■

Die Formel (8-10) zeigt die Duration der Kuponanleihe in Abhängigkeit des Kupons c und der Restlaufzeit T. Doch auch das augenblickliche Zinsniveau geht in die Formel ein. Beim Rechnen sollte nicht zu früh gerundet werden. Denn in Formel (8-10) wird von $(1+x)/x$, einer großen Zahl, eine andere große Zahl abgezogen.

→ **Beispiel 8-3**: Alfons besucht seine Bank, um Geld anzulegen. Die Zinskurve ist flach und hat ein Niveau von 6%. Mit der persönlichen Einschätzung, dass die Zinssätze fallen, sucht er eine Anleihe mit hoher Duration. Die Beraterin empfiehlt zwei Anleihen mit jeweils 8-jähriger Restlaufzeit. Anleihe A hat einen hohen Kupon von 8%. Sie notiert deshalb auch über pari, und zwar zum Kurs von $112{,}42$ (Nominalwert €100). Die Anleihe B hat einen geringen Kupon von 4% und notiert folglich unter pari, und zwar zu $87{,}58$. Alfons hat in seinen Taschenrechner die Berechnung der Duration nach (8-10) einprogrammiert: Die Duration der Anleihe A beträgt 6,32 Jahre und die der Anleihe B ist 6,92 Jahre. Alfons sucht aus spekulativen Gründen nach einer hohen Duration und wählt die Anleihe B mit dem geringeren Kupon. ■

8.3.3 Pari Anleihe

Die Formel (8-10) für die Duration einer Kuponanleihe wird noch etwas einfacher, wenn von einer pari notierenden Kuponanleihe ausgegangen wird. Der prozentuale Kupon ist dann genau so hoch wie der Zinssatz, $c = 100 \cdot x$.

Duration	*T=1*	*T=2*	*T=3*	*T=4*	*T=5*	*T=6*	*T=7*	*T=8*	*T=9*	*T=10*
$i = 2\%$	1,00	1,98	2,94	3,88	4,81	5,71	6,60	7,47	8,33	9,16
$i = 4\%$	1,00	1,96	2,89	3,78	4,63	5,45	6,24	7,00	7,73	8,44
$i = 6\%$	1,00	1,94	2,83	3,67	4,47	5,21	5,92	6,58	7,21	7,80
$i = 8\%$	1,00	1,93	2,78	3,58	4,31	4,99	5,62	6,21	6,75	7,25
$i = 10\%$	1,00	1,91	2,74	3,49	4,17	4,79	5,36	5,87	6,33	6,76

Darstellung 8-4: Die Duration von pari notierenden Kuponanleihen für Restlaufzeiten von einem bis zu zehn Jahren und für verschiedene Zinssätze beziehungsweise Kuponhöhen. Wieder zeigt sich, dass die Duration der Kuponanleihen geringer ist als die Restlaufzeit. Denn der Inhaber einer Kuponanleihe erhält schon vor dem Zeitpunkt der Rückzahlung des Kapitals Geld in Form der Kupons.

Unter dieser Bedingung entsteht

$$D_{Pari-Anleihe} = \frac{1+x}{x} - \frac{1+x}{x \cdot (1+x)^T} = \frac{(1+x)^T - 1}{x \cdot (1+x)^{T-1}} \qquad (8\text{-}11)$$

→ **Beispiel 8-4**: Eva hält eine Anleihe mit Restlaufzeit 8 Jahre. Das gegenwärtige Zinsniveau liegt bei 5%, und die Anleihe notiert pari. Eva möchte die Duration berechnen und wissen, wie hoch der prozentuale Kursgewinn ist, sollten die Zinsen auf 4% zurückgehen. Formel (8-11) liefert 6,8 für die Duration und die Duration-Formel (8-7) führt auf einen Kursgewinn von 6,5%. ■

8.3.4 Perpetual

Für einen Perpetual gilt $c_1 = c_2 = ... = c_T = c_{T+1} = ...$ Der Perpetual hat eine unbeschränkte Laufzeit (von einer eventuellen Rückzahlungsoption werde abgesehen). Hier zeigt die Rechnung, dass die Duration unabhängig vom Kupon ist. Sie hängt nur vom jeweiligen Zinsniveau x ab:

$$D_{Consolbond} = \frac{1+x}{x} \tag{8-12}$$

Obwohl der Perpetual nie zurückbezahlt wird, erhält der Inhaber aufgrund der Kuponzahlungen sein Geld im Mittel schon recht bald zurück, nämlich nach $(1+x)/x$ Jahren. Die Duration ist umso höher, je geringer das Zinsniveau ist. Der Wert einer bis in die Unendlichkeit gezahlten Rente verändert sich demnach prozentual sehr stark, wenn das Zinsniveau gering ist.

→ **Beispiel 8-5**: Ein Perpetual zahle für immer einen Kupon in bestimmter Höhe c. Derzeit sei das Zinsniveau bei 4%. Der Perpetual hat also, wenn die nächste Rente in einem Jahr gezahlt wird, den Wert $w_{4\%} = c / 0{,}04 = 25 \cdot c$.

Plötzlich steige das Zinsniveau auf 5% für alle Laufzeiten. Der Perpetual sinkt im Wert, denn dieser fällt auf $w_{5\%} = c / 0{,}05 = 20 \cdot c$. Der Perpetual verliert ein Fünftel seines Wertes: $(w_{5\%} - w_{4\%}) / w_{4\%} = (20 \cdot c - 25 \cdot c) / 25 \cdot c = -0{,}2 = -20\%$.

Nun wird versucht, anstelle dieser exakten Rechnung eine Rechnung mit der Duration-Formel aufzustellen. Beim ursprünglichen Zinsniveau von 4% beträgt nach (8-12) die Duration des Perpetuals $D = 10{,}04 / 0{,}04 = 26$. Im Mittel erhält der Anleger sein Geld in 26 Jahren zurück. Für relative Wertänderung besagt die Duration-Formel (8-7) dies:

$$\frac{w_{5\%} - w_{4\%}}{w_{4\%}} \approx -\frac{1}{1+0{,}04} \cdot D \cdot 0{,}01 = -0{,}96 \cdot 26 \cdot 0{,}01 = 0{,}25$$

Demnach sollte der Wertverlust rund 25% ausmachen. ■

Die lineare Approximation ist in diesem Beispiel zwar nur von mittlerer Güte, und man könnte die Frage stellen, ob die Duration wirklich eine rechnerische Vereinfachung darstellt. Bei dem sehr einfachen Fall einer unendlichen Rente ist das sicherlich nicht der Fall. **Doch die Duration bietet einen neuen Denkansatz, der zu einem verbesserten Portfoliomanagement führt. Die Duration bietet eine leicht zu erhaltende Orientierung über die Größe des Zinsrisikos. Diese Orientierung bietet ein Verweis auf die Wertformel nicht.**

8.4 Ergänzung und Lernkontrolle

Lernzeile: 1. Die modifizierte Duration. 2. Lernkontrolle durch Fragen und Aufgaben.

8.4.1 Modifizierte Duration

Zunächst eine Bemerkung zum Zinsniveau x. Wir hatten die Herleitung der Duration-Formel für eine flache Zinsstruktur durchgeführt. Die Duration-Formel (8-7) beziehungsweise (8-8) gilt indessen auch bei einer nicht-flachen Zinskurve, sofern Δ die Veränderung der Zinssätze *aller* Fristen beschreibt, wenn also die (vielleicht nicht-flache) Zinskurve um Δ *parallel* verschoben wird. Wir ersparen uns die formale Herleitung.

Nun zur modifizierten Duration (**Modified Duration**). Um den Proportionalitätsfaktor $-1/(1+x)$ in der Duration-Formel (8-7) vergessen zu können, wurde die Größe

$$D_m = \frac{1}{1+x} \cdot D \tag{8-13}$$

eingeführt; D_m heißt **modifizierte Duration**.

Damit erhalten die beiden Versionen der Duration-Formel, (8-7) und (8-8), eine etwas einfachere Gestalt:

$$\begin{aligned} \frac{w(x+\Delta)-w(x)}{w(x)} &\approx -D_m \cdot \Delta \\ w(x+\Delta)-w(x) &\approx -D_m \cdot \Delta \cdot w(x) \end{aligned} \tag{8-14}$$

So ist die durch Änderung des Zinssatzes x um Δ ausgelöste relative Kursänderung in erster Näherung gleich dem Produkt aus der Zinsänderung Δ und der *modifizierten* Duration D_m, wobei das Minuszeichen hinzukommt. Die modifizierte Duration kann nicht mehr als Mittelwert von Zeitpunkten, zu denen Zahlungen erfolgen, interpretiert werden.

Schließlich noch das Konzept der **Key-Rate-Duration**. Hierbei wird unterstellt, dass sich allein der Zinssatz einer bestimmten Frist ändert, während die Zinssätze der anderen Fristen unverändert bleiben. Die Key-Rate-Duration etwa für die **Key-Rate** von drei Jahren gibt demnach an, wie stark die relative Kursänderung ausfällt, wenn sich nur der Dreijahreszinssatz ändert.

Kennt man die Key-Rate-Durationen für alle Fristen, dann kann die Kursänderung berechnet werden, auch wenn sich die Zinskurve *nicht parallel* verschiebt, sondern irgendwie verändert.[3]

---

[3] THOMAS HO: Key Rate Durations: Measures of Interest Rate Risks. *Journal of Fixed Income* 2 (1992), pp. 29-44.

8.4.2 Fragen und Aufgaben

1. Wie ist die Barwertkurve definiert?

2. Welche Daten von Bonds können bewirken, dass die Barwertkurve bei einem Bond A eine betragsmäßig größere Steigung aufweist als bei einem Bond B?

3. a) Wie hängen die Steigung der Barwertkurve und die Duration zusammen? b) Wozu dient die Duration und welche ökonomische Interpretation gibt es für sie?

4. Jemand möchte die Wertänderung einer Anleihe ermitteln, die mit einer Zinsänderung verbunden ist. Warum setzt die Person nicht einfach den angenommenen neuen Zinssatz in die Wertformel ein?

5. a) Wie hoch ist die Duration einer unendlich lange laufenden Anleihe? b) Jemand hält einen solchen Perpetual, und das Zinsniveau steigt von $i = 6\%$ auf $6{,}25\%$. Bestimmen Sie den relativen Kursverlust anhand der Duration-Formel.

6. Ein Privatinvestor hat durch empirische Studien herausgefunden, wie stark in der Vergangenheit Aktienkurse auf Änderungen des Zinsniveaus reagiert haben. Er geht von der Duration-Formel $w' = (-1/(1+x)) \cdot D \cdot w$ aus und ermittelt Durationen für verschiedene Aktien und bereitet nun einen Aufsatz vor, den er unter dem Titel „Duration of Equity" zur Publikation einreichen möchte. Bei welchen Branchen oder bei welchen Typen von Aktien (Value, Growth), denken Sie, ist die Duration des Eigenkapitals eher höher beziehungsweise eher geringer?

8.4.3 Antworten und Lösungen

1. Die Barwertkurve ist die grafische Veranschaulichung der Abhängigkeit des Werts w eines Zinsinstruments von der Höhe des Zinsniveaus x, vergleiche Darstellung 8-1.

2. Tendenziell bewirken eine längere Laufzeit oder ein geringerer Kupon, dass die Duration zunimmt.

3. a) Die Steigung der Barwertkurve $w'(x)$ in Relation zum Wert $w(x)$ ist proportional zur Duration, $w'(x) / w(x) = (-1/x) \cdot D$. b) Die Duration drückt die Zinssensitivität eines Instruments oder eines Portfolios aus, vergleiche (8-7).

4. Das könnte man so machen, doch wenn die Duration bekannt ist oder leicht erschlossen werden kann, dann geht die Rechnung noch schneller: Die Wirkung einer Zinsänderung kann sogar überschlagsmäßig durch Kopfrechnung bestimmt werden.

5. a) Hier gilt $D = (1+x)/x$, vergleiche (8-12). b) $(-1/(1+x)) \cdot D \cdot \Delta = = -1/x \cdot \Delta = -4{,}17\%$.

6. Bei Wachstumsaktien erhält der Investor sein Geld erst in der weiten Zukunft zurück. Hier wird die Duration hoch sein. Value-Stocks zahlen hingegen hohe Dividenden, so dass der Investor sein Geld im Mittel früher erhält. Diese Aktien haben eine geringere Duration und

damit eine geringere Zinssensitivität. Allerdings haben Zinsänderungen bei Aktien zur Folge, dass sich die Gewinne ändern. Höhere Zinsen gehen einher mit höheren Finanzierungskosten und meistens einem Rückgang der Nachfrage. Die Gewinne sinken. Geringere Zinsen gehen einher mit geringeren Kapitalkosten und vielleicht höherer Nachfrage. Diese Wirkungen können bei Value-Stocks anders ausfallen als bei Wachstumstiteln. In der Gesamtwirkung kann es daher sein, dass Wachstumstitel bei Zinssteigerungen noch resistenter sind als Value-Stocks.

9 Konvexität

Themen: 1. Das Ziel, sich gegen Zinsänderungen zu immunisieren, verlangt ein Duration-Matching. 2. Sodann wird eine Genauigkeitsverbesserung durch die Konvexität besprochen. Sie lehrt, dass die Stärke der (konkaven) Krümmung einer Zinskurve die Volatilität der Zinssätze ausdrückt.

9.1 Duration-Matching

Lernziel: Wie eine Bank oder eine Versicherung sich gegen Zinsrisiken schützen kann.

9.1.1 Die Duration eines Portfolios

Wir betrachten ein Portfolio P aus Anleihen. Das Portfolio kann auch allgemeine Zinsinstrumente enthalten, wie zum Beispiel die noch zu besprechenden Swaps (Kapitel 10). Doch zur Vereinfachung sprechen wir von Anleihen. Angenommen, das Portfolio enthalte zwei Anleihen, A und B. Der augenblickliche Wert der Anleihe A im Portfolio sei w_A und der Wert der Anleihe B sei w_B. Die Durationen der Anleihen seien mit D_A beziehungsweise D_B bezeichnet.

Sehr einfache Umformungen der Definition der Duration (8-6) zeigen

$$(w_A + w_B) \cdot D_P = w_A \cdot D_A + w_B \cdot D_B$$

Folglich hat das Portfolio P eine Duration D_P, die sich als gewichtetes Mittel der Durationen der einzelnen Anleihen errechnet:

$$D_P \quad = \quad \frac{w_A}{w_A + w_B} \cdot D_A + \frac{w_B}{w_A + w_B} \cdot D_B \tag{9-1}$$

Die **Duration eines Portfolios** ist gleich dem gewichteten Mittelwert der Durationen der einzelnen Anlageinstrumente.

→ **Beispiel 9-1**: Doris hält ein Rentenportfolio aus einem Kurzläufer (Duration 1,5) und einem Langläufer (Duration 6). Doris hat 60% des Gesamtwertes im Kurzläufer angelegt, 40% im Langläufer. $D = 0{,}6 \cdot 1{,}5 + 0{,}4 \cdot 6 = 0{,}9 + 2{,}4 = 3{,}3$ ist die Duration des Portfolios. ■

9.1.2 Immunisierung

Der Sachverhalt (9-1) gilt analog für Portfolios, die mehr als zwei Anlageinstrumente umfassen. Und er gilt ebenso, wenn das Portfolio nicht nur aus Zinsinstrumenten mit Long-Positionen besteht (der Inhaber des Portfolios sieht Einzahlungen entgegen), sondern auch Short-Positionen umfasst (der Inhaber des Portfolios muss Auszahlungen tätigen, wie bei einer Verpflichtung).

Short-Positionen sind typisch für institutionelle Investoren, deren Portfolio aus Assets (Aktiven) *und* Liabilities (Verpflichtungen) besteht. Die Differenz zwischen dem Wert der Assets und der Liabilities ist das **Eigenkapital** des Inhabers des Portfolios. Der Wert des Portfolios ist dann das Eigenkapital. Die meisten Banken werden von ihren Aktionären angehalten, das Eigenkapital rentabel einzusetzen.

Nicht alle institutionellen Investoren sind wie eine Aktiengesellschaft auf die Steigerung des Werts des Eigenkapitals ausgerichtet. Institutionelle Investoren haben oft die Rechtsform der Stiftung. Versicherungsgesellschaften sind zum Teil genossenschaftliche Einrichtungen. Stiftungen, genossenschaftliche Vorsorgeeinrichtungen, Pensionskassen streben aber nicht an, die Differenz zwischen dem Wert der Anlagen und dem Wert ihrer Verpflichtungen (den Leistungsempfängern gegenüber) zu stärken. Eher möchten sie die Leistungen anheben. Auch wenn dies ungewohnt klingt: Sie wollen den Wert der Verpflichtungen erhöhen. In solchen Situationen wird die Differenz zwischen dem Wert der Kapitalanlagen und dem Wert der Verpflichtungen nicht als Eigenkapital bezeichnet, sondern als **Surplus**. Der Surplus dient als Risikopuffer.

Alle institutionellen Investoren sind indes an erster Stelle bestrebt, ihre Verpflichtungen mit den Ergebnissen der Kapitalanlagen *erfüllen* zu können. Vor allem soll vermieden werden, dass etwa durch Zinsrisiken der Wert der Kapitalanlagen unter den Wert der Verpflichtungen fällt: Die Einrichtung geriete dann in die **Insolvenz** (**Überschuldung**, **Unterdeckung**).

Bei einer Bank bestehen die Kapitalanlagen, die Aktiva oder die Assets, vor allem aus Krediten, die den Bankkunden gegeben wurden. Ein Kundenkredit ist für eine Bank wie eine Anleihe: Die Bank erhält vom Kunden Zinszahlungen genau wie Kupons, und bei Fälligkeit fließt ihr die Rückzahlung des Kredits zu.

Die Bank wird sich periodisch für den augenblicklichen Wert dieser Kredite interessieren. Sie wird marktorientierte Bewertungen vornehmen (Mark-To-Market). Zudem wird die Bank ermitteln, wie stark sich der Wert dieser Assets ändert, sollte es zu Änderungen der Zinssätze am Kapitalmarkt kommen. Die Sensitivität wird durch die **Duration der Assets** ausgedrückt. Sie sei mit D_A bezeichnet; w_A sei der Marktwert der Assets.

Verpflichtungen hat die Bank vor allem gegenüber der Einlagekundschaft. Teils wird es sich um täglich fällige Gelder handeln, teils um Festgelder oder Kassenobligationen. Vielleicht hat die Bank auch Anleihen ausgegeben, Bankanleihen also, um ihre Kreditgeschäfte zu finanzieren. Jedenfalls können wiederum rein rechnerisch Marktbewertungen der Positionen der Passivseite ermittelt werden. Der augenblickliche Wert der Verpflichtungen (Liabilities) sei mit w_L bezeichnet. Dabei soll der Konvention gefolgt werden und der Wert der Liabilities als eine *positive* Größe ausgedrückt werden, $w_L > 0$. Des Weiteren kann die **Duration der Liabilities** ermittelt werden, gemeint ist die Duration des Portfolios aus allen Verpflichtungen. D_L bezeichne die Duration der Liabilities.

Bei einer *solventen* Bank übersteigt der Wert der Assets den Wert der Liabilities, $w_A > w_L$. Wenn hingegen der Wert der Assets geringer wäre als der Wert der Liabilities, wäre die Bank *insolvent*. Die bei Solvenz positive Größe

$$w_E = w_A - w_L$$

ist der Wert des Eigenkapitals der Bank (beziehungsweise die Höhe des Surplus). Für die Kontrolle der Zinsrisiken muss herausgefunden werden, wie sich der Marktwert des Eigenkapitals w_E verändert, falls es zu Zinsänderungen kommen sollte.

Betrachten wir zuerst das Szenario einer Zinssteigerung. Dabei fällt der Wert der Assets. Allerdings fällt auch der (positiv ausgedrückte) Wert der Verpflichtungen der Bank: Denn wenn die Bank beispielsweise zwölf Jahre laufende Bankanleihen mit festem Kupon ausgegeben hat, und es kommt zu Zinssteigerungen, dann fällt der Marktwert dieser Bankanleihen. Denn die Bankanleihen sind für die Finanzanleger nicht mehr soviel wert, sie erleiden Kursverluste. Von der Bank aus gesehen ist die Verpflichtung der Bank im Wert geringer geworden. Falls die Bank die Bankanleihen zu Marktwerten zurückkaufen wollte, müsste sie nicht mehr so viel Geld aufwenden.

Die Frage lautet, ob bei einer Zinssteigerung um, sagen wir, $\Delta = +1\%$ der Wertverlust bei den Assets a) größer oder b) geringer ist als die Wertreduktion bei den Liabilities. Im Fall a) reduziert sich der Wert des Eigenkapitals, im Fall b) nimmt der Wert des Eigenkapitals zu.

Der Fall a) liegt typischerweise dann vor, wenn die Zinssensitivität (Duration) der Assets groß, die der Liabilities hingegen klein ist. Der Fall b) liegt typischerweise vor, wenn die Zinssensitivität der Assets gering und die der Liabilities groß ist.

Nun zum Szenario einer Senkung des Zinsniveaus. Der Wert der Assets der Bank steigt – immerhin müssen ihre Kreditkunden noch für die ganze Laufzeit der Kredite die seinerzeit vereinbarten Zinsen bezahlen. Allerdings steigt auch der (positiv ausgedrückte) Wert der Verpflichtungen der Bank. Wenn die Bank beispielsweise zwölf Jahre laufende Anleihen mit festem Kupon ausgegeben hat, und es kommt zu Zinssenkungen, werden die Inhaber der Bankanleihen gleichsam die Lachenden sein: Sie haben die Kursgewinne. Wenn die Bank die Anleihen nach der Zinssenkung zurückzahlen wollte, müsste sie für den Rückkauf mehr Geld aufwenden.

Die Frage lautet, ob bei einer Zinsänderung um $\Delta = -1\%$ der Wertgewinn bei den Assets a) größer oder b) geringer als der Wertzuwachs bei den Liabilities ist. Im Fall a) steigt der Wert des Eigenkapitals, im Fall b) nimmt er ab.

Der Fall a) liegt typischerweise dann vor, wenn die Zinssensitivität (Duration) der Assets groß, die der Liabilities klein ist. Der Fall b) liegt typischerweise vor, wenn die Zinssensitivität (Duration) der Assets gering ist und die der Liabilities groß.

Insgesamt wird die Geschäftsführung der Bank so denken: „Falls die Zinsen steigen, sollten wir bei den Assets besser eine kurze Duration haben, bei den Liabilities hingegen eine lange Duration. Falls die Zinsen fallen, wäre es für uns hingegen günstig, bei den Assets eine lange Duration zu haben und bei den Liabilities eine kurze."

9.1.3 Fallbeispiel

Die Z-Bank ist stark im Kommerzgeschäft. Sie spricht laufend mit Unternehmern und besucht die Firmen, die bei ihr Kredite nehmen. In letzter Zeit hört sie viel Zuversichtliches, was die Auftragseingänge der Kreditnehmer betrifft. Die Z-Bank prognostiziert einen Konjunkturaufschwung und denkt, dass irgendwann Inflation aufkommen könnte und die Zentralbank die bisherige Politik der leichten Geldversorgung beenden würde. In der Folge käme es zu Zinserhöhungen.

Die Z-Bank versucht ihrem Szenario entsprechend die Duration der Assets *gering* und die Duration der Liabilities *hoch* zu halten. Um die Duration der Assets gering zu halten, beeinflusst die Bank mit ihren Konditionen die Wahl der Kreditkunden. Die Konditionen werden so modifiziert, dass Kredite mit kürzerer Zinsbindungsfrist tendenziell zu attraktiveren Zinssätzen angeboten werden. Derzeit betrage die Duration der Assets $D_A = 4$ Jahre. Um sie zu ermitteln, wurde für jede einzelne Position der Wert und die jeweilige Duration berechnet und anschließend wurden alle Positionen nach (9-1) zusammengefasst.

Gleichzeitig versucht die Z-Bank, die Duration der Verpflichtungen zu erhöhen. Beispielsweise gibt sie noch eine Bankanleihe aus, die 12 Jahre läuft. Dennoch sind die Hauptpositionen bei den Liabilities die kurzfristigen Kundeneinlagen. Die Duration der Liabilities beträgt folglich nur $D_L = 2$ Jahre.

Der Wert der Assets ist $w_A = 10.000$ Millionen Euro, der Wert der Liabilities ist $w_L = 9.000$ Millionen Euro. Die Bank – ihr Eigenkapital – ist folglich eine Milliarde Euro wert. Das derzeitige Zinsniveau betrage $x = 4\%$. Die Z-Bank stellt die Frage, welche Wertänderung die Eigenmittel haben, wenn es zu einer Zinserhöhung um $\Delta = +1\%$ kommt. Mit der Duration-Formel (8-8) gilt (Geldeinheit = 1 Millionen Euro):

$$w_A(x+\Delta) - w_A(x) \approx -\frac{1}{1+x} \cdot D_A \cdot \Delta \cdot w_A(x) = -0{,}9615 \cdot 4 \cdot 0{,}01 \cdot 10.000 = -385$$

$$w_L(x+\Delta)-w_L(x)\approx -\frac{1}{1+x}\cdot D_L\cdot\Delta\cdot w_L(x)=-0{,}9615\cdot 2\cdot 0{,}01\cdot 9.000=-173$$

Der CFO der Z-Bank kommentiert: „Wenn die Zinsen um $\Delta = +1\%$ steigen, werden wir bei den Assets 385 Millionen verlieren, während sich der Wert unserer Verpflichtungen rechnerisch um 173 Millionen verringert. Unser Eigenkapital, derzeit $10.000-9.000=1.000$ Millionen, wird demnach auf $(10.000-385)-(9.000-173)=788$ Millionen sinken. Das ist ein Verlust von 212 Millionen Euro beim Wert unserer Bank. Das wäre zuviel. Wir müssen uns schützen."

9.1.4 Duration des Eigenkapitals

Nun zu den Wertänderungen des Eigenkapitals in allgemeiner Notation. Die absolute (nicht die relative) Wertänderung der Assets bei einer Änderung des Zinsniveaus von x auf $x+\Delta$ beträgt

$$w_A(x+\Delta)-w_A(x) \quad\approx\quad -\frac{1}{1+x}\cdot D_A\cdot\Delta\cdot w_A$$

und ganz analog kann die absolute Wertänderung der Liabilities geschrieben werden. Der Marktwert der Eigenmittel ist folglich:

$$\begin{aligned}
&w_E(x+\Delta)-w_E(x)\\
&= \{w_A(x+\Delta)-w_L(x+\Delta)\}-\{w_A(x)-w_L(x)\}\\
&= \{w_A(x+\Delta)-w_A(x)\}-\{w_L(x+\Delta)-w_L(x)\}\\
&\approx -\frac{1}{1+x}\cdot D_A\cdot\Delta\cdot w_A+\frac{1}{1+x}\cdot D_L\cdot\Delta\cdot w_L
\end{aligned}$$

Diese Veränderung lässt sich nun genau in der üblichen Duration-Formel schreiben,

$$w_E(x+\Delta)-w_E(x) \quad\approx\quad -\frac{1}{1+x}\cdot D_E\cdot\Delta\cdot w_E$$

sofern darin D_E wie folgt definiert wird:

$$D_E \quad=\quad \frac{w_A\cdot D_A-w_L\cdot D_L}{w_A-w_L} \tag{9-2}$$

Formel (9-2) zeigt die **Duration des Eigenkapitals**. Kann eine Bank ihre Geschäfte so steuern, dass die Duration des Eigenkapitals ungefähr gleich Null ist, dann ist sie gegen Zinsänderungen geschützt oder **immunisiert**. Hierzu ist erforderlich: $w_A\cdot D_A\approx w_L\cdot D_L$

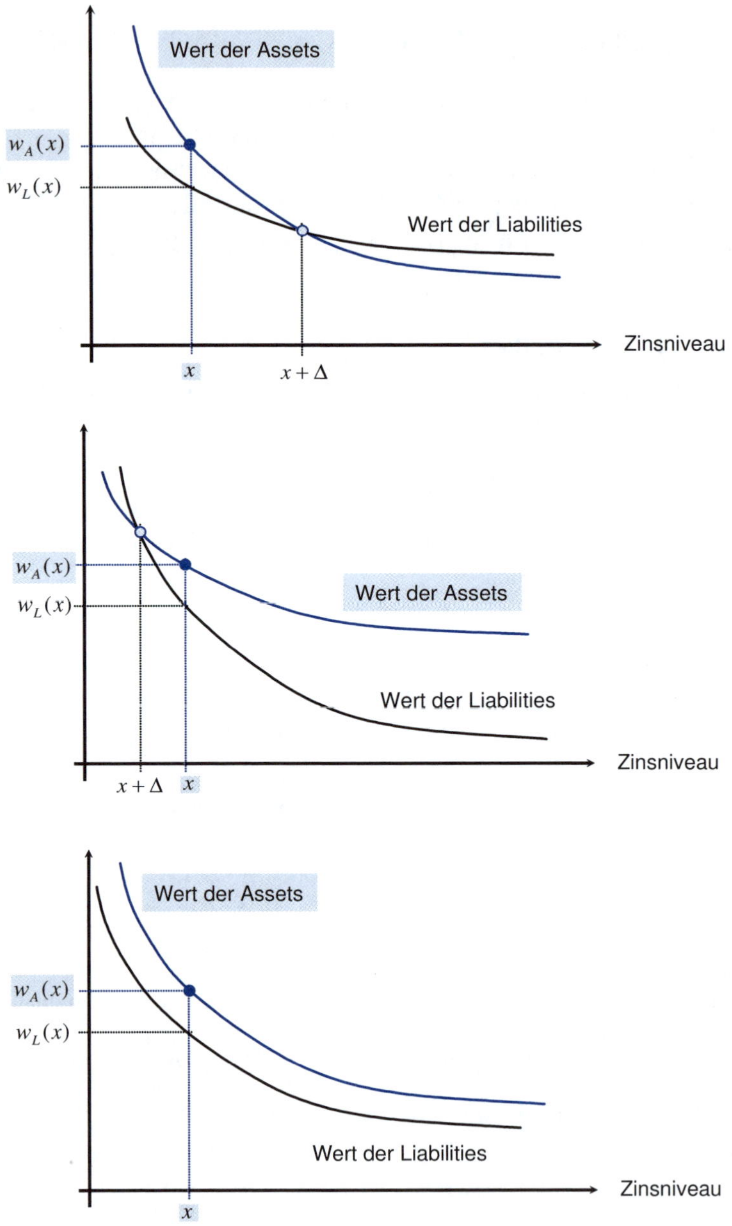

Darstellung 9-1: Im Bild oben ist die Duration der Assets größer als die der Liabilities. Kommt es zu Zinssteigerungen, verlieren die Assets stärker an Wert als die Liabilities, und bei einem kritischen Zinssatz ist das Eigenkapital aufgezehrt. Im Bild in der Mitte ist die Duration der Assets geringer als die der Liabilities. Kommt es zu Zinssenkungen, gewinnen die Assets weniger an Wert als die Liabilities. Bei einer kritischen Zinssenkung ist das Eigenkapital aufgezehrt. Das Bild unten zeigt eine Situation, in der das Eigenkapital gegen Zinsänderungen geschützt ist (Immunisierung).

Die Geschäftssteuerung mit dem Ziel zu erreichen, dass gilt:

$$w_A \cdot D_A \approx w_L \cdot D_L \tag{9-3}$$

wird als **Duration-Matching** bezeichnet. Genau: Das Duration-Matching verlangt *nicht*, dass die Durationen der Aktiva und der Liabilities exakt übereinstimmen. Verlangt wird vielmehr, dass die **Produkte aus Wert und Duration für die Aktiva und die Verpflichtungen gleich groß** sind. Denn diese Produkte liefern die absoluten Wertänderungen bei Zinsänderungen, während die Durationen die relativen (prozentualen) Wertänderungen beschreiben.

Das Duration-Matching zeigt eine Grundidee im Risikomanagement. Oft bleibt beim Vermögen immer ein gewisses ein Exposure gegenüber einem Risikofaktor. Dann bietet es sich an, die Verpflichtungen so zu gestalten, dass sie ein entsprechendes Exposure erreichen. In der Abstimmung wird angestrebt, dass sich die Einflüsse des Risikofaktors auf die Assets wie auf die Liabilities in gleicher Höhe auswirken. Dann ist die Differenz zwischen Vermögen (Assets) und Verpflichtungen (Liabilities), also das Eigenkapital, immunisiert. Das Duration-Matching ist eine wichtige Grundidee im **Asset-Liability-Management** von Banken und Pensionskassen.

Allerdings wollen sich Investoren gelegentlich nicht vollständig immunisieren. Ab und zu wünschen sie aus spekulativen Überlegungen, ein gewisses Exposure zu behalten. Wer hohe Zinssteigerungen erwartet, möchte keine größere Duration beim Vermögen, sondern einen **Duration-Überhang** bei den Verpflichtungen. Wer hohe Zinssenkungen erwartet, wünscht Assets mit hoher und Liabilities mit geringer Duration: Es wird ein Duration-Überhang beim Vermögen angestrebt. Dermaßen aktive Adjustierungen der Exposures bieten sich an, falls die Einrichtung überlegene Informationen zur Zinsentwicklung hat (was aufgrund ihres Geschäfts der Fall sein kann), und sofern sie das Risiko tragen kann. Um die aktive Einstellung gegenüber dem Zinsrisiko zu unterstreichen, wird von **Aktiv-Passiv-Steuerung** gesprochen, nicht von Duration-Matching.[1]

→ **Beispiel 9-2**: Privatpersonen übersehen vielfach Verpflichtungen. Hans, nun im Ruhestand lebend, möchte freie Mittel anlegen. Die Beraterin schlägt vor, eine Anleihe mit hoher Duration zu kaufen. Hans wirft ein: „Da sind mir die Zinsänderungsrisiken zu groß. Ich nehme allenfalls Anleihen mit einer Restlaufzeit von zwei oder drei Jahren." Doch die Beraterin gibt zu bedenken, dass **bei einer ganzheitlichen Betrachtung auch eine Verpflichtung gegenüber sich selbst und der Familie erkennbar wird**. Diese **Lebenshaltungs-Liability** hat eine Duration von vielleicht 15 Jahren. In der Gesamtbilanz hat der Investor auf der Passivseite ein großes Zinsrisiko. Die Idee des Duration-Matching besagt: Nur wer in einem solchen Fall auf der Aktivseite in der Gesamtbilanz Positionen mit hoher Duration hält, ist gegenüber Zinsänderungen immunisiert. ■

---

[1] Die Weiterentwicklungen im Asset-Liability-Management zielten vor allem auf die Erfassung der Dynamik und die Lösung der entstehenden dynamischen Optimierungsprobleme: 1. JÜRG NAGER: Innovative Ansätze im Asset-Liability-Management; in: J. M. KLEEBERG und H. REHKUGLER: *Handbuch Portfoliomanagement*. Uhlenbruch Verlag, Bad Soden 1998, pp. 239-264. 2. CHRISTINA MAROHN: *Stochastische mehrstufige lineare Programmierung im Asset & Liability Management*. Bank- und finanzwirtschaftliche Forschungen 282, Verlag Paul Haupt, Bern, 1998.

9.2 Konvexität

Lernziele: 1. Die Konvexität erhöht die Genauigkeit. 2. Die Konvexität und die Volatilität der Zinssätze hängen zusammen.

9.2.1 Quadratische Approximation

Als Ausgangspunkt sei an die Taylorsche Reihenentwicklung für den Wert eines Zinsinstruments, also Formel (8-4) erinnert. Diese Formel ist (auf die ersten beiden Terme verkürzt) hier nochmals wiedergegeben:

$$w(x+\Delta)-w(x) \quad = \quad w'(x)\cdot\Delta+\frac{1}{2}\cdot w''(x)\cdot\Delta^2+\ldots$$

Bei der Duration wird die Taylorsche Reihenentwicklung noch weiter zu $w(x+\Delta)-w(x)\approx w'(x)\cdot\Delta$ verkürzt. Diese, bereits in Formel (8-3) dargestellte Annäherung weiter umgeformt führt auf die Duration-Formel (8-7) beziehungsweise (8-8). Die Duration drückt die Zinssensitivität eines Instruments durch die *erste* Ableitung des Barwerts nach dem Zinsniveau aus. In der grafischen Darstellung wurde die Tangente an dic Barwertkurve gelegt.

Der Fehler ist oft gering, jedoch gibt es auch Fälle, in denen der Fehler der Approximation, der durch den Abbruch der Taylorschen Reihenentwicklung bereits nach dem ersten Term entsteht, für praktische Zwecke zu groß ist.

→ **Beispiel 9-3**: Für den französischen Ultralangläufer ($T=50$ Jahre, Kupon $c=4$, Ausgabekurs 95,632 Euro) wurde als Rendite bis Verfall $4{,}21\%$ errechnet. Diese Rendite nehmen wir als Zinsniveau, für das die Duration ermittelt wird, also $x=0{,}0421$. Die Formel (8-10) für die Duration einer Kuponanleihe liefert 21,8 als Duration:

$$\begin{aligned} D \quad &= \quad \frac{1+0{,}0421}{0{,}0421}-\frac{100\cdot(1+0{,}0421)-50\cdot(100\cdot 0{,}0421-4)}{100\cdot 0{,}0421-4+4\cdot(1+0{,}0421)^{50}} \quad = \\ &= \quad 24{,}7530-\frac{104{,}21-10{,}5}{0{,}21+31{,}4434} \quad = \quad 24{,}7530-2{,}9605 \quad = \quad 21{,}8 \end{aligned}$$

Wenn sich das Zinsniveau nach Ausgabe des Ultralangläufers von $x=4{,}21\%$ um 10 Basispunkte erhöht, $\Delta=0{,}001$, dann liefert Formel (8-8) eine Wertänderung um

$$\begin{aligned} w(x+\Delta)-w(x) &\approx -\frac{1}{1+x}\cdot D\cdot w(x)\cdot\Delta \\ &= -\frac{1}{1{,}0421}\cdot 21{,}8\cdot 95{,}632\cdot 0{,}001=-2{,}001 \end{aligned}$$

Euro (bezogen auf einen Nominalwert von €100). Das hieße, der Wert der Anleihe würde sich von €95,632 auf €93,631 reduzieren.

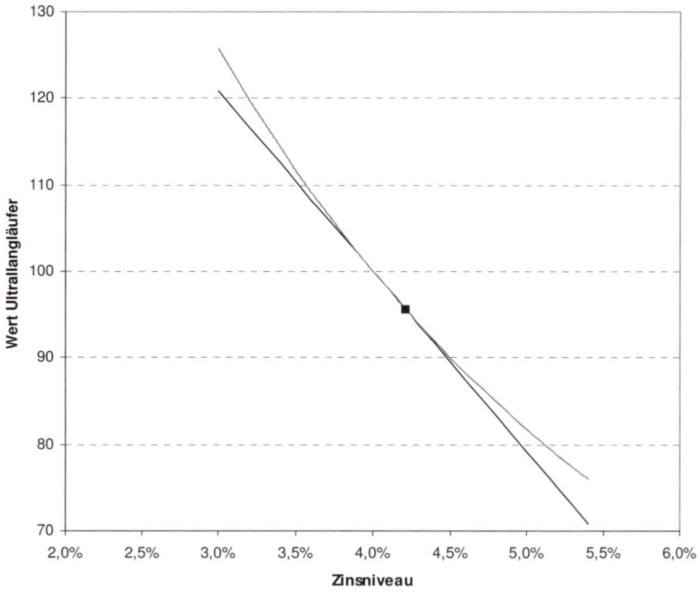

Darstellung 9-2: Der Wertverlauf des Ultralangläufers mit Tangente im Punkt $x = 4{,}21\%$, $w = 95{,}632$. Die Tangente ist die lineare Approximation der Barwertkurve durch die Duration-Formel.

Wird die Wertformel (8-1) jedoch direkt ausgewertet und für das Zinsniveau $4{,}31\%$ (anstelle von $4{,}21\%$) eingesetzt, dann ergibt sich der korrekte Wert des Ultralangläufers zu €93,680. Demnach wäre der Wertverlust bei einer Zinserhöhung um 10 Basispunkte exakt gerechnet 1,952 Euro und nicht, wie mit der Duration-Formel ermittelt, 2,001 Euro. ■

→ **Beispiel 9-4**: Diese Ungenauigkeit mag noch als gering erscheinen. Jedoch wiederholen wir die Rechnung mit einer angenommenen Zinserhöhung um diesmal einen ganzen Prozentpunkt, also um 100 Basispunkte. Für $\Delta = 0{,}01$ liefert Formel (8-8) eine Wertänderung um

$$w(x+\Delta) - w(x) \approx -\frac{1}{1+x} \cdot D \cdot w(x) \cdot \Delta = -\frac{1}{1{,}0421} \cdot 21{,}8 \cdot 95{,}632 \cdot 0{,}01 = -20{,}01$$

Euro (für eine Anleihe mit dem Nominalwert von €100). Der Wert der Anleihe würde sich nach der Duration-Formel also von 95,632 auf 75,622 Euro reduzieren, wenn das Zinsniveau von $4{,}21\%$ auf $5{,}21\%$ anstiege.

Wird die Barwertformel (8-1) direkt ausgewertet und für das Zinsniveau $5{,}21\%$ (anstelle von $4{,}21\%$) eingesetzt, so ergibt sich als Wert des Ultralangläufers 78,608 Euro. Demnach wäre der Wertverlust bei einer Zinserhöhung um 100 Basispunkte nur 17,024 Euro und nicht, wie mit der Duration-Formel ermittelt, 20,01 Euro. ■

9.2.2 Barwertkurve ist konvex

Woran liegen die Ungenauigkeiten? Da die Barwertkurve konvex gewölbt ist, vergleiche Darstellungen 8-1, 8-2, 8-3 und 9-2, bleibt die Barwertkurve stets oberhalb der Tangente. **Die Duration-Formel gibt daher bei einer Zinserhöhung den Wertverlust zu stark und bei einer Zinssenkung den Wertgewinn zu gering an**.

- Die Konvexität der Barwertkurve ist eine für den Inhaber des Zinsinstruments wünschenswerte Eigenschaft. Der wirkliche Wertverlauf ist stets *günstiger* als durch die an die Barwertkurve gelegte Tangente beschrieben. Dies gilt stets, egal ob die Zinsen nun steigen oder fallen.
- Die Approximation der Barwertkurve durch die Tangente und damit die Duration-Formel beinhalten daher den Fehler, die Wirkung einer Zinsänderung für den Inhaber des Instruments etwas nachteiliger darzustellen, als sie in Wirklichkeit ist.
- Der Fehler ist umso größer, je stärker die Konvexität der Barwertkurve ist.

In diesem Abschnitt wird der aufgezeigte Fehler, der mit der *linearen* Approximation der Barwertkurve einher geht, reduziert. Hierzu wird die Taylorsche Reihenentwicklung der Funktion, die den Wert des Zinsinstruments in Abhängigkeit vom Zinsniveau beschreibt, erst nach dem *zweiten* Term abgebrochen (und nicht schon nach dem ersten Term. Entsprechend würde die Barwertkurve nicht durch eine Gerade, sondern durch eine Kurve zweiten Grades approximiert, also durch eine Parabel. Das erhöht die Genauigkeit.

Anstelle von (8-4) wird jetzt also diese Näherung zugrunde gelegt und dann weiter umgeformt:

$$w(x+\Delta) - w(x) \quad \approx \quad w'(x) \cdot \Delta + \frac{1}{2} \cdot w''(x) \cdot \Delta^2$$

Um wieder die *relative* Kursänderung auszudrücken, beziehen wir beide Seiten auf $w(x)$. So entsteht diese Formel:

$$\frac{w(x+\Delta) - w(x)}{w(x)} \quad \approx \quad \frac{w'(x)}{w(x)} \cdot \Delta \quad + \frac{1}{2} \cdot \frac{w''(x)}{w(x)} \cdot \Delta^2 \tag{9-3}$$

In Formel (9-3) steht zwar immer noch das Ungefährzeichen $\approx$, weil die Terme der Ordnung $\Delta^3, \Delta^4, \ldots$ der Taylorschen Reihenentwicklung unberücksichtigt sind. Doch Formel (9-3) bietet eine deutlich genauere Approximation im Vergleich zur Formel (8-5), in der der Term Δ^2 unberücksichtigt blieb.

Wir formen (9-3) noch weiter um. Der erste und zu Δ proportionale Term auf der rechten Seite von (9-3) ist durch das Produkt aus $-1/(1+x)$ und der Duration D gegeben.

Der zweite und zu ½ und Δ^2 proportionale Term auf der rechten Seite wird nun als Produkt von $+1/(1+x)^2$ und der so genannten **Konvexität** K dargestellt.

Mit Hilfe von Duration D und Konvexität K lautet die Formel (9-3) für die relative Kursänderung eines Zinsinstruments:

$$\frac{w(x+\Delta)-w(x)}{w(x)} \approx -\frac{1}{1+x}\cdot D\cdot\Delta + \frac{1}{2}\cdot\frac{1}{(1+x)^2}\cdot K\cdot\Delta^2 \tag{9-4}$$

Wenn bei dem betrachteten Zinsinstrument die Zahlungen $c_1, c_2, ..., c_T$ in den folgenden Jahren zufließen, vergleiche (8-2), dann errechnet sich die Konvexität zu

$$\begin{aligned} K &= \left\{\frac{c_1\cdot(1+x)^{-1}}{w(x)}\cdot 1\cdot 2+\frac{c_2\cdot(1+x)^{-2}}{w(x)}\cdot 2\cdot 3+...+\frac{c_T\cdot(1+x)^{-T}}{w(x)}\cdot T\cdot(T+1)\right\} \\ &= \sum_{t=1}^{T}\frac{c_t\cdot(1+x)^{-t}}{w(x)}\cdot\left[t\cdot(t+1)\right] \end{aligned} \tag{9-5}$$

Die Definition der Konvexität (9-5) ähnelt derjenigen der Duration. Die Duration ist eine gewichtete Summe der Zahlungszeitpunkte $t = 1, 2, ..., T$. **Die Konvexität ist eine gewichtete Summe der Produkte** $t\cdot(t+1)$. Mit der zugegeben etwas groben Gleichsetzung $t\cdot(t+1)\approx t^2$ darf gesagt werden, die **Konvexität sei eine gewichtete Summe der Quadrate der Zeitpunkte, zu denen das Zinsinstrument Zahlungen bietet**. Die Gewichte stimmen bei Duration und Konvexität überein: Es sind die relativen Barwerte der Zahlungen zu t.

Besonders einfach lässt sich die Definitionsgleichung (9-5) für einen Zerobond ermitteln. Beträgt dessen Restlaufzeit T, dann gilt:

$$K_{Zerobond} = T\cdot(T+1) \tag{9-6}$$

In anderen Fällen müssen wir (9-5) mit einer Tabellenkalkulation bestimmen. Doch vielfach wird die bereits genannte grobe Gleichsetzung $t\cdot(t+1)\approx t^2$ verwendet. Wird sie in (9-5) berücksichtigt, so zeigt sich:

$$K \approx \sum_{t=1}^{T}\frac{c_t\cdot(1+x)^{-t}}{w(x)}\cdot t^2 \tag{9-7}$$

Die Konvexität eines Zinsinstruments ist in der Näherungsformel (9-7) die gewichtete Summe der Quadrate derjenigen Zeitpunkte, zu denen der Investor sein Geld zurück erhält.

Drei Eigenschaften liegen auf der Hand.

1. Die Konvexität ist positiv (wenn wir Instrumente diskutieren, bei denen der Inhaber Geld erhält), denn die Barwertkurve war stets konvex.
2. Bei Anleihen ist die Konvexität höher, wenn der Kupon geringer ist (weil dann der Investor sein Geld eher später zurück erhält und das Quadrat in der Formel wirkt).
3. Mit der Laufzeit oder der Duration nimmt die Konvexität überproportional zu, weil sie (ziemlich genau) eine gewichtete Summe der *Quadrate* der Zahlungszeitpunkte ist.

Der zahlenmäßige Betrag des Einflusses der Konvexität fällt besonders bei größeren Zinsänderungen ins Gewicht.

9.2.3 Drei Beispiele

→ **Beispiel 9-5**: Es sei ein Zerobond mit einer Laufzeit von $T = 10$ Jahren betrachtet, das augenblickliche Zinsniveau sei $x = 6\%$. Es sollen Änderungen des Zinssatzes um betragsmäßig 200 Basispunkte diskutiert werden, $\Delta = \pm 0{,}02$. Das neue Zinsniveau betrage also 4% beziehungsweise 8%. Der Kurs des Zerobonds, bezogen auf einen Nominalwert von 100, errechnet sich bei den drei Zinsniveaus $4\%, 6\%, 8\%$ zu $w(0{,}04) = 67{,}56$, $w(0{,}06) = 55{,}84$, $w(0{,}08) = 46{,}32$.

- Bei der Zinserhöhung um $\Delta = +0{,}02$ tritt demnach exakt gerechnet ein Wertverlust entsprechend $(46{,}32 - 55{,}84)/55{,}84 = -17{,}05\%$ ein.
- Der Wertgewinn bei der Zinssenkung ($\Delta = -0{,}02$) ist: $(67{,}56 - 55{,}84)/55{,}84 = 20{,}99\%$.

Wir wollen nun sehen, wie diese Größen mit Hilfe von Duration und Konvexität approximativ berechnet werden können. Die Duration des Zerobonds beträgt $D = 10$ Jahre, und die Konvexität beträgt $K = 110$.

- Der durch die Duration beschriebene lineare Effekt beschreibt eine relative Kursänderung um $\mp (1/(1+i)) \cdot D \cdot \Delta$, also um $\mp 0{,}1887$, das heißt, um $\mp 18{,}87\%$.
- Nun der durch die Konvexität beschriebene Effekt: Der Einfluss auf die relative Wertänderung ist $+(1/2) \cdot (1/(1+x)^2) \cdot K \cdot \Delta^2$, also: $(1/2) \cdot 0{,}89 \cdot 110 \cdot 0{,}04 = 1{,}96\%$.

Zusammengenommen prognostiziert die auf Duration *und* Konvexität beruhende Approximation, dass sich bei einem Zinsanstieg der Wert um $-18{,}87\% + 1{,}96\% = -16{,}91\%$ ändern würde. Beim Zinsrückgang würde der Wert um $+18{,}87\% + 1{,}96\% = 20{,}83\%$ steigen. Diese Prognose ist ziemlich genau. ■

→ **Beispiel 9-6**: Wir greifen den französischen Ultralangläufer ($T = 50$ Jahre, Kupon $c = 4$, Ausgabekurs 95,632 Euro) auf. Das augenblickliche Zinsniveau sei durch die Rendite bis Verfall bestimmt, $x = 4{,}21\%$. Die Duration wurde bereits zu $D = 21{,}8$ Jahre ermittelt. Wir errechnen die Konvexität mit Excel: Sie beträgt $K = 608{,}44$. Nun soll mit Formel (9-4) der Wert des Ultralangläufers ermittelt werden.

Dies für das Szenario einer Zinserhöhung um einen Prozentpunkt, $\Delta = 0{,}01$. Es folgt:

$$\frac{w(x+\Delta)-w(x)}{w(x)} \approx -\frac{1}{1+x}\cdot D\cdot\Delta + \frac{1}{2}\cdot\frac{1}{(1+x)^2}\cdot K\cdot\Delta^2$$

$$= -\frac{1}{1{,}0421}\cdot 21{,}8\cdot 0{,}01 + \frac{1}{2}\cdot\frac{1}{1{,}0421^2}\cdot 608{,}44\cdot 0{,}01^2$$

$$= -0{,}2092+0{,}0280 = -20{,}92\% + 2{,}80\% = -18{,}12\%$$

Die absolute Wertänderung ist $95{,}632\cdot(-18{,}12\%) = -17{,}329$ Euro.

Der Wert des Ultralangläufers sollte, sofern sich das Zinsniveau von $x = 4{,}21\%$ auf $x+\Delta = 5{,}21\%$ erhöht, von $w(x) = 95{,}632$ auf 78,303 Euro zurückgehen.

Der mit (9-4) hergeleitete Zahlenwert ist eine recht genaue Näherung, wie ein Vergleich mit dem exakten Wert zeigt. Wird das Zinsniveau 5,21% in die Wertformel eingesetzt, zeigt sich als korrekter Wert 78,608 Euro. ■

→ **Beispiel 9-7**: Wir rechnen noch einmal das Beispiel des französischen Ultralangläufers ($T = 50$ Jahre, Kupon $c = 4$, Ausgabekurs 95,632 Euro) für $x = 4{,}21\%$, $D = 21{,}8$ Jahre, $K = 608{,}44$. Nur soll diesmal eine Zinserhöhung um zwei Prozentpunkte behandelt werden, $\Delta = 0{,}02$. Es folgt:

$$\frac{w(x+\Delta)-w(x)}{w(x)} \approx -\frac{1}{1+x}\cdot D\cdot\Delta + \frac{1}{2}\cdot\frac{1}{(1+x)^2}\cdot K\cdot\Delta^2 =$$

$$= -\frac{1}{1{,}0421}\cdot 21{,}8\cdot 0{,}02 + \frac{1}{2}\cdot\frac{1}{1{,}0421^2}\cdot 608{,}44\cdot 0{,}02^2 =$$

$$= -0{,}4184+0{,}1121 = -41{,}84\% + 11{,}21\% = -30{,}63\%$$

Das wäre ein dramatischer Wertrückgang. Aufgrund der Duration-Formel würde man mit einem Wertrückgang um 41,84% rechnen. Die zusätzliche Berücksichtigung der Konvexität zeigt eine „Wertgutschrift" von 11,21%. Beides zusammen führt auf die eben berechneten 30,63% Wertverlust.

Wie genau ist Formel (9-4) bei derart großen Änderungen? Bezogen auf einen Bond beträgt die absolute Wertänderung $95{,}632\cdot(-30{,}63\%) = -29{,}292$ Euro. Der Bond sollte bei Erhöhung des Zinsniveaus von $x = 4{,}21\%$ auf $x+\Delta = 6{,}21\%$ also einen Wertrückgang von $w(x) = 95{,}632$ auf 66,34 Euro haben. Einsetzen des höheren Zinsniveaus in die Barwertformel liefert als korrekten Wert $w(0{,}0621) = 66{,}16$ Euro. Die Formel (9-4) liefert demnach recht genaue Näherungen, auch wenn die Zinsänderung im Bereich von 200 Basispunkten liegt. ■

9.2.4 Bullet-Strategie und Hantel-Strategie

Die Berücksichtigung der Konvexität bewirkt also eine deutliche Genauigkeitsverbesserung gegenüber der Duration-Formel. Selbstverständlich könnten Sie, liebe Leserin und lieber Leser, an dieser Stelle einwerfen, weder die Duration noch die Konvexität seien besonders wichtig, weil es mit heutigen Computern und selbst mit einem kaufmännischen Taschenrechner leicht möglich sei, den Wert einer Kuponanleihe für verschiedenste Zinsniveaus zu errechnen. Wozu also die Mühe mit den neuen Formeln? Nun, die Herleitung der Formeln und die Formeln verhelfen zu neuen Einsichten:

Eine solche Einsicht war das Duration-Matching zur Immunisierung eines Portfolios aus Assets und Liabilities gegen Zinsrisiken. Die Sicht des Duration-Matching ist eine gute Orientierung für finanzpolitische Entscheidungen. Diese Sicht hätte man nicht gewinnen und als Formel ausdrücken können, wenn stets die Barwertformel im Taschenrechner oder mit einem PC mit verschiedenen Zinsniveaus durchgespielt werden muss.

Auch die Konvexität liefert eine Erkenntnis, die für das Portfoliomanagement wichtig ist: **Die Konvexität ist eine dem Anleger höchst willkommene Eigenschaft**. Das Quadrat Δ^2 als Faktor der Konvexität in der Approximation (9-4) ist stets positiv, egal ob die Zinsen steigen oder fallen. Im Vergleich zu dem durch die Duration beschriebenen *linearen* Effekt begünstigt die Konvexität den Inhaber einer Anleihe bei *allen* Zinsänderungen.

> Im Hinblick auf Zinsänderungen wird ein Anleger von zwei Anleihen, die in ihrer Duration übereinstimmen, diejenige mit der höheren Konvexität wählen. Das gilt besonders wenn unklar ist, ob sich die Zinsen nach oben oder nach unten verändern. Konvexität schützt gegen die zufällige Streuung unsicherer Zinssätze.

Diesen Vorteil genießen alle Inhaber von Anleihen. Anleihen mit größerer Konvexität werden daher von allen Finanzinvestoren bevorzugt werden – niemand würde ansonsten gleichwertige Anleihen mit geringerer Konvexität kaufen. Der Kapitalmarkt sorgt hier für einen Ausgleich. Im Kapitalmarkt wird sich für den Vorteil der Konvexität eine Prämie herausbilden. **Anleihen mit hoher Konvexität sind bei sonst gleichen Konditionen teurer als Anleihen mit geringerer Konvexität**. Die Prämie sollte gerade dann ausgeprägt und hoch sein, wenn die Marktteilnehmenden allgemein die Zinsen für äußerst volatil halten, wobei Unklarheit dahingehend besteht, ob sich die Zinsen nun nach oben oder nach unten bewegen werden.

Um diesen Effekt besser zu verstehen, betrachten wir die Konvexität eines Portfolios P, das aus zwei Anleihen A und B besteht. Deren Konvexitäten seien mit K_A und K_B bezeichnet. Genau wie bei der Duration beschrieben, entsteht auch die Konvexität K_P des Portfolios als gewichtete Summe der Konvexitäten der einzelnen Instrumente:

$$K_P = \frac{w_A}{w_A + w_B} \cdot K_A + \frac{w_B}{w_A + w_B} \cdot K_B \qquad (9\text{-}8)$$

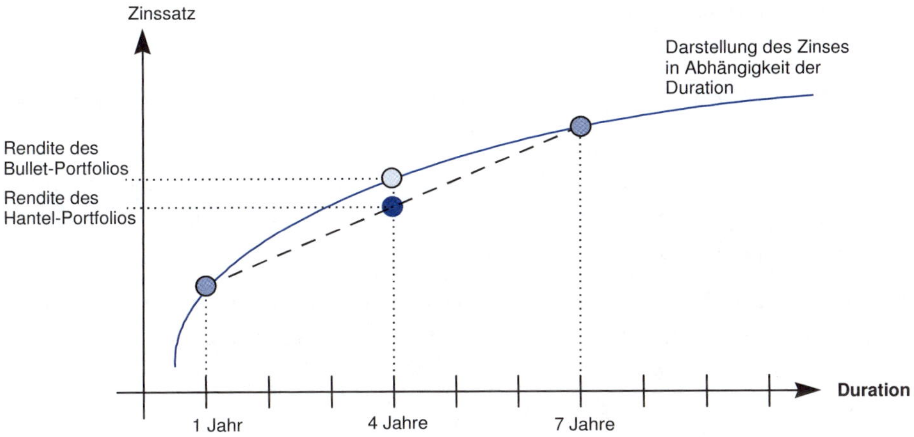

Darstellung 9-3: Illustration der Kosten der Konvexität: Ein Bullet-Portfolio mit Duration 4 Jahre erbringt einen Zins, der mehr oder weniger durch den Vierjahreszinssatz gegeben ist (exakt würde das nur bei einem Zerobond gelten). Ein Hantel-Portfolio, bei dem je zur Hälfte in Anleihen mit Duration 1 Jahr und Duration 7 Jahre investiert wird, hat ebenso eine Duration von 4 Jahren. Allerdings ist der dabei erzielte Zins auch durch das arithmetische Mittel — dargestellt durch den Punkt auf der Verbindungsgeraden — der Zinsen für die Anleihen in der Hantel bestimmt. Bei einer konkav gekrümmten Zinskurve ist damit der Zins auf das Hantel-Portfolio geringer als der Zins auf das Bullet-Portfolio.

Der Grund dafür liegt in der Definitionsgleichung (9-5). Aufgrund von (9-8) ist beispielsweise die Konvexität des Portfolios einfach gleich dem Mittelwert der Konvexitäten der beiden Komponenten, sofern die beiden Anleihen im selben Volumen in das Portfolio eingehen.

Mit dieser Vorbetrachtung sollen zwei Strategien zur Bildung von Rentenportfolios betrachtet werden:

- Die eine Strategie heißt **Bullet-Strategie**. Hierbei wird der gesamte Betrag in eine Anleihe mittlerer Laufzeit (Duration) investiert.
- Die andere Strategie heißt **Hantel-Strategie**. Hierbei wird eine Hälfte der Mittel in eine Anleihe geringer Laufzeit (Duration) angelegt, die andere Hälfte in eine Anleihe höherer Laufzeit (Duration).

Damit die beiden Strategien vergleichbar sind, sei angenommen, sie hätten übereinstimmende Duration. Beispielsweise könnte die Bullet-Strategie die gesamten Mittel zur Duration von 4 Jahren anlegen, und bei der Hantel-Strategie wird je zur Hälfte mit Duration 1 Jahr und 7 Jahre angelegt. Hinsichtlich möglicher Zinsänderungen verhalten sich die beiden Portfolios in *erster Ordnung* identisch, weil sie dieselbe Duration aufweisen.

Die beiden Portfolios haben jedoch verschiedene Konvexitäten.

Wir nutzen die zuvor erwähnte Eigenschaft aus, dass die Konvexität im Wesentlichen der Mittelwert der Quadrate der Zahlungszeitpunkte ist: Die Konvexität der Bullet-Strategie ist daher (in erster Näherung) proportional zu $4^2 = 16$, die der Hantel-Strategie ist proportional zu $½ \cdot 1^2 + ½ \cdot 7^2 = 25$.

Das **nach der Hantel-Strategie gebildete Rentenportfolio besitzt eine höhere Konvexität als das nach der Bullet-Strategie gebildete Portfolio**.

1. Das Hantel-Portfolio ist wegen der höheren Schutzfunktion gegen Zinsrisiken für den Investor attraktiver. Es ist daher im Kapitalmarkt zu erwarten, dass ein Hantel-Portfolio etwas *weniger rentiert* als das Bullet-Portfolio.
2. Darstellung 9-3 zeigt: **Der Schutz, den die Konvexität bietet, ist umso teurer, je mehr die Zinskurve konkav gekrümmt ist**. Ein Hinweis: Die Barwertkurve ist *konvex* gekrümmt, und ein Maß ihrer Krümmung ist die Konvexität. Die empirisch gefundenen Zinskurven sind mehr oder weniger *konkav* gekrümmt.
3. Eine *konkav gekrümmte Zinskurve* deutet darauf hin, dass der Markt *Zinsänderungen* erwartet, sich aber im Unklaren darüber ist, ob die Zinsen nach oben oder unten gehen werden: Die Volatilität der Zinsen ist hoch.

Ist die Zinskurve dagegen nicht oder nur sehr wenig gekrümmt, dann ist Schutz gegen Zinsrisiken günstig zu haben. Das ist der Fall, wenn Marktteilnehmer allgemein denken, Schutz sei augenblicklich nicht besonders nützlich, weil die Zinsen keine größeren Ausschläge zeigen sollten.

9.2.5 Variable Volatilität der Zinssätze

Damit können wir den wesentlichen Unterschied zwischen den Zinsmodellen verstehen, die in Kapitel 7 behandelt worden sind.

- Bei Modell 2 – nur das Niveau und die Neigung der Zinskurve konnten sich verändern – wird eine konstante Volatilität im Geld- und Kapitalmarkt unterstellt.
- Das Modell 3 – neben dem Niveau und der Neigung der Zinskurve konnte sich auch deren Krümmung verändern – erfasst eine Wirklichkeit, in der sich die „Zinsfront“ einmal sehr wild verändert (hohe Volatilität), ein andermal dagegen ruhig ist (geringe Volatilität).

Der Manager eines Rentenportfolios wird nicht nur den Zinsrisiken Augenmerk schenken. Er wird auch die Volatilität als unsicher betrachten und fragen, ob sich möglicherweise die Volatilität ändern könnte.

→ **Beispiel 9-8**: Barbara managt ein Bondportfolio. Sie denkt, die makroökonomischen Bedingungen würden immer unberechenbarer. Ein klarer Trend lässt sich nicht ausmachen, doch zufällige Zinsausschläge scheinen ihr immer wahrscheinlicher. Sie möchte deshalb die Hantel-Strategie stärker betonen, weil diese aufgrund der höheren Konvexität einen besseren Schutz gegen Zinsänderungen bietet als eine Bullet-Strategie bei gleicher Duration.

Andererseits möchte Barbara die Transaktionskosten gering halten. Sie überlegt sich zwei Maßnahmen:

- Erste Möglichkeit: „Wenn ich die Anleihen mit hoher Restlaufzeit von 6 und 7 Jahren verkaufe und die Mittel auf dem Geldmarkt anlege, reduziere ich die Duration etwas, aber ich reduziere auch die Konvexität erheblich."
- Zweite Möglichkeit: „Wenn ich Anleihen mit einer Restlaufzeit von 2, 3 und 4 Jahren verkaufe und die Mittel auf dem Geldmarkt anlege, reduziere ich die Duration etwas und verringere kaum die Konvexität des Rentenportfolios."

Sie entscheidet sich für die zweite Maßnahme. ■

→ **Beispiel 9-9**: Lutz und Lisa erörtern die gegenwärtige Zinsstruktur. Lutz bemerkt den großen Term-Spread und schließt aus der hohen Steigung der Zinskurve, dass der Markt einen Zinsanstieg antizipiert. Er denkt an die Erwartungstheorie der Zinsen: „Die Konjunktur wird anspringen und der Kapitalmarkt sieht das voraus." Lisa entgegnet: „Die Zinskurve steigt, aber sie ist stark konkav gewölbt. Die Volatilität ist folglich hoch. Der Markt ist unsicher, ob die Konjunktur anspringt oder nicht. Und wenn die Konjunktur dann doch nicht anspringt, könnte die Zentralbank die Zinsen nochmals senken. Erst wenn die starke Krümmung der Zinskurve abnimmt und die Volatilität der Zinssätze zurückgeht, darf man einigermaßen sicher sein, dass die Zinsentwicklung die vorgezeichnete Bahn nimmt." ■

9.3 Ergänzungen und Fragen

Lernziele: 1. Bei Zinsänderungen sind Banken nicht nur von Änderungen der finanzmarkttheoretischen Werte betroffen. 2. Fragen und Aufgaben zur Lernkontrolle.

9.3.1 Ergänzung: Das Zinsrisiko einer Bank

Für Banken haben Zinsrisiken sehr große Bedeutung. Dies vor allem deshalb, weil Banken (im Vergleich zu Unternehmen der Industrie) nur über geringes Eigenkapital verfügen. Da könnten Zinsrisiken durchaus dazu führen, dass eine Bank aus der Sicht finanzmarkttechnischer Bewertung insolvent wird. Dies besonders dann, wenn die Zinsen steigen.

Denn bei einer Bank haben die Assets (Aktivseite) eine eher hohe Duration, weil die Kreditnehmer den Zinssatz gern für eine längere Frist fest vereinbaren. Die Liabilities (Passivseite) haben eher eine geringere Duration, weil viele Bankkunden darauf achten, dass die Zinsen auf ihre Einlagen und Spargelder stets an neue Marktkonditionen angepasst werden. Viele Einlagen sind also variabel verzinst, und auch wenn sie de facto für längere Zeit der Bank erhalten bleiben, ist die Duration gering. Banken haben daher meist eine Lücke zwischen einer hohen Duration der Assets und einer geringen Duration der Liabilities. Zinssteigerungen von 100 oder 200 Basispunkten könnten das Eigenkapital einer Bank aufzehren. Banken betrachten das Zinsrisiko noch differenzierter, indem sie andere Geschäfte als ebenso vom Zins abhängig ansehen.

So werden vier Zinsrisikos unterschieden:

1. **Werteffekt**: Viele Banken betreiben eine positive Fristentransformation. Sie nehmen kurzfristige Gelder herein (Passivgeschäft) und vergeben langfristige Kredite (Aktivgeschäft). Die Duration der Assets ist deutlich größer als die Duration der Liabilities. Kommt es zu einer Zinserhöhung, dann sinken die Marktwerte der Kredite (Assets) stärker als die Marktwerte der Kundeneinlagen (Liabilities). Der Marktwert des Eigenkapitals der Bank fällt. Dieser Effekt ist das hier untersuchte Zinsrisiko. Banken sprechen vom *Werteffekt*.

2. **Einkommenseffekt**: Nicht nur die rechnerische Marktbewertung ändert sich. Auch die Zinszahlungen der Bank sind betroffen, und damit muss die Bank in ihrer *Liquiditätsplanung* rechnen. Eine Zinserhöhung am Markt führt unmittelbar zu einem Anpassungsdruck auf die Konditionen der kürzerfristigen Positionen. Dies ist bei einer Bank typischerweise die Passivseite. *Alle* Kunden verlangen höhere Zinsen auf ihre kurzfristigen Einlagen, und die müssen mit Geld bezahlt werden. Doch woher nimmt die Bank das Geld? Die Habenzinsen auf der Aktivseite der Bank können aufgrund der meist längerfristigen Kreditverträge nicht angepasst werden. Nur langsam erhöhen sich die Zinseinnahmen im Kreditgeschäft mit dem Neugeschäft der Bank. Die Konsequenz: Bei einer Zinserhöhung tritt sofort eine Schmälerung des Zinsensaldos ein, die sich nur über mehrere Jahre abbaut. Man spricht vom *Einkommenseffekt*.

3. **Bonitätseffekt**: Häufig bewirken Zinserhöhungen bei Schuldnern Zahlungsschwierigkeiten. Zunächst müssen die Schuldner mehr zahlen und sie können dadurch ganz direkt in Schwierigkeiten geraten. Zum anderen sind Phasen hoher Zinsen generell wirtschaftlich schwierige Zeiten, weil die hohen Zinsen den Konsum und die Investition dämmen. Deshalb verschlechtert sich mit einer Zinserhöhung die *Bonität* der Kreditnehmer einer Bank.

4. **Struktureffekt**: Schließlich kann sich durch neue Zinssätze das *Kundenverhalten* ändern. Werden die Zinssätze geringer, ziehen viele Privatkunden Spargelder ab und kaufen Wertpapiere. Im selben Augenblick möchten aber mehr Unternehmen bei der Bank Kredite aufnehmen. Ähnlich ist bei Zinsänderungen das Neugeschäft bei Hypotheken betroffen.

Diese nach Werteffekt, Einkommenseffekt, Bonitätseffekt, Struktureffekt noch weiter unterteilten Zinsrisiken bilden eine wichtige Teilgruppe der *Marktrisiken*. **Marktrisiken** entstehen durch die Unsicherheit der Preise von Wertpapieren und Positionen, die an Finanzmärkten gehandelt werden. Marktrisiken, die nicht Zinsrisiken sind, ergeben sich für eine Bank beispielsweise aus Devisenbeständen, Goldbeständen und aus Aktien, die eine Bank im Eigengeschäft (also nicht auf Kundenrechnung) hält. In einer etwas weiteren Auffassung wirken sich Marktrisiken auch auf die Volumina gewisser Geschäfte aus. Marktrisiken lassen sich nicht mehr weiter diversifizieren, und sie treffen eine größere Gruppe von Vermögens- oder Schuldpositionen. Marktrisiken sind ein (nicht diversifizierbares) Risiko dar. Da alle Investoren risikoavers sind, stellt sich für Positionen mit Marktrisiken eine Preisbildung an den Finanzmärkten ein, die jene Investoren mit einer Risikoprämie entschädigen, die bereit sind, diese Risiken zu tragen.

In diesem Zusammenhang unterscheiden Banken ein *Bankenbuch* und ein *Handelsbuch.*

1. Das **Handelsbuch** enthält gleichsam das sehr kurzfristige Umlaufvermögen und die kurzfristigen Verbindlichkeiten. Hierzu gehören die offenen Positionen im Geldmarkt und im Devisenmarkt, die im Verlauf des täglichen Handelsgeschehens eingegangen werden.
2. Das **Bankenbuch** enthält das Umlaufvermögen und auch das in Wertpapieren gehaltene Anlagevermögen, sowie die Verbindlichkeiten der Bank, soweit sie nicht im Handelsbuch stehen.

Der Handel einer Bank zählt zu den Geschäftsarten, die mit hohen Risiken verbunden sind. Hier können natürlich immer wieder Fehler unterlaufen.

→ **Beispiel 9-10**: Der häufigste Fehler ist, dass ein Händler in Instrumenten *short* statt *long* geht. Einmal in Japan vorgekommen ist dies: Der Händler verkauft 600 Stück zu 16 statt, wie im telefonischen Kundenauftrag verlangt, 16 Stück zu 600. Ab und zu fällt eine Gegenseite aus, und so fort. Die typischen Volumina sind dabei gigantisch. Die Kontrolle des Handels und des Handelsbuches gehört daher zu den Grundfunktionen im Risikomanagement einer Bank. ■

In diesem Kapitel haben wir über das Bankenbuch gesprochen. Die Bank wird vielleicht im monatlichen Rhythmus die zinsabhängigen Positionen feststellen, die Duration der Aktiven und der Passiven ermitteln, und sie wird Szenarien für die Zinsentwicklung aufstellen. Anhand dieser Szenarien legt sie das maximale Exposure für das Zinsrisiko fest und trifft eine Vorauswahl konkreter Instrumente (Swaps, Zinsfutures), die sich für eine Begrenzung der Exposure im Rahmen der vorher festgesetzten Maxima eignen. Für diese Instrumente werden Aspekte wie Transaktionskosten und Qualität der Gegenseite erörtert. Dann wird eine finale Auswahl getroffen. Diese monatlichen bankpolitischen Entscheidungen werden von der Geschäftsleitung getroffen.

9.3.2 Fragen und Aufgaben

1. Ein Investor besitzt zwei Anleihen A und B. Anleihe A ist charakterisiert durch einen Kupon von 6 Euro, einen Nominalwert von 100 Euro und eine Restlaufzeit von drei Jahren; Anleihe B durch einen Kupon von 3 Euro, den Nominalwert von 100 Euro und eine Restlaufzeit von zwei Jahren. Die Zinskurve sei flach, $i = 3{,}5\%$. Berechnen Sie die Duration des Portfolios, wenn der Anleger 40% in Anleihe A und den Rest in Anleihe B investiert hat. Wie müsste sich die Gewichtung ändern, damit sein Bondportfolio eine Duration von 2,5 Jahren aufweist?
2. Richtig oder falsch: „Zum Duration-Matching müssen die Durationen der Aktiva und der Passiva übereinstimmen."
3. Was wird unter „Surplus" verstanden?
4. Was ist die Konvexität und welche Eigenschaften hat sie für einen Investor?

5. Richtig oder falsch: A) Die Konvexität einer Anleihe ist ziemlich genau die gewichtete Summe der Quadrate der Zeitpunkte, zu denen der Finanzinvestor sein Geld erhält. B) Zwei Anleihen mit derselben Duration können durchaus verschiedene Konvexitäten aufweisen. C) Die Konvexität ist für den Investor eine wünschenswerte Eigenschaft, und er sollte deshalb grundsätzlich Zinsinstrumente mit höchster Konvexität kaufen.

6. Was unterscheidet das Handelsbuch vom Bankenbuch?

9.3.3 Antworten und Lösungen

1. Über die Barwertformel können die Werte der beiden Anleihen A und B berechnet werden: $w_A = 107{,}00$ Euro, $w_B = 99{,}05$ Euro. Sodann folgen die Durationen von A und B aus Formel (8-6) zu $D_A = 2{,}839$ Jahre und $D_B = 1{,}971$ Jahre. Aus Formel (9-1) ergibt sich $D_p = 0{,}4 \cdot 2{,}839 + 0{,}6 \cdot 1{,}971 = 2{,}3182$ Jahre für die Duration des Portfolios, das zu dem Wert zu 40% aus A und zu 60% aus B besteht. Damit die Duration eines aus A und B gebildeten Portfolios 2,5 Jahre beträgt, muss $D_p = x \cdot 2{,}839 + (1-x) \cdot 1{,}971 = 2{,}5$ gelten, also $0{,}868 \cdot x = 0{,}529$ oder $x = 0{,}61$. Das Portfolio muss aus zu 61% aus A und zu 39% aus B zusammengesetzt sein.

2. Falsch, es muss Gleichung (9-3) erfüllt sein.

3. Der Unterschied zwischen dem Vermögen und den Verbindlichkeiten eines institutionellen Investors (etwa einer Pensionskasse, einer Stiftung, einer Versicherung auf Gegenseitigkeit) wird nicht als Eigenkapital bezeichnet, wenn die Anspruchsberechtigten die Versicherten sind, nicht aber Eigenkapitalgeber, die das Geschäft mit ihren Zielen betreiben würden. In dieser Situation wird die Differenz von Aktiva und Passiva *Surplus* genannt.

4. Die Konvexität ergibt sich aus der Taylorschen Reihenentwicklung als Multiplikator von Δ^2. Da Δ^2 für $\Delta \neq 0$ stets positiv ist, ungeachtet des Vorzeichens der Zinsänderung, wird ein jeder Investor die Konvexität begrüßen. Sie bietet einen gewissen Schutz gegen die Volatilität der Zinssätze.

5. A) Richtig. B) Richtig. C) Falsch — der Investor muss für die hohe Konvexität einen Renditeabschlag hinnehmen. Es stellt sich für ihn die Frage, ob er persönlich die Zinsvolatilität als höher einschätzt als sonst die Marktteilnehmer. Nur in diesem Fall sollte er Instrumente mit hoher Konvexität wählen.

6. Das Handelsbuch enthält gleichsam das sehr kurzfristige Umlaufvermögen und die kurzfristigen Verbindlichkeiten. Hierzu gehören die offenen Positionen im Geldmarkt und im Devisenmarkt, die im Verlauf des täglichen Handelsgeschehens eingegangen werden. Das Bankenbuch enthält das Umlaufvermögen und auch das in Wertpapieren gehaltene Anlagevermögen sowie die Verbindlichkeiten der Bank, soweit sie nicht im Handelsbuch stehen.

10 Swaps und Zinsfutures

Um die Zinssensitivität zu steuern, kann der Manager eines Rentenportfolios neue Instrumente zeichnen, die eigens dazu dienen, die Duration (beziehungsweise die Konvexität) des Portfolios zu verändern. Hierzu gehören Swaps und Zinsfutures. Wir erläutern die grundlegenden Eigenschaften und Anwendungen.

10.1 Zinsswaps

Lernziele: 1. Payer und Receiver. 2. Marktgerechte Swapsätze.

10.1.1 Payer und Receiver

Ein **Zinsswap** ist ein Vertrag zwischen zwei Parteien, Zinsströme zu tauschen. Die Zinszahlungen beziehen sich auf einen dem Swap zugrunde gelegten Nominalbetrag (in der Praxis sind das mehr als zehn Millionen Euro) sowie die Laufzeit des Swaps. Übliche Laufzeiten sind zwei, fünf oder acht Jahre. Wie auch sonst bei Tauschgeschäften haben bei Vertragsabschluss die beiden Zinsströme übereinstimmende Barwerte. Sonst müsste bei Abschluss der Partner, der einen Zahlungsstrom mit höherem Wert erhält, dem anderen eine Ausgleichszahlung leisten. Das ist bei einem Swap unüblich. Zwar haben die beiden Zahlungsströme zu Beginn denselben Wert, doch das kann sich im Verlauf der Zeit in der einen wie der anderen Richtung ändern.

Bei einem Swap verspricht die eine Partei zum Zeitpunkt des Abschlusses (zu $t = 0$) der anderen Partei einen für die Laufzeit T gültigen Satz s_T jährlich wiederkehrend zu zahlen, der auf den Nominalbetrag des Swaps bezogen wird. Diese Vertragsseite ist der **Payer**.

Wir werden sehen, dass dieser **Swapsatz** s_T ziemlich genau (aber nicht exakt) die Höhe des Zinssatzes der entsprechenden Frist hat, $s_T \approx i_T$. Wenn N der Nominalbetrag des Swaps ist, so zahlt der Payer also jedes Jahr $s_T \cdot N$ Euro an die andere Vertragsseite. Das heißt, die Zahlungen erfolgen zu $t = 1, 2, ..., T$. Diese Zahlungen des Payers sind fest und werden durchgehalten, auch wenn sich zwischenzeitlich die Marktzinssätze ändern sollten.

Die andere Vertragspartei heißt **Receiver**. Der Receiver erhält also in den Jahren $t = 1, 2, ..., T$ den festen Geldbetrag in Höhe $s_T \cdot N$ vom Payer. Der Receiver verspricht, während der Laufzeit des Swaps den jeweils *aktuellen*, kurzfristigen Zinssatz (bezogen auf den Nominalbetrag des Swaps) zu zahlen. Wir können uns darunter den jeweiligen Einjahreszinssatz $i_1^{(t)}$ vorstellen.

- Der Receiver zahlt also erstmals in einem Jahr (also zu $t = 1$) den Betrag $i_1^{(0)} \cdot N$, wobei $i_1^{(0)}$ der zu Beginn des ersten Jahres (zu $t = 0$) festgestellte Einjahreszinssatz ist.
- Der Receiver zahlt in zwei Jahren (zu $t = 2$) den Geldbetrag $i_1^{(1)} \cdot N$, wobei $i_1^{(1)}$ der zu Beginn des zweiten Jahres (zu $t = 1$) festgestellte Einjahreszinssatz ist. Und so fort.
- Zum Zeitpunkt T erhält der Receiver vom Payer als letztmaligen Betrag $s_T \cdot N$ und zahlt im Gegenzug den Betrag $i_1^{(T-1)} \cdot N$, wobei $i_1^{(T-1)}$ der zu Beginn des letzten Jahres (also zum Zeitpunkt $t = T - 1$) festgestellte Einjahreszinssatz ist.

Der Receiver erhält demnach feste und leistet variable Zinszahlungen.

10.1.2 Bemerkungen

Wir werden uns gleich der Frage zuwenden, wie hoch der marktgerechte Swapsatz s_T ist. Doch zuvor einige weitere Beschreibungen von Zinsswaps:

1. Wenn wir im *Plural* von *Swapsätzen* sprechen, dann dies deshalb, weil Zinsswaps für verschiedene Laufzeiten vereinbart werden können. Als übliche Laufzeiten wurden $T = 3,5,8$ Jahre genannt. In einem konkreten Swap, etwa einem für die Laufzeit $T = 8$ (und den Nominalwert N), gibt es nur *einen einzigen* Swapsatz. Dieser ist mit s_8 bezeichnet. Der Payer zahlt zu allen Zeitpunkten $t = 1,2,...,8$ den Geldbetrag in konstanter Höhe von $s_8 \cdot N$. Der anzuwendende Swapsatz, mit Vertragsunterzeichnung vereinbart, bleibt für den betreffenden Swap gleich und wird für alle Zahlungszeitpunkte herangezogen. Selbstverständlich ändern sich die marktgerechten Swapsätze (für die gängigen Laufzeiten, also s_3, s_5, s_8) im Verlauf der Zeit.

2. Mit den eben eingeführten Bezeichnungen haben wir wieder jährliche Zahlungen unterstellt. Doch in der Praxis werden für Zinsswaps halbjährliche oder vierteljährliche Zahlungen vorgesehen. Dann wird als variabler Zinssatz nicht (wie hier dargestellt) der Einjahressatz gewählt, sondern ein Geldmarktsatz, der sich etwa auf sechs oder auf drei Monate bezieht. Selbstverständlich muss vorweg präzisiert werden, wie dieser variable Satz dann festgestellt wird. Hierzu ist üblich, sich auf LIBOR, FIBOR oder den Euribor zu beziehen.

3. Üblich ist, dass die beiden Parteien eines Swaps ihre Jahr um Jahr zu tauschenden Zahlungen gleich *saldieren*. Jene Seite, die zu einem der Zeitpunkte $t = 1,2,...,T$ mehr zahlen muss, zahlt den Unterschied an die andere Seite. Dies macht zugleich deutlich, dass bei Swaps die Bonität der Vertragsseiten thematisiert werden muss. Wenn beispielsweise im Augenblick s_8 der *marktgerechte* Swapsatz (für die Laufzeit $T = 8$) ist, dann wird dieser Satz etwas geändert, um eine Prämie für einen möglichen Ausfall einzurechnen (Credit-Spread).

Wenn beispielsweise eine Unternehmung geringerer Bonität als Payer fungieren möchte und bei ihrer Hausbank nach der Höhe von s_8 fragt, dann wird die Bank einen leicht höheren Satz nennen. Wenn die Unternehmung hingegen als Receiver einen Swap mit ihrer Bank vereinbaren möchte, dann nennt die Bank einen Satz, der etwas unterhalb des marktgerechten Swapsatzes liegt. Gleiches gilt natürlich, wenn die Bank in den Satz eine Gebühr einrechnet.

So wird eine Bank der Unternehmung beispielsweise dies sagen: „Der marktgerechte (höchste Bonität beider Seiten unterstellende) Swapsatz s_8 für die gewünschte Laufzeit $T=8$ ist derzeit so hoch. Bei Ihnen verlangen wir einen Spread von 80 Basispunkten.“ Das hieße: Als Payer müsste die Unternehmung $s_8+0{,}80$ an die Bank zahlen, und als Receiver würde sie $s_8-0{,}80$ von der Bank erhalten.

4. Alle Zahlungen erfolgen bei einem *Zinsswap* in einer Währung (hier sind Euro genannt). Eine Verallgemeinerung des Zinsswaps besteht darin, Zahlungsströme zu tauschen, die in verschiedenen Währungen vereinbart werden. Solche **Währungsswaps** vereinbaren dann auch bei Ende (zum Zeitpunkt T) die in verschiedenen Währungen ausgedrückten Nominalbeträge zu tauschen. **Währungsswaps wirken daher wie sehr langfristige FX-Terminkontrakte**.

5. Zur Sprechweise: Anstatt zu erklären, sie sei der Payer eines Zinsswaps, sagt eine Partei auch, sie halte einen **Payer-Swap**. Anstatt zu erklären, sie sei Receiver eines Zinsswaps, sagt diese Vertragspartei, sie halte einen **Receiver-Swap**.

Wenn zwei Parteien, etwa eine Unternehmung und eine Bank, einen Swap vereinbaren, dann schließen sie selbstverständlich nur *einen* Vertrag ab, eben den Swap. Es gibt nicht zwei Swaps. Doch die Partei, die feste Zahlungen gibt und variable nimmt (Payer), charakterisiert ihre Zahlungen als **Payer-Swap**.

Und die Partei, die feste Zahlungen nimmt und variable bezahlt (Receiver), bezeichnet ihre Zahlungen als die von einem **Receiver-Swap**. Es ist wie bei einer Anleihe. Für eine Seite ist sie ein „Kredit“ und für die andere Vertragsseite ist sie eine „Geldanlage“.

10.1.3 Pari Kuponanleihe gegen Floater

Aufgrund der Konstruktion des Swaps bietet sich dieses Bild an: Herr P und Frau R legen heute zu $t=0$ beide €100 auf fünf Jahre an. Herr P kauft sich eine Kuponanleihe, die derzeit pari notiert (heutiger Wert €100, Nominalwert und Rückzahlung ebenso in Höhe €100) und einen über die Laufzeit festen Kupon trägt. Die Kuponhöhe dieser derzeit pari notierenden Kuponanleihe sei mit S bezeichnet:

$$\begin{aligned} w &= \frac{S}{1+i_1}+\frac{S}{(1+i_2)^2}+\ldots+\frac{S}{(1+i_5)^5}+\frac{100}{(1+i_5)^5} \\ w &= 100 \end{aligned} \qquad (10\text{-}1)$$

Frau R legt ihre €100 jeweils mit einjähriger Zinsbindung an und verlängert Jahr um Jahr wiederum mit einjähriger Zinsbindung, jeweils zum dann gültigen Zinssatz. Frau R erhält also in einem Jahr einen Zins, der dem (bereits heute bekannten) Einjahreszinssatz $i_1^{(0)}$ entspricht, also den Betrag von $100 \cdot i_1^{(0)}$ Euro.

In zwei Jahren erhält Frau R eine Zinszahlung entsprechend dem (in einem Jahr bekannten und dann gültigen) Einjahreszinssatz $i_1^{(1)}$, also den Betrag von $100 \cdot i_1^{(1)}$ Euro. Und so fort.

Zum Zeitpunkt $t = 5$ erhält Frau R zunächst eine letzte Zinszahlung, die sich auf den Einjahressatz bezieht, der zu Beginn des fünften Jahres, also zum Zeitpunkt $t = 4$ im Markt gilt. Das ist der Betrag in Höhe $i_1^{(4)} \cdot 100$ Euro. Beide Personen erhalten zudem zu $t = 5$ ihren Nominalbetrag in der Höhe von €100 zurück.

Nun trifft es sich, dass wenige Minuten, nachdem zu $t = 0$ beide Parteien ihre Festlegungen getroffen haben, sie beide ihre Entscheidungen bereuen. Herr P hätte lieber den Floater und Frau R hätte lieber die Kuponanleihe. Selbstverständlich könnten beide ihren Fehlkauf korrigieren, indem sie verkaufen und sich das eigentlich gewünschte Wertpapier kaufen. In diesen wenigen Minuten haben sich die Kurse (praktisch) nicht verändert.

Sie können aber ebenso ihre Wertpapiere behalten (um Transaktionskosten zu sparen) und nur die jeweiligen Zinszahlungen tauschen.

- Herr P gibt Frau R in einem Jahr den Geldbetrag S und erhält dafür von ihr $i_1^{(0)} \cdot 100$ Euro.
- In zwei Jahren, zu $t = 2$, gibt Herr P Frau R wieder S Euro und erhält dann von ihr $i_1^{(1)} \cdot 100$ Euro. Und so fort.
- Im fünften Jahr kommt es zu einem letzten Tausch der Zinszahlungen: Herr P zahlt die S Euro an Frau R, die sein Bond als Kupon abwirft. Frau R zahlt Herrn P dafür jene $i_1^{(4)} \cdot 100$ Euro, die sie zu $t = 5$ aufgrund ihres Floaters erhält.

Bei Fälligkeit ihrer Wertpapiere zu $t = 5$ erhalten beide Parteien außerdem den jeweiligen Nominalbetrag zurück. Das sind für beide €100. Diese Beträge tauschen P und R nicht mehr aus, weil sie gleich hoch sind.

Das gezeichnete Bild unterstreicht:

1. Ein **Zinsswap entspricht dem Tausch einer pari notierenden Kuponanleihe gegen einen Floater**. Der Payer gibt dem Receiver die Anleihe mit dem festen Kupon, der Receiver gibt dem Payer den Floater. Beide Anleihen haben übereinstimmende Laufzeit. Die Kuponanleihe möge (wie der Floater) *pari* notieren.
2. Der Zinsswap hat daher zum Zeitpunkt des Abschlusses für beide Parteien den Wert von *Null*. Andernfalls würden sie ihn auch nicht ohne Ausgleichszahlung abschließen. Jede Seite gibt und erhält etwas, das denselben Wert besitzt.

3. Der Vergleich eines Swaps mit dem Tausch einer Pari-Anleihe mit festem Kupon gegen einen Floater bedeutet natürlich nicht, dass hier die Anleihen physisch getauscht werden. Die beiden Parteien tauschen lediglich die von den beiden Anleihen bewirkten Zinszahlungen. Den Tausch der beiden Nennbeträge zum übereinstimmenden Rückzahlungszeitpunkt der beiden Anleihen können sich beide Parteien ersparen, da sie übereinstimmen.

Folglich ist der **Swapsatz der prozentuale Kupon der zu pari notierenden Kuponanleihe**.

10.1.4 Formel für den Swapsatz

Im Beispiel ($T = 5$ Jahre, $N = 100$ Euro) hatte der Kupon die Höhe von S Euro. Die Zinssätze sollen vom Kapitalmarkt her gegeben sein. Mit diesen Eingangsdaten wird (10-1) zu einer Gleichung für die Kuponhöhe:

$$100 \cdot \left(1 - \frac{1}{(1+i)^5}\right) \quad = \quad S \cdot \left(\frac{1}{1+i_1} + \frac{1}{(1+i_2)^2} + \ldots + \frac{1}{(1+i_5)^5}\right)$$

Diese Gleichung kann leicht nach S aufgelöst werden:

$$S \quad = \quad \frac{100 \cdot \left(1 - \frac{1}{(1+i)^5}\right)}{\left(\frac{1}{1+i_1} + \frac{1}{(1+i_2)^2} + \ldots + \frac{1}{(1+i_5)^5}\right)}$$

Das also ist der Kupon einer auf den Nominalwert von 100 (Geldeinheiten) bezogenen Anleihe (mit Laufzeit von 5 Jahren), die bei der gerade geltenden Zinsstruktur pari notiert. Mit der eben hergeleiteten Feststellung, der Swapsatz sei der prozentuale Kupon der zu pari notierenden Kuponanleihe, folgt:

$$s_5 \quad = \quad \frac{\left(1 - \frac{1}{(1+i)^5}\right)}{\left(\frac{1}{1+i_1} + \frac{1}{(1+i_2)^2} + \ldots + \frac{1}{(1+i_5)^5}\right)}$$

Die für die Laufzeit von fünf Jahren vorgeführten Überlegungen lassen sich direkt auf andere Laufzeiten übertragen. Hier die Ergebnisse: Der Kupon einer Anleihe, die bei der gegebenen Zinsstruktur zu pari bewertet wird und den Nominalwert von 100 Geldeinheiten hat, ist bei einer mit T bezeichneten Laufzeit:

$$S \quad = \quad \frac{100 \cdot \left(1 - \frac{1}{(1+i)^T}\right)}{\left(\frac{1}{1+i_1} + \frac{1}{(1+i_2)^2} + \ldots + \frac{1}{(1+i_T)^T}\right)} \qquad (10\text{-}2)$$

Der marktgerechte Swapsatz für diese Laufzeit ist folglich:

$$s_T = \frac{\left(1 - \frac{1}{(1+i_T)^T}\right)}{\left(\frac{1}{1+i_1} + \frac{1}{(1+i_2)^2} + ... + \frac{1}{(1+i_T)^T}\right)} \tag{10-3}$$

10.1.5 Ein Zahlenbeispiel

Derzeit ist die Zinsstruktur $i_1 = 3\%$, $i_2 = 4\%$, $i_3 = 5\%$. Die Zinssätze für die weiteren Fristen interessieren nicht, weil der Swapsatz für die Laufzeit von $T = 3$ Jahren gesucht wird. Die Auswertung von (10-3) liefert:

$$s_3 = \frac{\left(1 - \frac{1}{1{,}05^3}\right)}{\left(\frac{1}{1{,}03} + \frac{1}{1{,}04^2} + \frac{1}{1{,}05^3}\right)} = \frac{0{,}13616}{0{,}97087 + 0{,}92456 + 0{,}86384} = \frac{0{,}13616}{2{,}75927} = 4{,}935\%$$

Der Swapsatz liegt nahe bei dem Zinssatz derjenigen Frist, die der Laufzeit des Zinsswaps entspricht. Doch er entspricht ihm nicht exakt, wenn die Zinssätze der anderen Fristen davon verschieden sind.

Um dies durch eine Zahl zu veranschaulichen, soll ebenso für einen Dreijahres-Zinsswap der Swapsatz bestimmt werden, nur sei diesmal die Zinsstruktur $i_1 = 7\%$, $i_2 = 6\%$, $i_3 = 5\%$. Dies wird in Formel (10-3) eingesetzt:

$$s_3 = \frac{\left(1 - \frac{1}{1{,}05^3}\right)}{\left(\frac{1}{1{,}07} + \frac{1}{1{,}06^2} + \frac{1}{1{,}05^3}\right)} = \frac{0{,}13616}{0{,}93458 + 0{,}89000 + 0{,}86384} = \frac{0{,}13616}{2{,}68842} = 5{,}065\%$$

Somit haben wir die Swapsätze für die verschiedenen Laufzeiten von Zinsswaps aus dem Vergleich einer pari bewerteten Kuponanleihe und einem Floater gewonnen. Die Kuponhöhe und damit der marktgerechte Swapsatz sind in Formel (10-3) gezeigt.

> Der marktgerechte Swapsatz „mittelt" die Zinssätze, wobei der Einfluss des Zinssatzes derjenigen Frist, die der Laufzeit des Swaps entspricht, besonders hoch ist.
>
> Auch die interne Rendite liefert einen Mittelwert der Zinssätze. Der Swapsatz für eine Laufzeit T hat dieselbe Höhe wie die Rendite bis Verfall (Yield) einer pari bewerteten Kuponanleihe. Man kann die Swapsätze daher aus den Renditen ablesen.

Wieder gilt es zu beachten, wie ein Ausfallrisiko behandelt wird. Die Formel (10-3) zeigte die Swapsätze zu den Zinssätzen, und diese beziehen sich auf die Kursbildung bei Staatsanleihen. Also beinhalten die Swapsätze nach (10-3) noch keine Adjustierung, um die Bonität der Parteien des Zinsswaps zu berücksichtigen. Wer die Swapsätze aus den Yields abliest, kann die Yields von Unternehmensanleihen oder von Bankanleihen ermitteln und erhält dann Swapsätze für Parteien entsprechender Bonität.

10.2 Wofür Zinsswaps?

Lernzeile: 1. Auch wenn Zinsänderungen und ihre Richtung prognostiziert werden, ist noch nicht klar, ob ein Zinsswap vorteilhaft ist. 2. Ein Payer reduziert die Duration seines Portfolios, ein Receiver erhöht sie. 3. Konkreter Fall einer Pensionskasse.

10.2.1 Mit Swaps spekulieren?

Wir verfolgen die Zinsentwicklung. Wie sich ein Zinsswap entwickelt und welche Seite am Ende, zu T, rückblickend vielleicht gewonnen und welche folglich verloren haben wird, hängt von der Höhe des Swapsatzes s_T sowie von der zeitlichen Entwicklung der kurzfristigen Zinssätze ab, hier: der Einjahreszinssätze $i_1^{(0)}$, $i_1^{(1)}$, $i_1^{(2)}$, ...

So gesehen scheinen Swaps ein ideales Instrument für die Spekulation zu sein: Wer vermutet, die Zinsen würden *steigen*, könnte versucht sein, einen *Payer-Swap* zu zeichnen. Wer hingegen vermutet, die Zinsen würden *fallen*, wird wohl einen *Receiver-Swap* abschließen. Doch das Rezept kann nicht so einfach formuliert werden. Denn gewisse Erwartungen über die Zinsentwicklung sind im Swapsatz s_T eingepreist. Daher führt die Empfehlung nicht zu Erfolg, wenn gesagt wird, „bei steigenden Zinsen sollte ein Payer" und „bei fallenden Zinsen ein Receiver" eingegangen werden. Um Zinsspekulationen mit Swaps umzusetzen, muss man eine Zinsmeinung (hinsichtlich der zukünftigen Sätze) haben, die „stärker" ist als das, was bereits in den Swapsätzen eingepreist ist und „vom Markt" erwartet wird. Darstellung 10-1 soll diese Aussage belegen. Die Zinskurve ist besonders dann ansteigend, wenn allgemein im Kapitalmarkt ein Steigen der Zinssätze vermutet wird (Erwartungstheorie der Zinssätze). Gerade wenn alle Akteure denken, dass die Zinsen steigen und es nun wohl ratsam wäre, einen Payer-Swap abzuschließen, sind die Zinssätze für längere Laufzeiten bereits höher als die kurzfristigen, variablen Zinssätze, $i_1 < ... < i_{10}$.

- Wer heute, zu $t = 0$, einen Payer-Swap zeichnet, etwa auf die Frist von $T = 5$ Jahren, muss die ganze Zeit über den Zins von ungefähr gleich $i_5^{(0)}$ bezahlen, denn $s_5 \approx i_5^{(0)}$.
- Als Gegenleistung erhält der Inhaber des Payer-Swaps den zu Beginn des Jahres $t = 1, 2, ..., 5$ jeweils gültigen Einjahreszins $i_1^{(t-1)}$.

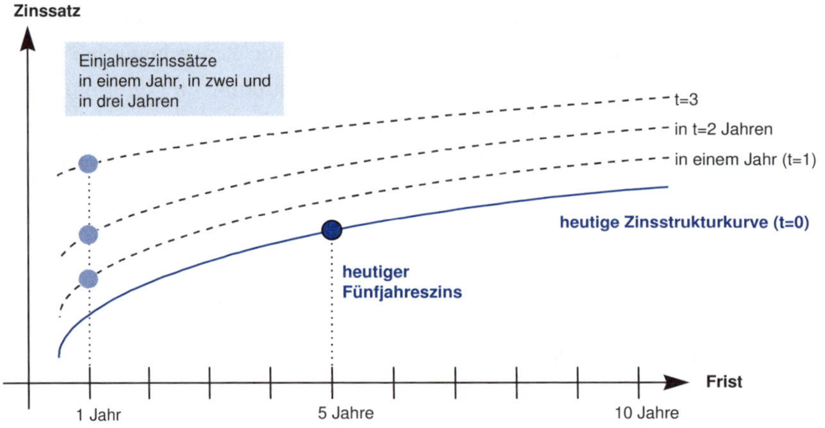

Darstellung 10-1: Heute, bei Vertragsabschluss, gelte die unterste Zinskurve. Der Manager eines Rentenportfolios zeichnet einen Payer-Swap über fünf Jahre. Der Swapsatz liegt etwa beim heutigen Fünfjahreszinssatz. Die Zahlungen leistet der Payer erstmals in einem und letztmalig in fünf Jahren. Zu den gleichen Zeitpunkten wird er den jeweiligen kurzfristigen Zinssatz erhalten. In Beispiel sei das der Einjahreszinssatz, der zu Jahresbeginn gilt. Der Einjahreszinssatz der folgenden Jahre ist zum Zeitpunkt des Abschlusses des Swaps unbekannt, weil die Zinskurve sich im Laufe der Zeit verändern könnte. Im Bild sind die zukünftigen drei Zinskurven gestrichelt wiedergegeben. Die Illustration unterstellt, dass sich die Zinskurven heben. Außerdem sind die Jahreszinssätze wiedergegeben, die der Inhaber des Swaps im zweiten, im dritten und im vierten Jahr erhalten wird, sofern sich die Zinskurven so entwickeln. Erst im dritten Jahr erhält der Payer mehr als er zahlen muss.

Bei einer ansteigenden Zinskurve muss der Inhaber des Payer-Swaps zunächst per Saldo mehr zahlen, als er erhält. Denn für die ersten Jahre haben sich die Zinsen wohl noch nicht so stark nach oben bewegt. Der Einjahressatz liegt dann noch unterhalb des Swapsatzes. Nur wenn im Laufe der Zeit die variablen Zinsen $i_1^{(t)}$ über den seinerzeit zu $t = 0$ mit dem Swap vereinbarten festen Satz $s_5 \approx i_5^{(0)}$ steigen, kommt der Payer in die Gewinnzone.

Wer bei einer normalen Zinskurve einen Payer-Swap zeichnet, muss – selbst wenn die Zinsen wirklich steigen sollten – anfänglich draufzahlen. Wenn dann die erwartete Zinssteigerung zwar eintritt, aber vielleicht nur zögerlich und nicht kräftig ausfällt, kann es sogar sein, dass der Payer nie in die Gewinnzone kommt und der Swap für ihn zum Verlust wird. Die Verhältnisse sind also komplizierter. Die einfache Regel, einen Payer-Swap zu zeichnen, wenn ein Ansteigen der Zinsen erwartet wird, führt nicht in jedem Fall zum Erfolg. Was sich als vielmehr korrekt herausstellt, sind diese Aussagen:

1. Wenn ein Finanzinvestor denkt, dass die Zinsen *schneller oder stärker* steigen werden, als von den Marktteilnehmern insgesamt erwartet wird, dann kann er diese persönliche Information durch Einnahme der Seite des Payers umsetzen.

2. Wenn ein Finanzinvestor denkt, dass die Zinsen *schneller oder stärker* fallen werden, als vom Markt erwartet wird, dann kann er diese persönliche (und vom Marktdenken abweichende) Information durch Einnahme der Seite des Receivers umsetzen.

Markterwartung:	Faktum	Payer	Receiver
Die Zinsen werden steigen	… sie steigen schneller oder stärker als vom Markt erwartet	*gewinnt*	*verliert*
	.. sie steigen langsamer oder schwächer als vom Markt erwartet oder sie fallen sogar	*verliert*	*gewinnt*
Die Zinsen werden fallen	… sie fallen schneller oder stärker als vom Markt erwartet	*verliert*	*gewinnt*
	.. sie fallen langsamer oder schwächer als vom Markt erwartet oder sie steigen sogar	*gewinnt*	*verliert*

Fazit: Alles, was aus der Zinsstruktur über die zukünftigen Zinssätze abgelesen werden kann, etwa mit Hilfe der Erwartungstheorie der Zinssätze, ist in den marktgerechten Swapsätzen bereits eingepreist. Ein Investor geht ein Swapgeschäft aus zwei Gründen ein: 1. Die Zusammensetzung des Portfolios aus festen und variablen Zahlungen soll geändert werden – etwa damit die Kapitalanlagen besser den Verpflichtungen entsprechen. 2. Das eigene Zinsszenario weicht von den Markterwartungen ab.

10.2.2 Steuerung der Duration

Für alle bedeutenden Währungen bestehen gut funktionierende Märkte für Zinsswaps. Banken fungieren als Market-Maker. Wann immer ein Kunde – Portfoliomanager, Versicherungsgesellschaft, Unternehmung – einen Zinsswap abschließen möchte, ist eine angesprochene Bank zu einem solchen Geschäft bereit. Unerheblich ist dabei, aus welchen Motiven der Kunde einen Zinsswap abschließen möchte.

1. Angenommen, der Kunde möchte die Seite des Payers einnehmen. Dann ist die Bank sofort bereit, die Seite des Receivers zu übernehmen. Vielleicht denkt der Händler bei der Bank noch: „Mein Kunde spekuliert darauf, dass die Zinsen *schneller oder stärker* steigen werden, als vom Markt insgesamt erwartet wird."

2. Die Bank hat einen Verlust, sollten die Zinsen wirklich *schneller oder stärker* steigen. Sie hat einen Gewinn, sollten die Zinsen langsamer oder schwächer steigen, als der Markt erwartet. Aus Marktsicht ist beides gleich wahrscheinlich. Die Bank erwartet daher, aus dem Swap weder zu verlieren noch zu gewinnen.

3. Wenn ihr das Risiko zu hoch erscheint, kann die Bank die übernommene Position (Receiver) dadurch weitergeben, dass sie selbst einen Zinsswap mit einer anderen Bank abschließt. Sie müßte dabei die Seite des Payers einnehmen (und reicht die festen Zinszahlungen ihres Kunden nur weiter).

4. Zudem nennt die Bank dem Kunden Konditionen (Swapsatz), die ihr in jedem Fall einen Handelsgewinn bieten, und selbstverständlich wird die Bonität des Kunden durch einen Spread berücksichtigt.

Ein **Zinsswap** dient dazu, die **Duration eines Portfolios zu verändern**. Die Duration der Kapitalanlagen zu ändern, bietet sich für Investoren ohne Spekulationsmotiv an, um die Duration der Anlagen besser mit der Duration von Verpflichtungen in Übereinstimmung zu bringen (Duration-Matching).

Wenn der Portfoliomanager einen Swap als *Payer* abschließt, dann wirkt das so, als ob er eine längerfristige Festgeldanlage in eine Geldanlage mit variablem Zinssatz wandelt, womit sich die Duration des Portfolios *verringert*. Wenn er hingegen einen *Receiver-Swap* abschließt, dann wirkt das so, als ob er für eine bislang variabel verzinste Geldanlage den Zinssatz für eine Laufzeit von T Jahren festschreibt. So *erhöht* sich die Duration des Portfolios.

Swaps sind ideale Instrumente um die Duration eines Portfolios aus Anleihen zu verändern. Durch Hinzunehmen eines Payer-Swap reduziert sich die Duration eines Rentenportfolios. Durch Hinzunehmen eines Receiver-Swap erhöht sich die Duration. Swaps werden folglich für ein strategisch orientiertes Portfoliomanagement gewählt.[1]

→ **Beispiel 10-1**: Diese Überlegungen für die Vermögensseite können auf die Seite der Verpflichtungen übertragen werden. Wenn eine Unternehmung Schulden mit auf T Jahre festgeschriebenem Zinssatz lieber variabel verzinst hätte, könnte sie, anstatt den Kreditvertrag ändern zu wollen, einen Receiver-Swap abschließen.

Wenn die Unternehmung hingegen variabel verzinste Schulden hat und diese mit einem auf T Jahre festgeschriebenem Zinssatz bedienen möchte, dann gibt es wieder zwei Möglichkeiten: Sie kann den Kreditvertrag ändern oder einen Payer-Swap abschließen. ■

10.2.3 Fall: Pensionskasse

Eine kleine Pensionskasse hat Assets im Wert von $w_A = 500$ Millionen Euro; sie sind praktisch ausschließlich in Bonds angelegt. Die Duration der Assets beträgt $D_A = 5$ Jahre. Die Zinskurve sei flach, und ihr Niveau liege bei $x = 6\%$.

Der Manager erwartet ein Fallen der Zinsen und behauptet: „Wenn die Zinsen um 1% zurückgehen, steigt der Wert des Vermögens meiner Pensionskasse um 23 Millionen Euro."

In der Tat liefert die Duration-Formel

$$w_A(x+\Delta) - w_A(x) \approx -\frac{1}{1+x} \cdot D_A \cdot \Delta \cdot w_A(x) = -\frac{1}{1+0{,}06} \cdot 5 \cdot (-0{,}01) \cdot 500 = +23{,}6$$

Millionen Euro. Andererseits hat die Kasse Verpflichtungen gegenüber ihren Versicherten. Würden die Verpflichtungen (Liabilities) zu ihren Barwerten angesetzt, müssten sie mit $w_L = 400$

[1] Alternativ oder ergänzend zu Swaps eignen sich Futures – bei denen es um die Lieferung beziehungsweise Entgegennahme eines (synthetischen) Bonds geht – für das taktische oder strategische Management von Rentenportfolios. Hierzu: 1. FRIEDER MEYER-BULLERDIEK: Der Einsatz von Futures im Bondmanagement; in: JOCHEN M. KLEEBERG und HEINZ REHKUGLER: *Handbuch Portfoliomanagement*. Uhlenbruch, Bad Soden 1998, pp. 717-742. 2. JOHN C. HULL: *Options, Futures, and other Derivatives*, 8. Auflage 2011, Kapitel 4 über Futures und Kapitel 6 über Swaps.

Millionen Euro veranschlagt werden. Die Differenz zwischen Assets und Liabilities der Pensionskasse, $w_A - w_L$, hier sind das 100 Millionen Euro, könnte als „Eigenkapital" angesehen werden. Jedoch stehen diese Mittel nicht irgendwelchen Eigentümern zur Verfügung: Die Pensionskasse hat die Rechtsform einer Stiftung. Die Differenz zwischen Assets und Liabilities soll nach der Satzung den Versicherten zugute kommen. Beispielsweise können sie dazu dienen, die an die Versicherten gezahlten Leistungen gelegentlich anzuheben. Deshalb wird, wie vorher schon erwähnt, die Differenz $w_A - w_L$ als *Surplus* bezeichnet.

Die Pensionskasse ist gedeckt. Der Surplus ist positiv. Der **Deckungsgrad** ist als w_A / w_L definiert und beträgt hier 125%, die Überdeckung ist $(w_A - w_L)/w_L = 25\%$. Die gegenüber den Versicherten zu leistenden Zahlungen sind zum größten Teil, wie die Kuponzahlungen einer Anleihe, festgeschrieben, und zwar auf längere Frist. Denn viele Versicherte kommen erst in Jahrzehnten in den Genuss dieser Leistungen. Deshalb haben die Liabilities der Pensionskasse eine ziemlich *hohe* Duration. Im Beispiel soll sie $D_L = 17$ Jahre betragen. Diese Duration ist fast so hoch wie die Duration eines Perpetuals. Beim Zinsniveau $x = 6\%$ würde gemäß Formel (8-12) die Duration eines Perpetuals $D = 1{,}06/0{,}06 = 17{,}7$ Jahre betragen. Bei einer Marktbewertung der Leistungsverpflichtungen würden diese bei einem Absinken des Zinsniveaus um 100 Basispunkte auch zunehmen, und zwar um

$$w_L(x+\Delta) - w_L(x) \approx -\frac{1}{1+x} \cdot D_L \cdot \Delta \cdot w_L(x) = -\frac{1}{1+0{,}06} \cdot 17 \cdot (-0{,}01) \cdot 400 = +64{,}2$$

Millionen Euro. Per Saldo würde sich der Surplus, bislang noch 100 Millionen Euro, auf $100 + 23{,}6 - 64{,}2 = 59{,}4$ Millionen Euro verringern.

Alternativ zu dieser Rechnung in absoluten Beträgen wird gesagt, die Duration D_S des Surplus betrage, genau wie durch (9-1) festgelegt:

$$\begin{aligned} D_S &= \frac{w_A}{w_A - w_L} \cdot D_A - \frac{w_L}{w_A - w_L} \cdot D_L \\ &= \frac{500}{500-400} \cdot 5 - \frac{400}{500-400} \cdot 17 \quad = \quad -43 \end{aligned}$$

Die Duration ist stark negativ. Fällt der Zins um hundert Basispunkte, dann fällt der Wert des Surplus stark, dem Betrag nach um $43/1{,}06 = 40{,}6$ Prozent. In der Tat ergibt 100 Millionen Euro abzüglich $40{,}6\%$ genau die zuvor errechneten $59{,}4$ Millionen Euro. Der Surplus ist folglich einem äußerst hohen Zinsrisiko ausgesetzt.

Der Manager wird versuchen, die stark negative Duration des Surplus zu mildern. Hierzu bieten sich mehrere Wege:

1. Er kann **Receiver-Swaps** zeichnen.
2. Er kann auf der Vermögensseite nach Anlagen mit höherer Duration suchen (und etwa **Reverse-Floater** kaufen, siehe 10.4.1).

3. **Variabilisierung der Leistungen**: Auf der Seite der Passiven kann der Manager Überlegungen anstellen, wie die Verpflichtungen gegenüber den Versicherten „variabilisiert" werden könnte. Beispielsweise könnte man neuen Kunden, statt einer der Höhe nach festgeschriebenen Pension, Leistungen anbieten, deren Höhe vom Kapitalmarktzins abhängt. Auch dadurch würde sich die Duration der Liabilities verringern und der Surplus wäre keinem so hohen Zinsrisiko ausgesetzt.

10.2.4 Swapsätze, Ausfallgefahr und Zinsrisiko

Wer sich aus den Datenbanken für verschiedene Länder die historischen Zinssätze besorgt, wird entdecken, dass die Statistiken über Swapsätze oftmals weiter zurück reichen als die Zeitreihen der Zinssätze. In diesen Fällen werden die weiter zurückliegenden Zinsstrukturen aus den publizierten Swapsätzen ermittelt. Doch die Anleihen, die bei einem Zinsswap gleichsam getauscht werden, sind letztlich Unternehmensanleihen, weil die Partner für Swapgeschäfte Unternehmen sind, Industrieunternehmen, Banken, Versicherungen – nicht aber der Staat. Daher spiegeln die in historischen Zeitreihen gezeigten Swapsätze stets eine gewisse Ausfallgefahr.

Da zum Abschluss unklar ist, wie sich die Zinsen entwickeln, ist unsicher, ob sich im Verlauf der Zeit eher der Payer oder der Receiver als Gewinner herausstellt und daher der Gefahr ausgesetzt ist, dass die Gegenseite ausfällt. Das Ausfallrisiko ist geringer als bei einer Unternehmensanleihe, weil beim Zinsswap – anders als beim Kredit – keine Seite den Gesamtbetrag in die Hände des Partners legt. Selbst wenn der Zinsswap als Tausch von Anleihen aufgefasst wird, so unterliegt doch die Rückzahlung des Nennbetrags der Anleihen keinem Ausfallrisiko, weil saldiert wird. Die Gefahr, dass der Schuldner ausfällt, bezieht sich also allein auf die Zinszahlungen, genauer auf den Saldo der Zinszahlungen.

Das Gegenparteirisiko wird zum einen dadurch berücksichtigt, dass die Bank einem Kunden zwar vielleicht den fairen Swapsatz nennt, nicht aber bereit ist, genau zum variablen Satz zu tauschen. Die Konditionen werden so gestaltet, dass ein Bankkunde, der Receiver sein möchte, den variablen Satz (LIBOR, FIBOR, Euribor) plus einige Basispunkte mehr zahlen muss. Möchte der Bankkunde Payer sein, dann liefert ihm die Bank nur den variablen Satz abzüglich einiger Basispunkte. Zinsswaps weisen also ein gewisses Ausfallrisiko auf, auch wenn dieses minimal ist. Es zeigt sich in den historischen Daten.

Auch wenn Banken untereinander Swaps abschließen, beachten sie das Gegenparteirisiko. Zum *Ausfallrisiko* hinzu kommt die Unsicherheit, ob sich die zum Zeitpunkt des Abschlusses eingestufte *Bonität* während der Laufzeit ändert. Banken weisen im Durchschnitt ein Rating von Aa oder von A auf. Aus dieser Konstellation erklärt sich eine dann doch merkliche Differenz zwischen den aus den Kursen der risikolosen Staatsanleihen errechneten Renditen und den Swapsätzen. Tritt eine Zinserhöhung ein, so ist sie zunächst mit einem Kursrückgang bei Bonds oder bei Krediten verbunden. Zugleich verschlechtert sich typischerweise mit einer Zinserhöhung das Gegenparteirisiko bei einem Swap.

Um diesem Effekt Rechnung zu tragen, müssen die Swapsätze stärker steigen als die Zinssätze bei Staatsanleihen. Die Folge: Der Wert des Swaps steigt für die Gegenpartei stärker als der Bondkurs sinkt. **Auch bei einer perfekten Absicherung des Zinsrisikos kommt es daher zu leichten Kursveränderungen, nämlich wenn sich die Kursveränderungen der Swaps und der Bonds aufgrund unterschiedlicher Bonitäten nicht exakt kompensieren**.

10.3 Zinsfutures

Lernziele: 1. Forward und Future. 2. Wozu dienen synthetische Bonds? 3. Der Cheapest-To-Deliver-Bond.

10.3.1 Ein Zinsrisiko oder drei Zinsrisiken?

Das Zinsrisiko ergibt sich aus Wertänderungen eines Wertpapiers, eines Zinsinstruments, einer Vermögens- oder Schuldposition. Bei der Herleitung der Duration (Kapitel 8) und der Konvexität (Kapitel 9) wurde davon ausgegangen, dass *ein* einziger unsicherer Eingangsparameter, eben das Niveau der Zinsstruktur, auf *eine* Ergebnisgröße wirkt, nämlich den Wert. Bei einer differenzierten Betrachtung muss zugegeben werden, dass die Kursänderung eines Zinsinstruments oder eines Rentenportfolios durch *Änderungen der Zinsen der verschiedenen Fristen* ausgelöst wird. Wir haben bei den Zinsmodellen (Kapitel 7) gesehen, dass es genügt, das Zinsniveau, die Steigung der Zinskurve und ihre Krümmung als *drei* Parameter zu betrachten. Sie waren gut durch die Zinsen für die kurze, die mittlere und die lange Laufzeit beschrieben. Diese drei Parameter sind unsicher und können sich – auch wenn es eine gewisse Korrelation zwischen ihnen gibt – weitgehend voneinander unabhängig verändern.

Somit entsteht ein erstes Zinsrisiko, weil sich das Niveau der Zinsen verändern kann, ein zweites Zinsrisiko geht auf mögliche Veränderungen der Steigung der Zinskurve zurück, auf den Term-Spread. Ein drittes Zinsrisiko hängt schließlich mit Änderungen der (konkaven) Krümmung der Zinskurve zusammen, also mit der Volatilität der Zinsentwicklung.

Zur Immunisierung eines Portfolios von Zinsinstrumenten gegen diese drei zufälligen Einflüsse werden oft anstelle von Swaps **Zinsfutures** eingesetzt. Zinsfutures sind standardisierte Termingeschäfte, die Zahlungen definieren, die von den Höhen der Zinsen abhängen, die sich zu zukünftigen Zeitpunkten einstellen. Zinsfutures sind von daher Substitute zu Swaps. Aufgrund der Standardisierung können sie indes auch bei *kleineren Beträgen* eingesetzt werden.

Dies hat zwei Vorteile. Erstens können Zinsfutures auch bei kleineren Rentenportfolios eingesetzt werden. Zweitens können sie *differenzierter* eingesetzt werden und beispielsweise gezielt jene Risiken im Portfolio kompensieren, die sich aus den möglichen Veränderungen der Zinsen für die kurze, für die mittlere und für die lange Laufzeit ergeben. Zinsswaps verlangen Volumina oberhalb von zehn Millionen Euro. Sie kommen daher nur für sehr große Portfolios in Frage, und oft können aufgrund der Mindestgröße nicht mehrere Swaps gleichzeitig eingesetzt werden. Es ist praktisch ausgeschlossen, mit Swaps die Risiken differenziert zu steuern und zu managen, die sich aus Veränderungen der Zinssätze für die kurze, die mittlere und die lange Laufzeit ergeben.

Eine differenziertere Absicherungspolitik verlangt Instrumente, die sich auf kurze, mittlere und lange Laufzeiten beziehen und die in kleineren Volumina erhältlich sind. Hier bieten sich *Zinsfutures* an. Sie gleichen Termingeschäften und versprechen die Lieferung beziehungsweise Entgegennahme von standardisierten Anleihen. Diese standardisierten Anleihen bilden das Underlying. Ihre Werte ändern sich im Spiegelbild der Zinsänderungen und werden börsentäglich neu bestimmt. Die standardisierte Anleihe ist der **Basiswert** oder das **Underlying** des Zinsfuture.

Während als Gegenseite eines Termingeschäfts vielfach eine Investmentbank eintritt, übernimmt bei Futures die Börsenorganisation diese Rolle. Ein Investor vereinbart bei einem Zinsfutures also mit der Börsenorganisation, ihr eine standardisierte Anleihe in gewissem Volumen zu liefern beziehungsweise die Anleihe von ihr entgegenzunehmen.

Hauptpunkt sind die Wertänderungen, die bis zum Zeitpunkt der Lieferung oder Entgegennahme wohl noch eintreten. Wenn ein Investor mit einem Futures die *Short-Position* einnimmt, die standardisierte Anleihe zu liefern, dann gewinnt er bei unerwarteten Zinssteigerungen. Denn dann verliert die standardisierte Anleihe an Wert. Wenn der Investor bei einem Zinsfutures hingegen die *Long-Position* wählt, also verspricht, die standardisierte Anleihe entgegen zu nehmen, dann verliert er bei unerwarteten Zinssteigerungen. Denn er nimmt etwas entgegen, das mittlerweile an Wert verloren hat.

Wenn der Portfoliomanager einen Zinsfuture zeichnen möchte, so ist die Vorentscheidung, ob das Underlying geliefert oder entgegengenommen werden soll. Wenn der Portfoliomanager mit der Börsenorganisation vereinbart, das Underlying (später) zu liefern, dann nimmt er eine Short-Position ein. Vereinbart der Portfoliomanager dagegen, das Underlying von der Börse (später) entgegenzunehmen, dann nimmt er eine Long-Position ein.

Kurz: Wenn der Investor long geht, dann erhält er später die Anleihe. Das bringt ihm Verluste, falls die Zinsen steigen. Doch die Long-Position bringt ihm Gewinne, wenn die Zinsen fallen. Wenn der Investor short geht, dann muss er später die Anleihe liefern. Das bringt ihm Gewinne ein, falls die Zinsen steigen. Doch die Short-Position bringt ihm Verluste, falls die Zinsen fallen.

Schließlich gibt es bei aller Gemeinsamkeit weitere Unterschiede zwischen Termingeschäften und Futures: Bei Futures werden die Wertänderungen börsentäglich abgerechnet und durch Zahlungen zwischen den beiden Parteien (Investor, Börse) ausgeglichen. Damit die Vertragspartner der Börsenorganisation, die Investoren, die fälligen Ausgleichszahlungen auch leisten können, müssen sie eine **Marginzahlung** als Garantie geben. Sollte die Börsenorganisation an einem Tag bei einem Investor etwas verlieren, erhöht sie den auf einem Konto geführten Betrag, und sollte der Investor verlieren, dann muss er sein Konto füllen. Andernfalls wird der Zinsfutures beendet.

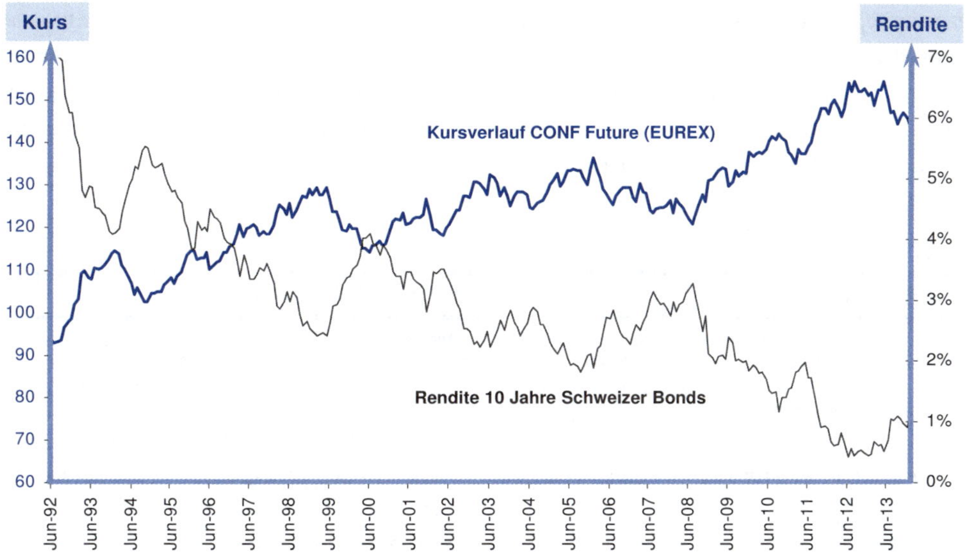

Darstellung 10-2: Die Kursentwicklung des Conf-Futures im Vergleich zur Rendite einer zehnjährigen Schweizer Staatsanleihe zwischen Juni 1992 und Juni 2014. Der Conf-Future wurde 1992 an der damaligen SOFFEX eingeführt (die in der heutigen EUREX aufgegangen ist). Wie bei einer physisch existierenden Anleihe ist der Kurs des Futures negativ mit dem Yield der Zehnjahresanleihen korreliert. Im Zeitraum 1992 bis 2014 ist das Zinsniveau gesunken, die Kurse der Conf-Futures sind gestiegen. Ein Portfoliomanager kann die Zinssensitivität seines Portfolios also erhöhen, indem er entweder eine Anleihe mit hoher Duration am Kassamarkt oder einen Conf-Future kauft (Eingehen einer Long-Position). Will er dagegen die Duration verringern, dann muss er Langläufer durch Anleihen mit geringer Duration ersetzen oder, was oft einfacher ist, in Conf-Futures eine Short-Position eingehen. Datenquelle: Datastream.

Viele Investoren oder Portfoliomanager wählen Zinsfutures nicht für die Spekulation, sondern sind an einem Schutz interessiert, an einer **Hedge**, im Hinblick auf mögliche Änderungen bei den drei Zinssätzen für die kurze, mittlere und lange Frist. Sie bilden dann keine eigenen Zinsszenarien wie ein Spekulant. Die Vorentscheidung zwischen *Short-Position* und *Long-Position* wird in Abhängigkeit des bereits vorliegenden Exposures getroffen. Das wäre bei einem Portfolio, das nur Kapitalanlagen enthielte, stets positiv.

Long oder short?	Wirkung
Long-Position in Zinsfutures eingehen	Erhöhung der Duration des Portfolios: Gewinne bei fallenden Zinsen, Verluste bei steigenden Zinsen
Short-Position in Zinsfutures eingehen	Verringerung der Duration des Portfolios: Verluste bei fallenden Zinsen, Gewinne bei steigenden Zinsen

Doch es geht hier um Portfolios, die neben Anlagen (Assets) Verpflichtungen (Liabilities) enthalten. Je nachdem, ob bei den genannten drei Fristen eher ein Aktivüberhang oder ein Passivüberhang vorliegt, entscheidet sich der Portfoliomanager für die Richtung, in der er Zinsfutures übernimmt. Liegt bei einer der drei genannten Fristen ein Aktivüberhang vor, dann sind Zinssteigerungen abträglich und der Manager wird Zinsfutures zu liefern versprechen. Liegt bei einer der Fristen ein Passivüberhang vor, dann sind fallende Zinsen abträglich (die Verpflichtungen haben nach dem Zinsrückgang einen höheren Wert) und der Manager wird den Zinsfutures besser entgegennehmen wollen.

Termingeschäft (Forward)	Futures
Alle Punkte des Vertrags sind bilateral vereinbar, weshalb das Termingeschäft an die individuellen Wünsche der Person (Portfoliomanager, Unternehmung) angepasst werden kann	Alle Vertragspunkte sind standardisiert, weshalb sich die Person für einen der möglichen Futures entscheiden muss und nur noch über die Anzahl von Futures entscheiden kann sowie, ob sie liefern (short) oder entgegennehmen (long) möchte
Person schließt Termingeschäft mit einem Finanzintermediär (Bank) ab	Person schließt Termingeschäft mit einer Börsenorganisation ab
Das Gegenparteirisiko kann für die Bank beträchtlich sein, da bis zur Fälligkeit keine Zahlungen erfolgen, auch wenn sich die Preise für das zugrundeliegende Wertpapier erheblich verändert haben	Kein Gegenparteirisiko, weil eine tägliche Abrechnung der Wertveränderungen erfolgt
Termingeschäft kann nicht auf einem Sekundärmarkt weitergegeben werden	Kontrakt kann börsentäglich geschlossen werden

An der Futuresbörse sind stets mehrere standardisierte Anleihen als Underlying möglich. So können in große Portfolios mehrere Zinsfutures zugleich gezeichnet und für unterschiedliche Laufzeiten einbezogen werden.

→ **Beispiel 10-2**: Wenn zehn Zinsfutures in die engere Auswahl genommen werden, dann müssen simultan (Portfolioentscheidung) zehn Variable festgelegt werden, nämlich die (positiven oder negativen) Volumina, in denen die zehn Zinsfutures gezeichnet werden sollen. Jeder Zinsfutures ändert das Exposure des betreuten Portfolios hinsichtlich der Änderungen der drei Zinssätze und damit hinsichtlich der Möglichkeit, dass sich das Niveau der Zinskurve ändert, ihre Steigung oder ihre Krümmung. Bei der Bestimmung der zehn Variablen kann ein Manager auch eigene Zinsszenarien berücksichtigen. Institutionelle Investoren sind durch die Bedingung eingeschränkt, dass maximale Exposures gegenüber den Risikofaktoren nicht überschritten werden. Diese Höchstgrenzen werden im Aufsichtsgremium festgelegt. ■

Selbstverständlich könnte sich ein Manager gegen alle Zinsrisiken schützen, indem er die gesamten Assets verkauft und die Anspruchsberechtigten auszahlt. Das hieße, ganz aufzuhören. Es wäre aber kein Schutz gegen Zinsrisiken, die gesamten Kapitalanlagen auf dem Geldmarkt anzulegen oder in Floater zu investieren. Denn die Verpflichtungen gegenüber den Kunden des (meist institutionellen) Kapitalanlegers schreiben Leistungen für zukünftige Zeitpunkte fest. Ihr Wert hängt folglich vom Zins ab.

Future	Underlying	Nominal	Terminbörse	Lieferbar
Conf-Futures (CONF)	6% Anleihe CH Eidgenossenschaft	CHF 100.000	Eurex	8 - 13 Jahre
Euro-Schatz Futures (FGBS)	6% deutsche Bundesanleihe	EUR 100.000	Eurex	1,75 - 2,25 Jahre
Euro-Bobl Futures (FGBM)	6% deutsche Bundesanleihe	EUR 100.000	Eurex	4,5 - 5,5 Jahre
Euro-Bund Futures (FGBL)	6% deutsche Bundesanleihe	EUR 100.000	Eurex	8,5 - 10,5 Jahre
Euro-Buxl ® Futures (FGBX)	4% deutsche Bundesanleihe	EUR 100.000	Eurex	24 - 35 Jahre
Short-Term Euro-BTP Futures (FBTS)	6% italienische Staatsanleihe	EUR 100.000	Eurex	2,0 - 3,25 Jahre
Mid-Term Euro-BTP Futures (FBTM)	6% italienische Staatsanleihe	EUR 100.000	Eurex	4,5 - 6 Jahre
Long-Term Euro-BTP Futures (FBTP)	6% italienische Staatsanleihe	EUR 100.000	Eurex	8,5 - 11 Jahre
Mid-Term Euro-OAT Futures (FOAM)	6% französische Staatsanleihe	EUR 100.000	Eurex	4,5 - 5,5 Jahre
Long-Term Euro-OAT Futures (FOAT)	6% französische Staatsanleihe	EUR 100.000	Eurex	8,5 - 10,5 Jahre
1-Monats EONIA Futures (FEO1)	EUR 3.000.000	EUR 3.000.000	Eurex	Cash Settlement
3-Monats EURIBOR Futures (FEU3)	EUR 1.000.000	EUR 1.000.000	Eurex	Cash Settlement
Euro Notionnel	5 ½% französische Anleihe	EUR 100.000	Matif	8,5 - 10,5 Jahre
T-Bond Future	6% T-Bond (U.S. Treasury Bond)	USD 100.000	CME (bis 2007 CBOT)	15 - 25 Jahre
Short Gilt Futures	3% Gilt	GBP 100.000	NYSE Liffe	1,5 - 3,25 Jahre
Medium Gilt Futures	4% Gilt	GBP 100.000	NYSE Liffe	4,0 - 6,25 Jahre
Long Gilt Futures	4% Gilt	GBP 100.000	NYSE Liffe	8,75 - 13 Jahre
Ultra Long Gilt Futures	4% Gilt	GBP 100.000	NYSE Liffe	28 - 37 Jahre
Japanese Govt. Bond (JGB) Futures	6% japanische Staatsanleihe	JPY 100 Mio.	Tokyo Stock Exchange (TSE)	7 - 11 Jahre

Darstellung 10-3: Verschiedene Futures auf Zinsinstrumente. Angegeben ist der Zinsfutures mit Underlying (zweite Spalte), dessen Nominalbetrag, Börse und lieferbarem Instrument. Die Festlegung von letzterem ist wichtig, weil gerade bei Instrumenten auf eine fiktive Anleihe (wie zum Beispiel dem Conf) es oftmals keine physische Anleihe mit den gleichen Konditionen gibt.

10.3.2 Synthetische Bonds

Termingeschäfte und Futures gibt es für viele Underlyings, zu denen Rohstoffe, Währungen, Wertpapiere, Baskets und Indizes gehören. Einige dieser Underlyings zeigen Besonderheiten im Zeitverlauf. Beispielsweise wirkt bei Nahrungsmitteln der Erntezyklus, und bei Energie und Rohstoffen prägen saisonale Schwankungen das Angebot und die Nachfrage. Auch Bonds zeigen eine Besonderheit der zeitlichen Veränderung. Da (die meisten) Bonds eine endliche Laufzeit haben und der Zeitpunkt der Rückzahlung des Nominalbetrags immer näher rückt, verändern Bonds mit der Zeit ihre Risikomerkmale. Sie werden immer sicherer, was das Zinsrisiko betrifft. Außerdem verschwinden sie nach einigen Jahren mit der Rückzahlung aus dem Markt.

Deshalb ist es zur Best-Practice geworden, als Underlying von Zinsfutures *künstlich* rein *fiktive* Anleihen zu definieren, die es in der Realität gar nicht gibt. Man spricht von **synthetischen Anleihen**. Eine synthetische Anleihe ist genau definiert – Kupon und Fälligkeit sind klar gegeben – und ihr theoretischer Wert kann daher aufgrund der (sich aus Staatsanleihen ermittelbaren) Zinsstruktur errechnet werden. Nur gibt es die synthetische Anleihe nicht. Sie kann daher nicht physisch geliefert werden. Man behilft sich dann so, dass anstelle des nicht existierenden synthetischen Bonds eine Anleihe als Ersatz geliefert werden darf. Welche Anleihe oder welche Anleihen geliefert werden dürfen, wird vereinbart.[2]

Was die laufende Bewertung eines synthetischen Bonds betrifft, so gelangt jeder Marktteilnehmer, zu leicht unterschiedlichen Ergebnissen – je nachdem, welches Rechenverfahren er persönlich anwendet. Doch im Prinzip kann man börsentäglich den korrekten Wert eines synthetischen Bonds errechnen. Deshalb steht auch der Wert eines Zinsfutures fest, der die Lieferung oder Entgegennahme eines synthetischen Bonds vereinbart.

Die exakte Bewertung von Zinsfutures auf synthetische Bonds ist wichtig, damit die Parteien (Investor, Börse) zu einem gleichen Urteil über den Wert gelangen. Entweder vereinbaren die beiden Parteien *ein einziges Rechenverfahren* für die Ermittlung der Zinssätze, damit es zu keinen Unstimmigkeiten kommt. Oder, und das ist der übliche Weg, *der Kreis der wirklich existierenden Anleihen, die geliefert werden dürfen, wird hinreichend weit* gezogen. Bei dieser zweiten und meistens praktizierten Variante bleiben die Wahl der Rechenverfahren zur Bestimmung der Zinssätze und zur Bewertung des synthetischen Bonds jedem selbst überlassen. **Die börsentäglichen Wertänderungen beim Zinsfutures werden durch die Kursbildung jener Anleihen bestimmt, die ersatzweise geliefert werden dürfen**.

2 Die Kontraktbedingungen sehen vielfach vor, dass die zur Lieferung verpflichtete Seite nicht unbedingt genau einen konkreten Bond liefert. Das Underlying kann bei einem synthetischen Bond ohnehin nicht geliefert werden. Die zur Lieferung verpflichtete Partei kann aus einer kleinen Anzahl konkreter Bonds wählen. Warum noch diese Wahlmöglichkeit? Bei vielen Zinsfutures muss sich die Seite, die zu liefern hat (also die Seite mit der Short-Position), erst noch eindecken. Man vereinbart eine kleine Menge konkreter Anleihen als für die physische Lieferung zugelassen, damit Spekulanten sich nicht aus einer absehbaren Spitzennachfrage nach einem spezifischen Bond noch einen Vorteil verschaffen können. Angesichts der Möglichkeit, aus einer kleinen Menge von Bonds noch auswählen zu können, wird sich die Seite mit der Short-Position für den Cheapest-to-Deliver-Bond entscheiden.

10.3.3 Zur Preisbildung bei einem Zinsfuture

Zinsfutures sehen wie generell Termingeschäfte die Lieferung beziehungsweise Entgegennahme des Underlyings vor (hier sind das Bonds). Für die Preisbildung von Termingeschäften gibt es Grundregeln. Wenn das Underlying haltbar ist – was bei einem Bond der Fall ist – ist das wichtigste Argument für die Bestimmung des Terminkurses das der Arbitrage. Das Termingeschäft kann anders nachgebildet, **repliziert** werden: Anstatt das Underlying auf Termin zu kaufen, könnte man es sofort kaufen und aufbewahren. Dann muss man den zeitlich vorgezogenen Kauf finanzieren, die Kosten für die Lagerung tragen und erhält eventuell Vorteile, die mit dem Halten des Underlyings verbunden sein könnten.

→ **Beispiel 10-3**: Wer eine Kuponanleihe hält, kann die Kupons vereinnahmen. Umgekehrt: Statt ein Underlying auf Termin zu verkaufen, könnte man es bereits sofort verkaufen. Dann kann man den Verkaufserlös anlegen und erhält Zinsen, hat aber nicht die mit dem Halten des Underlyings verbundenen Vorteile. ■

Es gibt somit drei Bestimmungsgrößen für den Terminkurs (oder Wert des Futures) F.

- Der heutige Preis des Underlyings, S_0.
- Kosten für die physische Lagerung des Underlyings. Sie heißen **Cost-of-Carry**. Ihre Höhe werde, bezogen auf eine Werteinheit des Underlyings und ein Jahr, mit C bezeichnet.
- Vorteile aus dem Halten des Underlyings. Diese Verfügbarkeitsrendite wird **Convenience-Yield** genannt und mit Y bezeichnet.

Der heutige Preis eines Terminkontrakts, F_0, der Terminkurs, ist aufgrund der Möglichkeit, das Termingeschäft anders zu replizieren, so bestimmt:

$$F_0 = S_0 \cdot \frac{(1+C)^T}{(1+Y)^T} \qquad (10\text{-}4)$$

Der Zusammenhang (10-4) wird sich in der Praxis sehr schnell und recht genau einstellen, sofern sowohl die Cost-of-Carry C als auch die Convenience-Yield Y für viele Akteure übereinstimmen. Denn würde der tatsächliche Terminkurs über dem Niveau (10-4) liegen, dann würde jeder, der an einer zukünftigen Lieferung interessiert ist (und am Terminmarkt *long* gehen möchte), das Underlying sofort kaufen und lagern. Zudem würden Personen, die bereits *long* sind, ihr Termingeschäft schließen und stattdessen das Underlying kaufen. Es entstünde ein Druck, der den Terminkurs senkt und den Kassapreis für das Underlying hebt. Diese Marktkraft wirkt, bis wieder (10-4) erfüllt ist.

Bei einem Wertpapier können Kosten für die Lagerung vernachlässigt werden, weil die Depotverwahrung nur geringen Aufwand verursacht. Die Finanzierungskosten eines früheren Kaufs sind durch die Zinsen beschrieben. Die mit einem Halten des Underlyings verbundenen Vorteile bestehen im Bezug von Kuponzahlungen oder Dividenden.

Das **Grundprinzip für die Bewertung eines Zinsfutures** lautet daher: Der Wert ergibt sich aus dem *heutigen* Wert des Underlyings zuzüglich der Verzinsung dieses Betrags bis zur Fälligkeit des Zinsfutures und abzüglich der bis zur Fälligkeit vom Underlying generierten Erträge (Kuponzahlungen).

Die wichtigste Bestimmungsgröße für die Preisbildung bei Zinsfutures ist daher das heutige Zinsniveau. Denn das Zinsniveau legt die Finanzierungskosten C fest sowie den Barwert der mit dem Underlying definierten Kuponzahlungen und den Barwert der Rückzahlung. Ändern sich die Zinssätze, dann hat das entsprechende Kursänderungen des Zinsfutures zur Folge.

Mit (10-4) wird zunächst keine Aussage über den zukünftigen Kurs des Underlyings getroffen. Der spätere Preis des Basiswerts, $\tilde{S}_T$, ist aus Sicht des heutigen Zeitpunkts $t = 0$ eine unsichere Größe. Selbstverständlich könnte man wieder eine Erwartungstheorie formulieren und $E\left[\tilde{S}_T\right] = F_0$ postulieren, doch sind noch weitere Argumente vorzubringen.

Termingeschäft vereinbart ...	Futures vereinbart ...
Lieferung oder Entgegennahme des Underlyings zum Zeitpunkt der Fälligkeit	1. Lieferung oder Entgegennahme des Underlyings zum Zeitpunkt der Fälligkeit
	2. Abrechnung und Ausgleichszahlung für alle zwischenzeitlichen Wertveränderungen

An dieser Stelle soll noch ein weiterer Unterschied zwischen einem Termingeschäft und einem Future angesprochen werden, aus dem die Formel (10-4) nur für Termingeschäfte ganz korrekt ist.

- Richtig ist, dass bei einem Termingeschäft die Lieferung oder Entgegennahme des Underlyings zum Zeitpunkt der Fälligkeit vereinbart wird. Zwischen Vertragsabschluss und Lieferung erfolgen bei einem Termingeschäft *keine* vertraglichen Zahlungen oder Lieferungen zwischen den Parteien.
- Bei einem Futures wird indes die Lieferung oder Entgegennahme zum Zeitpunkt der Fälligkeit *und* die **börsentägliche Abrechnung von Wertänderungen** vereinbart. Dadurch kommt es immer wieder zu Zahlungen in der einen und in der anderen Richtung.

Abgesehen von den früher besprochenen Unterschieden zwischen Terminkontrakt und Futures ist die Vereinbarung von zwischenzeitlichen Ausgleichszahlungen ein Punkt, der den Wert eines Zinsfutures beeinflusst. *Die zwischenzeitlichen Ausgleichszahlungen hängen natürlich von den Zinsen ab, die sich während der Laufzeit des Futures auf zufällige Weise verändern.* Man muss daher stochastische Zinsmodelle heranziehen, um den Wert dieser Zusatzvereinbarung zu ermitteln.

10.4 Ergänzungen und Fragen

Lernziele: 1. Was ein Reverse-Floater bewirkt. 3. Fragen und Aufgaben zur Lernkontrolle.

10.4.1 Ergänzung: Reverse-Floater

Anleihen und Swaps lassen sich zu neuen Produkten kombinieren, die von Investmentbanken erzeugt und so gestaltet werden, dass sie den Bedürfnissen der institutionellen Kundschaft entgegen kommen. Ein Beispiel ist der **Reverse-Floater**, auch bezeichnet als **Inverse Floater**.

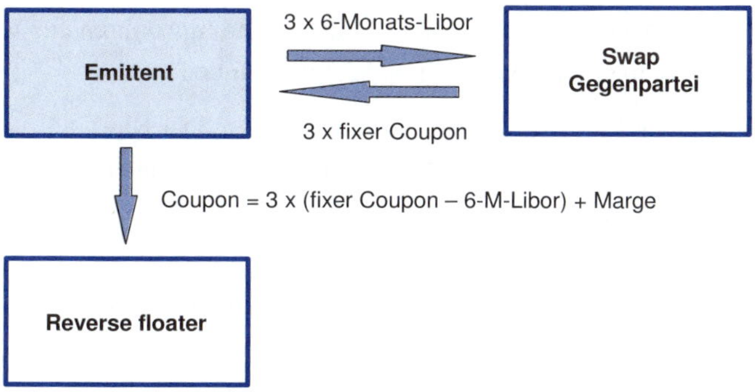

Darstellung 10-3: Reverse-Floater mit dreifachem Leverage. Der Investor profitiert von sinkenden Zinsen, da er fixe Zinszahlungen erhält und variable zahlt.

Der Reverse-Floater kombiniert einen Bond mit einem Receiver-Swap. Das heißt, der Investor erhält die festen Kuponzahlungen der Kuponanleihe plus feste Zinszahlungen aus dem Zinsswap zusätzlich. Die Duration eines Reverse-Floaters ist daher *höher* als die Laufzeit des Bonds. Das ist interessant für Investoren, die versuchen müssen, die Duration ihrer Aktiva deutlich zu erhöhen. Es handelt sich also um Investoren, die bei einem Fallen der Zinsen deutlich gewinnen müssen – wohl weil sie Verpflichtungen haben, deren Marktwert im Fall geringerer Zinsen steigt. Einen Reverse-Floater zu kaufen entspricht daher dem Eingehen einer Wette, dass die Zinsen über die Markterwartung hinaus zurück gehen, *wobei zusätzlich ein Joker auf die Wettposition gesetzt wird*. Fallen die Zinsen dann wirklich, hat der Investor die Wette gewonnen (und kann den Wettgewinn etwa dazu verwenden, die Verluste auszugleichen, die ihm durch die Wertzunahme bei den Verpflichtungen entsteht). Die anderen Vertragsseiten – eine Person verkauft eine Kuponanleihe und eine andere Person möchte die Position des Payers einnehmen – werden von der Investmentbank (Emittent) zusammengeführt.

Anstatt Reverse-Floater zu kaufen, könnte eine Versicherung oder eine Pensionskasse auch direkt Zinsswaps vereinbaren und dabei die Position des Receivers eingehen. Doch die Konditionen unterscheiden sich leicht, und Reverse-Floater werden für kleinere Beträge angeboten, während Zinsswaps sehr große Volumina voraussetzen.

10.4.2 Fragen und Aufgaben

1. a) Welches sind die Eigenschaften eines Swaps und wozu kann er eingesetzt werden? b) Was ist der Swapsatz und wie hoch ist er?

2. Richtig oder falsch? a) Wenn die Zinsen steigen, sollte man schnell noch einen Payer-Swap abschließen. b) Wenn die Zinsen steigen, sollte schnell noch ein Receiver-Swap abgeschlossen werden.

3. Das Portfolio eines Anlegers bestehe aus verschiedenen Kuponanleihen. Es habe eine Duration von 6 Jahren und einen derzeitigen Wert von 20 Millionen Euro. Das Zinsniveau sei durch $i = 3\%$ beschrieben. Der Investor möchte die Zinssensitivität seines Portfolios reduzieren. Hierzu stehen Swaps mit einer Laufzeit von fünf Jahren zur Verfügung. a) Sollte er Payer oder Receiver werden? b) In welchem Volumen?

4. Jemand möchte einen Forward auf ein Jahr abschließen. Der heutige Preis des Underlyings ist 120 Euro, die Cost-of-Carry sind $C = 3\%$ und die Convenience-Yield beträgt $Y = 6\%$. Berechnen Sie den Terminkurs F.

5. a) Skizzieren Sie Gemeinsamkeiten und Unterschiede: Forward und Future. b) a) Was ist ein Zinsfuture? c) Was ist eine synthetische Anleihe? d) Wie können Zinsfutures zur Steuerung der Duration von Bondportfolios eingesetzt werden?

6. Für wen sind Reverse-Floater geeignet?

10.4.3 Antworten und Lösungen

1. a) Zinsswaps sind Tauschgeschäfte für einen festen und einen variablen Zinsstrom. Der Swap eignet sich für die Änderung der Zinssensitivität des Portfolios. b) Der Swapsatz ist jener marktgerechte Zinssatz, der für die Laufzeit des Zinsswaps als der feste Zinssatz vorgesehen ist. Er wird durch den Kupon einer (sicheren) Pari-Anleihe bestimmt.

2. Beides ist falsch.

3. a) Der Finanzinvestor sollte die festen Kuponzahlungen verkaufen und dazu Payer werden. b) Ein Volumen von bis zu 20 Millionen Euro bietet sich an.

4. Für $T = 1$ gilt $F = 120 \cdot (1+C)/(1+Y)$, also $F = 116{,}60$.

5. Vergleiche Abschnitt 10.3.

6. Für institutionelle Investoren, die Leistungen in fester Höhe erbringen müssen (Garantiezins) und für den Fall eines Rückgangs der Marktzinssätze Schutz wünschen.

11 Zins- und Währungsrisiko

Thema: Fremdwährungsanleihen tragen neben Zinsrisiken auch Währungsrisiken in das Portfolio. Wir berechnen die Sensitivität des Werts eines Portfolios im Hinblick auf beide Risikofaktoren. Vorteilhaft ist, dass sich das Zinsrisiko und das Währungsrisiko teilweise ausgleichen.

11.1 Analyse des Währungsrisikos

Lernziele: 1. Das Währungsrisiko und seine drei Effekte. 2. Zur Prognostizierbarkeit zukünftiger Paritäten. 3. Eine Quantifizierung zur Sensitivität.

11.1.1 Drei Gesichter des Währungsrisikos

Wer auf fremde Währung lautende Anleihen kauft, setzt sich neben dem Zinsrisiko einem *Währungsrisiko* aus sowie möglicherweise als drittes auch der Gefahr eines Ausfalls des Schuldners (vergleiche Kapitel 6). Das **Währungsrisiko** umfasst begrifflich die Unsicherheit über die *Parität* (Tauschrelationen zwischen der Fremdwährung und der Referenzwährung) zu einem zukünftigen Zeitpunkt beziehungsweise zu mehreren oder allen zukünftigen Zeitpunkten.

In einem erweiterten Sinn umfasst das Währungsrisiko zusätzlich alle Unwägbarkeiten, die mit der freien Konvertibilität, mit möglichen Interventionen oder mit einer überraschenden Änderung von Gesetzen zusammenhängen. Beispielsweise könnte ein Land Kapitalverkehrskontrollen errichten. Die Unsicherheit der zukünftigen Währungsparitäten führt auf zwei Fragen:

- Wie ist die Unsicherheit zu präzisieren? Sind Wahrscheinlichkeitsaussagen möglich oder können die Paritäten genauer prognostiziert werden? Kurz: Wie verändern sich die Währungsparitäten.

- Wie wirkt sich die Unsicherheit über die zukünftigen Paritäten auf den Halter eines Portfolios aus, das Fremdwährungsanleihen enthält? Wie hoch ist das Exposure?

Wir wenden uns zunächst der zweiten Frage zu und kommen auf die erste später zurück. Bei der zweiten Frage wird sofort deutlich, dass sich Währungsrisiken hinsichtlich dreier Aspekte auswirken, die bei einem Portfolio wichtig sind:

1. Über ein Portfolio muss berichtet werden (und einige Aufsichtsgremien achten mehr auf die Berichte als auf das Anlageergebnis).
2. Dann und wann müssen Geldbeträge in oder von der fremden Währung tatsächlich gewechselt werden (so genannte Change).
3. Die dauernden Schwankungen der Währungsrelationen wirken sich auf die Wertänderungen, die Renditen, und damit auf das Risiko des Portfolios aus.

Wer Fremdwährungsanleihen hält, ist in der Tat mit *drei* Wirkungen der Unsicherheit über die Paritäten konfrontiert. Die erste Wirkung betrifft die Berichterstattung, wenn ein Portfoliomanager oder eine Unternehmung gegenüber Anspruchsberechtigten eine Darstellung bietet oder Bilanz erstellt. Bei der zweiten Wirkung geht es darum, wie zukünftige Zahlungen, die in Fremdwährung zufließen, dann in die Referenzwährung getauscht werden können (und umgekehrt). Welche Währungsparität dürfte dann gelten? Die dritte Frage betrifft die täglichen Schwankungen des Werts des Portfolios, soweit sie durch Änderungen der Parität bedingt sind. Diese Wertschwankungen werden indes nicht durch Devisengeschäfte begleitet. Doch sie drücken sich im Risiko der Renditen aus und beeinflussen das Management, das die Rendite-Risiko-Relation verbessern möchte.

Diese drei Wirkungen oder Effekte sind drei Gesichter, mit denen sich das Währungsrisiko zeigt.

Erstens: Da das Portfolio Positionen umfasst, die auf verschiedene Währungen lauten, sind in den periodischen Berichterstattungen sowie in den Bilanzen Umrechnungen oder *Übersetzungen* in vergleichbare Zahlen der Referenzwährung erforderlich. Man spricht vom **Umrechnungsrisiko,** vom **Translationsrisiko,** oder vom **Translation Risk**. Die Abhängigkeit der Darstellung – das ist der Bericht in Referenzwährung – von den Einflussfaktoren heißt **Translation Exposure**.

Zweitens: Zahlungen, die dem Investor (etwa während der Laufzeit einer Fremdwährungsanleihe) in Fremdwährung in Zukunft noch zufließen, werden zum dann jeweils gültigen Wechselkurs getauscht. Gemeint sind Kuponzahlungen und die Rückzahlung der Nennwerte bei Fälligkeit. Sie ergeben einen aus heutiger Sicht *unsicheren Geldbetrag in Referenzwährung*, auch wenn die Höhen in Fremdwährung und die Zeitpunkte feststehen. Gleichermaßen kann die Strategie bestehen, heimische Geldbeträge zu tauschen, um ausländische Wertpapiere zu kaufen. Dieses Risiko wird als **Transaction Risk**, **Umwechslungsrisiko** oder **Wechselkursrisiko** bezeichnet. Das entsprechende Exposure heißt **Transaction Exposure**.

Drittens: Der in Referenzwährung ausgedrückte Wert der Fremdwährungsanleihe ändert sich gleichsam täglich mit Änderungen der Währungsparität am Devisenmarkt (auch wenn der Manager den Anspruchsberechtigten über diese Wertschwankungen nicht berichtet). Diese Unsicherheit bezieht sich also auf die börsentägliche Kursbildung. Aufgrund der Modellbetrachtung, die jeder Bewertung zugrunde liegt, ist hiermit ein **ökonomisches Währungsrisiko** angesprochen. Das entsprechende Exposure heißt **Economic Exposure**.

Die eine gemeinsame Ursache für alle drei Risiken – Translationsrisiko, Transaktionsrisiko, ökonomisches Risiko – ist die Unsicherheit darüber, wie sich in Zukunft die Währungsparitäten entwickeln werden. Die drei Risiken stellen dar, in welchen Bereichen sich dieses originäre Währungsrisiko ausdrückt und nachteilig wirkt. 1. Als Schwierigkeit, die Bilanz oder Berichterstattung zu planen (*Translationsrisiko*) und den Aufsichtsgremien zu erklären. 2. Als Schwierigkeit, jetzt schon die zukünftigen Zahlungen in der Referenzwährung auszudrücken (*Transaktionsrisiko*), weil die Kurse der Fremdwährungen zum Zeitpunkt des Tauschs unbekannt sind. 3. Als jene Schwierigkeit, die sich daraus ergibt, dass der tägliche Wertverlauf des Portfolios aufgrund der Währungsrisiken schwankt (*ökonomisches Risiko*).

Das Währungsrisiko hat drei Gesichter: Erstens versalzt es die Berichterstattung. Zweitens erhält man immer dann Devisen, wenn die Fremdwährung tief ist. Drittens gibt es eine zusätzliche Quelle des Wertrisikos, die sich dann auf abgeleitete Größen durchschlägt, so etwa auf die Standardabweichung der Rendite des Portfolios.

11.1.2 Wie können diese drei Effekte bewältigt werden?

Das Translationsrisiko ist nicht unwichtig, auch wenn es „nur" um eine Frage der Darstellung geht. Denn die Bilanz und die Berichterstattung gegenüber Kunden und Aufsichtsgremien beeinflussen den zukünftigen Freiraum des Portfoliomanagers. Abgesehen davon müssen institutionelle Investoren von Gesetz her gewisse Bilanzrelationen einhalten, und diese Bedingung kann vielleicht weniger gut erfüllt werden, wenn Währungsrisiken hinzukommen. Im Accounting wird dem Umrechnungsrisiko große Aufmerksamkeit gewidmet.

Unklar ist, ob und wie ein Berichterstatter sich gegen das Translationsrisiko absichern kann, denn es geht hier um die Art, in der später ein Sachverhalt ausgedrückt wird. Wir werden das Translationsrisiko nicht weiter betrachten.

Das Wechselkursrisiko (Transaktionsrisiko) greift zu jenen Zeitpunkten, zu denen Geld fließt, und es betrifft die in Referenzwährung gewechselte Höhe des jeweiligen Geldbetrags. Die Zeitpunkte und die Höhen in Fremdwährung der späteren Zahlungen stehen fest. Nur die dann gültigen Wechselkurse sind unsicher.

Das Transaktionsrisiko kann leicht abgesichert werden, zum Beispiel durch Währungstermingeschäfte oder Futures. Das Grundbeispiel ist ein europäischer Unternehmer, der in einem Jahr eine Einzahlung von einer Million USD erwartet. Die später fällige Dollareinnahme kann per Termingeschäft in einen sicheren Eurobetrag getauscht werden. Die hierbei zum Tragen kommende Parität ist der (heutige) Terminkurs. Wir hatten diese Absicherungen in Kapitel 4 bei der gedeckten Zinsparität betrachtet. Insofern ist es vom Prinzip her möglich, *alle* Zahlungen, die mit einer Fremdwährungsanleihe verbunden sind, zum heutigen Zeitpunkt bereits in Referenzwährung auszudrücken. Das Transaktionsrisiko wäre damit *vollständig* eliminiert. Zumindest für einen überschaubaren Zeitraum können Transaktionsrisiken beseitigt werden.

Das ökonomische Risiko ist jenes Gesicht des Währungsrisikos, das besondere Überlegungen verlangt. Wir betrachten die Unsicherheit hinsichtlich des Verlaufs des in Referenzwährung ausgedrückten Werts einer Fremdwährungsanleihe oder eines Portfolios aus solchen Anleihen. Das ökonomische Währungsrisiko kann in Kapitalmärkten mit der Unsicherheit der täglichen Kursbewegung etwa bei Aktien verglichen werden. Es hat für Finanzinvestoren große Bedeutung.

Begriff	Erklärung	Kommentar
Umrechnungsrisiko / Translationsrisiko	Unsicherheit hinsichtlich der Bilanz, wenn akzeptierte „Umrechnungen" für die am Stichtag vorhandenen Positionen in Fremdwährung anzuwenden sind	Wird im Accounting und der Festlegung von Rechnungslegungsstandards untersucht
Umwechslungsrisiko / Transaktionsrisiko	Betrachtung gut planbarer Zahlungen in Fremdwährung (wie Kuponzahlungen und Rückzahlungen), wobei die Unsicherheit aus dem bei Fälligkeit gültigen Wechselkurs resultiert	Handwerkliche Absicherungen mit Termingeschäften oder Futures erläutern die Absicherung des Umwechslungsrisikos einer genau geplanten Zahlung
Ökonomisches Risiko	Betrachtung des Werts eines Portfolios, also des Barwerts der von allen Wertpapieren generierten Zahlungsüberschüssen	Abstrakter und weniger offensichtlich, wie es zu bewältigen ist

Hinter allen drei Effekten oder Gesichtern des Währungsrisikos steht die Perspektive, dass die Paritäten zu zukünftigen Zeitpunkten unsicher sind. Die Frage ist nur, worauf sich diese Unsicherheit auswirkt. Konzentriert man sich auf die Auswirkung in der Berichterstattung, wird das Währungsrisiko als Translationsrisiko gesehen. Konzentriert man sich auf das Wechseln von Zahlungen in Fremdwährung, die zu gut planbaren Zeitpunkten in der Zukunft geleistet werden, dann liegt ein Wechselkursrisiko oder Umwechslungsrisiko vor. Bewirken die Paritäten hingegen Änderungen der Marktwerte von Wertpapieren, dann steht das ökonomische Risiko im Vordergrund.

11.1.3 Paritäten sind nicht prognostizierbar

Nun noch zur ersten der beiden im vorletzten Abschnitt gestellten Fragen: Gibt es eine Möglichkeit zur Prognose der zukünftigen Währungsparitäten? Im Markt bildet sich die Parität durch Angebot und Nachfrage heraus. Die Frage also lautet, ob sämtliche oder die wichtigsten Einflussfaktoren auf Angebot und Nachfrage bekannt sind, modelliert werden können, und ob die Bewegung der Einflussfaktoren prognostizierbar ist. Um darauf Antworten zu finden, wurden unzählige empirische und theoretische Untersuchungen vorgenommen. Die Forschungen zeigen, dass es zweckmäßig ist, die Ansätze nach der Frist einzuteilen, auf die sich der Versuch einer Prognose bezieht. Gewisse Einflussfaktoren auf Angebot und Nachfrage sind aus Kapitel 4 bekannt. So hängen die Zinssätze über die gedeckte Zinsparität mit den Terminkursen zusammen, und über die Erwartungsthese der Währungsparitäten können so aus den Zinssätzen Prognosen hinsichtlich der Veränderungen der Währungsparitäten abgeleitet werden. Ebenso wirkt die Kaufkraftparität auf die Währungsparität. Wenn ein Land „teuer" ist, werden weltweit bewegliche Unternehmer dort weniger investieren und deshalb weniger die betreffende Währung nachfragen. So zeigen die in Kapitel 4 behandelten Theorien und Paritäten Kräfte auf, die einen Einfluss auf die zukünftigen Währungsparitäten ausüben dürften.

Diese Kräfte benötigen indes eine gewisse Reaktionszeit. Zudem sind wohl nicht alle Einflussfaktoren mit den besprochenen Paritäten erfasst. Über diese zusätzlichen Einflussfaktoren wurde bisher nichts gesagt. Insofern bewegen sich die Paritäten nicht nach einer einfachen Regel. Wenig bekannte Einflüsse dürften vielleicht sogar überwiegen. Mit anderen Worten: Zukünftige Währungsparitäten werden trotz besagter Theorien und Paritäten zu einem großen Teil als „zufällig" erscheinen. Die Bedeutung der Theorien und Paritäten dürfte zudem von der Frist der Prognose abhängen. Die Forschungen zeigen, dass es zweckmäßig ist, vier Fristen für die Prognose der zukünftigen Währungsparität zu unterscheiden:

- Im Bereich weniger Minuten bis zu vielleicht einer Stunde dominieren zufällige Bewegungen, doch es wurden immer wieder Trendbildungen beobachtet. Anscheinend haben Akteure bei Transaktionen noch einen zeitlichen Spielraum. Sehen sie steigende Kurse, dann springen sie auf und verlängern den Trend. Sehen sie fallende Kurse, warten sie noch etwas ab und verlängern dadurch den Abwärtstrend. Die empirischen Untersuchungen verwenden **High Frequency Data** und statistische Verfahren der Spektralanalyse. Einige Devisenhändler behaupten, solche sehr kurzfristigen Trends erkennen und gewinnbringend ausnutzen zu können. Allerdings werden sie immer wieder durch Trendumkehrungen überrascht. Ob sie über einen längeren Zeitraum wirklich gewinnen, wissen nur sie selbst und die Banken.

- In der kurzen bis mittleren Frist – Wochen, Monate, ein Jahr – sollten die Paritäten greifen. Indessen ist schon hinsichtlich der Wirkung von Zinsänderungen unklar, wann Bond-Flows und wann Equity-Flows überwiegen. Von daher müssen auf Wochen, auf Monate oder auf ein Jahr die Währungsparitäten als rein zufällig betrachtet werden. Trends wurden bei dieser Frist nicht bestätigt. Kurz- und mittelfristig sind die Währungsparitäten rein zufällig.

- In der mittleren bis längeren Frist einiger Jahre beginnen die Paritäten kräftiger zu wirken. Zinsdifferentiale, die Inflation oder die Kaufkraftparität in der schwachen Form beginnen, selbstverständlich unter Unsicherheit, Wirkung zu zeigen. So sind Analysten auf einige Jahre hinaus bereit, Währungsprognosen zu erstellen.

- In der sehr langen Frist – ein Jahrzehnt oder noch länger – sollte insbesondere die Kaufkraftparität wirken. Indessen ändern sich über Jahrzehnte aber auch die gesamtwirtschaftlichen Rahmenbedingungen, so dass ein Land nach zwanzig Jahren wirtschaftlich vielleicht ganz anders gestaltet ist. Die eine Regierung möchte sparen, die andere gibt das Geld aus. Änderungen der Rahmenbedingungen, insbesondere die Beurteilung der Fiskalpolitik, stützen die gute Prognosemöglichkeit.

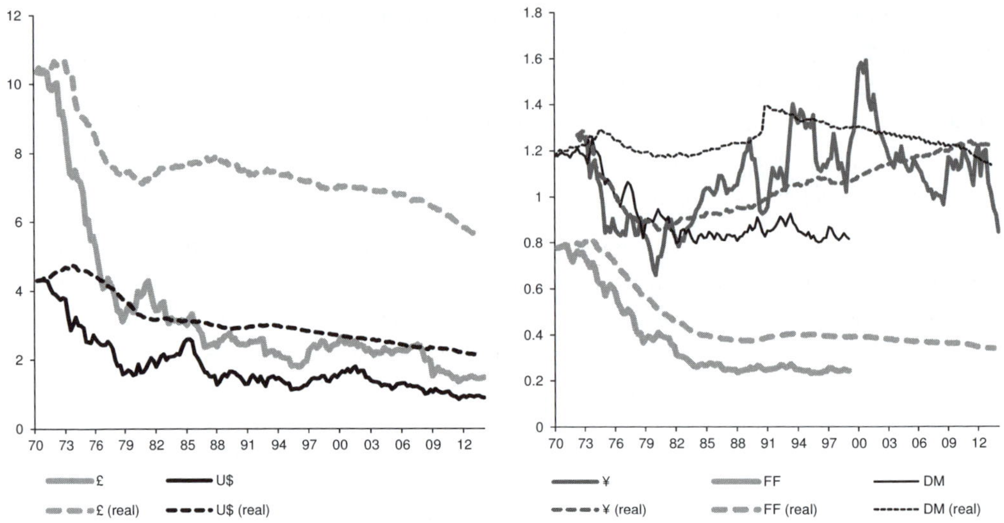

Darstellung 11-1: Nominale Wechselkurse (durchgezogene Linien) und der Kaufkraftparität entsprechende theoretische Wechselkurse seit 1970 bis Januar 2014. Letztere stellen die Fortschreibung eines anfänglichen Wechselkurses mit der Entwicklung der Inflationsdifferenzen dar. Seit 1975 entwickeln sich die Währungsparitäten ungefähr entlang dem Pfad der Kaufkraftparität.

Ein Studierender kommentierte diese Liste einmal mit diesen Worten: Es gibt ganz kurzfristige, kurzfristige, mittelfristige und langfristige Währungsrisiken.

1. Ganz kurzfristig wirken Trends. Doch die Trendumkehr kommt überraschend.
2. Kurzfristig ist alles rein zufällig.
3. Mittelfristig sollten die Paritäten greifen, doch ihre Wirkung wird von Zufällen überlagert, vielleicht auch von Maßnahmen der Notenbank. Das kann nicht vorhergesehen werden.
4. Langfristig setzen sich zwar die Paritäten durch und auch die Fiskalpolitik wirkt stärker. Doch langfristig ändern sich Rahmenbedingungen auf eine Weise, die oft nicht vorhergesehen werden kann.

Deshalb kann man die Paritäten für keine der vier Fristen vorhersehen.

Leider trifft die Aussage des Studierenden die Realität. Die Erfahrung im täglichen Leben und die empirische Forschung belegen, dass die volkswirtschaftlichen Gesetzmäßigkeiten nur *langfristig* greifen. Gleiches gilt für die Zinssätze und deren Unterschiede in den einzelnen Ländern. Sie werden zwar zur Prognose der Währungsparitäten und ihrer Veränderung herangezogen. Doch auch hier muss eingestanden werden: Zinssätze wirken aufgrund der Theorien und Paritäten so, als könnten sie auf einen Horizont von einem bis zwei Jahren „gut" prognostiziert werden. Allerdings zeigt sich immer wieder, dass kurz- und mittelfristig zufällige Einflüsse dominieren.

11.2 Diversifikation von Zins- und Währungsrisiko

Lernziele: 1. Diversifikation von Zins- und Währungsrisiko. 2. Virtuelle Duration.

11.2.1 Zwei Risikofaktoren

Wir betrachten nun eine Fremdwährungsanleihe (oder ein Portfolio aus Fremdwährungsanleihen) und untersuchen die Auswirkungen (1) einer Änderung der Währungsparität und (2) einer Änderung des Zinsniveaus. Um die Sprechweise anschaulicher zu halten, sei die Referenzwährung der Euro, und die Fremdwährung soll der Dollar sein.

Im Bereich einer kurzen Frist (Wochen, Monate, Quartale) hängt der in Euro ausgedrückte Wert einer US-Anleihe von zwei Faktoren ab. Diese Faktoren sind (im Bereich der kurzen Frist) zufällig. Es handelt sich um Risikofaktoren:

- Ein Risikofaktor ist das Zinsniveau für USD, es sei mit x bezeichnet.
- Der zweite Risikofaktor ist die Währungsparität zwischen dem Dollar und dem Euro. Sie sei mit y bezeichnet. Für die Währungsparität sei die *direkte* Notation gewählt. Das heißt, y bezeichnet USDEUR, den in Euro ausgedrückten Preis eines Dollars.

Da der in Euro ausgedrückte Wert der US-Anleihe, w, von beiden Risikofaktoren abhängt, schreiben wir sogleich $w = f(x,y)$. Die Funktion f lässt sich leicht angeben: Wir beginnen damit, den Wert des US-Bonds in Dollar auszudrücken und erhalten

$$w_{USD} = \frac{c}{1+x} + \frac{c}{(1+x)^2} + \ldots + \frac{c}{(1+x)^{T-1}} + \frac{c+100}{(1+x)^T} \qquad (11\text{-}1)$$

Der US-Bond soll Jahr um Jahr c Dollar Kupon bringen und bei Fälligkeit zu T mit \$100 zurückgezahlt werden. Folglich ist der in Euro ausgedrückte Wert des US-Bonds, den wir mit w bezeichnen, gleich dem Produkt

$$\begin{aligned} w &= w_{USD} \cdot y \\ &= \left\{ \frac{c}{1+x} + \frac{c}{(1+x)^2} + \ldots + \frac{c}{(1+x)^{T-1}} + \frac{c+100}{(1+x)^T} \right\} \cdot y \qquad (11\text{-}2) \\ &= f(x,y) \end{aligned}$$

Der in Euro ausgedrückte Wert w der US-Anleihe ist damit als Funktion f der beiden Faktoren x (Zinsniveau in USD) und y (Preis eines USD in Euro) dargestellt. Wie bei der Herleitung der Duration (Kapitel 8) verwenden wir auch hier den Buchstaben x für das Zinsniveau.

Wir wollen nun die *Sensitivität* dieses Wertes (11-2) gegenüber den beiden Risikofaktoren ermitteln. Eine solche Sensitivität hatten wir bei den Zinsrisiken bereits berechnet. Sie war durch die *Ableitung* des Wertes nach dem Faktor bestimmt, wie die Taylorsche Reihenentwicklung zeigte (vergleiche Abschnitt 8.1). Wenn wie jetzt mehrere Faktoren zu betrachten sind, dann kann der Ansatz auf diesen Fall übertragen werden.

Die Frage lautet, wie sich der Wert $f(x,y)$ ändert, wenn sich die Faktoren von x auf $x+\Delta_x$ sowie von y auf $y+\Delta_y$ ändern.

Wieder wäre es möglich, die neuen Zahlenwerte der beiden Risikofaktoren in die Funktion (11-2) einzusetzen und so den neuen Wert $f(x+\Delta_x, y+\Delta_y)$ direkt zu berechnen. Anschließend kann die Wertänderung

$$\Delta w \quad = \quad f(x+\Delta_x, y+\Delta_y) - f(x, y) \tag{11-3}$$

durch Auswertung der Funktion f an den alten und neuen Argumenten und Bildung der Differenz exakt bestimmt werden.

Daneben ist es möglich, die mit den Änderungen der Faktoren um Δ_x und Δ_y einhergehende Wertänderung um Δw mit Hilfe von *Ableitungen* auszudrücken, ähnlich wie bei der Duration-Formel. Die verwendete Taylorsche Reihenentwicklung wurde auf den Fall zweier (oder mehrerer) Variablen übertragen. Sie verwendet die *partiellen* Ableitungen. Wir wählen diesen Weg, weil er nicht nur für Funktionen der speziellen Form (11-2), sondern generell gilt. So entwickeln wir ein neues Werkzeug:

- Die partielle Ableitung von f nach x wird, wie üblich, mit f_x bezeichnet, die nach y mit f_y.
- Die *reinen* partiellen Ableitungen zweiter Ordnung seien mit f_{xx} und f_{yy} bezeichnet.
- Die *gemischte* partielle Ableitung f_{xy} entsteht, wenn f_x nach y differenziert wird. Auf die Reihenfolge kommt es nicht an: die partielle Ableitung f_{yx} stimmt mit f_{xy} überein.

Die Taylorsche Reihenentwicklung ist nachstehend gezeigt, wobei nur die Glieder erster und zweiter Ordnung angeführt sind:

$$\begin{aligned}\Delta w \quad &= \quad f(x+\Delta_x, y+\Delta_y) - f(x,y) \\ &= \quad f_x \cdot \Delta_x + f_y \cdot \Delta_y + f_{xx} \cdot \Delta_x^2 + f_{xy} \cdot \Delta_x \cdot \Delta_y + f_{yy} \cdot \Delta_y^2 + \ldots\end{aligned}$$

Ähnlich wie bei der Herleitung der Duration-Formel wird die Entwicklung nach den Gliedern erster Ordnung abgebrochen.

Es folgt

$$\Delta w \quad = \quad f(x+\Delta_x, y+\Delta_y)-f(x, y) \quad \approx \quad f_x \cdot \Delta_x + f_y \cdot \Delta_y \tag{11-4}$$

Die Faktorsensitivitäten sind durch die partiellen Ableitungen der Wertfunktion gegeben.

→ **Beispiel 11-1**: Bernd, Deutscher, denkt und rechnet in Euro. Aus Überlegungen, die hier nicht interessieren, hat er seine gesamten Mittel in US-Bonds angelegt. In Euro ausgedrückt unterliegt der Wert seines Portfolios zwei Einflussfaktoren. Zum einen könnte sich das Zinsniveau in den USA ändern, zum anderen der Dollar-Euro-Wechselkurs. Bernd träumt davon, dass über Nacht die Dollarzinsen fallen, $\Delta_x < 0$, und zugleich der Dollar gegenüber dem Euro einen Sprung nach oben macht, $\Delta_y > 0$. Aber das ist nur ein Traum. ■

11.2.2 Korrelation der Risikofaktoren

Oft bewegen sich die Faktoren *nicht unabhängig* voneinander. In der Tat:

- Steigen in den USA die Zinsen, nehmen die Bond-Flows nach Amerika zu: Der Dollar steigt.
- Fallen die Zinsen im Dollarraum, gehen die Bond-Flows in die USA zurück oder Geld fließt von den USA in andere Währungsräume. Folglich fällt der Außenwert des Dollars.

Kurzum: Ist das Zinsniveau x hoch, dann ist auch die Parität y typischerweise hoch und umgekehrt. Selbstverständlich ist dieser positive Zusammenhang zwischen Zinsniveau x und Parität y keine mathematische Funktion, sondern nur eine positive, korrelative Beziehung, die von weiteren Zufälligkeiten überlagert ist.

Dennoch vereinfacht es die weitere Analyse, die Währungsparität y als eine *Funktion* des Zinsniveaus x aufzufassen. Diese neue Funktion sei mit g bezeichnet,

$$y = g(x) \tag{11-5}$$

Sie drückt den Dollarkurs y in Abhängigkeit des US-Zinsniveaus x aus. Damit lässt sich für den in Heimatwährung ausgedrückten Wert (11-2) schreiben:

$$w \quad = \quad f(x,y) \quad = \quad f(x, g(x)) \tag{11-6}$$

Der Wert w hängt wieder nur von einem *einzigen* Faktor ab, nämlich vom US-Zinsniveau x. Wir unterstellen die Funktion g als differenzierbar. Dann kann die gesuchte Ableitung von w nach x mit der *Kettenregel* ermittelt werden.

Es ergibt sich:

$$
\begin{aligned}
\Delta w &= f(x+\Delta_x, y+\Delta_y) - f(x,y) \\
&= f(x+\Delta_x, g(x+\Delta_x)) - f(x, g(x)) \\
&\approx f_x \cdot \Delta_x + f_y \cdot g' \cdot \Delta_x \quad = \quad (f_x + f_y \cdot g') \cdot \Delta_x
\end{aligned}
$$

Die *Kettenregel* besagt: Es sei $y = h(x)$ eine differenzierbare Funktion und $z = v(y)$ eine andere Funktion. Nun werde die verkettete Funktion $z = v(y) = v(h(x))$ betrachtet. Die Ableitung von z nach x ist dann gleich dem Produkt $dz / dx = v' \cdot h'$ der Ableitungen der einzelnen Funktionen.

Die Kettenregel besagt für die Wertfunktion (11-6) also dies: Die Sensitivität des in heimischer Währung ausgedrückten Wertes der Fremdwährungsanleihe gegenüber Änderungen des Faktors x (Zinsniveau in der Fremdwährung), die wiederum Änderungen des Faktors y (Währungsparität) bewirken, beträgt $f_x + f_y \cdot g'$.

Wird also in einem Szenario eine Änderung des Faktors x um Δ_x prognostiziert, dann ist in erster Näherung die damit verbundene Wertänderung der Fremdwährungsanleihe:

$$
\Delta w \quad \approx \quad \left(f_x + f_y \cdot g'\right) \cdot \Delta_x \qquad (11\text{-}7)
$$

Das Ergebnis, die lineare Approximation (11-7), ist für kleine Zinsänderungen hinreichend genau. Die Formel (11-7) erlaubt zwei Folgerungen:

1. Gelegentlich wird nicht genau erkannt, wie viele Faktoren auf den Wert eines Instruments einwirken. Oft wird übersehen, dass es neben einem offensichtlich relevanten Faktor auch noch einen zweiten Faktor gibt. Wenn sich beide Faktoren unabhängig voneinander verändern, wird kein großer Fehler begangen, sofern der dominante Faktor allein in die Untersuchung einbezogen wird. Sind jedoch beide Faktoren untereinander verknüpft und miteinander korreliert, tritt entweder eine Verstärkung oder eine Abschwächung der Wirkungen ein.
2. Wenn der Wert eines Portfolios von mehreren Faktoren abhängt, muss nicht immer die Sensitivität bezüglich jedes einzelnen Faktors Anlass zu einer eigenen Absicherungsstrategie geben. Gelegentlich kompensieren sich einzelne Faktoren und verringern gegenseitig ihre Wirkung oder heben sich ganz auf.

→ **Beispiel 11-2**: Nach wenigen Jahren der Beobachtung der Finanzmärkte gibt Bernd seinen Traum auf, dass die Dollarzinsen fallen und *zugleich* der Dollar gegenüber dem Euro steigt. Er nimmt zur Kenntnis, dass praktisch immer, wenn die Dollarzinsen fallen, auch der Dollar fällt, und wenn die Dollarzinsen steigen, der Dollar gegenüber dem Euro zunimmt. Zwar gibt Bernd seinen ursprünglichen utopischen Traum auf, ist aber mit der empirischen Erkenntnis zugleich beruhigt: 1. Denn durch ein Steigen der Dollarzinsen wäre er als Halter von US-Bonds benachteiligt, wenn aber damit verbunden der Dollar zunimmt, hat er gleichzeitig einen Vorteil. 2. Fallen dagegen die US-Zinsen, dann nehmen die Kurse seiner US-Bonds zu, aber zugleich schwächt sich der Dollar gegenüber dem Euro ab. Bernd denkt: „Mein Zinsrisiko und Währungsrisiko heben sich fast auf. Es ist so, als ob mein Portfolio gegenüber dem Zinsrisiko immunisiert wäre. Hätte ich dagegen nur Euro-Anleihen, wäre ich einem deutlichen Zinsrisiko ausgesetzt.“ ■

11.2.3 Diversifikation von Zins- und Währungsrisiko

Die Funktion (11-5) drückt aus, wie der Kurs der Fremdwährung (in direkter Notation) vom Zinsniveau in der Fremdwährung abhängt. Doch diese Funktion kann kaum in analytischer Form aufgestellt werden. Denn es handelt sich, wie gesagt, in Wirklichkeit um eine korrelative Beziehung. Dennoch kann die in (11-7) benötigte Ableitung g' der Funktion (11-5) geschätzt werden.

Die Ableitung beschreibt, um wie viele Geldeinheiten der heimischen Währung sich der Preis für eine Einheit der Fremdwährung erhöht, falls sich das Zinsniveau in Fremdwährung erhöht.

In den Bezeichnungen von vorher heißt dies: Das Zinsniveau im ausländischen Kapitalmarkt steige von x auf $x+\Delta_x$, und folglich ändert sich der Preis einer Währungseinheit (ausgedrückt in heimischer Währung – direkte Notation) von $y = g(x)$ auf:

$$\begin{aligned} y+\Delta_y &= g(x+\Delta_x) \\ &\textit{also} \\ \Delta_y &\approx g' \cdot \Delta_x \end{aligned} \tag{11-8}$$

→ **Beispiel 11-3**: Eine Person mit Referenzwährung Euro beobachtet, dass der Dollar typischerweise immer um 2 Eurocent steigt, sobald sich das Zinsniveau im US-Markt um 10 Basispunkte erhöht. Also: $\Delta_x = 0{,}0010$ bewirkt $\Delta_y = 0{,}02$. Demzufolge hätte die Ableitung den numerischen Zahlenwert von $g' = 0{,}02 / 0{,}0010 = 20$. ■

Für eine empirische Schätzung von g' wird man historische Daten beschaffen: die Währungsparitäten y_t und die ausländischen Zinssätze x_t der letzten Monate t. Sodann wird eine Lineare Regression nachstehender Form angesetzt:

$$y_t = \alpha + \beta \cdot x_t + \varepsilon_t \tag{11-9}$$

Die Regression liefert (neben α) den gesuchten Koeffizienten β. Dieser ist der Schätzwert für g'. Das Beta drückt aus, um wie viel Eurocent sich typischerweise ein Dollar verteuert, wenn sich in den USA das Zinsniveau um einen ganzen Prozentpunkt ändert. In der Regressionsgleichung (11-9) sind ε zufällige Einflüsse.

→ **Beispiel 11-4**: Angenommen, das Zinsniveau in den USA sei gerade $x=3\%$ und ein USD koste 1,00 Euro, also $y=1$. Weiter angenommen, das US-Zinsniveau würde auf $x=4\%$ steigen. Alle anderen makroökonomischen Größen, insbesondere die Zinsen im Euroland, sollen dabei unverändert bleiben. In der Folge des in die USA strömenden Geldes (Bond-Flows) soll ein Dollar dann €1,05 kosten. Soweit liegen zwei historische Daten vor. Setzt man beide in $y=\alpha+\beta\cdot x$ ein, dann ergibt sich $1{,}00=\alpha+\beta\cdot 0{,}03$ und $1{,}05=\alpha+\beta\cdot 0{,}04$. Das kann exakt aufgelöst werden. Die Rechnung führt zu $0{,}05=\beta\cdot 0{,}01$ und damit zu $\beta=5$. ■

Wir setzen nun das Beta als ermittelt und bekannt voraus. Mit seiner Hilfe können wir uns wieder (11-7) zuwenden und zunächst die partielle Ableitung f_y ermitteln. Im konkreten Fall ist das einfach, denn (11-2) zeigt $f(x,y)=w_{USD}\cdot y$, also gilt $f_y=w_{USD}$.

Sodann muss f_x bestimmt werden. Diese partielle Ableitung von (11-2) ist wesentlich durch die Duration der Fremdwährungsanleihe gegeben. Aber auch die Parität y spielt hinein. Wird der in USD ausgedrückte Wert (11-1) nach dem ausländischen Zinsniveau abgeleitet, so ergibt sich mit den von der Duration-Formel bekannten und in Kapitel 8 vorgeführten Umformungen

$$\frac{dw_{USD}}{dx} = -\frac{1}{1+x}\cdot D\cdot w_{USD} \tag{11-10}$$

Dies wird verwendet, um (11-2) partiell nach dem Zinsniveau abzuleiten.

Aus $f(x,y)=w_{USD}\cdot y$, wobei w_{USD} nur eine Funktion vom Zinsniveau x ist, folgt

$$f_x = \frac{dw_{USD}}{dx}\cdot y = -\frac{1}{1+x}\cdot D\cdot w_{USD}\cdot y \tag{11-11}$$

Damit sind sämtliche in (11-7) benötigten Ableitungen berechnet:

$$\begin{aligned}\Delta w &\approx \left(f_x+f_y\cdot g'\right)\cdot\Delta_x = \left\{-\frac{1}{1+x}\cdot D\cdot w_{USD}\cdot y+\beta\cdot w_{USD}\right\}\cdot\Delta_x \\ &= \left\{-\frac{1}{1+x}\cdot D+\frac{1}{y}\cdot\beta\right\}\cdot w_{USD}\cdot y\cdot\Delta_x = \left\{-\frac{1}{1+x}\cdot D+\frac{1}{y}\cdot\beta\right\}\cdot w\cdot\Delta_x \\ &= -\frac{1}{1+x}\cdot\left\{D-\frac{1+x}{y}\cdot\beta\right\}\cdot w\cdot\Delta_x\end{aligned} \tag{11-12}$$

Die Formel (11-12) ist das Hauptergebnis. Nochmals leicht umformuliert nimmt sie eine Form an, die der Duration-Formel gleicht:

$$\frac{\Delta w}{w} \approx -\frac{1}{1+x} \cdot \left\{ D - \frac{1+x}{y} \cdot \beta \right\} \cdot \Delta_x \qquad (11\text{-}13)$$

Nur ist, wenn eine Fremdwährungsanleihe in das heimische Portfolio genommen wird und alle Beträge in Referenzwährung ausgedrückt werden, ihre Duration nicht die, die sie im Ausland bezüglich der Fremdwährung hat. Die Formel (11-13) zeigt, dass das Beta aus (11-9) wie eine *Verringerung der Duration* der Fremdwährungsanleihe wirkt. Aus der auf die US-Welt bezogenen Duration D ist für den in Euro denkenden Finanzinvestor eine geringere, *virtuelle* Duration der Fremdwährungsanleihe entstanden:

$$D_{EUR} = D - \frac{1+x}{y} \cdot \beta \qquad (11\text{-}14)$$

Die virtuelle Duration beschreibt jene Zinsrisiken, die eine Fremdwährungsanleihe im Portfolio des Inländers noch hat. In Formel (11-14) ist D die Duration der Fremdwährungsanleihe, x ist das Zinsniveau in Fremdwährung, y ist die Währungsparität. Das Beta beschreibt, wie sich der Preis der Fremdwährung verändert, wenn sich das Zinsniveau der Fremdwährung verändert. Die neue Duration-Formel lautet daher:

$$\frac{\Delta w}{w} \approx -\frac{1}{1+x} \cdot D_{EUR} \cdot \Delta_x \qquad (11\text{-}15)$$

Die Wertänderungen von Fremdwährungsanleihen (verursacht von Zinsänderungen in Fremdwährung) **können im Portfolio in dessen Referenzwährung ausgedrückt werden, indem in der klassischen Duration-Formel mit der virtuellen Duration gerechnet wird**.

11.2.4 Zahlenbeispiele

→ **Beispiel 11-5**: Wie in Beispiel 11-4 habe der Investor Euro als Referenz; das ausländische Zinsniveau (USA) sei $x = 3\%$ und die Währungsparität $y = 1{,}00$, und es sei weiter $\beta = 5$. Die virtuelle Duration ist nach Formel (11-14) gleich $D_{EUR} = D - 5{,}15$ Jahre. Das bedeutet: Ein europäischer Finanzinvestor kann US-Bonds mit einer Duration von 5,15 Jahren kaufen und ist dann *weder* einem Zinsrisiko *noch* einem Währungsrisiko ausgesetzt. Wenn die Zinsen in den USA steigen, fällt zwar der Kurs des US-Bonds, doch gleichzeitig verteuert sich der Dollar. Wenn die Zinsen in den USA fallen, steigt zwar der Kurs des US-Bonds, doch gleichzeitig fällt der Dollar. Die Effekte gleichen sich im Fall $D = 5{,}15$, $D_{EUR} = 0$ aus.

Im Fall einer geringeren Duration, $D < 5{,}15$, ist die virtuelle Duration sogar negativ, $D_{EUR} < 0$. Das bedeutet: Steigen die Zinsen in den USA, dann ist der Kursverlust beim Bond geringer als der Währungsgewinn. Bei steigenden Zinsen nimmt die Position per saldo an Wert zu.[1] ■

→ **Beispiel 11-6**: Ein Finanzinvestor in Kuala Lumpur denkt in Ringgit (MYR), doch ab und zu kauft er auch Anleihen der Eidgenossenschaft. Derzeit kostet ein Schweizerfranken 3,70 Ringgit und das Zinsniveau für Franken liegt bei $2{,}5\%$. Der Investor aus Malaysien denkt, dass bei einer Erhöhung der Zinsen in der Schweiz auf 3% der Franken auf 3,76 Ringgit anziehen würde.

Diese Informationen werden zunächst dazu verwendet, das Beta zu berechnen. Die Regression (11-9) hat nur zwei Datensätze. Einer ergibt $3{,}70 = \alpha + \beta \cdot 0{,}025$ und der andere $3{,}76 = \alpha + \beta \cdot 0{,}03$. Die Auflösung führt zu $0{,}06 = \beta \cdot 0{,}005$ und weiter zu $\beta = 12$. Der Investor aus Kuala Lumpur kauft eine langlaufende Frankenobligation mit einer Duration $D = 6$ Jahre und ermittelt die Wertänderungen in seinem in Referenzwährung MYR ausgedrückten Portfolio, die mit eventuellen Zinsänderungen in der Schweiz verbunden wären. Die Formel (11-14) führt auf $D_{MYR} = 6 - (1{,}025 / 3{,}70) \cdot 12 = 6 - 3{,}3 = 2{,}7$ Jahre.

Diese virtuelle Duration drückt ein vergleichsweise geringes Risiko aus. Der Investor interpretiert sie so: Sollte sich in der Schweiz das Zinsniveau um 100 Basispunkte erhöhen, dann würde ich, ganz grob gerechnet, $2{,}7\%$ des Ringgit-Werts meiner Fremdwährungsanleihen verlieren. Zu einer Erhöhung der Zinsen um 100 Basispunkte wird es in der Schweiz wohl nicht kommen, aber vielleicht sind Erhöhungen um 10 Basispunkte möglich. Dann würde ich ganz grob gerechnet 27 Basispunkte auf den Wert meiner Frankenanleihen verlieren. ■

Aufgrund der Diversifikation von Zins- und Währungsrisiko werden Fremdwährungsanleihen für Investoren interessant, selbst wenn das Zinsniveau in den Fremdwährungsländern geringer ist.

11.2.5 Kein Hedging der Fremdwährung?

Bislang wurde gezeigt: **Schwankt aufgrund von Zinsänderungen der Kurs von Fremdwährungsanleihen (ausgedrückt in ausländischer Währung), dann übertragen sich diese Kursschwankungen nicht 1 zu 1 in den Wert des Portfolios, der rechnerisch in inländischer Währung ausgedrückt wird. Dies deshalb, weil zusammen mit den ausländischen Zinsen die Währungsparitäten schwanken. Dabei gibt es deutliche Diversifikationseffekte**. In der Wirkung auf den in inländischer Währung gerechneten Portfoliowert sieht es so aus, als hätten die Fremdwährungsanleihen eine viel **geringere Duration** und die (ausländischen) Zinsänderungen würden daher weniger ausmachen.

Dennoch kann der in inländischer Währung ausgedrückte Wert der Fremdwährungsanleihen immer noch etwas schwanken (weil die virtuelle Duration etwas von 0 verschieden sein wird). Die-

---

11 Selbstverständlich bleiben jene Zufälligkeiten, die in der linearen Beschreibung nicht erfasst sind. Beispielsweise könnte es sein, dass die Zinsen in den USA steigen und sich gleichzeitig der Dollar nicht verteuert oder sich nicht in dem hier berechneten Umfang verteuert.

se restlichen Schwankungen entstehen als Saldo der Zinsrisiken (in Fremdwährung) und den Schwankungen der Währungsparität. Sie können mit Absicherungsinstrumenten beseitigt werden. Hierzu werden entweder Währungsfutures oder Währungsterminkontrakte gewählt oder, auch das wäre möglich, Zinsfutures, die auf die Fremdwährung lauten. Das Restrisiko (Standardabweichung der Schwankungen) wird am besten ermittelt, indem es aus der Beobachtung des Portfolios geschätzt wird. Entsprechend wird dann entschieden, wie viele der Währungsfutures und/oder der Zinsfutures (in Fremdwährung) dem Portfolio noch hinzu gefügt werden.

11.3 Ergänzungen und Fragen

Lernziele: 1. Zins- und Währungsrisiko seit 40 Jahren. 2. Lernkontrolle.

11.3.1 Ergänzung: Die Ursprünge von Zinsfutures

Als 1944 das Ende des Zweiten Weltkriegs absehbar war, bemühten sich die Amerikaner darum, Grundlagen für die Entfaltung der Weltwirtschaft in der bevorstehenden Nachkriegszeit zu schaffen. Neben der Einrichtung zweier internationaler Institutionen, erstens der *International Bank for Reconstruction and Development* oder **Weltbank** und zweitens dem Internationalem **Währungsfonds** wurden in einem Treffen in **Bretton Woods** *feste Währungsparitäten* vereinbart.[2] In den folgenden 25 Jahren wurde immer offensichtlicher, dass der Dollar dabei eine zu hohe Bewertung erhalten hatte. Einer der Gründe war die Kreditfinanzierung des Kriegs in Vietnam (1946-1975), die den US-Präsidenten NIXON bewog, die Golddeckung des Dollars aufzugeben. Daraufhin kam es zur 1973 zur Aufkündigung des Systems fester Wechselkurse. Die Währungsparitäten, etwa die zwischen Dollar und Pfund, oder zwischen dem Dollar und dem französischem Franc, konnten sich ab 1973 aufgrund von Angebot und Nachfrage frei einstellen.[3]

[2] Nach Vorgesprächen zwischen den USA und Großbritannien wurden bereits im Juli 1944 – das Kriegsende wurde von den Alliierten vorausgesehen – entsprechende Vereinbarungen getroffen. Die USA hatten dazu Vertreter von 44 Ländern nach Bretton Woods eingeladen, einem kleinen Ort in New Hampshire an der Ostküste der USA. So wurden 1944 die Weltbank und der Währungsfonds gegründet. Die Bank für Internationalen Zahlungsausgleich mit Sitz in Basel wurde bereits 1930 eingerichtet. In Bretton Woods wurde ebenso über die Währungen gesprochen. Die Vertreter freier Konvertibilität gaben sich einverstanden mit fixen Wechselkursen, wobei gelegentliche Anpassungen möglich sein sollten. Auf dieser Basis sollte der Kapitalverkehr zwischen den Industriestaaten möglich, der Handel gefördert und der Wiederaufbau der Weltwirtschaft unterstützt werden. Zudem sollte vermieden werden, dass ein Land einfach eine Abwertung der eigenen Währung vornimmt, um dadurch die weltweite Produktion auf sich zu lenken. Eine Folge der Fixierung der Währungsparitäten war, dass die Zinssätze in den teilnehmenden Ländern übereinstimmen mussten. Das Zinsniveau im verbundenen Währungsgebiet konnte natürlich noch schwanken. Das Fed, die Zentralbank der USA, übernahm die Führung bei der Festlegung der Geldpolitik.

[3] Die europäischen Länder hatten noch versucht, ihre Währungen untereinander zu koppeln und ihre Geldpolitik zu koordinieren. Ein Beispiel ist die *Währungsschlange*: Im Jahr 1972 hatten Belgien, Deutschland, Frankreich, Italien, Luxemburg und die Niederlande beschlossen, dass die Wechselkurse ihrer Währungen um nicht mehr als 2,25% voneinander abweichen dürfen. Die Währungsschlange gilt als ein Vorläufer des Europäischen Währungssystems.

Im Jahr 1973 sind unabhängige Währungsgebiete entstanden, und mit ihnen neue Möglichkeiten für eine selbständige Geldpolitik. So kam damals der Bedarf auf, Zins- und Währungsrisiken absichern zu können. Der Bedarf an Instrumenten für die Absicherung dieser beiden Risiken ist seither enorm gestiegen. Der Handel mit *Devisenfutures* wurde 1973 an der *Chicago Mercantile Exchange* (CME) aufgenommen und kurze Zeit später der Handel mit *Zinsfutures* am *Chicago Board of Trade* (CBOT). Heute gibt es weitere große Börsen für Futures und Zinsinstrumente.

11.3.2 Fragen und Aufgaben

1. Ein Investor mit Referenzwährung Euro hat vor einem Jahr in Schweizerfranken denominierte Obligationen für 5000 Franken zu einem Wechselkurs von EURCHF=1,25 gekauft. Wie hoch ist der Total Return, ausgedrückt auf Jahresbasis und in Referenzwährung Euro unter der Annahme, dass keine Kuponzahlungen erfolgten? Der Wert der Obligationen ist derzeit, genau ein Jahr nach dem Kauf, 5450 Franken und der momentane Wechselkurs steht bei EURCHF=1,24.
2. Petra denkt in Euro. Sie hat ein kleines Portfolio, und da es ihr eigens Geld ist, muss sie niemandem Rechenschaft ablegen. Sie nimmt auch immer wieder Anleihen aus den USA dazu und unterhält seit Jahren neben ihrem Eurokonto auch ein Dollarkonto. Ihr Ziel ist, nicht (dauernd) zu wechseln. Sie hört von Translationsrisiko, von Transaktionsrisiko und von ökonomischen Risiken. Welche dieser drei Risiken sind für sie bedeutend?
3. Gibt es ein Zinsrisiko oder mehrere Zinsrisiken?
4. a) Erklären Sie das Beta aus (11-9). b) Gibt es empirische Erkenntnisse dazu, wie sich Zins- und Währungsrisiken in einem Portfolio aus Fremdwährungsanleihen auswirken?

11.3.3 Antworten und Lösungen

1. In Euro ausgedrückt, wurden vor einem Jahr €4.000 bezahlt und der heutige Wert, ein Jahr später, beträgt €4395. Deshalb ist die Gesamtrendite auf Jahresbasis 9,875%.
2. Vor allem das ökonomische Risiko: Petra sieht ab und zu auf den Gesamtwert ihres Depots, auch ohne dann Transaktionen auszulösen.
3. Die Sicht, durch zinsrelevante Nachrichten würde sich lediglich das Zinsniveau verschieben, ist ein guter erster Ansatz, aber wenig differenziert. Wie im Vorkapitel 10 erläutert, verlangen größere Portfolios eine Unterscheidung, ob sich zinsrelevante Nachrichten auf die kurzen, die mittleren oder die langen Sätze auswirken.
4. a) Das Beta beschreibt die Ableitung der Funktion g aus Formel (11-8). Die Funktion g beschreibt, wie die Währungsparität y sich in Abhängigkeit des ausländischen Zinsniveaus x darstellt. b) Ja. Sie sind ausführlich in Kapitel 6 dargestellt.

III Rating

Der rote Faden für Teil III: Bei Schuldnern muss die **Gefahr eines Kreditausfalls** eingeschätzt werden. Die **Bonität** wird durch das **Rating** gemessen und ausgedrückt (Kapitel 12). Zum Schutz der Gläubiger dient zunächst ein versicherungswirtschaftliches Prinzip. Es verlangt, dass der Schuldner die **Kreditrisikoprämie** bezahlt (Kapitel 13). Doch im Weiteren müssen die Gläubiger selbst vorbeugen, indem sie **Reserven** aufbauen (Kapitel 14).

12 Distress und Default

Themen: Die Bonität des Schuldners beeinflusst den Wert eines Kredits oder einer Anleihe. Wie wird die Bonität eines Schuldners ermittelt? Wie werden Ausfallrisiken im Kapitalmarkt bewertet? Heute üblich ist eine aktuarische Behandlung des Kreditrisikos.

12.1 Risikovermeidung

Lernziele: 1. Default (Begriff). 2. Risikovermeidung und Risikonormierung.

12.1.1 Default als Begriff

Dass Schuldner den Kapitaldienst überraschend nicht mehr wie versprochen leisten können, lässt sich bis in die Antike verfolgen. Die Ausfallgefahr wurde bei einer *Kreditvergabe* stets gesehen. Mit **Ausfallrisiko** wird die Unsicherheit bezeichnet, dass der Schuldner einen Kredit auf einmal nicht mehr verzinsen und zurückzahlen kann. Um das Ausfallrisiko frühzeitig einzuschätzen und um es zu bewältigen, prüft ein Bankier vor der Kreditvergabe die **Bonität** des Schuldners und fragt nach Sicherheiten. Hinzu tritt eine zweite Art von Unsicherheit: Die Ausfallwahrscheinlichkeit kann oft nur ungenau bestimmt werden, und vielfach verschlechtert sich die Bonität des Schuldners unvorhergesehen. Diese Unsicherheiten werden als **Bonitätsrisiko** angesprochen.

Die Gefahr, dass ein Schuldner in eine krisenhafte Entwicklung gerät, trifft nicht nur die Bank. Finanzinvestoren, die Anleihen oder Corporate Bonds halten, sind ebenso mit Ausfallrisiken (und mit Bonitätsrisiken) konfrontiert. Außerdem ist die Ausfallgefahr nicht nur bei Krediten oder bei Anleihen relevant, sondern bei praktisch allen Finanzgeschäften mit einer Gegenpartei. Deshalb wird allgemein vom **Gegenparteirisiko** gesprochen. Gegenparteirisiken gibt es bei Termingeschäften ebenso wie bei Swaps. Anleger kaufen Investmentzertifikate von einer Investmentbank, und auch sie könnte ausfallen.

Doch bleiben wir bei *Krediten* und *Anleihen.* Die angesprochene Ausfallgefahr bezieht sich auf verschiedene Ereignisse wie eine *Zahlungsstockung*, einen *Zahlungsverzug*, eine vielleicht sogar andauernde *Zahlungsunfähigkeit* oder auf den *Konkurs*. Angesichts der verschiedenen Schwere von Zahlungsstörungen wurde ein Begriff gesucht, der den Ausfall definiert. Im Zentrum der modernen Theorie und Praxis steht als Begriff der **Default**.

Ein **Default** liegt vor, und ein Schuldner gilt als *ausgefallen*, falls ein oder mehrere der folgenden Ereignisse eingetreten sind:

1. Der Schuldner ist mit einer Zahlungsverpflichtung mehr als 90 Tage im **Verzug**.
2. Der Schuldner hat ein **Konkursverfahren** oder ein ähnliches Verfahren beantragt, etwa eine Zahlungsstundung.
3. Gläubiger haben bereits **Abschreibungen** auf ihren Forderungen vorgenommen, oder sie haben eine Verschiebung fälliger Zinszahlungen akzeptiert.
4. Aufgrund aktueller **Informationen** muss es als unwahrscheinlich angesehen werden, dass der Schuldner seine Zahlungsverpflichtungen voll erfüllen kann.

Ein Default ist mithin die klare Evidenz, dass der Kredit nicht mehr oder nicht in vollem Umfang bedient werden wird. Im Default liegen begründete Informationen darüber vor, dass der Schuldner in wirtschaftliche Schwierigkeiten geraten ist, *aus denen er allein nicht mehr herauskommt*. Sie sind *nicht nur temporär*, sondern lassen eher eine Verschlechterung als eine Verbesserung der Lage erwarten – sofern nicht Hilfe kommt. Ein Default ist folglich gravierender als der **Financial-Distress**. Der Distress ist eine **Situation finanzieller Anspannung** beim Schuldner. Bei einem Financial-Distress wird dem Schuldner eine hohe Chance zugebilligt, die Lage *selbst* und *innert nützlicher Frist* verbessern zu können.

Das kann selbstverständlich scheitern, und ein Distress kann sich zu einem Default ausweiten. Ein Default liegt wiederum vor einem Konkurs. Im Default kann ein Konkursverfahren eröffnet werden – sofern der Schuldner nicht zu Rechtsmitteln greift, die den Entscheid über eine Konkurseröffnung hinausschieben. Im Default versuchen alle Parteien, Hilfe zu organisieren.

12.1.2 Kosten

Auch wenn im Default für Gläubiger noch nicht alles verloren ist, dürfte bereits ein *gewisser Schaden* entstanden sein. Immerhin muss der Gläubiger zum Zeitpunkt eines Defaults:

- in seiner Bilanz Rückstellungen bilden oder Teilabschreibungen vornehmen, und dazu Schätzungen vornehmen, wie hoch der Schaden zu veranschlagen ist,
- den Schuldner beobachten, um Rechte, die der Kreditvertrag gibt, geeignet auszuschöpfen, um möglichst viel für sich zu retten,
- Rechtsanwälte einschalten.

Beim Kreditrisiko geht es nicht allein um die Möglichkeit oder Wahrscheinlichkeit, dass es zu einem Default kommen könnte und der Gläubiger *dann* finanziell geschädigt wäre.

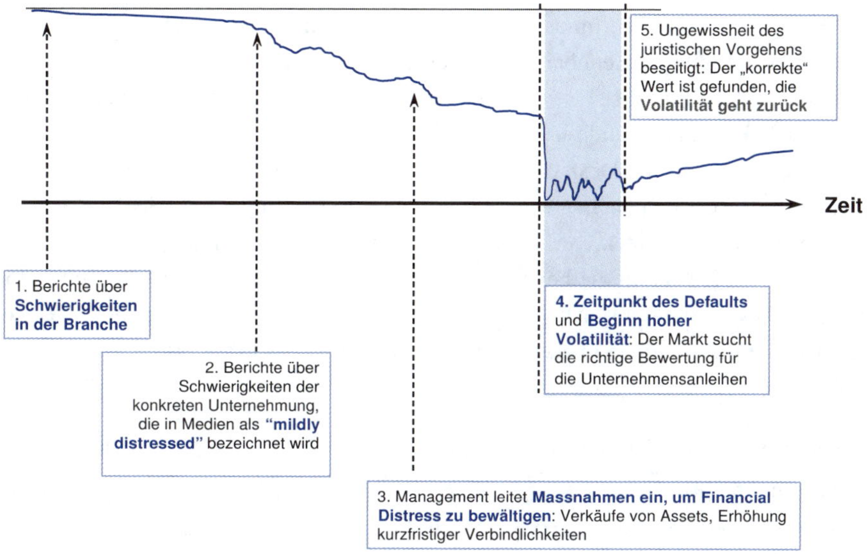

Darstellung 12-1: Der typische Kursverlauf einer Unternehmensanleihe bei sich verschlechternder Bonität, einem Eintritt des Default und in der Zeit danach.

Das Kreditrisiko ist bereits im Vorfeld von Nachteil. Die Möglichkeit eines Defaults verursacht im Vorfeld Aufwand: 1. Für die laufende Einschätzung der Bonität. 2. Gläubiger (Banken) müssen Reserven halten, um Defaults bei der Kreditkundschaft „aufzufangen“. Denn eine fallende Bank könnte ihre Einlagekunden in die Zahlungsunfähigkeit bringen, und die Einlagekunden könnten weitere Wirtschaftssubjekte hineinziehen (Dominosteine). 3. Während der Laufzeit des Kreditvertrags gibt es in den meisten Fällen vor dem Eintreten eines Default stets Gerüchte und Anzeichen einer Verschlechterung der Bonität des Schuldners. Dann kommt es zu einer gewissen Wertminderung bei den Forderungen, und der Gläubiger hat zusätzlichen Aufwand für die dann verlangte intensivere Beobachtung. Die bloße Gefahr eines Defaults und Anzeichen von Distress verursachen beim Gläubiger also bereits Kosten, selbst wenn dann ein Default nicht eintritt.

Das Kreditrisiko ist nicht eine rein bilaterale Angelegenheit, die zwischen Schuldner und Gläubiger geregelt werden muss. Da Banken wesentliche Träger eines Finanzsystems sind, können Kreditrisiken die **Stabilität des Finanzsystems** betreffen. Ein funktionsfähiges und stabiles Finanzsystem ist ein **öffentliches Gut**, und in einer reinen Privatwirtschaft kommt es bekanntlich zu einer Unterversorgung mit öffentlichen Gütern, wie PAUL A. SAMUELSON (1915-2009) gezeigt hat. Der Staat greift daher regulierend ein, um die Stabilität des Finanzsystems zu sichern. Hierzu verlangen die Aufsichtsbehörden, dass Banken *nicht zu viele Kreditrisiken* eingehen. Damit nicht jedes Land für sich eigene Vorschriften findet, orientiert man sich an Vorschlägen, die vom **Basler Ausschuss für Bankenaufsicht** erarbeitet werden. Dieser Ausschuss publiziert Empfehlungen für die Bankenaufsicht, die von den Regierungen praktisch aller Länder übernommen und bei der nationalen Gesetzgebung berücksichtigt werden (siehe Kapitel 14).

Alle diese Kosten oder die Wertminderung, die vor dem eigentlichen Default zu verzeichnen sind, sind auch bei Anleihen erkennbar. Bei Anleihen gibt es typische Zeitabschnitte, in denen eine Anleihe etwa als „mildly distressed" bezeichnet wird, bis hin zu dem Zeitpunkt, zu dem der Default dann vielleicht eintritt und publik wird. Dann beginnt eine Zeit, in der es höchst unsicher ist, wie es weiter gehen dürfte. Deshalb setzt nach einem Default eine Phase mit hohen Kursausschlägen ein – die Investoren suchen nach der richtigen Bewertung. Die meisten Kapitalanleger, die Unternehmensanleihen halten, verkaufen ihre Bonds bei den ersten negativen Meldungen. Es gibt allerdings auch Investoren, die bewusst nach einem Default kaufen und die Zeit mitbringen, um die weitere Abwicklung auszusitzen. Das ist nicht die Sache von Jedermann, weshalb kurz nach einem Default die Anleihen überverkauft sind und ihr Kurs stark sinkt.

Das *Kreditrisiko* drückt sich auf mehrere Weisen aus:

1. Bei den meisten Schuldnern gibt es eine gewisse Wahrscheinlichkeit für einen Default.
2. Die Ausfallgefahr verlangt es bereits im Vorfeld, Vorkehrungen zu treffen (Bonitätsbeurteilung, Reserven), und bei einer Verschlechterung der Lage des Schuldners kommen eine intensivere Beobachtung und eventuell stützende Maßnahmen hinzu. Tritt der Default tatsächlich ein, entstehen Wertverluste.
3. Hinsichtlich der weiteren Abwicklung bestehen enorme Unsicherheiten, die eine zusätzliche Wertverringerung bewirken.

12.1.3 Warum Banken Kredite geben

Kreditrisiken werden vor allem von Banken und von Bondinvestoren getragen. Das Kerngeschäft einer Bank war ursprünglich allein die **sichere Verwahrung von Einlagen**. Um den Kunden für die in Verwahrung genommenen Einlagen, meist Spargelder, eine kleine Rendite zu ermöglichen, setzt die Bank die Kundengelder für die Dauer der Überlassung wirtschaftlich ein. Das traditionelle Geschäft hierzu besteht in der Vergabe von Krediten. Eine Bank investiert Kundengelder nicht an der Aktienbörse, und sie verwendet Kundengelder nicht für Ventures. Das wird oft nicht verstanden, wenn gefordert wird, eine Bank solle Risikokapital für Jungunternehmen geben. Warum die Grundhaltung für *Debt* und gegen *Equity*? Die Bank kann ihre Hauptaufgabe, Spargelder der Einlagekundschaft *sicher* zu verwahren, besser bewerkstelligen, wenn sie das Geld *in Fremdkapital und nicht in Eigenkapital* anlegt. Zwar kommt es bei Krediten bei dem einen oder anderen Schuldner zu Ausfällen. Wenn Klumpenrisiken vermieden werden, dann ereignen sich die Schäden unabhängig. Sie können wie der Bestand einer Lebensversicherung verwaltet werden. Das Kreditportfolio bleibt deutlich wertstabiler, als wenn die Bank die Einlagen der Kunden in Aktien investieren würde. Warum ist das so? Die Kurse der Aktien verschiedener Firmen bewegen sich zwar zu einem Teil auf eine Weise, die nur mit den spezifischen und zufälligen Entwicklungen der jeweiligen Firma zu tun haben und diversifiziert werden können.

Zu einem großen Teil erklärt sich die Kursbewegung bei Aktien aber aus Veränderungen und Entwicklungen „im Markt", die alle Firmen gleichermaßen betreffen. Die Aktienkurse der Firmen untereinander sind stark korreliert. Wer in Eigenkapital investiert, kann zwar die firmenspezifischen Risiken diversifizieren, nicht jedoch das Risiko des Marktes. Aktienportfolios sind daher nur für jene Investoren geeignet, die das Marktrisiko tragen können, weil sie aus dem Anlageergebnis keine in nominaler Höhe festgeschriebenen Verpflichtungen (etwa Kundenansprüche) bedienen müssen. Bei einem Kreditportfolio kommt es zwar dann und wann zu einem Default, doch die Ausfälle sind (sofern es keine Klumpenrisiken gibt) unkorreliert und können durch Diversifikation im Kreditportfolio praktisch vollständig eliminiert werden – ähnlich wie das eine Versicherungsgesellschaft mit stochastisch unabhängigen Schäden tun kann. Kreditportfolios und Portfolios aus Anleihen sind daher für Investoren geeignet, die aus dem Anlageergebnis Verpflichtungen und Kundenansprüche bedienen müssen, die in nominaler Höhe festgeschrieben sind. Banken dürfen deshalb zwar Kreditrisiken eingehen, sie sollten aber die mit Eigenkapital verbundenen Risiken – insbesondere das Marktrisiko – meiden. Hinzu kommt: Der Informationsaufwand ist für den Investor geringer, wenn in Debt anstatt in Equity investiert wird.

Banken haben im Verlauf der Jahrhunderte Expertise hinsichtlich des Kreditrisikos entwickelt. Sie haben eine Meisterschaft bei der Beurteilung von Bonität entwickelt. Wenn es aber um unternehmerische Risiken geht, sind sie keine Experten. Das Verhalten der Banken ist daher davon geprägt, dass sie den Unternehmen Kredite geben, eine Beteiligung und Teilhabe an der unternehmerischen Verantwortung aber tunlichst vermeiden.

Die Kernelemente der *traditionellen* Bonitätsprüfung sind

1. die Beurteilung der **Kreditfähigkeit** (finanzielle Verhältnisse, Zahlungsfähigkeit) oder **Konstitution**, und
2. die der **Kreditwürdigkeit** oder **Persönlichkeit** (fachliche und persönliche Eigenschaften des Kreditnehmers, Zahlungswilligkeit).[1]

12.1.4 Faktoren für den Ausfall

Es gibt einen bemerkenswerten Wandel in der Sicht, aufgrund welcher Entwicklungen ein Default eintreten kann. Vorweg sollen zwei Vorstellungen verglichen werden:

1. Vorstellung, Sicht oder Hypothese: Ob es zu einem Default kommt oder nicht, wird überwiegend durch die *Persönlichkeit des Schuldners* bestimmt.

[1] Im angelsächsischen Raum spricht man bei der traditionellen Bonitätsbeurteilung oftmals von den 10 C's: Cash, Cashflow, Capital, Collateral, Character, Capacity, Conditions, Competitors, Companions und Control. Die traditionelle Bonitätsbeurteilung ist ein plausibles Verfahren, das für große und mittelgroße Kreditkunden eingesetzt wurde. Indessen hängt der Kreditentscheid stets von der Erfahrung, Qualifikation und Persönlichkeit des Kreditsachbearbeiters ab. Die Vergleichbarkeit der Einstufungen einzelner Kreditkunden seitens verschiedener Banken wird bei der traditionellen Bonitätsprüfung durch die Individualität der Kreditsachbearbeiter erschwert.

2. Vorstellung: Ob es zu einem Default kommt, hängt von der *Situation* des Schuldners sowie von den externen Einflüssen ab, denen er ausgesetzt ist.

Früher sind Banken bei der Kreditvergabe überwiegend der ersten Vorstellung gefolgt. Daher wurde die Prüfung der **Kreditwürdigkeit** der Person des Schuldners betont. Kam es zum Ausfall, lag es bei dieser Sicht an dem persönlichen Verhalten, weshalb der Schuldner für seine Missetat zu bestrafen war. Zahlungsunfähige wurden in den Hungerturm geworfen. Heute wird die zweite Vorstellung betont. Die wirtschaftliche Situation sowie die externen Umstände des Schuldners stehen im Mittelpunkt. Folglich wird die **Kreditfähigkeit** wird betont.[2] Allerdings ist die erste Vorstellung auch heute nicht ganz obsolet: Charakter und Verhalten des Schuldners beeinflussen seine Kooperation im Fall, dass ein Default eintritt. Von der Kooperationsbereitschaft hängt ab, wie hoch der Schaden der Bank im Fall eines Defaults sein wird.[3]

Die **Konstitution des Schuldners**, die Fähigkeit, abträgliche externe Zufallseinflüsse abwehren oder selbst tragen zu können, kann vorweg vom Gläubiger eingeschätzt werden (Kreditfähigkeit). Selbstverständlich ist vorweg nicht bekannt, ob abträgliche externe Ereignisse während der Kreditlaufzeit eintreten werden oder nicht. Kommt es jedoch zu einer so starken Belastung, dass die Abwehrkräfte des Schuldners durchbrochen werden, dann gerät er in Zahlungsschwierigkeiten.

→ **Beispiel 12-1**: So kann eine Unternehmung eine hohe Verschuldung aufweisen und hat damit eine schwache Konstitution. Bereits eine kleinere ungünstige Entwicklung kann dann das Eigenkapital aufzehren. Oder die Unternehmung hat eine wenig flexible Produktionsstruktur und kann sich bei einer quantitativen oder qualitativen Veränderung der Nachfrage schlecht anpassen. ■

Die Vorstellungen legen fest, welche Informationen bei einer Bonitätsprüfung erhoben werden sollen, und wie der Kreditvertrag zu gestalten ist. Früher dominierte allein die erste Vorstellung, und noch im Mittelalter hatte man vor allem den Charakter und das Verhaltensrisiko gesehen. In der Renaissance gelangten Banken zu der Erkenntnis, dass es äußere Entwicklungen gibt, die vom Schuldner nicht oder allenfalls sehr wenig beeinflusst werden können und die zu seiner **Überschuldung** (**Insolvenz**) oder seiner **Zahlungsunfähigkeit** (**Illiquidität**) führen.

Im Licht dieser damals neuen Erkenntnis versuchten die Bankiers zwei Fragen zu klären:

1. Wie ist die Fähigkeit des Schuldners einzuschätzen, äußeren Störungen stand zu halten? Wie widerstandsfähig ist der Schuldner aufgrund seiner Konstitution?

---

[2] Eine kurze Skizze zur zweiten Vorstellung: Äußere, zufällige Störungen und Schocks wirken auf die wirtschaftliche Situation des Schuldners. Kleinere Einflüsse werden aufgefangen, größere können einen Default auslösen. Mit welchen externen Einflüssen zu rechnen ist, kann durch eine Analyse des Umfeldes erkannt werden.

[3] Der Schuldner begünstigt nach der ersten Vorstellung einen Ausfall durch sein Verhalten, seinen Charakter und seine Fähigkeiten. Beispielsweise kann geringe Kompetenz des Schuldners in wirtschaftlichen Angelegenheiten dazu führen, dass er in einer kritischen Situation falsch reagiert und so einen Default begünstigt. Oder er verwendet aufgrund charakterlicher Schwäche den Kreditbetrag riskanter, als er mit der Bank vereinbart hat. Oder er informiert, in Hoffnung es trete noch eine Besserung ein, den Gläubiger nicht rechtzeitig über negative Entwicklungen und verhindert eine frühe Begrenzung des Schadens. Schließlich ist die Persönlichkeit des Schuldners ausschlaggebend, wenn der Default eingetreten ist und die Bank die Kooperation des Schuldners sucht.

2. Wie riskant ist das Umfeld, in dem der Schuldner wirtschaftlich tätig ist? Denn das Umfeld bestimmt Art und Größe externer Störungen, die einwirken können.

Heute sehen Banken, dass jeder Kredit ausfallen kann, genau wie auch eine sehr stabile Brücke brechen kann, sofern durch eine Verkettung unglücklicher Umstände die Belastung zu groß wird.

Der Kreditausfall wird durch das **Bruchmodell** beschrieben: Eine mechanische Konstruktion wird immer wieder beansprucht, weil externe Zufälligkeiten einwirken. Die Konstruktion hat eine gewisse physische Bauart, durch die eine kritische Grenze der Belastbarkeit festgelegt wird. Solange die externen Belastungen die kritische Grenze nicht übersteigen, funktioniert die Konstruktion wie neu und ohne Abnutzung weiter.

Falls im Verlauf der Nutzung *einmal* eine der zufälligen Belastungen die Belastungsgrenze übersteigt, kommt es zum Bruch. So sind Kreditausfälle rein *stochastische* Ereignisse. Die Wahrscheinlichkeit für einen Ausfall in einem gewissen Zeitintervall ist erstens durch die Belastbarkeit des Schuldners bestimmt und zweitens durch die Art und Häufigkeit der externen Einwirkungen. Aufgrund des Bruchmodells treten der Wille und Charakter des Schuldners in den Hintergrund.

12.1.5 Risikovermeidung und Risikonormierung

Seit der Renaissance nehmen die Banken eine *Prüfung* vor, und zwar (1) des Schuldners: welche Widerstandskraft gegen abträgliche, äußere Störungen, welche Konstitution hat der Schuldner? Zudem wurde (2) das Umfeld beurteilt: wie riskant ist die wirtschaftliche und politische Umgebung des Kreditnachfragers? Bei beiden Kriterien (1) Widerstandskraft sowie (2) Größe und Art externer Risiken führt die Prüfung auf eine *graduelle* Einschätzung: Die Skala hat mehrere Abstufungen, die von „gering" bis „hoch" gehen. Die Frage lautet dann, wie die Bank anhand dieser graduellen Prüfungsergebnisse letztlich entschieden hat, ob sie den Kredit vergibt oder nicht. Das ist eine Ja-Nein-Entscheidung. Zum **Entscheidungsverhalten der Banken** wurden zwei Hypothesen formuliert. Sie werden bezeichnet als *Risikovermeidung* und als *Risikonormierung*.

Die **Risikovermeidung** besagt: Bei der Prüfung von Widerstandskraft und externen Risiken oder Belastungen wird *keine* feine Einschätzung vorgenommen. Die Frage lautet bei der Widerstandskraft nur: Ist sie hoch oder nicht hoch. Bei den externen Belastungen wird nur geprüft, ob es sie gibt oder nicht. Sodann werden nur jene Kredite gegeben, bei denen die Widerstandskraft als *hoch* eingeschätzt wurde und externe Belastungen *nicht* gesehen wurden. Die Banken haben nur so genannte „sichere" Kredite gegeben. Die Bank hat dabei nie versucht, die Art und Höhe des gewünschten Kredits zu beeinflussen: Sie wollte keine unternehmerische Verantwortung im Geschäft des Kaufmanns übernehmen. Sie hat auf eine Anfrage entweder *Ja* oder *Nein* gesagt.

Natürlich kam es gelegentlich auch zu Ausfällen bei den „sicheren" Krediten, schon weil stets überraschende, negative Entwicklungen eintreten, die selbst bei der aufwendigsten Bonitätsprüfung nicht vorher erkennbar gewesen sind.

Die Banken haben schnell verstanden, dass die Möglichkeit, eine Kreditgefährdung doch zu übersehen, sich selbst mit großem Aufwand bei der Bonitätsprüfung nicht ganz ausschließen lässt. Angesichts der Kosten haben die Banken die Bonitätsprüfung auf einen *optimalen Umfang* reduziert. Sie haben die Prüfung verkürzt, den Prüfungsaufwand begrenzt, ohne dabei die Fehler substantiell zu vergrößern.

Am Ende dieses Prozesses der Reduktion des Prüfungsaufwandes ist eine Art von **Rollenspiel** entstanden: Die Bank hat gewisse Sachverhalte geprüft, andere nicht. Die Schuldner wussten im vornherein, was die Bank prüfen würde. Sie konnten sich durchaus darauf einstellen. Beispielsweise wurden gewisse Bilanzkennzahlen berechnet, doch es handelte sich stets um Kennzahlen, die der Kaufmann beeinflussen kann. Im Grunde hat die Bank zweierlei geprüft:

1. Kennt der an einem Kredit Interessierte die Gepflogenheiten und ist er bereit, die ihm zugedachte Rolle zu übernehmen?
2. Verfügt der an einem Kredit Interessierte noch über soviel finanziellen Spielraum, dass er seine Rolle korrekt spielen kann?

Hat eine an einem Kredit interessierte Unternehmung es nicht geschafft, die im Rollenspiel verlangten Kennzahlen so auszuweisen, wie es die Bank im Vorfeld als Ziel kommunizierte, dann hatte die Bank eine geringe finanzielle Elastizität und Widerstandsfähigkeit vermutet. Die **These der Risikovermeidung** besagt, dass die Banken die auf dieses Rollenspiel reduzierte Bonitätsprüfung vornehmen. Ist *dabei* eine Gefährdung des Kredits erkennbar, wird der Kredit abgelehnt. Gibt es *dabei* kein Indiz auf eine Gefährdung, wird der Kredit gegeben.

Alle zugesagten Kredite wurden sodann mit *denselben Konditionen* abgeschlossen. Die vom Kreditnehmer zu leistenden Zinszahlungen mussten deshalb – neben dem Zins, mit dem sich die Bank ihrerseits Kapital besorgen konnte (Refinanzierung) und dem Verwaltungsaufwand der Bank – auch *die Kosten der im Durchschnitt zu verzeichnenden Ausfälle* decken. Weil nicht weiter differenziert wurde, mussten alle Kredite mit den insgesamt anfallenden Kosten für die Defaults belastet werden.

Eine Variation der These der Risikovermeidung ist die **These der Risikonormierung**. Bei der Risikonormierung werden Kredite durchaus noch gegeben, wenn zwar bei der Prüfung Gefahrenmomente auftauchen, sofern sie im Rahmen einer gewissen Norm bleiben. Wenn Banken die Risikonormierung praktizieren, muss die Beurteilung von Widerstandskraft und externer Belastung des Schuldners *gradueller* vorgenommen werden. Die Bank stellt interne Richtlinien auf, was sie noch akzeptiert und was nicht mehr.

Sowohl bei der Risikovermeidung als auch bei der Risikonormierung ist die verlangte Kreditrisikoprämie *pauschal*, was heißen soll, dass alle Schuldner im Prinzip denselben Zuschlag zum Zinssatz entrichten müssen. Er ergibt sich daraus, dass das angewandte Prüfungs- und Beurteilungsverfahren bei der Prognose, ob später ein Kreditausfall eintritt, fehlerhaft ist.

12.2 Fehlerquoten

Lernziele: 1. Fehler erster und zweiter Art. 2. Diskriminanz anhand von Kennzahlen.

12.2.1 Fehler erster und zweiter Art

Sowohl bei der Risikovermeidung als auch bei der Risikonormierung ist das Prüfungs- und Beurteilungsverfahren bei der Prognose, ob später bei einem Schuldner ein Kreditausfall eintreten wird, nicht frei von Fehlern.

Bei Bonitätsprüfung wird …	**Schuldner ist schlecht**	**Schuldner ist gut**
… keine Gefährdung erkannt und Kredit gegeben	Fehler erster Art = **Alphafehler**	richtige Entscheidung
… eine Gefährdung erkannt und Kredit nicht gegeben	richtige Entscheidung	Fehler zweiter Art = **Betafehler**

Hier ist ein Fehler erster und ein Fehler zweiter Art zu unterschieden. Diese Unterscheidung ist aus der Statistik für den Test von Hypothesen bekannt.

- Der **Fehler erster Art** oder **Alphafehler** wird begangen, wenn einem an sich *schlechten Schuldner aufgrund der Bonitätsprüfung doch ein Kredit zugesprochen* wird. Möchte die Bank diesen Fehler verringern, dann muss sie die Bonitätsprüfung „strenger" gestalten. Nur so wird bei möglichst wenigen Kreditnachfragern „übersehen", dass sie sich später als schlechte Schuldner herausstellen dürften.
- Durch eine strengere Prüfung wird man seltener einem schlechten Schuldner einen Kredit geben. Dabei wird es allerdings öfters passieren, dass Kreditnachfragern, die eigentlich *gute Schuldner* wären, ebenso *der Kreditwunsch abgeschlagen* wird. Den Fehler, bei der Bonitätsprüfung einem in Wahrheit guten Schuldner ein schlechtes Zeugnis auszustellen, nennt man **Fehler zweiter Art** oder **Betafehler**.

Die *relative Häufigkeit* dieser Fehler wird so quantifiziert: Eine Bank soll die Kreditnachfragen eines Jahres geprüft haben. Sie beobachtet die Kreditnehmer in der Folge einige weitere Jahre und weiß am Ende dieses Zeitraums, welche Schuldner den Verpflichtungen nachgekommen sind und welche einen Default hatten. Die Bank kann auch den von ihr abgewiesenen Nachfragern noch nachgehen und erfahren, ob es zum Default kam.[4]

[4] Diese Information zu erhalten ist nicht selbstverständlich. Zwar weiß die Bank von ihren Kunden, denen sie seinerzeit den Kreditwunsch erfüllt hat, ob es zu Problemen kam oder nicht. Indessen soll die Bank auch bei jenen, die seinerzeit von ihr keinen Kredit erhielten, in Erfahrung bringen, ob es in den Folgejahren zum Default kam oder nicht. Immerhin könnten einige der Kreditnachfrager, die seinerzeit von der Bank den Kredit nicht erhielten, bei einer anderen Institution den Kreditwunsch erfüllt bekommen haben. Nun gibt es Einrichtungen, die Kreditereignisse aller Personen eines Landes erfassen.

Insgesamt kann die Bank im nachhinein bei jedem ursprünglich nachgefragten Kredit feststellen, in welches der vier Felder der Kreuztabelle er einzuordnen ist. Die Wahrheit kommt heraus. Die Anzahlen der Kredite in den vier Feldern sollen mit $A,...,D$ bezeichnet werden:

Bei Bonitätsprüfung wird ...	Schuldner ist **schlecht**	Schuldner ist **gut**	Summe
... keine Gefährdung erkannt und der Kredit gegeben	In *A* Fällen	In *B* Fällen	*A+B*
... eine Gefährdung erkannt und der Kredit nicht gegeben	In *C* Fällen	In *D* Fällen	*C+D*
Summe	*A+C*	*B+D*	*A+B+C+D*

12.2.2 Fehlerquote und Fehlalarmquote

Die **Fehlerquote** α ist die Anzahl der in der Gruppe in Wahrheit schlechter Kredite als kreditwürdig eingestuften Anfragen geteilt durch die Größe dieser Gruppe.

$$\alpha = \frac{A}{A+C} \tag{12-1}$$

Je höher der so gemessene **Alphafehler** ist, desto schwächer ist die Fähigkeit der Bank, *schlechte* Schuldner frühzeitig als solche zu erkennen. Die **Trefferquote** ist die Anzahl der als schlecht eingestuften Kreditnachfrager geteilt durch die Größe der Gruppe in Wahrheit schlechter Schuldner. Die Trefferquote stimmt mit $1-\alpha$ überein. Die Trefferquote ist also gleich $C/(A+C)$. Eine hohe Trefferquote verlangt, keinen der Schlechten zu übersehen.

Der **Betafehler** β, auch bezeichnet als **Fehlerquote,** ist die Anzahl der in der Gruppe der guten Schuldner als nicht kreditwürdig eingestuften Anfrager geteilt durch die Größe dieser Gruppe.

$$\beta = \frac{D}{B+D} \tag{12-2}$$

Je größer der Betafehler ist, desto schwächer ist die Fähigkeit der Bank, *gute* Schuldner frühzeitig zu erkennen. Je höher der Betafehler ist, umso mehr werden von der Bank fälschlicherweise Defaults vorhergesagt. Der Betafehler ist also eine **Fehlalarmquote**. Das Märchen vom bösen Wolf empfiehlt, die Fehlalarmquote zu kontrollieren, weil sonst niemand mehr zu Hilfe kommt, wenn man nochmals danach ruft (wenn sie dann wirklich benötigt wird).

12.2.3 Fallbeispiel

Eine Bank hatte seinerzeit 100 Unternehmen mit Kreditwunsch. Sie hat 90 den Kredit gegeben, 10 Interessenten wurden (von dieser Bank) abgelehnt. Von den 90 Krediten haben sich einige Jahre später 85 als gut erwiesen; bei 5 kam es zum Default. Also: $A = 5$, $B = 85$. Die Bank ist dem Schicksal der 10 Kreditnachfrager nachgegangen, die sie weggeschickt hat. Sie haben alle woanders den Kredit erhalten. In 7 Fällen sind die von anderen Banken gegebenen Kredite problemlos verlaufen, in 3 Fällen kam es zum Default. Also: $C = 3$, $D = 7$. Die Zahlen sind als Tabelle festgehalten:

Bei Bonitätsprüfung wird ...	Schuldner ist schlecht	Schuldner ist gut	Summe
... keine Gefährdung erkannt und Kredit gegeben	$A = 5$	$B = 85$	90
... eine Gefährdung erkannt und Kredit nicht gegeben	$C = 3$	$D = 7$	10
Summe	8	92	100

Aus der Statistik folgt $\alpha = A/(A+C) = 5/8 = 62{,}5\%$ für die Fehlerquote. Die Fehlalarmquote ist $\beta = D/(B+D) = 7/92 = 7{,}6\%$. Eine Mitarbeiterin findet die Fehlerquote (Alphafehler) hoch und modifiziert die Prozedur der Bonitätsprüfung. Sie überlegt sich strengere Grenzwerte für die Kennzahlen der kreditsuchenden Unternehmen. Mit dem neuen Verfahren geht sie die alten Dossiers durch und beurteilt die damalige Kreditwürdigkeit der 100 Firmen neu.

Aufgrund ihrer Berechnungen denkt sie, dass die Bank mit dem modifizierten Verfahren 7 Firmen weniger den Kredit gegeben hätte, von denen sich später 3 als schlechte und 4 als gute Schuldner herausgestellt haben. Die neuen Zahlen, mit einem Asterisk versehen, besagen: $A^* + B^* = 90 - 7 = 83$, $C^* = C + 3 = 6$, $D^* = D + 4 = 11$. Unverändert bleibt die Wahrheit, dass 8 Schuldner gut und 92 Schuldner schlecht sind. Aus $A^* + C^* = 8$ und $C^* = 6$ folgt $A^* = 2$. Aus $B^* + D^* = 92$ und $D^* = 11$ ergibt sich $B^* = 81$. Damit kann die neue Tabelle aufgestellt werden:

Bei Bonitätsprüfung wird ...	Schuldner ist schlecht	Schuldner ist gut	Summe
... keine Gefährdung erkannt und der Kredit gegeben	$A^* = 2$	$B^* = 81$	83
... eine Gefährdung erkannt und der Kredit nicht gegeben	$C^* = 6$	$D^* = 11$	17
Summe	8	92	100

Für das modifizierte Beurteilungsverfahren folgt $\alpha^* = A^*/(A^*+C^*) = 2/8 = 25\%$ als Trefferquote und $\beta^* = D^*/(B^*+D^*) = 11/92 = 12\%$ als die neue Fehlerquote. Zwar hat sich die relative Häufigkeit der Alphafehler verringert, doch Betafehler tauchen häufiger auf.

12.2.4 Alpha oder Beta?

Auch der Betafehler ist für eine Bank abträglich. Die fälschlicherweise abgewiesenen guten Schuldner gehen für die Bank verloren. Außerdem könnte die Reputation der Bank leiden, wenn sie zu oft den in Wahrheit guten Kunden die Kreditwürdigkeit abspricht.

Wenn eine Bank das Verfahren der Beurteilung und Kreditvergabe modifiziert, dann ändert sich sowohl der Alphafehler als auch der Betafehler. Um die Güte der Beurteilungen und Verfahren grafisch darzustellen, könnten sie anhand ihres jeweiligen Paares von α und β positioniert werden. In der Praxis werden üblicherweise die beiden Fehler gewichtet und addiert. Sodann werden mögliche Verfahren zu Bonitätsbeurteilung und Kreditvergabe dahingehend beurteilt, wie hoch die gewichtete Summe von Alphafehler und Betafehler ist. Sie soll natürlich möglich klein sein. Anstelle einer gewichteten Summe der beiden Fehler wird auch der Quotient gebildet, und zwar aus Trefferquote $1-\alpha$ und Fehlerquote β. Sodann wird $(1-\alpha)/\beta$ ermittelt. Dieser Quotient wird umso größer, je kleiner die Fehler α und β sind. Der so definierte Quotient heißt **Receiver-Operating-Charakteristik**, abgekürzt mit ROC:

$$ROC = \frac{1-\alpha}{\beta} = \frac{C/(A+C)}{D/(B+D)} = \frac{C\cdot(B+D)}{D\cdot(A+C)} \tag{12-3}$$

Der Begriff stammt ursprünglich aus der Signalübertragung, bei der ein Empfänger (Receiver) angesichts zufälliger Störungen und unter Verwendung von Korrekturen gelegentlich Fehler erster und zweiter Art begeht. Aus mehreren möglichen Verfahren zur Bonitätsbeurteilung und aus Politiken der Kreditvergabe wird die Bank sich so festlegen, dass die Receiver-Operating-Charakteristik möglichst groß ist.

→ **Beispiel 12-2**: Wir greifen die Zahlen der beiden Verfahren zur Schuldnerbeurteilung und Kreditvergabe aus 12.2.3 auf. Beim ersten Verfahren der Bank ist $\alpha = 62{,}5\%$ und $\beta = 7{,}6\%$, die Receiver-Operating-Characterisik beträgt somit $ROC = 0{,}375/0{,}076 = 4{,}93$. Bei dem modifizierten, zweiten Verfahren ist $\alpha^* = 25\%$ und $\beta^* = 12\%$, folglich $ROC^* = 0{,}75/0{,}12 = 6{,}25$. Die Mitarbeiterin sieht den Vergleich $ROC = 4{,}93$ mit $ROC^* = 6{,}25$ als Bestätigung, dass die von ihr vorgeschlagene neue Variante der bisherigen überlegen ist. ■

> Bei der Auswertung eines statistischen Tests wird ein Fehler erster Art (Alphafehler) begangen, wenn eine an sich richtige Hypothese aufgrund der erhobenen Stichprobe und des gewählten Testverfahrens abgelehnt wird. Ein Fehler zweiter Art (Betafehler) liegt vor, wenn die Hypothese in Wahrheit falsch ist und dennoch nicht verworfen wird.

Viele Tests werden so gestaltet, dass der Fehler erster Art klein bleibt. Man möchte vermeiden, dass eine in Wahrheit richtige Hypothese abgelehnt wird. Wird dann eine Hypothese verworfen, ist die Wahrscheinlichkeit, dass sie wahr ist, sehr gering. Aus der Ablehnung einer Hypothese darf daher geschlossen werden, dass wohl die *Gegenhypothese* wahr ist.

Leider nimmt, wenn das Testverfahren so modifiziert wird, dass die Wahrscheinlichkeit für einen Fehler erster Art reduziert wird, die Wahrscheinlichkeit für einen Fehler zweiter Art zu. Viele statistische Tests haben daher eine recht große Wahrscheinlichkeit für einen Fehler zweiter Art. Das heißt, es kann oft vorkommen, dass eine an sich falsche Hypothese nicht verworfen wird. Wird eine Hypothese aufgrund von Daten „bestätigt" (nicht verworfen), dann kann sie schon wahr sein, doch sie könnte auch falsch sein. Mit der „Annahme" und „Bestätigung" einer Hypothese ist demnach *kein* Erkenntnisfortschritt verbunden. Ein Erkenntnisgewinn wird nur erzielt, wenn eine Hypothese *verworfen* wird.

12.2.5 Der Ansatz von ALTMAN

Ein Verfahren für die Bonitätsbeurteilung geht auf EDWARD I. ALTMAN zurück. Andere Autoren haben seinen Ansatz aufgegriffen. Der Ansatz besteht darin, die Bonität des Schuldners als eine *Zahl* auszudrücken, die sich aus gewissen *Merkmalen* errechnet. Die Bonität wird nicht „geprüft", sondern „gemessen". Die Merkmale können gewisse Kennzahlen sein, die eine kreditsuchende Unternehmung der Bank präsentiert. ALTMAN hat gezeigt, *wie* man die Kennzahlen zusammenfassen soll, um zu einer „optimalen" Kreditvergabe zu gelangen. Die Maßzahl wird für einen unternehmerischen Schuldner aus Größen des Jahresabschlusses oder aus aktuellen Finanzzahlen errechnet. Die Kennzahlen werden gewichtet und addiert. So ergibt sich eine Zahl, die mit dem griechischen **Zeta** bezeichnet wird, mit Z. Sodann wird das Zeta mit einer kritischen Grenze K verglichen. Im Fall $\mathrm{Z} \geq K$ wird der Kredit vergeben, im Fall $\mathrm{Z} < K$ wird kein Kredit gewährt.

ALTMAN hat in seinen Arbeiten gezeigt, wie die Gewichte gewählt werden sollen, mit denen die Kennzahlen in Zeta eingehen, und er hat die Höhe der kritischen Grenze G bestimmt.

Zunächst soll eine Grafik die Vorgehensweise veranschaulichen. Hierzu werden zwei Merkmale der Unternehmung oder zwei ihrer Kennzahlen betrachtet. Eine Kennzahl, bezeichnet mit x_1 kann beispielsweise der Jahresabsatz geteilt durch das Kapital der Unternehmung sein, eine andere Kennzahl, bezeichnet mit x_2, der Gewinn geteilt durch das Kapital. Das Zeta wird so definiert:

$$\mathrm{Z} \quad = \quad g \cdot x_1 + 1 \cdot x_2 \qquad (12\text{-}4)$$

Dabei bezeichnet g das Gewicht, mit dem die erste Kennzahl in Zeta eingeht. Das Gewicht der zweiten Kennzahl ist zu 1 bestimmt. Nun wird das Gewicht g sowie der kritische Wert K für Zeta gesucht, so dass die Regel ($\mathrm{Z} \geq K$ Kredit vergeben, $\mathrm{Z} < K$ Kredit verweigern) für die Bank eine „gute" Politik festlegt.

Für die Kalibrierung der zwei Parameter g, K positioniert die Bank alle Unternehmen, die vor einiger Zeit einen Kredit nachgefragt haben, anhand ihrer jeweiligen Kennzahlen x_1 und x_2. Sodann wird gefragt, ob die Kredite gut verlaufen sind (entweder bei der Bank selbst, oder wenn diese den Kredit abgelehnt hatte, bei der vom Schuldner aufgesuchten anderen Bank). Ebenso wird gefragt, bei welchen Unternehmen es Ausfälle gab (entweder zum Schaden der Bank oder zum Schaden einer anderen Bank). Die Positionen der Schuldner werden entsprechend markiert.

Sodann folgt die Beobachtung, dass die *kritische* Bedingung für die Kreditvergabe, also $K = g \cdot x_1 + 1 \cdot x_2$ im Diagramm mit der Abszisse und der Ordinate eine Gerade ist. Sie heißt **Diskriminanzgerade**, weil auf der Geraden und rechts oberhalb von ihr $Z \geq K$ gilt (und alle dort positionierten Unternehmen den Kredit erhielten), während links unterhalb $Z < K$ gilt (und alle dort positionierten Unternehmen den Kredit nicht erhielten – sofern die Bank bereits dieses Verfahren eingesetzt hätte).

Ideal wäre es nun, wenn die Parameter g, K, also die Lage der Geraden, so bestimmt werden könnten, dass rechts oberhalb *nur* gute, links unterhalb *nur* schlechte Schuldner positioniert wären. Leider gelingt das nicht, und zwar schon deshalb nicht, weil nur zwei Merkmale zur Bonitätsmessung herangezogen werden. Es gibt Ausfälle rechts oberhalb, und gute Schuldner links unterhalb der Diskriminanzgeraden. Ausfälle rechts oben weisen auf einen Alphafehler hin, gut verlaufene Kredite links unten zeigen den Betafehler.

ALTMAN hat die statistische Diskriminanzrechnung – sie ist methodisch ähnlich zur Regressionsrechnung – dazu eingesetzt, um ein aus dem Alphafehler und dem Betafehler bestehendes Ziel bestmöglichst zu erreichen. So könnte durch Variation der beiden Parameter g, K etwa versucht werden, die Receiver-Operating-Charakteristik (12-3) zu maximieren. Doch Diskriminanzverfahren setzen voraus, dass eine *lineare* Funktion aus beiden Fehlern minimiert wird, nicht der Quotient. Jedenfalls ist mit dieser Vorgehensweise die optimale Kreditvergabe kalibriert.

Für das in Darstellung 12-2 gezeigte Beispiel sollen die Kenngrößen ermittelt werden. Insgesamt hat die Bank, wenn sie den rechts oberhalb der Diskriminanzgeraden positionierten Kreditnachfragern zugesagt hätte, 18 Kredite vergeben. Davon sind 17 gut verlaufen, bei einem kam es zum Ausfall, also: $A = 1$, $B = 17$.

Die Kreditnachfrager links unterhalb der Diskriminanzgeraden sind abgewiesen worden. Das waren 13 Schuldner. Sie haben bei anderen Banken dann den Kredit erhalten. Es hat sich herausgestellt, dass bei 2 dieser 13 Schuldner alles gut verlaufen ist, während es bei 11 dieser 13 Schuldner zu Zahlungsschwierigkeiten kam, also: $C = 11$, $D = 2$.

Von den insgesamt 31 betrachteten Schuldnern waren demnach $A + C = 1 + 11 = 12$ schlechte und $B + D = 17 + 2 = 19$ gute Schuldner. Der Alphafehler beträgt $\alpha = A/(A + C) = 1/12 = 0{,}0833$ und der Betafehler (Fehlalarmquote) ist $\beta = D/(B + D) = 2/19 = 0{,}1053$.

Für die Receiver-Operating-Charakteristik folgt $ROC = (1 - \alpha)/\beta = 2{,}09$ (was kein besonders guter Wert ist).

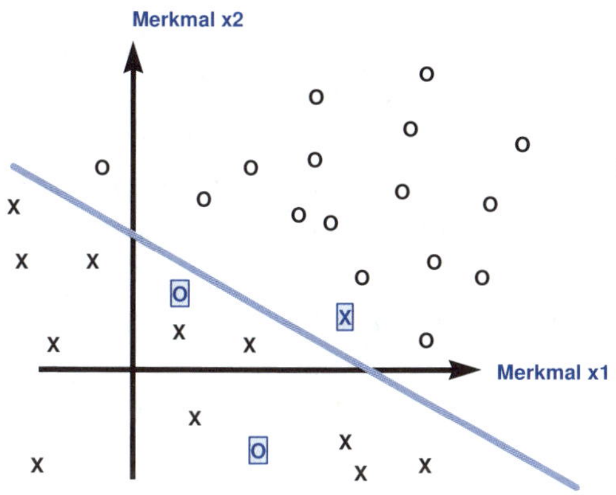

1. Alle Kredite werden anhand ihrer jeweiligen Ausprägungen (zum Zeitpunkt der Kreditvergabe) hinsichtlich zweier Merkmale **positioniert**.

2. Eine **Diskriminanzgerade** legt fest, welche Kredite von der Bank vergeben werden (rechts oberhalb). Kreditanfragen links unterhalb der Diskriminanzgeraden werden abgelehnt, aber eventuell von einer anderen Bank befriedigt.

3. Aufgrund des später verfügbaren Wissens über den Kreditverlauf kann durch **Markierung** zwischen "kein Default" (Kreis) und "Default" (Kreuz) unterschieden werden. Markierungen (Rahmen) zeigen Fehler bei der Kreditvergabe.

4. Ziel der Bank ist, ihre Diskriminanzgerade so zu positionieren, dass die **Fehlerquoten** minimiert werden.

Darstellung 12-2: Veranschaulichung zum Verfahren von ALTMAN.

Die Bank kann selbstverständlich die Parameter g, K auch nach der Kalibrierung aufgrund historischer Daten modifizieren, um bankspezifische Charakteristika mehr Geltung zu verschaffen. Beispielsweise könnte sich das Aufsichtsgremium in der Spätphase eines Konjunkturzyklus dafür aussprechen, den Alphafehler weiter zu verringern und „strenger“ zu beurteilen.

Durch Variation von g kann sie die relative Bedeutung der Kennzahlen ändern und verändert somit die Steigung der Diskriminanzgeraden. Bei der Wahl $g = 0$ etwa kommt es nur noch auf die zweite Kennzahl an, und die Diskriminanzgerade ist flach. Wird das Gewicht g immer mehr erhöht, dann gewinnt die erste Kennzahl an Bedeutung und die Diskriminanzgerade wird steiler.

Erhöht die Bank die kritische Grenze K, dann wird der Alphafehler geringer und der Betafehler größer. Wird K nach unten adjustiert, dann wird der Alphafehler vergrößert, der Betafehler verkleinert. Variationen des Gewichts und des kritischen Werts verändern die Lage der Diskriminanzgeraden. **Mit Variationen der Gewichte und des kritischen Werts können der Alphafehler und der Betafehler verändert werden. Die Vorgehensweise der Bank wird modifiziert**.

Eine Bank wird sich für ein Prüfungsverfahren entscheiden, bei dem die Gesamtkosten der Alphafehler und Betafehler gering werden. Eine *Kommerzbank*, die große Kredite vergibt, wird die Wahrscheinlichkeit für einen Alphafehler klein halten wollen und lieber in Kauf nehmen, dass sie durch eine strengere Prüfung durchaus den einen oder anderen an sich guten Schuldner fälschlicherweise wegschickt und an die Konkurrenz verliert.

Eine *Retailbank*, die kleinere Kredite vergibt, wird den Nachteil berücksichtigen wollen, dass bei sehr strenger Prüfung gute Kunden fälschlicherweise verloren gehen könnten. Mit einem hohen Betafehler geht ein Reputationsschaden einher. Diese Bank wird daher ein weniger strenges Beurteilungsverfahren wählen, damit der Betafehler nicht zu groß wird – selbst wenn es dafür öfters passiert, dass einem schlechten Schuldner ein Kredit gegeben wird.

12.2.6 Verallgemeinerung auf fünf Kennzahlen

Der Ansatz kann leicht auf mehr als zwei Kennzahlen übertragen werden. Selbstverständlich läßt sich die Diskriminanzfunktion nicht mehr als Gerade darstellen. Jedenfalls steht zu Beginn die Auswahl von Kennzahlen. Sie wird so getroffen, dass mit wenig Kennzahlen (um alles einfach zu halten) ein möglichst geringer Alphafehler und ein möglichst geringer Betafehler erreicht werden. In verschiedenen Untersuchungen gelangt ALTMAN zu einem Vorschlag mit fünf Kennzahlen:

$$\begin{aligned} x_1 &= \frac{Umlaufvermögen - kurzfristiges\ Fremdkapital}{Gesamtkapital} \\ x_2 &= \frac{Bilanzreserve + Gewinnvortrag}{Gesamtkapital} \\ x_3 &= \frac{Gewinn\ vor\ Steuern + Fremdkapitalzinsen}{Gesamtkapital} \\ x_4 &= \frac{Börsenkapitalisierung}{Fremdkapital} \\ x_5 &= \frac{Umsatz}{Gesamtkapital} \end{aligned} \tag{12-4}$$

Die gewählten Kennzahlen sollten gut die Bonität ausdrücken. Die erste Kennzahl ist das relative **Working-Capital**. Unternehmen, die ein geringes oder sogar negatives Working-Capital haben, leben „von der Hand in den Mund" und müssen immer wieder (kurzfristiges) Fremdkapital aufnehmen. Das ist ein schlechtes Signal für Kreditwürdigkeit. Leicht einzusehen ist auch die Bedeutung der fünften Kennzahl: Wenn eine Unternehmung mehr Umsatzeinnahmen hat, dann kann sie einen Kredit leichter verzinsen und zurückzahlen. Die dritte Kennzahl setzt den Brutto-Cashflow in Relation zum Kapital, und auch der Cashflow wird als Maß für finanzielle Gesundheit angesehen. ALTMAN versieht diese Kennzahlen mit den folgenden Gewichten:

$$Z = 1{,}2 \cdot x_1 + 1{,}4 \cdot x_2 + 3{,}3 \cdot x_3 + 0{,}6 \cdot x_4 + 1 \cdot x_5 \tag{12-5}$$

Als kritischer Wert wurde $K = 2{,}675$ verwendet. Erreicht Z diesen Wert oder liegt darüber, dann vergibt die Bank den Kredit, ansonsten nicht.[5] Die Studie von ALTMAN berichtet über diese Kenngrößen: In 6% der Fälle eines Defaults wäre ein Jahr zuvor noch eine gute Bonität zuge-

---

5 1. EDWARD I. ALTMAN und ANTHONY SAUNDERS: Credit risk measurement: Developments over the last 20 years. *Journal of Banking and Finance* 21 (1988), pp. 1721-1742. 2. EDWARD I. ALTMAN und PAUL NARAYANAN: An International Survey of Business Failure Classification Models. *Financial Markets, Institutions & Instruments* 6 (1997) 2, pp. 1-57. 3. JÖRG BAETGE, MICHAEL HUß und HANS-JÜRGEN NIEHAUS: Die statistische Auswertung von Jahresabschlüssen zur Informationsgewinnung bei der Abschlußprüfung. *Die Wirtschaftsprüfung* 39 (1986) 22. 4. PETER HOFFMANN: *Bonitätsbeurteilung durch Credit Rating — Funktionsweise und Einsatzmöglichkeiten eines Instrumentes zur Optimierung von Investitions- und Finanzierungsprozessen.* Grundlagen und Praxis des Bank- und Börsenwesens, Band 24, Verlag Erich Schmidt, Berlin 1991.

sprochen worden ($Z \geq 2{,}675$). Der Alphafehler ist also 6%. Von den guten Krediten im Kollektiv wäre bei 3% ein Jahr vorher von der Bank eine negative Prognose gestellt worden, $Z < 2{,}675$. Der Betafehler beträgt also 3%. Damit folgt $ROC = 0{,}94 / 0{,}03 = 31{,}33$, ein sehr guter Wert für die die Receiver-Operating-Charakteristik.

12.3 Sicherheiten

Lernziele: 1. Sicherheiten. 2. Subordination. 3. Kreditkonvenanten. 4. Gläubigerschutz.

12.3.1 Sicherheiten und Rang

Sicherheiten, auf die im Fall eines Defaults wirklich zugegriffen werden kann, und die sich dann verkaufen lassen, spielen in Kreditverträgen sowie bei Unternehmensanleihen eine wichtige Rolle. Nach dem Verständnis des Bruchmodells haben sie zwar *keinen Einfluss auf die Wahrscheinlichkeit*, dass es zu einem Default kommt, doch falls es zu einem Default kommen sollte, verringern sie den Betrag, der dem Gläubiger verloren geht. Sie erhöhen die **Einbringlichkeit**.

Sicherheiten machen „aus einem schlechten keinen guten Schuldner", aber sie reduzieren den Schaden, mit dem im Fall eines Defaults gerechnet werden muss. Die Sicherheit wirkt wie ein Rettungsring. Wenn im Schiff Rettungsringe vorhanden sind, ist damit zunächst noch nichts über die Wahrscheinlichkeit gesagt, mit der sie zum Einsatz kommen. Ein Staat räumt für die von ihm ausgegebenen Staatsanleihen keine Sicherheiten ein, doch bereits auf der Ebene von Kommunen, die sich über die Ausgabe von Pfandbriefen finanzieren, spielen Sicherheiten eine große Rolle. Es werden **Sicherheiten** im engeren und im weiteren Sinn unterschieden.

- Eine **Sicherheit im engeren Sinn**, ein **Collateral**, soll im Fall eines Defaults der Bank das Recht einräumen, auf Vermögenspositionen zugreifen und diese liquidieren zu dürfen. Gern akzeptierte Sicherheiten sind Immobilien und Wertpapiere. Ungern akzeptierte Sicherheiten sind Lagervorräte von Produkten (deren Wert über die Zeit hinweg fällt). Abgesehen von der Verwertbarkeit einer Sicherheit muss der Gläubiger bei einem Kreditausfall sie erst in sein Eigentum bringen. Das kann dauern oder aus wirtschaftsethischen Gründen unmöglich sein. Dennoch kann die Unternehmung dem Gläubiger durch die Stellung von Sicherheiten zeigen, dass für ihn im Fall eines Defaults nicht der gesamte Kreditbetrag verloren wäre.
- **Sicherheiten im weiteren Sinn** sollen im Fall eines Defaults, eventuell auch schon vorher im Financial-Distress, den Schuldner in seinem Verhalten derart binden, dass der weitere Schaden für den Gläubiger möglichst gering ausfällt. Sicherheiten im weiteren Sinn sind Punkte im Kreditvertrag, mit denen die wirtschaftliche Entscheidungsfreiheit des Schuldners eingeschränkt wird, falls es zu einem Financial-Distress kommt. Die *Verhaltensein-*

schränkungen sollen den Kreditnehmer nicht „bestrafen“, sondern ihn dazu zwingen, alles zu tun, damit der Schaden zu Lasten des Gläubigers möglichst gering bleiben wird. Solche Bindungen werden als **Kreditkonvenanten** bezeichnet.

Selbstverständlich besteht wie bei bilateralen, nicht verbrieften Kreditverträgen auch bei Anleihen der Bedarf der Kapitalanleger, die Bonität von Kapitalnehmern oder die Bonität einzelner der von ihnen ausgegebenen Anleihen zu beurteilen. Dabei wird analog berücksichtigt, welche Sicherheiten im engeren und im weiteren Sinn vorliegen. Näheres ist im Prospekt der Anleihe beschrieben. Hinzu kommt, dass Forderungen im Konkursfall ungleich behandelt werden. Üblich ist das hierarchische Vorgehen.

12.3.2 Subordination

Die Einstufung von Anleihen nach der Hierarchiestufe im Konkursfall wird als **Rang** oder **Subordination** bezeichnet. Der Grad der Subordination bietet ein Indiz dafür, in welchem Umfang und mit welcher Mutmaßlichkeit ein Kapitalanleger im Fall der Insolvenz des Kapitalnehmers noch eine Erfüllung seiner Forderungen erwarten kann.

Bei einem Kredit wird von einem erstrangigen oder einem nachrangigen Kredit gesprochen. Bei Anleihen werden vier Stufen oder Ränge unterschieden:

1. Die oberste Stufe der Subordination heißt **Senior-Secured-Debt** und die Anleihen werden als **Senior-Bonds** bezeichnet. Dort liegt eine erstrangige Besicherung vor.
2. Bei **Senior-Unsecured-Bonds** haben im Konkursfall Anleihegläubiger und die übrigen Gläubiger ein gleichrangiges Recht am Vermögen des Schuldners.
3. Bei **Senior-Subordinated-Debt** sind die Forderungen aus der Anleihe denjenigen der übrigen Gläubiger untergeordnet, genießen jedoch noch Priorität gegenüber nachrangigen Forderungen.
4. Mit dem Begriff **Junior** werden dann die weiter unten liegenden Stufen in der Subordination bezeichnet. Die Unterscheidung wirkt sich in einem Konkurs des Schuldners aus, doch das kann selbstverständlich auf den Wert der Unternehmensanleihe ausstrahlen, bei der die Unternehmung alle fälligen Zahlungspflichten erfüllt.

Die Frage, welcher Prozentsatz seiner Forderung ein Gläubiger oder Kapitalanleger bei der Abwicklung eines Konkurses noch erhalten kann, die so genannte **Einbringlichkeit**, ist von Fall zu Fall verschieden.

Zahlreiche historische Daten führen auf typische Einbringlichkeiten: 1. Senior-Bonds haben (wie zu vermuten ist) höhere Einbringlichkeit als Junior-Bonds. 2. Die Branche, in der die schuldnerische Unternehmung tätig ist, erklärt Unterschiede in den Einbringlichkeiten recht gut: Die Sektoren öffentliche Versorgungsbetriebe, Chemie, Erdöl und verwandte Produkte weisen die höchsten Einbringlichkeiten auf. 3. Die vielfach vom Gesetzgeber für Versicherungen vorgeschriebene Unterscheidung der Anleihen nach den Merkmalen *Investment-Grade* oder *Subinvestment-Grade* hat praktisch keinen Einfluss auf die Einbringlichkeit. 4. Es gibt keinen Zusammenhang zwischen Höhe der Emission, dem Zeitpunkt des Defaults und der Einbringlichkeit.[6]

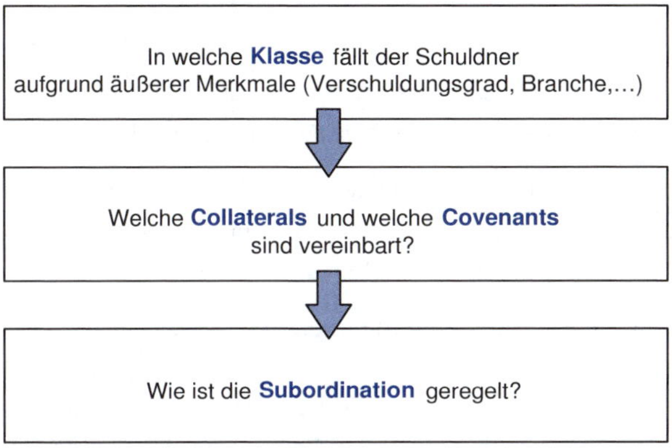

Darstellung 12-3: In die Bonität einer Anleihe spielen drei Fragen hinein: 1. Wie hoch ist die Ausfallwahrscheinlichkeit? 2. Wenn es zu einem Konkurs käme, in welcher Reihenfolge werden dann die Gläubiger befriedigt? 3. Wie viel dürfte im Fall eines Ausfalls noch einbringlich sein? Die Antworten auf diese Fragen hängen auch von den Sicherheiten ab. Sicherheiten dienen dazu, die Einbringlichkeit zu verbessern, sollte sich die wirtschaftliche Situation des Schuldners verschlechtern.

12.3.3 Kreditkonvenanten

Kreditkonvenanten sind Klauseln im Kreditvertrag, die den Freiraum des Schuldners besonders dann einengen, wenn sich seine wirtschaftliche Situation verschlechtert. Praktisch jeder Kreditvertrag, den eine Unternehmung mit ihrer Bank abschließt, enthält solche Klauseln, die es in einer kaum überblickbaren Variantenvielfalt gibt. Vielfach hat die Hausbank die größte Verhandlungsmacht bei einem Kreditvertrag, und sie wird mit Kreditkonvenanten erreichen, dass sie im Fall einer Verschlechterung der wirtschaftlichen Situation des Schuldners nicht durch komplizierte Abstimmungsprozesse im Kreis mehrerer Gläubiger blockiert wird. Zudem möchte die Hausbank eher ihren Schaden begrenzen als den anderer Gläubiger.

Kreditkonvenanten betreffen daher erstens die Beziehung zwischen dem Management der Unternehmung und den Gläubigern. Zweitens schaffen sie asymmetrische Bedingungen unter mehreren Gläubigern. Drittens kann die Beziehung zwischen der Unternehmung oder dem Management einerseits und den Eigenkapitalgebern andererseits in die Kreditkonvenanten einbezogen werden. Das ist beispielsweise der Fall, wenn die Höhe der Ausschüttungen beschränkt wird:

1. Bestimmungen, die den *Zustand* genau definieren, in dem die Kreditkonvenanten greifen, werden als **Financial Covenants** bezeichnet. Sie enthalten Kennzahlen und kritische Grenzen für Kennzahlen. Werden diese überschritten, tritt der als Financial-Distress bezeichnete Zustand ein, und in diesem Zustand wirken die Regeln der Kreditkonvenanten.

---

[6] EDWARD I. ALTMAN und VELLORE M. KISHORE: Almost Everything You Wanted to Know about Recoveries on Defaulted Bonds. *Financial Analysts Journal* (November/December 1996), p. 57–64.

2. Regelungen, die den Schuldner zu einem gewissen Verhalten und zu Handlungen verpflichten, werden als **Affirmative Covenants** bezeichnet.

3. Solche, die gewisse Handlungsmöglichkeiten verbieten, heißen **Negative Covenants**.

4. Mit **Default Covenants** sind Klauseln bezeichnet, mit denen die Pflichten des Schuldners und die Rechte des Gläubigers geregelt werden, sollte es sogar zu einem Default kommen.[7]

5. Schließlich gehören zu den Kreditkonvenanten auch Bestimmungen, die *Sanktionen* festlegen, sollte sich der Schuldner nicht an die eben genannten Einschränkungen halten.

Sind die Kreditkonvenanten sehr kraftvoll formuliert, dann bedeuten sie, dass im Fall von Financial-Distress die Entscheidung über das unternehmerische Geschehen ganz an den Gläubiger geht, der diese Konvenanten zu seinen Gunsten hat durchsetzen können.

Mit anderen Worten: Im Distress geht die Führung der Unternehmung an die Hausbank. Das Management wird zu einem Verwalter der Vorgaben der Hausbank. Dann ändert sich die verfolgte Zielsetzung. Ein Unternehmen, das weit vom Financial-Distress entfernt ist, wird das Ziel der Wertsteigerung (zugunsten der Eigenkapitalgeber) verfolgen. Rutscht sie in den Financial Distress, so dass die Kreditkonvenanten greifen, dann wird die Hausbank das Ziel verfolgen und durchsetzen, die Einbringlichkeit ihrer Kredite zu sichern. Der Gläubiger wird dazu auf die Reversibilität von Investitionen drängen und bei Anschaffungen auf die Liquidationsmöglichkeit achten.

→ **Beispiel 12-3**: Kreditfinanzierte Ausgaben für einen Werbefeldzug oder die Anschaffung spezieller Werkzeuge können zwar durchaus den Wert der Unternehmung steigern, doch sie sind ungeeignet, die Einbringlichkeit des Kredits zu erhöhen. ■

Durch Kreditkonvenanten werden offenbar die hohen Konkurskosten vermieden. Denn bereits vor dem Konkurs hat die Hausbank das gesamte Vermögen in ihrer Hand und kann es (bei entsprechend ausgelegten Kreditkonvenanten) auch verkaufen.

Gleichsam übergibt die Unternehmung ihr Vermögen dem Gläubiger *rechtzeitig bevor die Insolvenz* eintritt und die Kredite allenfalls zu Teilen noch einbringlich sind. Dadurch hat die kreditgebende Bank einen Vorteil. **Kreditkonvenanten haben für die Bank einen gewissen Wert**. Die Bank kann und wird diesen Vorteil dem Kreditnehmer geben, so dass dieser günstigere Kreditkonditionen erhält. Der Schuldner wird damit vor eine Wahl gestellt: Entweder willigt er nicht in (so weit gehende) Kreditkonvenanten ein und zahlt einen höheren Zins, oder er akzeptiert die Konvenanten und muss nur einen geringeren Zins leisten.

---

[7] 1. CLIFFORD W. SMITH: A Perspective on Accounting-Based Debt Covenant Violations. *The Accounting Review* 68 (1993) 7, 117-161. 2. FRIEDRICH THIEßEN: Covenants in Kreditverträgen: Alternative oder Ergänzung zum Insolvenzrecht? *Zeitschrift für Bankrecht und Bankwirtschaft* 8 (1996) 1, 19-37. 3. HORST EIDENMÜLLER: *Unternehmenssanierung zwischen Markt und Gesetz*. Verlag Otto Schmidt, Köln 1999. 4. STEFFEN HAHN und JOHANNES ORTNER: Financial Covenants — risikoadäquate Kreditbepreisung im Spannungsfeld von Bankenaufsichts- und Zivilrecht. *Zeitschrift für das gesamte Kreditwesen* 60 (2006) 7, 42-46.

12.3.4 Gläubigerschutz

In einigen Ländern gibt es rechtliche Einrichtungen, die *zwischen* dem Zustand des Financial-Distress und der Eröffnung eines Konkursverfahrens stehen. Verfahren des **Gläubigerschutzes** sollen verhindern, dass einzelne Gläubiger früh von „ihrem Recht" Gebrauch machen und die Eröffnung eines Konkursverfahrens beantragen. Denn die Eröffnung eines Konkursverfahrens bedeutet fast immer, dass eine Fortführung der Unternehmung nicht mehr versucht wird oder zustande kommt. Oft wollen einzelne Gläubiger schnell dingliche Sicherheiten an sich nehmen und vom Betriebsgelände entfernen. Das bedeutet das Ende der unternehmerischen Tätigkeit.

Durch Gläubigerschutz soll stattdessen, noch bevor ein Konkursverwalter berufen wird, zwischen dem Management einer Unternehmung und den Gläubigern der **Versuch einer Fortführung geprüft werden**. (1) Oft ist dazu erforderlich, dass Banken auf einen Teil ihrer Forderungen verzichten. (2) Zudem müssen Eigenkapitalgeber angesprochen werden, um die Haftungsbasis zu erhöhen. (3) Parallel dazu muss die bisherige Strategie der Unternehmung geändert werden. Eine **Sanierung und Restrukturierung** verlangt eine gewisse Zeit. (4) Es muss eine *Schonfrist* geben, in der die Unternehmung vor dem Zugriff einzelner Gläubiger geschützt ist.

Regelungen zum Gläubigerschutz schützen die Unternehmung vor den Zugriffen einzelner Gläubiger und geben dem Management die Schonfrist, um Sanierung und Restrukturierung zu versuchen. Sollte die Schonfrist erfolglos verstreichen, wird das Konkursverfahren eingeleitet.

Es handelt sich beim Gläubigerschutz um einen Schutz der Unternehmung *vor* den Gläubigern, insbesondere vor dem schnellen Zugriff *einzelner* Gläubiger. Doch das Ziel ist letztlich, dass die verschuldete Unternehmung fortgeführt werden kann, so dass dabei die Forderungen *aller* Gläubiger (zumindest in beträchtlichem Umfang) erfüllt werden können. **Gläubigerschutz schützt die Unternehmung vor einzelnen Gläubigern, um dadurch alle Gläubiger zu schützen**.

Regelungen zum Gläubigerschutz gibt es in den USA, in der Schweiz und in Frankreich. In Deutschland werden unter dem Begriff „Gläubigerschutz" überwiegend Pflichten des Schuldners verstanden, die den einzelnen Gläubiger vor einem Ausfall schützen sollen. Das BGB nennt den Begriff aber nicht, weshalb die Vorgehensweise in einer Notlage der Unternehmung durch Rechtsprechung präzisiert ist. Inzwischen haben einige Gerichtsurteile in Deutschland den Weg gewiesen, dass bei Insolvenz oder Zahlungsunfähigkeit nicht gleich ein Konkursverfahren eröffnet wird, sondern eine Fortführung der Unternehmung unter Einbezug aller Parteien versucht wird. Auf diese Weise wird die Gruppe aller Gläubiger am besten geschützt.

Nach Schweizer Recht kann eine überschuldete Gesellschaft, anstatt den Konkursrichter gemäß Art. 725 Obligationenrecht (OR) zu benachrichtigen, nach Art. 293ff. Bundesgesetz über Schuldbetreibung und Konkurs (SchKG) bei der Nachlassbehörde ein Gesuch um Nachlassstundung zwecks Vorbereitung eines gerichtlichen Nachlassvertrags stellen. Letzterer ist ein öffentlich-rechtlicher Zwangsvergleich, der unter amtlicher Aufsicht zustande kommt und auch für die nicht zustimmenden Gläubiger verbindlich ist. Für das Zustandekommen sind ein qualifizierter Mehrheitsbeschluss der Gläubiger sowie die Bestätigung des Nachlassrichters nötig. Die drei im Gesetz vorgesehenen Arten des Nachlassvertrags lassen sich wirtschaftlich in solche mit (1) Sanierungscharakter (Stundungsvergleich und Prozentvergleich) und solche mit (2) Liquidationscharakter (Liquidationsvergleich) unterscheiden.

In den USA gibt es im Insolvenzrecht (US Bankruptcy Code) den Abschnitt **Chapter 11**, der eine vom Gericht überwachte Reorganisation der Finanzen der Unternehmung regelt.

1. Auf Antrag des Managements richtet das Gericht einen Rat ein. Das Management muss eine Liste aller Verbindlichkeiten vorlegen sowie eine (grobe) Beschreibung des Plans zur Sanierung und Restrukturierung.
2. Die Pläne des Managements werden dem Rat sowie den Fremd- und Eigenkapitalgebern vorgelegt, wobei letztlich der Rat allein entscheidet.
3. Das Recht eines jeden einzelnen Gläubigers, die Eröffnung eines Konkurses zu beantragen, ist für die vom Rat gewährte Zeitspanne außer Kraft gesetzt.
4. Der genaue Ablauf ist geregelt, und spätestens 120 Tage nach Beantragung des Schutzes nach Chapter 11 wird über den Sanierungsplan abgestimmt.

12.3.5 Einer von vier Zuständen

Aufgrund dessen kann sich eine Unternehmung in einem von vier Zuständen befinden:

- Die Unternehmung ist **finanziell gesund**: Sie ist zahlungsfähig, nicht überschuldet und keiner der in den Kreditkonvenanten formulierten Zustände ist eingetreten. Das Management ist folglich nicht eingeschränkt. Als Zielsetzung wird Wertsteigerung angestrebt. Die Gläubiger haben allgemeine Rechte, insbesondere das auf Information. Doch sie können nicht in die Wirtschaftstätigkeit eingreifen. Gleiches gilt für die Hausbank. Alle Parteien (Stakeholder) sind zufrieden.

- Die Unternehmung ist in einen **Financial-Distress** geschlittert. Wenigstens *eine der mit den Kreditkonvenanten definierten Zustände* verschlechterter Wirtschaftslage ist *eingetreten*. Durch dieses Ereignis ist das Management eingeschränkt. Es muss bestimmte Handlungen unterlassen. Eventuell sind auch die Eigenkapitalgeber eingeschränkt (zum Beispiel, was Entnahmen betrifft). Die Hausbank ergreift ihre Rechte aus den Kreditkonvenanten und wird aktiv. Sie stuft ihr Gläubigerinteresse höher ein als das Interesse der Eigenkapitalgeber (sowie das anderer Gläubiger – im Nachteil sind jene Gläubiger, die nicht so starke Kreditkonvenanten wie die Hausbank vereinbaren konnten). Die Hausbank möchte die Einbringlichkeit ihrer Kredite erhalten, weshalb das Streben nach Wertsteigerung ein Ende findet. Möglicherweise verlassen Mitarbeitende die Unternehmung.

- Der unternehmerische Schuldner gerät in einen Zustand der Zahlungsunfähigkeit oder sogar der Überschuldung. Das Management beantragt **Gläubigerschutz**. Die Gläubiger sollten sich alle finden und gemeinsam einen Rettungsversuch einleiten und gemeinsam tragen.

Das verlangt einen Kapitalschnitt und den Verkauf von Teilen der Unternehmung. Ein „Neuanfang“ einer verkleinerten Unternehmung kann versucht werden, doch Zeichen des Gelingens könnten auf sich warten lassen.

- Der Gläubigerschutz – die Schonfrist – ist abgelaufen. Einzelne Gläubiger oder das Management beantragen den **Konkurs**. Es kommt zu einer Liquidation der Unternehmung.

12.3.6 Typische Kennzahlen

Kreditkonvenanten definieren den Zustand des Distress anhand von Kennzahlen und anhand von Relationen von Kennzahlen. Sie werden meist aus der Bilanz oder der Gewinn- und Verlustrechnung errechnet. Wir nennen drei Kennzahlen: Die **Current-Ratio** (CR), die **Eigenkapitalquote** (EQ) und die **Zinsdeckungsratio** (IR).

Eine häufig in Kreditkonvenanten verwendete Liquiditätskennzahl ist die **Current-Ratio** (CR):

$$CR = \frac{\textit{flüssige Mittel} + \textit{kurzfristige Forderungen} + \textit{Vorräte}}{\textit{kurzfristige Verbindlichkeiten}} \tag{12-6}$$

Sie zeigt, ob die Unternehmung kurzfristige Zufälligkeiten selbständig bewältigen kann.

Die Kapitalstruktur wird meist an der **Eigenkapitalquote** (EQ) gemessen, also am Verhältnis dieser zwei Bilanzgrößen:

$$EQ = \frac{\textit{Eigenkapital}}{\textit{Gesamtkapital}} \tag{12-7}$$

Zur Messung der Größen im Zähler und im Nenner sind einige Punkte zu klären, so die Behandlung von Goodwill. Die Eigenkapitalquote zeigt, wie gut die Unternehmung Risiken im mittel- und langfristigen Bereich überstehen kann.

Bei den Gewinngrößen haben die **Earnings-Before-Interest-And-Taxes** *EBIT* die prominenteste Rolle, gelegentlich auch die dem **Brutto-Cashflow** ähnliche Größe *EBITDA*, die *Earnings before Interest, Taxes, Depreciation and Amortization*. Im Englischen werden Abschreibungen auf das Sachvermögen als *Depreciation* und Abschreibungen auf das immaterielle Vermögen als *Amortization* bezeichnet.

$$IR = \frac{EBITDA}{\textit{Finanzertrag} - \textit{Finanzaufwand}} \tag{12-8}$$

Eine Reihe von Kennzahlen nehmen auf diese Größen Bezug, so etwa die **Zinsdeckungsratio** oder **Interest-Coverage-Ratio** *IR*, siehe Formel (12-8). Sie ist definiert als Relation zwischen dem *EBITDA* und dem Nettofinanzerfolg. Der Nettofinanzerfolg ist die Differenz von Finanzertrag und Finanzaufwand. Die Zinsdeckungsratio drückt aus, in welchem Vielfachen der Gewinn vor Finanzergebnis, außerordentlichem Ergebnis, Steuern und Abschreibungen *EBITDA* den Nettozinsaufwand deckt.

Vereinfacht: Die Zinsdeckungsratio zeigt, wie souverän die Unternehmung mit ihrer realwirtschaftlichen Tätigkeit die Verpflichtungen aus dem Fremdkapital bedienen kann.

Für diese drei sowie weitere Kennzahlen werden sodann Grenzwerte definiert. Wird einer der drei Grenzwerte unterschritten, dann tritt der Zustand ein, in dem die Kreditkonvenanten greifen.

12.4 Ergänzung und Lernkontrolle

Lernziele: 1. Typische Klauseln im Kreditvertrag. 2. Lernkontrolle

12.4.1 Ergänzung: Klauseln im Kreditvertrag

Zur Ergänzung sollen dic am häufigsten verwendeten Klauseln im Kreditvertrag genannt werden:

- Die **Pari-Passu-Klausel** ist die wohl wichtigste *Negative Convenant*. Hierbei sagt der Schuldner zu, dass die Forderungen aus dem zur Diskussion stehenden Kreditvertrag keinen Forderungen seitens anderer Gläubiger nachgestellt, sondern eher vorrangig bedient werden. Daher auch die Bezeichnung **Me-First-Rule**.
- Ähnlich wirkt die **Limitation-on-Indebtedness**. Diese Klausel verbietet eine Schuldenerhöhung durch weitere oder neue Kredite mit anderen Gläubigern.
- Oft verabredet ist die Klausel der negativen Verpfändung (**Negative-Pledge-Klausel**). Hier verspricht der Schuldner, seine verpfändbaren Aktiven nicht bei einer weiteren Kreditaufnahme als Pfand anzubieten (Pledge = Bürgschaft).
- Die **Change-of-Ownership-Klausel** schützt den Kreditgeber im Fall von rechtlichen oder wirtschaftlichen Änderungen des unternehmerischen Schuldners beziehungsweise des Kreises der Eigentümer. Diese Klausel soll verhindern, dass die Finanzkraft des Schuldners sinkt, wenn dieser eine andere Unternehmung akquiriert, die eine schlechtere Bonität hat, oder wenn die kreditfinanzierte Unternehmung selbst von einem Dritten übernommen wird.
- Die **Dividend-Constraint-Klausel** beschränkt Auszahlungen an die Eigentümer.
- Zu den Default-Klauseln gehört zunächst die **Cross-Default-Klausel**. Danach kann der Gläubiger die Rückzahlung des Kreditbetrags als sofort fällig erklären, falls der Schuldner Zahlungsverpflichtungen gegenüber anderen Gläubigern nicht nachkommt. Sie sichert dem

Gläubiger eine weitgehende Eingriffsmöglichkeit, weil der Schuldner in der betreffenden Situation kaum den Kredit zurückzahlen kann und daher eine Neuverhandlung mit der Bank ansteht. Sie wird dann erklären, unter welchen Bedingungen sie die sofort fällige Rückzahlung stundet.

- Ähnlich wirkt die **Material-Adverse-Change-Clause**. Auch durch sie kann der Gläubiger den Kreditvertrag sofort kündigen, wenn sich die finanzielle Situation (Liquidität, Vermögen, Ertrag) wesentlich verschlechtern sollte.

12.4.2 Fragen und Aufgaben

1. a) Welche Dimensionen umfasst der Begriff des Kreditrisikos? b) Was ist ein Default?
2. Was besagt das Bruchmodell?
3. Was würde passieren, wenn eine Bank anstelle eines nach Bonität differenzierten Kreditzinssatzes allen Kunden einheitliche Konditionen berechnete?
4. a) Erklären Sie den Unterschied zwischen Fehler 1. Art und 2. Art bei der Analyse der Kreditwürdigkeit. b) Versuchen alle Banken, den Alphafehler möglichst gering zu halten?
5. Wenn aufgrund einer Stichprobe eine Hypothese „bestätigt“ werden kann, darf dann geschlossen werden, dass sie „typischerweise“ auch wahr ist?
6. Eine Bank hatte vor einiger Zeit 310 Kreditnachfrager. Sie hat 180 von ihnen den Kredit gegeben, 130 nicht. Später hat sich herausgestellt, dass 280 der 310 Schuldner gut waren, während es bei 30 von ihnen zum Ausfall kam. Ermitteln Sie die relevanten Kennziffern.
7. Wozu dienen Sicherheiten und was bewirken sie?
8. Was wird unter „Gläubigerschutz“ in Deutschland verstanden.
9. Nennen Sie drei Kennzahlen, die oft dazu verwendet werden, die „finanzielle Gesundheit“ einer Unternehmung zu beschreiben, und die in Kreditkonvenanten dazu verwendet werden, zu definieren, wann ein Financial-Distress eingetreten ist.
10. Was verbirgt sich hinter diesen sieben Klauseln: a) Pari-Passu, b) Me-First-Rule, c) Limitation-on-Indebtedness, d) Negative-Pledge, e) Change-of-Ownership, f) Dividend-Constraint, g) Material-Adverse-Change?

12.4.3 Antworten und Lösungen

1. a) Das *Ausfallrisiko* (Default), die Gefahr also, dass Verzinsung und Rückzahlung gefährdet sind. Hinzu kommt als *Bonitätsrisiko* die Gefahr, dass sich die Qualität des Schuldners nach der Kreditvergabe verschlechtert. b) Ein *Default* liegt vor und ein Schuldner ist als *ausgefallen* zu betrachten, wenn ein oder mehrere der folgenden Ereignisse eingetreten sind: 1. Schuldner ist mehr als 90 Tage im Verzug, 2. hat Konkursverfahren beantragt, 3.

Gläubiger haben Abschreibungen vorgenommen, 4. es muss als unwahrscheinlich angesehen werden, dass der Schuldner seine Zahlungsverpflichtungen voll erfüllen kann.

2. Ob es bei einem Schuldner zum Default kommt, wird erstens durch seine Konstitution bestimmt und zweitens durch die (zufälligen) externen Belastungen, mit denen zu rechnen ist.

3. Subventionierung der schlechten Risiken durch die guten – mit der Folge, dass die guten Risiken die Bank verlassen und andere Finanzierungsquellen suchen.

4. a) Fehler 1. Art (Alpha): einem schlechten Schuldner wird ein Kredit gegeben. Fehler 2. Art (Beta): einem guten Schuldner wird die Kreditwürdigkeit abgesprochen. b) Banken beachten beide Fehler und wollen mit ihrem Vorgehen eine Kennzahl, etwa ROC maximieren. Sie können noch Modifikationen vornehmen: eine Retailbank wird versuchen, den Betafehler gering zu halten, um die Reputation nicht zu schädigen.

5. Nein. Viele statistische Tests haben eine große Wahrscheinlichkeit für einen Betafehler: eine falsche Hypothese wird nicht verworfen. Das kann sogar recht häufig vorkommen. Wird eine Hypothese aufgrund der Beobachtungen „bestätigt" (nicht verworfen), dann kann sie zwar wahr sein, doch sie könnte ebenso falsch sein. Mit der „Annahme" und „Bestätigung" einer Hypothese ist demnach *kein* Erkenntnisfortschritt verbunden. Ein Erkenntnisgewinn wird nur erzielt, wenn eine Hypothese verworfen wird.

6. Die gegebene Information $A+B=180$, $C+D=130$, $A+C=30$, $B+D=280$ besteht in 4 Gleichungen für 4 Unbekannte. Es folgt sofort $A=10$, $B=170$, $C=20$, $D=110$. Weiter: $\alpha = A/(A+C) = 10/30 = 0{,}33333$, $\beta = D/(B+D) = 110/280 = 0{,}39286$. Für die Receiver-Operating-Charakteristik folgt $ROC = C \cdot (B+D)/D \cdot (A+C) = 5600/3300 = 1{,}7$.

7. Sicherheiten im engeren Sinn können die Einbringlichkeit erhöhen und den LGD reduzieren. Sicherheiten im weiteren Sinn können die Ausfallwahrscheinlichkeit günstig beeinflussen und auch die Einbringlichkeit verbessern.

8. In Deutschland wurden unter „Gläubigerschutz" früher alle Rechte verstanden, die jeder einzelne Gläubiger hat und beanspruchen kann, sollte der unternehmerische Schuldner in einen Default geraten. Insbesondere konnte jeder Gläubiger für sich entscheiden, ob er bei den Behörden die Eröffnung eines Konkursverfahrens beantragt oder nicht. Durch Gerichtsurteile hat sich die Auffassung dahingehend geändert, dass im Default die Gruppe aller Gläubiger zu schützen sei. Um dies zu erreichen, ist oftmals eine Fortführung der Unternehmung unter einem Sanierungsplan der beste Weg. Die Rechte einzelner Gläubiger werden etwas beschränkt zugunsten des Versuchs einer Sanierung mit dem Ziel, dass alle Gläubiger möglichst geringe Verluste erleiden.

9. Die Current-Ratio, die Eigenkapitalquote, die Zinsdeckungsratio.

10. Siehe die Ergänzung 12.4.1.

13 Kreditrisikoprämie

Thema: Wie die Ausfallrisiken im Kapitalmarkt bewertet werden.

13.1 Rating

Lernziel: Übersetzung der Ratingstufen in Ausfallwahrscheinlichkeiten.

13.1.1 Rating

Banken möchten die Bonität ihrer Schuldner einschätzen. Finanzanleger möchten wissen, wie stark sie darauf vertrauen können, dass sie bei ihren Anleihen keine Verluste haben werden. In der Perspektive des Bruchmodells muss der Schuldner erstens eine gewisse Kraft und Elastizität haben, um externen Schocks zu widerstehen. Zweitens kommt es darauf an, wie groß die „typischen" externen Belastungen sind. Werden die externen Schocks als zufällige Ereignisse angesehen, dann ist der **Bruch ein Zufallsereignis**. Dies gesagt kommt die Frage auf, wie hoch die Wahrscheinlichkeit für einen Bruch (Default) im nächsten Jahr oder in den nächsten Jahren ist.

Diese Wahrscheinlichkeit, die **Ausfallwahrscheinlichkeit**, hängt von zweierlei ab: 1. Wie hoch ist die Belastbarkeit des Schuldners? 2. In welchem Umfeld bewegt er sich wirtschaftlich und welche Schocks und Störungen sind in diesem Umfeld als typisch anzusehen? Wird beides (im Bruchmodell) zusammengeführt, so ergibt die Ausfallwahrscheinlichkeit.

Üblich ist, die Ausfallwahrscheinlichkeit von Schuldnern zunächst *anhand von qualitativen Kriterien einzustufen* und gleichsam zu *benoten*. **Das Verfahren, die Schuldner (hinsichtlich der Ausfallwahrscheinlichkeit) zu benoten, heißt Rating**. Dabei entstehen Klassen, bezeichnet als **Ratingklassen**. Es ist üblich, die Ratingklassen wie im amerikanischen Schulsystem mit *Buchstaben* zu bezeichnen: A ist *sehr gut*, B *gut*, C *durchschnittlich* und so fort. In der Schule hängt die Benotung von den **Fähigkeiten** des Schülers und von den **Anforderungen** ab, die gestellt werden. Ein an sich „guter" Schüler wirkt vielleicht nur befriedigend, wenn die Anforderungen sehr hoch sind. Genauso ist es beim Rating. Eine an sich „gute" Unternehmung kann ein nur mäßiges Rating erhalten, falls sich auf einmal die typischen Belastungen der Branche ändern, beispielsweise durch Innovation, durch neue ausländische Konkurrenz, unerwartete gesetzliche Änderungen. Veränderungen im Umfeld verlangen, eine Unternehmung neu zu benoten.

Für das Rating von Anleihen und das Rating von Unternehmen insgesamt haben sich einige Rating-Agenturen etabliert. Eine ist (in der Kurzbezeichnung) **Moody's**, eine andere **Standard & Poor's**, kurz **S&P**. Die Beurteilungen, die Banken von ihren Kreditkunden vornehmen, orientieren sich im Grundsatz an der Vorgehensweise dieser großen Rating-Agenturen. Beide Agenturen (ebenso wie etwa **Fitch**, ein dritte Rating-Agentur) konzentrieren sich auf die Erhebung der Fähigkeit einer Unternehmung, von außen kommende Zufallseinflüsse zu überstehen.

Ob ein Schiff an einer Unwetterfront den Wellen trotzt, hängt einerseits vom Geschick des Kapitäns ab, im Sturm vorteilhaft zu steuern, und andererseits von der Widerstandsfähigkeit und Bauart des Schiffes sowie den Wellen. Genauso sehen es die Rating-Agenturen: Die Widerstandskraft der Unternehmung hängt vom **Management** ab, also davon, ob es flexibel und mit Expertise auch bei risikobehafteten Anforderungen erfolgreich führen dürfte. Das ist der erste Faktor. Sodann ist maßgebend, ob die Unternehmung hinreichende Mittel hat – gemeint ist hier die Höhe des **Eigenkapitals** – um Belastungen auszuhalten. Das ist der zweite Faktor.

Moody's legt mehr Wert auf den ersten Punkt, auf die *Expertise des Managements*, weshalb Interviews mit dem Management Priorität haben. S&P betont den zweiten Punkt, insbesondere die Höhe des Eigenkapitals als Risikopuffer, weshalb das *Studium der Bilanzpositionen* Priorität hat. Unternehmen, die vielleicht nicht viel Eigenkapital haben, aber vom flinken Management nah an ihren Absatzmärkten sind, kommen bei Moody's eher zu einem guten Rating. Unternehmen mit „gesunden" Bilanzen erhalten bei S&P ein gutes Rating, selbst wenn das Management nicht alle Modeströmungen der Kundschaft im Griff hat.

Bruchmodell	**Was wird geprüft?**
1. Faktor: **Belastbarkeit** der Unternehmung	
a) Expertise des *Managements*	Einschätzung aufgrund *Interviews*
b) Eigenmittel und andere Kenngrößen	Analyse der Jahresabschlüsse
2. Faktor: Typische, externe **Zufallseinflüsse**	*Branchenspezifische Unsicherheiten*, Umwälzungen, Gesetze, Innovation

Die pointiert formulierten Unterschiede sind in Wirklichkeit nur Akzentuierungen. Jedenfalls bewerten Moody's und S&P die **Widerstandsfähigkeit der Unternehmung im Hinblick auf die typischen Belastungen**. Diese hängen vor allem von der **Branche** ab. Versicherungen sind anderen externen Schocks ausgesetzt als der Maschinenbau. Management und Bilanzen werden also im Hinblick auf die Branche (und die durch sie gegebenen Zufallseinflüsse) beurteilt.

Ähnlich gehen Banken vor: Sie beurteilen die kreditsuchende Unternehmung (anhand von Kenngrößen aus den Jahresabschlüssen) im Hinblick auf branchentypische Zahlenwerte, also im Hinblick auf die für die Branche typischen Risiken. Außerdem beurteilen Banken das Management hinsichtlich Expertise sowie der Fähigkeit, auch unter Belastung richtig zu entscheiden. Beurteilt wird auch die Kooperationsbereitschaft des Managements, sollte es zur Krise kommen. Von Japanern ist zu hören, dass sie ihre Geschäftspartner zu einem Gelage führen, da nur der Betrunkene seinen wahren Charakter zeige. Und wer nichts trinkt, habe wohl etwas zu verbergen.

13.1.2 Rating: Die Notenskala

Rund 15 Abstufungen werden beim Rating seitens der Agenturen unterschieden, während Banken mit rund 10 Stufen auskommen. Die Einteilung erfolgt nach einem Vorgehen, das die Rating-Agenturen nicht veröffentlichen. Zu vermuten ist, dass sich Schuldner auf veröffentlichte Fragen einstellen könnten und am Ende wieder ein reines Rollenspiel entsteht. Allerdings kann aus den Eigenschaften mehrerer Unternehmen (die beispielsweise auch eine Consultingfirma kennt) und dem Rating, das sie erhalten haben, *einiges über die Gewichtung erschlossen* werden, mit der Agenturen die verschiedenen Aspekte zusammenführen. Consultingfirmen versuchen die impliziten Gewichte herauszufinden, um ihre Beratungskunden auf ein besseres Rating zu trimmen.

Die nachstehende Tabelle zeigt üblicherweise verwendete Ratingklassen. Oberhalb einem mittleren Rating werden Anleihen als **Investment-Grade** tituliert, unterhalb sind sie nur **Subinvestment-Grade**. Investoren oder Aufsichtsgremien können festlegen, nur Anleihen aus der als Investment-Grade bezeichneten Gruppe zu kaufen. Die nachstehende Tabelle zeigt auch die Ratingstufen, die von der UBS und der (mittelgroßen) Bank XYZ verwendet werden, und zwar in Korrespondenz zu den international üblichen Ratings.

> Diese Noten werden dann in einem nächsten Schritt in Ausfallwahrscheinlichkeiten übersetzt, denn diese zu kennen ist letztlich das Ziel. Die Ausfallwahrscheinlichkeiten (sowie noch weiter hinzu kommende Größen) bestimmen dann die Kreditrisikoprämie, die ein Schuldner mit den Konditionen zahlen muss.

Von daher bemühen sich die Schuldner um ein möglichst gutes Rating, und es ist ein großes Thema in den Finanzmedien, wenn Rating-Agenturen einem Schuldner eine (schlechtere) Note geben wollen. Üblich ist, ähnlich wie bei Wirtschaftsprüfungen, dass zunächst einmal angekündigt wird, dass die Rating-Agentur etwas beobachtet. Sie setzt einen Schuldner auf eine **Watch-List**. Später kommt es eventuell zu einer Herabsetzung des Ratings, zu einem **Downgrading**.

Wie gesagt werden kreditsuchende Bankkunden, Unternehmensanleihen, Unternehmen und Länder beurteilt. Die aktuellen Ratings der Länder sind im Internet zu finden. Das beste Rating (Aaa beziehungsweise AAA) haben derzeit acht Länder, darunter Deutschland und die Schweiz. Das Rating von Österreich ist bei zwei Agenturen ebenso hoch (Moody's: Aaa, Fitch: AAA) und liegt bei S&P einen Hauch darunter (AA+).

Moody's	S&P	Ratingskala Bank XYZ	Ratingskala UBS
Investment Grade			
Aaa	AAA	R1	C1
Aa1	AA+		C1
Aa2	AA	R2	C2
Aa3	AA-		C2
A1	A+	R3	C2
A2	A		C3
A3	A-		C3
Baa1, Baa2, Baa3	BBB+, BBB, BBB-	R4	C4, C5
Subinvestment Grade / High Yield			
Ba1	BB+	R5	C6
Ba2	BB		C7
Ba3	BB-		C8
B1	B+	R6	C9, D0
B2	B		D1
B3	B-		D1 / D2
Caa, Ca, C	CCC+, CCC, CCC-	R7	D2

Darstellung 13-1: Die amerikanischen Rating-Agenturen bezeichnen die Beurteilungen der Bonität mit den Noten A, B, C, die im amerikanischen Schulsystem vergeben werden.

13.1.3 Notenstufe und Ausfallwahrscheinlichkeit

Beim Rating wird die Idee des Bruchmodells umgesetzt in Fragen an das Management, in Kennzahlen (Jahresabschluss) sowie in qualitative Beschreibungen (gering, mittel hoch) der externen, zufälligen Belastungen. Deshalb darf durchaus geschlossen werden, dass die Notenstufen die Ausfallwahrscheinlichkeit wiedergeben. Doch was fehlt, ist eine Assoziation einer jeden Notenstufe mit dem Zahlenwert der jeweiligen Ausfallwahrscheinlichkeit. Dieser Schritt wurde durch die empirische Forschung vollzogen. Hierzu werden Daten über alle Defaults von Anleihen gesammelt und gefragt, in welcher Stufe sie zuvor geratet worden sind. Auf diese Weise sind **den Notenstufen empirische Ausfallhäufigkeiten zugeordnet** worden. Die Ausfallwahrscheinlichkeiten beziehen sich auf eine gewisse Zeit (in der Regel ein Jahr). Die Zahlen werden laufend an die neue Datenlage angepasst, und die Untersuchung der Defaults führt auch zu Anpassungen beim Beurteilungsverfahren der Rating-Agenturen. Eine Tabelle zeigt eine aktuelle Assoziation:

S&P	*PD*		Bank XYZ	*PD*
AAA	0,00%	≈	R1	0,05%
AA	0,01%	≈	R2	0,1%
A	0,04%	≈	R3	0,25%
BBB	0,21%	≈	R4	0,6%
BB	0,91%	≈	R5	3,5%
B	5,16%	≈	R6	8%
CCC	20,93%	≈	R7	15%

Darstellung 13-2: Gegenüberstellung von Ratingklassen und Wahrscheinlichkeiten PD (Probability of Default) für einen Ausfall im kommenden Jahr. S&P hat das Verfahren für die Bestimmung des Ratings festgelegt und aufgrund umfangreicher empirischer Daten die Ausfallraten ermittelt. Diese Wahrscheinlichkeiten ändern sich im Verlauf der Zeit mit neuen Daten etwas. Bei der Bank XYZ sind die Ratingklassen über eine vorgegebene Ausfallwahrscheinlichkeit definiert, und das Verfahren für die Einteilung von Schuldnern in die vorgesehenen Ratingklassen wird laufend überprüft und adjustiert, damit es die als Zielwerte vorgegebenen Ausfallwahrscheinlichkeiten widerspiegelt. Hier ändert sich demnach das Beurteilungsverfahren.

Da diese Wahrscheinlichkeiten die Grundlage für die Bemessung der Kreditrisikoprämien bilden, sind die Rating-Agenturen stark motiviert, jüngere Schätzungen vorzulegen und diese laufend zu aktualisieren. Gleiches gilt für die Bank. Denn sollte sie die Ausfallwahrscheinlichkeit für Schuldner zu hoch ansetzen, und damit die Kreditrisikoprämie, die sie ihnen abverlangt, dann würden die betreffenden Schuldner zu einer anderen Bank gehen. Umgekehrt: Wenn eine Bank die Risikoprämien zu tief ansetzt, dann würde sie am Ende zuzahlen, genau wie eine Versicherung zuzahlt, die zu geringe Prämien einnimmt.

Jede Bank muss daher ihr intern verwendetes **Ratingverfahren** einer laufenden, kritischen Kontrolle unterziehen. Die Gütebeurteilung intern verwendeter Ratings heißt **Validierung**.

Hierzu werden die internen Ratings periodisch wiederkehrend in Relation zu den Verfahren externer Rating-Agenturen gesetzt und angepasst. Doch nur wer einer Methode folgt, kann das Vorgehen nachprüfen, beurteilen, verbessern. Wer hingegen fallweise der Intuition folgt, hat diese Möglichkeit der Qualitätskontrolle nicht. Das interne Rating muss einer Methode folgen und systematisch angewandt werden, um es validieren zu können.

Wer zahlt für das interne beziehungsweise externe Rating? Bei bilateralen Kreditverträgen ist die kreditgebende Bank für die Beurteilung der Bonität des Schuldners selbst besorgt. Sie nimmt ein internes Rating vor oder sie übernimmt ein von einer externen Einrichtung vorgenommenes Rating. Auf den ersten Blick könnte es erstaunen, dass eine Nachfrage nach externen Ratings besteht. Wer sollte hier aktiv werden und einen Auftrag erteilen? Wer bezahlt diese Dienstleistung? Jeder einzelne Anleger hofft darauf, dass die anderen Investoren sich schon um das Rating kümmern werden und er die Ratingklasse kostenlos erfährt.

Aufgrund der **Free-Rider-Problematik** wird kein Anleger aktiv – eine Problematik, die nach D. W. DIAMOND für den Bankkredit spricht, weil die Bank die Funktion des Intermediärs im Interesse aller Sparer wahrnimmt.[1]

13.1.4 Junk Bonds

Bei einer Anleihe kann erstaunen, dass die *Schuldner* sich freiwillig selbst raten lassen – trotz der damit verbundenen Kosten. Sie lassen ihre Bonität sogar dann extern beurteilen, wenn sie ahnen, nur mittelmäßig abzuschneiden. Denn inzwischen ist das Rating zu einem Standard geworden. Die Anleger sehen die Unsicherheit bei einem *nicht vorliegenden* Rating als nachteiliger an, als wenn überhaupt ein Rating vorliegt, selbst wenn es nur mittelmäßig ausgefallen ist. Heute wird *not-rated debt* automatisch als *Subinvestment-Grade* kategorisiert und ist damit in die Definition von „Schrottanleihen" (**Junk Bond**) eingeschlossen. Schuldner (Unternehmen, Geschäftsbanken) wenden sich an eine der Rating-Agenturen und bezahlen für die Beurteilung.

Das Rating kann zu der Empfehlung führen, der normale Finanzinvestor solle die Anleihe ganz meiden. Dieses Segment des Kapitalmarkts wird von den Rating-Agenturen als **Subinvestment-Grade** bezeichnet. Die Anleihen mit diesem Rating werden von Unternehmen mittlerer Größe ausgegeben, die andernfalls Schwierigkeiten hätten, Kredite zu erhalten (weil die Banken keine so riskanten Kredite mehr geben können). Ein Bond im Bereich Subinvestment-Grade bietet den Investoren für die geringe Bonität deutliche Renditeaufschläge von circa 4% und mehr, allerdings sind die Kreditrisiken in gleicher Größenordnung einzuschätzen. Aufgrund der hohen Renditeaufschläge wird von **High-Yield-Bonds** gesprochen. Sowohl in USD als auch in EUR gibt es lebendige Märkte für High-Yield-Bonds, die von Market-Makern gestaltet werden. Die Kursbewegungen dieser Anleihen sind eher mit Änderungen der Einschätzung der Bonität verbunden als mit Änderungen der Zinssätze.

Zur Entstehung des Marktes für High-Yield-Bonds: Die zentrale Figur für die Entstehung des US-amerikanischen Marktes für Corporate High-Yield-Bonds war MICHAEL ROBERT MILKEN (*1946). Der Amerikaner hat das Finanzhaus DREXEL 1971 davon überzeugt, einen Handel mit Sub-Investmentgrade-Bonds zu beginnen. Das war eine großartige Idee. Kleinere und mittelgroße Firmen konnten durch die Ausgabe von Anleihen, die einen hohen Kupon versprachen, wenngleich das Defaultrisiko eben auch hoch war, überhaupt erst zu Fremdkapital kommen, weil die Banken ihnen ungern Kredite zusprachen. Der Junk-Bond-Markt kam zwischen 1975 und 1985 zur vollen Blüte.[2]

---

[1] 1. DOUGLAS W. DIAMOND: Financial intermediation and delegated monitoring. *Review of Economics and Statistics* 51 (1984), pp. 393-414. 2. STUART I. GREENBAUM und ANJAN V. THAKOR: *Contemporary Financial Intermediation.* The Dryden Press, Orlando (FL) 1995.

[2] Doch die Hybris kommt vor dem Fall. Im Jahr 1986 hat sich MILKEN ein Jahresgehalt von 550 Millionen USD genehmigt, 1989 wurde er von der Aufsichtsbehörde SEC wegen 98 verschiedener Gesetzesübertretungen angeklagt, 1990 zu zehn Jahren Haft verurteilt. Die Strafe wurde 1993 als erfüllt betrachtet.

13.2 Risk-Adjusted-Pricing

Lernziele: 1. Die Formel (13-1). 2. Migration.

13.2.1 Marktgerechte Risikoprämie

Die These, dass Banken die Bonität der Kreditnehmer beurteilend einschätzen, um im *Pricing* der Kredite die erwarteten Ausfälle durch einen versicherungsmathematischen Zuschlag zum Zinssatz zu berücksichtigen, wird als **Risikoabgeltung** oder als **Risk-Adjusted-Pricing** (RAP) bezeichnet. Im Endeffekt muss jeder Schuldner mit den Kreditkonditionen eine Prämie vergüten, die genau dem **Erwartungswert des Verlustes** entspricht.

Nach dem RAP verweigert sich die Bank einem Kreditwunsch eigentlich nicht, jedoch muss der Schuldner für seine vielleicht etwas schwache Konstitution (Management, Bilanz) und das eventuell riskante Umfeld, in dem er sich bewegt (Branche), eine Prämie zahlen. Selbstverständlich berücksichtigt die Prämie nicht nur die Wahrscheinlichkeit für einen Default, sondern auch die vermutete Schadenhöhe im Fall eines Defaults.

Auch eine Versicherungsgesellschaft verweigert nicht die Absicherung eines Risikos, doch schätzt jede Gesellschaft den zu erwartenden Schaden und verlangt eine entsprechende Prämie. Ein Schuldner mit einem höheren erwarteten Verlust muss dem Gläubiger mehr zahlen als der Schuldner mit einer geringeren Verlusterwartung. Die Bank subventioniert nicht mehr schlechte Risiken mit guten Risiken oder mit anderen Einnahmen. Das Risk-Adjusted-Pricing (RAP) ist seit 1990 die *Best-Practice* im Kreditwesen. Das RAP hat nicht nur das Ziel, kundenindividuell die Kreditrisikoprämie zu ermitteln, die dem aus dem Kreditgeschäft erwarteten Schaden entspricht. Weiterhin dient es dazu, die von der Bank benötigten *Reserven* zu bemessen (siehe das Folgekapitel 14). Wir wollen das RAP als Formel ausdrücken. Es handelt sich um eine vereinfachte Formel, weil wir nur ein Jahr betrachten, gleichsam das erste Jahr des Kredits. Die folgenden Jahre sind ausgeklammert.

Die Größe, die berechnet werden soll, ist der **Erwartungswert des Schadens** für die Bank. Er wird (von der Bankenaufsicht und in der Literatur) als **Expected-Loss** bezeichnet und mit EL abgekürzt. Der Expected-Loss EL ergibt sich aus diesen Größen:

1. Die Wahrscheinlichkeit, dass es innerhalb des betrachteten einen Jahres zu einem Default kommt. Das ist die durch die Bonität ausgedrückte Defaultwahrscheinlichkeit. Die Bankenaufsicht verwendet für die Defaultwahrscheinlichkeit die aus dem Englischen kommende Bezeichnung **Probability-of-Default** und die Abkürzung PD .

2. Eine zweite Bestimmungsgröße für den Expected-Loss EL ist die Höhe des Schadens, den der Gläubiger *im Fall eines Defaults* wohl haben wird. Der Expected-Loss EL hängt wiederum von zwei weiteren Größen ab, die mit : EAD und LGD abgekürzt werden. Hier ist EAD das Exposure zum Zeitpunkt eines Defaults und LGD der Teilbetrag des Exposures, der im Fall eines Defaults verloren gehen würde.

EAD: Die Höhe des Schadens im Default folgt einerseits aus dem **Exposure**, das der Gläubiger im Zeitpunkt des Default wohl haben wird. Diese Größe wird von der Bankenaufsicht als **Exposure-At-Default** bezeichnet und mit *EAD* abgekürzt.

LGD: Andererseits geht bei einem Default nicht der gesamte Betrag, mit dem die Bank exponiert ist, verloren. Die Erfahrung nennt Quoten für die *Einbringlichkeit*. So ist die Höhe des Schadens im Fall eines Default durch die **Einbringlichkeitsquote** oder **Recovery-Rate** bestimmt. Die Größe 1 - Recovery-Rate wird von der Bankenaufsicht als **Loss-Given-Default** bezeichnet und mit *LGD* abgekürzt.

→ **Beispiel 13-1**: Noch ein Wort zum Exposure. Bei den meisten Krediten ist das die Höhe des ausstehenden Betrags. Jedoch gibt es andere Beispiele. 1. Falls ein Kredit laufend getilgt wird, dann ist in einem späteren Default das Exposure der Bank geringer als der ursprüngliche Kreditbetrag. 2. Die Bank kann eine Kreditlinie sprechen, die der Schuldner zunächst nicht in Anspruch nimmt. Und doch, eine Woche vor dem Default ist sie voll ausgeschöpft. Kreditbetrag und Exposure sind zu unterscheiden. Es kommt eben auf die Exponiertheit der Bank im Zeitpunkt eines möglicherweise eintretenden Defaults an. 3. Bei einem Swap hängt das Exposure von der Zinsentwicklung ab. Fällt das Zinsniveau und hat der Payer Nachteile, erhöht sich das Exposure der Gegenseite. ■

Zusammengefasst ist im Fall eines Default mit einem Schaden in Höhe des Produkts $EAD \cdot LGD$ zu rechnen, und da der Default im kommenden Jahr mit der Wahrscheinlichkeit PD eintritt, beträgt der erwartete Schaden (Expected-Loss)

$$EL = PD \cdot EAD \cdot LGD \tag{13-1}$$

Diese Bestimmungsgleichung drückt den Expected-Loss für das kommende Jahr aus, und bei einer versicherungsmathematischen Rechnung muss der Kreditnehmer diese Verlusterwartung als Prämie vergüten. Sie wird in die Kreditkonditionen eingerechnet.

- Dabei wird die Defaultwahrscheinlichkeit PD über die Bonität bestimmt.
- Das Exposure-At-Default EAD ergibt sich aus dem *Produkt* oder der Art des Kredits.
- Der Loss-Given-Default LGD hängt von *Sicherheiten* und Bürgschaften ab.

Sicherheiten reduzieren nicht die Defaultwahrscheinlichkeit. Sie können aber geeignet sein, im Fall von Default die Einbringlichkeit zu verbessern. Können Sicherheiten gestellt werden, so verringert sich der erwartete Schaden EL und der Kreditnehmer erhält günstigere Konditionen.

Läuft ein Kredit über mehrere Jahre, dann ist die Formel (13-1) sinngemäß auf das zweite Jahr zu übertragen, auf das dritte Jahr und so fort. Die Bank wird gleich kalkulieren, dass eine gewisse Veränderung bei der PD eintreten kann.

13.2.2 Migration

Die Ausfallwahrscheinlichkeit kann sich im Lauf der Zeit verändern. Beispielsweise kann sich die Konstitution des Schuldners verschlechtern. Oder die zufällig einwirkenden Belastungen, denen der Schuldner aufgrund seiner Wirtschaftstätigkeit ausgesetzt ist, werden im Lauf der Zeit größer. Selbstverständlich könnte sich die Ausfallwahrscheinlichkeit mit der Zeit auch verringern. Die Veränderung der (wahren) Ausfallwahrscheinlichkeit mit der Zeit heißt **Migration**. Die *Migration* soll nun näher betrachtet werden. Im zweiten Jahr der Kreditlaufzeit kann sich die Bonität etwa um eine Stufe verbessern, aber auch um eine Stufe verschlechtern – um nicht den Fall zu diskutieren, dass innerhalb eines Jahres mehrere Stufen übersprungen werden. Im ersten Fall ist die Ausfallwahrscheinlichkeit *leicht* geringer, im zweiten Fall ist sie *deutlich* höher. Bei der Migration kommt es daher im Durchschnitt zu einer Erhöhung der PD, was bedeutet, dass ein länger laufender Kredit im zweiten Jahr einen höheren EL hat als im ersten Jahr.

Probability-of-Default innerhalb von *t* Jahren in %	*t = 1*	*t = 2*	*t = 3*	*t = 5*	*t = 10*
AAA	0,00	0,00	0,00	0,00	0,00
AA	0,03	0,03	0,07	0,19	0,24
A	0,08	0,22	0,38	0,71	1,82
BBB	0,19	0,66	1,19	2,36	4,64
BB	1,09	2,68	4,27	6,95	10,94
B	1,94	4,54	6,87	10,88	11,44
CCC	23,51	31,48	34,96	39,58	39,54

Darstellung 13-3: Die Die Wahrscheinlichkeit für einen Ausfall von heute bis in t Jahren in Prozent, wenn der Kredit heute mit AAA,…, CCC geratet ist, basierend auf den Fitch Global Corporate Finance Average Cumulative Default Rates 1990-2013. Quelle: Fitch: Fitch Ratings Global Corporate Finance 2013 Transition and Default Study, Credit Market Research, March 17, 2014, p. 10, www.fitchratings.com.

Nun wird eine Bank bei der Kreditvergabe dem Schuldner nicht sagen, dass die Konditionen im zweiten Jahr anders sein müssen, weil die erforderliche versicherungsmathematische Prämie ansteigt. Stattdessen wird die Bank eine über alle Jahre einheitliche Prämie verlangen. Diese Prämie ist dann bei Krediten mit mehrjähriger Laufzeit höher als bei einjährigen Krediten. Es sind auch Tabellen erstellt worden, siehe Darstellung 13-3, die für jede Ratingklasse angeben, mit welcher Ausfallwahrscheinlichkeit innerhalb eines Jahres, innerhalb zweier Jahre, und so fort, zu rechnen ist. Diese Tabellen berücksichtigen die erwähnte Migration.

→ **Beispiel 13-2**: Ein Firmenkredit soll für zehn Jahre laufen. Er wird heute mit BBB geratet. Innerhalb der Zehnjahresfrist ist mit Wahrscheinlichkeit von 5,27% mit einem Default zu rechnen. Annahme für das Beispiel: Bei einem Default dürfte für die Bank nichts mehr einbringlich sein.

Die Firma muss zum Zins eine auf das Jahr bezogene Prämie von 5,27%/10 = 0,527% zahlen, also 53 Basispunkte. ■

→ **Beispiel 13-3**: Ein Firmenkredit, heute mit BB geratet, soll für fünf Jahre laufen. Innerhalb der Fünfjahresfrist ist mit Wahrscheinlichkeit von 9,98% mit einem Default zu rechnen. Annahme für das Beispiel: Bei einem Default dürfte für die Bank die Hälfte der Forderung einbringlich sein. Die Firma muss zum Zins eine auf das Jahr bezogene Prämie von ½ ·9,98%/5 zahlen, also 1%. ■

↗	Aaa	Aa	A	Baa	Ba	B	Caa-C	Default
Aaa	*93%*	*6%*	*1%*	*0*	*0*	*0*	*0*	*0*
Aa	*1%*	*92%*	*6%*	*1%*	*0*	*0*	*0*	*0*
A	*0*	*2%*	*92%*	*6%*	*0*	*0*	*0*	*0*
Baa	*0*	*0*	*4%*	*90%*	*6%*	*1*	*0*	*0*
Ba	*0*	*0*	*0*	*5%*	*88%*	*6%*	*1%*	*1%*
B	*0*	*0*	*0*	*1%*	*7%*	*84%*	*4%*	*4%*
Caa - C	*0*	*0*	*0*	*0*	*2%*	*8%*	*67%*	*33%*

Darstellung 13-4: Die Tabelle enthält gerundete Übergangswahrscheinlichkeiten und beruht auf Daten von Moody's. Die Vertikale (linke Spalte) zeigt das derzeitige Rating, die Horizontale (oberste Zeile) das Rating in einem Jahr. Zusätzlich ist ein erreichbarer Zustand der Default. Beispielsweise beträgt die Wahrscheinlichkeit 92%, dass eine Anleihe, die derzeit das Rating Aa hat, ein Jahr später immer noch in derselben Ratingklasse Aa ist. Die Wahrscheinlichkeit, dass eine Anleihe, die derzeit das Rating Aa, ein Jahr später die Ratingklasse A besitzt, beträgt 6%, und mit 1% Wahrscheinlichkeit ist sie in die noch schlechtere Ratingklasse Baa abgefallen. Es gibt auch Verbesserungen: Die Wahrscheinlichkeit, dass eine Anleihe, die derzeit das Rating Aa besitzt, ein Jahr später mit Aaa geratet wird, beträgt 1%.

Vielfach wird die Migration eines Schuldners vom Kreditgeber nicht sogleich bemerkt. Der Kreditgeber muss sich daher mit Statistiken über die Migration von Schuldnern im Allgemeinen begnügen. Diese Statistiken werden in Form einer **Migrations-Matrix** dargestellt.

Eine Migrations-Matrix beschreibt die in einem großen Kollektiv von Schuldnern rekonstruierten Übergänge von einer Ratingklasse zur anderen von einem Jahr zum nächsten.

Auch die besten Statistiken dürfen natürlich nicht darüber täuschen, dass sie ein Kollektiv beschreiben und die Bonität des einzelnen Kreditnehmers hiervon abweichen kann.

Das **Bonitätsrisiko** ist die Unsicherheit bei der Schätzung der Ausfallwahrscheinlichkeit eines Schuldners, zum einen bedingt durch den *Schätzfehler* und zum andern durch Fehleinstufungen aufgrund der *Migration* des Schuldners.

Das Bonitätsrisiko ist mithin die Unsicherheit, die trotz ausgefeilter Verfahren und trotz Statistiken zu Fehleinschätzungen im Einzelfall führt. Es geht beispielsweise darauf zurück, dass eine Bank einen neuen Schuldner noch nicht so gut kennt und aufgrund partieller Informationen ein Rating vornehmen muss.

13.2.3 Best-Practice

Wie geht eine Bank in der Praxis tatsächlich vor, wenn ein Kunde einen Kredit wünscht? Besucht die Bank Unternehmungen und akquiriert Kredite? Wer auch immer aktiv für einen Kreditvertrag wirbt – die Bank muss sich eine Strategie zurechtlegen, wie sie vorgehen soll. Es ist heute die Best-Practice, Kreditverträge aufgrund von drei Aspekten zu bestimmen.

Erstens wird die so genannte **Verschuldungskapazität** ermittelt. Das ist jene Höhe von Fremdkapital, die der (unternehmerische) Schuldner mit seinem Freien Cashflow in fünf bis spätestens sieben Jahren verzinsen und zurückzahlen kann.

Es wird bei der praktischen Umsetzung nach den Freien Cashflows der letzten drei Geschäftsjahre gefragt, und der Mittelwert dient als Prognose für die kommenden Jahre. Ungefähr **das Fünffache bis das Siebenfache dieses durchschnittlichen Freien Cashflows der letzten Jahre ist die Verschuldungskapazität**. Die Verschuldungskapazität wird wie eine Kreditlinie betrachtet, und vielleicht ist sie schon zu einem Teil (durch alte Kredite) in Anspruch genommen. Jedenfalls ist die Bank grundsätzlich bereit, bis zur Höhe der noch freien Verschuldungskapazität einen neuen Kredit zu geben.

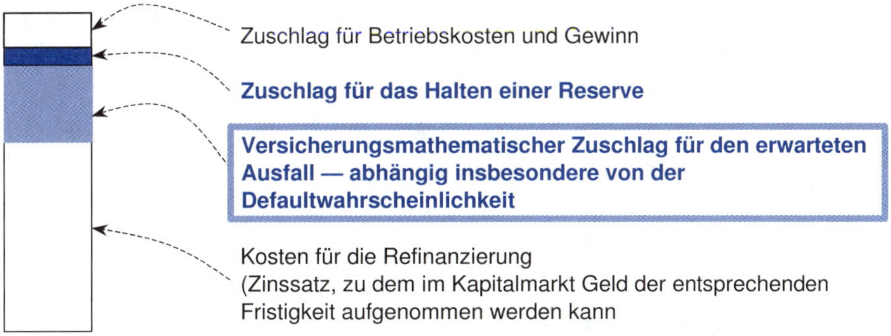

Darstellung 13-5: Beim RAP besteht der vom Schuldner zu zahlende Zinssatz aus vier Komponenten. Der angemessene Zuschlag für den Gewinn wird mit den Eigenkapitalkosten ermittelt, die für das Kreditgeschäft erforderlich sind. Diese Eigenkapitalkosten stellen daher nicht noch eine fünfte Komponente dar.

Zweitens geht die Bank bei den Konditionen nach dem **Risk-Adjusted-Pricing** (**RAP**) vor. Der Kunde zahlt erstens den Marktzinssatz (plus einen Anteil für die Aufwendungen und den Gewinn der Bank). Der Kunde zahlt zweitens eine nach dem RAP berechnete Prämie.

Die Kalkulation dieser Prämie wird dem Kreditkunden transparent gemacht. Dazu wird über das *Rating* und die *Migration* gesprochen. Auch die Laufzeit wird wegen der Migration zu einem Gesprächspunkt. Zudem überlegt die Bank, ob sie am Ende der Laufzeit Anschlusskredite verweigern könnte. Es hat wenig Sinn zu diskutieren, ob der Kredit nun für drei oder fünf Jahre vereinbart wird, wenn die Bank *de facto* ihn immer wieder verlängern muss, weil sie aus dem Geschäft nicht mehr herauskommen kann.

Beim RAP spielt die *Einbringlichkeit* eine zentrale Rolle. Die Einbringlichkeit hängt erstens von der Seniorität ab, also von Sicherheiten im engeren Sinn. Hier ist die Frage, ob die Bank im Krisenfall wirklich auf die Sicherheiten zugreifen und sie außerhalb der Unternehmung verwerten könnte. Meistens ist die Antwort auf diese Frage ein *Nein*. Die Sicherungsübereignung dient dazu zu verhindern, dass weitere Kreditgeber hinzu kommen. So nehmen Sicherheiten Merkmale einer Kreditkonvenante an. Überhaupt wird die Bank über Kreditkonvenanten sprechen. Schließlich möchte die Bank auch abschätzen, ob sich der Schuldner (Unternehmer, Manager) im Krisenfall kooperativ verhalten würde, weil dies die Einbringlichkeit beeinflusst.

Insgesamt werden in der Praxis drei Fragen geklärt:

1. Ist noch freie Verschuldungskapazität vorhanden?
2. Wie hoch ist der Expected-Loss? Akzeptiert der Kunde das Risk-Adjusted-Pricing?
3. Welche Rechte hat die Bank im Fall eines Financial-Distress und welches Verhalten wird der Schuldner in einem solchen Fall vermutlich zeigen?

Diese drei Aspekte werden von strategischen Vorgaben der Bank überlagert. So könnte die Bank ihr Kreditportfolio für eine bessere Diversifikation in eine andere Richtung ausweiten. Sie wird dann den Kreditnachfrager partnerschaftlich an ein anderes Institut verweisen. Oder die Bank hat ihre personellen Möglichkeiten, Kreditkonvenanten tatsächlich auszuüben und dazu in die Unternehmen zu gehen, ausgeschöpft. Dann möchte sie vielleicht keinen weiteren Kredit vergeben, bei dem Kreditkonvenanten angezeigt wären. Oder die Bank möchte den Kredit unbedingt vergeben, weil sie sich Cross-Selling erhofft.

13.3 Credit Default Swaps

Lernziele: 1. Kreditderivate und Vertragsparteien. 2. Zahlungsströme und Referenzaktivum.

13.3.1 Kreditderivate und ihr Markt

Kreditderivate sind vergleichsweise neue Instrumente. Ein solches Instrument verhilft einer Bank dazu, das Kreditrisiko eines konkreten, großen Schuldners von der Kapitalüberlassung in der Zeit abzutrennen, und an einen Dritten weiterzugeben. Die dritte Partei erhält die Kreditrisikoprämie, muss aber im Fall des Defaults des Schuldners der Bank eine Zahlung leisten. Diese dritte Partei fungiert als Versicherungsgeber während die kreditgebende Bank der Versicherungsnehmer ist.

Mehr als die Hälfte der Kreditderivate sind **Credit Default Swaps** (abgekürzt in Einzahl wie in Mehrzahl **CDS**), wodurch der CDS der Repräsentant für diese Klasse von Instrumenten ist. Die Konditionen beim CDS leiten sich aus dem zugrunde liegenden Kredit ab, insbesondere aus der Kreditrisikoprämie. Deshalb werden CDS als *Derivate* betrachtet. Dennoch hat sich für sie ein eigenständiger Handel herausgebildet, mit dem die Konditionen von Versicherungsgeber und Versicherungsnehmer frei vereinbart werden. Die im Handel mit CDS erzeugten Preise strahlen dann wiederum auf die Parteien aus, die im Markt für Kredite und für Anleihen tätig sind. Dazu gehören die Kapital aufnehmenden Unternehmungen sowie die Kapitalanleger.

Selbstverständlich muss es bei den Versicherungsnehmern sich nicht immer um eine Bank handeln. Ebenso kann der Manager eines Portfolios sich gegen einen Wertverfall bei Unternehmensanleihen absichern, der bei einem Default des Schuldners eintreten würde. So kann ein Investmentfonds, der im Nennwert von 10 Millionen Euro eine Anleihe der Deutschen Telekom hält, das mit der Position verbundene Kreditrisiko an einen Sicherungsgeber, etwa einen Hedgefonds, transferieren.

Kreditinstitute, also Banken, und institutionelle Kapitalanleger, wie Versicherungsgesellschaften und Pensionsfonds, werden von einer Absicherung mit Kreditderivaten aus mehreren Gründen Gebrauch machen, auch wenn sie etwas kostet:

1. Möglicherweise ist das von möglichen Ausfällen betroffene Portfolio der Bank, Versicherung, oder des Fonds *nicht gut diversifiziert im Hinblick auf jene Faktoren, die Defaults begünstigen* (etwa: Land, Branche).

2. Eventuell haben die das Kapital gebenden Einrichtungen (Bank, Versicherung, Fonds) *komparative Nachteile bei der Beobachtung der laufenden Bonität* der Schuldner, und in einer arbeitsteiligen Wirtschaft sollten jene Funktionen an andere abgegeben werden, bei denen man keine komparativen Vorteile hat.

3. Vielleicht möchten die genannten Institutionen (Bank, Versicherung, Fonds) ihr *Gesamtexposure gegenüber Ausfallrisiken verringern.*

Kreditderivate wirken also ganz anders als eine Securitization. Bei einer Securitization eines Kreditportfolios oder eines Segments des gesamten Kreditportfolios einer Bank behält die Bank mit dem First-Loss-Piece praktisch das gesamte Ausfallrisiko der securitisierten Vermögenspositionen. Mit einem Kreditderivat wird hingegen das Kreditrisiko weitergegeben. Gleichsam wird mit einem Kreditderivat das First-Loss-Piece bepreist und verkauft.[3]

---

[3] 1. FRANK IACONO: Credit Derivatives, in: ROBERT J. SCHWARTZ und CLIFFORD W. SMITH (eds.): *Derivatives Handbook.* New York, 1997, pp. 22-38. 2. JOHN P. DRZIK und ANDREW KURITZKES: Zukunftsszenarien des Kreditderivatemarktes. *Die Bank* 6 (1998), pp. 368-371. 3. DAS SATYAJIT: *Credit Derivatives: Trading & Management of Credit Default Risk.* Singapur, 1998. 4. KARL-HEINZ BOOS und DOROTHEA MEYER-RAMLOCH: Kreditderivate: Die Regeln der Bankenaufsicht. *Die Bank* 9 (1999), pp. 644-653. 5. DIMITRIS N. CHORAFAS: *Credit Derivatives & The*

Wer sind die Sicherungsgeber? Das sind große Unternehmungen, die ihre eigene Geschäftstätigkeit und ihr eigenes Finanzportfolio mit Hinzunahme von Kreditrisiken ergänzen, wobei sie zwar dann die Ausfallrisiken übernehmen, aber eben die Prämien erhalten. Dazu gehören große Unternehmungen im Bereich Energie (die ohnehin große Wertpapierdepots haben, weil sie am Kapitalmarkt ihre enormen Rückstellungen halten, die sie für latente Verpflichtungen bilden müssen). Diese Unternehmen können gelegentliche Defaults gut „aussitzen" und unterliegen nicht der Aufsicht wie Banken, bei denen Kundeneinlagen geschützt werden sollen. Neben diesen Unternehmen wirken Finanzinstitute als Sicherungsgeber bei Kreditderivaten, darunter Hedgefonds, die oft bei der Beobachtung des Bonitätsrisikos einer Unternehmung komparative Vorteile haben.

→ **Beispiel 13-4**: Gelegentlich locken die mit CDS verbundenen Prämien auch Unternehmen an, als Sicherungsgeber zu fungieren, die von den Kreditrisiken weniger verstehen. Bekannt ist der Fall des Versicherungskonzerns **American International Group** (AIG), der mit den amerikanischen Geschäftsbanken immer wieder CDS vereinbart hat und dabei die Seite des Sicherungsgebers eingenommen hat. Rating-Agenturen haben die Ausfallrisiken als sehr gering eingestuft und es sah alles so aus, als würden die Banken die als sicher eingestuften Kreditrisiken nur aus aufsichtsrechtlichen Gründen weitergeben wollen – später, nach dem Fall von AIG als Sicherungsgeber, haben viele Analysten gefragt, was die Banken „gewusst" haben. AIG hat besonders mit der Investmentbank *Goldman Sachs* zusammengearbeitet, die nach Weitergabe der Kreditrisiken an AIG die bei Securitization entstandenen Pakete als völlig risikofrei (AAA) darstellen konnte.

Diese Pakete (CDOs, vergleiche Kapitel 3) wären auch risikofrei gewesen, doch eben nur unter der Bedingung, dass AIG zahlen könnte und nicht selbst in Zahlungsschwierigkeit geraten würde. Kredite im Wert von mehr als 500 Milliarden Dollar waren von der AIG gegen Default versichert. Im Jahr 2008 musste AIG für so viele Defaults zahlen, dass die Gruppe insolvent wurde. Der damalige US-Finanzminister Henry Paulson und Fed Gouverneur Ben Bernanke entschieden, AIG zu retten, da die Gruppe als „too big to fail" eingeschätzt wurde. Der Staat gab dem Versicherungskonzern 182,5 Milliarden US-Dollar. ■

13.3.2 Kreditnehmer, Sicherungsnehmer, Sicherungsgeber, Market-Maker

Kreditderivate sind bilaterale Verträge zwischen einem Sicherungsnehmer und einem Sicherungsgeber. Dabei werden die Konditionen in einem *marktähnlichen* Umfeld gefunden.

- Der Investmentfonds A möge das Kreditrisiko einer bestimmten Unternehmensanleihe von 10 Millionen Anlagebetrag an einen Hedgefonds B transferieren. Dies wird zu Konditionen geschehen, zu denen eine Pensionskasse C dasselbe Risiko an ein Energieunternehmen D transferieren kann.

Management of Risk. New York Institute of Finance, 2000. 6. Francis A. Longstaff, Sanjay Mithal und Eric Neis: Corporate Yield Spreads: Default Risk or Liquidity? New Evidence from the Credit Default Swap Market. *Journal of Finance* LX (2005) 5, 2213-2253.

- Die verlangten Prämien werden sich am Rating des jeweiligen Schuldners orientieren. So wird eine Pensionskasse E, die einen Corporate Bond einer anderen Unternehmung mit demselben Rating hält, eine ähnliche Prämie dem Sicherungsgeber F zahlen.
- Zudem kann sich ein jeder Sicherungsgeber wiederum selbst absichern, indem er ein identisches Kreditderivat mit einer weiteren Partei abschließt und dadurch die Rolle des Sicherungsgebers für den ursprünglichen Vertrag weitergibt. So werden in die Findung der Prämien immer mehr Parteien eingebunden, und der Markt wächst.

Um eine Orientierung zu bieten:

1. Schuldner der ursprünglichen Kredite sind die 500 größten Unternehmungen der Welt, wobei nicht so sehr deren Marktkapitalisierung ausschlaggebend ist als vielmehr der Gesamtbetrag ausstehender Unternehmensanleihen.
2. Die Anzahl der Halter dieser Corporate Bonds, also die Banken, Versicherungen und Investmentfonds als Sicherungsnehmer, ist sehr hoch: Jede Pensionskasse und jeder Rentenfonds dieser Welt gehört dazu.
3. Im Kern des Marktes für CDS stehen als Sicherungsgeber schließlich vielleicht 50 Institutionen. Eine ist etwa die russische Gazprom.
4. Ähnlich gering ist die Zahl der Market-Maker (Investmentbanken). Denn die Übernahme und der Handel mit Kreditderivaten verlangt Fachwissen und technische Einrichtungen, über die nur wenige Institute in der Welt verfügen. Immerhin müssen Sicherungsgeber und Händler mit der Möglichkeit des Moral Hazard rechnen: Sicherungsnehmer könnten versucht sein, Kreditrisiken weiterzugeben, die ihrer Information nach schlechter sind als es allgemein eingeschätzt wird.

13.3.3 Der Markt für Kreditderivate

In Abhängigkeit des Ratings des zugrundeliegenden Kreditrisikos entstehen marktübliche Preise (oder Prämien) für Kreditderivate. Sie werden meist durch Spreads ausgedrückt. Der Markt für Kreditderivate ist international einheitlich, also nicht nach Währungsgebieten oder Ländern fragmentiert. Dies ist möglich, weil nicht das Zinsgeschäft, sondern nur das Kreditrisiko bepreist wird. Hinzu kommt, dass Ratings international einheitlich gehandhabt werden. Deshalb spielt die Währung keine Rolle im Markt für Kreditderivate. Diese Einheitlichkeit erhöht die Leichtigkeit, mit der Kreditrisiken weltweit verglichen werden können und begünstigt somit das Marktgeschehen. Inzwischen gibt es Datenprovider, die über die Höhen und zeitlichen Veränderungen der Spreads berichten, die für die üblichen Ratingklassen im Markt für Kreditderivate gängig sind. Insgesamt sind Kreditderivate und das Entstehen des Marktes für die Gesellschaft und die Wirtschaft vorteilhaft.

Denn durch die Möglichkeit der Weitergabe bleiben die Kreditrisiken der Unternehmungen und der Staaten nicht auf Banken konzentriert. Die Kreditrisiken bleiben auch nicht notwendig bei jenen Finanzinvestoren, die – aus welchen Gründen auch immer – Corporate Bonds oder Staatsanleihen von Ländern mit geringerem Rating halten.

- Durch die Kreditderivate an sich und mehr noch durch die Tatsache, dass sich Märkte für die Derivate herausgebildet haben, werden die Kreditrisiken besser auf verschiedene Investoren und Institutionen verteilt. Die **bessere Risikoallokation** sollte in der Theorie auch die Fähigkeit des internationalen Finanzsystems stärken, Schocks absorbieren und Krisen bewältigen zu können.
- Empirische Arbeiten deuten darauf hin, dass durch den Markt für Kreditderivate **frühzeitige Informationen über sich ändernde Bonitäten der Schuldner** erzeugt werden. Die Märkte für Kreditderivate unterstützen daher die *Früherkennung* kritischer Entwicklungen. Beispielsweise ändern sich die Spreads in den Märkten für Kreditderivate schon etwa einen Monat bevor gewisse Schuldner von Rating-Agenturen auf die Watch-List gesetzt werden. Empirische Untersuchungen stützten die Hypothese, dass die **Märkte für Kreditderivate noch etwas schneller in der Informationserzeugung** sind als die Märkte für Corporate Bonds. Diese frühe Informationserzeugung erhöht die Effizienz des Finanzsystems.[4]

Soweit die zweifellos guten Entwicklungen. Allerdings fungieren derzeit als Sicherungsgeber nicht sehr viele Parteien. Nicht in jedem Fall unterliegen sie der Aufsicht. Die Regulierungsbehörden sind daher besorgt, dass mit Kreditderivaten das Kreditrisiko in neue Kanäle abfließt und niemand so genau weiß, wo sie dabei hinkommen. Daraus könnten Gefahren für die Stabilität des Finanzsystems erwachsen. Doch die Untersuchungen hierzu sind im Fluss, und wie immer eilt die Praxis der Untersuchung voraus, wie man regulieren sollte, um Krisen zu verhindern.

13.3.4 Kreditereignis und Referenzaktivum

Eine wichtige Voraussetzung für die Schaffung von Kreditderivaten besteht in einer klaren Definition des Ausfallereignisses. Sie kann sich von der sonst üblichen Definition des Defaults unterscheiden. Denn zum Zeitpunkt des Defaults hat der Gläubiger bereits Schaden erlitten, und vielleicht möchte er sich gegen Nachteile absichern, die bereits vor einem Default auf ihn zukommen könnten. Deshalb ist eine eigene Namensgebung üblich geworden: Bei Kreditderivaten wird vom **Kreditereignis** (**Credit Event**) oder vom **Kreditvorfall** gesprochen.

Wichtig bei der Vereinbarung eines Kreditereignisses ist, dass später einfach von beiden Vertragsseiten geprüft und klar festgestellt werden kann, ob es eingetreten ist oder nicht. Das klar definierte Kreditereignis ist der Auslöser für die vertraglich vereinbarte Zahlung des Sicherungsge-

[4] Vgl. 1. ROBERTO BLANCO, SIMON BRENNAN, IAN W. MARSH: An Empirical Analysis of the Dynamic Relation between Investment-Grade Bonds and Credit Default Swaps. *Journal of Finance* LX, (2005) 5, 2255-2281. 2. JOHN HULL, MIRELA PREDESCU, ALAN WHITE: The relationship between credit default swap spreads, bond yields, and credit rating announcements. *Journal of Banking and Finance*, Vol. 28 (2004) 11, 2789-2811. 3. PIERRE COLLIN-DUFRESNE, ROBERT S. GOLDSTEIN und J. SPENCER MARTIN: The Determinants of Credit Spread Changes. *Journal of Finance* LVI (2007) 6, 2177-2207.

bers an den Sicherungsnehmer. Der Sicherungsgeber muss unter der Bedingung („*contingent upon*") zahlen, dass ein Kreditereignis eintritt: Kreditderivate sind **Kontingenzverträge**. Jedes **Kreditderivat ist ein Kontingenzvertrag mit Zahlungen in Abhängigkeit von einem im Voraus genau festgelegten Kreditereignis**. Der CDS kann mit einer Put-Option verglichen werden: Falls sich der Wert des Underlying (Referenzaktivum des CDS) für den Sicherungsnehmer (Inhaber der Put-Option) nicht gut entwickelt, dann wird er es per CDS dem Sicherungsgeber (Stillhalter der Option) übergeben.

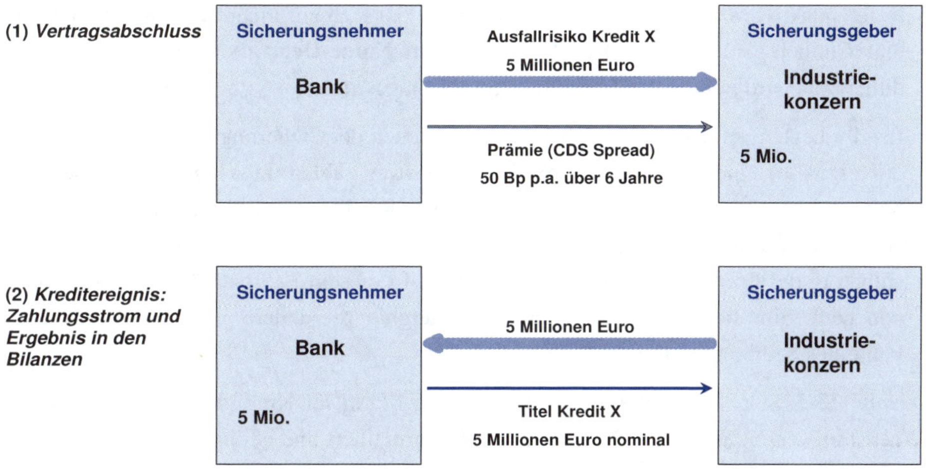

Darstellung 13-6: Ein CDS kann eine Laufzeit von 6 Jahren vorsehen, dabei eine gewisse Definition des Kreditereignisses zugrunde legen, den Nominalbetrag von 5 Millionen Euro haben und 50 Basispunkte an jährlicher Prämie vorsehen. Der Sicherungsnehmer zahlt jährlich €25.000 an den Sicherungsgeber und dies längstens für sechs Jahre. Falls das Kreditereignis in dieser Zeit eintritt, zahlt der Sicherungsgeber die vereinbarten 5 Millionen Euro an den Sicherungsnehmer. Dieser übergibt dem Sicherungsgeber die Titel, die dann im Kurs wesentlich unter den Nominalwert von 5 Millionen Euro gesunken sein dürften. Der Sicherungsgeber erleidet einen Verlust, während der Sicherungsnehmer durch den Tausch wieder 5 Millionen Euro in den Büchern hat.

Entwickelt sich das Underlying für den Sicherungsnehmer gut (Kreditereignis tritt nicht ein), dann wird er es behalten: Der Sicherungsnehmer wird die Put-Option verfallen lassen.

Inzwischen hat die *International Swaps and Derivatives Association* (ISDA) Standards für die Festlegung des **Kreditereignisses** erarbeitet. Üblich sind:

1. Zahlungsverzug des Schuldners.
2. Verschlechterung der Bonität des Schuldners (*Downgrading*).
3. Preisrückgang des Underlying.
4. Restrukturierung der Verbindlichkeiten des Schuldners.

All diese Ereignisse führen zu einem Wertverlust der Kreditposition oder der Anleihe. Gegen diese Wertverluste möchte sich der Gläubiger absichern. Die ISDA stellt auch Standardformulierungen für die Verträge zur Verfügung.

Eine zweite Grundlage für ein jedes Kreditderivat und den ihm entsprechenden Vertrag: Das **Referenzaktivum** und mit ihm gegebenenfalls der **Nennbetrag** müssen präzisiert werden.

- Dabei kann es sich etwa um eine bestimmte Unternehmensanleihe im Nennbetrag von 1 Million Euro handeln. Ist das Referenzaktivum derart homogen und nur durch einen Schuldner gegeben, wird von einem **Single-Name-Derivat** gesprochen. Hingegen kann das Referenzaktivum auch ein Kreditportfolio sein, das sich auf mehrere Schuldner bezieht (die dann ähnlich geratet sind). Dann liegt ein **Multi-Name-Derivat** vor. Die Laufzeit des Kreditderivats wird auf die des Referenzaktivums abgestimmt.
- Es gibt heute auch Credit Default Swaps, bei denen der Sicherungsgeber im Fall eines Kreditereignisses einen vorweg bestimmten Geldbetrag zahlen muss. Die Idee dieser Variante besteht darin, dass der Inhaber einer Forderung (Kredit oder Anleihe) im Fall eines Kreditereignisses diese Forderung einem Sicherungsgeber übergibt und im Gegenzug den Nominalbetrag der Forderung als Geldbetrag erhält. In diesem Fall enthält der CDS zwei Komponenten: Eine bezieht sich auf das Kreditereignis, die andere auf Zinsentwicklungen im Fall eines Kreditereignisses.

→ **Beispiel 13-5**: Seit Mitte der 1990er Jahre hat der Markt für Kreditderivate weltweit ein starkes Wachstum verzeichnet. Bis 2008 war er völlig unreguliert und ist inzwischen (2014) weltweit auf ein Volumen (Nominalbeträge der versicherten Kredite) von über 25 Billionen Euro gewachsen. WARREN BUFFETT hatte seinerzeit Kreditderivate angesichts ihres Bedrohungspotentials für die Finanzmärkte als „Massenvernichtungswaffen" bezeichnet. ■

Hauptakteure am Markt für Kreditderivate sind Banken und Hedgefonds. Rund zwei Drittel aller Transaktionen entfallen auf den Handel (Market-Making) für andere Parteien, der Rest steht in Bezug zum eigenen Kreditportfolio. Der wichtigste Kontrakt sind Single-Name-Derivate. Größere Banken emittieren und handeln heute CDS-Titel, über die sich die Akteure im Finanzmarkt am Kreditrisiko einzelner Unternehmen beteiligen können.

13.3.5 Warum „Swap"?

Die Bezeichnung „Swap" rührt daher, dass in den ursprünglichen Abmachungen der Sicherungsnehmer einen Corporate Bond gegen eine Staatsanleihe tauschen konnte und im Gegenzug eine periodische Prämie zahlen musste. Bei einem Tausch von Unternehmensanleihe gegen Staatsanleihe bleibt die Zinsentwicklung ausgeklammert. Allein der durch eine eventuelle Verschlechterung der Bonität bedingte Kursverfall der Unternehmensanleihe wird versichert. Tritt dann ein Kreditereignis ein, muss der Sicherungsgeber die Unternehmensanleihe (im präzisierten Nennwert) übernehmen und dafür die entsprechenden Staatsanleihen liefern.

Der Swap findet nur statt, falls das Kreditereignis eintritt. Er hat damit einen anderen Charakter als ein Zinsswap oder ein Währungsswap, bei dem bedingungslos getauscht wird, ohne dass ein „Ereignis“ vorliegen muss.

Der physische Tausch (*Physical Settlement*) von Corporate Bond und Staatsanleihe (für den Fall des Eintritts eines Kreditereignisses) gilt als Marktstandard. Um Marktbesonderheiten umschiffen zu können, sollten die Parteien bei der Lieferung *nicht auf eine einzige* Anleihe festgelegt sein. Es wird dann im CDS vorgesehen, dass sie aus einem *Kreis von Anleihen* wählen können. Sie werden dann auf jene Anleihe zurückgreifen, die vielleicht noch einen kleinen Kursvorteil bietet. Diese Wahlmöglichkeit heißt **Cheapest-to-Deliver**. Inzwischen ist eine Vertragserfüllung durch den Ausgleich von Zahlungen häufiger (**Cash Settlement**). Diese Form – das Cash Settlement – bietet sich an, wenn das Referenzaktivum schlecht geliefert werden kann, was der Fall ist, wenn es sich um ein mehrere Schuldner umfassendes Kreditportfolio handelt.[5]

Die Prämie (CDS Spread) hängt zum einen von der Bonität der Kreditposition ab: Je höher die Wahrscheinlichkeit eines Kreditereignisses ist, desto höher muss auch die Prämie sein. Zum anderen hängt sie auch von der Bonität des Sicherungsgebers ab. Denn der Schutz, den der CDS dem Sicherungsnehmer verleiht, ist nur so gut wie die Bonität des Sicherungsgebers. **Letztlich substituiert der Sicherungsnehmer eine ausfallrisikobehaftete Position durch eine andere ausfallrisikobehaftete Position, nämlich durch jene des Sicherungsgebers**.

Für die Bewertung von Credit Default Swaps (also die Bestimmung der marktgerechten Prämie) werden in der Wissenschaft zwei Ansätze vertreten.

- Der eine Bewertungsansatz folgt einer wahrscheinlichkeitstheoretischen Betrachtung des Kreditereignisses.[6]
- Der zweite Bewertungsansatz geht auf DUFFIE sowie HULL und WHITE zurück. Bei diesem Ansatz werden die CDS in ihrer Eigenschaft als Put-Option betrachtet. Ähnlich wie in der Optionspreistheorie wird eine Replikation der durch den CDS bedingten Zahlungen (in einem als frei von Arbitrage gedachten perfekten Markt) zugrunde gelegt.[7]

Investmentbanken fungieren als Market-Maker im CDS-Handel. Kunden, die gegenüber bestimmten Schuldnern als Sicherungsgeber auftreten, erhalten eine etwas kleinere Prämie als jene Akteure bezahlen müssen, die das Kreditrisiko per CDS abtreten. Die Marge, die Investmentban-

---

[5] Vereinbarungen wie das Cash Settlement können durchaus so gestaltet werden, dass die durch Zinsänderungen induzierten Wertänderungen durch finanzmathematische Korrekturen aus dem CDS ausgeklammert werden und wiederum nur die durch das Kreditereignis isoliert für sich bedingten Wertänderungen kompensiert werden.

[6] EDWIN J. ELTON, MARTIN J. GRUBER, DEEPAK AGRAWAL und CHRISTOPHER MANN: Explaining the Rate Spread on Corporate Bonds. *Journal of Finance* LVI (2001) 1, 247-277.

[7] 1. DARELL DUFFIE und KENNETH J. SINGLETON: Credit Risk: Pricing, Measurement and Management. *Princeton Series of Finance*, Princeton 2003. 2. CHRISTIAN BLUHM und LUDGER OVERBECK: An Introduction to Credit Risk Modelling. *CRF Financial Mathematics Series*. Chapman & Hall 2003. 3. DIDIER COSSIN und HUGUES PIROTTE: *Advanced Credit Risk Analysis: Financial Approaches and Mathematical Models to Assess, Price, and Manage Credit Risk*. 2. Auflage, Wiley, 2007. 4. PHILIPP J. SCHÖNBUCHER: *Credit derivatives pricing models*. Wiley, 2003.

ken als Intermediäre erzielen, bewegt sich in der Regel bei rund 5 Basispunkten. Die Prämienzahlung erfolgt meistens quartalsweise.

13.3.6 Weitere Kreditderivate

Trotz der Dominanz von CDS sind in der Praxis weitere Formen von Kreditderivaten aufgekommen. Dazu gehören Terminkontrakte, **Credit-Linked-Notes** (CLN) und andere Kontrakte. Wir betrachten CLN näher: Ähnlich wie bei CDOs (Collateralized Debt Obligations, siehe Kapitel 3) kann eine Unternehmung, die eine ausfallrisikobehaftete Position auf der Aktivseite ihrer Bilanz zeigt, passivseitig eine Schuldverschreibung emittieren, deren Zahlung und Wert an die aktivseitige Position geknüpft ist.

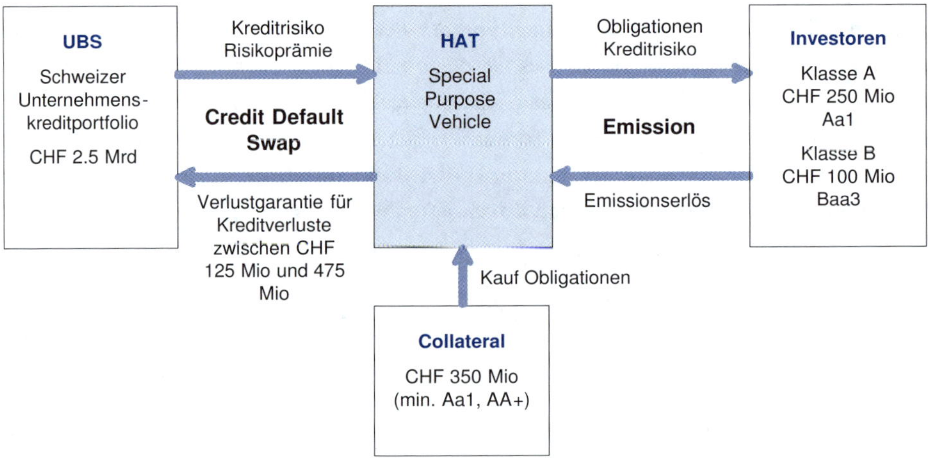

Darstellung 13-7: Struktur des *Helvetic Asset Trust* der UBS.

Faktisch handelt es sich bei dieser Schuldverschreibung um eine **Anleihe, die mit einem Default-Put kombiniert ist**. Denn sollte die Aktivposition an Wert verlieren, dann haftet immer noch die Unternehmung mit dem Rest ihres Vermögens. Sie reicht also nicht einfach das Aktivum allein weiter, sondern gibt zusätzlich eine Garantie für den Fall, dass beim Aktivum ein abträgliches Ereignis eintritt.

Solche Kombinationen werden als **Credit-Linked-Notes** bezeichnet.

Eine derartige Konstruktion hatte die UBS bei ihrem *Helvetic Asset Trust* (HAT) gewählt. Basis für den HAT ist ein Portfolio von Schweizer Unternehmenskrediten im Volumen von 2,5 Milliarden Franken in der Bilanz der UBS. Diese sichert sich gegen Kreditverluste zwischen 125 Millionen und 475 Millionen Schweizerfranken mit einem Default-Put ab. Im Falle eines *Credit Event* wären seitens der Investoren maximal 350 Millionen Franken an die UBS zu bezahlen.

Stillhalter ist der HAT, ein *Special Purpose Vehicle*, das die Ausfallrisiken über die Emission einer Frankenanleihe an den Kapitalmarkt weitergibt. Mit dem Emissionserlös wurden Anleihen hoher Bonität erworben, die das HAT als Sicherheits-Aktivum hält. Im Falle eines Kreditausfalls kann die UBS darauf zurückgreifen. Dies bedeutet, dass dann nicht mehr die vollen 350 Millionen Franken an die Investoren zurückbezahlt werden könnten.

13.4 Ergänzungen und Fragen

Lernziele: 1. Ansteckungsgefahren. 2. Excess-Spread. 3. Zusammenfassung. 4. Lernkontrolle.

13.4.1 Ergänzung 1: Ausstrahlung und Ansteckung

Das Bruchmodell wurde durch Effekte der *Ausstrahlung* und *Ansteckung* erweitert. Sie können im Innenbereich und im Außenbereich wirken. Im Innenbereich eines Schuldners zeigen sich Ausstrahlungseffekte, im Außenbereich als Ansteckungseffekte, als Kettenreaktion oder das Fallen einer Kette von Dominosteinen.

- **Ausstrahlung**: Der Effekt, dass selbst eine kleine externe Störung beim Schuldner zu massiven wirtschaftlichen Nachteilen führt, wird durch die Ausstrahlung auf Nachbarbereiche zurück. Sobald Gerüchte über finanzielle Schwierigkeiten bekannt werden, könnte eine Unternehmung wichtige Mitarbeiter oder Kunden verlieren. Somit verstärken sich kleinere finanzielle Rückschläge. Auch eine Bank ist davon nicht befreit. Wird etwa bekannt, dass ein (größerer) Kredit ausgefallen ist, könnten alle Sparer zugleich ihre Einlagen abziehen wollen (**Bankensturm**). Der Bankensturm, einhergehend mit einem **Reputationsverlust**, würde die Bank schwerer treffen als der Kreditausfall. Oft wird die mögliche Wirkung durch **Ausstrahlung** übersehen, wenn im Vorfeld mögliche Schäden aufgrund von Ausfällen beziffert werden. Der Punkt: Die Bonität (genauer: Der Verlust im Fall finanzieller Belastung) hängt von Reaktionen bei Mitarbeitern und bei Kunden ab.

- **Kettenreaktion** beziehungsweise **Dominoeffekt**: Der Schuldner ist vielleicht selbst finanziell gesund und widerstandsfähig. Doch er leidet, sofern es in seinem wirtschaftlichen Umfeld zu erheblichen Störungen oder sogar zu einer allgemeinen Krise kommt. Dann werden vielleicht die Abnehmer seiner Produkte und Dienstleistungen zahlungsunfähig. Das könnte ihn selbst mitreissen und in der Folge bei ihm selbst eine Zahlungsunfähigkeit bewirken. Hier die Kette: Mehrere Dominosteine fallen, die Wirtschaftslage wird rezessiv, die gesamtwirtschaftliche Aktivität erlahmt. Das Wirtschaftssystem als Ganzes verändert sich dramatisch. Der Punkt: Die Bonität einer Unternehmung hängt von den Bonitäten ihrer Geschäftspartner ab.

Daher muss bei der Bonitätsprüfung gefragt werden, unter welchen Bedingungen der Kreditnehmer zahlungsfähig bleiben dürfte. Beim Rating wird die Bank oder die Agentur anhand betriebs- und volkswirtschaftlicher Daten folglich diese Fragen stellen:

1. Ist der Kredit gesichert, selbst wenn die Unternehmung keine weiteren Kredite und Anschlusskredite erhält? Praktisch alle Banken geben nur dann Kredite, wenn diese Bedingung erfüllt ist.
2. Ist der Kredit sogar dann gesichert, wenn es in der Branche Innovationen gibt und der Schuldner auf einmal „alt" aussieht? Die Gefahr, durch überraschende Innovation ins Hintertreffen zu gelangen, wird bei einer Kreditvergabe vielfach nicht thematisiert.
3. Ist der Kredit gesichert, selbst wenn der Absatz der Produkte im Konjunkturzyklus zurückgeht? Dies würde verlangen, gerade bei Hochkonjunktur, wenn Produktion und Absatz gut laufen, mit weiteren Krediten vorsichtig zu werden.
4. Ist der Kredit gesichert, selbst wenn einzelne Kunden nicht mehr pünktlich zahlen können? Hierzu ist eine Analyse der Verflechtung des Schuldners mit seinen Hauptkunden verlangt.
5. Ist der Kredit gesichert, selbst wenn es zu einer allgemeinen Rezession kommt? Nur sehr gute Schuldner können auch in längeren Rezessionen ihre Kredite bedienen.

13.4.2 Ergänzung 2: Excess-Spread

In einem idealen, perfekten Kapitalmarkt stellt sich bei Anleihen der Wert so ein, dass die Risikoprämie genau die erwartete Schadenhöhe deckt. Sie liegt weder darunter, weil sonst irgendwann die Banken aufgrund von Verlusten die Vergabe von Krediten einstellen müssen. Die Kreditrisikoprämie liegt aufgrund des Wettbewerbs der Banken untereinander auch nicht über der erwarteten Höhe der Schäden, der versicherungsmathematischen Ausfallprämie. In der Praxis haben sich indes Kreditrisikoprämien in einer Höhe herausgebildet, die dennoch etwas *über* den empirischen Ausfallkosten liegen.

Die Differenz zwischen dem Zuschlag zum Zins (den ein Schuldner im Markt zahlt) und der versicherungsmathematischen Ausfallprämie heißt **Excess-Spread**.

Die Anleger auf dem Kapitalmarkt hoffen ebenso wie Banken bei der Kreditvergabe, dass aufgrund der im Markt in der Praxis üblichen Konditionen ein positiver Excess-Spread erzielt werden kann. Außerdem hoffen die Kapitalgeber darauf, dass sie durch eine besonders geschickte Selektion der Schuldner doch weniger Ausfälle hinnehmen müssen, als der Durchschnitt der Gläubiger denkt. Banken wie Finanzanleger erhoffen sich also eine falsche Einschätzung der Risikoprämie durch den Markt. Sie hoffen weiter, dass sie selbst durch Selektion besser als der Durchschnitt der Banken und Finanzanleger abschneiden.

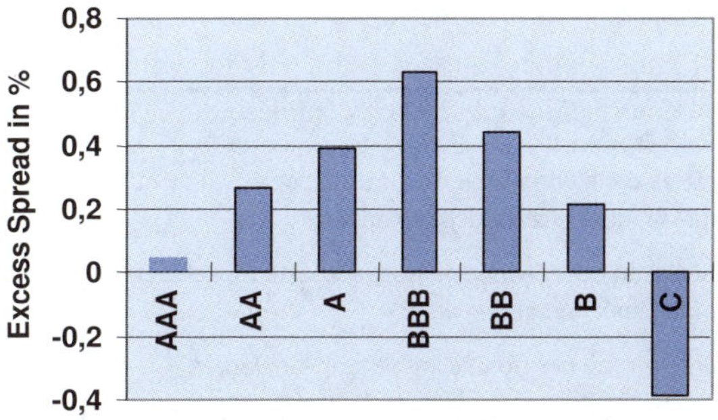

Darstellung 13-6: Der Excess-Spread gibt an, um wie viel Prozentpunkte die Rendite eines Bonds über der Summe aus Zins und erwarteten Ausfallkosten liegt. Daten (über 5.000 US-Bonds 1998) von T. BUBERL aufbereitet, die positiven Spreads sind signifikant (von Null verschieden).

Im Bereich von BBB beträgt der Excess-Spread 60 Basispunkte, in den Bereichen von A beziehungsweise BB 40 Basispunkte, und in den Bereichen AA beziehungsweise B immer noch über 20 Basispunkte. Wer also ein großes Portfolio über längere Zeit halten kann, so dass das Gesetz der großen Zahlen wirkt, der kann den Excess-Spread mit Anleihen oder Krediten in den Bereichen der Ratings von AA bis B realisieren. Die meisten Unternehmenskredite sind in diesem Bereich. Der Excess-Spread ist eine preisliche Verzerrung im Markt, die zugunsten von Geschäftsbanken und von Investoren wirkt, die mit „High-Yield" bezeichnete Anleihen nicht meiden.

Im Bereich Subinvestment-Grade ist der empirisch festgestellte Excess-Spread negativ. Hier zahlt ein Investor, der ohne besondere Selektion im Bereich Subinvestment Anleihen kauft, dazu. Wenn ein Investor im Segment Subinvestment-Grade immer wieder zahlreiche Anleihen hält, dann wird er, wie die Empirie zeigt, durch die Kreditrisikoprämien auf Dauer *nicht* vollständig für die tatsächlichen Verluste aus Defaults entschädigt. Das deutet darauf hin, dass die beiden Segmente Investment-Grade und Subinvestment-Grade unterschiedlich funktionieren und ein anderes Verhalten der Investoren bedingen. Im Segment von Subinvestment-Grade sind irgendwann nur noch Investoren aktiv, die fähig sind, erfolgreich zu selektieren. Die Anlage in diesem Bereich zahlt sich nur für wenige aus, und passive Investoren sind fehl am Platz. Im Mittel verlieren die Investoren in diesem Marktsegment, wie der negative Excess-Spread zeigt. Das ist *kein* Segment für Buy-and-Hold-Anleger. Dieses Marktsegment ist nicht informationseffizient.

Konsequenzen: Für jeden Investor ist wichtig, nicht nur *eine einzige* Anleihe zu halten: Die Beschränkung auf eine Anleihe (oder einige wenige Anleihen) ist nur akzeptabel, wenn der Schuldner höchste Bonität hat. Werden aufgrund eines attraktiven Spread auch Anleihen mittlerer Bonität gekauft, oder ausgesprochene Hochzins-Unternehmensanleihen, dann muss in ein Kollektiv von Anleihen investiert werden. Im Portfolio tritt ein gewisser Ausgleich des Ausfallrisikos ein. Bond-Investoren sollten sich im Segment *Subinvestment-Grade* aufgrund des dortigen negativen Excess-Spreads nur engagieren, sofern sie komparative Vorteile bei der Selektion besitzen – und laufend kritisch beurteilen, ob sich dies auszahlt.

13.4.3 Ergänzung 3: Zusammenfassung

Begriffe	
Default	Präzise definiertes Ereignis im Unterschied zu nicht genau definierten Begriffen wie „Ausfall" oder „Zahlungsschwierigkeit"
Bonität	In Zeichen oder Symbolen ausgedrückte Einschätzung der Wahrscheinlichkeit für einen Default im kommenden Jahr
Migration	Veränderung der Bonität im Verlauf von Jahren
Kreditrisiko	Allgemeine Bezeichnung für die Unsicherheiten im Hinblick auf die Fähigkeit des Schuldners, einen Kredit wie vereinbart zu bedienen
Bonitätsrisiko	Bezeichnung für Schätzfehler, wenn einem Schuldner eine gewisse Defaultwahrscheinlichkeit zugewiesen wird
Kreditrisikoprämie (Credit-Spread)	Nach versicherungsmathematischen Grundsätzen ermittelte Kompensation für den Schaden, den der Gläubiger erwarten muss
Excess-Spread	Zusätzliche Vergütung des Kapitalanlegers, die über die Kreditrisikoprämie (Credit-Spread) hinaus geht (siehe Abschnitt 13.3)

Darstellung 13-7: Sieben wichtige Begriffe von Default bis Excess-Spread.

1. Früher hatten Banken bei der Kreditvergabe versucht, eine *Ja-Nein-Frage* zu beantworten. Sie haben sich nach der These der *Risikovermeidung* verhalten. Dabei ist ein Rollenspiel entstanden: Hat die Bank eine Gefährdung erkannt, wurde der Kredit nicht gegeben.

2. Auf den Kapitalmärkten hat sich durch die Kursbildung für Anleihen die Risikoabgeltung herausgebildet. Externe Rating-Agenturen unterstützen eine Kursbildung, bei der die Anleger neben dem Zinssatz (und einer eventuellen Liquiditätsprämie) eine *Kreditrisikoprämie* erhalten. Sie kompensiert das Kreditrisiko.

3. Unter *Rating* wird ein Beurteilungsverfahren der volks- und betriebswirtschaftlichen Umstände des Schuldners verstanden, wobei für einen Kredit die Wahrscheinlichkeit eines Defaults geschätzt wird. Die Prognose der späteren Ausfallwahrscheinlichkeiten wird mit einer Matrix der *Migrationen* errechnet.

4. Inzwischen gehen auch die Banken nach der Risikoabgeltung vor und wenden das so genannte Risk-Adjusted-Pricing (RAP) an: Sie beurteilen mit einem internen Rating die Bonität eines Kreditnachfragers und ordnen ihn anhand einer Klassifikation ein. Die Anzahl und die genaue Definition der Klassen oder Bonitätsstufen bleiben jedem Kreditinstitut überlassen. Mit Hilfe einer Default-Statistik wird jeder Bonitätsstufe oder Ratingklasse eine Defaultwahrscheinlichkeit zugeordnet. Sie und das Exposure sowie die Einbringlichkeitsquote bestimmen die Höhe der erforderlichen Kreditrisikoprämie.

5. Zu Anleihen weltweiter Emittenten liegen umfangreiche Default-Statistiken vor. Das hohe Niveau dieses Wissens zwingt die Banken, ihr internes Rating anzupassen. Die Banken-

aufsicht drängt, dass Banken ihre internen Verfahren an die Best-Practice anpassen, die sich aus den Untersuchungen der Rating-Agenturen herausgeschält hat. Banken müssen das RAP übernehmen, ihr internes Rating überprüfen und eigene Default-Statistiken führen.

6. Wer Anleihen geringerer Bonität kauft, erhält neben dem Marktzins eine Kreditrisikoprämie. Auf lange Sicht entspricht die Kreditrisikoprämie in etwa den hinzunehmenden Ausfällen. Wenn sie darüber liegt, kann der Anleger den Excess-Spread vereinnahmen. Selbstverständlich muss versucht werden, die Ausfallrisiken zum Ausgleich zu bringen (Portfoliobildung), und es ist ratsam, die Schuldner laufend zu überwachen.[8]

7. Seit rund zwanzig Jahren stehen Credit Default Swaps zur Verfügung. Ein CDS erlaubt einer Bank oder einem institutionellen Kapitalanleger als Sicherungsnehmer, das Defaultrisiko – genauer ein Kreditereignis, das genau definiert wird – einer Unternehmung dadurch abzusichern, dass mit einer Gegenpartei als Sicherungsgeber ein Vertrag geschlossen wird. Der Sicherungsgeber nimmt laufend die vereinbarte Kreditrisikoprämie und soll im Fall eines Kreditereignisses eine Zahlung leisten. Die Bank oder der institutionelle Kapitalanleger zahlt die Prämien und erhält bei einem Kreditereignis die Leistung des Sicherungsgebers. Als Sicherungsgeber fungieren Unternehmen (z.B. Energiewirtschaft), Hedgefonds und andere. Der Markt für CDS, in den Anfangsjahren gänzlich unreguliert, hat eine enorme Größe erreicht. Er wird durch Investmentbanken gestaltet, die als Market-Maker auftreten.

8. Bei einem CDS ist der Sicherungsnehmer (die den Kredit gebende Bank, die Kapitalanlagen tätige Institution) nicht gänzlich von Kreditrisiken befreit, da als neues Risiko die Gefahr besteht, dass der Versicherungsgeber ausfällt – wie der Fall AIG lehrt. CDS leisten ähnliches wie Put-Optionen, und sie haben eine Funktion wie das First-Loss-Piece bei der Securitization.

13.4.4 Fragen und Aufgaben

1. Wie hoch ist der erwartete Verlust eines Kredites mit einer Ausfallwahrscheinlichkeit von 15%, einem Exposure-At-Default von 680 Tausend Euro und einer Einbringlichkeitsquote von 75%?

2. Jemand behauptet, eine Unternehmung mit BBB Rating habe, bezogen auf ein Jahr, eine Defaultwahrscheinlichkeit von 0,3 Prozent, doch auf 5 Jahre bezogen bereits eine Defaultwahrscheinlichkeit von 3%. Ist das richtig oder falsch?

[8] Literatur: EDWARD I. ALTMAN: Measuring Corporate Bond Mortality and Performance. *Journal of Finance* 44 (1989) 4, pp. 909-922. 2. FISCHER BLACK und MYRON SCHOLES: The Pricing of Options and Corporate Liabilities. *Journal of Political Economy* 81 (1973), pp. 637-659. 3. JEROME S. FONS: Using Default Rates to Model the Term Structure of Credit Risk. *Financial Analysts Journal* (September-October 1994), pp. 25-32. 4. PHILIP E. JONES, SCOTT P. MASON und ERIC ROSENFELD: Contingent Claims Analysis of Corporate Capital Structures: An Empirical Investigation. *Journal of Finance* 39 (1984), pp. 611-627. 5. JEAN HELWEGE und CHRISTOPHER M. TURNER: The Slope of Credit Yield Curve for Speculative-Grade Issuers. *Journal of Finance* 54 (1999) 5, pp. 1869-1884.

3. Welche Wirkungen haben Sicherheiten auf PD , EAD , LGD ?

4. Was wird unter dem „Bonitätsrisiko" verstanden?

5. Welche Effekte muss die Bank bei der Kalkulation der Kreditkonditionen berücksichtigen, wenn sie einen *lang* laufenden Kredit vergibt?

6. Welche Bezeichnungen oder Namen stehen hinter diesen Abkürzungen: AIG, CDO, CDS, CLN, HAT, SPC?

7. a) Wenn der CDS mit einer Option verglichen wird, handelt es sich dann eher um eine Call-Option oder um eine Put-Option? b) Wenn der CDS mit der Securitization in Verbindung gebracht wird, ähneln dann CDS-Titel eher den dabei erzeugten CDOs oder dem First-Loss-Piece?

8. Ein Investmentbanker schlägt eine Konstruktion vor, bei eine Schuldverschreibung mit einer Put-Option verbunden wird. Ob es dafür Erfolg im Finanzmarkt geben kann?

9. Was versteht man unter dem Excess-Spread und für wen ist ein positiver Excess-Spread vorteilhaft?

13.4.5 Antworten und Lösungen

1. Vergleiche (9-4): $EL = PD \cdot EAD \cdot LGD = 0{,}15 \cdot 680 \cdot (1 - 0{,}75) = 25{,}5$ Tausend Euro.

2. Korrekt, siehe Darstellung 13-3.

3. Sicherheiten im engeren Sinn können die Einbringlichkeitsquote erhöhen und den LGD reduzieren. Sicherheiten im weiteren Sinn können die Ausfallwahrscheinlichkeit PD günstig beeinflussen und auch die Einbringlichkeit verbessern.

4. Mit „Bonitätsrisiko" wird darauf verwiesen, dass die Bonität eine unsichere Größe ist: Die Einschätzung der Bonität ist erstens mit (zufälligen) Fehlern behaftet, und zweitens ändert sich die Bonität über die Jahre hinweg auf wenig prognostizierbare, also zufällige Weise.

5. Vor allem die Migration.

6. AIG: American Insurance Group. CDO: Collateralized Debt Obligation. CDS: Credit Default Swap. CLN: Credit-Linked-Notes. HAT: Helvetic Asset Trust (ein Produkt der UBS). SPC: Single Purpose Company.

7. a) Put-Option, b) First-Loss-Piece.

8. Ja, genau dies ist die Konstruktion einer Credit-Linked-Note (CLN).

9. Die Differenz zwischen dem Zuschlag zum Zins (den ein Schuldner zahlt) und der versicherungsmathematischen Ausfallprämie heißt Excess-Spread. Der Excess-Spread, sofern positiv, erhöht die (erwartete) Rendite des Portfolios.

14 Reserven

Themen: 1. Die Reserve soll die Verluste auffangen, falls in einem Jahr mehr Kredite als erwartet ausfallen. 2. Grundlage für die Bemessung ihrer Höhe ist die Verteilung der Verluste.

14.1 ACRA-Reserve

Lernziele: 1. Kreditausfälle bewirken Verluste, und die Liquidität wird reduziert. 2. Die Reserve soll bei unerwarteten Ausfälle die Liquidität erhalten. Grundlage für die Bemessung der Reserve ist die Verlustverteilung.

14.1.1 Wozu eine Reserve?

Das Kapitel 12 hat das *Bruchmodell* als jene Sichtweise vorgestellt, in der heute der Kreditausfall verstanden wird. Der versicherungsmathematischen Sicht entsprechend werden sich im Finanzmarkt sowie bei Banken Konditionen herausbilden, die für einen Kredit neben dem Zins eine *Prämie* enthalten. Sie ist so hoch wie der *Erwartungswert des Verlustes*, den der Gläubiger während der Laufzeit erleiden könnte.[1] Um den Erwartungswert des Verlustes zu ermitteln, werden (1) die *Ausfallwahrscheinlichkeit* ermittelt, (2) die Höhe des *Exposures*, sowie (3) die *Einbringlichkeit* im Fall eines Defaults. Dabei wird die Wahrscheinlichkeit für einen Default während der Kreditlaufzeit durch das *Rating* unter Berücksichtigung von *Migration* ermittelt, vergleiche Abschnitt 13.2 und Formel (13-1). Die Höhe des Exposures ergibt sich aus dem Kredit und etwa daraus, ob bereits Tilgungen getätigt sein werden, wenn es zum Default kommen könnte. Die Einbringlichkeit wird von Rang und von Sicherheiten bestimmt.

[1] Nur in Fällen, in denen das Ausfallrisiko nicht rein unsystematisch ist, sondern mit dem „allgemeinen Marktrisiko" korreliert ist, wird die Prämie nicht nur den erwarteten Verlust kompensieren, sondern zusätzlich die Tatsache, dass sich in den Finanzmärkten auch eine Prämie für das Tragen des „allgemeinen Marktrisikos" einstellt. Das ist zum Beispiel der Fall, wenn die Anleihen oder Kredite eine ausgeprägte Abhängigkeit von der Konjunktur aufweisen.

Der so rekapitulierte, versicherungsmathematische (aktuarische) Ansatz wird als **Actuarial-Credit-Risk-Accounting** (ACRA) bezeichnet. Dieser Ansatz bildet die Grundlage für die Ermittlung der Höhe der Kreditrisikoprämie, die vom Schuldner als „marktgerecht" verlangt wird. Die Übertragung dieses aktuarischen Ansatzes auf die Praxis der Kreditvergabe einer Bank ist das **Risk-Adjusted-Pricing (RAP)**.

Allerdings ist es mit der Abgeltung des erwarteten Schadens durch eine nach dem RAP kalkulierte Kreditrisikoprämie noch nicht getan. Der Grund: Der tatsächliche Schaden eines Jahres dürfte wohl höchst selten exakt mit dem erwarteten Schaden übereinstimmen. In den meisten Jahren ist die tatsächliche Schadenhöhe höher oder geringer als der Betrag, der über Kreditrisikoprämie und RAP der Bank zufließt. Folglich ist eine Liquiditätsreserve als „Puffer" verlangt. Zur Veranschaulichung betrachte man eine Versicherungsgesellschaft. Bekanntlich hat eine Versicherungsgesellschaft in den einzelnen Jahren einmal höhere, ein andermal geringere Schäden als erwartet. Dies, obschon das **Gesetz der Großen Zahlen** besagt, dass bei länger werdendem Zeitraum die über die Jahre hinweg *gemittelte Schadenhöhe* mit immer *höherer Wahrscheinlichkeit immer näher an den Erwartungswert* kommt. Eine Versicherungsgesellschaft (genau wie eine kreditgebende Bank) benötigt daher eine **Reserve**, um in einem Jahr mit unerwartet hohen Schäden immer noch zahlungsfähig zu bleiben.

Die Reserve muss erst einmal geschaffen werden. Das heißt, ein Teil des Eigenkapitals muss „abgezweigt" werden, bevor es investiert wird. Der abgezweigte, reservierte Teil wird in geldnaher Form gehalten. Sollte sich in „schlechten" Jahren durch (unerwartet hohe) Verluste das Eigenkapital (trotz Prämieneinnahmen) verringern, dann bleibt die der Anschaulichkeit halber betrachtete Versicherungsgesellschaft zahlungsfähig – sofern nur die Reserve hinreichend groß bemessen wurde. In „guten" Jahren kann und sollte die Versicherungsgesellschaft die Reserve wieder erhöhen.

Auf die ganz lange Sicht (Gesetz der Großen Zahlen) wird die Reserve weder ins Unermessliche immer weiter zunehmen, noch wird sie tendenziell immer weiter abnehmen.

Auch eine Bank, die Kredite gibt, muss eine solche Reserve bilden. Der aktuarische Ansatz hilft, ihre zweckmäßige Höhe zu berechnen. Dabei soll „zweckmäßig" so verstanden werden: Die Reserve muss (1) **liquide**, also geldnah und gleichzeitig (2) mit **höchster Sicherheit** angelegt werden:

1. Die Schäden verlangen eine *schnelle* Regulierung seitens der Versicherungsgesellschaft. Bei einer Bank versteht sich von selbst, dass sie ihre Verpflichtungen etwa aus den Einlagen täglich erfüllen können muss – selbst wenn sie gerade mehr als die erwarteten Kreditausfälle hat.

2. Die Reserve muss mit höchster Sicherheit angelegt werden um zu vermeiden, dass sie vielleicht im Bedarfsfall selbst an Wert verloren hat oder nicht mehr vorhanden ist. Aktien als Reserve würden diese Forderung nicht erfüllen, selbst wenn sie liquide sind und jederzeit verkauft werden könnten. So kommt letztlich für die Reserve nur Geld in Frage.

Eine Reserve zu halten ist daher wenig rentabel. Kein Aktionär wünscht, dass eine Unternehmung das Eigenkapital erhöht, nur um die ihr aus der Kapitalerhöhung zufließenden Mittel als Reserve zu halten. **Die Reserve soll daher so gering wie möglich bemessen werden**.

Aktiva	Passiva
Reserve: Kurzfristig fällige Gelder mit Staatsgarantie angelegt	Eigenkapital
Anlagevermögen: Gebäude und Infrastruktur	
An Unternehmen vergebene *Kredite* (**Forderungen**)	**Verpflichtungen** gegenüber den Inhabern der ausgegebenen *Bankanleihen* sowie gegenüber der Einlagekundschaft (Schulden der Bank = Fremdkapital)

Darstellung 14-1: Einfache Bankbilanz aus fünf Positionen. Aus didaktischen Gründen ist von der Reihenfolge abgewichen, in der eine Bank die Positionen nach den Bilanzgesetzen ausweisen muss.

Andererseits muss die Reserve eine gewisse Höhe haben, damit es praktisch nie oder allenfalls **extrem selten** vorkommt, dass sie nicht ausreicht. Allerdings sollte aus wirtschaftlichen Gründen die Reserve *nicht am Worst-Case* orientiert werden. Denn im Worst-Case (einer Bank) könnten alle Kredite in einem Jahr ausfallen, weshalb die Reserve so hoch sein müsste wie das Kreditvolumen. Wird hingegen eine *sehr geringe Wahrscheinlichkeit zugestanden*, mit der die Reserve in einem Jahr nicht ausreichen könnte, dann genügt eine geringere Reserve. Diese Anforderung wird bei der aktuarischen Perspektive dadurch quantifiziert, dass eine **sehr nahe bei 1 liegende Sicherheitswahrscheinlichkeit** vorgegeben wird, mit der die Reserve ausreicht.

14.1.2 Ein einfaches Beispiel

Mit der Bildung einer Reserve wird ein Teil des Eigenkapitals reserviert, um diese Pufferfunktion auszuführen. Man stelle sich vor, eine Gruppe von Personen gründe eine Kommerzbank. Ziel der Bank ist es, Unternehmen Kredite zu geben. Die Kreditnehmer zahlen mit den Konditionen auch einen Zuschlag für Betriebskosten und Gewinn der Bank. Um bei der Kreditvergabe möglichst viel zu verdienen, möchte die Kommerzbank Kredite nicht nur in Höhe der Eigenmittel vergeben, sondern dabei auch das Geld Dritter einsetzen. Um nicht über das Einlagengeschäft sprechen zu müssen, soll die betrachtete Kommerzbank sich allein dadurch finanzieren, dass sie Schuldverschreibungen ausgibt, also Bankanleihen. Sie können in der Laufzeit so auf die Kredite abgestimmt werden, dass kein Zinsrisiko bleibt (Duration-Matching, vergleiche Kapitel 9).

Die Bank geht in fünf Schritten vor: 1. Die Gründer der Bank zahlen zunächst das Eigenkapital ein. 2. Sodann gibt die Kommerzbank Bankanleihen aus (und eventuell nimmt sie Einlagen von Kunden entgegen. Auch diese Schulden / Verpflichtungen sind auf der Passivseite der Bilanz gezeigt. 3. Nun kann Anlagevermögen beschafft werden, etwa Gebäude und Infrastruktur. 4. Außerdem kann die Bank Kredite geben. 5. Ein restlicher Teil wird als Reserve gehalten.

Es schließen sich zwei Fragen an:

1. Wie hoch muss das Eigenkapital (in Relation zum Anlagevermögen und zum Kreditgeschäft) sein?
2. Wie hoch ist eine „vernünftig" bemessene Reserve?

Zunächst zur ersten Frage: Als unsolide gilt, wenn die von der Bank ausgegebenen Kredite ihr Fremdkapital übersteigen würden. Wenigstens ein Teil der von der Bank an Unternehmen vergebenen Kredite soll durch das Eigenkapital der Bank finanziert sein (so wie in Darstellung 14-1 gezeigt). Dies aus folgendem Grund: Einmal angenommen, 20% der Kreditforderungen der Bank würden ausfallen. Auch in einer dermaßen schlechten Situation sollte die Bank immer noch in der Lage sein, ihre eigenen Verpflichtungen zu bedienen. Das (um 20% der ausgegebenen Kredite gefallene) Eigenkapital sollte auch in einer solchen Situation immer noch positiv oder allenfalls gleich Null sein. Daraus leitete sich diese Forderung ab: Die Bank darf nicht mehr als das 5-fache ihres Eigenkapitals als Kredite ausgeben.

→ **Beispiel 14-1**: Eine Kommerzbank (Eigenkapital 1 Milliarde Euro) vergibt Kredite über 5 Milliarden Euro. Sollte es dazu kommen, dass 20% der Forderungen uneinbringlich werden, dann würde also 1 Milliarde Euro verloren gehen und das Eigenkapital wäre aufgezehrt. ■

Wir gehen zwei Szenarien nach. 1. Szenario: Das Eigenkapital beträgt genau dieses Fünffache der ausgegebenen Kredite. Es kommt wirklich zu dem Fall, dass 20% der ausgegebenen Kredite uneinbringlich werden. Damit wäre die Bank an der Schwelle zur Insolvenz, und sie müsste zur Erfüllung ihrer eigenen Verpflichtungen das Anlagevermögen (Gebäude, Infrastruktur) verkaufen. Das kann Zeit in Anspruch nehmen und vielleicht hilft die Zentralbank der an der Schwelle zur Insolvenz stehenden Bank mit einem Kredit für die Dauer der Abwicklung. Doch nicht nur ist das Eigenkapital vernichtet, sondern auch die Reputation der Bank.

2. Szenario: Um nicht das extreme Ereignis anzunehmen, dass 20% der ausgegebenen Kredite ausfallen, sei der Fall betrachtet, in dem 5% der Kredite uneinbringlich werden. Dann ist auch das Eigenkapital selbst nach der entsprechenden Wertreduktion noch positiv, die Bank bleibt solvent.

→ **Beispiel 14-2**: Die Kommerzbank aus obigem Beispiel (1 Milliarde Euro Eigenkapital, 5 Milliarden Euro ausgegebene Kredite) hält eine Reserve von 200 Millionen Euro. In einem Jahr werden 3% der vergebenen Kredite uneinbringlich. Das ist ein Verlust von 150 Millionen Euro. Das neue Eigenkapital beträgt 850 Millionen Euro, der neue Reservebestand 50 Millionen Euro. Die Bank ist (solvent und) weiterhin zahlungsfähig und kann alle ihre Verpflichtungen ohne zeitliche Verzögerungen erfüllen. ■

Noch dazu: wenn die Bank nicht das gesamte Eigenkapital in das wenig liquide Vermögen (wie Gebäude) angelegt hat, sondern einen Teil des Eigenkapitals als Reserven hält, dann kann dieser, sofern er groß genug bemessen ist, dazu ausreichen, die Verpflichtungen der Bank zu erfüllen. Dies ohne Inanspruchnahme einer Kredithilfe seitens der Zentralbank. Zwar ist es für die Bank ein „schlechtes" Jahr, wenn 3% der Forderungen ausfallen, doch die Geschäfte können ohne Krisenmaßnahmen weiterlaufen.

Anders wäre die Situation (Bank mit 1 Milliarde Euro Eigenkapital, 5 Milliarden Euro Kredite), falls die Reserve nur 100 Millionen Euro beträgt. Das heißt: 900 Millionen Euro Eigenkapital dienen der Finanzierung zum Teil des Anlagevermögens und zum Teil der Kredite. Das heißt, die 900 Millionen Euro sind wenig liquide gebunden. Wenn nun in einem Jahr 3% der vergebenen Kredite uneinbringlich werden, ist das wiederum ein Wertverlust von 150 Millionen Euro. Das neue Eigenkapital beträgt 850 Millionen Euro. Die Bank hat in kürzester Zeit ihre gesamten liquiden Mittel ausgegeben, um ihre Verpflichtungen zu bedienen. Sie ist (zwar nicht insolvent), doch sie ist illiquide geworden. Sie kann ihre Verpflichtungen nicht mehr weiter erfüllen, ohne dass es dabei zu zeitlichen Verzögerungen kommt. Sondermaßnahmen zur Liquiditätsbeschaffung sind nötig.

Letztlich ist das gesamte Eigenkapital ein Risikopuffer, der Wertrückgänge bei den gegebenen Krediten auffangen kann, ohne dass sie auf eine Insolvenz (Überschuldung) der Bank führen. Doch die Verwandlung von Eigenkapital in Liquidität kann einige Zeit erfordern. Kurzfristig kann selbst eine solvente Einrichtung in Liquiditätsnot geraten, wodurch eventuell ihre planmäßigen Operationen unterbrochen sind.

Die Überlegungen zeigen: Für die Bank gibt es *zwei Größen* (oder Relationen), mit der sie die beiden Wahrscheinlichkeiten steuert, mit der – angesichts zufälliger Kreditausfälle – ihre Solvenz und ihre Liquidität erhalten bleiben. 1. Eine Erhöhung des **Eigenkapitals** (Eigenkapital in Relation zum Kreditvolumen) bewirkt eine **Erhöhung der Sicherheitswahrscheinlichkeit, mit der die Bank solvent** bleibt. 2. Eine Erhöhung der Reserven bewirkt eine **Erhöhung der Sicherheitswahrscheinlichkeit, mit der die Bank liquide** bleibt.

14.1.3 Bankenregulierung

Überspitzt formuliert ist die Solvenz der Bank wichtig, damit die Einlagekundschaft der Bank und die Inhaber der von der Bank ausgegebenen Anleihen *irgendwann* ihr Geld wieder bekommen. Die Liquidität der Bank ist wichtig, damit diese Gläubiger ihr Gelder *pünktlich* erhalten. Um die Gläubiger einer Bank besser zu schützen, wird der Staat Regelungen erlassen – andernfalls könnte es sein, dass der Staat zu Rettungsmaßnahmen gezwungen wird, um die Stabilität des Finanzsystems zu erhalten. An der Seite der Regierungen stehen die Zentralbanken, die vermeiden wollen, dass sie zur Rettung illiquide oder sogar insolvent gewordener Banken herangezogen werden – wieder mit dem Hinweis darauf, dass aufgrund der Verquickung der Banken ansonsten eine Instabilität des Finanzsystems droht.

Der Staat und die Zentralbanken möchten daher, dass die Banken über hohes Eigenkapital und hohe Reserven verfügen. Dies ist im Interesse der zu schützenden Sparer und Finanzinvestoren. Leider sehen die Eigenkapitalgeber einer Bank (bei der Rechtsform der Aktiengesellschaft) ihre Haftungsbeschränkung, und Aktionäre haben diversifizierte Portfolios. Die Manager einer Bank können vielfach auch nach dem Fall eines Bankhauses mit ihrem Fachwissen und aufgrund von Kundenkontakten zu einer Konkurrenzbank wechseln. Daher wünschen sich Aktionäre hohe Dividenden und Manager hohe Boni. Diese Präferenzen wirken aber abträglich auf die gewünschte Stabilität des Finanzsystems und die prompte Erfüllbarkeit der Forderungen von Sparern und Finanzanlegern. Die Regulierung des Staates und die seitens der Zentralbank kommunizierten Verhaltensweisen im Krisenfall müssen hier die richtige Balance zwischen den unterschiedlichen Interessen finden.

Die Regulierung der Banken folgt heute dem in **Basel** bei der Bank für Internationalen Zahlungsausgleich (BIZ oder BIS) arbeitenden **Ausschuss für Bankenaufsicht** (*Basel Committee on Banking Supervision*). Der **Basler Ausschuss** ist international besetzt und kommt seit 1974 regelmäßig zusammen. Die übereinstimmend gefundenen Ergebnisse oder Akkorde werden von den über 170 Staaten in nationales Gesetz übernommen.

Der Basler Ausschuss verlangt Mindesthöhen von Eigenkapital (Akkorde Basel I, II und III) und von Liquidität (Basel III). Das typische Vorgehen besteht darin, die Kredite mit sogenannten **Risikogewichten** zu versehen und die **Mindesthöhe für das Eigenkapital in Relation zur gesamten Summe der risikogewichteten Aktiva** zu definieren. Im Endeffekt ergeben sich durch diese Regelungen **Eigenmittelanforderungen von rund 8% der Bilanzsumme**. Bei dieser Zahl von 8% wird unterstellt, dass die Kredite im Grunde den Hauptteil der Aktiven ausmachen, so dass die Bilanzsumme ungefähr gleich der Kreditsumme ist.

Doch trotz intensiver wissenschaftlicher Klärung und Diskussion im Basler Ausschuss ist das Thema der Bankenregulierung damit nicht abgeschlossen: Die Professoren Martin Hellwig (Bonn) und Anat Admati (Stanford) kritiseren, dass die mit diesen Akkorden I, II und III letztlich verlangten Eigenmittel zu gering seien. Sie sehen für Banken Eigenmittel in Höhe von 20% bis 30% der Bilanzsumme als adäquat an.[2] Andere Forscher argumentieren, dass Mindestanforderungen für das Eigenkapital zwar einen guten Ansatz darstellen. Jedoch dürfe sich die Regulierung nicht darin erschöpfen, nur Untergrenzen für die Eigenmittel festzulegen. 1. Die Banken sollten parallel die Methoden zur Selektion ihrer Vermögenspositionen, insbesondere die Methoden der Kreditvergabe, verbessern. 2. Außerdem sollten Banken ihr Risikomanagement verbessern, insbesondere das Liquiditätsmanagement. Dem nachzukommen, sollte ebenso ein Ziel von Anreizen und von Auflagen sein. Die Regulierung und die Aufsicht sollte daher Anreize geben, dass Banken ihre Kreditselektion und ihr Risikomanagement verbessern.

---

[2] Anat Admati und Martin Hellwig: *The Bankers' New Clothes: What's Wrong with Banking and What to Do about It.* Princeton University Press, 2014.

Diese Bedenken werden zunehmend von den Bankenaufsichten der einzelnen Länder berücksichtigt. In der Schweiz beispielsweise sollen Banken beim Stress-Test nachweisen, dass sie bei einer Belastung der Liquidität immer noch 30 Tage Stand halten können. Dies soll möglich sein, selbst wenn Kundeneinlagen abgezogen werden und der Bank die Refinanzierung am Kapitalmarkt erschwert wird. Um zu prüfen, ob diese Situation vorliegt, soll der Bestand an **qualitativ hochwertigen, liquiden Aktiva** (**HQLA**) wenigstens so groß sein wie der Nettoabfluss von Zahlungsmitteln. Aktiva gelten nur dann als HQLA, wenn die Bank diese ohne zeitliche Verzögerungen und ohne wesentliche Werteinbußen in Geld verwandeln kann – weil sie fällig werden oder weil sie auch in einer beengten Lage verkauft werden können.

Fazit: Banken werden durch die Regulierung zu drei Maßnahmen angehalten: 1. Erreichen einer Mindestquote von Eigenkapital. 2. Validierung und Verbesserung der Maßnahmen zu Bonitätsbeurteilung und Selektion von Kreditkunden. 3. Verbesserung der Anlagen der als Reserve gedachten Mittel im Sinn von HQLA und Orientierung der Höhe der Reserve an den Zahlungsvorgängen.

Gleichwohl verlangen die bisherigen Regulierungen Verbesserungen. Denn bei einer Geschäftsbank wirken weitere Risiken, die bisher nicht so explizit berücksichtigt werden konnten.

1. Eines ist das Konjunkturrisiko. In der Spätphase eines Aufschwungs fragen immer mehr Unternehmen Kredite nach – eigentlich etwas spät, da meist ein Konjunkturabschwung nicht lange auf sich warten lässt. Das Konjunkturrisiko könnte dann zahlreiche Unternehmen zugleich treffen. Deshalb werden Banken von ihrer Kreditkundschaft dazu gedrängt, ein konjunkturelles Klumpenrisiko einzugehen.

2. Bei einer Konjunkturschwäche senkt hingegen die Zentralbank die Zinsen und ergreift oftmals Maßnahmen, mit denen Geschäftsbanken dazu gedrängt werden, die Hürden für neue Kredite niedriger anzusetzen. Das heißt letztlich, dass die Banken dazu motiviert werden, eine strenge Selektion aufzuweichen.

3. Für die Einlagekundschaft ist Angst die natürliche Reaktion, falls die Reputation der Bank als sicherer Hort für Spargelder leidet – durch welche Ereignisse auch immer bewirkt. Bankkunden können sich mit ihrer Angst gegenseitig anstecken. Panik kann entstehen und könnte einen Bankensturm auslösen. Die Bank sollte dann über so viel Reserven / Eigenkapital verfügen, dass sie, eventuell zusammen mit Hilfe seitens der Zentralbank, für alle Einlagen, die sofort fällig sind, Auszahlungen in bar leisten kann.

14.1.4 Die Verlustverteilung

Die bisherigen Überlegungen könnten weder begründet noch zahlenmäßig festgelegt werden, wenn es kein Modell im Hintergrund gäbe. Solche Modelle wurden vor rund 30 Jahren entwickelt und gehören heute zum Standard der Bemessung von Reserven und vor allem auch der sachgerechten Kreditrisikoprämie.

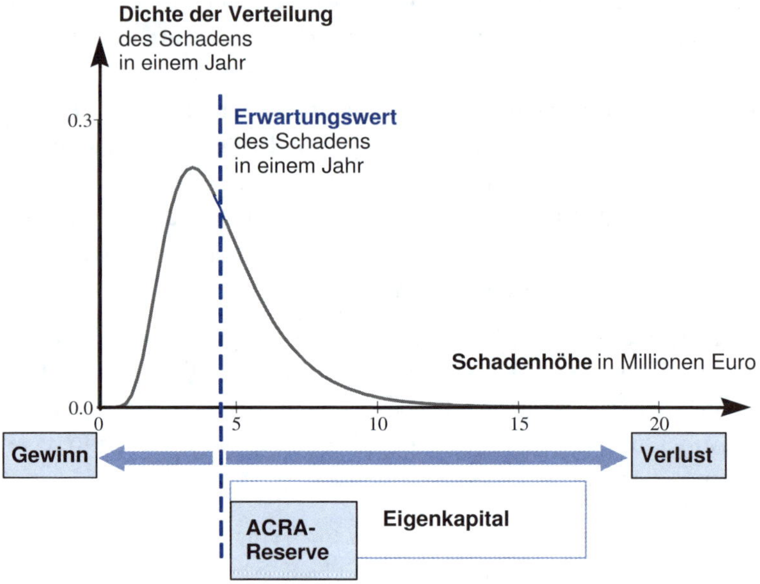

Darstellung 14-2: Im ACRA ist der *erwartete Schaden aufgrund von Defaults* berücksichtigt, indem entsprechende Prämien in die Kreditkonditionen eingearbeitet werden (RAP). Zur Deckung von *Verlusten*, die über die Schadenerwartung hinausgehen, wird eine Reserve gebildet.

Eine Reserve zu halten ist „teuer", weil die Mittel liquide und sicher gehalten werden müssen. Ein Aktionär findet es wenig attraktiv, wenn er die Risiken der Bank trägt und erfährt, dass sein Kapital quasi unverzinst gehalten wird. Die Bank möchte daher keine unnötig hohen Reserven halten. Darum genügt es nicht, die benötigte Reserve grob zu schätzen. Wie bei einer Geschäftskalkulation ist Genauigkeit verlangt. Hierfür wird der wahrscheinlichkeitstheoretische oder versicherungsmathematische Ansatz – **Actuarial-Credit-Risk-Accounting** (**ACRA**) oder **Risk-Adjusted-Pricing** (**RAP**) – herangezogen.

Banken bestimmen die Reserve so, dass sie mit einer auf ein Jahr bezogenen Sicherheitswahrscheinlichkeit von 99,9% (oder mehr) ausreicht. Es wird von ganz extremen Situationen abgesehen, die (aufgrund des Modells) nur mit einer Höchstwahrscheinlichkeit von 0,1% (oder weniger) eintreten sollten.

Die Wahrscheinlichkeitsverteilung des in Euro ausgedrückten unsicheren Schadens eines Jahres ist die **Verlustverteilung**. Die Darstellung 14-2 zeigt die Dichtefunktion einer Verlustverteilung. Zu erkennen: Es ist unwahrscheinlich, dass kein einziger oder nur ganz wenige Kredite in dem Jahr ausfallen. Ebenso unwahrscheinlich ist, dass der in einem Jahr entstehende und als Geldbetrag ausgedrückte Schaden für die Bank sehr groß sein wird. Ausfälle, die zusammen auf eine mittlere Schadenhöhe führen, sind recht wahrscheinlich. Dort, beim *Modus* der Verlustverteilung, hat die Dichtefunktion ihr Maximum. In den meisten Fällen ist die Verlustverteilung rechtsschief, wie im Bild gezeigt. Bei solchen Verlustverteilungen ist der erwartete Schaden höher als der Modus der Verlustverteilung.

Aktiva	Passiva
Diverse Kreditforderungen gegenüber den Bankkunden unterschiedlichster Bonität, eingebracht in die SPC von der Bank	Erstrangige Anleihen (CDOs), verkauft an internationale Investoren
	First-Loss-Piece – wird (zunächst) von der Bank behalten

Darstellung 14-3: Bilanz der Single Purpose Company bei der Securitization. Die Bilanz der Single Purpose Company ist gegenüber der in Darstellung 14-1 gezeigten Bilanz weiter vereinfacht, weil weder Anlagevermögen noch eine Reserve nötig sind. Allenfalls gibt es einen kleinen Kassenbestand, weil die Zahlungszeitpunkte der Schuldner (der securitisierten Kredite) und die Zahlungszeitpunkte der Kupons für die ausgegebenen erstrangigen Anleihen (CDOs) nicht ganz exakt übereinstimmen. Die Kasse hat aber sonst keine Funktion. Die Bilanz der SPC ist in obiger Darstellung gezeigt. Die Bestimmung der „vernünftigen" Höhe des First-Loss-Pieces wird nach derselben Methode bestimmt wie die „vernünftige" Höhe der Reserven beziehungsweise des Eigenkapitals bei der Bank. Je höher das First-Loss-Piece bemessen wird, desto weniger CDOs können ausgegeben werden. Allerdings haben die ausgegebenen CDOs dann eine geringere Ausfallwahrscheinlichkeit. Wird das First-Loss-Piece geringer angesetzt, dann können zwar mehr CDOs verkauft werden, aber deren Ausfallwahrscheinlichkeit steigt, weil eventuell das First-Loss-Piece nicht ausreicht, die Ausfälle aufzufangen.

Für die weitere Diskussion sollen *fünf* Situationen unterschieden werden:

1. Situation: Der tatsächliche Verlust hat im betrachteten Jahr exakt die erwartete Höhe. Dann hat die Bank aus den Kreditprämien (RAP) Einnahmen in eben dieser Höhe. Es gibt keine Auswirkung auf den Gewinn. Hinsichtlich der Liquidität der Bank entsteht kein besonderer Handlungsbedarf.

2. Situation: Der gesamte Schaden ist im betrachteten Jahr unerwartet gering. In dieser Situation hat die Bank einen unerwarteten Ertrag (den sie vielleicht durch die Bildung von Rückstellungen oder anderen bilanziellen Maßnahmen kompensiert, so dass im Jahresabschluss kein höherer Gewinn ausgewiesen wird). Doch sie hat einen Vorteil aus den unerwartet geringen Ausfällen. Zudem hat sie einen unerwartet geringen Ausfall von Zahlungseingängen. Mit anderen Worten: Sie erhöht ihre Liquidität. Allerdings bedrängen in solchen Jahren geringer Ausfälle auch die Kreditnehmer die Bank, die Konditionen nachträglich an die „sichere Lage" anzupassen und die Kreditrisikoprämie zu senken. Gibt die Bank hierbei nach, gelangt sie schnell in die Situation 1.

3. Situation: Die tatsächlichen Kreditausfälle sind zwar höher als erwartet, doch sind die Ausfälle wertmäßig und liquiditätsmäßig durch die Reserve der Bank gedeckt. Die Bank löst möglicherweise Rückstellungen auf und kann vielleicht den Gewinnausweis dadurch verstetigen – auch wenn sie tatsächlich durch Kreditausfälle verloren hat. Die Bank bleibt jedenfalls solvent. Alle Kunden können weiterhin über ihre Einlagen verfügen, ohne dass für die Bank eine besondere Liquiditätsproblematik entsteht.

4. Situation – sehr geringe Eintrittswahrscheinlichkeit: Sehr hohe unerwartete Kreditausfälle. Der unerwartete Schaden übersteigt die Reserve, doch er bleibt unter dem Eigenkapital der Bank. Folglich bleibt die Bank solvent – das in der Bilanz ausgewiesene Vermögen ist immer noch größer als die Verpflichtungen der Bank. In diesem Fall hat die Bank zwar enorme Verluste, doch das Eigenkapital ist nicht vollständig aufgezehrt. Die Bank hat Probleme mit der Liquidität, weil die Verluste die Reserve übersteigen und das Anlagevermögen der Bank nicht liquide ist. Im Regelfall erhält die Bank aufgrund ihrer Solvenz einen Kredit bei der Zentralbank und kann so die Liquiditätsproblematik überwinden.

5. Situation: Es gibt einen sehr hohen unerwarteten Schaden. Der Schaden führt dazu, dass die Bank überschuldet (insolvent) wird: Das gesamte Eigenkapital ist aufgezehrt. Die Bank ist insolvent, und sie ist auch nicht mehr liquide. Eventuell kommt ein Verkauf der überschuldeten Bank in Frage. Trotz bilanzieller Überschuldung könnten das Management, die Kunden, die Organisation und der (bisher gute) Ruf der Bank bewirken, dass der Wert der Aktien am Aktienmarkt noch positiv ist. Parallel zur Suche nach einem Kaufinteressenten wird die Bank die Zentralbank in der Hoffnung anrufen, dass sie als **Lender of Last Resort** einen (ungedeckten) Kredit gibt. Die Zentralbank wird prüfen, ob (1) ein Konkurs (Bankrott) der Bank die angestrebte Stabilität des Finanzsystems wirklich gefährdet und (2) ob die Bank für die Rettung nicht zu groß ist.

14.2 Ausfallverteilung

Lernziele: 1. Die Wahrscheinlichkeitsverteilung der Anzahl von Ausfällen als Binomialverteilung. 2. Die Approximationen der Binomialverteilung durch die Poisson-Verteilung. 3. Die Approximation der Binomialverteilung durch die Normalverteilung.

14.2.1 Die Binomialverteilung

→ **Beispiel 14-3**: Wir beginnen mit einer Vorüberlegung: Eine Bank habe *zwei* Kredite vergeben, A und B, von denen jeder mit Wahrscheinlichkeit $p = 0{,}01$ ausfallen kann. Die Zufallsereignisse sollen *unabhängig* sein. Die im Fall eines Defaults nicht mehr einbringlichen Forderungen sollen bei beiden Krediten dieselbe Höhe b haben. Folglich ist für den Gesamtverlust die Anzahl ausfallender Kredite maßgeblich.

Wenn die *Anzahl* der Defaults betrachtet wird, dann sind *drei* Ergebnisse zu unterscheiden: 1. Kein Kredit fällt aus. 2. Einer der beiden Kredite A oder B fällt aus. 3. Alle beiden Kredite A und B fallen aus. Nach den Gesetzen der Wahrscheinlichkeitsrechnung haben die Ergebnisse die Wahrscheinlichkeiten $(1-p)^2 = 0{,}9801$, $2 \cdot p \cdot (1-p) = 0{,}0198$, $p^2 = 0{,}0001$. Diese drei Wahrscheinlichkeiten von 98,01%, 1,98% und 0,01% summieren sich zu 1.

Wenn die Bank als Sicherheitswahrscheinlichkeit für die Bemessung der Reserven 99,9% wählt, also gerade noch erlaubt, dass mit Wahrscheinlichkeit 0,1% die Reserve nicht genügt, dann ist im Beispiel eine Reserve ausreichend, wenn sie *einen* Default auffangen kann. Sie muss also in der Kredithöhe b bemessen sein. Die Verallgemeinerung auf $n > 2$ Kredite ist direkt möglich. ■

Die **Ausfallverteilung** ist die Wahrscheinlichkeitsverteilung der (zufälligen) *Anzahl* von Defaults der Kredite eines Portfolios in einem Jahr – der Kreditbetrag oder die Einbringlichkeit spielen bei dieser Betrachtung keine Rolle.

In der Statistik werden solche Zufallsereignisse als **Bernoulli-Experiment** bezeichnet, sofern sie voneinander unabhängig sind. Die Bank habe insgesamt (oder in einem gewissen Kundensegment, das betrachtet wird) n Kredite vergeben. Jeder Kredit hat innerhalb einer gewissen Zeitspanne (etwa ein Jahr) ein Kreditereignis oder eben nicht. Voraussetzungen zur Vereinfachung: 1. Alle Kredite sollen *dieselbe* Ausfallwahrscheinlichkeit p besitzen. 2. Die Kreditereignisse sollen *unabhängig* voneinander sein.

Dann ist die entstehende Verteilung der *Anzahl von Defaults* die **Binomialverteilung**. Die Binomialverteilung wird üblicherweise mit $B_{n,p}$ bezeichnet. Sie kann die Werte $0, 1, \ldots, n$ annehmen. Die Wahrscheinlichkeit, dass k Kredite ausfallen, $k = 0, 1, 2, \ldots, n$ ist

$$B_{n,p}(k) = \frac{n!}{k! \cdot (n-k)!} \cdot p^k \cdot (1-p)^{n-k} \tag{14-1}$$

Dabei sind $n!/(k! \cdot (n-k)!)$ die **Binomialkoeffizienten** und $n!$ ist bekanntlich das Produkt aller Zahlen von 1 bis n. Die Binomialverteilung hat den Erwartungswert

$$E\lfloor B_{n,p} \rfloor = n \cdot p \tag{14-2}$$

und die Varianz beziehungsweise Standardabweichung

$$\begin{aligned} Var\lfloor B_{n,p} \rfloor &= n \cdot p \cdot (1-p) \\ SD\lfloor B_{n,p} \rfloor &= \sqrt{n} \cdot \sqrt{p \cdot (1-p)} \end{aligned} \tag{14-3}$$

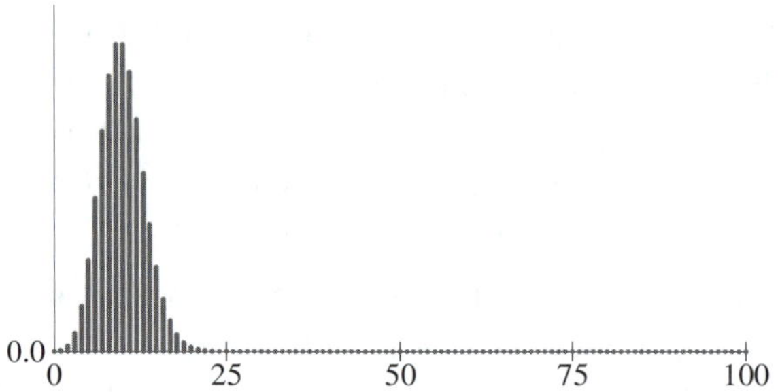

Darstellung 14-4: Die Wahrscheinlichkeitsverteilung der Anzahl von Defaults innerhalb eines Jahres, wenn 1.000 Kredite in einem Portfolio betrachtet werden, die Kreditereignisse voneinander unabhängig sind und alle dieselbe Ausfallwahrscheinlichkeit von 0,01 besitzen.

Die Standardabweichung der Ausfallverteilung drückt aus, wie stark die Anzahl der Ausfälle über die Jahre hinweg um den Erwartungswert schwankt. Sie ist eine wichtige Bestimmungsgröße für die benötigte Reserve. Die benötigte Reserve ist proportional zur Standardabweichung.

Oft wird gedacht, dass die benötigten Reserven mit der Größe des Kollektivs abnehmen. Doch das ist nicht richtig: Die Schwankung der tatsächlichen Anzahl der Ausfälle um den Erwartungswert – sie ist durch die Standardabweichung erfasst – ist gemäß (14-3) proportional zu $\sqrt{n}$. Die Standardabweichung nimmt also mit der Anzahl der Kredite zu. Allerdings steigt sie nicht proportional zu n an (wie das beim Erwartungswert (14-2) der Fall ist), sondern nur proportional zu $\sqrt{n}$. Entsprechend nehmen die benötigten Reserven zwar zu, wenn das Kollektiv größer wird. Aber die Reserven pro Kredit nehmen ab, wenn das Kollektiv größer wird. Denn $\sqrt{n}/n = 1/\sqrt{n}$ nimmt ab, wenn n größer wird.

→ **Beispiel 14-4**: Für eine grafische Veranschaulichung der Ausfallverteilung sei dies angenommen: $n = 1.000$ Kredite, Ausfallwahrscheinlichkeit $p = 0{,}01$ (was einem Rating von AA entspricht). Es werden folglich jährlich $p \cdot n = 0{,}01 \cdot 1.000 = 10$ Ausfälle erwartet. Die Standardabweichung der Anzahl der Ausfälle beträgt

$$\sqrt{n} \cdot \sqrt{p \cdot (1-p)} = \sqrt{1.000} \cdot \sqrt{0{,}01 \cdot 0{,}99} = 31{,}62 \cdot 0{,}0995 = 3{,}15$$

Wird das Zufallsexperiment „Anzahl von Defaults in einem Jahr“ Jahr um Jahr wiederholt, dann dürfte recht oft der Fall eintreten, dass die tatsächliche Anzahl von Ausfällen um nicht mehr als eine Standardabweichung vom Erwartungswert abweicht.

Das bedeutet, dass in der Mehrheit der Jahre zwischen $10 - 3{,}15$ und $10 + 3{,}15$, also etwa zwischen 7 und 13 Defaults eintreten. Die Wahrscheinlichkeit für 7 bis 13 Defaults ist 0,737, wie sich aus der Binomialverteilung (14-1) ergibt.

Für die Erstellung der Grafiken werden Statistikprogramme angeboten. ■

14.2.2 Approximation durch Normalverteilung

Wenn es nicht um die Wahrscheinlichkeit geht, mit der genau k Kreditereignisse eintreten, sondern um die Wahrscheinlichkeit für die Anzahl von Kreditereignissen in einem gewissen Bereich, dann bietet sich eine *Approximation* für die Binomialverteilung an.

Die Mathematiker ABRAHAM DE MOIVRE (1667-1754) und PIERRE-SIMON LAPLACE (1749-1827) haben dies gezeigt: Die Binomialverteilung (eine diskrete Verteilung mit Realisationen $k = 0, 1, \ldots, n$) kann gut durch die Normalverteilung (eine stetige Verteilung mit Werten $-\infty < x < +\infty$) angenähert werden.

Die Approximation nach DE MOIVRE und LAPLACE besagt, dass die Verteilung $B_{n,p}$ ziemlich genau einer Normalverteilung $N(\mu,\sigma)$ entspricht, $B_{n,p} \approx N(\mu,\sigma)$, sofern der Erwartungswert μ und die Varianz σ^2 der Normalverteilung so gewählt werden, dass sie mit den Parametern der Binomialverteilung übereinstimmen:

$$\begin{aligned} \mu &= n \cdot p \\ \sigma^2 &= n \cdot p \cdot (1-p) \end{aligned} \tag{14-4}$$

Dann gilt:

$$B_{n,p}(k) \approx N\left(\frac{k+0{,}5-\mu}{\sigma}\right) - N\left(\frac{k-0{,}5-\mu}{\sigma}\right) \tag{14-5}$$

wobei N die kumulierte Normalverteilung bezeichnet.

→ **Beispiel 14-5**: Bei einer Binomialverteilung mit $n = 1.000$ und $p = 0{,}01$ ist die Wahrscheinlichkeit für $k = 5$ Ausfälle gleich $B(5) = 3{,}7\%$. Zur Approximation wird $\mu = 10$ und $\sigma = 3{,}1464$ in (14-5) eingesetzt.

Es folgt: $B_{1.000,0,01}(5) \approx N(-1{,}4302) - N(-1{,}748) = 0{,}076 - 0{,}040 = 3{,}6\%$. ■

Die Formel (14-5) kann leicht auf Bereiche ausgedehnt werden:

$$\sum_{k=a}^{b} B_{n,p}(k) = N\left(\frac{b+0{,}5-\mu}{\sigma}\right) - N\left(\frac{a-0{,}5-\mu}{\sigma}\right) \tag{14-6}$$

→ **Beispiel 14-6**: Wird für obiges Beispiel mit einem Statistikprogramm die Wahrscheinlichkeit einer zwischen $a = 7$ und $b = 13$ liegenden Anzahl binomialverteilter Defaults ermittelt, so folgt $0{,}737$.

Die Formel (14-6) liefert:

$$\sum_{k=7}^{13} B(k) \;=\; N\left(\frac{13{,}5-10}{3{,}1464}\right) - N\left(\frac{6{,}5-10}{3{,}1464}\right)$$

$$= \; N(1{,}1124) - N(-1{,}1124) \;=\; 0{,}867 - 0{,}133 \;=\; 0{,}734$$

Die Illustration anhand des Zahlenbeispiels zeigt, dass die Approximation ziemlich genau ist. ■

14.2.3 Schranke

Die Approximation der Binomialverteilung durch die Normalverteilung kann dazu verwendet werden, die Frage nach der höchst möglichen Anzahl von Ausfällen durch eine einfache numerische Rechnung zu beantworten. Ohne Zweifel ist die höchste Anzahl von Ausfällen, die auftreten könnte, n. Denn alle Kredite könnten im selben Jahr einen Default haben.

> Der Worst-Case muss indessen nicht weiter betrachtet werden. Denn niemand in unserer Gesellschaft würde verlangen, dass ein einzelnes Wirtschaftssubjekt oder eine einzelne Bank ihre wirtschaftlichen Entscheidungen einzig am *individuellen* Worst-Case ausrichtet.[3]

Wirtschaftlich sinnvoller ist folglich, die allerschlechtesten Szenarien auszuklammern.

- Die Reserve wird demnach so bemessen, dass sie vielleicht mit Wahrscheinlichkeit 99,9% oder 99,99% genügt. Dazu wird bestimmt, welches die maximale Anzahl von Ausfällen ist, die in einem Jahr auftreten könnten, sofern die 0,1% oder 0,01% der allerschlechtesten Szenarien unberücksichtigt bleiben.
- Es soll also eine Schranke Z so bestimmt werden, dass sie die Anzahl der Defaults mit der **Sicherheitswahrscheinlichkeit** w von 99,9% oder 99,99% begrenzt.

Also: w ist gegeben und die Schranke Z wird so bestimmt, dass

$$\begin{aligned} \Pr\{0 \leq Anzahl\,Defaults \leq Z\} &= w \\ \Pr\{Z+1 \leq Anzahl\,Defaults \leq n\} &= 1-w \end{aligned} \qquad (14\text{-}7)$$

gilt. Die Schranke Z hängt von der Sicherheitswahrscheinlichkeit w ab. Sie nimmt zu, wenn w vergrößert wird. Um dies zu betonen, werden wir die Schranke gelegentlich mit $Z(w)$ bezeichnen. Die Schranke wird die erforderlichen Reserven bestimmen. Die Schranke Z beziehungsweise $Z(w)$ kann einfach über die Approximation der Binomialverteilung mit der Normalverteilung berechnet werden. Mit (14-7) folgt

---

[3] Das ist natürlich anders, wenn es um den Worst Case eines Kollektivs geht, etwa um die Wirtschaft als Ganzes, oder wenn Worst-Cases eines einzelnen Wirtschaftssubjekts den Worst-Case für die Gesellschaft auslösen.

$$\sum_{k=0}^{Z} B(k) \approx N\left(\frac{Z+0{,}5-\mu}{\sigma}\right) - N\left(\frac{-0{,}5-\mu}{\sigma}\right)$$

Da der zweite Ausdruck rechts eine sehr geringe Zahl ist, $N((-0{,}5-\mu)/\sigma) \approx 0$, folgt:

$$\sum_{k=0}^{Z} B(k) \approx N\left(\frac{Z+0{,}5-\mu}{\sigma}\right)$$

Auf der rechten Seite steht die vorgegebene Sicherheitswahrscheinlichkeit w, also:

$$N\left(\frac{Z+0{,}5-\mu}{\sigma}\right) = w \qquad (14\text{-}8)$$

Diese Bedingung charakterisiert den gesuchten Zusammenhang zwischen der Sicherheitswahrscheinlichkeit w und der Schranke Z. Sie kann mit der Umkehrfunktion der Normalverteilung nach der Schranke Z aufgelöst werden:

$$Z(w) = N^{-1}(w) \cdot \sigma + \mu - 0{,}5 \qquad (14\text{-}9)$$

14.2.4 Praktische Auswertung von (14-9)

Für die praktische Auswertung wird eine Tabelle der Normalverteilung herangezogen oder ein Kalkulationsprogramm. Auch Taschenrechner werden mit der Normalverteilung angeboten.

→ **Beispiel 14-7**: Die Ausfallverteilung sei binomialverteilt mit $n = 1.000$ und $p = 0{,}01$, also $\mu = 10$ und $\sigma = 3{,}1464$ nach Formel (14-4). Gesucht ist die Schranke $Z(w)$ für $w = 99\%$. Die Tabelle 14-5 liefert $N^{-1}(0{,}99) = 2{,}326$. Damit folgt $Z = 7{,}32 + 10 - 0{,}5 = 16{,}82$. Man würde also von $Z \approx 17$ ausgehen. Die Wahrscheinlichkeit, dass es $0, 1, 2, \ldots, 17$ Defaults gibt, wäre in der Näherung durch die Normalverteilung 99% (genau beträgt sie $99{,}3\%$), während die für $18, 19, \ldots, 1.000$ Defaults gleich 1% ist (genau beträgt sie $0{,}7\%$). Bei der Sicherheitswahrscheinlichkeit $w = 99\%$ würden also Reserven genügen, die bis zu 17 Ausfälle decken. ■

Für die Diskussion der Eigenschaften von (14-9) kann zur Vereinfachung von dem Term $-0{,}5$ abgesehen werden. So ergibt sich:

$$\begin{aligned} Z(w) &= \mu + l \cdot \sigma \\ l &= N^{-1}(w) \end{aligned} \qquad (14\text{-}10)$$

Die Schranke $Z(w)$ ist so gleich die im Jahr zu erwartende Anzahl von Defaults, μ, plus dem

$l-$*fachen* der Standardabweichung σ der Ausfallverteilung, wobei der Parameter l das *Sicherheitsniveau* festlegt, $l = N^{-1}(w)$ oder anders ausgedrückt, $w = N(l)$.

l	w	Wahrscheinlichkeit, mehr als Z Defaults zu haben
1	84,1345%	15,8655%
2	97,7250%	2,2750%
2,33	99,0000%	1,0000%
3	99,8650%	0,1350%
3,1	99,9000%	0,1000%
3,72	99,9900%	0,0100%
4	99,9968%	0,0032%
4,26	99,9990%	0,0010%
4,4	99,9995%	0,0005%

Darstellung 14-5: Auszug aus einer Tabelle der Normalverteilung. Angegeben ist die Wahrscheinlichkeit, mit der eine normalverteilte Zufallsgröße einen Wert unterhalb beziehungsweise oberhalb des Wertes Z annimmt. Z ist gleich dem Erwartungswert der Zufallsgröße plus dem *l*-fachen der Standardabweichung.

Werden wieder die ursprünglichen Parameter n und p verwendet, vergleiche (14-4), so entsteht als Formel für die Schranke (14-11):

$$\begin{aligned} Z(w) &= n \cdot p + l \cdot \sqrt{n \cdot p \cdot (1-p)} \\ &\approx n \cdot p + l \cdot \sqrt{n \cdot p} \qquad mit \qquad l = N^{-1}(w) \end{aligned} \tag{14-11}$$

Wenn darin n, die Anzahl der Kredite, als variabel betrachtet wird, dann zeigt sich: Die Schranke $Z(w)$ steigt einerseits proportional zu n, weil sich die erwartete Anzahl an Ausfällen proportional zu n verhält. Andererseits nimmt sie zusätzlich proportional zur Wurzel aus n zu, weil sich die Standardabweichung der Ausfallwahrscheinlichkeit proportional zu $\sqrt{n}$ verändert.

Die genaue Wahl der Sicherheitswahrscheinlichkeit wird sich für die weitere Analyse als nicht besonders kritisch herausstellen. Beispielsweise für $w = 99{,}99\%$ folgt $l = 3{,}72$.

- Viele Banker multiplizieren die Standardabweichung in einer Daumenregel stets mit 4, um den kritischen Wert – hiermit ist die Schranke Z gemeint – zu bestimmen.
- Deshalb wird für die Schranke der Anzahl von Defaults – wie viele Kredite höchstens aus fallen können – die Formel $Z = n \cdot p + 4 \cdot \sqrt{n \cdot p}$ verwendet.

Damit soll nicht gesagt werden, die Wahl des Sicherheitsniveaus l beziehungsweise der Sicherheitswahrscheinlichkeit w sei keine wichtige Festlegung. Hier sind schwierige Abwägungen zu treffen, auf die wir hier nicht eintreten.[4]

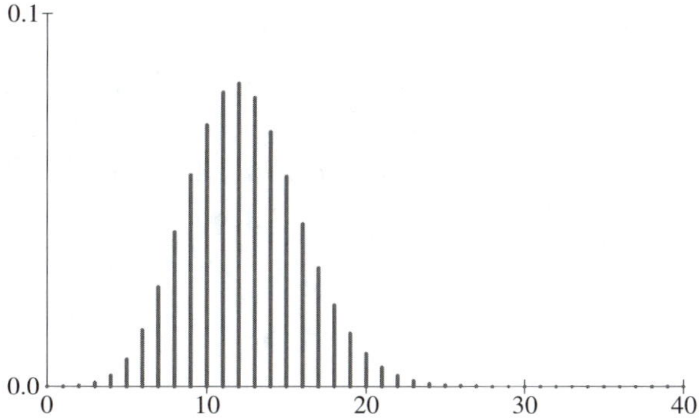

Darstellung 14-6: Die Wahrscheinlichkeitsverteilung der Anzahl von Ausfällen innerhalb eines Jahres, wenn 25.000 Kredite in einem Portfolio betrachtet werden, die Defaults voneinander unabhängig sind und alle dieselbe Ausfallwahrscheinlichkeit von 0,05% besitzen.

→ **Beispiel 14-8**: Eine Bank hat $n = 25.000$ Kredite mit der besten Stufe geratet, was ein äußerst geringes Risiko und eine Defaultwahrscheinlichkeit von $p = 0{,}05\%$ bedeutet. Demnach sind, bezogen auf das kommende Jahr, $\mu = 25.000 \cdot 0{,}0005 = 12{,}5$ Defaults zu erwarten.

Die tatsächlichen Ausfälle werden wohl von diesem Erwartungswert abweichen. Ihre Anzahl ist durch die Binomialverteilung beschrieben (Darstellung 14-6).

Die Standardabweichung der Ausfallverteilung berechnet sich über $\sqrt{n \cdot p \cdot (1-p)}$ oder $\sqrt{n \cdot p}$ zu $\sigma = 3{,}53$.

Es soll ermittelt werden, mit wie vielen Ausfällen wohl höchstens zu rechnen ist, wenn die Sicherheitswahrscheinlichkeit $w = 99{,}99\%$ gewählt wird.

In (14-11) werden $l = N^{-1}(0{,}9999) = 3{,}72$, $\sigma = 3{,}53$ und $\mu = 12{,}5$ eingesetzt. Für die gesuchte Schranke ergibt sich $Z(w) = 12{,}5 + 3{,}72 \cdot 3{,}53 = 25{,}63$. Also ist die Wahrscheinlichkeit für 26 oder mehr Ausfälle geringer als 0,01 %.

Für höhere Sicherheitswahrscheinlichkeiten wäre die Schranke etwas größer. Wenn beispielsweise nur von den 0,001 der schlechtesten Szenarien abgesehen wird, was einem Sicherheitsniveau von $l = 4{,}26$ entspricht, dann beträgt die Schranke $Z(0{,}99999) = 28$. ■

[4] Der norwegische Versicherungsmathematiker KARL HENRIK BORCH (1919-1986) bemerkte einmal, dass eine Sicherheitswahrscheinlichkeit von 99% Prozent für eine Finanzinstitution (wie eine Versicherungsgesellschaft oder eine Bank) viel zu gering sei. Denn wenn es weltweit hundert solcher Finanzinstitutionen gibt, würde jedes Jahr nach dem Gesetz der Großen Zahlen etwa eine den Konkurs anmelden müssen (oder sich retten lassen). Das wäre im Hinblick auf die Stabilität des Finanzsystems zu viel.

Zwischenergebnis:

1. Die Anzahl der Defaults ist *binomialverteilt*, wenn die Ausfälle **unabhängige Ereignisse** sind und alle dieselbe Wahrscheinlichkeit haben.
2. Approximativ kann die Binomialverteilung durch eine Normalverteilung mit dem Erwartungswert $n \cdot p$ und der Varianz $n \cdot p \cdot (1-p)$ beschrieben werden.
3. Dieser Sachverhalt lässt sich dazu verwenden, die höchstmögliche Anzahl von Ausfällen zu berechnen in dem Sinn, dass mit einer gewissen Sicherheitswahrscheinlichkeit w die tatsächliche Anzahl von Ausfällen unter einer Schranke $Z(w)$ bleibt.
4. Die Schranke ist durch (14-11) beziehungsweise (für $l = 4$, also für das Sicherheitsniveau 99,9968%) durch $Z = n \cdot p + 4 \cdot \sqrt{n \cdot p}$ bestimmt.

14.3 Verlustverteilung

Lernziele: 1. Von der Ausfallverteilung zur Verlustverteilung. 2. Wie hoch die Reserve ist, wenn zwei Segmente zu einem Kreditportfolio zusammengelegt werden.

14.3.1 Charakteristika der Verlustverteilung

Die Ausfallverteilung stellt die *Anzahl* von Defaults und die entsprechenden Wahrscheinlichkeiten dar. Eine weitere Verteilung ist die **Verlustverteilung**, die den Verlust als *Geldbetrag* beschreibt, den ein Kreditportfolio in einem Jahr erleiden kann. Die Verlustverteilung ist für die Bestimmung der Reserven relevant. Wir vereinfachen den Zusammenhang zwischen Ausfallverteilung und Verlustverteilung durch Annahmen: Hinsichtlich des Schadens, der mit einem Ausfall für die Bank verbunden ist, soll gelten, dass er bei allen Krediten in dem betrachteten Segment gleich hoch ist. Der Schaden bei einem Einzelausfall soll b betragen. Das ist der **Loss-Given-Default**, $LGD = b$.

Vereinfacht kann man sich unter b den Kreditbetrag vorstellen und annehmen, bei einem Ausfall sei alles verloren. Der Kreditbetrag schließt alle Limiten mit ein, denn vermutlich wird ein Schuldner im Krisenfall noch alle Limiten in Anspruch nehmen, um die Krise noch abwenden zu können. Gelegentlich sind Sicherheiten vorhanden, die vom Gläubiger wirtschaftlich verwertet werden können. Dann ist b der Kreditbetrag abzüglich des Liquidationswerts der Sicherheiten.

Die **Verlustverteilung** der Bank oder des untersuchten Segmentes von Kreditkunden sei mit $\widetilde{V}$ bezeichnet. Sie ist gleich die *b-fache* Ausfallverteilung.

Deshalb besitzt die Verlustverteilung folgende Eigenschaften: Die **Verlusterwartung** beträgt:

$$E[\tilde{V}] \quad = \quad b \cdot n \cdot p \qquad (14\text{-}12)$$

Die Verlustvarianz ist: $Var[\tilde{V}] = b^2 \cdot n \cdot p \cdot (1-p)$. Für eine kleine Ausfallwahrscheinlichkeit können wir auch $Var[\tilde{V}] = b^2 \cdot n \cdot p$ schreiben. Davon wollen wir stets Gebrauch machen, weil noch einige Umformungen folgen und $Var[\tilde{V}] = b^2 \cdot n \cdot p$ übersichtlicher ist. Die Standardabweichung der Verlustverteilung, kurz die **Verluststreuung**, entspricht der Wurzel daraus:

$$SD[\tilde{V}] \quad = \quad s \quad = \quad b \cdot \sigma \quad = \quad b \cdot \sqrt{n \cdot p} \qquad (14\text{-}13)$$

Da der griechische Buchstabe σ bereits für die Standardabweichung der Ausfallverteilung verwendet wurde, wählen wir für die Standardabweichung der Verlustverteilung den Buchstaben s.

Die Schranke $Z(w)$ der *Anzahl* der Ausfälle bestimmt die Höhe der erforderlichen Reserven, ausgedrückt als Geldbetrag. Jedoch sind die Reserven nicht einfach gleich dem Produkt aus b und $Z(w)$, da mit den Kreditkonditionen die erwarteten Ausfälle bereits abgegolten werden. Deshalb kommt es bei der Bemessung der Reserven auf die Differenz zwischen der Schranke $Z(w)$ und der erwarteten Anzahl von Ausfällen an. Der *b-fache* Geldbetrag dieser Differenz ist der **Maximalverlust** (sofern wieder von den $(1-w) \cdot 100\%$ der allerschlechtesten Entwicklungen abgesehen wird).

Dieser Maximalverlust weist auf die zu einem vorgegebenen Sicherheitsniveau $l = N^{-1}(w)$ erforderlichen Reserven hin. Sie seien mit $R(w)$ bezeichnet,

$$R(w) \quad = \quad b \cdot \{Z(w) - \mu\} \qquad (14\text{-}14)$$

Wird in (14-10) die Formel für die Schranke (14-14) eingesetzt, also $Z(w) = \mu + l \cdot \sigma$, so entsteht:

$$\begin{aligned} R(w) \quad &= \quad b \cdot l \cdot \sigma \\ &= \quad b \cdot l \cdot \sqrt{n \cdot p} \end{aligned} \qquad (14\text{-}15)$$

→ **Beispiel 14-9**: Eine Bank halte 500 Kredite mit Ausfallwahrscheinlichkeit $p = 1\%$. Jeder Kredit habe einen Betrag (im Sinne von LGD) der Höhe $b = 100$ Tausend Euro. Als Sicherheitswahrscheinlichkeit diene $w = 99{,}99\%$. Gesucht sind die verlangten Reserven. Antwort: $R(w) = 100 \cdot 3{,}72 \cdot \sqrt{500 \cdot 0{,}01} = 832$ Tausend Euro. ■

Die Reserven sind in (14-15) proportional zum Betrag b, zum Sicherheitsniveau l, und zur Standardabweichung $\sigma = \sqrt{n \cdot p}$ der Ausfallverteilung. Folgen:

1. Haben die betrachteten Kredite den zehnfachen Betrag, dann ist die benötigte Reserve auch zehnmal so hoch.
2. Verzehnfacht sich die Anzahl der Kredite, dann steigen die Reserven auf das $3{,}16 - \textit{fache}$.
3. Hinsichtlich der Reserven ist es günstiger, zehnmal so viele Kredite zu geben als den Kreditbetrag zu verzehnfachen.
4. Die Verlusterwartung erhöht sich proportional zur Anzahl der Kredite. Die erwarteten Verluste werden aber durch die Konditionen ausgeglichen (RAP) und sind für die Bemessung der Reserven nicht relevant.
5. Die Standardabweichung der Verlustverteilung erhöht sich indessen mit der Wurzel, $\sqrt{n}$. Der Grund liegt in der Unabhängigkeit der Kreditereignisse.
6. Das bedeutet: Wird die Anzahl der Kredite n erhöht, vergrößert sich die Standardabweichung der Verluste. Deshalb sind große Kollektive *absolut* gesehen *nicht* sicherer als kleine Kollektive. Sie sind riskanter als kleinere Kollektive, aber die Standardabweichung der Verlustverteilung nimmt nur proportional mit $\sqrt{n}$ zu.

14.4 Ausbau des Grundmodells

Lernziele: Aus mehreren Segmenten zusammengesetzte Kreditportfolios

14.4.1 Zusammenführung zweier Segmente

Die bisherigen Untersuchungen beziehen sich auf eine Gruppe von Krediten, die in sich als homogen vorausgesetzt war: Es sollte sich um n Kredite handeln, die alle denselben Betrag b und übereinstimmende Defaultwahrscheinlichkeit p haben. Ein wirkliches Kreditportfolio einer Bank umfasst vielleicht mehr als zehntausend Kredite, wobei *Unterschiede* hinsichtlich Betrag und Ausfallwahrscheinlichkeit bestehen. Wir wollen nicht gleich sagen, dass keiner dieser zehntausend Kredite dem anderen gleicht. Stattdessen gehen wir in der Aggregation eine Stufe nach unten und nehmen an, dass sich das Kreditportfolio der Bank aus mehreren *Segmenten* zusammengesetzt denken lässt. Jedes Segment soll eine in sich homogene Gruppe von Krediten sein. Deshalb sind die bisher gefundenen Formeln für *ein Segment* gültig.

Wir versuchen nun, mehrere Segmente zusammenzufassen. Das Ziel ist die Berechnung der Reserven für eine solche Zusammenfassung von Segmenten. In der Praxis könnte ein Segment beispielsweise 30 oder 300 Kredite umfassen, und die Bank könnte 20 oder auch 100 Segmente unterscheiden. Wir rekapitulieren und führen gleichzeitig Bezeichnungen ein:

- Das Segment j habe n_j Kredite, die allesamt den Betrag b_j und die Ausfallwahrscheinlichkeit p_j haben sollen.
- Die Standardabweichung der Verlustverteilung im Segment j beträgt $s_j = b_j \cdot \sqrt{n_j \cdot p_j} = b_j \cdot n_j \cdot \sqrt{p_j / n_j}$.

Wird dieses Segment isoliert für sich betrachtet, so sind die benötigten Reserven das $l-$*fache* der Streuung — also beträgt die Reserve

$$R_j \quad = \quad l \cdot b_j \cdot \sqrt{n_j \cdot p_j} \quad = \quad l \cdot b_j \cdot n_j \cdot \sqrt{p_j / n_j} \tag{14-16}$$

Die insgesamt für die Bank erforderlichen Reserven sind jedoch *nicht* durch die Summe $\sum R_j$ der für die einzelnen Segmente erforderlichen Reserven bestimmt. Sie sind im Regelfall etwas kleiner als $\sum R_j$, weil auch zwischen den Segmenten ein Risikoausgleich stattfindet. Um die Frage nach den insgesamt für die Bank erforderlichen Reserven zu beantworten, gehen wir auf die Streuungen der Verlustverteilungen zurück. Im Fall zweier Segmente gilt $s^2 = s_1^2 + s_2^2 + 2 \cdot \rho \cdot s_1 \cdot s_2$ und allgemein

$$s^2 \quad = \quad \sum s_j^2 + \sum \sum \rho_{i,j} \cdot s_i \cdot s_j \tag{14-17}$$

(wobei die Doppelsumme über $i \neq j$ zu bilden ist). Dabei bezeichnet $\rho_{i,j}$ den Koeffizienten der Korrelation zwischen den Verlustverteilungen zweier Segmente i und j. Die Gesamtreserve der Bank ist das $l-$*fache* der Verluststreuung s des Kreditportfolios.

> Mit (14-17) ist eine *generelle* Formel für die Standardabweichung (ausgedrückt in Euro oder in Millionen Euro) derjenigen Verteilung gefunden, welche die unsicheren Verluste eines Jahres beschreibt. Die Formel drückt aus, wie die Standardabweichung der Verlustverteilung der Gesamtbank aus den Streuungen der Verlustverteilungen der Segmente entsteht, die im Kreditportfolio zusammengefasst sind. In der Praxis wird die Auswertung von (14-17) eine Datenbank und ein Computerprogramm verlangen, mit denen die Standardabweichung der Verlustverteilung und damit die benötigten Reserven – sie sind das $l-$*fache* der Verluststreuung – für die konkreten Kredite der Bank berechnet werden können.

Um dennoch gewisse generelle Abhängigkeiten aufzeigen zu können, wollen wir erreichen, dass (14-17) eine etwas einfachere Gestalt annimmt. Hierzu treffen wir in den folgenden Abschnitten gewisse Annahmen, die einfache Folgerungen gestatten und Einsichten erlauben.

14.4.2 Reserven quadrieren

Eine erste Annahme betrifft den Fall, dass die Verlustverteilungen der Segmente nicht untereinander korreliert sind. In diesem Fall vereinfacht sich (14-17) zu $s = \sqrt{\sum s_j^2}$. Wird bedacht, dass die Reserve das $l-fache$ der Streuung s beträgt, kann dieser Zusammenhang auf die Reserven übertragen werden. Es ergibt sich

$$R = \sqrt{\sum R_j^2} \qquad (14\text{-}18)$$

Die Summe unter dem Wurzelzeichen wird über alle Segmente gebildet, die in dem Kreditportfolio der Bank zusammengefasst sind.

Formel (14-18) besagt: Sollten die Segmente des Kreditportfolios paarweise unkorreliert sein, dann ergeben sich die für das Kreditportfolio insgesamt erforderlichen Reserven, indem diejenigen Reserven, die für jedes der Segmente isoliert für sich betrachtet erforderlich wären, quadriert und summiert werden und daraus die Wurzel gezogen wird.

→ **Beispiel 14-10**: Eine Bank hat im Kreditgeschäft zwei Kundensegmente mit den Daten: $n_1 = 100$, $p_1 = 2\%$, $b_1 = 5$ (Geldeinheit: Millionen Euro), $n_2 = 3.000$, $p_2 = 0{,}1\%$, $b_2 = 0{,}3$. Gesucht sind die für $w = 99{,}99\%$ benötigten Reserven.

Die Formel (14-16) liefert für das erste Segment $R_1 = b_1 \cdot l \cdot \sqrt{n_1 \cdot p_1} = 5 \cdot 3{,}72 \cdot \sqrt{100 \cdot 0{,}02} = 26$ (Geldeinheiten) und $R_2 = b_2 \cdot l \cdot \sqrt{n_2 \cdot p_2} = 0{,}3 \cdot 3{,}72 \cdot \sqrt{3.000 \cdot 0{,}001} = 2$ für das zweite Segment. Mittels Formel (14-18) folgt für die im zusammengefassten Kreditportfolio insgesamt erforderlichen Reserven $R = \sqrt{26^2 + 2^2} = 26{,}1$ (Geldeinheiten). Das ist geringer als die Summe $26 + 2 = 28$. Doch es ist kaum größer als 26 Millionen Euro. ■

Was lehren diese Betrachtungen und Beispiel 14-10? Hat eine Bank „riskante" Segmente im Sinn einer vergleichsweise hohen Reserveanforderung bei isolierter Betrachtung (wie hier mit dem ersten Segment), dann bestimmen die riskanten Segmente praktisch allein die Reserveanforderung für das gesamte Kreditportfolio. Einige Banker denken, dass ein ansonsten gutes Kreditportfolio durchaus ein paar schwarze Schafe vertragen kann. Das ist grundfalsch: Im Kreditportfolio dominieren einige wenige schwarze Schafe die Farbgebung der ganzen Herde.

14.4.3 Der betragsgrößte Kredit

Der letzte Punkt bedeutet dies: ein einziger schlechter Kredit bestimmt bereits die im Kreditportfolio benötigten Reserven. Um diese Aussage deutlicher herauszustellen, treffen wir eine Annahme, mit der sich (14-16) vereinfacht. Wir nehmen an, dass alle Kredite der Bank dieselbe Defaultwahrscheinlichkeit p besitzen.

Gleichwohl macht es Sinn, sich diese eine Bonitätsstufe als aus Segmenten zusammengesetzt zu denken. Denn eine Bank wird innerhalb einer Bonitätsstufe Kredite unterschiedlichen Betrags haben. Deshalb wird nun die Bonitätsstufe als aus mehreren Segmenten zusammengesetzt modelliert. Die Segmente können hinsichtlich der jeweiligen Kreditbeträge sowie hinsichtlich der betreffenden Anzahl von Krediten verschieden sein.

Wir beginnen mit dem Fall zweier Segmente, die Kredite *einer* Bonitätsstufe abdecken. Es sei n_1 die Anzahl der Kredite, die den Betrag b_1 haben und n_2 die Anzahl der Kredite, die den Betrag b_2 haben, $n_1 + n_2 = n$. Wie gesagt haben alle n Kredite dieselbe Defaultwahrscheinlichkeit p. Die Standardabweichung der Verlustverteilung im Segment 1 beträgt $s_1 = b_1 \cdot \sqrt{n_1 \cdot p}$ und die im Segment 2 ist $s_2 = b_2 \cdot \sqrt{n_2 \cdot p}$. Die Streuung der Verlustverteilung in der Zusammenfassung dieser beiden Segmente beträgt, sofern keine Korrelation zwischen den Segmenten vorliegt,

$$\begin{aligned} s &= \sqrt{s_1^2 + s_2^2} = \sqrt{b_1^2 \cdot n_1 \cdot p + b_2^2 \cdot n_2 \cdot p} \\ &= \sqrt{\frac{n_1}{n} \cdot b_1^2 + \frac{n_2}{n} \cdot b_2^2} \cdot \sqrt{n \cdot p} \end{aligned} \qquad (14\text{-}19)$$

Das Ergebnis (14-19) bedeutet: Gibt es in einer Bonitätsstufe Kredite unterschiedlichen Betrages, dann darf die Standardabweichung der Verlustverteilung *nicht anhand des arithmetischen* Durchschnittes der Kreditbeträge ermittelt werden. Vielmehr kommt es auf den *quadratischen Durchschnitt* der Kreditbeträge an, auf jenen Betrag $\hat{b}$ also,

$$\hat{b} = \sqrt{\frac{n_1}{n} \cdot b_1^2 + \frac{n_2}{n} \cdot b_2^2}$$

der sich als Wurzel des Durchschnittes der Quadrate der einzelnen Kreditbeträge errechnet, denn $s = \hat{b} \cdot \sqrt{n \cdot p}$. Die Verallgemeinerung dieser Erkenntnis auf $m \geq 2$ Segmente liefert

$$\hat{b} = \sqrt{\frac{n_1}{n} \cdot b_1^2 + \frac{n_2}{n} \cdot b_2^2 + \ldots + \frac{n_m}{n} \cdot b_m^2} \qquad (14\text{-}20)$$

$$s = \sqrt{s_1^2 + s_2^2 + \ldots + s_m^2} = \hat{b} \cdot \sqrt{n \cdot p} \qquad (14\text{-}21)$$

Das Bildungsgesetz (14-21) bedeutet: **Umfasst eine Bonitätsstufe Kredite unterschiedlicher Größe, dann orientieren sich die für diese Bonitätsstufe erforderlichen Reserven nicht am durchschnittlichen Kreditbetrag (arithmetisches Mittel), sondern praktisch allein am betragsgrößten Kredit.**

Banker haben oft eine Präferenz für große Kredite. Denn es bereitet weniger Mühe, mit wenigen Kunden Millionengeschäfte abzuschließen als mit vielen Kleinkunden zurecht zu kommen. Die Banker sollten jedoch sehen, dass bereits ein einzelner Großkredit die für eine Bonitätsstufe erforderlichen Reserven in die Höhe treibt.

→ **Beispiel 14-11**: In einer Ratingklasse sind 990 Kredite von je einer Million Euro und 10 Kredite von je 100 Millionen Euro. Zur Illustration wird der arithmetische Durchschnitt berechnet, er beträgt, wieder in Millionen Euro ausgedrückt,

$$\bar{b} \quad = \quad (990/1000)\cdot 1 + (10/1000)\cdot 100 \quad = \quad 1.99 \quad \approx \quad 2$$

Relevant für die Standardabweichung der Verluste ist:

$$\hat{b} = \sqrt{(n_1/n)\cdot b_1^2 + (n_2/n)\cdot b_2^2} = \sqrt{0.99\cdot 1 + 0.01\cdot 10000} = \sqrt{100.99} = 10.05 \approx 10$$

Das heißt: Die Streuung und damit die erforderliche Reserve ist *fünfmal* so groß wie aufgrund des arithmetischen Mittels der Kreditbeträge errechnet würde. Anschaulich formuliert: Einige wenige *große* Kredite vergiften ein Segment, auch wenn ihre Ausfallwahrscheinlichkeit nicht höher als die der anderen Kredite im Segment ist. ■

14.4.4 Heterogene Ausfallwahrscheinlichkeiten

Eine weitere Vereinfachung der Formel (14-18) zielt auf den Fall *heterogener* Ausfallwahrscheinlichkeiten. Hierzu wird angenommen, dass alle zusammengefassten Kredite denselben Betrag b haben. Wir betrachten eine Zusammenfassung von zwei Teilsegmenten, die Ausfallwahrscheinlichkeiten p_1 und p_2 haben. Es sei n_1 die Anzahl der Kredite mit Ausfallwahrscheinlichkeit p_1 und n_2 die Anzahl der Kredite mit Ausfallwahrscheinlichkeit p_2, also $n_1 + n_2 = n$. Wie gesagt sollen alle Kredite denselben Betrag b haben.

Die Standardabweichung der Verlustverteilung im Teilsegment 1 beträgt $s_1 = b\cdot\sqrt{n_1\cdot p_1}$ und die im Segment 2 ist $s_2 = b\cdot\sqrt{n_2\cdot p_2}$. Die Standardabweichung der Verlustverteilung in der betrachteten Aggregation beider Segmente beträgt somit:

$$\begin{aligned} s &= \sqrt{s_1^2 + s_2^2} = \sqrt{s^2\cdot n_1\cdot p_1 + b^2\cdot n_2\cdot p_2} \\ &= b\cdot\sqrt{n\cdot\left(\frac{n_1}{n}\cdot p_1 + \frac{n_2}{n}\cdot p_2\right)} = b\cdot\sqrt{n\cdot\bar{p}} \end{aligned} \qquad (14\text{-}22)$$

Die Verallgemeinerung auf $m \geq 2$ Teilsegmente ist direkt und muss nicht eigens notiert werden.

Das Ergebnis (14-22) bedeutet: Gibt es in einem Segment Kredite unterschiedlicher Ausfallwahrscheinlichkeit, dann darf die Streuung anhand des arithmetischen Durchschnittes der einzelnen Ausfallwahrscheinlichkeiten ermittelt werden.

14.5 Verallgemeinerungen

Lernziele: 1. Was passiert, wenn die *Defaultwahrscheinlichkeit nicht konstant* ist? 2. Was geschieht, wenn die Defaults *nicht voneinander unabhängig* sind? 3. Was folgt, wenn die Defaultwahrscheinlichkeit nur *mit großer Unsicherheit* bestimmt werden kann?

14.5.1 Was bisher gezeigt wurde

Die Hauptfrage lautet: Wie hoch sind die Reserven für ein gegebenes Kreditportfolio insgesamt zu bemessen? Im Abschnitt 14.3 über die Verlustverteilung wurde dies gezeigt:

1. Die Reserven $R(w)$ sind ein Vielfaches – dieses Vielfache ist das Sicherheitsniveau l zur gewählten Sicherheitswahrscheinlichkeit w – der Standardabweichung der Verlustverteilung: $R(w) = l \cdot s$.
2. Im Fall eines homogenen Kreditportfolios ist die benötigte Standardabweichung der Verlustverteilung, $s = b \cdot \sqrt{n \cdot p}$, das Produkt aus der Kredithöhe b und $\sqrt{n \cdot p}$, der Wurzel aus der Anzahl Kredite n und der Ausfallwahrscheinlichkeit p.

Im Abschnitt 14.4 (Verallgemeinerungen des Grundmodells) wurde die Standardabweichung der Verlustverteilung für verschiedene Situationen ermittelt, die durch Zusammenlegung verschiedener Segmente entsteht, die in sich homogen sein sollten. Diese Antworten werden nun ergänzt, um Phänomene wie *unsichere Parameter*, *Korrelationen* und *Ansteckungseffekte* zu behandeln.

14.5.2 Defaultwahrscheinlichkeit konstant?

Bislang wurde eine Periode betrachtet, das *eine* kommende Jahr. Die Ausfallwahrscheinlichkeit p war dabei eine Zahl, die in hinreichend genauer Schätzung vorliegen sollte. In der Realität geht die Zeit weiter, und ein Jahr folgt auf das andere. Eine einfache Situation wäre die, dass sich die Ausfallwahrscheinlichkeit p für die Kredite der Bank oder die Kredite eines bestimmten Segmentes im Verlauf der Jahre *nicht* ändert. Gleichsam findet Jahr für Jahr eine Ziehung aus der Urne statt, und auf den Kugeln steht entweder „Default" oder „Kein Default" zu lesen. Doch die Wahrscheinlichkeiten würden dabei keine Veränderung über die Jahre hinweg erfahren.

Selbstverständlich schwankt die Anzahl der in den einzelnen Jahren zu verzeichnenden tatsächlichen Ausfälle, auch wenn die Ausfallwahrscheinlichkeit über die Zeit konstant bleibt. Jedoch wird im Verlauf vieler Jahre nach dem Gesetz der Großen Zahlen im Mittel ziemlich genau der Erwartungswert getroffen, also $n \cdot p$. Über die Jahre hinweg wird also eine Zeitreihe von Ausfällen beobachtbar, die um das Niveau $n \cdot p$ als Mittelwert schwankt.

Was die Größe der Schwankungen der angesprochenen Zeitreihe von Ausfällen betrifft, so wird das Quadrat der empirisch berechneten Streuung der Anzahl von Ausfällen – die Varianz der Zeitreihe der Ausfälle – ziemlich genau den Parameter $n \cdot p$ treffen. Da die Varianz bei der Binomialverteilung (fast genau) dem Erwartungswert entspricht, wird die Varianz der Zeitreihe von Ausfällen im statischen Fall genau so groß sein wie die mittlere Anzahl von Ausfällen.

→ **Beispiel 14-12**: Eine Bank halte über die Jahre hinweg stets n Kredite. In den letzten zehn Jahren kam es zu $1,4,2,5,0,2,3,3,1,2$ Ausfällen. Die mittlere Anzahl von Ausfällen ist $2{,}3$. Die Varianz der Stichprobe ist mit $2{,}2$ nicht wesentlich davon verschieden, weshalb die Hypothese, dass p konstant geblieben ist, nicht verworfen werden kann. ■

Selbstverständlich kann man in der Praxis bezweifeln, ob sich das beschriebene Zufallsexperiment über die Jahre wirklich nicht verändert. Denn im Verlauf der Zeit werden die volkswirtschaftlichen Rahmenbedingungen anders. Sie strahlen auf die Fähigkeit der Schuldner aus, Kredite zu bedienen. Eine oft geteilte Vorstellung ist daher die, dass es *gemeinsame Faktoren* gibt, vor allem makroökonomische Faktoren, die auf alle betrachteten Kredite und ihre Ausfallwahrscheinlichkeit einwirken. So könnte die Ausfallwahrscheinlichkeit p etwa vom Zinsniveau abhängen, vom Konsumentenvertrauen, von der Wirtschaftslage, und so fort.

Da sich diese Faktoren ändern, hängt auch die Ausfallwahrscheinlichkeit p_t vom Jahr t ab. Vermutlich liegt sogar ein Modell vor, mit dem sich p_t aus beobachtbaren Makrovariablen (Zins, Konjunktur) berechnen lässt; symbolisch drücken wir diese Abhängigkeit mit einer Funktion f aus:

$$p_t \quad = \quad f(Zins_t, Konjunktur_t) \qquad (14\text{-}23)$$

Die Ausfallanzahl ist dann in jedem Jahr wieder binomialverteilt, $B(n,p_t)$.

Wird dieser Sachverhalt (14-23) angenommen, so muss auch die Bonitätsbeurteilung laufend angepasst werden. **Die makroökonomischen Rahmendaten (Zinsniveau, Konjunktur) müssen in das Rating einfließen**. Die einem Schuldner für ein gewisses Jahr zugewiesene Ausfallwahrscheinlichkeit hängt dann erstens von seiner betriebswirtschaftlichen Situation und zweitens vom aktuellen volkswirtschaftlichen Umfeld ab, das sich im Zeitablauf ändert.

- Über Jahre und Konjunkturzyklen hinweg wird sich, was die beobachtete Anzahl tatsächlicher Ausfälle betrifft, wieder ein langfristiger Mittelwert $\overline{p}$ der Zahlen $p_1, p_2, ...$ einstellen.
- Da jedoch Jahr für Jahr die Parameter der jeweiligen Jahresverteilung anders sind, werden die Schwankungen der tatsächlichen Ausfälle um $\overline{p}$ *stärker* ausfallen als wenn die Ausfallwahrscheinlichkeiten über die Zeit hinweg konstant wären.

Ein empirischer Test der Frage, ob konjunkturelle Einflüsse auf die Ausfallwahrscheinlichkeit bestehen oder nicht, folgt daher diesem Vorgehen: Berechne die Varianz der über die letzten Jahre hinweg eingetretenen Defaults. Stimmt die Varianz ungefähr mit dem Mittel der Anzahl der Defaults überein, dann darf davon ausgegangen werden, dass die Ausfallwahrscheinlichkeit *nicht* über die Zeit hinweg schwankt und der statische Fall vorliegt. Ist die Varianz größer als das Mittel der Ausfälle in der Zeitreihe, muss der statische Fall verworfen werden. Es muss mit gemeinsamen makroökonomischen Faktoren oder mit anderen Abhängigkeiten gerechnet werden, die auf die Ausfallwahrscheinlichkeit einwirken.

→ **Beispiel 14-13**: Eine Bank hatte stets n Kredite und über die letzten zehn Jahre $1, 5, 2, 6, 0, 1, 3, 3, 0, 2$ Ausfälle. Es ergibt sich 2,3 als mittlere Anzahl von Ausfällen. Die Varianz der Stichprobe ist mit 4,0 wesentlich größer. Ein statistischer Test zeigt: Die Hypothese, dass p über die Zeit hinweg konstant geblieben ist, kann verworfen werden. So ist zu vermuten, dass die Ausfallwahrscheinlichkeit nicht konstant war. Sie hing wohl von Faktoren ab, die über die Jahre hinweg unterschiedlich einwirkten. ■

14.5.3 Intra-Korrelation

Ein weiteres Phänomen bei Krediten ist der **Ansteckungseffekt** im Sinn einer **Kettenreaktion**: Fällt rein zufällig ein einzelner Kredit aus, dann werden durch diesen Default womöglich weitere Schuldner in Mitleidenschaft gezogen. Sie können dann ihrerseits in Schwierigkeiten geraten. Die Zufallsexperimente für die n Kredite sind also nicht mehr unabhängig, sondern untereinander korreliert. Hierfür soll der Begriff **Intra-Korrelation** gebraucht werden, weil sich die Abhängigkeit auf Vorgänge *innerhalb* eines betrachteten Segmentes oder Kreditportfolios bezieht.

Trotz Intra-Korrelation kann (über die Jahre hinweg) die Ausfallwahrscheinlichkeit p unverändert bleiben. Nur ist es bei den Ansteckungseffekten so: Es wird einige Jahre geben, in denen überhaupt kein Kredit ausfällt, und es wird dann wieder Jahre geben, in denen gleich unverhältnismäßig viele Kredite ausfallen – weil sie sich in ihrer Malaise gegenseitig angesteckt haben. Diese Bemerkung zeigt einen Unterschied zwischen der Wirksamkeit eines gemeinsamen externen Faktors und der internen Ansteckung:

- Der externe Faktor beeinflusst die Ausfallwahrscheinlichkeit, doch die Anzahl der Defaults bleibt weiterhin binomialverteilt.
- Bei Ansteckungseffekten sind entweder alle gesund oder alle krank. So, als ob das Segment nur aus einem großen Kredit besteht. Intra-Korrelation führt auf das **Klumpenrisiko**.

Man kann auch sagen, dass externe Faktoren wie in (14-23) modelliert die Defaultwahrscheinlichkeit p beeinflussen, während Ansteckungseffekte auf n und den Kreditbetrag einwirken. **Ansteckungseffekte bewirken demnach eine virtuelle Verringerung von n bei gleichzeitiger Vergrößerung des virtuellen Kreditbetrags.**

Ein empirisches Indiz für eine möglicherweise vorliegende Intra-Korrelation wird zunächst dasselbe sein, das schon für den Einfluss der Wirtschaftslage aufgezeigt wurde: Die Varianz der tatsächlichen Ausfälle über die Jahre hinweg ist *größer* als das Mittel der Ausfälle.

Im Unterschied zum Einfluss der Wirtschaftslage begünstigt die Intra-Korrelation jedoch *extreme* Ereignisse: Entweder alle gesund oder alle krank, lautet die Tendenz. Das bedeutet, dass die empirische Verteilung der tatsächlichen Ausfälle über die Jahre hinweg *schlanker* als die Normalverteilung sein wird mit deutlicher Gewichtung *extremer* Werte.

Diese Verformung der Verteilung empirischer Ausfälle kann mit dem vierten Moment der Verteilung gemessen werden, also mit der **Kurtosis**. Eine normalverteilte Stichprobe hat eine Kurtosis von 3. Wenn die Kurtosis einer Stichprobe *kleiner* als 3 ist, dann besteht sie im Vergleich zu einer Normalverteilung aus *flach und breit* verteilten Stichprobenwerten. Ist die Kurtosis größer als 3, dann ist die Stichprobe spitzer und schlanker als die Normalverteilung. Die Kurtosis wird bei *Intra-Korrelation geringer* als 3 sein.

$$\begin{aligned} \bar{x} &= \frac{1}{T}\cdot(x_1 + x_2 + \ldots + x_T) \\ S^2 &= \frac{1}{T-1}\cdot\left[(x_1-\bar{x})^2 + (x_2-\bar{x})^2 + \ldots (x_T-\bar{x})^2\right] \\ K &= \frac{T\cdot(T+1)}{(T-1)\cdot(T-2)\cdot(T-3)}\cdot\frac{1}{S^4}\left[(x_1-\bar{x})^4 + (x_2-\bar{x})^4 + \ldots + (x_T-\bar{x})^4\right] \end{aligned} \tag{14-24}$$

Hierzu die bereits gezeigte Formel (14-23): Sie geht aus von einer Beobachtung der Jahre $t = 1, 2, \ldots, T$. Im Jahr t sind x_t Defaults zu verzeichnen. Die Gesamtzahl von Krediten, n, soll über die Jahre hinweg gleich sein. Die Formel zeigt den Mittelwert der Stichprobe, den üblichen (erwartungstreuen) Schätzer für die Varianz sowie die Kurtosis. In einigen Formelsammlungen wird von der Kurtosis die Kurtosis einer normalverteilten Stichprobe abgezogen. Die so **adjustierte Kurtosis** K^* ist:

$$\begin{aligned} K^* = {} & \frac{T\cdot(T+1)}{(T-1)\cdot(T-2)\cdot(T-3)}\cdot\frac{1}{S^4}\left[(x_1-\bar{x})^4 + (x_2-\bar{x})^4 + \ldots + (x_T-\bar{x})^4\right] \\ & - \frac{(T-1)^2}{(T-2)\cdot(T-3)}\cdot 3 \end{aligned} \tag{14-25}$$

Ist K^* negativ, dann ist die Stichprobe weiter ausladend als eine Normalverteilung. Ist K^* positiv, dann streuen die Stichprobenwerte schlanker um den Mittelwert als bei der Normalverteilung. Die Funktion *Kurt* in Excel liefert die adjustierte Kurtosis K^*.

→ **Beispiel 14-14**: Bei dem vorherigen Beispiel 14-13 mit den Ausfällen der letzten zehn Jahre $(1,5,2,6,0,1,3,3,0,2)$ ist die adjustierte Kurtosis mit $-0{,}2$ leicht negativ. Die Stichprobenwerte sind also *etwas* flacher und breiter ausladend, doch so wenig, dass noch eine Normalverteilung unterstellt werden kann. Ansteckungseffekte sind daher auszuschließen. ■

Das Vorgehen zur Überprüfung auf Abhängigkeiten lautet also:

- Im Fall $s^2 \approx \bar{x}$ und $K^* \approx 0$ darf der statische Fall unterstellt werden: Die Ausfallwahrscheinlichkeiten verändern sich wohl nicht, und es gibt auch keine Ansteckungseffekte.
- Im Fall $s^2 > \bar{x}$ und $K^* \approx 0$ ist anzunehmen, dass es gemeinsame externe Faktoren gibt, von denen die Ausfallwahrscheinlichkeit abhängt. Die Ausfallwahrscheinlichkeit ist also nicht konstant. Andererseits gibt es keine Ansteckungseffekte.
- Der Fall $s^2 > \bar{x}$ und $K^* > 0$ weist auf Ansteckungseffekte (Intra-Korrelation) hin: Falls einige Kredite ausfallen, begünstigen sie den Ausfall weiterer Kredite.

Die Frage, welche *Art* von Abhängigkeiten es möglicherweise gibt, hat *erhebliche* Auswirkungen auf die benötigten Reserven.

1. Angenommen, es gibt gemeinsame externe Faktoren wie Zins und Konjunktur, die auf die Ausfallwahrscheinlichkeit einwirken. Mit der Veränderung der Ausfallwahrscheinlichkeit p_t im Lauf der Jahre ändern sich natürlich die für ein gewisses Sicherheitsniveau benötigten Reserven. Immer noch aber führt eine Erhöhung der Anzahl von Krediten im Kreditportfolio zu einem verbesserten Risikoausgleich in dem Sinn, dass die pro Kredit benötigten Reserven mit zunehmender Größe des Kreditportfolios geringer werden.
2. Wenn es Ansteckungseffekte (Intra-Korrelation) zu verzeichnen gibt, dann verbessert sich der Risikoausgleich im Kollektiv nicht, wenn die Anzahl von Krediten im Kreditportfolio oder im betreffenden Segment des Kreditportfolios erhöht wird. Denn je mehr Kredite da sind, desto mehr können angesteckt werden.

14.5.4 Unsicherheit über die Parameter

Die gezeigten Verteilungen der Ausfallanzahl und der Verlusthöhe sind praktisch symmetrisch. Zwar können sie keine negativen Werte haben, weshalb eine ganz leichte Asymmetrie besteht. Die Symmetrie der Verteilung wird jedoch *erheblich* durchbrochen, sobald die Ausfallwahrscheinlichkeit *nicht genau bekannt* ist. Es zeigt sich, dass dann die Ausfallverteilung rechtsschief ist. Gleich folgt eine Begründung.

Zuvor dies: Die Rechtsschiefe wird durch die *Schiefe* der Stichprobe der Anzahl von Ausfällen in den letzten Jahren ermittelt:

$$SK = \frac{T}{(T-1)\cdot(T-2)}\cdot\frac{1}{S^3}\left[(x_1-\bar{x})^3+(x_2-\bar{x})^3+\ldots+(x_T-\bar{x})^3\right] \qquad (14\text{-}26)$$

Ist sie positiv, dann sind die Stichprobenwerte rechtsschief verteilt: Es gibt weit oberhalb des Mittelwerts liegende Stichprobenwerte, während die unterhalb des Mittelwerts liegenden Stichprobenwerte näher bei diesem liegen. Die Funktion *Skew* in Excel liefert die Schiefe.

Wenn die *Ausfallwahrscheinlichkeit* (Default-Rate) nicht bekannt ist, dann ist sie keine Zahl, sondern eine *unsichere* Größe. Für sie kann oft (aus Eigenschaften der Verfahren zum Rating) eine *Wahrscheinlichkeitsverteilung* angegeben werden.

Diese Wahrscheinlichkeitsverteilung soll mit $\tilde{p}$ bezeichnet werden. Es wird ein Zufallsexperiment durchgeführt – *Default* oder *kein Default* sind die beiden möglichen Ergebnisse. Die Wahrscheinlichkeit für einen Default (und damit auch die Wahrscheinlichkeit, dass es zu keinem Default kommt) ist jedoch das Ergebnis eines weiteren, **vorgeschalteten Zufallsexperiments**: Zuerst wird eine Realisation p von $\tilde{p}$ gezogen. Anschließend wird für die Kredite per Zufall entschieden, ob sie ausfallen oder nicht. Die Wahrscheinlichkeit dafür ist dann p.

→ **Beispiel 14-15**: Die Default-Rate soll die beiden Werte 1% und 5% annehmen können, und zwar jeweils mit Wahrscheinlichkeit ½. Gleichsam wurde für sie ein mittlerer Wert von 3% bestimmt, aber es besteht Unsicherheit, und die korrekte Ausfallwahrscheinlichkeit könnte entweder gleich 1% oder gleich 5% sein.

Die Auswirkungen dieser Unsicherheit über den Wert der Default-Rate auf die Form der Ausfallverteilung zeigt Darstellung 14-7. Es werden 100 Kredite zugrunde gelegt. Die Ausfallverteilungen sind diskret – sie können nur die Zahlen 0, 1, ..., 99, 100 annehmen. Dennoch sind die Ausfallverteilungen durch Kurvenzüge veranschaulicht, um ihre Erkennbarkeit zu erleichtern. In der Darstellung 14-7 sind die beiden Verteilungen für die Anzahl von Defaults gezeigt, und zwar oben für den Fall $p = 1\%$ sowie den Fall $p = 5\%$.

Die beiden Verteilungen werden jetzt gleichsam *gemischt*, weil Unsicherheit darüber herrschen soll, ob der Parameter nun 1% oder 5% beträgt. In der Kombination entsteht eine Verteilung (in Darstellung 14-7 unten dick gezogen, die eine deutliche Rechtsschiefe aufweist: In der Tat sorgen die hohen Werte bei der Verteilung $p = 5\%$ dafür, dass auch bei der Mischverteilung eine hohe Anzahl von Ausfällen noch eine beachtliche Wahrscheinlichkeit aufweist. Die Konzentration der Ausfallverteilung für $p = 1\%$ bewirkt andererseits, dass die Mischverteilung für kleine Werte beträchtliche Wahrscheinlichkeiten besitzt, jedenfalls deutlich höhere, als die Verteilung für $p = 5\%$ vermuten lassen würde. Die betrachtete Unsicherheit über den Wert des Parameters — entweder 1% oder 5% Default-Rate jeweils mit einer Wahrscheinlichkeit ½ — bedeutet, dass der Erwartungswert der Default-Rate 3% beträgt. Deshalb ist in der Darstellung 14-7 unten (dünn) die Verteilung gezeigt, die einer sicheren Ausfallwahrscheinlichkeit von $p = 3\%$ entsprechen würde. ■

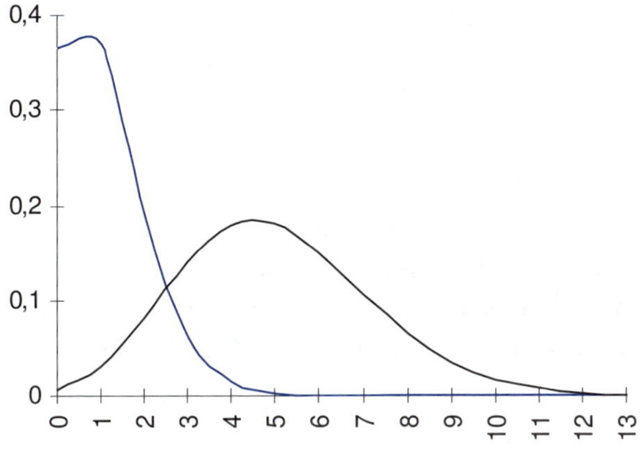

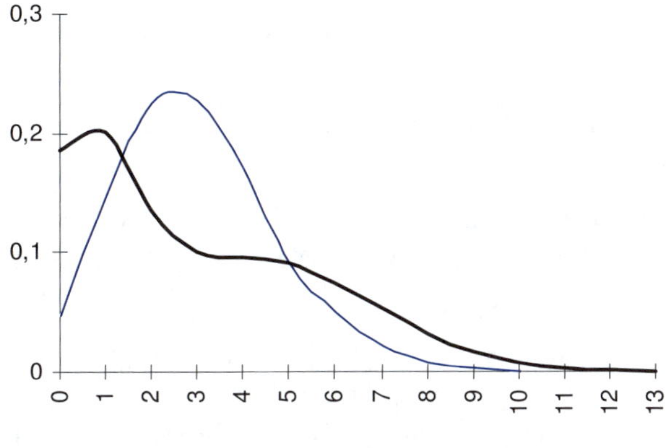

Darstellung 14-7: Oben: Ausfallverteilungen bei $n = 100$ Krediten, wenn die Ausfallwahrscheinlichkeit 1% beträgt (links) und wenn sie 5% beträgt (rechts). Unten: Dick ist die Dichte gezeichnet, wenn die Ausfallwahrscheinlichkeit unsicher ist und jeweils mit Wahrscheinlichkeit ½ entweder 1% oder 5% beträgt. Dünn ist die Dichte gezeichnet, wenn die Ausfallwahrscheinlichkeit sicher ist und 3% beträgt.

Eine Reserve der Bank soll für jene Fälle und Jahre vorsorgen, in denen die tatsächlich zu verzeichnende Anzahl von Defaults den Erwartungswert übersteigt. Die benötigten Reserven orientieren sich also an dem Verlauf der Verteilung *rechts* vom Erwartungswert.

Dieser Teil der Verteilung ist durch die *höchsten* Werte gegeben, die der unsichere Parameter $\tilde{p}$ (Default-Rate) haben kann.

Die benötigten Reserven werden bei Unsicherheit über die Bonität unterschätzt, wenn sie anhand des Erwartungswerts von $\tilde{p}$ bemessen werden. Die benötigten Reserven orientieren sich an den höchsten Default-Raten, die auftreten können.

Dazu eine Geschichte aus dem Spielcasino: Pollini geht ins Casino und darf für sein Eintrittsgeld gleich 10 Lose ziehen. Bei jedem Los kann man einen Euro gewinnen oder auch nicht.

Es stehen drei Urnen mit Losen zur Verfügung.

- In der Urne A sind nur Nieten.
- In der Urne B sind nur Gewinne.
- In der Urne C sind zur Hälfte Nieten und zur Hälfte Gewinne.

Das ist auch so an den Urnen angeschrieben. Pollini wird vor diese Alternative gestellt: Entweder er nimmt die 10 Lose alle aus Urne C, oder er wirft zunächst eine Münze. Bei „Kopf“ muss er alle zehn Lose aus der Urne A nehmen (und hat dann, wie angeschrieben, bei seinen zehn Losen zehn Nieten), bei „Zahl“ darf er alle Lose aus Urne B nehmen (und hat dann zehn Gewinne).

Die ihm gestellte Alternative – entweder alle zehn Lose aus Urne C zu nehmen oder mit dem Münzwurf als Vorschaltexperiment festlegen, ob die Lose sämtlich aus Urne A oder aus Urne B stammen – hat keinen Einfluss auf den Erwartungswert. Wie sich Pollini auch immer entscheidet, er kann bei seinen zehn Losen 5 Euro erwarten. Doch die Standardabweichung ist geringer, wenn er sich für die Urne C entscheidet.

Das in diesem Abschnitt hergeleitete Ergebnis hat eine große Bedeutung für Kredite mit einer Laufzeit von zwei und mehr Jahren.

1. Mit der Bonitätsprüfung wird die Default-Rate für das erste Jahr geschätzt. Falls diese Schätzung genau ist, darf die Default-Rate für das erste Jahr als sichere Größe gelten und als Zahl gegeben betrachtet werden.
2. Im zweiten Jahr ergibt sich die Default-Rate jedoch aus der Migration. Es gibt die Möglichkeit einer Verbesserung, aber auch die Möglichkeit einer Verschlechterung der Bonität. Jedenfalls ist die Default-Rate im zweiten Jahr *unsicher*. Sie kann mehrere Werte annehmen. Die Wahrscheinlichkeiten für die im zweiten Jahr möglichen Default-Raten ergeben sich aus der des ersten Jahres und der entsprechenden Zeile der Migrations-Matrix. Ebenso sind bei längeren Laufzeiten die Default-Raten für das dritte Jahr und die Folgejahre unsichere Größen.
3. Dadurch wird die Ermittlung der Ausfallverteilung für Folgejahre höchst komplex. Wird die Ausfallverteilung nur für ein Jahr aufgestellt, kann man sich noch mit der Annahme retten, für jeden Kredit sei die Default-Rate für das erste Jahr eine konkrete Zahl, jedenfalls eine sichere Größe.
4. Reserven müssen jedoch so bemessen sein, dass sie nicht nur im ersten Jahr ausreichen. Deshalb wird die Ausfallverteilung auch für das zweite und dritte Jahr aufgestellt. Diese Verteilungen sind bereits von dem Effekt geprägt, dass die Reserven sich an den höchsten Werten orientieren müssen, welche die dann unsicheren Default-Raten annehmen können.

14.6 Ergänzungen und Lernkontrolle

Lernziele: 1. Zusammenfassung. 2. Kreditportfolio-Modelle. 3. Fragen und Aufgaben.

14.6.1 Ergänzung 1: Zusammenfassung

1. Die **Ausfallverteilung** für ein Segment von Krediten ist eine Binomialverteilung, sofern in dem Segment die Kredite alle gleiche Parameter haben und voneinander unabhängig sind. Bei der Binomialverteilung stimmen Erwartungswert und Varianz überein. Die Binomialverteilung kann durch die Normalverteilung approximiert werden (DE MOIVRE, LAPLACE).

2. Die **Verlustverteilung** entsteht aus der Ausfallverteilung durch zwei Änderungen: Erstens wird die Anzahl der Verluste mit dem Betrag multipliziert. Zweitens wird, um den Verlust auszudrücken, die Kreditrisikoprämie abgezogen, die die Bank insgesamt erhält. Sie ist gleich dem Erwartungswert der als Betrag ausgedrückten Ausfälle. Die **Reserven** ergeben sich aus der Verlustverteilung, genauer aus ihrer Standardabweichung sowie dem verlangten Sicherheitsniveau, vergleiche Formel (14-15).

3. Große Kollektive verlangen höhere Reserven, doch der verlangte Betrag nimmt nicht mit der Anzahl der Kredite zu, sondern mit der *Wurzel aus der Anzahl der Kredite*. Daher nimmt die pro Kredit zu haltende Reserve ab, wenn das Kreditportfolio größer wird.

4. Im Ausbau des Grundmodells wurde untersucht, wie hoch die Reserven eines Kreditportfolios sind, das sich *aus mehreren Segmenten* zusammensetzt, die jeweils für sich betrachtet homogen sind. Die generelle Formel dazu ist (14-17).

5. Hat eine Bank „riskante" Segmente im Sinn einer vergleichsweise hohen Reserveanforderung, *dann bestimmen die riskanten Segmente praktisch allein die Reserveanforderung für das gesamte Kreditportfolio*. Ein oder ein paar schlechte Kredite verderben alles, und die Probleme verschwinden nicht hinter zahlreichen guten Krediten.

6. Dazu passt: Umfasst eine Bonitätsstufe Kredite unterschiedlicher Größe, dann orientieren sich die Reserven nicht am durchschnittlichen Kreditbetrag (arithmetisches Mittel), sondern *praktisch allein am Kredit mit dem größten Betrag*.

7. Verallgemeinerungen. Zuerst wurde eine möglicherweise nicht-konstante Ausfallwahrscheinlichkeit betrachtet. Den Hinweis, ob diese Situation vorliegt, gibt ein Vergleich des Mittelwerts der Anzahl tatsächlicher Ausfälle über die Jahre hinweg mit der empirischen Stichprobenvarianz.

8. Eine zweite Verallgemeinerung untersuchte, was passiert, wenn Kredite sich anstecken, wenn also Korrelation der Ausfälle vorliegt. Korrelation wirkt wie eine Verkettung mehrerer Kredite. *Anstelle eines Portfolios aus zahlreichen kleinen Krediten hat die Bank bei solcher Verkettung ein Portfolio aus wenigen, sehr großen Krediten.* Entsprechend nehmen die verlangten Reserven deutlich zu.

9. Eine dritte Verallgemeinerung hat die Unsicherheit beim Rating, das Bonitätsrisiko beleuchtet. Leider ist es so, dass sich die erforderlichen Reserven dann an der schlechtesten Bonität orientieren, die ein Schuldner haben könnte, nicht an der mittleren Bonität.

14.6.2 Ergänzung 2: Kreditportfolio-Modelle

Der vorgeführte analytische Ansatz dürfte sich empfehlen, wenn eine Bank die Kreditpolitik bestimmt und den Mitarbeitern im Kreditgeschäft rechnerisch zeigen möchte, welche Folgen gewisse Maßnahmen für die benötigten Reserven haben.

Hingegen ist ein *numerischer* Ansatz und der Einsatz eines *Computers* verlangt, wenn die genannten Annahmen nicht mehr als genau genug akzeptiert werden können und wenn jeder Kredit der Bank im Einzelnen gespeichert und verarbeitet werden soll. Hierfür stehen Datenbanken und *Computerprogramme* zur Verfügung, die als **Kreditportfolio-Modelle** bezeichnet werden.

Der Grundgedanke computergestützter Kreditportfolio-Modelle ist die Zusammenfassung aller Kredite einer Bank im Einzelnen zum Zweck der statistischen *Beschreibung* wichtiger Größen des Kreditportfolios. Kreditportfolio-Modelle folgen denselben Ideen, denen wir nachgegangen sind. Doch kommt eine analytische Rechnung schnell an Grenzen. Ein Computerprogramm ist verlangt, wenn die Rechnung aufgrund der zehntausend konkreten Daten einer Bank vorgenommen werden soll und jeder Kredit anders ist.

Des Weiteren dient jedes Kreditportfolio-Modell der Fortschreibung und *Prognose* dieser wichtigen Größen des Kreditportfolios für zukünftige Zeitpunkte unter Verwendung extern festgestellter Entwicklungen (zum Beispiel: Migrationen).

Solche Modelle müssen es gestatten, den derzeitigen und den zukünftigen Ertrag sowie das Risiko aus dem Kreditgeschäft zu berechnen und zu prognostizieren. Außerdem sollen Entscheidungen über Einzelkredite im Hinblick auf die Wirkungen im Kreditportfolio der Bank unterstützt werden. Schließlich sollen Entscheidungen über die Weitergabe von Kreditrisiken an Dritte (Kreditderivate) durch das Modell beurteilt werden können. Besonders aber müssen durch das Computerprogramm die erforderliche Eigenmittelunterlegung und die Reserven bestimmbar werden.

Die entwickelten Kreditportfolio-Modelle werden in zwei Kategorien eingeteilt.

- Ein **Default-Mode-Modell** ermittelt den *Betrag* der Ausfälle für alle Kredite mit Default-Ereignis. Es eignet sich für wenig liquide Positionen, die bis zum Vertragende gehalten werden. Das Modell CreditRisk+ (Credit Suisse Financial Products, gratis via Internet erhältlich) ist auf den Default-Mode fokussiert.

- Ein **Mark-To-Market-Modell** verfolgt die Veränderungen des theoretischen Wertes des Kreditportfolios. Es ist geeignet, wenn vom Kapitalgeber liquide Positionen (Bonds) gehalten werden oder wenn durch ABS und Kreditderivate eine hohe Beweglichkeit hinsichtlich der Risikoallokation gegeben ist. Das Modell CreditMetrics™ (JP Morgan) ist auf Mark-To-Market bezogen.

Als weitere Anbieter seien genannt: McKinsey bietet mit CreditPortfolioView^{TM} (gratis via Internet) und Moody's KMV Corporation mit PortfolioManager^{TM} (ein optionstheoretischer Ansatz) jeweils zwei Modelle an, die den Default-Mode und Mark-To-Market behandeln.

14.6.3 Fragen und Aufgaben

1. Skizzieren Sie kurz a) das Vorgehen des Basler Ausschusses und b) kritische Meinungen.
2. Worin liegt der Unterschied zwischen der Ausfallverteilung und der Verlustverteilung?
3. a) Wie hoch ist für ein vollständig homogenes Kreditportfolio die Standardabweichung der Ausfallverteilung und wie hoch ist die der Verlustverteilung? b) Eine Bank hat ein homogenes Kreditportfolio aus $n = 1.000$ Krediten, die alle das Rating BB und den Kreditbetrag von 500 Tausend Euro haben. Berechnen Sie die erforderliche Reserve.
4. Eine Bank hat zwei Kundensegmente mit diesen Daten: $n_1 = 25$, $p_1 = 2\%$, $b_1 = 8$ (Millionen Euro), $n_2 = 5.000$, $p_2 = 0{,}1\%$, $b_2 = 0{,}3$ (Millionen Euro). Es sollen die benötigten Reserven zur Sicherheitswahrscheinlichkeit $w = 99{,}99\%$ ermittelt werden.
5. a) Richtig oder falsch: In einem großen Kollektiv von Krediten ist das Risiko kleiner als in einem kleinen Kollektiv. b) Wieso schaden wenige schlechte und große Kredite dem ganzen Kreditportfolio überproportional? c) Was ist mit diesen Worten gemeint: „Einige Banker denken, dass ein ansonsten gutes Kreditportfolio durchaus ein paar schwarze Schafe vertragen kann. Das ist falsch: Einige wenige schwarze Schafe dominieren die Farbgebung der ganzen Herde."
6. Warum kann die Ausfallverteilung rechtsschief sein?
7. Die Default-Statistik einer Bank für die letzten zehn Jahre zeigt diese Anzahlen von Ausfällen: $18, 6, 8, 20, 0, 2, 19, 24, 2, 1$. Analysieren Sie die Stichprobe.
8. Wie wirken sich Ansteckungseffekte aus?
9. Was unterscheidet ein Default-Mode-Modell von einem Mark-To-Market-Modell?

14.6.4 Antworten und Lösungen

1. a) Der Basler Ausschuss verlangt gewisse Mindesthöhen von Eigenkapital (Akkorde Basel I, II und III) und von Liquidität (Basel III). Das typische Vorgehen besteht darin, die Kredite mit sogenannten Risikogewichten zu versehen und die Mindesthöhe für das Eigenkapital in Relation auf die gesamte Summe der risikogewichteten Aktiva zu definieren. Im Endeffekt ergeben sich Eigenmittelanforderungen von rund 8% der Bilanzsumme. b) Die Professoren HELLWIG und ADMATI kritiseren, dass die mit diesen Akkorden letztlich verlangten Eigenmittel zu gering seien. Sie sehen für Banken Eigenmittel in Höhe von 20% bis 30% der Bilanzsumme als adäquat an. Andere Forscher argumentieren, die Banken sollten die

Methoden zur Selektion ihrer Vermögenspositionen, insbesondere die Methoden der Kreditvergabe, verbessern. Und sie sollten das Risikomanagement der Bank verbessern.

2. Die Ausfallverteilung bezieht sich auf die Anzahl von Krediten, die Verlustverteilung auf die Geldbeträge.

3. a) Die Standardabweichung der Ausfallverteilung ist $\sigma = \sqrt{n \cdot p}$, die der Verlustverteilung ist $s = b \cdot \sqrt{n \cdot p}$. b) Hierzu muss der Tabelle aus dem letzten Kapitel (Darstellung 13-3) entnommen werden, dass die Ausfallwahrscheinlichkeit für eine solche Ratingklasse zwischen 5,16% und 8% zu veranschlagen ist. Wir rechnen mit $p = 7\%$ und erhalten $s = 500 \cdot \sqrt{1.000 \cdot 0{,}07} = 4.183$. Diese Standardabweichung muss noch mit dem Sicherheitsniveau multipliziert werden, was für $l = 3{,}72$ als Reserve 15.561 Tausend Euro, also 15 Millionen Euro ergibt.

4. Formel (14-16) ergibt $R_1 = b_1 \cdot l \cdot \sqrt{n_1 \cdot p_1} = 8 \cdot 3{,}72 \cdot \sqrt{25 \cdot 0{,}02} = 21$ Millionen Euro und $R_2 = b_2 \cdot l \cdot \sqrt{n_2 \cdot p_2} = 0{,}3 \cdot 3{,}72 \cdot \sqrt{5.000 \cdot 0{,}001} = 2{,}5$ Millionen Euro. Mit Formel (14-18) folgt für die insgesamt erforderlichen Reserven $R = \sqrt{21^2 + 2{,}5^2} = 21{,}1$ Millionen Euro.

5. a) Falsch. b) Aufgrund von (14-19). c) Siehe 14.4.2.

6. Als mögliche Erklärung wurde die Unsicherheit hinsichtlich der Default-Rate angeführt.

7. Der Mittelwert beträgt $\bar{x} = 10$ und die Stichprobenvarianz der Anzahl von Ausfällen $S^2 = 86$. Das ist deutlich größer als der Mittelwert, weshalb das statische Modell verworfen werden kann. Die adjustierte Kurtosis $K^* = -1{,}8$ weist auf eine ausgeprägte Flachheit und Weite hin, so dass wohl Ansteckungseffekte vorliegen. Die positive Schiefe, $SK = 0{,}4$ zeigt zudem, dass eine gewisse Unsicherheit beim Rating besteht.

8. So, als ob das Portfolio nicht aus zahlreichen kleinen, sondern aus wenigen großen Krediten bestehen würde, und folglich die Reserven viel größer sein müssen.

9. Ein Default-Mode-Modell ermittelt den Geldbetrag der Ausfälle für alle Kredite mit Default-Ereignis bis Ende einer Frist. Es eignet sich für wenig liquide Positionen, die bis zum Vertragende gehalten werden, also beispielsweise für die von einer Bank vergebenen Kredite. Ein Mark-To-Market-Modell verfolgt hingegen laufend die Veränderungen des theoretischen Wertes des Kreditportfolios. Es ist geeignet, wenn das Kreditportfolio aus liquiden Positionen besteht, etwa aus Anleihen, bei denen Schuldner ausfallen könnten und bei denen sich die marktgerechten Abschläge aufgrund der jeweiligen Kreditrisiken laufend ändern.

Verzeichnisse

Literatur

Zu Kapitel 1 über Kredit und Anleihe

FRANCIS A. LONGSTAFF: How Much Can Marketability Affect Security Values? *Journal of Finance* 46 (1995), pp. 1411-1425.

ALEXANDER KEMPF: Was messen Liquiditätsmaße? *Die Betriebswirtschaft* 58 (1998), pp. 299-311.

Zu Kapitel 2 über Wert und Zinsstruktur

HERMANN SCHULTE-MATTLER und WOLFGANG TYSIAK: Interpolation von Renditen mit Hilfe natürlicher Splines. *Die Bank* (Dezember 1998), pp. 772-777.

STEPHEN M. SCHAEFER: The Problem with Redemption Yields. *Financial Analysts Journal* 33 (1977) 4, pp. 59-67.

Zu Kapitel 3 über Geld- und Kapitalmarkt

MOORAD CHOUDHRY: *An Introduction to Repo Markets*. 3. Auflage, Wiley, Chichester 2006.

GORDON H. SELLON: Expectations and the Monetary Policy Transmission Mechanism. Federal Reserve Bank of Kansas City, *Economic Review*, Fourth Quarter 2004, pp. 5-41.

Zu Kapitel 4 über Theorien und Paritäten

NUNO CASSOLA und JORGE BARROS LUÍS: A two-factor model of the German term structure of interest rates. *Applied Financial Economics*, 13 (2003), 783-806.

MOORAD CHOUDHRY: The impact of demand and liquidity on the information content and predictive power of the government bond yield curve: An Illustration from the UK gilt market. *Journal of Asset Management*, 4 (2003) 2, pp. 119-130.

ELROY DIMSON, PAUL MARSH, und MIKE STAUNTON: *Triumph of the Optimists: 101 Years of Global Investment Returns*. Princeton University Press, 2002.

M. DRUMMEN und H. ZIMMERMANN: The structure of European returns. *Financial Analysts Journal* (July-August 1992), pp. 15-26.

CHARLES ENGEL: The Forward Discount Anomaly and the Risk Premium: A Survey of Recent Evidence. Journal of Empirical Finance 3 (1996), pp. 123-192.

CLAUDE A. FONGEMIE: A note on Fisher‘s equation and Keynes‘s liquidity hypothesis. *Journal of Post Keynesian Economics* 27 (2005) 4, pp. 621-632.

H. G. GRUBEL: Internationally diversified portfolios; welfare gains and capital flows. *American Economic Review* 58 (1968) 5, pp. 1299-1314.

ALAN C. HESS und AVRAHAM KAMARA: Conditional Time-Varying Interest Rate Risk Premium: Evidence from the Treasury Bill Futures Market. *Money, Credit, and Banking*, 37 (2005) 4, pp. 679-698.

SIDNEY HOMER und RICHARD SYLLA: *A History of Interest Rates*. 4. Auflage, Wiley, 2005.

P. JORION: Asset Allocation with hedged and unhedged foreign stocks and bonds. *Journal of Portfolio Management* (Summer 1989), pp. 49-54.

SANDRINE LARDIC und VALÉRIE MIGNON: Fractional cointegration and the term structure. *Empirical Economics*, 29 (2004), pp. 723-736.

H. LEVY und M. SARNAT: International diversification of investment portfolios. *American Economic Review* 60 (1970) 4, pp. 668-675.

H. LEVY und M. SARNAT: Devaluation risk and the portfolio analysis of international investment; in E. J. ELTON und M. J. GRUBER (eds.): *International capital markets*. North-Holland Publishing Company, Amsterdam, 1975, pp. 177-206.

FRANCIS A. LONGSTAFF: Time Varying Term Premia and Traditional Hypotheses about the Term Structure. *The Journal of Finance* XLV (1990) 4, pp. 1307-1314.

KUNTARA PUKTHUANTHONG und RICHARD ROLL: Global market integration: An alternative measure and its application, 2009. *Journal of Financial Economics* 94, 2, pp. 214-232.

BRUNO H. SOLNIK und BERNARD NOETZLIN: Optimal International Allocation. *Journal of Portfolio Management* (Fall 1982), pp. 11-21.

PANAGIOTIS T. KONSTANTINOU: The Expectations Hypothesis of the Term Structure. *Emerging Markets Finance and Trade*, 41 (2005) 3, 70-91.

JÖRN WASMUND: *Die Erwartungstheorie der Zinsstruktur, Geldpolitik und zeitvariable Risikoprämien*. Studien zu Finanzen, Geld und Kapital, Band 7, Duncker & Humblot, Berlin 1999.

Zu Kapitel 5 über Anleihen und Aktien

SIMON BENNINGA: *Principles of Finance with Excel*; Oxford University Press, New York 2010.

Zu Kapitel 6 über Fremdwährungsanleihen

MICHAEL ADLER und BHASKAR PRASAD: On Universal Currency Hedges. *Journal of Financial and Quantitative Analysis*, 27 (March 1992) 1, pp. 19–38.

IAN H. GIDDY: *Global Financial Markets*. Lexington: Heath and Company, 1994.

PAUL DE GRAUWE: *Economics of Monetary Union*, 9. Auflage, New York (2012).

THOMAS R. LEE: The Performance of Currency-Hedged Foreign Bonds. *Financial Analysts Journal*, May-June 1989, pp. 25–31.

RONALD MCKINNON: Optimum Currency Areas: *American Economic Review* 53 (1963), pp. 717-724.

ROBERT A. MUNDELL: A Theory of Optimum Currency Areas. *American Economic Review* 51 (1961), pp. 657-664.

ALAN C. SHAPIRO: *Multinational Financial Management*, 7th edition. Upper Saddle River: Prentice Hall, 2003.

JEREMY J. SIEGEL: Risk, Interest Rates and the Forward Exchange. *Quarterly Journal of Economics* (1972), pp. 303–309.

Zu Kapitel 7 über Zinsmodelle

MICHAEL BRENNAN und EDUARDO SCHWARTZ: A Continuous Time Approach to the Pricing of Bonds. *Journal of Banking and Finance* 3 (1979), pp. 133-155.

ALFRED BÜHLER: *Einfaktormodelle der Fristenstruktur der Zinssätze*. Bank- und finanzwirtschaftliche Forschungen 211, Paul Haupt Verlag, Bern 1995.

WOLFGANG BÜHLER: *Rationale Bewertung von Optionsrechten auf Anleihen*. Zeitschrift für betriebswirtschaftliche Forschung 40 (1988), pp. 851-883.

WOLFGANG BÜHLER, MARLIESE UHRIG, ULRICH WALTER und THOMAS WEBER: Erfahrungen bei dem Einsatz von Modellen zur Bewertung von Zinsoptionen — eine empirische Studie. *Zeitschrift für betriebswirtschaftliche Forschung*, Sonderheft 38 (1997), pp. 1-42.

REN-RAW CHEN and LOUIS SCOTT: Multi-Factor Cox-Ingersoll-Ross Models of the Term Structure: Estimates and Tests from a Kalman Filter Model. *Journal of Real Estate Finance and Economics*, Vol. 27, No. 2, 2003, pp. 143-172.

JOHN C. COX, JONATHAN E. INGERSOLL, und STEPHEN A. ROSS: A Theory of the Term Structure of Interest Rates. *Econometrica* 53 (1985) 2, pp. 385-407.

DAVID HEATH, ROBERT A. JARROW und ANDREW MORTON: Bond Pricing and the Term Structure of Interest Rates: A New Methodology for Contingent Claims Valuation. *Econometrica* 60 (1992), pp. 77-105.

DAVID HEATH, ROBERT A. JARROW und ANDREW MORTON: Contingent Claim Valuation with a Random Evolution of Interest Rates. *Review of Futures Markets* 9 (1992), pp. 77-105.

DIETER E. HESS: *Die Dynamik der Zinsstruktur — Modelle zur Erfassung des Zinsrisikos und deren Schätzung*. Deutscher Universitäts-Verlag (ISBN 3-8244-6150-1), Wiesbaden 1995.

THOMAS S. Y. HO: Evolution of Interest Rate Models: A Comparison. *Journal of Derivatives* (Summer 1995), pp. 9-20.

THOMAS HO und SANG-BIN LEE: Term Structure Movements and Pricing Interest Rate Contingent Claims. *Journal of Finance* 41 (1986) 5, pp. 1011-1029.

JOHN HULL und ALAN WHITE: Pricing Interest Rate Derivative Securities. *Review of Financial Studies* 3 (1990) 4, pp. 573-592.

RAVI JAGANNATHAN, ANDREW KAPLIN and Steve Sun: An evaluation of multi-factor CIR models using LIBOR, swap rates, and cap and swaption prices. *Journal of Econometrics*, Vol. 116, 2003, pp. 113-146.

IOANNIS KARATZAS und STEVEN E. SHREVE: *Brownian Motion and Stochastic Calculus*. Graduate Texts in Mathematics, Springer, 2. Auflage 1999, pp. 358-359.

LEONARD SALOMON ORNSTEIN und GEORGE EUGENE UHLENBECK: On the Theory of Brownian motion. *Physical Review* 36 (1930), pp. 823-841.

MARTI G. SUBRAHMANYAM: The Term Structure of Interest Rates: Alternative Approaches and Their Implications for the Valuation of Contingent Claims. *The Geneva Papers on Risk and Insurance Theory*, Vol. 21 (1996), pp. 7-28.

OLDRICH VASICEK: An Equilibrium Characterization of the Term Structure. *Journal of Financial Economics* 5 (1977), pp. 177-188.

JOCHEN WILHELM: A fresh view on the Ho-Lee model of the term structure from a stochastic discounting perspective. *OR Spektrum* 21 (1999) 1-2, pp. 9-34.

JÜRGEN WOLTERS: Untersuchung der Renditestruktur am deutschen Kapitalmarkt 1970-1996; in: ERNST BALTENSPERGER (Herausgeber): Spekulation, Preisbildung und Volatilität auf Finanz- und Devisenmärkten. *Schriften des Vereins für Socialpolitik* 257 (1998), pp. 130-152.

Zu Kapitel 8 über die Duration

G. O. BIERWAG: Immunization, Duration, and The Term Structure of Interest Rates. *Journal of Financial and Quantitative Analysis* (1977), pp. 725-742.

G. O. BIERWAG, GEORGE G. KAUFMANN und ALDEN TOEVS: Duration: Its Development and Use in Bond Portfolio Management. *Financial Analysts Journal* (1983), pp. 15-35.

THOMAS HO: Key Rate Durations: Measures of Interest Rate Risks. *Journal of Fixed Income* 2 (1992), pp. 29-44.

MARTIN LEIBOWITZ und ALFRED WEINBERGER: Contingent Immunization, Part I (Risk Control Procedures) und Part II (Problem Areas). *Financial Analysts Journal* (1982), pp. 17-31 und (1983), pp. 35-50.

FREDERICK R. MACAULAY: *Some Theoretical Problems Suggested by the Movement of Interest Rates, Bond Yields, and Stock Prices in the United States Since 1856* (New York: National Bureau of Economic Research 1938).

CHRISTINA MAROHN: *Stochastische mehrstufige lineare Programmierung im Asset & Liability Management*. Bank- und finanzwirtschaftliche Forschungen 282, Verlag Paul Haupt, Bern, 1998.

JÜRG NAGER: *Innovative Ansätze im Asset-Liability-Management*; in: J. M. KLEEBERG und H. REHKUGLER: Handbuch Portfoliomanagement. Uhlenbruch Verlag, Bad Soden 1998, pp. 239-264.

BERND RUDOLPH und BERNHARD WONDRAK: Modelle zur Planung von Zinsänderungsrisiken und Zinsänderungschancen. *Zeitschrift für Wirtschafts- und Sozialwissenschaften* 106 (1986), pp. 337-361.

ROMAN L. WEIL: Macaulay's Duration: An Appreciation. *Journal of Business* 46 (1973), pp. 589-592.

Zu Kapitel 9 über die Konvexität

JÜRG NAGER: *Innovative Ansätze im Asset-Liability-Management*; in: J. M. KLEEBERG und H. REHKUGLER: Handbuch Portfoliomanagement. Uhlenbruch Verlag, Bad Soden 1998, pp. 239-264.

CHRISTINA MAROHN: *Stochastische mehrstufige lineare Programmierung im Asset & Liability Management*. Bank- und finanzwirtschaftliche Forschungen 282, Verlag Paul Haupt, Bern, 1998.

Zu Kapitel 10 über Swaps und Zinsfutures

JOHN C. HULL: *Options, Futures, and other Derivatives*, 8. Auflage 2011.

FRIEDER MEYER-BULLERDIEK: *Der Einsatz von Futures im Bondmanagement*; in: JOCHEN M. KLEEBERG und HEINZ REHKUGLER:

Handbuch Portfoliomanagement. Uhlenbruch, Bad Soden 1998, pp. 717-742.

Zu Kapitel 11 über Zins- und Währungsrisiko

—

Zu Kapitel 12 über Distress und Default

EDWARD I. ALTMAN und VELLORE M. KISHORE: Almost Everything You Wanted to Know about Recoveries on Defaulted Bonds. *Financial Analysts Journal* (November/December 1996), p. 57–64.

EDWARD I. ALTMAN und PAUL NARAYANAN: An International Survey of Business Failure Classification Models. *Financial Markets, Institutions & Instruments* 6 (1997) 2, pp. 1-57.

EDWARD I. ALTMAN und ANTHONY SAUNDERS: Credit risk measurement: Developments over the last 20 years. *Journal of Banking and Finance* 21 (1988), pp. 1721-1742.

JÖRG BAETGE, MICHAEL HUß und HANS-JÜRGEN NIEHAUS: Die statistische Auswertung von Jahresabschlüssen zur Informationsgewinnung bei der Abschlußprüfung. *Die Wirtschaftsprüfung* 39 (1986) 22.

HORST EIDENMÜLLER: *Unternehmenssanierung zwischen Markt und Gesetz*. Verlag Otto Schmidt, Köln 1999.

STEFFEN HAHN und JOHANNES ORTNER: Financial Covenants — risikoadäquate Kreditbepreisung im Spannungsfeld von Bankenaufsichts- und Zivilrecht. *Zeitschrift für das gesamte Kreditwesen* 60 (2006) 7, pp. 42-46.

PETER HOFFMANN: *Bonitätsbeurteilung durch Credit Rating — Funktionsweise und Einsatzmöglichkeiten eines Instrumentes zur Optimierung von Investitions- und Finanzierungsprozessen*. Grundlagen und Praxis des Bank- und Börsenwesens, Band 24, Verlag Erich Schmidt, Berlin 1991.

CLIFFORD W. SMITH: A Perspective on Accounting-Based Debt Covenant Violations. *The Accounting Review* 68 (1993) 7, pp. 117-161.

FRIEDRICH THIESSEN: Covenants in Kreditverträgen: Alternative oder Ergänzung zum Insolvenzrecht? *Zeitschrift für Bankrecht und Bankwirtschaft* 8 (1996) 1, pp. 19-37.

Zu Kapitel 13 über die Kreditrisikoprämie

EDWARD I. ALTMAN: Measuring Corporate Bond Mortality and Performance. *Journal of Finance* 44 (1989) 4, pp. 909-922.

FISCHER BLACK und MYRON SCHOLES: The Pricing of Options and Corporate Liabilities. *Journal of Political Economy* 81 (1973), pp. 637-659.

ROBERTO BLANCO, SIMON BRENNAN, IAN W. MARSH: An Empirical Analysis of the Dynamic Relation between Investment-Grade Bonds and Credit Default Swaps. *Journal of Finance* LX, (2005) 5, pp. 2255-2281.

CHRISTIAN BLUHM und LUDGER OVERBECK: An Introduction to Credit Risk Modelling. *CRF Financial Mathematics Series*. Chapman & Hall 2003.

KARL-HEINZ BOOS und DOROTHEA MEYER-RAMLOCH: Kreditderivate: Die Regeln der Bankenaufsicht. *Die Bank* 9 (1999), pp. 644-653.

DIMITRIS N. CHORAFAS: *Credit Derivatives & The Management of Risk*. New York Institute of Finance, 2000.

DIDIER COSSIN und HUGUES PIROTTE: *Advanced Credit Risk Analysis: Financial Approaches and Mathematical Models to Assess, Price, and Manage Credit Risk*. 2. Auflage, Wiley, 2007.

DOUGLAS W. DIAMOND: Financial intermediation and delegated monitoring. *Review of Economics and Statistics* 51 (1984), pp. 393-414.

PIERRE COLLIN-DUFRESNE, ROBERT S. GOLDSTEIN und J. SPENCER MARTIN: The Determinants of Credit Spread Changes. *Journal of Finance* LVI (2007) 6, pp. 2177-2207.

JOHN P. DRZIK und ANDREW KURITZKES: Zukunftsszenarien des Kreditderivatemarktes. *Die Bank* 6 (1998), pp. 368-371.

DARELL DUFFIE und KENNETH J. SINGLETON: *Credit Risk: Pricing, Measurement and Management*. Princeton Series of Finance, Princeton 2003.

EDWIN J. ELTON, MARTIN J. GRUBER, DEEPAK AGRAWAL und CHRISTOPHER MANN: Explaining the Rate Spread on Corporate Bonds. *Journal of Finance* LVI (2001) 1, pp. 247-277.

JEROME S. FONS: Using Default Rates to Model the Term Structure of Credit Risk. *Financial Analysts Journal* (September-October 1994), pp. 25-32.

STUART I. GREENBAUM und ANJAN V. THAKOR: *Contemporary Financial Intermediation.* The Dryden Press, Orlando (FL) 1995.

JEAN HELWEGE und CHRISTOPHER M. TURNER: The Slope of Credit Yield Curve for Speculative-Grade Issuers. *Journal of Finance* 54 (1999) 5, pp. 1869-1884.

JOHN HULL, MIRELA PREDESCU, ALAN WHITE: The relationship between credit default swap spreads, bond yields, and credit rating announcements. *Journal of Banking and Finance*, Vol. 28 (2004) 11, pp. 2789-2811.

FRANK IACONO: Credit Derivatives, in: ROBERT J. SCHWARTZ und CLIFFORD W. SMITH (eds.): *Derivatives Handbook.* New York, 1997, pp. 22-38.

PHILIP E. JONES, SCOTT P. MASON und ERIC ROSENFELD: Contingent Claims Analysis of Corporate Capital Structures: An Empirical Investigation. *Journal of Finance* 39 (1984), pp. 611-627.

FRANCIS A. LONGSTAFF, SANJAY MITHAL und ERIC NEIS: Corporate Yield Spreads: Default Risk or Liquidity? New Evidence from the Credit Default Swap Market. *Journal of Finance* LX (2005) 5, pp. 2213-2253.

DAS SATYAJIT: *Credit Derivatives: Trading & Management of Credit Default Risk.* Singapur, 1998.

PILIPP J. SCHÖNBUCHER: *Credit derivatives pricing models.* Wiley, 2003.

Zu Kapitel 14 über Reserven

ANAT ADMATI und MARTIN HELLWIG: *The Bankers' New Clothes: What's Wrong with Banking and What to Do about It.* Princeton University Press, 2014.

Unternehmensverzeichnis

Personenverzeichnis

T

U

V

W

Sachverzeichnis

M

N

O

P

Q

R

S